MINISTÈRE DE L'AGRICULTURE

DIRECTION GÉNÉRALE DES EAUX ET FORÊTS

DICTIONNAIRE

GÉNÉRAL

DES EAUX ET FORÈTS

NOUVELLE ÉDITION

DU DICTIONNAIRE GÉNÉRAL DES FORÊTS

D'ANTONIN ROUSSET ET JEAN BOUËR

MISE À JOUR JUSQU'EN 1925

PAR

JEAN BOUËR

CONSERVATEUR DES EAUX ET FORÊTS, EN RETRAITE

ET PUBLIÉE SOUS SA DIRECTION

1er FASCICULE

PARIS

IMPRIMERIE NATIONALE

MDCCCCXXV

DICTIONNAIRE

GÉNÉRAL

DES EAUX ET FORÊTS

MINISTÈRE DE L'AGRICULTURE

DIRECTION GÉNÉRALE DES EAUX ET FORÊTS

DICTIONNAIRE

GÉNÉRAL

DES EAUX ET FORÊTS

NOUVELLE ÉDITION

DU DICTIONNAIRE GÉNÉRAL DES FORÊTS

D'ANTONIN ROUSSET ET JEAN BOUËR

MISE À JOUR JUSQU'EN 1925

PAR

JEAN BOUËR

CONSERVATEUR DES EAUX ET FORÊTS EN RETRAITE

ET PUBLIÉE SOUS SA DIRECTION

PARIS

IMPRIMERIE NATIONALE

MDCCCCXXV

TABLE DES ABRÉVIATIONS.

Arr. Min.	Arrêté ministériel.
Cah. des ch.	Cahier des charges.
Cass.	Cassation.
C. Circ.	Circulaire.
C. A. Circ. A.	Circulaires de la série A, du n° 1, en date du 27 novembre 1820, jusqu'au n° 856, en date du 10 juin 1865.
C. N. Circ. N.	Circulaires de la série N, commençant le 12 septembre 1865.
C. C. Cod. Civ.	Code civil.
Cod. Com.	Code de commerce.
C. F. Cod. For.	Code forestier.
C. P. Cod. Pén.	Code pénal.
Cons. d'État.	Conseil d'État.
Décis. Min.	Décision ministérielle.
Décr.	Décret.
Dir. Gén.	Direction générale des eaux et forêts.
Enreg. et Dom.	Enregistrement et domaine.
Insp. des Fin.	Inspection des finances. Ancien recueil méthodique pour la vérification des inspecteurs des finances.
Instr. Crim.	Instruction criminelle (Code d').
Ord.	Ordonnance réglementaire du 1ᵉʳ août 1827.
Proc. civ.	Procédure civile (Code de).
Rép. For.	Répertoire de législation et de jurisprudence forestière.
Trib.	Tribunal.

Montpellier ou Nancy, 12 avril 1912, signifie arrêt de la Cour de Montpellier ou de Nancy en date du 12 avril 1892. Les articles portant le nom de M. Ch. Guyot sont extraits du *Cours de droit forestier*.

DICTIONNAIRE
GÉNÉRAL
DES EAUX ET FORÊTS.

ADMINISTRATION ET LÉGISLATION.

A

ABANDON.

SECT. I. — TERRAIN.

1. *Terrains forestiers.* — L'administration s'est réservé de faire statuer sur tous les actes, tels que abandon de terrains, qui auraient pour effet de réduire l'étendue du sol forestier. (Décis. Min. 2 février 1856.)

2. *Terrains vagues.* — Le propriétaire de terrains vagues peut s'affranchir de la contribution dont ils sont grevés en abandonnant la propriété de ces terrains à la commune. (Loi du 3 frimaire an VII, art 66.)

SECT. II. — POURSUITES.

§ 1. *Instances.*

3. *Instances.* — L'abandon d'instance ne constitue pas un désistement dans le sens de l'article 2247 du Code civil. (Cass. 27 février 1865.)

§ 2. *Procès-verbaux.*

4. *Délits sans gravité.* — Jusqu'à ce qu'il en soit autrement ordonné, les conservateurs des forêts sont autorisés à laisser sans suite, sur la proposition des inspecteurs chefs de service, les procès-verbaux constatant des délits ou contraventions qui ne leur paraîtraient pas d'une gravité suffisante pour exiger le recours à la justice. (Décis. Min. 5 février 1858. Circ. A 766.) Les propositions, avec la décision du conservateur, sont renvoyées à l'inspecteur. (Form. série 6, n° 18.)

5. *État des procès-verbaux abandonnés.* — Tous les trois mois, l'état ou les états des procès-verbaux abandonnés seront réunis par le conservateur pour être adressés à l'administration, avec les procès-verbaux. L'administration retourne ensuite ces états, qui seront renvoyés pour être classés dans les archives de l'inspection. (Circ. A 766.) V. Procès-verbaux.

6. *Délinquants insolvables. Procès-verbaux.* — Lorsque plusieurs procès-verbaux auront été dressés contre un délinquant déjà condamné et dont l'insolvabilité aura été constatée, les conservateurs sont autorisés à les abandonner ou à les poursuivre, suivant que le bien du service et l'intérêt du Trésor paraissent l'exiger. (Décis. Min. 26 juillet 1831. Circ. A 285. Circ. N 765.)

L'application de cette mesure a donné lieu à la tenue des états d'insolvables, utilisés aussi pour l'exercice de la contrainte par corps.

L'abandon des poursuites est analogue au désistement, sauf que la décision intervient avant que la poursuite ait été entamée. Il est *a fortiori* licite depuis l'introduction des transactions. V. Désistement.

ABATAGE.

1. *Délits d'abatage.* — L'adjudicataire qui, pour l'abatage des arbres, ne se conforme pas aux clauses et conditions du Cahier des charges générales et des clauses spéciales encoure :

Amende : 5o à 5oo fr. (Cod. For. 37). — *Dommages-intérêts :* Minimum égaux à l'amende simple. (Cod. For. 202.) [Obligatoires, Cass. 23 juillet 1842]. La caution est responsable. (Cod. For. 28.) V. Bris de réserve.

En cas de récidive, on peut doubler le minimum ou le maximum ; si le délit a été commis la nuit ou avec la scie : V. Circonstances aggravantes. Cumul de peines. Exploitation.

L'adjudicataire ne pourra, sous les peines portées par les articles 33 et 34 du Code forestier, abattre d'autres arbres que ceux qui auront été désignés par l'agent local ou ses délégués.

Les délais d'abatage seront fixés par les clauses particulières de l'adjudication. (Cah. des ch. 9 et 23.)

2. *Abatage individuel.* — L'abatage individuel des bois d'une coupe usagère ou affouagère est puni de :

Confiscation de la portion de bois afférente aux contrevenants. (Cod. For. 81, 1o3, 112.)

Les agents qui ont permis ou toléré cette contravention encourent :

Amende : 5o fr. (Cod. For. 81, 1o3, 112.)
Responsabilité personnelle et sans aucun recours de tous les dommages provenant de la mauvaise exploitation et de tous les délits commis. (Cod. For. 81, 1o3, 112.)

3. *Retard d'abatage.* — L'abatage des bois, à moins de prorogation de délai, doit être terminé aux époques fixées par le Cahier des charges (15 avril, ou 1ᵉʳ juillet, s'il y a des bois à écorcer, Cah. des ch. 27) et sous les conditions des clauses spéciales. En cas d'infraction :

Amende : 5o à 5oo fr. (Cod. For. 4o.) — *Dommages-intérêts* qui ne peuvent être inférieurs à la valeur des bois restés sur pied. (Cod. For. 4o.) [Obligatoires. Cass. 23 juillet 1842.] — Saisie des bois à titre de garantie. (Cod. For. 4o.) [En cas de récidive on pourra doubler le minimum de l'amende.]

[En cas de poursuite pour retard d'abatage, le tribunal peut fixer un délai pour l'avenir, sauf à l'administration à mettre les travaux en régie. (Curasson.) Le Tribunal peut toujours faire fixer par un expert la valeur des bois restés sur pied.] (Meaume.)

4. *Coupes. Exploitation.* — Les arbres seront abattus de manière à ne pas endommager les réserves et dirigés, autant que possible, sur les places dépourvues de semis. Dans les coupes en pente rapide ils seront abattus, sauf autorisation contraire, dans le sens de la pente la cime vers le sommet (Cah. des ch. 23.)

5. *Époques. Délais.* — Les délais fixés pour l'abatage des bois peuvent, au besoin, être modifiés par les clauses spéciales.

6. *Défaut d'abatage.* — L'adjudicataire qui laisse sur pied un ou plusieurs arbres, compris dans la coupe, commet le délit prévu par l'article 4o du Code forestier, lors même qu'il prétendrait avoir agi sans intention et par oubli. (Cass. 1o juin 1847.)

7. *Prorogation de délai d'abatage.* — Les adjudicataires peuvent obtenir des prorogations de délai d'abatage en en faisant la demande, sur papier timbré, vingt jours au moins avant l'expiration du terme fixé. Ils doivent faire connaître l'étendue ou la quantité des bois restant à exploiter, les causes du retard et le délai qui leur est nécessaire. L'adjudicataire, par le seul fait de sa demande, s'engage à payer l'indemnité fixée, à moins que, par un procès-verbal dressé à l'expiration du terme fixé, il ne fasse constater qu'il n'a pas usé de la prorogation. Ce procès-verbal est exempt de timbre et d'enregistrement. (Cah. des ch. 28.)

8. *Prorogation. Autorisation.* — Le conservateur accorde les prorogations de délai d'abatage. (Cah. des ch. 28.) Les prorogations de délai, étant des mesures administratives, ne peuvent pas être accordées par les tribunaux. (Cass. 5 mars 184o, 24 déc. 1841.)

9. *Prorogation.* — La prorogation du délai de vidange n'entraîne pas la prorogation du délai d'abatage des arbres. (Cass. 17 novembre 1865.)

10. *Prorogation. Indemnité.* — Les indemnités dues par les adjudicataires des coupes communales et d'établissements publics, pour prorogation du délai d'abatage, seront versées dans la caisse des receveurs des communes ou établissements propriétaires. (Ord. 138.)

11. *Coupes par unités de produits.* — L'adjudicataire ne pourra abattre d'autres arbres que ceux désignés par l'agent local ou ses délégués. Les délais d'abatage seront fixés par les clauses particulières de l'adjudication. (Cah. des ch. 9 et 23.)

12. *Abatage pour chemins vicinaux.* — Les conservateurs sont autorisés à permettre l'abatage des bois pour élargissements, rectifications et études des chemins vicinaux, dans les bois domaniaux et communaux. (Décis. Min. 15 juillet 1837. Circ. A 4oo.)

Les bois abattus seront vendus par forme de menus marchés. (Circ. A 4oo.)

13. *Abatage pour travaux publics. Autorisation.* — Le conservateur autorise les abatages d'arbres pour études, tracés, élargissement ou rectification des routes, chemins, canaux et tous les autres travaux d'utilité publique. (Circ. A 54o. Décis. Min. 11 août 1843. Circ. N 59, art. 28.) V. Routes. Chemins. Canaux, etc.

14. *Travaux publics. Études.* — En ce qui concerne les études des projets de travaux publics, aucun arbre fruitier, d'ornement ou de haute futaie ne peut être abattu sans un accord amiable sur sa valeur ou une constatation contradictoire renfermant les éléments nécessaires pour l'évaluation du dommage. (Loi du 29 décembre 1892, art. 1ᵉʳ. Circ. N 478.)

15. *Abatage pour travaux d'utilité publique. Autorisation.* — Les conservateurs sont autorisés à permettre, dans les bois soumis au régime forestier, tout abatage reconnu nécessaire pour les travaux d'utilité communale ou publique, projetés ou arrêtés par l'autorité compétente. Dès que les arrêtés sont rendus, on doit donner des ordres pour que les agents ne s'opposent pas aux travaux ou aux études autorisés. (Circ. A 631.)

16. *Abatage pour travaux d'amélioration. Autorisation.* — Les décisions régulières, qui autorisent les travaux d'amélioration dans les bois soumis au régime forestier, autorisent implicitement les abatages que ces travaux occasionnent. (Décis. Min. 15 mai 1862. Circ. A 819.)

17. *Abatage. Frais.* — Les frais d'exploitation des bois, nécessités par un travail d'amélioration, sont imputables sur le fonds spécial des exploitations et ne doivent pas figurer dans l'état de dépense des travaux (V. Travaux), excepté pour les bois épars ou rabougris existant sur les terrains à assainir ou à repeupler. (Circ. A 822.)

18. *Proposition. Estimation. Dépense.* — Lorsque l'exécution des travaux doit entraîner l'abatage d'arbres ou de bois susceptibles d'être vendus sur pied, les agents joignent à leur rapport un procès-verbal d'estimation de ces produits. Quand les bois ne sont pas susceptibles d'être vendus sur pied, l'abatage et le façonnage, dont les frais doivent être imputés sur le fonds spécial des exploitations, sont l'objet d'une proposition distincte; toutefois, lorsqu'il s'agit d'arbres épars et de bois rabougris ou de peu de valeur, dont l'exploitation ne peut être séparée du devis, cette dépense est comprise dans l'évaluation générale des travaux. (Circ. N 566, art. 16, 17 et 18.)

19. *Abatage pour travaux non autorisés. Bois communal.* — L'abatage d'arbres dans les bois communaux, sans l'autorisation des agents forestiers, constitue, quel qu'en soit l'auteur, alors même qu'il serait l'œuvre d'agent de l'administration départementale (agent voyer), un délit qui tombe sous l'application des articles 192 et 202 du Code forestier. (Cass. 29 mars 1845.)

ABEILLE.

1. *Qualités.* — Les abeilles ne sont pas considérées et classées comme animaux domestiques.

2. *Propriété. Droit de suite.* — Le propriétaire d'un essaim a le droit de le réclamer et de s'en ressaisir, tant qu'il n'a pas cessé de le suivre; autrement l'essaim appartient au propriétaire du terrain sur lequel il s'est fixé. (Loi du 4 avril 1889, art. 9.)

3. *Trouble.* — Il est défendu de troubler les abeilles dans leurs courses et leurs travaux. (Loi du 28 septembre, 6 octobre 1791, art. 2.) V. Ruche.

ABOLITION (Lettres d'). V. Amnistie.

ABONNEMENT.

Journal officiel. — Les conservateurs sont abonnés d'office au *Journal officiel.*

ABORNEMENT. V. Bornage.

ABOUTISSANT.

Définition. — Les mots tenants et aboutissants sont employés pour désigner les limites des propriétés. (Proc. civ. 64 et 627.)

ABREUVOIR.

1. *Principe.* — Un propriétaire ne pourrait pas supprimer les abreuvoirs des troupeaux, parce qu'ils sont des accessoires indispensables de la servitude du pâturage.

2. *Servitude.* — La servitude d'un abreuvoir entraîne nécessairement le droit de passage pour s'y rendre. (Cod. Civ. 696.) V. Fontaine.

3. *Interdiction.* — Il est interdit de faire rouir du chanvre ou du lin, ou toutes autres plantes textiles, dans les abreuvoirs et lavoirs publics. (Loi du 21 juin 1898, art. 25.)

4. *Passage. Chemin.* — Le droit de passage des troupeaux dans un bois pour aller à un abreuvoir ne donne pas le droit d'entrer dans les coupes ou de les traverser, ni de sortir des chemins tracés. (Cass. 20 mars 1830.)

ABRÉVIATION.

1. *Interdiction.* — Les abréviations sont défendues aux notaires, dans leurs actes, sous peine de 100 francs d'amende. (Loi du 25 ventôse an xi, art. 13.)

2. *Citation.* — Aucun texte de loi n'interdit, en matière correctionnelle, les abréviations usitées dans la pratique. La copie d'une citation où le mot décembre est représenté par le signe xᵇʳᵉ est régulière. (Poitiers, 28 juin 1869.)

ABRIS.

Algérie. Feu. — L'emploi du feu dans les abris situés en forêt ou dans la zone de 200 mètres sera soumis, pendant la période du 1ᵉʳ juillet au 31 octobre, aux prescriptions des règlements et arrêtés à intervenir en exécution de la présente loi. (Loi du 21 février 1903, art. 123. Circ. N 642.) Pour les pénalités, V. Feu.

ABROGATION.

1. *Définition.* — Acte législatif par lequel une loi est abolie, en tout ou en partie.

2. *Législation forestière.* — Sont et demeurent abrogés, pour l'avenir, toutes lois, ordonnances, édits, etc., déclarations, arrêts du Conseil, arrêtés et décrets, et tous règlements intervenus, à quelque époque que ce soit, sur les matières réglées par le présent Code, en ce qui concerne les forêts.

Mais les droits acquis antérieurement au Code forestier seront jugés, en cas de contestation, d'après les lois ordinaires antérieurement en vigueur. (Cod. For. 218.)

3. *Lois spéciales. Lois générales.* — Une loi spéciale n'est pas abrogée de plein droit par une loi générale. (Cass. 19 février 1813.)

ABROUTIS. (Bois brouté par les bestiaux.) V. Recépage.

ABROUTISSEMENT.

Définition. — État d'un bois abrouti, c'est-à-dire dont l'extrémité des jeunes pousses a été dévorée par les troupeaux. V. Pâturage.

ABSENCE.

1. *Irrégulière.* — Les agents et préposés ne doivent pas s'absenter de leur résidence sans avoir reçu préalablement une autorisation spéciale. (Circ. N 390.) V. Congé. Résidence.

La peine de la retenue de traitement est supprimée. V. Peine disciplinaire.

2. *Pension.* — Lorsqu'un fonctionnaire a disparu de son domicile et que plus de trois ans se sont écoulés sans qu'il ait réclamé les arrérages de sa pension, sa femme ou les enfants qu'il a laissés peuvent obtenir, à titre provisoire, la liquidation des droits de réversion qui leur seraient ouverts en cas de décès dudit pensionnaire. (Décr. 9 novembre 1853, art. 45. Circ. N 81, art. 113.)

3. *Personne. Cause. Communication.* — Sont communiquées au ministère public les causes concernant ou intéressant les personnes présumées absentes. (Cod. Proc. Civ. 83.)

4. *Conseil de discipline des agents.* — En cas d'absence ou d'empêchement des membres de

droit, il est pourvu à leur suppléance, suivant décision du Ministre, par des conservateurs. (Art. 19, décret 30 août 1912, Circ. N 809.) V. Citation. Jugements.

ABUS (d'autorité, de pouvoir).

1. *Violence.* — Lorsqu'un fonctionnaire aura, sans motif légitime, usé ou fait user de violence envers les personnes, dans l'exercice de ses fonctions, il sera puni selon la nature et la gravité de ces violences. (Maximum de la peine encourue.) [Cod. 186, 198.]

2. *Violation de domicile.* — Tout fonctionnaire de l'ordre administratif qui, agissant en cette qualité, se sera introduit dans le domicile d'un citoyen, hors les cas prévus par la loi, sans la formalité prescrite et contre son gré, sera puni, savoir :

Amende : 16 à 200 francs.
Prison : 6 jours à 1 an. (C. P. art. 184, 191.)

3. *Complice.* — Seront punis comme complices d'une action qualifiée crime ou délit ceux qui, par abus d'autorité ou de pouvoir, auront provoqué à cette action, ou donné des instructions pour la commettre. (Cod. Pén. 60.)

4. *Pénalités. Maximum. Fonctionnement.* — Hors les cas où la loi règle spécialement les peines encourues pour crimes ou délits commis par les fonctionnaires, ceux d'entre eux qui auront participé à d'autres crimes ou délits qu'ils étaient chargés de surveiller ou de réprimer seront punis :

S'il s'agit d'un délit de police correctionnelle,
Du maximum de la peine ;
S'il s'agit de crime,
De la réclusion, quand la peine sera celle du bannissement ou de la dégradation civique ;
Des travaux forcés à temps, lorsque le crime emporte la peine de la réclusion ou de la détention.
Des travaux forcés à perpétuité, lorsque le crime emportera la peine de la déportation ou des travaux forcés à temps. (Cod. Pén. art. 198.)

V. Déni de justice. Malversation. Acte arbitraire.

ABUS DE CONFIANCE.

Pénalité. — Quiconque, abusant d'un blanc seing qui lui aura été confié, aura frauduleusement écrit au-dessus une obligation ou décharge pouvant compromettre la personne ou la fortune de signataire, sera condamné :

Peine : Prison, 1 an à 5 ans.
Amende : 50 à 3,000 francs.
Facultatif : interdiction des droits civils ou civiques, 5 à 10 ans. Surveillance de la haute police, 5 à 10 ans. (Cod. Pén. 405, 407.)
Si l'auteur du délit est un garde ou un officier de police, le maximum de la prison est augmenté du tiers en sus. (Cod. Pén. 462.)

ABUS DE JOUISSANCE.

1. *Algérie. Exploitations abusives.* — En Algérie, les exploitations abusives qui seraient effectuées dans les bois des particuliers et qui auraient pour conséquence d'entraîner la destruction de tout ou partie de la forêt seront assimilées à des défrichements et donneront lieu aux peines prévues par les articles 100 et 101. (Loi du 21 février 1903, art. 104. Circ. N 642.) V. Bois particulier. Défrichement. Exploitation.

2. *Chasse.* — Pour savoir s'il y a eu abus du droit de chasse, il faut attendre la fin du bail et comparer la richesse de la chasse à ce moment avec sa richesse au moment de la location. (Trib. Dunkerque, 16 juin 1887.)

ACACIA. (Robinier faux.)

1. *Classification.* Arbre de deuxième classe. (Cod. For. 162. Loi du 18 juillet 1906. Circ. N 703.)

2. *Introduction. Multiplication.* — Dans les séries de reboisement et dans les forêts domaniales, partout où les conditions de sol et de climat conviennent à la végétation du robinier faux acacia, il est nécessaire d'en poursuivre l'introduction ou la multiplication, en lui réservant une large place dans la plantation et les pépinières, et en favorisant son développement dans les opérations culturales. (Circ. N 837.)

ACCENSEMENT.

Droit. — L'accensement du taillis d'une forêt, pour le service d'une usine, n'a pas nécessairement le caractère d'une simple affectation ou d'un droit d'usage, susceptible d'être racheté par voie de cantonnement. On peut y voir, suivant les circonstances, un véritable droit de superficie donnant lieu à l'action en partage entre l'ayant droit et le propriétaire du sol et de la futaie. (Nancy, 25 janvier 1849.) V. Superficiaire.

ACCESSION.

Droit. — La propriété d'une chose, soit immobilière, soit immobilière, donne droit sur tout ce qu'elle produit et sur ce qui s'y unit accessoirement, soit naturellement, soit artificiellement. Ce droit s'appelle droit d'accession. (Cod. Civ. 546.)

Les fruits naturels ou industriels de la terre, les fruits civils et le croît des animaux appartiennent au propriétaire par droit d'accession. (Cod. Civ. 547.) Tout ce qui s'unit et s'incorpore à la chose appartient au propriétaire suivant diverses règles. (Cod. Civ. 551.)

En ce qui concerne les immeubles, ce droit s'applique aux alluvions, îles ou atterrissements, et aux animaux, lapins, pigeons, poissons, qui changent de propriétaire en quittant leur garenne, colombier ou étang.

ACCESSOIRE.

Définition. — Est réputée partie accessoire celle qui n'est unie à l'autre que pour l'usage, l'ornement ou le complément. (Cod. Civ. 567.) Lorsqu'une partie accessoire est liée à une partie principale, le tout appartient au maître de la partie principale, à charge de payer la valeur de la chose accessoire unie. (Cod. Civ. 566.)

ACCIDENT.

1. *Définition.* — Événement malheureux et imprévu, dont il résulte un dommage. Lorsqu'un accident a pour cause l'imprévoyance ou toute autre faute, il entraîne responsabilité.

Si on en est requis, on doit porter secours dans les accidents graves, tels que : incendie, inondations, etc. V. Secours. Hôpital. Eaux thermales.

2. *Constatation.* — Il est de l'intérêt d'un employé, qui éprouve un accident dans l'exercice de ses fonctions, de le faire constater immédiatement. (Circ. A 413.) Dresser l'acte sur papier timbré et faire légaliser les signatures.

3. *Pension.* — L'accident ou événement grave, pouvant donner droit à pension, doit être constaté par un procès-verbal, en due forme, dressé sur les lieux et au moment où l'accident est survenu. A défaut de procès-verbal, cette constatation peut s'établir par un acte de notoriété, rédigé sur les déclarations des témoins de l'événement, ou des personnes qui ont été à même d'en connaître et d'en apprécier les conséquences. Cet acte doit être corroboré par les attestations conformes de l'autorité municipale et des supérieurs immédiats du fonctionnaire. (Circ. A 494. Circ. N 81, art. 112.)

4. *Décès.* — Le long intervalle écoulé entre le décès et la cause première de la maladie ne fait pas obstacle à ce que la mort soit considérée comme étant la suite d'un accident résultant de l'exercice des fonctions. (Conseil d'État, 12 mai 1859.)

ACCIDENTS (du travail).

SECT. I. — GÉNÉRALITÉS.

1. *Législation.* — Les accidents du travail sont régis par la loi du 9 avril 1898 (Circ. N 569) modifiée par les lois du 22 mars 1901 et 5 août 1920, en ce qui concerne les articles 2, 7, 11, 12, 17, 18, 20 et 22 (Circ. N 621) et par la loi du 31 mars 1905 en ce qui concerne les articles 3, 4, 10, 15, 16, 19, 21, 27 et 30 (Circ. N 683). V. décrets du 28 février 1899. (Annexes n° 2, 3 et 4 de la circulaire 569). Décret du 5 mars 1899 (Annexe n° 5). Arrêté Min. du 16 mai 1899 (Annexe n° 6, loi du 24 mai 1899, annexe n° 7, lois des 30 juin 1899, 12 avril 1906, 18 juillet 1907 (Circ. N 753), 29 mai 1909, 15 juillet 1914, décret du 30 juillet 1907. (Circ. N 757.)

2. *Risque professionnel. Principe.* — L'accident n'entraîne l'application du risque professionnel que lorsqu'il est survenu par le fait ou à l'occasion du travail.

Ainsi, un ouvrier qui fait une chute et se blesse en se rendant à son travail ne saurait se prévaloir du risque professionnel. (Circ. N 569.)

3. *Force majeure.* — L'événement de force majeure (foudre, inondation, tremblement de terre) ne donne droit à aucune indemnité, à moins que les dommages qui en résultent n'aient été aggravés pour les ouvriers ou employés par l'exercice de l'industrie dans laquelle ils sont occupés. (Circ. N 569.)

4. *Ouvrier unique.* — La loi sur les accidents n'est pas applicable à l'ouvrier qui loue son travail à un particulier et qui est alors son propre patron. (Circ. N 569.)

5. *Placards* — Des placards imprimés portant le texte de la loi du 9 avril 1898 sont affichés dans chaque chantier soumis à son application, conformément aux prescriptions de l'article 31 de ladite loi. (Circ. N 569.)

6. *Salaire annuel. Bénéficiaires.* — Ceux dont le salaire annuel dépasse quatre mille cinq cents francs (4,500 fr.) ne bénéficient de ces dispositions que jusqu'à concurrence de cette somme. Pour le surplus, et jusqu'à quinze mille francs (15,000 fr.), ils n'ont droit qu'au quart des rentes stipulées à l'article 3 ; au delà de 15,000 francs, ils n'ont droit qu'à un huitième, à

moins de conventions contraires élevant le chiffre de la quotité. (Loi du 5 avril 1920, art. unique. modifiant le paragraphe 2 de l'article 2 des lois du 9 avril 1898 et du 22 mars 1902. (Circ. N 880.)

SECT. II. — INDEMNITÉ.

7. *Législation.* — Les indemnités en cas d'accidents ont fait l'objet des articles 1 à 10 de la loi du 9 avril 1898, lesquels ont été modifiés, savoir: 2 et 7 par la loi du 22 mars 1902 et les articles 3, 4 et 10 par la loi du 31 mars 1905. (Circ. N 683.)

8. *Principes.* — Les accidents survenus, par le fait du travail ou à l'occasion du travail, aux ouvriers et employés occupés dans l'industrie du bâtiment, les usines, les manufactures, les chantiers, les entreprises de transport par terre et par eau, celles de chargement et de déchargement, les magasins publics, mines, minières, carrières et, en outre, dans toute exploitation dans laquelle sont fabriquées ou mises en œuvre des matières explosives ou dans laquelle il est fait usage d'une machine mue par une force autre que celle de l'homme ou des animaux, donnent droit, au profit de la victime ou de ses représentants, à une indemnité à la charge du chef d'entreprise, à la condition que l'interruption de travail ait duré plus de quatre jours. (Loi du 9 avril 1898, art. 1ᵉʳ. Circ. N 569.)

9. *Exploitations agricoles.* — La législation sur les accidents du travail est applicable, sous certaines réserves, aux ouvriers, employés et domestiques autres que ceux exclusivement attachés à la personne, occupés dans les exploitations agricoles. Ne sont pas assujettis à la loi les exploitants qui travaillent seuls ou à l'aide des membres de leur famille. (Loi du 15 déc. 1922.)

10. *Service forestier. Application.* — Parmi les établissements pouvant intéresser le service des eaux et forêts, on relève:

1° L'industrie du bâtiment, c'est-à-dire toutes les industries qui se rattachent à la construction des édifices (maisons forestières);

2° Les scieries et les sécheries;

3° Les chantiers en vue de la construction d'édifices, de ponts, de canaux, de routes, etc.;

4° Les carrières. (Circ. N 569.)

11. *Catégories.* — Les accidents sont classés en quatre catégories, selon qu'ils entraînent:

1° Une incapacité temporaire;

2° Une incapacité partielle et permanente;

3° Une incapacité absolue et permanente;

4° La mort de la victime. (Circ. N 569.)

12. *Indemnité. Calcul.* — Il n'y a pas lieu d'établir, pour le calcul de l'indemnité journalière, une distinction entre les jours ouvrables et les dimanches et jours fériés. Cette indemnité est due à partir du premier jour si l'incapacité de travail a duré plus de dix jours, elle est payable aux époques et lieu usités dans l'entreprise, sans que l'intervalle puisse excéder seize jours.

En cas de salaire variable, l'indemnité journalière est égale à la moitié du salaire moyen des journées de travail pendant le mois qui a précédé l'accident.

Lorsque l'accident est suivi de mort, les rentes viagères sont payables par trimestre et à terme échu; toutefois le tribunal peut ordonner le payement d'avance de la moitié du premier arrérage. (Loi du 9 avril 1898, art. 3, modifié par la loi du 31 mars 1905, Circ. N 683.)

13. *Frais médicaux et pharmaceutiques. Payement. Recours au juge de paix.* — Les frais médicaux et pharmaceutiques, dans le cas où la victime choisit elle-même son médecin et son pharmacien, devront être payés d'après un tarif qui sera établi par arrêté du Ministre du Commerce.

Le chef d'entreprise est tenu, dans tous les cas, des frais d'hospitalisation qui ne pourront dépasser le tarif relatif à l'application de l'article 24 de la loi du 15 juillet 1093 majoré de 50 p. 100, ni excéder jamais 4 francs pour Paris ou 3 fr. 50 partout ailleurs.

Au cours du traitement, le chef d'entreprise pourra, à l'avenir, désigner au juge de paix un médecin chargé de le renseigner sur l'état de la victime. Cette disposition, ainsi que celles qui la complètent, permettra de mettre fin aux discussions qui se produisent parfois au sujet de la faculté pour la victime de reprendre son travail. (Loi du 9 avril 1898, art. 4, modifié par la loi du 31 mars 1905, Circ. N 683.)

14. *Rentes. Fixation.* — Il doit être fait état, dans le calcul du salaire servant de base à la fixation des rentes, du salaire moyen qui aurait correspondu aux chômages pendant les périodes visées au présent article, lorsque ces chômages sont dus à une cause indépendante de la volonté de l'ouvrier. (Loi du 9 avril 1898, art. 10, modifié par la loi du 31 mars 1905. Circ. N 683.)

15. *Mineur. Apprenti.* — Le salaire qui servira de base à la fixation de l'indemnité à l'ouvrier âgé de moins de seize ans ou à l'apprenti victime d'un accident ne sera pas inférieur au salaire le plus bas des ouvriers valides de la même catégorie occupés dans l'entreprise.

Toutefois, dans le cas d'incapacité temporaire, l'indemnité de l'ouvrier âgé de moins de seize ans ne pourra pas dépasser le montant de son salaire. (Loi du 9 avril 1898, art. 8. Circ. N 569.)

A. *Régime de la loi du 9 avril 1898.*

16. *Déclaration. Délai. Forme.* — Les surveillants ou préposés doivent dans les quarante-huit heures de l'accident, non compris les dimanches et jours fériés, faire une déclaration au maire de la commune, qui en dresse procès-verbal et qui en délivre récépissé.

Cette déclaration et le récépissé seront établis dans la forme prévue par le décret du 23 mars 1902 (annexe n° 2), suivant des modèles joints audit décret. Les indications y mentionnées sont obligatoires pour le déclarant qui ne peut se dispenser de les fournir intégralement. (Loi du 9 avril 1898, art. 11, modifié par la loi du 22 mars 1902. Circ. N 621. Circ. Min. du Commerce, 23 mars 1902. Circ. N 756.)

17. *Certificat médical. Dépôt.* — Dans les quatre jours qui suivent l'accident, si la victime n'a pas repris son travail, le chef d'entreprise doit déposer à la mairie, qui lui en délivre immédiatement récépissé, un certificat de médecin indiquant l'état de la victime, les suites probables de l'accident et l'époque à laquelle il sera possible d'en connaître le résultat définitif. (Loi du 9 avril 1898, art. 11, modifié par la loi du 22 mars 1902.)

Au cas où les médecins se refuseraient à délivrer le certificat ou à y mentionner les indications obligatoires, le chef d'entreprise doit demander au juge de paix désignation d'un médecin par justice pour l'établissement du certificat légal. Une déclaration de dépôt conforme au modèle 4 accompagnera le certificat médical. (Circ. N 621.)

18. *Dossier. Envoi. Délai.* — Dans les vingt-quatre heures qui suivent le dépôt du certificat médical et au plus tard dans les cinq jours qui suivent la déclaration de l'accident, le maire transmet au juge de paix la déclaration et soit le certificat médical, soit l'attestation qu'il n'a pas été produit de certificat. (Loi du 9 avril 1898, art. 12, modifié par la loi du 22 mars 1902.)

Ce nouveau texte veut que la transmission à la justice de paix soit effectuée dans tous les cas. (Circ. N 621.)

19. *Enquête.* — Dans le cas où le juge de paix est appelé à procéder à une enquête, elle a lieu contradictoirement, en présence des parties intéressées ou celles-ci convoquées d'urgence par lettre recommandée. C'est l'agent régisseur qui doit représenter l'administration dans cette enquête; il prend les mesures pour être convoqué directement par le juge de paix. (Circ. N 569.)

20. *Déclaration. But. Effet.* — Le fait de la déclaration a simplement pour but et pour effet de provoquer la procédure légale sans préjuger de ses suites, ni de la responsabilité du patron. (Circ. Min. du Travail, 7 octobre 1909. Circ. N 756.) V. Circulaires du Min. du Commerce des 21 août 1899 et 25 mars 1902 annexées à la circulaire n° 756.

B. *Régime de la loi du 18 juillet 1907.*

21. *Employeur non assujetti. Adhésion.* — Tout employeur non assujetti à la législation sur les accidents du travail peut se placer sous le régime de ladite législation pour tous les accidents qui surviendraient à ses ouvriers, employés ou domestiques, par le fait du travail ou à l'occasion du travail. (Loi du 18 juillet 1907, art. 1er. Circ. N 753.)

22. *Déclaration. Carnet.* — L'employeur désirant adhérer à la législation sur les accidents du travail dépose à la mairie du siège de son exploitation, ou, s'il n'y a pas d'exploitation, à la mairie de sa résidence personnelle, une déclaration (modèle n° 1 annexé au présent décret) dont il lui est remis gratuitement récépissé (modèle n° 2) et qui est immédiatement transcrite sur un registre spécial tenu à la disposition des intéressés. Il doit présenter en même temps un carnet (modèle n° 5) destiné à recevoir l'adhésion de ses salariés, sur lequel le maire appose son visa en faisant mention de la déclaration et de sa date. (Loi du 18 juillet 1907, art 1er. Circ. N 753. Déc. du 30 juillet 1907, art. 1 et 2. Circ. N 757.)

23. *Ouvriers. Employés. Mineurs. Femmes mariées. Adhésion.* — La législation sur les accidents du travail devient de plein droit applicable à tous ceux de ses ouvriers, employés ou domestiques qui auront donné leur adhésion, signée et datée en toutes lettres par eux, au carnet déposé à la mairie par l'employeur ayant rempli les formalités exigées.

Si l'ouvrier, employé ou domestique ne sait ou ne peut signer, son adhésion est reçue par le maire qui la mentionne sur le carnet. Il en est de même pour l'adhésion des mineurs et des femmes mariées, sans qu'ils aient besoin, à cet effet, du père, tuteur ou mari. (Loi du 18 juillet 1907, art. 2. Circ. N 753. Circ. N 757.)

24. *Assujettissement. Cassation. Effet.* — L'employeur peut faire cesser son assujettissement à la législation sur les accidents du travail par une déclaration spéciale à la mairie (modèle n° 3 annexé au présent décret). Cette déclaration, dont il lui est immédiatement donné récépissé (modèle n° 4), est transcrite sur le registre à la suite de la déclaration primitive, ainsi que sur le carnet.

La cessation d'assujettissement n'a point effet vis-à-vis des ouvriers, employés ou domestiques, qui ont accepté d'être soumis à la législation sur les accidents du travail. (Loi du 8 juillet 1907, art. 3. Circ. N 753. Décr. du 30 juillet 1907, art. 1er. Circ. N 757.)

SECT. IV. — COMPÉTENCE. JURIDICTIONS. RÉVISION.

25. *Litiges. Principe.* — Les litiges échappent dans tous les cas aux tribunaux administratifs. (Circ. N 569.)

26. *Juge de paix.* — Le juge de paix statue en dernier ressort, dans les quinze jours de la demande, sur les frais funéraires et les indemnités temporaires; il connaît des demandes relatives au payement des frais médicaux et pharmaceutiques jusqu'à 300 francs en dernier ressort et à charge d'appel dans la quinzaine de la décision pour des sommes supérieures à 300 francs.

Les décisions du juge de paix relatives à l'indemnité temporaire sont exécutoires nonobstant opposition; elles ne sont susceptibles de recours en cassation que par la violation de la loi. (Loi du 9 avril 1898, art. 15, modifié par la loi du 31 mars 1905. Circ. N 683.)

27. *Tribunal.* — Dans le cas d'accord entre les parties en ce qui touche les autres indemnités prévues à l'article précédent, l'indemnité est fixée définitivement par l'ordonnance du président du tribunal de l'arrondissement qui en donne acte, mais cette ordonnance doit indiquer, à peine de nullité, le salaire de base et la réduction que l'accident a fait subir au salaire. En cas de désaccord, le jugement du tribunal est exécutoire par provision. (Loi du 9 avril 1898, art. 16, modifié per la loi du 31 mars 1905. Circ. N 683.)

28. *Revision de l'indemnité. Désignation de médecin. Suspension d'arrérages.* — L'article 19 de la loi du 9 avril 1898, modifié par la loi du 31 mars 1905, fixe, dans tous les cas, le point de départ de la période de trois ans pendant laquelle la revision de l'indemnité peut être demandée; il permet au chef d'entreprise de désigner au président du tribunal un médecin chargé de le renseigner sur l'état de la victime au cours des trois années dont il s'agit; enfin il prévoit la suspension de tout payement d'arrérages dans le cas où la victime refuse de se soumettre à la visite médicale trimestrielle prévue. (Circ. N 683.)

29. *Pension. Remplacement.* — La pension ne pourra être remplacée par le payement d'un capital que si elle n'est pas supérieure à 100 francs et si le titulaire est majeur, le rachat ne pouvant être effectué que d'après le tarif spécifié à l'article 28. (Loi du 9 avril 1898, art. 21, modifié par la loi du 31 mars 1905. Circ. N 683.)

30. *Prescription.* — L'action en indemnité se prescrit par un an à dater du jour de l'accident, ou de la clôture de l'enquête du juge de paix, ou de la cessation du payement de l'indemnité temporaire. (Loi du 9 avril 1898, art. 18, modifié par la loi du 22 mars 1902. Circ. N 621.)

31. *Délai. Origine. Condition.* — Si le point de départ du délai fixé à partir du jour de l'accident peut être reporté au jour de la clôture de l'enquête du juge de paix ou à celui de la cessation du payement de l'indemnité temporaire, c'est à la condition que l'enquête ou le service de l'indemnité auront commencé dans l'année de l'accident, avant que la prescription ne fût acquise au chef de l'entreprise. (Cass. 26 octobre 1909.)

32. *Assureur. Mise en cause.* — Pour que l'assureur soit substitué au chef d'entreprise, il faut qu'il soit mis en cause devant le tribunal du lieu de l'accident. (Loi du 9 avril 1898, art. 16. Cass. 5 janvier 1910.)

SECT. V. — RESPONSABILITÉ.

33. *Principe.* — Les personnes responsables des accidents sont celles qui dirigent l'exploitation ou l'industrie et qui en recueillent les bénéfices. (Circ. N 569.)

34. *Entreprises. Innovation.* — Dans tous les travaux effectués par voie d'entreprise ou livrés à des concessionnaires, ce sont les entrepreneurs et les concessionnaires qui sont directement responsables des accidents et soumis aux obligations de la loi. Les agents des eaux et forêts n'ont pas à intervenir officiellement, leur rôle devant se borner à éclairer les intéressés sur leurs droits et leurs devoirs. (Circ. N 569.)

35. *Travaux en régie.* — L'administration des eaux et forêts est responsable des accidents qui se produisent dans les travaux en régie. Pour assurer l'application de la loi, les surveillants ou préposés doivent, dans les quarante-huit heures (non compris les dimanches et jours fériés, circ. N 621) de l'accident, faire une déclaration au maire de la commune où le fait a eu lieu et produire un certificat médical indiquant l'état de la victime, les suites probables de l'accident et l'époque à laquelle il sera possible d'en connaître le résultat définitif. (Circ. N 569.)

36. *Jurisprudence.* — De nombreux jugements et arrêts ont été rendus en ce qui concerne les responsabilités d'accidents survenus en forêt, mais depuis que la loi sur les exploitations de bois a été promulguée, ils deviennent sans objet. V. *infra.*

SECT. VI. — EXPLOITATIONS COMMERCIALES.

37. *Principe.* — La législation sur les responsabilités des accidents du travail (loi du 9 avril 1898) est étendue à toutes les industries commerciales. (Loi du 12 avril 1906, art. 1er.)

38. *Contrats d'assurances.* — Les articles 2 et 3 de ladite loi fixent les règles à suivre en vue de dénoncer les contrats d'assurance contre les accidents souscrits antérieurement à la promulgation.

39. *Garanties. Taxe.* — La taxe prévue par l'article 25 de la loi du 9 avril 1898 concernant la constitution d'un fond de garantie sera prévue pour les exploitations commerciales, y compris tous les ateliers. Elle sera soumise tous les cinq ans à la sanction législative. (Loi du 12 avril 1906, art. 4, modifié par la loi du 29 mai 1909.)

40. *Assurés. Non assurés.* — L'article 5 indique les conditions relatives à la contribution au fonds de garantie en ce qui concerne les exploitations non soumises à l'impôt des patentes.

Le premier alinéa intéresse les exploitants assurés, le second les exploitants non assurés (ce dernier a été modifié par la loi du 26 mars 1908).

41. *Syndicats de garantie. Constitution.* — Les syndicats de garantie sont autorisés, par décrets rendus en Conseil d'État, après avis du Comité consultatif des assurances contre les accidents du travail. Ils peuvent être autorisés par arrêtés ministériels lorsque leurs statuts sont conformes à des statut-types approuvés par décret rendu en Conseil d'État, après avis du Comité susvisé. (Loi du 12 avril 1906, art. 6.)

SECT. VII. — EXPLOITATIONS DE BOIS.

A. *Généralités.*

42. *Principe.* — La législation sur la responsabilité des accidents du travail est étendue aux exploitations de bois. (Loi du 15 juillet 1914, art. 1er. Circ. N 835.)

43. *Applicabilité.* — Sont seuls considérés comme exploitations de bois les travaux d'abatage, d'ébranchage, lançage, schlittage, transport à la main en forêt, et lorsqu'ils sont exécutés sur le parterre de la coupe, les travaux de débit, façonnage, sciage, empilage, écorçage et carbonisation. (Loi du 15 juillet 1914, art. 1er. Circ. N 835.)

44. *Exceptions.* — La présente loi n'est pas applicable aux terrains boisés, exploités en tout ou en partie, dont la superficie, d'un seul tenant, n'excède pas trois hectares, ni aux arbres plantés hors des bois, lorsque l'opération n'aura pas le caractère d'une exploitation, ni aux éclaircies faites dans les plantations de moins de vingt ares.

Elle n'est pas non plus applicable aux coupes de bois effectuées pour son usage personnel, par le propriétaire du sol ou par le fermier ou métayer. (Loi du 15 juillet 1914, art. 2. Circ. N 835.)

45. *Propriétaire. Chef d'entreprise.* — Est considéré comme chef d'entreprise le propriétaire des bois abattus ou mis en œuvre, si leur exploitation n'a été assumée par un entrepreneur, à la suite d'une adjudication ou en exécution d'un contrat d'entreprise. (Loi du 15 juillet 1914, art. 3. Circ. N 835.)

46. *Responsabilité.* — Dans tous les cas, la responsabilité du chef d'entreprise s'étend aux ouvriers et employés de l'exploitation, à la condition, pour la victime ou ses ayants droit, d'établir la preuve de l'embauchage. (Loi du 25 juillet 1914, art. 3. Circ. N 835.)

B. *Indemnités. Déclaration. Enquête.*

47. *Placards.* — Les chefs d'entreprise ne sont pas tenus de faire afficher sur les lieux des placards portant le texte de la loi sur les accidents du travail, comme le prescrit l'article 31 de ladite loi. (Loi du 15 juillet 1914, art. 8. Circ. N 835.)

48. *Indemnité. Calcul.* — Si la victime n'est pas salariée par le chef de l'entreprise ou n'a pas un salaire fixe, l'indemnité sera calculée d'après le salaire moyen des salaires agricoles du département.

Un réglement d'administration publique déterminera les conditions dans lesquelles ce salaire moyen sera fixé. (Loi du 15 juillet 1914, art. 4. Circ. N 835.)

49. *Salaire moyen. Fixation. Revision.* — Le salaire moyen des salariés agricoles est fait pour chaque département par le préfet après avis de Commissions mixtes composées en nombre égal de patrons et d'ouvriers et après une enquête administrative.

Il peut être révisé sur la demande des patrons ou des ouvriers, lorsque des variations dans le taux des salaires auront reçu une application générale dans le département. (Décr. du 27 mai 1915, art. 1er. Circ. N 835.)

50. *Avis d'accident.* — Si dans les quatre jours qui suivent l'accident la victime n'a pu reprendre son travail, et si le lieu de l'accident se trouve hors de la commune où le chef de l'entreprise a son domicile, l'accident doit être porté à la connaissance du chef d'entreprise, par lettre recommandée avec accusé de réception, soit par la victime, soit par un représentant ou ayant droit. (Loi du 15 juillet 1914, art. 5. Circ. N 835.)

51. *Avis d'accident. Formules.* — L'avis d'accident à adresser pour chaque victime aux chefs d'entreprise et les avis à transmettre par les maires au Ministre du Travail sont établis conformément aux modèles annexés au présent décret. (Décr. du 27 mai 1915, art. 1er. Circ. N 835.)

52. *Déclaration. Délai.* — Tout accident ayant occasionné une incapacité de travail doit être déclaré, dans les quarante-huit heures, non compris les dimanches et jours fériés, par le chef d'entreprise ou ses préposés, au maire du lieu où il s'est produit. Celui-ci en dresse procès-

verbal et en délivre immédiatement récépissé. (Loi du 15 juillet 1914, art. 5. Circ. N 835.)

53. *Délai. Origine.* — Le délai partira, dans le cas où le chef d'entreprise n'est pas domicilié dans la commune où se trouve le lieu de l'accident, du jour de la réception, par lui, de la lettre recommandée. (Loi du 15 juillet 1914, art. 5. Circ. N 835.)

54. *Certificat médical.* — A défaut par le déclarant d'avoir joint à l'avis d'accident un certificat de médecin indiquant l'état de la victime, les suites probables de l'accident et l'époque à laquelle il sera possible d'en connaître les conséquences définitives, le chef d'entreprise doit, dans les quatre jours de la réception de l'avis d'accident et sous les peines prévues à l'article 14 de la loi du 9 avril 1898, provoquer l'établissement à sa charge d'un certificat médical et le déposer à la mairie du lieu de l'accident contre récépissé. (Loi du 15 juillet 1914, art. 5. Circ. N 835.)

55. *Non-avis d'accident.* — Si toutefois le chef d'entreprise a eu, par lui-même ou ses préposés, connaissance d'un accident ayant entraîné une incapacité de travail de plus de quatre jours, et s'il n'a pas reçu avis de cet accident fait par la victime, son représentant ou un ayant droit, il est tenu de faire la déclaration à la mairie du lieu de l'accident avec certificat à l'appui. (Loi du 15 juillet 1914, art. 5. Circ. N 835.)

56. *Frais. Formules.* — Les frais de poste de l'avis d'accident et le coût du certificat médical incomberont au chef d'entreprise. Des formules imprimées d'avis aux chefs d'entreprise seront tenues gratuitement à la disposition des intéressés. Un décret déterminera la teneur de ces formules dont l'emploi ne sera pas obligatoire et fixera les conditions dans lesquelles les avis d'accidents devront être transmis au Ministère du Travail par les mairies. (Loi du 15 juillet 1914, art. 5. Circ. N 835.)

57. *Enquête. Délais.* — Le délai (24 heures) dans lequel le juge de paix doit procéder à l'enquête prévue au deuxième alinéa de l'article 12 de la loi du 9 avril 1898 est porté à trois jours et le délai de clôture de ladite enquête est porté à quinze jours. (Loi du 15 juillet 1914, art. 5. Circ. N 835.)

58. *Indemnité temporaire. Droit.* — Le droit à l'indemnité temporaire ne courra au profit de la victime que du jour de l'envoi de l'avis d'accident, si cet envoi, sauf dans les cas de force majeure, n'a pas eu lieu dans les quatre jours qui ont suivi l'accident. (Loi du 15 juillet 1914, art. 5. Circ. N 835.)

C. *Garanties.*

59. *Garanties Taxe.* — Dans les conditions

spécifiées par la loi du 29 mai 1909, les chefs d'entreprise patentés seront soumis à la taxe prévue par l'article 25 de la loi du 26 mars 1908 et les chefs d'entreprise non patentés à la taxe prévue par la loi du 26 mars 1908. (Loi du 15 juillet 1914, art. 6. Circ. N 835.) V. Exploitations commerciales.

60. *Syndicats. Constitution.* — Les syndicats de garantie formés exclusivement entre exploitants de coupes de bois pourront être constitués dans les conditions prévues par l'article 6 de la loi du 12 avril 1906 (V. Exploitations commerciales), s'ils comprennent au moins 50 exploitants adhérents, si les salaires moyens assurés s'élèvent au moins à deux millions de francs ou si le montant moyen de leurs acquisitions réunies s'élève au moins à cinq millions. (Loi du 15 juillet 1914, art. 7. Circ. N 835.)

D. *Dispositions spéciales.*

61. *Contrats. Dénonciation.* — A partir de la promulgation et dans les trois mois qui suivront, les contrats d'assurance souscrits antérieurement pour les exploitations visées à l'article 1ᵉʳ pourront, même s'ils couvraient le risque spécifié par la législation en vigueur sur les accidents du travail, être dénoncés ou par l'assureur ou par l'assuré, mais seulement pour la portion de risque visée par la présente loi. (Loi du 15 juillet 1904, art. 9. Circ. N 835.)

62. *Dénonciation. Effets.* — La dénonciation s'effectuera dans les conditions et avec les effets spécifiés aux deux derniers alinéas de l'article 2 de la loi du 12 avril 1906. (Loi du 15 juillet 1914, art. 9. Circ. N 835.)

63. *Contrats mixtes. Dénonciation.*— Les contrats mixtes par lesquels l'assureur s'est engagé, d'une part, à garantir l'assuré contre le risque de la législation des accidents du travail si celle-ci était déclarée applicable à tout ou partie des risques couverts par le contrat, et, dans le cas contraire, à le couvrir du risque de la responsabilité, pourront être dénoncés dans les proportions, formes et délais prévus à l'article précédent (Loi du 15 juillet 1914, art. 10. Circ. N 835.)

64. *Dénonciation nulle.* — La dénonciation de l'assuré restera toujours sans effet si, dans la huitaine de cette dénonciation, l'assureur lui remet un avenant garantissant expressément, sans aucune augmentation de prime, le risque visé et défini par la présente loi. (Loi du 15 juillet 1914, art. 10. Circ. N 835.)

65. *Contrats mixtes. Validité.* — A l'expiration du délai de trois mois prévu à l'article précédent, le silence de deux parties aura pour effet, sans autres formalités, de rendre le contrat mixte applicable au risque déterminé par la présente loi. (Loi du 15 juillet 1914, art. 10. Circ. N 835.)

ACCRÉDITATION.

1. *Inspecteur général.*—L'Inspecteur général fait visite au préfet dans les chefs-lieux des départements où il séjourne et informe officiellement le sous-préfet de son arrivée dans les chefs-lieux d'arrondissement. (Arr. Min. du 20 octobre 1912. Circ. N 810.)

2. *Conservateur.* — Dès qu'il arrive à son poste, le conservateur se présente devant le préfet et devant les autorités administratives et judiciaires du département où il réside. Il s'occrédite par correspondance auprès des préfets des autres départements de sa circonscription. (Circ. N 51, art. 8.)

3. *Conservateur. Ordonnateur secondaire.* — L'administration a seule qualité pour accréditer auprès des comptables les ordonnateurs secondaires qui ont des mandats de payement à délivrer. Les conservateurs récemment promus ou appelés à une nouvelle résidence doivent adresser à l'administration un bulletin avec leur signature à accréditer auprès des comptables. S'il y a plusieurs départements dans la conservation, on adresse plusieurs bulletins. (Circ. N 265.)

4. *Signature. Intérimaire. Bulletin.* — La signature de l'officier-chef des bureaux de la conservation chargé de remplacer le conservateur absent est accréditée auprès des trésoriers-payeurs généraux, une fois pour toutes, par le Ministre de l'Agriculture.

Pour mettre l'administration à même d'accréditer auprès des trésoriers généraux la signature de l'agent intérimaire, les conservateurs doivent adresser, chaque fois que l'occasion se présente, un bulletin du modèle suivant:

Signature de M. (nom, prénoms)........ (grade).......*des eaux et forêts à*........ *désigné pour suppléer le conservateur des eaux et forêts à*..........*dans ses fonctions d'ordonnateur secondaire.*

Ce bulletin doit être fourni en autant d'exemplaires qu'il y a de départements dans la conservation. (Circ. Min. 25 février 1890, n° 12.)

5. *Chefs de service.* — Les inspecteurs, inspecteurs adjoints et gardes généraux chefs de service se présentent, dès leur entrée en fonctions, devant le préfet ou le sous-préfet de leur résidence. (Circ. N 51, art. 10.)

6. *Officiers et préposés.*—Les autres officiers et les préposés ne sont pas tenus de se faire accréditer. (Circ. A 61.). Les officiers doivent toutefois se présenter devant le premier magistrat de l'ordre administratif, et les préposés devant le maire de leur résidence. (Circ. N 51, art. 10.)

ACCROISSEMENT. V. Croissance.

ACCRU.

Propriété. — L'accru d'un bois appartient au possesseur du bois, si, pendant trente ans, le propriétaire du sol sur lequel s'est manifesté l'accru ne l'a pas revendiqué et fait acte de propriété. Dans ce cas, il est censé avoir abandonné volontairement sa propriété et il se trouve dépossédé par prescription.

ACCUSÉ. V. Prévenu.

ACCUSÉ DE RÉCEPTION.

Principe. — On doit accuser réception de tout ordre et de toute pièce importante, en relatant la date de l'envoi, le numéro de la lettre et le bureau d'où elle émane.

ACHAT. V. Acquisition.

ACHAT DE BOIS DE DÉLIT.

Présomption. Conséquence. — La possession des bois de délit, vendus ou achetés en *fraude*, constitue une présomption telle que celui chez qui ces bois sont trouvés peut être poursuivi comme auteur ou complice du délit, et, dès lors, il est passible des condamnations encourues pour le fait délictueux. (Cod. For. 161, 164. Cod. Pén. 59, 62.) V. Bois de délit.

ACHAT DE GIBIER.

Gibier pris à l'aide d'engins prohibés. Complicité. — Celui qui a acheté du gibier pris à l'aide d'engins prohibés ne saurait être condamné comme complice par recel s'il n'est pas établi que, lorsqu'il a acheté ce gibier, il savait que le gibier avait été capturé au moyen d'engins prohibés. (Cass. 16 novembre 1888.) V. Colportage.

ACHETEUR.

Obligations. — La principale obligation de l'acheteur est de payer le prix, aux jour et lieu réglés par la vente. (Cod. Civ. 1650.) S'il n'a rien été convenu, l'acheteur doit payer au lieu et dans le temps où doit se faire la délivrance. (Cod. Civ. 1651.)

Si l'acheteur ne paye pas, le vendeur peut demander la résolution de la vente. (C. Civ. 1654.)

ACOMPTE.

1. *Pièces à fournir.* — Aucune somme n'est payée à titre d'acompte que sur la présentation par l'agent directeur d'un procès-verbal de réception partielle établissant les ouvrages exécutés et les dépenses faites. (Circ. N 566, art. 237.)

2. *Maximum.* — Les payements d'acompte ne peuvent être effectués que jusqu'à concurrence des 5/6, au plus, de la valeur des matériaux ou des ouvrages reçus. (Décr. 31 mai 1861, art. 13 et Règl. 26 déc. 1866, art. 107.)

Le dernier payement sera effectué, après le règlement final de l'entreprise, par le conservateur. (Cah. des ch. 51. Circ. N 582.)

3. *Travaux. Conditions.* — Il ne peut être fait de payement d'acompte avant que les travaux exécutés ou les approvisionnements apportés à pied d'œuvre aient atteint le quart, au moins, du prix total de l'entreprise. Exception est faite en faveur des sociétés d'ouvriers qui recevront tous les quinze jours des acomptes sur les ouvrages exécutés ou les fournitures livrées, sauf les retenues prévues par le cahier des charges et le cahier des clauses spéciales. (Cah. des ch. 50). V. Sociétés d'ouvriers.

4. *Travaux. Garanties. Conditions.* — Lorsqu'il s'agit d'un ouvrage soumis au délai de garantie, l'acompte est basé, non sur le prix primitif de l'adjudication, mais sur la valeur réelle des ouvrages exécutés, telle qu'elle résulte du métré définitif. (Circ. N 566, art. 240.) V. Intérêt. Mandat. Payement. Travaux.

ACQUÊT.

Explication. — Le droit connu sous le nom de *droit de nouvel acquêt* s'appliquait aux biens roturiers qui n'avaient pas été amortis, à quelque titre qu'on les possédât. (Cass. 7 mai 1866.) D'après l'édit du 9 mars 1700, l'impôt connu sous le nom de droit de *nouvel acquêt* n'était applicable qu'aux droits d'usage possédés par les communautés laïques, habitants de ville, village ou bourg.

ACQUIESCEMENT.

1. *Définition.* — Adhésion à un acte, à une demande, à un jugement. V. Instance.

2. *Frais.* — L'acquiescement pur et simple, quand il n'est pas fait en justice, est passible du droit fixe d'enregistrement de 6 francs sans décimes. (Loi du 28 avril 1816, art. 43, 44. Loi du 28 février 1872, art. 4. Loi du 25 juin 1920, art. 28.)

3. *Instance domaniale.* — Le droit d'acquiester appartient au Ministre des Finances. (Ord. 3 juillet 1834.) V. Instance.

4. *Action communale. Maire.* — Un maire a qualité pour acquiescer au nom de la commune soit expressément, soit tacitement, s'il a été autorisé par une décision du conseil municipal. (Conséquence de la loi du 8 janvier 1905.) V. Instance.

Une commune ne peut valablement acquiescer, dans le cas où elle serait inhabile à transiger, au sujet de droits dont elle n'a pas la libre disposition. (Cass. 11 mars 1873.)

5. *Jugements.* — Les agents forestiers ne peuvent acquiescer, ni expressément, ni tacitement, aux jugements rendus au profit de l'administration forestière, sans l'autorisation spéciale de l'administration. (Cass. 1er mars 1839.) Depuis la loi du 18 juin 1859 qui a introduit les transactions après jugement ces dispositions ne reçoivent pour ainsi dire plus d'application en matière forestière.

6. *Instance. Jugement. Exécution de l'arrêt.* — La perception d'une amende ne constitue pas un acquiescement à un jugement de la part de l'administration forestière. (Cass. 2 octobre 1829.) V. Appel.

ACQUISITION.

V. Propriété. Maison. Cession. Scierie. Sécherie. Route.

SECT. I. — DÉCISIONS.

1. *Autorisation.* — Les acquisitions d'immeubles, par l'État, sont autorisées, suivant le cas, soit par une loi, soit par un décret du chef du pouvoir exécutif, ou par une décision ministérielle.

2. *Rapports. Autorisation.* — Les propositions d'acquisition sont l'objet de rapports spéciaux au conseil d'administration des Eaux et Forêts. Ces rapports sont soumis au Ministre de l'Agriculture. (Circ. N 6, § 11.)

3. *Autorisation.* — Les projets d'acquisition d'immeubles sont approuvés par l'administration, quelle que soit l'évaluation de la dépense. (Circ. N 566, art. 162.)

4. *Décision. Autorisation.* — La décision ministérielle qui autorise une acquisition est notifiée au conservateur des forêts, au directeur des domaines et au préfet du département de la situation de l'immeuble à acquérir. (Circ. N 6, § 14.)

5. *Registre.* — Il est tenu, par chaque chef de service, un état des acquisitions de terrains. (Instr. gén. du 2 février 1885, art. 87. Circ. N 345.)

6. *Propriétés départementales. Autorisation.* — Les conseils généraux statuent définitivement sur les acquisitions de propriétés départementales non affectées à un service public. (Loi du 10 août 1871, art. 46.)

7. *Biens communaux. Autorisation.* — Les préfets approuvent les acquisitions de biens communaux de toute nature, quand la dépense totalisée avec les dépenses de même nature pendant l'exercice courant dépasse les limites des ressources ordinaires et extraordinaires que les communes peuvent se créer sans autorisation spéciale. (Loi du 5 avril 1884, art. 68, § 3.)

8. *Communes.* — Les conseils municipaux règlent, par leurs délibérations, les acquisitions d'immeubles, lorsque la dépense ne dépasse pas les limites des ressources ordinaires et extraordinaires que les communes peuvent se créer sans autorisation spéciale. (Loi du 5 avril 1884, art. 61 et 68, § 3.)

La délibération prise à cet effet, bien que définitive, doit être, dans la huitaine, envoyée à la préfecture ou à la sous-préfecture.

SECT. II. — PROPOSITIONS.

9. *Immeubles.* — Lorsque, sur la proposition d'une administration dépendant du ministère, il aura été reconnu utile d'autoriser l'acquisition d'un immeuble, toutes les opérations relatives à l'achat, à la passation du contrat et à la prise de possession seront faites par les soins et à la diligence de la régie des domaines, de concert avec l'administration intéressée, qui en acquittera le prix. L'immeuble sera acquis au nom de l'État. (Décis. Min. 11 octobre 1824.)

10. *Propositions. Rapports. Renseignements. Pièces à l'appui.* — Lorsqu'une acquisition leur paraît nécessaire, les conservateurs adressent à l'administration, avec leurs propositions, les rapports des agents locaux justifiant l'utilité et la convenance de l'acquisition et comprenant la description et l'estimation détaillée de l'immeuble, l'indication des servitudes actives et passives dont cet immeuble peut jouir ou être grevé, enfin des renseignements sommaires sur l'état civil du vendeur, ainsi que sur l'établissement et la transmission antérieure de la propriété.

Un plan de l'immeuble doit toujours être joint aux rapports des agents. (Circ. N 6, § 2 et circ. N 297.)

11. *Utilisation immédiate.* — Les acquisitions ne doivent être poursuivies que lorsqu'il est certain que les immeubles recevront une utilisation immédiate. (Circ. N 533.)

12. *Maison. Scierie. Propriété bâtie. Renseignements.* — Si la proposition a pour but l'acquisition de maisons, scieries, sécheries ou autres propriétés bâties, il y a lieu de fournir des projections, coupes et élévations des diffé-

rentes constructions et d'établir le devis approximatif des travaux de réparation, d'appropriation ou d'amélioration qu'il conviendrait d'y exécuter. (Circ. N 6, § 3.)

13. *Terrain pour chemins. Renseignements.* — S'il s'agit d'un terrain destiné à l'établissement d'un chemin forestier, le projet des travaux est préalablement rédigé et détermine exactement la superficie nécessaire pour le tracé de la voie et des fossés, ainsi que pour les talus des déblais et des remblais. (Circ. N 6, § 4.)

14. *Chemins. Plans. Renseignements.* — Lorsque, à raison de la position du vendeur ou de l'établissement de la propriété, la réalisation de l'acquisition paraît devoir rencontrer des difficultés et lorsque en même temps la rédaction du projet définitif de la route doit donner lieu à un travail considérable, les agents peuvent se borner à produire, à la place de ce projet, les pièces suivantes :

Le plan de l'axe de la route;

Le profil en long du terrain naturel avec la ligne rouge du projet;

Les profils en travers de la section ou des sections du chemin à établir sur les parcelles de terrain dont l'acquisition est proposée;

Le plan exactement coté de ces parcelles;

Enfin, une estimation aussi approximative que possible de la dépense totale des travaux. (Circ. N 6, § 5.)

15. *Renseignements. Pièces. Titres de propriété.* — L'administration décide, selon le cas, s'il y a lieu d'obliger le propriétaire à joindre à ses offres de vente les titres de propriété et des déclarations authentiques des charges, servitudes, privilèges ou hypothèques dont serait grevé l'immeuble à acquérir par l'État, ou si la production de ces pièces peut être différée jusqu'au moment de la passation du contrat. (Circ. N 6, § 9.)

16. *Propriétaire. Offre. Formalités.* — Si les biens à acquérir appartiennent à une commune ou à un département, l'offre de vente est formulée dans une délibération du conseil municipal ou du conseil général.

Cette délibération doit recevoir la suite prévue par la loi du 5 avril 1884, pour les communes, et par celle du 18 août 1871, pour les départements.

Si la propriété à vendre par une commune ou par un département a précédemment été affectée à un service public, il est produit, outre l'autorisation régulière d'aliéner, une copie certifiée de l'acte qui a distrait cette propriété de sa destination précédente. (Circ. N 6, § 10.)

17. *Commune. Formalités.* — Les pièces à fournir par une commune pour les demandes d'acquisitions sont : 1° la délibération portant

vote de la mesure, avec indication des voies et moyens pour le paiement; 2° un procès-verbal d'expertise de la propriété, avec plan; 3° un engagement du propriétaire de vendre au prix d'estimation fixé au procès-verbal d'expertise; 4° certificat du bureau des hypothèques faisant connaître s'il existe des inscriptions sur l'immeuble; 5° procès-verbal d'enquête *de commodo et incommodo*; 6° délibération sur le résultat de l'enquête; 7° budget et état de la situation financière de la commune. (Circ. Int. 5 mai 1852.)

18. *Commune. Paiement.* — Toute commune qui veut acquérir un immeuble est préalablement tenue de justifier qu'elle a à sa disposition les ressources nécessaires pour le payer. (Cons. d'État, 19 juillet 1833.)

19. *Mise en défends. Privation de pâturage. Prolongation.* — Dans le cas où l'État, après l'expiration du délai de dix ans, voudrait maintenir la mise en défends, il sera tenu d'acquérir les terrains à l'amiable ou par voie d'expropriation publique, s'il en est requis par les propriétaires. (Loi du 4 avril 1882, art. 8.)

SECT. III. — FORMALITÉS.

20. *Mode d'acquisition.* — Les acquisitions à titre onéreux sont habituellement faites de gré à gré, ou par voie d'adjudication publique. (Circ. N 6, § 1.)

21. *Mode. Terrain.* — Les acquisitions de terrain à titre onéreux peuvent cependant avoir lieu par voie d'expropriation pour cause d'utilité publique. Ce mode n'est employé qu'en matière de restauration des montagnes. (Circ. N 6, § 1. Loi du 4 avril 1882.)

22. *Périmètre. Restauration des montagnes.* — Dans les périmètres de travaux de restauration des montagnes exécutés par l'administration aux frais de l'État, celui-ci devra acquérir, soit à l'amiable, soit par expropriation, le terrain nécessaire à ce travail. (Loi du 4 avril 1882, art. 4.)

23. *Cahier des charges. Pièces à joindre.* — Lorsque l'acquisition doit avoir lieu par voie d'adjudication publique, la proposition est accompagnée d'une expédition du cahier des charges. (Circ. N 6, § 6.)

24. *Offres.* — Si l'acquisition doit être faite à l'amiable, les propriétaires fournissent une déclaration contenant des offres de vente. (Circ. N 6, § 7.)

25. *Contrat. Forme.* — Les contrats d'acquisition à l'amiable sont passés en la forme des actes administratifs. Ils peuvent également être passés par-devant notaire, lorsque les vendeurs l'exigent. (Circ. N 6, § 16.) V. Notaire.

26. *Acte administratif. Acte notarié.* — En

principe toutes les acquisitions d'immeubles pour le compte de l'État doivent être réalisées par actes administratifs. Toutefois, à titre exceptionnel, il peut être fait appel au concours des notaires pour les opérations d'achat de terrains effectués par l'administration des eaux et forêts en vue du reboisement, dans le cas où il apparaîtra clairement que cette administration ne peut se dispenser du ministère des officiers ministériels ou qu'elle doit retirer de leur intervention des avantages certains. (Lettres du Min. Int. 21 décembre 1909 et 17 décembre 1910. Circ. N 773.)

27. *Restauration des montagnes. Contrats amiables.* — Les contrats d'acquisition de terrain sont passés dans la forme des actes administratifs, c'est-à-dire par-devant le préfet ou son délégué et exceptionnellement par-devant notaire.

Dans tous les cas, les contrats sont réalisés à l'intervention d'un représentant du directeur des domaines et d'un délégué du conservateur des forêts. (Instr. gén. du 2 février 1885, art. 41. Circ. N 345.)

28. *Périmètre. Contrat. Procédure.* — Afin de faire profiter l'État des avantages résultant de la déclaration d'utilité publique au triple point de vue des garanties dans la transmission de propriété, de la simplification de la procédure et de l'économie des frais, il conviendra de suivre la procédure de la loi du 3 mai 1841 pour toutes les acquisitions comprenant exclusivement des terrains situés dans les limites d'un périmètre. (Circ. N 733.)

29. *Hors périmètre. Contrat. Procédure.* — Seront réalisées suivant les règles du droit commun les acquisitions ayant pour objet des terrains hors périmètre ou même les acquisitions comprenant à la fois des terrains hors périmètre et des terrains périmétrés lorsqu'il sera reconnu impossible de les scinder. (Circ. N 733.)

30. *Contrat. Rédaction.* — Dans tous les cas, la rédaction de ces actes est concertée entre les directeurs des domaines et les conservateurs des forêts, au vu des titres de propriété que les vendeurs sont tenus de communiquer. (Circ. N 6, § 17.)

31. *Dossiers. Mentions.* — Les dossiers doivent faire clairement ressortir la catégorie à laquelle appartiennent les terrains à acquérir (périmétrés ou non). On reproduira cette indication sur la chemise accompagnant chaque dossier et on y mentionnera la date de la loi déclarative d'utilité publique. (Circ. N 933.)

32. *Restauration des montagnes. Acte d'achat amiable. Projet. Expédition. Timbre.* — Les projets d'actes administratifs d'acquisition de terrain sont préparés de concert par les représentants ou délégués du directeur des domaines

et du conservateur des forêts, puis soumis à l'approbation de l'administration et enfin dressés par les soins des agents forestiers en cinq exemplaires, savoir :

Un pour la minute qui doit être déposée au secrétariat de la préfecture;

Un pour l'expédition destinée à l'administration des domaines;

Un pour l'expédition destinée aux archives de la direction des forêts;

Un pour l'expédition destinée aux archives du conservateur;

Un pour l'expédition nécessaire à la liquidation du prix d'acquisition.

À chacune des quatre premières expéditions est joint le plan parcellaire de l'immeuble.

La minute et les expéditions doivent être visées pour timbre gratis. (Instr. gén. du 2 février 1885, art. 42. Circ. N 345.)

33. *Actes. Rédaction. Administration des domaines.* — Les agents des domaines continueront, nonobstant le décret du 15 décembre 1877, qui rattache le service des forêts à l'agriculture, à concourir à la préparation et à la rédaction des actes d'acquisitions d'immeubles faites pour le compte de l'administration des forêts, dans les conditions déterminées par l'arrêté ministériel du 12 octobre 1824. (Lettre du Min. des Fin. du 28 août 1878. Circ. N 233. Lettre du Min. des Fin. 16 juin 1909. Circ. N 773.)

34. *Contrats. Parties.* — Les actes notariés sont passés entre les vendeurs et les préfets ou leurs délégués, avec la mention de la participation d'un agent de l'administration des domaines et d'un agent de l'administration des forêts désigné à cet effet par le conservateur. (Circ. N 6 § 18.)

35. *Préfet. Délégation.* — Les préfets pourront, sur la proposition du directeur des domaines, déléguer soit le sous-préfet de l'arrondissement, soit le maire de la commune ou de l'une des communes de la situation pour procéder, avec le concours de l'agent des domaines désigné à cet effet, à la passation des actes constatant des acquisitions d'immeubles faites pour le compte de l'État. (Décr. du 26 février 1907, art. 2. Circ. N 713.)

36. *Minute. Dépôt. Mention.* — Dans le cas où les actes n'auront pas été passés directement par le préfet, la minute de chaque acte devra, ainsi que tous les documents qui s'y rattachent, en être adressée dans les dix jours de l'enregistrement de l'acte, pour le tout rester déposé dans les archives de la préfecture.

La date de la transmission par le sous-préfet ou par le maire au préfet sera mentionnée en marge de l'inscription de l'acte sur le répertoire de la sous-préfecture ou de la mairie. Mention de la réception sera également faite sur le répertoire de la sous-préfecture. (Décr. du 26 février 1907, art. 2. Circ. N 713.)

37. *Délégation. Proposition.* — Lorsqu'il s'agira d'acquisitions faites par l'administration des eaux et forêts, la délégation sera proposée par le conservateur à qui cette initiative sera réservée également, en ce qui concerne les actes d'administration du domaine forestier de l'État. (Décr. du 16 septembre 1908. Circ. N 739.)

38. *Transcription. Hypothèques.* — Les formalités relatives à la transcription du contrat d'acquisition et, s'il y a lieu, à la purge des hypothèques légales, à la mainlevée et à la radiation des hypothèques inscrites, sont accomplies à la diligence de l'administration des domaines. (Circ. N 6, § 22.)

39. *Transcription.* — Les actes d'acquisition sont transcrits au bureau des hypothèques de la *situation des biens.* (Loi du 23 mars 1855.)

40. *Hypothèque. Purge.* — S'il s'agit d'une acquisition dont le prix est inférieur à 1,500 francs, la décision du Ministre qui l'autorise peut dispenser définitivement de la purge des hypothèques. (*Règlement général sur la comptabilité du 26 janvier 1846,* § 531 de la *nomenclature.* Circ. N 6, § 12. Décr. du 4 sept. 1922.)

Cette dispense peut encore être accordée conditionnellement, c'est-à-dire pour le cas où il résulterait de la vérification ultérieure des titres de propriété, de la position du vendeur comme mari ou tuteur, d'une renonciation formelle de sa femme à son hypothèque légale, etc., que la purge dont il s'agit n'est pas nécessaire. (Circ. N 6, § 13.)

41. *Hypothèque. Purge. Frais.* — Lorsque les vendeurs déclarent leurs immeubles libres et francs de toute hypothèque, il y a lieu d'insérer dans le contrat une clause portant qu'ils s'engagent à en fournir la preuve, de manière à laisser à leur charge exclusive les frais des états ou certificats d'inscription et de transcription. Ces certificats, lorsque les acquisitions sont faites d'après les règles du droit commun, doivent être produits, non seulement du chef du vendeur de l'immeuble, mais encore du chef de tous ceux qui ont été propriétaires pendant les trente ans qui ont précédé la vente consentie à l'État; pour les inscriptions passées au profit du Crédit foncier, les certificats doivent s'appliquer à tout le temps écoulé depuis la création de cet établissement.

Les frais de purge légale sont à la charge de l'acheteur; mais ceux de la purge des hypothèques inscrites doivent être supportés par le vendeur (Cass. 22 avril 1856), et, pour éviter toute difficulté sur ce dernier point, on en fera l'objet d'une clause spéciale du contrat. (Circ. N 248.)

42. *Hypothèque légale de la femme mariée. Purge. Renonciation de la femme.* — La renonciation par la femme à son hypothèque légale vaut purge à partir de la transcription de l'acte d'aliénation si la renonciation y est contenue (droit de suite). [Loi du 13 février 1889.]

Toutefois la transcription ne supplée pas en ce cas à l'inscription ou mention de subrogation voulues par l'article 9 de la loi du 23 mars 1855 en ce qui concerne le droit de préférence. (Cass. 29 août 1866.)

Cependant, il est de pratique assez constante que l'administration se dispense, eu égard à la qualité des vendeurs, de remplir les formalités de l'article 9.

La clause ci-après insérée dans le contrat de vente est alors jugée suffisante dans de nombreux cas :

«M⁰ᵉ X... déclare renoncer expressément à son hypothèque légale, sur les immeubles vendus, en faveur de l'acquéreur ainsi qu'à son droit de préférence sur le prix de vente et subroge au besoin l'État en cas de trouble dans l'effet de cette hypothèque jusqu'à concurrence d'une somme égale au total du prix et des frais de l'acquisition. Elle donne en outre plein pouvoir à son mari pour retenir hors de sa présence le montant du prix de la vente en capital et intérêts. Donne quittance en tout ou partie et s'interdit d'avance aucun recours ni recherches ultérieures en raison des droits que pourrait lui conférer son hypothèque légale.»

SECT. IV. — LIQUIDATION.

§ 1. *Prix.*

43. *Prix. Conditions.* — Le prix doit toujours être fixé dans les offres de vente.

Le propriétaire peut stipuler que ses offres ne sont valables que pour un laps de temps qu'il détermine. (Circ. N 6, § 8.)

Dans ce cas, il importe que le délai soit assez long pour que la proposition d'acquisition puisse être instruite par la direction des forêts, par celle des domaines et soumise à l'approbation du Ministre. (Note.)

44. *Route et chemin déclassés.* — Si l'acquisition a pour objet des parties déclassées d'un chemin vicinal ou d'une route départementale, le prix est réglé par expertise, conformément à l'article 19 de la loi du 21 mai 1836, sur les chemins vicinaux, ou à la loi du 24 mai 1842, sur les routes départementales. (Circ. N 6, § 15.)

45. *Hypothèques. Mainlevée. Prix.* — Toutes les fois que les vendeurs y consentent, il doit être stipulé que, si le certificat du conservateur des hypothèques, délivré après la transcription du contrat, constate l'existence d'hypothèques judiciaires ou conventionnelles sur les immeubles acquis par l'État, il pourra être

enjoint auxdits vendeurs de rapporter main-levée de toutes les inscriptions existantes, dans les quatre-vingt-dix jours de la date du contrat; à défaut de quoi, le prix sera déposé à la Caisse des dépôts et consignations, sans offres réelles préalables. (*Règlement général sur la comptabi-lité des finances du 26 janvier 1846, § 531 de la nomenclature. Circ. N 6, § 20.*)

46. *Prix. Liquidation.* — La liquidation du prix principal, des intérêts, des frais d'acte et de toutes les autres dépenses accessoires à la vente est opérée par le conservateur des forêts. Toutefois, les dossiers relatifs au règlement du prix d'acquisition doivent être soumis à l'exa-men préalable de l'administration. (Circ. N 402 et 404.)

47. *Prix inférieurs à 1,500 francs. Liquida-tion. Formalités.* — Les dossiers de liquidation des acquisitions dont le prix n'excède pas 1,500 francs ne seront pas soumis à l'examen préalable de l'administration; ces liquidations seront opérées entièrement par les soins des conservateurs et sous leur responsabilité après que les projets d'actes auront reçu l'approba-tion de l'administration.

Il y a lieu toutefois d'adresser à l'adminis-tration après chaque liquidation le projet d'acte de vente dûment complété et le plan qui sont destinés à ses archives, accompagnés d'un bul-letin faisant connaître la date et le montant du mandat de paiement, puis, le cas échéant, la date et le motif de la consignation ainsi que le montant de la somme consignée. (Circ. N 716.)

48. *Prix supérieurs à 1,500 francs. Liqui-dation.* — Il n'est rien innové en ce qui con-cerne les acquisitions d'un prix supérieur à 1,500 francs dont la liquidation demeure régie par les prescriptions de la circulaire n° 404. (Circ. N 716.)

49. *Prix. Paiement.* — Lorsque la vente a eu lieu par voie d'adjudication et que le cahier des charges a stipulé le paiement immédiat de certains frais, l'administration des domaines est chargée de faire l'avance de ces frais sur les caisses de ses receveurs, et l'administration des forêts en opère ensuite le remboursement au moyen d'un mandat spécial. (Circ. N 6, § 25.)

50. *Prix. Paiement.* — Les dépenses affé-rentes aux acquisitions d'immeubles s'imputent d'après les époques de paiement stipulées aux contrats ou adjudications. (*Règlement général sur la comptabilité, art. 4, § 10. Circ. N 6, § 28.*)

51. *Expropriations. Indemnités.* — Les in-demnités allouées, de même que les prix de ventes amiables, sont liquidées par les soins du conservateur; elles sont payées sur la pro-duction des pièces mentionnées dans le règle-ment de la comptabilité publique. (Circ. N 345, art. 80. Circ. N 104.)

52. *Prix. Paiement.* — Lorsque l'acte d'ac-quisition n'a pas fixé de délai pour le paiement, l'imputation de la dépense est réglée par l'époque de l'accomplissement des dernières formalités. (Circ. N 6, § 29.) C'est dans ce cas la date de la signature du contrat qui dé-termine l'imputation.

53. *Prix. Paiement.* — Généralement, l'époque stipulée pour le paiement est la fin de l'accomplissement de toutes les formalités hypothécaires. Dans ce cas, l'imputation de la dépense est déterminée par la date de la pièce justificative la plus récente. (Circ. N 6, § 30.)

54. *Immatriculation. Numéros.* — Aucun paiement pour acquisition d'immeubles par l'État ne peut avoir lieu sans que le mandat fasse mention expresse du numéro sous lequel l'immeuble acquis a été immatriculé sur les sommiers des domaines. (Loi du 29 décembre 1873, art. 23.)

Les agents joignent, en conséquence, à tout envoi de pièces pour la liquidation, un certificat du directeur des domaines, faisant connaître ce numéro. (Instr. gén. du 2 février 1885, art. 83. Circ. N 345.)

55. *Prix. Liquidation. Pièces.* — La liqui-dation du prix principal est opérée sur la pro-duction des pièces ci-après détaillées lorsqu'il s'agit d'acquisitions réalisées d'après les règles du droit commun:

1° Copie de la décision ministérielle qui a autorisé l'acquisition;

2° Expédition timbrée, ou extrait timbré de l'acte de vente notarié ou administratif, du procès-verbal d'adjudication, ou de tout autre titre constatant l'acquisition et la transmission de la propriété; ledit acte relatant textuelle-ment la transcription au bureau des hypo-thèques;

3° Certificat délivré, après la transcription de la vente, par le conservateur des hypo-thèques et constatant que l'immeuble acquis n'est grevé d'aucune hypothèque inscrite et qu'il n'a été transcrit aucun acte de nature à altérer, dans le sens de la loi du 23 mars 1855, la propriété vendue à l'État;

4° Copie ou extrait de la décision ministé-rielle qui a dispensé de la purge des hypo-thèques, si, à raison du prix, cette purge eût dû être accomplie; et, dans le cas où la dis-pense n'a été accordée que conditionnellement, certificat relatant les motifs qui ont paru rendre la purge inutile;

5° Lorsqu'il a été procédé à la purge des hypothèques légales :

Certificat timbré du dépôt du contrat au greffe pour y être affiché;

Notification timbrée faite au ministère pu-blic et aux parties intéressées;

Certificat timbré constatant l'affichage pendant deux mois;

Exemplaire de la feuille d'annonces judiciaires du département contenant l'insertion de l'exploit de notification avec le certificat de l'imprimeur, la légalisation de la signature de cet imprimeur par le maire et la mention de l'enregistrement;

Certificat du conservateur des hypothèques constatant qu'aucune inscription n'a été requise sur l'immeuble acquis pendant les deux mois de l'affichage dans l'auditoire du tribunal;

6° Copie du procès-verbal de la prise de possession de l'immeuble, si elle doit avoir lieu avant le paiement.

Les certificats, notifications et exemplaires des feuilles d'annonces ci-dessus spécifiés peuvent être remplacés par des copies visées pour timbre de ces pièces. (Circ. N 6, § 33.) V. Comptabilité.

56. *Changement. Prise de possession.* — Nonobstant la prise de possession et à moins d'une autorisation spéciale de la part de l'administration, les agents forestiers ne doivent ni dénaturer l'immeuble acquis, ni y faire exécuter aucune construction, réparation ou amélioration, avant que le prix d'acquisition n'ait été définitivement acquitté. (Circ. N 6, § 36.)

§ 2. *Frais.*

57. *Pièces. Timbre et Enregistrement.* — Les pièces concernant les acquisitions faites pour le compte de l'État sont timbrées et enregistrées gratis. (Loi du 22 frimaire an VII, art. 70. Décis. Min. 22 juin 1830. Circ. N 6, § 21.)

Les minutes et originaux des actes constatant des acquisitions d'immeubles pour le compte de l'administration des eaux et forêts, ainsi que les expéditions ou copies qui en sont délivrées, sont affranchis de tout droit de timbre. Il en est de même des cahiers des charges relatifs à ces mutations. (Circ. N 812.)

58. *Contrat. Frais. Paiement.* — Lorsque l'acte de vente a été passé par-devant notaire, la liquidation des frais de cet acte est opérée sur la proposition du conservateur des forêts et du directeur des domaines, portant règlement des frais et honoraires dus au notaire. (Circ. N 6, § 31.)

59. *Frais. Paiement.* — Pour le paiement de tous les autres frais et notamment de ceux de purge d'hypothèques légales non inscrites, ou de privilèges et d'hypothèques inscrits, on joint aux arrêtés de liquidation les mémoires timbrés et dûment taxés des huissiers ou avoués, ou les exécutoires de dépens.

Les pièces constatant la purge des hypothèques légales sont réservées pour être annexées aux arrêtés de liquidation du prix principal. (Circ. N 6, § 32.) V. Hypothèques.

ACQUIT. V. Quittance.

ACQUIT-À-CAUTION. V. Transport.

ACQUITTEMENT.

1. *Prévenu.* — En cas d'acquittement, le prévenu sera immédiatement et nonobstant appel mis en liberté. (Instr. Crim. 206.) V. Dommages-intérêts.

2. *Poursuites.* — Toute personne acquittée légalement ne pourra plus être reprise ni accusée à raison du même fait. (Instr. Crim. 360.)

3. *Poursuite. Reprise.* — Après un acquittement au sujet d'un fait qualifié délit, la poursuite peut être reprise au sujet du même fait qualifié contravention. (Cass. 10 janvier 1876.)

Après un arrêt acquittant un adjudicataire de coupe accusé d'avoir contrefait le marteau de l'État, le même procès-verbal de récolement peut servir à condamner cet adjudicataire pour le délit de déficit de réserves. (Cons. d'État, 20 avril 1854.)

Le délinquant poursuivi pour enlèvement de souches, en vertu de l'article 164 du code forestier, et acquitté, pourrait être ramené pour le même fait devant le tribunal correctionnel, en réclamant l'application des articles 192, 194 ou 196 du code forestier. (Ch. Guyot.)

ACTE (en général).

1. *Définition.* — Écrit qui constate qu'une chose a été faite ou convenue.

2. *Validité. Foi due.* — Il doit être passé acte, devant notaire ou sous signature privée, de toutes choses excédant la somme de 150 francs, même pour dépôts volontaires; il n'est reçu aucune preuve par témoin contre et outre le contenu aux actes, ni sur ce qui serait allégué avoir été dit avant, lors ou depuis les actes, encore qu'il s'agisse d'une somme ou valeur moindre de 150 francs. (Cod. Civ. 1341.)

3. *Timbre.* — Il ne peut être fait ni expédié deux actes à la suite l'un de l'autre, sur la même feuille de papier timbré. (Loi du 13 brumaire an VII, art. 23.).

ACTE ADMINISTRATIF.

Section I. — Acte de l'autorité administrative, 1-9.

Section II. — Contrat administratif, 10-13.

V. Titre. Bail. Coupe affouagère. Contrat.

Sect. I. — Acte de l'autorité administrative.

1. *Définition.* — Acte émanant de l'autorité administrative ou d'un fonctionnaire et prenant le nom d'ordonnance, arrêté, décision, délibération, circulaire ou instruction, etc.

Décision ou opération d'une autorité administrative se rattachant à un objet d'administration.

Aucune loi n'a défini les actes d'administration; la doctrine attribue le caractère d'acte administratif aux actes accomplis par un fonctionnaire de l'ordre administratif, pour l'administration des choses placées sous sa direction, dans la limite des attributions que la loi lui a confiées. (Trib. civ. Bordeaux, août 1877.)

L'acte administratif proprement dit n'est pas celui que le fonctionnaire fait, mais celui que la loi l'autorise à faire. (Dijon, 15 décembre 1876.)

2. *Exemption.* — Les actes d'administration publique sont exempts de la formalité de l'enregistrement. (Loi du 22 frimaire an VII, art. 70.) Sont compris dans cette catégorie tous les actes qui ne doivent pas être produits en justice, soit comme contrats, soit comme pièces à poursuites.

Les reconnaissances et procès-verbaux ayant pour objet de constater administrativement l'état matériel de la forêt et la surveillance qui y est exercée sont des actes d'administration.

3. *Autorité.* — Les actes de l'autorité administrative sont des actes authentiques. (Cass. 26 mars 1825.)

4. *Arrêts de l'ancien Conseil.* — Les arrêts de l'ancien Conseil sont des actes administratifs dont l'interprétation n'est pas de la compétence des tribunaux ordinaires. (Cons. d'État, 13 juillet 1859.)

5. *Arrêtés préfectoraux. Interprétation.* — Les préfets sont compétents pour interpréter des arrêtés réglementaires pris par eux antérieurement. (Cons. d'État, 22 juin 1825)

6. *Compétence. Instance. Examen.* — Il est défendu aux tribunaux ordinaires de connaître des actes administratifs, de quelque nature qu'ils soient (loi du 16 fructidor an III) et d'en troubler l'exécution. (Loi du 24 août 1790, titre 2, art. 13.) L'examen des actes de l'espèce dépend de l'autorité administrative. V. Conseil d'État. Ministre. Préfet. Conseil de préfecture.

7. *Interprétation.* — Lorsque, dans une instance devant les tribunaux ordinaires il surgit une difficulté sur l'interprétation d'acte administratif (partage d'affouage), les tribunaux doivent surseoir jusqu'à l'interprétation par l'autorité administrative des actes de l'espèce. (Cass. 5 avril 1865), tout en retenant la cause. (Cass. 23 juillet 1855.)

8. *Interprétation. Application.* — S'il est interdit aux tribunaux d'interpréter les actes administratifs, il leur appartient, quand ces actes sont suffisamment clairs, d'en faire l'application

aux procès et d'en déterminer les conséquences que la loi y attache (Cass. 19 mars 1864. Alger, 1er mars 1894. Cass. 12 décembre 1894), notamment de statuer s'il s'agit d'un acte d'adjudication de biens vendus par la Nation. (Cass. 23 février 1901.)

9. *Appréciation. Cahier des charges.* — Lorsque les clauses et conditions d'un acte administratif (location de chasse) peuvent avoir pour conséquence une infraction prévue et punie par une loi pénale, leur interprétation constitue une appréciation de droit, dont le contrôle rentre dans les attributions de la Cour de cassation. (Cass. 25 mai 1855.)

SECT. II. — CONTRAT ADMINISTRATIF.

10. *Immeubles. Acquisition. Principe.* — En ce qui concerne les acquisitions d'immeubles pour le compte de l'État, l'acte administratif doit être employé chaque fois qu'il n'en résulte pas d'inconvénients sérieux de nature à compromettre les intérêts de l'État. (Circ. N 773.)

11. *Acquisition.* — Les actes administratifs sont passés par-devant les préfets ou leurs délégués, agissant au nom de l'État, en présence des vendeurs et des représentants des administrations des domaines et des forêts. (Circ. N 6, § 19.) V. Acquisition.

12. *Minutes.* — La minute des actes administratifs d'acquisition d'immeubles reste déposée au secrétariat de la préfecture du département où les immeubles sont situés. Deux expéditions certifiées conformes de ces actes sont délivrées, l'une à l'administration des forêts et l'autre à l'administration des domaines. (Circ. N 6, § 37.)

13. *Locations.* — Les locations de biens domaniaux forestiers sont subordonnées à la passation d'un acte administratif.

14. *Concessions.* — Les concessions de servitude à titre temporaire et révocables à volonté peuvent être consenties par simple arrêté préfectoral; les concessions accordées pour une durée fixe nécessitent un acte administratif proprement dit. (Circ. 629.)

ACTE ANCIEN.

Validité. — Quand l'énonciation d'un droit est contenue dans un acte très ancien, il y a quelque apparence qu'elle est conforme à la vérité; c'est une présomption dont les juges peuvent tenir compte.

ACTE ARBITRAIRE.

Pénalité. Ordres. — Lorsqu'un fonctionnaire aura ordonné ou fait un acte arbitraire :

Peine : Dégradation civique. (Cod. Pén. 114.

Si néanmoins il justifie qu'il a agi par ordre de ses supérieurs, pour des objets du ressort de ceux-ci et sur lesquels il leur était dû obéissance hiérarchique, il sera exempt de la peine, laquelle sera, dans ce cas, appliquée aux supérieurs qui ont donné l'ordre. (Cod. Pén. 114.)

ACTE AUTHENTIQUE.

1. *Définition.* — L'acte authentique est celui qui a été reçu par un officier public ayant le droit d'instrumenter dans le lieu où l'acte a été rédigé et avec les solennités requises. (Cod. Civ. 1317.)

2. *Caractères Définition.* — L'autorité publique seule donne le caractère d'authenticité aux actes authentiques comprenant quatre classes, savoir : 1° Actes des pouvoirs législatifs; 2° Actes de l'autorité administrative; 3° Actes judiciaires; 4° Actes notariés. (Loi du 25 ventôse an XI. Cass. 26 mars 1825.)

3. *Conditions.* — Les actes doivent être datés, faire mention des nom et qualité de l'officier public qui les reçoit ou les fait; ils doivent être signés par ceux qui les reçoivent et ceux qui les font. Ils peuvent n'être pas signés par les parties.

4. *Poursuites. Original.* — Pour les poursuites, l'original des actes (citation, assignation, avis, procès-verbaux) doit seul être consulté en ce qui concerne l'authenticité. (Nîmes, arrêt inédit, 25 juin 1835.)

5. *Degré de foi.* — Un acte authentique fait foi jusqu'à inscription de faux. (Cod. Civ. 1319.)

ACTE DE COMMERCE.

1. *Définition.* — Achat fait avec l'intention de revendre ou de louer la chose achetée, entreprise de manufacture, de construction, de transport, de fourniture de construction, d'agence, de banque, de courtage, et toutes obligations entre négociants et marchands. (Cod. Com. 632, 633.)

2. *Tribunaux de commerce. Compétence.* — Sont de la compétence des tribunaux de commerce toutes les contestations ayant leur cause dans la faillite, sans qu'il y ait à rechercher si elles se réfèrent ou non à un acte de commerce. (Trib. d'Abbeville, 6 juillet 1906.)

3. *Fermier de pêche. Vente de poisson.* — Le fermier du droit de pêche ne fait pas acte de commerce en vendant, soit par lui-même, soit par des intermédiaires, le poisson provenant de sa pêche. (Paris, 31 mai 1869.)

ACTE CONSERVATOIRE.

Définition. — Acte qui tend à conserver un droit ou à en assurer l'exercice; les frais aux-

quels il donne lieu constituent des créances privilégiées. (Cod. Civ. 2102.)

Un maire a le droit de faire tous les actes conservatoires sans autorisation. (Loi du 10 juillet 1837.)

ACTE CONSTITUTIF.

Définition. — Acte qui établit ou crée un droit.

ACTE DE L'ÉTAT CIVIL.

1. *Preuve.* — Lorsqu'il n'y aura pas de registres ou qu'ils seront perdus, la preuve de l'état civil sera reçue tant par titres que par témoins. Les mariages, naissances et décès pourront être établis par les registres et papiers émanant des pères et mères décédés et par témoins. (Cod. Civ. art. 46.) V. Extrait.

2. *Timbre.* — Les actes de l'état civil pour la liquidation de la pension de retraite doivent être timbrés. (Loi du 13 brumaire an VII, art. 12 et 19.)

Les officiers jusqu'au grade d'inspecteur inclus et les préposés des Eaux et Forêts y compris les adjudants de surveillance des Écoles forestières, étant considérés comme gens de guerre, sont exemptés du timbre pour tous les actes relatifs au service.

ACTE EXTRAJUDICIAIRE.

1. *Définition.* — Acte qui ne concerne pas un procès actuellement pendant en justice; tels sont les commandement, sommation, procès-verbal, citation à récolement, etc., quoique faits par ministère d'huissier, et lorsqu'ils ne contiennent point d'assignation.

Ces actes ne sont soumis qu'à la prescription ordinaire.

2. *Enregistrement.* — Les actes extrajudiciaires sont enregistrés au droit fixe de 3 francs en principal. (Lois du 15 mai 1850 et du 19 février 1874.) Actuellement 6 francs sans décimes. (Loi du 25 juin 1920.)

ACTE DU GOUVERNEMENT.

Caractère. — Les arrêtés des conseils de préfecture portant reconnaissance des droits d'usage et revêtus de l'approbation du Ministre, *antérieurement à la promulgation du code forestier*, sont considérés comme des actes du gouvernement. Ceux qui ne sont pas approuvés par le Ministre, quoique rendus contradictoirement avec l'administration forestière, n'ont que le caractère de simples avis. (Décis. Min. 10 octobre 1828. Circ. A 194.)

ACTE JUDICIAIRE.

Définition. — Les actes judiciaires ou de procédure sont ceux qui se rattachent à une instance *pendante en justice*; telles sont les assignations, significations de jugement, etc. Ces actes sont soumis à la prescription dite péremption d'instance.

ACTE NOTARIÉ.

1. *Acquisition. Principe.* — Les acquisitions d'immeubles pour le compte de l'État peuvent être réalisées par actes notariés, mais il importe que ce procédé devienne de plus en plus l'exception et que l'acte administratif soit employé chaque fois qu'il n'en résulte pas d'inconvénients sérieux de nature à compromettre les intérêts de l'État. (Circ. N 773.)

2. *Acquisition.* — Lorsque l'acte de vente a été passé par-devant notaire, la liquidation des frais de cet acte est opérée sur la proposition de l'inspecteur des forêts et du directeur des domaines, portant réglement des frais et honoraires dus au notaire. Il est délivré deux expéditions de l'acte à l'administration des forêts et à celle des domaines. (Circ. N 6, § 31 et 32. Circ. N 402.) V. Contrat. Notaire.

3. *Comptabilité.* — Les actes notariés, produits pour la justification des droits des créanciers de l'État doivent porter l'empreinte du sceau des notaires qui les ont dressés, et ils doivent être légalisés s'ils proviennent d'un département autre que celui où s'effectue le payement. (Circ. N 104, § 1, n° 25.)

4. *Transcription.* — Tout acte translatif de propriété ou portant renonciation de droits sera transcrit au bureau des hypothèques de la situation des biens. (Loi du 23 mars 1855.)

ACTE DE NOTORIÉTÉ.

1. *Définition.* — L'acte de notoriété ne constate pas le fait en lui-même, mais l'opinion publique sur ce fait; il ne vaut que comme simple renseignement et peut être détruit par la preuve contraire. (Cod. Civ. art. 71.)

2. *Accident.* — Les actes de notoriété pour la retraite (accident, infirmité, etc.) doivent être dressés par les juges de paix qui reçoivent les déclarations des témoins. (Cod. Civ. art. 71.)

3. *Militaire. Retraite.* — Les actes de notoriété ne sont pas admis pour la justification des services militaires pour la retraite. (Décr. du 9 nov. 1853, art. 31. Circ. N 81, art. 102.)

ACTE RÉCOGNITIF.

Définition. — Acte par lequel on reconnaît une obligation établie par un acte antérieur.

Il ne dispense pas de la représentation du titre primordial, à moins que sa teneur n'y soit spécialement relatée. (Cod. Civ. art. 1337.)

ACTE SOUS SEING PRIVÉ.

1. *Définition.* — Acte qui est passé ou souscrit sans l'assistance d'un officier public.

2. *Synallagmatiques.* — Les actes synallagmatiques sous seing privé doivent être faits en autant d'originaux qu'il y a d'intérêts distincts, et la mention du nombre des originaux doit y être faite. (Cod. Civ. art. 1325.)

3. *Preuve.* — L'acte sous seing privé reconnu par celui auquel on l'oppose, ou légalement tenu pour reconnu, a, entre ceux qui l'ont souscrit, la même foi que l'acte authentique. (Cod. Civ. art. 1322.)

4. *Enregistrement.* — Aucun acte sous seing privé ne peut être produit en justice s'il n'a été préalablement enregistré, à peine d'amende. (Cass. 25 août 1806.)

ACTION (en général).

1. *Principe.* — Les actions intentées en justice naissent soit des prescriptions de la loi, soit des obligations contractées réellement entre les parties ou présumées telles, soit des délits ou quasi-délits. V. Poursuite. Instance. Procédure. Pétitoire. Possessoire.

2. *Poursuites de délits. Matière forestière.* — Tout fait prévu et puni par la loi pénale peut servir de base à deux actions : action publique et action civile.

Ces deux actions co-existent habituellement à l'occasion de délits forestiers (Ch. Guyot). V. Action civile. Action publique.

3. *Compétence.* — Le juge de l'action est aussi le juge de l'exception. (Cass. 24 mars 1809 et 14 février 1862.)

ACTION CIVILE.

Section I. — En général, 1-4.

Section II. — Née de délit, 5-23.

V. Amnistie. Exception préjudicielle. Instance. Poursuites. Renvoi à fins civiles.

SECT. 1. — EN GÉNÉRAL.

1. *Définition.* — L'action civile est celle qui a pour objet l'intérêt civil ou privé du citoyen qui l'exerce. Elle se distingue en ce qu'elle ne donne lieu qu'à des réparations civiles, sans amende.

2. *But.* — L'action civile a pour but de faire allouer à la personne lésée la réparation du préjudice qui lui a été causé.

3. *Origine.* — Tout préjudice causé à autrui donne ouverture à l'action civile en réparation du dommage éprouvé.

4. *Préposés. Citations. Actes de poursuites.* —

Les préposés ne peuvent instrumenter que pour l'administration; ils sont sans pouvoir en matière civile dans les actions domaniales poursuivies à la requête des préfets.

SECT. II. — NÉE DE DÉLIT.

5. *Parties.* — L'action en réparation du dommage causé par un crime, délit ou contravention, peut être exercée par tous ceux qui ont souffert de ce dommage. (Instr. crim. art. 1.) V. Partie civile.

6. *Agents. Délits forestiers.* - - Les agents de l'administration forestière ont qualité pour exercer les actions civiles nées de délits forestiers. (Cod. for. 159.)

Les mots «poursuites en réparations» de cet article peuvent tout aussi bien s'entendre d'une action civile que d'une action publique. (Ch. Guyot.)

7. *Agents. Délits de droit commun.* — L'administration forestière conserve à l'égard des délits constituant une atteinte au sol forestier, prévus et punis par la loi pénale ordinaire et pour lesquels elle ne peut exercer l'action publique ou pénale, le droit de les poursuivre correctionnellement en qualité de partie civile, pour la réparation du préjudice causé à la forêt. (Cass. 4 janvier 1855.) L'administration est recevable à exercer cette action civile en appel, alors même que l'action publique serait éteinte. (Nancy, 19 février 1856.)

8. *Ministère public. Attributions.* — Le ministère public peut, soit en première instance, soit en appel, conclure à l'allocation des restitutions et des dommages-intérêts, c'est-à-dire exercer l'action civile née de délits, dans tous les cas où les agents forestiers pourraient le faire. (Cod. for. 159 et 184 [combinés]. Cass. 27 janvier 1837.)

9. *Juridiction. Principe.* — L'action civile peut être poursuivie en même temps et devant les mêmes juges que l'action publique; elle peut aussi l'être séparément; dans ce cas, elle est suspendue tant qu'il n'a pas été statué sur l'action publique intentée avant ou pendant l'action civile. (Instr. crim. art. 3.) V. Désistement.

10. *Administration forestière. Juridiction.* — L'administration forestière ne peut porter les actions civiles nées de délits forestiers ou d'un délit de droit commun que devant les tribunaux répressifs (Tribunaux correctionnels ou de simple police). Ces tribunaux sont seuls compétents. (Cod. For. 171.) V. Compétence.

11. *Extinction de l'action publique. Juridiction.* — Après l'extinction de l'action publique, si l'action civile avait pour origine une infraction punissable, l'agent forestier a qualité pour exercer la poursuite devant le tribunal correctionnel; quant aux délits de droit commun dommageables aux forêts, si l'administration forestière ne s'est pas jointe au ministère public pour faire valoir seulement ses intérêts civils, les tribunaux répressifs ne sont plus compétents et la voie civile reste seule ouverte. (Ch. Guyot.)

12. *Poursuites. Citation directe.* — En cas de poursuite en réparation (action civile) pour un délit de droit commun, les agents forestiers peuvent saisir le tribunal par une citation directe en réparation du préjudice causé. (Puton, *Revue des Eaux et Forêts*, mai 1876.) V. Action pénale.

13. *Parties civiles. Constitution.* — Les agents de l'administration forestière peuvent utiliser l'une ou l'autre des trois formes de constitution civile (plainte, intervention, citation directe); en fait, ils ne se servent guère que de la citation directe. Quand il s'agit de délits de droit commun la citation contient seulement des conclusions en vue des condamnations civiles. (Ch. Guyot.)

14. *Compétence.* — La juridiction correctionnelle, malgré l'acquittement du prévenu, est compétente pour statuer sur les conclusions à fins civiles de l'administration des forêts. (Amiens, 18 janvier 1873.)

15. *Amnistie. Poursuites.* — L'action civile subsiste malgré l'amnistie, qui ne peut préjudicier au droit des tiers. La poursuite des agents forestiers est alors, mais par exception, portée devant les tribunaux correctionnels, en vertu de l'article 171 du Code forestier. V. Amnistie.

16. *Extinction. Causes.* — Les causes d'extinction de l'action civile sont : la prescription, la chose jugée et la transaction forestière qui est toujours accordée sans réserve ni restriction en ce qui concerne les condamnations civiles. V. Chose jugée.

17. *Poursuites. Prévenu.* — L'action civile, pour la réparation du dommage causé, peut être exercée contre le prévenu ou ses représentants, après sa mort. Cette action s'éteint par prescription. (Instr. crim. 2.)

18. *Prescriptions. Poursuites.* — Les actions et poursuites du ministère public, relatives à un délit commis dans un bois particulier, profitent au propriétaire pour lui éviter la prescription de son action civile.

19. *Prescription.* — L'action civile, pour les délits existant dans une coupe non récolée en temps utile, ne se prescrit que par trente ans. (Cass. 5 juin 1830.)

20. *Prescription.* — L'action civile pour un délit correctionnel se prescrit par trois années. (Instr. crim. 638.)

21. *Prescription.* — L'action civile pour une contravention se prescrit par une année. (Instr. crim. 640.)

22. *Décès. Extinction.* — Le décès du prévenu n'éteint pas l'action civile qui peut être exercée contre ses héritiers. (Instr. crim. art. 2.)

23. *Prescription civile.* — Si l'action civile, en dehors du fait délictueux, puise son principe dans un contrat ou une disposition de droit civil, elle reste soumise à la prescription de droit commun, mais pour que la prescription civile soit admise il faut une autre cause réelle et distincte, existant en dehors du délit même; on en déduit que action civile, ayant pour but la restitution des objets enlevés par le délinquant, peut être exercée pendant trente ans, cette action se fondant sur un droit de propriété. (Ch. Guyot.)

ACTION COMMUNALE.

Définition. — Action intentée par ou contre une commune. V. Instance communale.

ACTION DOMANIALE.

Définition. — Instance dirigée par ou contre l'État, à raison de son domaine immobilier. V. Instance domaniale.

ACTION IMMOBILIÈRE.

Définition. — Action qui tend à revendiquer un immeuble. (Cod. Civ. 526.) V. Juge de paix. Tribunal civil.

ACTION INDIVIDUELLE.

Définition. — L'action individuelle ne peut s'exercer lorsqu'il s'agit d'un droit communal, c'est-à-dire qui s'acquiert par le seul fait de l'habitation. On doit, dans ce cas, actionner la commune. (Nancy, 11 juin 1844.)

ACTION JUDICIAIRE.

1. *Définition.* — Ce mot signifie à la fois et le droit de réclamer en justice ce qui nous est dû et le moyen d'exercer ce droit.

2. *Commune.* — «Art. 70. Le conseil municipal délibère sur les objets suivants... 5° les actions judiciaires et transactions. Art. 90. Le maire est chargé, sous le contrôle du conseil municipal et la surveillance de l'autorité supérieure... 8° de représenter la commune en justice, soit en demandant, soit en défendant. Art. 121. Nulle commune ou section de commune ne peut introduire une action en justice sans y être autorisée par le conseil de préfecture, sauf les cas prévus aux articles 122 et 154 de la présente loi.» (Loi du 5 avril 1884.)

3. *Délimitation.* — Lorsqu'il s'élèvera des contestations ou des oppositions (délimitations),

les communes ou établissements publics propriétaires seront autorisés à intenter action ou à défendre, s'il y a lieu, et les actions seront suivies par les maires ou administrateurs, dans la forme ordinaire. (Ord. 132.)

4. *Exception.* — Le juge de l'action est aussi le juge de l'exception. (Cass. 24 mars 1809.) V. Poursuite. Instance. Procédure.

ACTION MIXTE.

1. *Définition.* — Revendication d'une *chose* contre celui qu'un engagement *personnel* oblige à la remettre. Elle a pour objet la personne et la chose.

2. *Juridiction.* — L'action mixte peut être portée devant le tribunal de la situation de la chose, ou devant le juge du domicile du défendeur. (Proc. civ. art. 59.)

ACTION MOBILIÈRE.

Définition. — Action qui a pour objet une somme exigible ou un effet mobilier. (Cod. Civ. art. 529.) V. Juge de paix. Tribunal civil.

ACTION PÉNALE OU PUBLIQUE.

1. *Principes.* — Toute infraction à une loi pénale donne lieu à l'exercice de l'action pénale ou publique, intentée dans l'intérêt de la Société tout entière, par les fonctionnaires auxquels elle est confiée par la loi. Lorsque cette infraction cause un préjudice à autrui, l'action civile, en réparation du préjudice causé, vient se joindre à l'action pénale ou publique. L'action pénale ou publique se distingue en ce qu'elle ne donne lieu qu'à l'application d'une amende sans réparation civile.

2. *Définition.* — L'action pénale comprend la poursuite et la condamnation des délits et contraventions prévus et punis par la loi.

Elle s'éteint par l'amnistie, la prescription, la chose jugée et le décès du prévenu ainsi que par la transaction en matière forestière.

3. *Délit commun. Poursuite.* — La poursuite pour l'application de la peine des délits de droit commun, qui portent préjudice aux forêts, non seulement n'appartient qu'au ministère public, mais ne peut être suivie que conformément aux règles de droit commun. (Cass. 4 janvier 1855.)

4. *Poursuite. Compétence. Délit forestier.* — Les contraventions et délits commis dans les bois soumis au régime forestier sont tous passibles de poursuites devant les tribunaux correctionnels ou devant les tribunaux de simple police. (Cod. For. art. 171. Loi du 31 décembre 1906.)

5. *Administration forestière. Juridiction. Compétence.* — L'administration des forêts ne peut exercer l'action publique que lorsqu'il s'agit de délits purement forestiers ou assimilés par les lois spéciales aux délits forestiers. Elle n'a point qualité pour intenter cette action, lorsque le délit, bien que constituant exclusivement une atteinte au sol forestier, n'est prévu et puni que par les lois pénales ordinaires. (Cass. 4 janvier 1855. Nancy, 19 février 1856.)

6. *Administration forestière. Compétence.* — L'administration des forêts a le droit de poursuivre par action publique et abstraction faite de tout préjudice causé au sol forestier les délits de chasse commis dans les bois confiés à sa surveillance. (Cass. 21 août 1852. Orléans, 10 juin 1861.)

7. *Matière de pêche. Matière forestière.* — L'action publique appartient en ces matières tant à l'administration des Eaux et Forêts qu'au ministère public; ces deux autorités peuvent l'exercer ensemble ou séparément. Dès que l'action publique a été mise en mouvement par une citation ou conservée par un appel à la requête de l'une, elle peut être suivie à la requête de l'autre. (Cass. 2 mai 1902.) V. Appel. Compétence.

Il n'y a pas concurrence d'attribution entre l'administration des Eaux et Forêts et le ministère public quand il s'agit du délit de pêche sur autrui.

En outre, l'action n'appartient pas à l'administration quand il s'agit de cours d'eaux canalisés.

8. *Exercice. Commune.* — L'action publique en réparation d'un délit peut être valablement exercée contre toute collection d'individus formant un être moral ou une personne civile, et notamment contre une commune. (Amiens, 18 janvier 1873.)

9. *Application des peines.* — L'action pour l'application des peines n'appartient qu'aux fonctionnaires auxquels elle est confiée par la loi. (Instr. crim. art. 1.)

10. *Désistement. Ministère public.* — Le ministère public ne peut, par son désistement, arrêter l'action publique.

11. *Renonciation.* — La renonciation à l'action civile ne peut arrêter ou suspendre l'action publique. (Instr. crim. 4.)

12. *Décès. Complices.* — Après le décès du prévenu, l'action publique subsiste contre ses complices.

13. *Décès. Caution.* — Malgré le décès d'un adjudicataire, l'action pénale subsiste contre la caution. (Cass. 5 avril 1811.)

14. *Extinction. Peine. Décès. Prescription.* — L'action publique pour l'application de la peine s'éteint par la mort du prévenu et par la prescription. (Instr. crim. art. 2.)

15. *Prescription.* — La prescription de l'action publique s'accomplit fatalement à l'expiration du terme fixé pour sa durée. (Circ. N 554, art. 76.)

16. *Transaction. Extinction.* — L'action publique est éteinte par la transaction (chasse). (Cass. 24 décembre 1868.) Il en est de même pour toutes les transactions forestières.

L'action publique, pour un délit puni correctionnellement, se prescrit par trois années. (Instr. crim. 638.)

17. *Amnistie.* — L'action publique est éteinte complètement et immédiatement par l'amnistie (Meaume). V. Action civile. Amnistie.

L'action publique, pour une contravention de police, se prescrit par un an. (Instr. crim. 640.)

18. *Récolement.* — L'action correctionnelle, pour le délit existant dans une coupe non récolée en temps utile, se prescrit par trente ans. (Cass. 5 juin 1830.)

19. *Vente. Ministère public. Agents forestiers.* — L'action pénale fondée sur l'article 21 du Code forestier ne peut être exercée que par le ministère public, mais l'agent forestier peut intervenir dans l'instance à titre de partie civile. (Trib. de Saint-Mihiel, 25 octobre 1904.)

ACTION PERSONNELLE.

1. *Définition.* — Droit de réclamation contre un individu personnellement obligé à donner, à faire ou à ne pas faire quelque chose. Prescription, trente ans. (Cod. Civ. 2262.)

2. *Juridiction.* — L'action personnelle sera portée devant le juge du domicile du défendeur. (Proc. civ. 59.)

Elle peut avoir pour cause le contrat, le quasi-contrat, le délit ou le quasi-délit. V. Juge de paix. Tribunal civil.

ACTION PÉTITOIRE.

Définition. — Action par laquelle on revendique une propriété ou un droit réel contre le possesseur. V. Pétitoire.

ACTION POSSESSOIRE.

1. *Définition.* — Action par laquelle on revendique le maintien en possession d'un fonds ou d'un droit réel. V. Possessoire. Exception préjudicielle. Enclave. Passage.

2. *Mémoire.* — L'obligation du dépôt du mémoire prescrit par la loi de 1790 s'impose au demandeur dans toute action domaniale et, par suite, dans une action possessoire. (Trib. de Saint-Dié, 15 juillet 1887.)

3. *Détention. Jouissance. Compétence.* — Une action possessoire est de la compétence du juge

de paix, lors même que cette action a pour objet la détention et la jouissance d'une forêt domaniale concédée par acte administratif, si elle ne tend, d'ailleurs, ni à faire modifier, ni à faire interpréter l'acte de concession. (Cass. 25 juin 1889.)

4. *Droit de pêche. Barrage.* — Le droit de pêche existant au profit du propriétaire d'une noue empoissonnée par une rivière avec laquelle cette noue communique au moyen d'un canal constitue un droit inhérent à la propriété et non une simple servitude. En conséquence ce propriétaire peut poursuivre, par voie d'action possessoire, la suppression du barrage établi dans l'un des fonds traversés par ce canal. (Cass. 3 août 1864.)

5. *Droit d'usage. Bois particulier.* — Les droits d'usage dans les bois particuliers ne sont susceptibles de former l'objet d'une action possessoire que lorsque, même fondés en titre, ils sont exercés conformément aux lois forestières, à moins que par convention expresse le propriétaire ait renoncé à leur observation de la part des usagers. (Cass. 11 janvier 1910.)

ACTION PRÉJUDICIELLE.

Définition. — Action par laquelle on demande le jugement d'une question incidente. V. Exception préjudicielle. Procédure.

ACTION PRIVÉE (civile).

Définition. — L'action privée ou civile a pour objet l'intérêt exclusif de la personne lésée, qui doit obtenir satisfaction des dommages éprouvés.

ACTION RÉCURSOIRE.

Définition. — Action en garantie, en dommages-intérêts.

ACTION RÉELLE.

1. *Définition.* — Revendication de la propriété ou de la possession d'une chose contre toute personne qui la détient, et en quelques mains qu'elle se trouve. Elle se divise en mobilière ou immobilière, suivant l'objet qu'elle a en vue. La preuve en incombe au demandeur.

2. *Juridiction.* — L'action réelle doit être portée devant le tribunal de la situation de l'objet en litige, en quelques mains que se trouve l'objet. (Proc. civ. art. 59.) Prescription, trente ans. (Cod. civ. 2262.)

3. *Poursuite irrégulière. Extinction.* — Lorsqu'un jugement sur citation directe a prononcé l'acquittement d'un prévenu et que la partie civile, ayant seule fait appel, vient à être déclarée non recevable pour défaut de qualité,

l'action publique n'en est pas moins éteinte, et cette extinction fait obstacle à ce que le prévenu soit de nouveau cité par la partie civile ayant qualité. (Bourges, 23 janvier 1890, 3 avril 1890.)

ACTIVITÉ. V. Mobilisation. Service militaire. Armée.

ADJOINT.

1. *Prohibition.* — Il est défendu aux adjoints de prendre part aux ventes des coupes de bois de leur commune, ni par eux-mêmes, ni par personnes interposées directement ou indirectement, soit comme partie principale, soit comme associé ou caution. (Cod. For. 21, 101.) V., pour les pénalités, Maire et Vente.

2. *Visites domiciliaires.* — Les adjoints peuvent, en tout état de cause, accompagner les gardes dans les visites domiciliaires. (Cod. For. 161.)

ADJUDANTS DE SURVEILLANCE. (Écoles forestières.)

1. *Nomination.* — Les adjudants de surveillance des écoles forestières sont nommés par le Ministre de l'Agriculture. (Décr. du 12 octobre 1889.) V. École forestière. (Décr. du 15 octobre 1898, art 8, et 10 décembre 1909.)

2. *Nombre.* — Les adjudants de surveillance des écoles forestières sont au nombre de cinq.

3. *Attributions.* — A Nancy ils sont chargés de la surveillance des élèves et du service de la bibliothèque et des collections. Ils constatent les infractions à la police et à la discipline, tant à l'intérieur qu'à l'extérieur de l'école. (Arr. Min. du 12 octobre 1889.) Aux Barres, les adjudants sont spécialement chargés d'assurer l'exécution des règlements de police et de discipline, tant à l'intérieur qu'à l'extérieur de l'école, de constater et de signaler toutes les infractions. Ils en rendent un compte journalier au Directeur. Ils sont en outre chargés du service des bibliothèques et des collections; l'un d'eux remplit les fonctions de comptable. (Règlement du 22 novembre 1910.)

4. *Traitements.* — Les traitements des adjudants de surveillance des écoles forestières sont fixés ainsi qu'il suit :

1re classe............	8500 francs.
2e —	7800
3e —	7200
4e —	6600
5e —	6000

(Décr. du 25 septembre 1920.)

5. *Pension. Liquidation.* — La pension d'un adjudant est liquidée à bon droit par application de la loi sur les pensions civiles du 9 juin

1853, elle ne saurait l'être en vertu de la loi du 4 mai 1892, qui ne concerne que les agents et préposés y dénommés. (Cons. d'État, 5 février 1904.) V. Pension de retraite.

ADJUDICATAIRE.

1. *Définition.* — Celui au profit duquel une adjudication a été prononcée.

2. *Procès-verbal d'adjudication. Refus de signer.* — Si un adjudicataire refusait de signer le procès-verbal d'adjudication, l'État serait en droit de le contraindre à l'exécution des conditions de la vente. V. Adjudication.

3. *Domicile.* — Les adjudicataires doivent élire domicile au lieu de l'adjudication ; à défaut de quoi les actes postérieurs leur seront valablement signifiés au secrétariat de la sous-préfecture. (Cod. For. 27. Loi du 4 mai 1837. Lois des 15 avril 1829 et 6 juin 1840, art. 21.) V. Cahier des charges. En ce qui concerne l'Algérie, au secrétariat de la préfecture ou à celui de la sous-préfecture, suivant l'arrondissement dans lequel l'adjudication aura eu lieu. (Loi du 24 février 1903, art. 29. Circ. N 642.)

4. *Signification.* — Les actes correctionnels peuvent être légalement signifiés au domicile élu ou au secrétariat de la sous-préfecture. (Cass. 26, 28 septembre 1833, 22 juillet 1837, 29 juin 1844. Circ. N 80, art 49.)

5. *Caution. Certificateur de caution.* — Chaque adjudicataire de coupes sera tenu, sous les peines portées par l'article 24 du code forestier, de donner dans les cinq jours qui suivront celui de l'adjudication une caution et un certificateur de caution reconnus solvables, lesquels s'obligeront solidairement avec lui à toutes les charges et conditions de l'adjudication et notamment au paiement tant du prix des vente que des sommes pouvant devenir exigibles en vertu des articles 15, 17, 28, 35, 40, 45, 46, 48, 56, 57, 64, 66, 69 du présent cahier des charges. Ils sont également soumis comme lui à l'obligation d'élire domicile au lieu d'adjudication, à défaut de quoi tous actes postérieurs leur seront valablement signifiés au secrétariat de la sous-préfecture. L'adjudicataire sera, dans le cas de déchéance, tenu de payer les frais de la première adjudication, à raison de 5 p. 100 du montant de cette adjudication. (Cah. des ch. 8. Cir. N 844.) V. Cautionnement.

6. *Coupes par annuités. Caution. Certificateur de caution.* — Conformément aux dispositions du premier paragraphe de l'article 8 du cahier des charges générales, l'adjudicataire sera tenu de fournir une caution et un certificateur de caution. (Cah. des ch. 7.) Les dispositions relatives au cautionnement

en valeurs ne sont pas applicables aux coupes vendues par unités de produits. (Circ. N 652.)

7. *Cautions.* — Les adjudicataires qui ne fourniront pas leurs cautions dans les cinq jours de l'adjudication seront déchus de leur droit, en vertu d'un arrêté du préfet, et il sera procédé à une nouvelle adjudication à leur folle enchère. (Cod. For. 24. Loi du 18 juillet 1906. Circ. N 703. Loi du 21 février 1903, art. 26, relative à l'Algérie. Circ. N 642.)

8. *Responsabilité. Procès-verbaux.* — Les adjudicataires, à dater du permis d'exploiter et jusqu'à ce qu'ils aient obtenu leur décharge, sont responsables de tout délit forestier commis dans leur ventes, si leurs facteurs ou gardes-vente n'en font leurs rapports, lesquels doivent être remis à l'agent forestier dans le délai de cinq jours. (Cod. For. 45. Loi du 18 juillet 1906. Circ. N 703.)

9. *Responsabilité. Délits.* — Les adjudicataires et leurs cautions seront responsables du paiement des amendes et restitutions encourues pour délits et contraventions dans la vente par les facteurs, gardes-vente, ouvriers, bûcherons, voituriers et tous autres employés par les adjudicataires. (Cod. For. 46. Cod. Civ. 1384. Cass. 23 avril 1836. Loi du 18 juillet 1906. Circ. N 703.)

10. *Algérie. Responsabilité.* — Les adjudicataires, à dater du permis d'exploiter et jusqu'à leur libération définitive, sont responsables de tout délit forestier commis dans leur vente et dans une zone de 100 mètres de largeur en dehors de leur vente si leurs facteurs ou gardes-vente n'en font leurs rapports, lesquels doivent être remis à l'agent des eaux et forêts dans le délai de cinq jours. Sont également responsables et contraignables par corps au paiement des amendes et restitutions encourues pour délits et contraventions commis, dans les mêmes conditions de lieu, par leurs facteurs, gardes-vente, ouvriers, bûcherons, voituriers et tous autres employés. (Loi du 21 février 1903, art 48. Circ. N 642.) V. Bénéficiaires de marchés.

11. *Responsabilité. Facteur.* — L'adjudicataire qui exploite sans facteur ou garde-vente est responsable des délits commis par des individus étrangers à l'exploitation, quand bien même le garde du triage aurait constaté ces délits. (Cass. 14 mai 1829.)

12. *Cession.* — L'administration n'intervient pas dans la cession ou rétrocession de coupe par l'adjudicataire ; elle reste étrangère à ces actes. (Circ. A 186.)

13. *Coupe. Cession.* — La cession de tout ou partie de coupes, consentie à l'égard des tiers, ne modifie en rien la responsabilité de

l'adjudicataire et le droit de privilège du vendeur. (Cass. 27 juin 1836.)

14. *Responsabilité. Fausses marques. Peines.* —
L'adjudicataire d'une coupe de bois dépérissants est pénalement responsable de l'exploitation frauduleuse d'arbres vifs, effectuée après
opposition de fausses marques sur ces arbres,
et passible des peines de l'article 34 du Code
forestier. (Trib. de Royan, 4 juillet 1898.)

15. *Bois particulier. Responsabilité.* — Les
adjudicataires de coupes dans les bois particuliers sont, comme tous les autres individus,
soumis aux peines portées par le titre xii du
code forestier, à raison des délits commis par
eux dans leurs coupes : ainsi, par exemple, un
abatis frauduleux d'arbres n'est pas une infraction qui ne peut donner lieu qu'à une action
civile. (Cass. 14 mai 1831.)

16. *Législation.* — L'article 147 est seul
applicable aux adjudicataires des coupes dans
les bois particuliers, pour introduction des voitures ou animaux hors des chemins ordinaires.
(Cass. 5 juin 1841.)

17. *Bois particulier. Exploitation. Délit.* —
Dans les bois particuliers, on ne peut pas poursuivre un adjudicataire comme responsable des
délits commis par des individus étrangers à
l'exploitation. Les adjudicataires répondent
seulement des abus et malversations commis
par leurs ouvriers, et les ouvriers doivent toujours être mis en cause. Les adjudicataires sont,
dans ce cas, soumis à une responsabilité qui
ne peut s'étendre qu'aux restitutions et aux
dommages-intérêts.

ADJUDICATION.

SECT. I. — GÉNÉRALITÉS.

1. *Définition.* — L'adjudication est l'acte
par lequel on adjuge ou l'on vend une chose,
sous certaines conditions déterminées. Marché avec publicité et concurrence. (Littré,
Meaume.)

2. *Principe.* — L'adjudication ne transmet
à l'adjudicataire d'autres droits que ceux appartenant au vendeur. (Proc. Civ. 717.)

3. *Coupes. Bois domaniaux.* — Aucune vente
ordinaire ou extraordinaire dans les bois de
l'État ne pourra avoir lieu que par voie d'adjudication publique. (Cod. For. 17.)

4. *Algérie. Coupes. Bois domaniaux.* —
Aucune vente ordinaire ou extraordinaire ne
pourra avoir lieu dans les bois de l'État que
par voie d'adjudication publique. Toutefois des
cessions par voie de marché de gré à gré peuvent être autorisées dans certains cas. (Loi du
21 février 1903, art 18 et 19. Circ. N 642.)
Applicable aux bois communaux. (Art. 91.)
V. Marché.

5. *Algérie. Formalités.* — Les adjudications
de coupes se feront suivant les règlements en
vigueur dans la métropole, sauf en ce qui concerne l'intervention du trésorier-payeur général.
(Loi du 21 février 1903, art. 28. Circ. n° 642.)
Par suite, les adjudications sont faites avec
un cahier des charges sans préjudice de clauses
particulières et elles ont lieu aux enchères, au
rabais ou par soumissions cachetées ; le comptable qui est chargé du recouvrement des produits et qui remplace le trésorier-payeur général est le receveur des domaines.

6. *Coupes. Bois communaux.* — Les ventes
des coupes ordinaires et extraordinaires des
bois communaux et d'établissements publics
seront faites à la diligence des agents forestiers,
dans les mêmes formes que pour les bois de
l'État. (Cod. For. 17, 100.) V. Supra.

7. *Algérie. Bois communaux. Formes. Pénalités.*
— Les ventes de coupes, tant ordinaires qu'extraordinaires, de bois communaux et d'établissements publics seront faites à la diligence des
agents des eaux et forêts dans les mêmes formes que pour les bois de l'État.
L'adjudication comprenant plusieurs coupes
successives et la cession de gré à gré ne pou-

vant être effectuée qu'avec l'assentiment du conseil municipal ou des administrateurs des établissements publics. L'adjudication ne pourra avoir lieu qu'en présence, ou eux dument appelés, du maire ou d'un adjoint pour les bois des communes ou d'un des administrateurs pour ceux des établissements publics.

Toute vente ou coupe effectuée contrairement aux prescriptions du présent article donnera lieu, contre ceux qui l'auront ordonnée ou consentie, à une amende de 100 à 1000 francs sans préjudice des dommages-intérêts. Les ventes ainsi effectuées seront déclarées nulles. (Loi du 21 février 1903, art. 84. Circ. N 642.)

8. *Déchéance. Caution. Folle enchère.* — Lorsque, faute par l'adjudicataire de fournir les cautions exigées par le cahier des charges dans le délai prescrit (en Algérie, le cautionnement ou les cautions), il sera procédé, dans les formes prescrites, à une nouvelle adjudication de la coupe à sa folle enchère.

L'adjudicataire déchu sera tenu de la différence entre son prix et celui de la revente, sans pouvoir réclamer l'excédent, s'il y en a. (Cod. For. 24. Loi du 18 juillet 1906. Circ. N 703. Loi du 21 février 1903, art. 26. relative à l'Algérie. Circ. N 642.)

9. *Bois indivis.* — Les bois indivis sont soumis aux mêmes règles que les bois domaniaux, communaux et d'établissements publics pour l'adjudication des coupes. (Cod. For. 113.)

10. *Chablis. Menus marchés.* — Les conservateurs autoriseront et feront effectuer les adjudications des chablis, ainsi que celles des bois provenant de délits, de recépages, d'élagages ou d'essartements, et qui n'auront pas été vendus sur pied, et généralement tous autres menus marchés. (Ord. 102, 134.)

11. *Glandée. Panage. Paisson.* — Le conservateur fera reconnaître, chaque année, par les agents locaux, les cantons des bois et forêts où des adjudications de glandée et panage et paisson pourront avoir lieu sans nuire au repeuplement et à la conservation des forêts, et autorisera ces adjudications. (Ord. 100, 134.)

12. *Bois communaux. Menus produits.* — Il ne pourra être fait, dans les bois des communes et établissements publics, aucune adjudication de glandée, panage ou paisson (pâturage) qu'en vertu d'autorisation spéciale du préfet, qui devra consulter à ce sujet les communes ou établissements propriétaires et prendre l'avis de l'agent forestier local. (Ord. 139.)

13. *Menus produits. Propositions.* — Les procès-verbaux de reconnaissance, pour la vente des menus produits, ne doivent être rédigés qu'en une seule minute, qui est adressée à l'agent chargé de rédiger l'affiche. Ces actes ne sont pas soumis à la formalité du timbre. (Circ. A 368.)

14. *Bois façonnés.* — Les bois façonnés provenant des coupes d'éclaircie, exploitées par économie, seront vendus par lots dans la forme ordinaire des adjudications aux enchères et à la charge, par ceux qui s'en rendront adjudicataires, de payer les prix d'abatage et de façon desdits bois. (Ord. 88.) Cette disposition ne s'applique plus qu'aux frais de séquestre des bois de délit et à ceux de façon ou de transport de ces mêmes bois et des chablis, bois d'élagage ou d'essartements. (Circ. A 368)

A part ces cas, les coupes de bois façonnés sont vendues sans autres charges que celles de payer le prix de l'adjudication. V. Cah. des ch.

15. *Chasse. Bois communaux.* — Les maires peuvent procéder à l'adjudication du droit de chasse dans les forêts communales, *sans le concours des agents forestiers.* (Décr. 25 prairial an XIII. Loi du 5 avril 1884. Circ. Min. du 17 février 1887. Circ. N 381.)

16. *Travaux.* — Les adjudications de travaux sont faites à la diligence du conservateur des forêts. (Cah. des ch. art. 6. Circ. N 582.)

17. *Command.* — Aucune déclaration de command ne sera admise, si elle n'est faite immédiatement après l'adjudication et séance tenante. (Cod. For. 23. Loi du 21 février 1903, art 25, relative à l'Algérie. Circ. N 642.)

18. *Adjudicataire. Situation hypothécaire. Certificats.* — Une décision du Ministre des Finances en date du 17 juillet 1919 ayant rapporté la décision du 7 janvier 1903, d'après laquelle les conservateurs des hypothèques étaient tenus de délivrer gratuitement aux trésoriers généraux les états demandés par ces comptables comme renseignements sur la solvabilité des adjudicataires de coupes de bois et de leurs cautions, il y aura lieu d'insérer dans les affiches de ventes de coupes une mention libellée ainsi qu'il suit :

« Les acquéreurs éventuels sont priés de faire «parvenir à la trésorerie générale, vingt-quatre «heures au moins avant la vente, des certifi-«cats réguliers constatant leur situation hypo-«thécaire personnelle ainsi que celle de leurs «cautions et certificateurs de cautions.» (Lett. Dir. Gén. 15 juin 1920. V. Cah. des ch., art. 563.)

SECT. II. — MODES D'ADJUDICATION.

19. *Modes.* — Les divers modes d'adjudication seront déterminés par une ordonnance royale : ces adjudications auront toujours lieu avec publicité et libre concurrence. (Cod. For. 26. Loi du 4 mai 1837.)

Les modes d'adjudications sont : les rabais, les enchères et les soumissions. (Ordonnance royale du 26 novembre 1836.)

Les modes d'adjudication actuellement en

usage son.^a pour les coupes ordinaires et extraordinaires : les rabais ; pour la pêche : les
enchères (Cah. des ch. 3. Circ. N 657); pour
la chasse : les enchères (Cah. des ch. 3.
Circ. N 718); pour les travaux : les soumissions.

20. *Rabais.* — L'adjudication au rabais est
celle qui se fait au moyen de rabais successifs
énoncés par le crieur, et elle est définitive dès
que quelqu'un dit : *Je prends.*

21. *Enchères.* — L'adjudication aux enchères et à l'extinction des feux est celle qui se
fait au moyen de trois bougies allumées qui
ont brûlé successivement, sans que personne
ait fait d'offre supérieure à celle sur laquelle
on a allumé les feux.

22. *Soumissions.* — L'adjudication sur soumission cachetée est celle qui se fait sur des
offres remises sous pli cacheté, dans un délai
déterminé.

23. *Mode.* — Le mode d'adjudication à
suivre est prescrit par le cahier des charges
générales. (Circ. N 80, art 38. Circ. N 431.)

SECT. III. — CONDITIONS.

§ 1. Cahier des charges. Formalités.

24. *Cahier des charges.* — Les conditions
générales des adjudications publiques seront
établies par un cahier des charges, délibéré par
la direction générale des eaux et forêts et approuvé par le Ministre de l'Agriculture. Elles
seront toutes de rigueur. (Ord. 82, 134.
Décr. 19 mars 1891. Circ. N 431.)

25. *Clauses particulières.* — Les clauses particulières seront arrêtées par les conservateurs.
Elles seront toutes de rigueur. (Ord. 82, 134.
Décr. du 19 mars 1891. Circ. N. 431.)
Par clauses particulières d'une adjudication
on doit entendre : 1° les clauses applicables à
toutes les adjudications d'une même conservation et réunies dans un cahier dit des clauses
spéciales ; 2° les clauses spécialement applicables à ladite adjudication insérées à l'affiche,
au cahier et au procès-verbal d'adjudication.
(Circ. N 652.)

26. *Conditions. Clauses verbales.* — On ne
peut imposer aux adjudicataires d'autres clauses
et conditions que celles stipulées par le cahier
des charges et les clauses spéciales. Toutes
clauses verbales sont interdites et donneraient
lieu à des mesures très sévères contre les
agents qui les laisseraient admettre. (Circ.
A 377 *bis*.)

27. *Indications. Renseignements verbaux.* —
Le conservateur doit donner au public, avant
la mise en vente des articles, tous les avertissements propres à l'éclairer sur les dispositions
du cahier des charges et les conditions de
l'adjudication. (Circ. N 80, art 41.)

28. *Coupes. Rabais.* — Les ventes des coupes seront faites par adjudication au rabais.
(Cah. des ch. 3.) V. Cah. des ch.

29. *Adjudication. Menus marchés. Conditions.
Formalités.* — Les adjudications de glandée,
panage et paisson ; celles de chablis ou chandeliers et de bois provenant de délits, de recépage
ou d'essartements non vendus sur pied et, en
général, de tous autres menus marchés; celles
des arbres sur pied, endommagés, ébranchés,
morts, dépérissants, incendiés ou abroutis,
doivent s'effectuer avec les mêmes formalités
que celles des coupes ordinaires.
Toutefois elles sont affranchies de l'affiche
au chef-lieu du département, des déclarations
de surenchère, du dépôt du cahier des charges au secrétariat de la préfecture et des formalités prescrites pour l'autorisation de l'apposition des affiches, à moins que l'évaluation
des objets mis en vente soit supérieure à
500 francs. (Ord. régl. art. 100, 102, 103
et 104. Ord. du 23 juin 1830. Circ. N 80,
art. 81 et 82.)
La vente aux chef-lieux d'arrondissement
n'est obligatoire ni pour les chablis et bois de
délit, ni pour les coupes exploitées par entreprise ou par économie, quelle qu'en soit la
valeur, ni pour les bois morts, les bois dépérissants et les coupes vendues par unités de
marchandises. (Circ. N 396.)

30. *Menus marchés. Affiches. Visa.* — Les
affiches annonçant des adjudications de produits
des forêts, quelles qu'en soient la nature et la
provenance, à effectuer dans les chefs-lieux de
canton ou dans les communes, seront dispensées
de la formalité du visa par les préfets ou sous-
préfets. (Décis. du 25 février 1888. Circ. N 396.)

31. *Façonnage.* — L'entreprise du façonnage de bois à couper par éclaircies et à exploiter pour le compte de l'État pourra être
adjugée au rabais. (Ord. 88.)

32. *Travaux.* — Les adjudications de travaux auront lieu par voie de soumissions cachetées et sur un seul concours. Elles seront
annoncées par voie d'affiches indiquant le lieu,
le jour et l'heure de l'opération. (Cah. des
ch. 5. Circ. N 566, art. 186.)

33. *Coupes. Validité* — Toute adjudication sera
définitive du moment où elle sera prononcée,
sans que, dans aucun cas, il puisse y avoir lieu
à surenchère. (Circ. N 80. art 48. Loi du 4 mai
1837. Cod For. 25. Loi du 21 février 1903,
art 27, relative à l'Algérie. Circ. N 642.)

34. *Validité. Maire.* — Les adjudications
faites par les agents forestiers, sous la présidence des maires, ne sont pas soumises à l'approbation des préfets, parce que la délégation
donnée au maire est absolue et que, dès lors,
la vente est définitive. (Décis. Min. 10 juin
1848. Circ. A 616. Circ. N 80, art. 88.)

ADJUDICATION.

35. *Travaux.* — Le procès-verbal de l'adjudication sera soumis à l'approbation du directeur général des eaux et forêts ou du conservateur, suivant le cas. (Cah. des ch. 18. Circ. N 582.)

§ 2. *Publicité. Concurrence.*

36. *Annonce.* — Toute adjudication publique devra être annoncée au moins quinze jours à l'avance par des affiches. (Cod. For. 17. Loi du 15 avril 1829, art. 11.)

37. *Publicité.* — Outre les affiches, les préfets et les sous-préfets emploieront les autres moyens de publication qui seront à leur disposition. (Ord. 84.)

38. *Adjudication. Publicité. Procès-verbaux. Coupes.* — Il sera fait mention, dans les procès-verbaux d'adjudication, des mesures qui auront été prises pour donner aux ventes toute la publicité possible. (Ord. 84, 134. Circ. N 80, art. 53.)

39. *Coupes. Travaux.* — Les adjudications doivent toujours avoir lieu avec publicité et concurrence. (Décr. du 31 mai 1862 et Décr. du 18 novembre 1882. Circ. N 566, art. 143.)

40. *Travaux. Publicité.* — L'avis des adjudications à passer est publié, sauf les cas d'urgence, au moins vingt jours à l'avance par la voie des affiches et par tous les moyens ordinaires de publicité. (Décr. du 18 nov. 1882. Circ. N 304. Circ. N 566. art. 177.)

41. *Travaux. Affiches.* — L'avis d'adjudication fait connaître le lieu où l'on peut prendre connaissance du cahier des charges, les autorités chargées de procéder à l'adjudication, le lieu, le jour et l'heure fixés, l'évaluation totale du devis, l'évaluation des frais de timbre et d'enregistrement, le montant du cautionnement en argent et, s'il y a lieu, une clause stipulant les obligations de l'entrepreneur, quand il devra employer des bois extraits dans les forêts domaniales. (Décr. du 18 novembre 1882. Circ. N 304. Circ. N 566, art 177.)

42. *Travaux. Concurrence limitée.* — Les adjudications publiques relatives à des fournitures, travaux, transports, exploitations ou fabrications qui ne peuvent être sans inconvénient livrés à une concurrence illimitée sont soumises à des restrictions permettant de n'admettre que les soumissions qui émanent de personnes reconnues capables par l'administration au vu de titres exigés par le cahier des charges et préalablement à l'ouverture des plis renfermant les soumissions. (Décr. du 18 novembre 1882, art. 3. Circ. N 304. Circ. N 566, art. 143.)

§ 3. *Dépôt des pièces.*

43. *Dépôt des pièces. Coupes. Bois domaniaux et communaux.* — Quinze jours avant l'époque fixée pour l'adjudication, l'agent forestier chef de service fera déposer au secrétariat de l'autorité administrative qui devra présider à la vente :

1° Les procès-verbaux d'arpentage, de balivage et de martelage des coupes. (V. Arpentage.)

2° Une expédition du cahier des charges générales et des clauses spéciales.

Le fonctionnaire qui devra présider la vente apposera son visa au bas de ces pièces, pour en constater le dépôt. (Ord. 83, 134.)

44. *Pièces.* — Après l'adjudication, les procès-verbaux des opérations préliminaires aux ventes sont retirés du secrétariat de l'autorité administrative et remis aux agents forestiers. (Circ. N 80, art 58.)

45. *Travaux. Cahier des charges. Devis.* — Le cahier des charges, les plans et les devis resteront, pendant la durée de la publication des affiches, déposés dans les bureaux des agents. (Circ. N 566, art 182.)

SECT. IV. — JOUR D'ADJUDICATION.

46. *Époque. Jour. Fixation.* — Les ventes des coupes de bois sont effectuées chaque année, du 15 septembre au 30 octobre inclusivement. Le conservateur fixe le jour, en se renfermant dans cette limite, après s'être concerté, au préalable, avec le préfet et avec le trésorier-payeur général du département où la vente doit avoir lieu (Loi du 29 septembre 1791, titre VI, art. 13. Circ. N 80, art. 2) et avec les conservateurs limitrophes. (Circ. A 817.)

47. *Époque. Avance.* — Si le conservateur juge utile de procéder aux ventes avant le 15 septembre ou après le 30 octobre, il en fait la proposition motivée à l'administration, qui statue. (Circ. N 80, art. 3.)

48. *Jours.* — Les conservateurs ne doivent soumettre aux préfets les propositions pour le jour de vente qu'après s'être concertés avec les trésoriers-payeurs généraux et les conservateurs des arrondissements limitrophes. (Circ. A 805. Décis. Min. 10 déc. 1857.)

49. *Jours.* — En cas de dissentiment avec le trésorier général, il en est référé à l'administration. (Circ. A. 769.)

50. *Jours.* — Le conservateur fait connaître à l'administration les jours fixés pour les ventes. (Circ. N 80, art. 4.)

51. *Jours. Menus marchés.* — Par assimilation avec les ventes des coupes, les chefs de cantonnement doivent se concerter avec le maire et le receveur chargé d'encaisser le prix de l'adjudication, pour fixer le jour des ventes des menus marchés. (Puton.)

52. *Jours fériés.* — On peut valablement procéder aux adjudications de coupes un dimanche ou jour férié. (Cons. d'État, 4 nov. 1836.)

53. *Bois communaux. Dimanche.* — Pour se conformer à la loi du 13 juillet 1906, sur le repos hebdomadaire, on doit s'abstenir de fixer au dimanche les adjudications de coupes dans les bois communaux.

Il y aura lieu de se concerter avec l'autorité préfectorale lorsque, dans l'intérêt des ouvriers bûcherons ou des communes et établissement publics, il y a utilité de faire procéder exceptionnellement le dimanche à ces adjudications. (Circ. N 712.)

SECT. V. — LIEUX DE VENTE.

54. *Coupes. Lieux de vente. Bois domaniaux et communaux.* — Les adjudications des coupes ordinaires et extraordinaires auront lieu, par-devant les préfets et sous-préfets, ou leurs délégués, dans les chefs-lieux de département ou d'arrondissement. (Ord. 86. Circ. N 80, art. 33.)

Toutefois, les préfets, sur la proposition des conservateurs, peuvent permettre que les coupes dont l'évaluation n'excède pas 3,000 francs soient adjugées au chef-lieu d'une des communes voisines des bois et sous la présidence du maire. (Ord. 86. Circ. N 80, art. 34. Décr. du 20 janvier 1920. Circ. N 869.)

Les adjudications se feront, dans tous les cas, en présence des agents forestiers et des receveurs chargés du recouvrement des produits. (Ord. 86, 134. Circ. N 80, art. 36.)

55. *Chefs-lieux.* — Il n'est pas absolument nécessaire que la vente des coupes de bois ait lieu au chef-lieu d'arrondissement où les bois sont situés. (Lettre du Ministre des Finances, 8 oct. 1828.) Elle peut avoir lieu, avec l'autorisation du Ministre, à l'un des chefs-lieux d'arrondissement du même département, selon que l'administration le juge plus avantageux. (Décis. Min. 2 juin 1852, 10 nov. 1863. Circ. N 80, art. 33.)

56. *Lieux de vente.* — L'adjudication d'un produit spécial (écorce de chêne liège) peut, dans certaines circonstances et lorsqu'il doit en résulter des avantages réels, être effectuée au chef-lieu de la commune. (Décis. Min. 11 déc. 1868.) Cette décision est intervenue dans un cas particulier et sur la demande de la commune propriétaire.

57. *Produits façonnés. Coupes affouagères et extraordinaires. Bois communaux.* — Le Ministre pourra, sur la proposition des préfets et de l'administration des forêts, permettre que des coupes ou portions de coupes affouagères et extraordinaires dont les produits auront été préalablement exploités et façonnés sous la direc-

tion d'un entrepreneur responsable (Décis. Min. 9 février 1843 et 5 mars 1844) soient mises en adjudication dans la commune propriétaire, sous la présidence du maire, mais toujours avec l'intervention des agents forestiers et aux clauses et conditions qui seront indiquées. (Ord. 15 oct. 1834, *modifiée par Décr. du 25 mars 1852.* Circ. N 80, art. 35 et 36.)

58. *Produits façonnés. Vente sur les lieux. Bois communaux.* — Les préfets statueront en conseil de préfecture, sans l'autorisation du Ministre, mais sur les avis ou propositions des chefs de service, au sujet de la vente sur les lieux des produits façonnés provenant des bois des communes et des établissements publics, quelle que soit la valeur de ces produits. (Décr. 25 mars 1852, art. 3. Circ. A 686.)

59. *Produits façonnés. Lieux de vente.* — Le préfet, sur la proposition du conservateur, pourra autoriser, au chef-lieu d'une des communes voisines de la situation des bois, la vente en bloc ou par lots des produits façonnés provenant des coupes communales ordinaires ou extraordinaires restées invendues et exploitées par économie. En cas de dissentiment entre le préfet et le conservateur, il sera statué par le Ministre, après avis de l'administration. (Ord. 24 août 1840.)

60. *Chablis. Bois de délit. Produits façonnés. Coupes par économie. Lieux de vente. Bois domaniaux.* — Les chablis et bois de délit provenant des forêts domaniales, qu'elle qu'en soit la valeur, ainsi que les coupes exploitées par économie pour être vendues en détail et par lots, pourront, par exception à l'article 86 de l'ordonnance réglementaire, être adjugés aux chefs-lieux de canton ou dans les communes voisines de ces forêts. (Ord. 20 mai 1837. Circ. A 394. Circ. N. 80, art. 83.)

61. *Chablis. Lieux de vente. Bois communaux.* — Les chablis provenant des bois communaux, quelle qu'en soit la valeur, pourront être adjugés au chef-lieu de canton ou dans la commune propriétaire ou voisine des forêts. (Ord. 20 mai 1837 et 15 septembre 1838. Circ. A 433.)

62. *Arbre. Futaie. Affouage.* — La vente des arbres (futaie), provenant des coupes affouagères délivrées en nature, peut se faire au profit des seuls habitants de la commune, par le maire, en présence de l'agent forestier et du receveur municipal, après de simples affiches apposées dans la commune. Les formalités de l'article 84 de l'ordonnance réglementaire ne s'appliquent pas à ces ventes. (Décis. Min. 23 février et 23 mai 1829.)

63. *Bois dépérissants. Bois morts. Coupe par unités de produits. Lieux de vente.* — Les adjudications de bois morts, de bois dépérissants, provenant des forêts domaniales, communales ou d'établissements publics, ainsi que celles des coupes vendues par unités de marchandises dans les mêmes forêts, pourront être faites dans les chefs-lieux de canton ou dans les communes riveraines des forêts. (Décr. du 25 février 1888. Circ. N 396.)

64. *Chasse. Lieux. Bois domaniaux.* — Les adjudications du droit de chasse, dans les bois domaniaux, peuvent se faire aux chefs-lieux de préfecture, de sous-préfecture et même de canton. (Circ. A 439.)

65. *Salle d'adjudication.* — Les agents s'entendent avec les autorités locales pour obtenir qu'une salle convenable soit mise à leur disposition.

SECT. VI. — PROHIBITIONS. INCOMPATIBILITÉS.

66. *Mandataires. Administrateurs.* — Ne peuvent se rendre adjudicataires, ni par eux-mêmes, ni par personne interposée : les mandataires des biens qu'ils sont chargés de vendre ; les administrateurs des communes et établissements publics des biens confiés à leurs soins ; les officiers publics des biens nationaux dont la vente se fait par leur ministère. (Cod. Civ. 1596.)

67. *Vente. Incapacité.* — Pour avoir pris part aux ventes, soit directement, soit par personnes interposées directement ou indirectement; soit comme partie principale, soit comme associés ou cautions :

A. Dans toute l'étendue de la République, les agents, les gardes-forestiers et les gardes-pêche ;

B. Dans l'étendue de leur circonscription, les fonctionnaires chargés de présider ou de concourir aux ventes et les receveurs du produit des coupes :

Amende : du 1/12 au 1/4 du montant de l'adjudication. (Cod. For. 21. Loi du 15 avril 1829. art. 15.)
Emprisonnement : 6 mois à 2 ans. (Cod. Pén. 175.)
Interdiction des fonctions publiques. (Cod. Pén. 175). Adjudication déclarée nulle. (Cod. For. 21. Par les tribunaux. Déc. Min. du 30 mars 1868. (Cod. Pêche 15. Circ. N 87.)
En cas de fraude ou collusion, les adjudicataires ou acquéreurs paieront, outre les amendes, pour la vente annulée, des dommages-intérêts : minimum, amende simple. (Cod. For. 202,205.)
Restitution des bois exploités ou de leur valeur sur le pied du prix de vente. (Cod. For. 205.)

C. Dans toute l'étendue du territoire pour lequel les agents ou gardes sont commissionnés, leurs parents et alliés en ligne directe, les frères. beaux-frères, oncles et neveux :

Amende : du 1/12 au 1/4 du montant de l'adjudication. (Cod. For. 21.)
Vente déclarée nulle. (Cod. For. 21. Par les tribunaux. Déc. Min. du 30 mars 1868. Circ. N 87.)

En cas de fraude ou collusion, les adjudicataires ou acquéreurs paieront, pour la vente annulée, des dommages-intérêts : minimum, amende simple. (Cod. For. 202, 205.)
Restitution des bois exploités ou paiement de leur valeur sur le pied du prix de vente. (Cod. For. 205.)

Nota. Le décès des personnes produisant alliance ne fait pas disparaître les incapacités légales pour les ventes. (Cass. 16 juin 1834.)

D. Dans tout l'arrondissement de leur ressort. les conseillers de préfecture, les juges, officiers du ministère public et greffiers des tribunaux de première instance :

Dommages-intérêts, s'il y a lieu. (Cod. For. 21.)
Vente déclarée nulle. (Cod. For. 21. Par les tribunaux. Déc. Min. du 30 mars 1868. Circ. N 873.)
En cas de fraude ou collusion, les adjudicataires paieront, outre les amendes, pour la vente annulée, des dommages-intérêts : minimum, amende simple. (Cod. For. 202, 205.)
Restitution des bois exploités ou paiement de leur valeur sur le pied du prix de vente. (Cod. For. 205.)
Dispositions applicables en Algérie. (Loi du 21 février 1903, art. 23. Circ. N 642.) V. Incapacité.

68. *Adjudication. Produits principaux. Coupes. Vente clandestine.* — Pour toute vente clandestine, c'est-à-dire faite autrement qu'en adjudication publique annoncée au moins quinze jours à l'avance, par des affiches appliquées au chef-lieu, au lieu de la vente, dans la commune de la situation des bois et dans les communes environnantes (Cod. For. 17) ;

Les fonctionnaires qui ont ordonné ou effectué ces ventes seront condamnés solidairement :

Amende : 3000 fr. à 6000 fr. (Cod. For. 18 Cod. Civ. 1200.)
La vente sera déclarée nulle. (Cod. For. 18.)

Pour l'acquéreur :

Amende égale à la valeur des bois vendus. (Cod. For. 18.)
En cas de fraude ou collusion, les adjudicataires ou acquéreurs paieront, pour la vente annulée, outre les amendes, des dommages-intérêts égaux au minimum de l'amende simple. (Cod. For. 202, 205.)
Restitution des bois exploités ou paiement de leur valeur sur le pied du prix de vente. (Cod. For. 205.)

69. *Vente irrégulière. Pénalités : A. Délai d'affichage.* — Pour vente faite par adjudication publique, mais sans avoir été précédée des affiches, quinze jours à l'avance ;

B. Lieu non indiqué. — Pour vente faite par adjudication publique, dans d'autres lieux que ceux indiqués par les affiches ou les procès-verbaux de remise en vente ;

C. Jour différent. — Pour vente faite par adjudication publique. mais à un autre jour que celui indiqué par les affiches ou les procès-verbaux de remise en vente ;

Les fonctionnaires ou agents seront condamnés solidairement :

Amende : 1000 fr. à 3000 fr. (Cod. For. 19. Cod. Civ. 1200.) Pour la pêche : amende égale à la valeur annuelle du cantonnement de pêche. (Cod. Pêche art. 13.)

Les adjudicataires, en cas de complicité :

Amende : 1000 fr. à 3000 fr. (Cod. For. 19.) Vente déclarée nulle. (Cod. For. 19.)
En cas de fraude ou collusion, les adjudicataires paieront pour la vente annulée, outre les amendes, des dommages-intérêts, minimum égaux à l'amende simple. (Cod. For. 202, 205.)
Restitution des bois exploités ou paiement de leur valeur sur le pied du prix de vente. (Cod. For. 205.) Les adjudicataires de pêche paieront une amende égale à la valeur annuelle du cantonnement de pêche (Cod. Pêche 13.)

70. *Menus produits. Vente clandestine ou irrégulière.* — Pour vente faite autrement que par adjudication publique, annoncée quinze jours d'avance dans le chef-lieu, le lieu de la vente, la commune de la situation des bois et les communes environnantes (Cod. For. 17) ; ou faite par adjudication publique, mais sans avoir été précédée des publications et affiches : ou effectuée dans d'autres lieux ou à un autre jour que ceux fixés par les affiches et les procès-verbaux de remise en vente (Cod. For. 19) :
Les fonctionnaires ou agents qui l'auront ordonnée ou effectuée seront condamnés solidairement :

Amende : 100 fr. à 1000 fr. (Cod. For. 17, 18, 19, 53.)

Pour l'acquéreur :

Amende égale au montant du prix de la vente. (Cod. For. 53.)
Vente déclarée nulle. (Cod. For. 18, 19, 53.)
En cas de fraude ou collusion, l'adjudicataire paiera pour la vente annulée, outre les amendes, des dommages-intérêts, minimum égaux à l'amende simple. (Cod. For. 202, 205.)
Restitution des produits consommés ou paiement de leur valeur sur le pied du prix de vente. (Cod. For. 205.)

71. *Chasse. Agent.* — Les agents et préposés, dans toute l'étendue du territoire pour lequel ils sont commissionnés, ne peuvent prendre part aux adjudications de chasse, directement ou indirectement, comme partie principale, associée ou caution. (Circ. N 65. Circ. N 72.)

72. *Coalition.* — Toute association secrète ou manœuvre entre les marchands de bois ou autres, tendant à nuire aux enchères, à les troubler ou à obtenir les bois à plus bas prix, donnera lieu à l'application des peines portées par l'article 412 du Code pénal, indépendamment de tous dommages-intérêts ; et, si l'adjudication a été faite au profit de l'association secrète ou des auteurs desdites manœuvres, elle sera déclarée nulle. (Cod. For. 22. Loi du

21 février 1903, art. 24, relative à l'Algérie. Circ. N 642.)

73. *Algérie. Nullités.* — Sont d'ordre public les nullités provenant de ventes faites autrement que par adjudication publique, en dehors des cas prévus, sans publication et affiches, dans d'autres lieux et à un autre jour indiqués, par des personnes incapables, ou avec coalition. (Loi du 21 février 1903, art. 20, 21, 23 et 24. Circ. N. 642.)

SECT. VII. — SÉANCE D'ADJUDICATION.

§ 1. *Assistance. Convocation. Remplacement.*

74. *Assistance.* — Les conservateurs assistent à toutes les ventes de coupes de bois *sur pied.* (Circ. N 80, art. 39.)

75. *Trésorier-payeur général. Représentant.* — Les trésoriers-payeurs généraux peuvent se faire représenter aux adjudications des coupes extraordinaires, mais ils demeurent responsables des deniers de la vente. (Délib. du Cons. d'admin. des forêts, 18 décembre 1828.)

76. *Receveurs municipaux.* — Les receveurs municipaux sont appelés à toutes les adjudications de coupes, même lorsqu'il s'agit des coupes extraordinaires dont le produit est encaissé par le trésorier général. (Loi du 18 juillet 1837, art. 16. Loi du 5 avril 1884, art. 79.)

77. *Receveurs des domaines.* — Les receveurs des domaines sont dispensés d'assister aux ventes de coupes et de produits quelconques des bois des communes et des établissements publics. (Décis. Min. Fin. 11 juillet 1857. Circ. A 827.)

78. *Convocation.* — L'affiche tient lieu de signification pour prévenir et appeler les maires et administrateurs aux ventes. (Discussion à la Chambre des députés.)

79. *Maires. Absence. Convocations. Bois communaux.* — L'absence des maires ou administrateurs dûment appelés n'est pas une cause de nullité pour les adjudications des coupes de bois communaux et d'établissements publics. (Cod. For. 100.) Les maires et administrateurs sont prévenus par les affiches, sans formalités spéciales. Il en est de même en Algérie.

80. *Remplacement.* — En cas d'empêchement, le conservateur délègue pour le suppléer l'agent forestier chef de service, à moins qu'il n'en soit autrement ordonné par l'administration. (Circ. N 80, art. 39.)

81. *Délégation.* — Les conservateurs délèguent les chefs de cantonnement pour remplacer les chefs de service aux ventes par unités de produits. (Circ. A 804.)

82. *Remplacement aux ventes. Délégation des*

brigadiers. Bois communaux. — Les conservateurs pourront, toutes les fois qu'ils le jugeront utile au bien du service, autoriser les agents forestiers à se faire remplacer par un chef de brigade sous leurs ordres, dans les ventes, sur les lieux, des produits principaux et accessoires des bois appartenant aux communes et aux établissements publics, quel que soit le montant de l'estimation des produits. (Ord. 13 janvier 1847. Circ. A 592. Circ. N 80, art. 76.)

83. *Remplacement des officiers aux ventes. Délégation des brigadiers.* — Les inspecteurs des forêts pourront se faire remplacer ou autoriser les agents sous leurs ordres à se faire remplacer par un chef de brigade dans les adjudications sur les lieux des produits forestiers domaniaux et communaux, dont l'évaluation ne dépassera pas 500 francs. (Décr. du 25 février 1888. Circ. N 396.)

84. *Remplacement aux ventes. Préposés. Menus produits.* — Lorsque l'estimation des produits accessoires (bois communaux ou des établissements publics) n'excédera pas 100 francs, les agents pourront se faire remplacer à la séance d'adjudication par un des préposés sous leurs ordres. (Ord. 3 octobre 1841. Circ. A 519.)

85. *Menus marchés. Remplacements.* — Les préfets peuvent, par mesure générale, déléguer aux sous-préfets le droit de présider ou de faire présider par les maires les ventes par forme de menus marchés dont l'estimation ne s'élève pas à 500 francs. (Lettre Min. 26 mars 1830. Circ. A 236.)

86. *Président.* — Lorsque le maire préside aux ventes, c'est comme délégué du préfet, en se conformant aux cahiers des charges dressés par l'administration forestière. (Cons. d'admin. 18 décembre 1828.)

§ 2. Bureau. Contestations. Compétence.

87. *Bureau.* — Le bureau se compose :
Du préfet ou de son délégué, président ;
Du conservateur ou d'un autre agent forestier chargé de le remplacer ;
Des receveurs chargés du recouvrement des produits (trésorier payeur général, receveur des domaines, receveurs municipaux suivant les cas). [Ord. 86.]

88. *Préséance.* — Dans les séances d'adjudication, le conservateur ou l'agent forestier qui le remplace doit occuper la droite du fonctionnaire chargé de présider ces adjudications. (Décis. Min. 13 septembre 1854. Lettre de l'Admin. 14 juin 1860. Circ. N 80, art. 40.)

89. *Algérie. Bureau.* — En Algérie, le bureau d'adjudication est formé du préfet ou de son délégué, président, du conservateur ou d'un autre agent forestier, enfin du receveur des domaines, chargé du recouvrement des produits. (Loi du 21 février 1903, art. 28. Circ. N 642.)

90. *Travaux. Bureau.* — Le bureau sera composé du conservateur ou de son délégué et de deux agents ou préposés. (Cah. des ch., art. 6. Circ. N 566, art. 183.) Les membres du bureau sont désignés par le conservateur. (Circ. N 566, art. 184.)

91. *Pêche. Amodiation.* — L'adjudication a lieu publiquement, sous la présidence du préfet, du sous-préfet ou du maire, avec le concours d'un agent des eaux et forêts et d'un représentant de l'administration des domaines. (Cah. des ch. art. 3.) V. Cahier des charges.

92. *Contestations.* — Les contestations autres que celles qui s'élèvent, pendant l'adjudication, sur la validité des offres et la solvabilité des acheteurs, sont de la compétence des tribunaux. (Ord. du 28 février 1828. Circ. N 80, art. 47.)

93. *Compétence. Bureau.* — Le président de l'adjudication (préfet, sous-préfet ou maire) décide immédiatement et en dernier ressort sur les contestations qui peuvent s'élever pendant la séance de l'adjudication, sur la validité des opérations et sur la solvabilité de ceux qui ont fait des offres et de leurs cautions. (Cod. For. 20. Lois du 4 mai 1837 et 6 juin 1840. Circ. N 80, art. 45.) Loi du 21 février 1903, art. 22, relative à l'Algérie. Circ. N 642.)

94. *Validité. Solvabilité.* — Les présidents des ventes doivent prendre l'avis des agents forestiers et des receveurs sur la validité des enchères et sur la solvabilité des adjudicataires. (Décis. Min. 25 octobre 1828.)

95. *Solvabilité. Doute. Caution. Certificateur de caution.* — En cas de doute sur la solvabilité des preneurs, le président de la vente pourra exiger la présentation immédiate d'une caution. (Coupes, Cah. des ch. 5.)

96. *Annulation. Erreur.* — Le président peut annuler l'adjudication lorsqu'il est manifeste qu'elle est le résultat d'une erreur, soit sur le chiffre de la criée, soit sur l'idendité de la coupe exposée en vente. (Circ. N 80, art. 45.)

97. *Compétence. Contestations. Contentieux.* — Les contestations qui peuvent s'élever, soit entre les adjudicataires et les cautions, soit entre ceux-ci ou l'État et les communes, relativement à l'adjudication des coupes et au paiement du prix, sont du ressort exclusif des tribunaux civils, et, ni les préfets, ni les conseils de préfecture ne peuvent en connaître, sans violer les règles de la compétence. (Conseil d'État, 28 février 1828. Cass. 22 avril 1837.)

§ 3. *Mise à prix. Enchères. Rabais.*
Coupes invendues.

98. *Estimation. Rabais. Mise à prix.* — Les agents forestiers ont seuls, et à l'exclusion du président des ventes, le droit de déterminer la valeur des coupes ; ils ont, par une conséquence forcée, celui de fixer les mises à prix, de descendre et d'arrêter les rabais. (Décis. Min. 15 janvier 1840. Ord. 87.) Mais on doit avoir des égards pour les magistrats qui président et leur donner, au moment de la vente, les indications qui leur sont nécessaires pour la diriger eux-mêmes. (Circ. A 485.)

99. *Mise à prix. Rabais.* — La mise à prix et le taux auquel les rabais devront être arrêtés seront déterminés par le conservateur ou l'agent des eaux et forêts qui le remplacera. (Cah. des ch. 3.) V. Rabais.

100. *Criées. Rabais.* — Le conservateur ou son représentant a seul la direction des criées ; il lui appartient de déterminer le point de départ des rabais et de les arrêter au moment utile. (Circ. N 140.)

101. *Rabais.* — On peut descendre les rabais (8 à 12 p. 100) au-dessous de l'estimation pour les coupes peu recherchées, soit en raison des difficultés de la vidange, soit pour tout autre cause, et surtout pour les coupes des communes qui ont un pressant besoin d'argent. (Circ. A 751. Circ. man. n° 11.)

102. *Coupe communale et d'établissement public.* — Afin d'éviter que les coupes ne restent invendues, il faut, pour les rabais, prendre en considération les vœux exprimés par les communes et les établissements publics propriétaires. (Lettre de l'Admin. du 20 juillet 1860.)

103. *Ordre des articles. Réunion.* — Le conservateur, ou l'agent des eaux et forêts qui le remplacera, aura la faculté d'intervertir l'ordre des articles de l'affiche, ou de réunir en un seul lot deux ou plusieurs articles encore non mis à prix (Cah. des ch. 2)

104. *Coupes invendues.* — On ne doit mettre en vente les coupes invendues des exercices précédents qu'après celles de l'exercice courant. (Circ. A 678.) V. Coupes.

105. *Remise en vente. Bois communaux et d'établissements publics.* — Dans des circonstances exceptionnelles et en cas d'urgence bien constatée, le directeur général pourra, sur la proposition du préfet, autoriser la remise en vente des coupes de bois des communes et des établissements publics restées invendues à la première lecture de l'affiche, faute d'offres suffisantes.

Ces dispositions ne figurent plus au cahier des charges, mais elles restent en vigueur (Circ. N 752.)

106. *Coupes invendues. Remise en vente. Bois domaniaux et communaux.* — Lorsque, faute d'offres suffisantes, les adjudications n'auront pu avoir lieu, elles seront remises, séance tenante, au jour qui sera indiqué par le président, sur la proposition de l'agent forestier. (Ord. 89.) Cet article a été modifié par l'article 10 du cahier des charges, ainsi conçu :

Lorsque, faute d'offres suffisantes, les coupes n'auront pas été vendues à la première lecture de l'affiche, elles ne seront plus remises en adjudication dans la séance.

Toutefois, en ce qui concerne les bois des communes, des établissements publics et indivis, le fonctionnaire chargé de présider la vente pourra remettre séance tenante en adjudication aux enchères tout ou partie des coupes restées invendues. L'adjudication aura lieu dans ce cas, conformément aux indications de l'article 4 et sur les mises à prix qui seront fixées par le conservateur ou l'agent des eaux et forêts qui le remplacera.

107. *Rabais. Clôture.* — Aucun indice ne doit faire pressentir l'instant de la clôture des rabais. (Circ. A 837.)

108. *Travaux. Remise.* — Les adjudications de travaux tentées sans succès peuvent être remises sans nouvelles affiches à un délai qui n'excède pas quinze jours. Le renvoi est annoncé en séance et constaté au procès-verbal. (Circ. N 566, art. 199.)

SECT. VIII. — PROCÈS-VERBAL D'ADJUDICATION.

§ 1. *Minute. Procès-verbal d'adjudication.*

109. *Procès-verbaux. Signature.* — Les minutes des procès-verbaux d'adjudication sont signées sur-le-champ par tous les fonctionnaires présents et par l'adjudicataire et son fondé de pouvoirs. En cas d'absence, ou s'il ne veut ou ne peut signer, il en est fait mention au procès-verbal. Ces minutes seront soumises à la formalité du visa pour timbre au moment de leur enregistrement. (Ord. 91. 134. Circ. N 80, art. 51. Cah. des ch. coupes, 7, Cir. N 844. Cah. des ch. chasse, 7, Circ. N 718.)

110. *Procès-verbal. Signature. Refus.* — Dans le cas où un individu, après avoir prononcé le mot : *Je prends*, refuserait de signer le procès-verbal, l'État est en droit de réclamer de lui l'accomplissement des conditions de la vente. Le procès-verbal, quoique non signé, conserve la force et les effets d'un acte authentique faisant foi jusqu'à inscription de faux. (Lett. Min. 12 septembre 1833.) Le cas échéant, on doit en rendre compte à l'administration, (Circ. A 337 *bis*.)

111. *Procès-verbal d'adjudication. Formule.* — Les formules des procès-verbaux d'adjudication et autres actes sont fournies par l'administration. (Régl. Min. 4 juillet 1836.)

3.

112. *Vente par unités de produits.* — Les procès-verbaux d'adjudication des ventes par unités de produits ou de marchandises ont pour objet de contrôler exclusivement les données et les résultats de l'adjudication; la minute doit être rédigée sur papier visé pour timbre. (Circ. N 181.)

113. *Rédaction.* — Les employés des préfectures et des sous-préfectures rédigent les procès-verbaux d'adjudication, ainsi que les actes des déclarations de command et de cautionnement. (Instr. 11 nov. 1818.) Les formules de ces actes sont visées pour timbre et enregistrées en débet. (Décis. Min. 14 juillet 1836.)

114. *Travaux. Procès-verbal d'adjudication.* — Les résultats de chaque adjudication de travaux sont constatés par un procès-verbal relatant les circonstances de l'opération. Ce procès-verbal, dressé sur la formule série 3, n° 5, est signé, séance tenante, par le président et les membres du bureau, ainsi que par l'adjudicataire et sa caution, s'ils sont présents. En cas d'absence, ils sont mis en demeure de le signer sans délai. Après l'adjudication, il est adressé au conservateur, avec la soumission admise et les réclamations écrites qui auraient pu être déposées contre l'adjudication. Il reste ensuite déposé dans les archives du chef de service. (Circ. N 566, art. 192, 193 et 194. Cah. des ch. 6 et 7.)

115. *Payements. Poursuites. Exécution.* — Les procès-verbaux d'adjudication emportent exécution parée contre les adjudicataires, leurs associés ou cautions, tant pour le payement du prix principal que pour les frais et accessoires, et ce, sans qu'il soit besoin de jugement. (Cod. For. 28. Circ. du Min. des Finances du 30 novembre 1833. Circ. N 80, art. 102. Loi du 18 juillet 1906. Circ. N 703.)

Dans ce cas, c'est la loi du 17 août 1832 qui doit être appliquée et non pas les articles 211 et 212 du Code forestier.

116. *Procès-verbaux. Foi.* — L'acte d'adjudication en matière de vente de coupe de bois, dans les forêts communales et domaniales, fait foi jusqu'à inscription de faux. (Nancy, 30 janvier 1858.)

117. *Procès-verbal. Degré de foi.* — Les procès-verbaux d'adjudication ont la force et les effets d'un acte authentique. Ils font foi jusqu'à inscription de faux et ne peuvent être combattus par la preuve testimoniale. (Cons. d'État 17 juillet 1822.)

118. *Exécution.* — Les procès-verbaux d'adjudication sont exécutoires *de plano*, comme un jugement ou un acte notarié.

119. *Hypothèques.* — Les procès-verbaux d'adjudication ne confèrent pas droit d'hypo-

thèque. (Circ. du Ministre des Finances, 30 nov. 1833.)

120. *Ordonnances. Coupes extraordinaires.* — Il sera fait mention, dans les actes de vente et procès-verbaux d'adjudication des coupes extrordinaires, des ordonnances spéciales qui les auront autorisées. (Ord. 85, 184.)

121. *Limites. Réserves.* — Les procès-verbaux d'adjudication doivent mentionner la nature des limites naturelles, ainsi que l'essence et les dimensions des pieds corniers et parois. (Circ. A 475.)

122. *Zone frontière. Chemin. Réparation.* — Les procès-verbaux d'adjudication renferment, en ce qui concerne les coupes assises dans les territoires réservés de la zone frontière, les clauses et conditions concertées entre les services des forêts et du génie, relativement à la réparation des chemins, et notamment celle fixant le délai accordé à l'adjudicataire pour la démolition des ouvrages et le rétablissement des lieux. (Cir. N 388. Circ. N 565, art. 49.)

123. *Martelages. Réserves.* — Il sera fait mention, dans les procès-verbaux d'adjudication, du mode de martelage ou de désignation des arbres de réserve. (Ord. 79, 134.)

§ 2. *Expéditions et extraits.*

124. *Délais. Coupes.* — Dans un bref délai après l'adjudication, il est fourni par les fonctionnaires chargés de présider la vente des expéditions et extraits des procès-verbaux et du cahier des charges et clauses spéciales, suivant les conditions indiquées par lesdits cahiers des charges et procès-verbaux d'adjudication. (Circ. N 80, art. 70.)

125. *Bois domaniaux. Coupes.* — Il est fourni :

Une expédition à l'adjudicataire, s'il le demande, pour les articles qui le concernent (elle est remise à l'agent forestier chef de service);

Une expédition au trésorier-payeur général des finances (nota en marge de l'imprimé, série 4, n° 26);

Un extrait au conservateur des forêts;

Un extrait à l'agent forestier, chef de service (form. série 4, n° 28);

Un extrait au directeur des domaines qui le reçoit par l'intermédiaire de l'inspecteur des forêts. (Circ. N 479.)

126. *Bois communaux. Coupes.* — Il est fourni :

Une expédition à l'adjudicataire, s'il la demande, pour les articles qui le concernent (elle est remise à l'agent forestier chef de service);

Un extrait au conservateur des forêts;

Un extrait à l'agent forestier chef de service. (Form. série 4, n° 29.)

Une expédition au trésorier-payeur général des finances, pour les coupes extraordinaires;

Une expédition au receveur de chaque commune ou établissement public, pour les coupes, soit ordinaires, soit extraordinaires, qui le concernent. (Circ. N 479.)

127. *Adjudicataire. Coupes. Pièces.* — L'agent chef de service délivrera à l'adjudicataire, s'il le demande :

1° Une expédition du procès-verbal de son adjudication, dès qu'elle aura été établie au secrétariat du lieu de la vente ;

2° Une expédition des cahiers des charges et des clauses spéciales ;

3° Une expédition de l'affiche en cahier pour les articles, clauses et conditions qui le concernent lorsque cette affiche est annexée au procès-verbal d'adjudication. (Cah. des ch. 18.)

128. *Timbre. Coupes.* — Les expéditions aux adjudicataires, au trésorier-payeur général, au receveur municipal et au receveur des établissements publics, pour les coupes ordinaires et extraordinaires qui les concernent, doivent être sur papier visé pour timbre. (Circ. N 479.)

129. *Expédition.* — L'expédition du procès-verbal d'adjudication, destinée à l'adjudicataire, lui est délivrée au secrétariat du lieu de la vente, après l'acquittement des sommes qu'il est tenu de payer immédiatement, en conformité des dispositions du cahier des charges générales. (Circ. N 80, art. 59.)

130. *Expédition. Degré de foi.* — Les expéditions des procès-verbaux d'adjudication, signées du président de la vente, font foi jusqu'à inscription de faux, lorsqu'elles sont conformes aux minutes des actes de l'adjudication. (Ord. des 17 juillet 1822, 22 février 1834 et 6 juillet 1825. Circ. N 80, art. 52.)

131. *Timbres. Menus produits.* — Pour les adjudications de menus produits, les expéditions à délivrer aux adjudicataires doivent être timbrées. Celles à délivrer aux agents forestiers sont exemptes du timbre. Celles à délivrer aux comptables doivent être visées pour timbre. (Circ. Min. 9 février 1836, modifiée. Circ. N 38.)

132. *Receveur municipal. Menus produits.* — Les expéditions des procès-verbaux d'adjudication de menus produits à délivrer aux receveurs municipaux doivent être rédigées sur papier visé pour timbre. (Loi du 13 brumaire an VII, art. 12. Circ. N 38.)

133. *Menus produits* — Pour les adjudications des produits accessoires, il est fourni, avec un exemplaire du cahier des charges, outre les expéditions aux adjudicataires, une expédition au receveur des domaines, un extrait à l'agent forestier chef de service et un extrait au chef de cantonnement. (Arr. Min. 9 février 1836.)

134. *Bois communaux. Chasse.* — Pour les baux de chasse, il est fourni, dans le mois de l'adjudication, avec un exemplaire du cahier des charges, une expédition sur timbre à chaque adjudicataire, pour les articles qui les concernent; il est fourni également un extrait au conservateur, un à l'inspecteur des forêts et un au préfet, si l'adjudication n'a pas été faite au chef-lieu de la préfecture. (Arr. Min. 20 janvier 1839. Circ. A 438.)

135. *Bois communaux. Chasse.* — Les maires doivent remettre aux agents forestiers une expédition des procès-verbaux d'adjudication de chasse dans les bois communaux. (Circ. A 662.)

136. *Travaux.* — Il sera délivré à l'entrepreneur une copie certifiée du devis, du bordereau des prix, du détail estimatif et, s'il le demande, du procès-verbal d'adjudication et du cahier des charges et conditions générales ainsi que des plans du projet, lorsqu'il s'agira de travaux autres que des travaux de routes. Dans ce dernier cas, les piquetages suppléeront aux plans. (Circ. N 566, art. 201, Cah. des ch. 19.)

137. *Coupes domaniales. Taxe.* — La loi du 25 juin 1920, portant création de nouvelles ressources fiscales, a élevé de 2,50 p. 100 à 5 p. 100 sans décimes le droit proportionnel applicable aux ventes ordinaires de meubles.

Pour tenir compte de cette situation, un arrêté ministériel du 6 juillet 1920 a relevé de 5 à 7,50 le taux des frais à imposer aux adjudicataires du mobilier de l'État et par conséquent aux adjudicataires de coupes de bois domaniales. (Circ. Dir. gén. de l'Enregistrement, 16 juillet 1920. Lett. Dir. Gén., 26 juillet 1920.) Confirmation : Lett. du Min. des Fin. du 26 juillet 1920.

Cette taxe de 7,50 p. % comprend tous les frais et droits afférents aux adjudications, droits de timbre et d'enregistrement des actes relatifs à la vente, droits d'enregistrement, procès-verbal d'adjudication, de l'acte de cautionnement et du certificat de caution.

Elle s'applique au montant de l'adjudication, c'est-à-dire au prix principal en numéraire, augmenté de la valeur des charges (travaux et fournitures) imposées. Toutefois, on ne considérera pas comme une charge la valeur *sur pied* de bois délivrés aux usagers; mais les frais de façon et de transport de ces bois sont soumis à cette taxe. (Circ. N 283. Circ. N 652.)

SECT. IX. — FRAIS EN GÉNÉRAL.

§ 1. Frais spéciaux.

138. *Frais divers.* — Moyennant le payement de la taxe imposée on ne doit rien exiger des adjudicataires à titre de frais ou charges de vente, sous quelque prétexte que ce soit. (Règl. Min. 4 juillet 1836, art. 11.)

139. *Recouvrement. Bois domaniaux.* — La taxe imposée est recouvrée par le receveur des domaines du chef-lieu de la vente et doit être payée par les adjudicataires immédiatement après la réception des cautions; elle est liquidée sur la présentation du procès-verbal d'adjudication.

140. *Timbre et enregistrement. Bois communaux.* — La question du régime du forfait pour tous frais et droits de timbre et d'enregistrement est actuellement à l'étude. (Voir Annexe.)

141. *Frais. Bordereau.* — Les frais d'adjudication sont liquidés par le conservateur sur les bordereaux de frais dressés pour les coupes ordinaires, extraordinaires et autres produits principaux, la chasse et tous les menus produits.

Chaque bordereau doit être arrêté, en toutes lettres, par l'agent qui a assisté à la vente; il doit être signé par lui et le fonctionnaire présidant, avec la mention la qualité de chacun.

Chaque bordereau arrêté par le conservateur est joint comme pièce justificative à l'un des mandats délivrés en vertu dudit arrêté.

Chaque bordereau doit indiquer, en tête, le jour et la nature de la vente. Les parties prenantes doivent être désignées au tableau par leurs noms et prénoms.

142. *Payement Frais.* — Les frais d'adjudication seront payés sur la production d'un bordereau dressé par le fonctionnaire présidant l'adjudication et l'agent forestier chef de service. Le montant doit en être ordonnancé au nom des parties intéressées. (Régl. du 4 juillet 1836, art. 9. Règl. du 26 janvier 1846.)

143. *Frais. Remboursement.* — L'État est remboursé des frais d'adjudication par une partie de la taxe payée tant pour les bois domaniaux que pour les bois communaux et d'établissements publics, ainsi que pour les bois indivis. (Décision des 4 mai 1917 et 9 juillet 1917, Cah. des ch. 11. Circ. N 844.)

144. *Menus produits. Frais.* — La fixation d'un taux forfaitaire s'applique aux adjudications de menus produits, concernant tous les bois soumis au régime forestier.

Cette taxe comprend les droits d'enregistrement du procès-verbal d'adjudication, ceux de cautionnements et de certification de caution ainsi que tous les droits fixes de timbre et d'enregistrement des procès-verbaux et autres actes formalisés en débet. (Circ. N 853.)

145. *Chasse. Frais.* — L'adjudicataire paiera comptant à la caisse du receveur des domaines, pour tous frais et droits de bail et de cautionnement, 2 p. 100 du prix annuel de son bail, augmenté de la valeur moyenne des charges imposées pour la durée du bail. (Déc. du Min. des Fin. du 9 mai 1921.)

146. *Recouvrement.* — Afin d'assurer la perception des droits dus pour actes visés en débet, les inspecteurs devront adresser au receveur du lieu de l'adjudication, et immédiatement après, un état des droits de timbre et d'enregistrement à recouvrer. (Form. série 4, n° 41. Circ. N 101.) V. *Coupe vendue en bloc.*

147. *Coupes vendues en détail. Frais et recouvrements.* — Pour les bois vendus par unités de produit, après façonnage ou provenant d'exploitation accidentelle n'étant pas de nature à modifier l'assiette des coupes, le recouvrement des frais se fait par le receveur des domaines du lieu de la vente, sur l'expédition du procès-verbal d'adjudication. (Décision Min. du 26 juin 1863.)

148. *Exploitation. Coupe affouagère.* — Les procès-verbaux de l'adjudication au rabais de l'exploitation des coupes affouagères délivrés aux communes ne peuvent être visés pour timbre et enregistrés en débet. (Décis. Min. 18 février 1832.)

149. *Travaux. Frais.* — Sont à la charge de l'entrepreneur : 1° les frais de timbre et d'enregistrement du procès-verbal d'adjudication; 2° le prix du timbre des copies qui lui sont délivrées; 3° le prix du timbre de la copie du procès-verbal d'adjudication à fournir au trésorier-payeur général. (Cah. des ch. 20.) V. Travaux forestiers.

§ 2. *Timbre.*

150. *Procès-verbal d'adjudication. Timbre.* — Les minutes des procès-verbaux d'adjudication des coupes sont rédigées sur papier visé pour timbre en débet. (Décis. Min. 28 janvier 1832. Cah. des ch. 7.)

151. *Menus produits. Actes. Timbre.* — Les formules pour les procès-verbaux d'adjudication et les expéditions seront visées pour timbre en débet. (Arr. Min. du 9 février 1836, art. 3. Circ. A 375.)

152. *Timbre. Expédition.* — Les droits de timbre des expéditions des procès-verbaux d'adjudication à délivrer aux receveurs municipaux (Bois communaux. Produits principaux et accessoires) sont à la charge de l'adjudicataire. (Décis. Min. 4 mai 1866. Circ. N 88.)

153. *Formule. Timbre.* — Les formules destinées à la rédaction de la minute des procès-verbaux d'adjudication sont visées pour timbre en débet, au droit de 6 francs la feuille. (Arr. Min. 9 février 1836. Loi du 2 juillet 1862. Circ. N 80, art. 55. Loi du 23 août 1871. Loi du 29 juin 1918, art. 19. Loi du 25 juin 1920, art. 36.)

§ 3. *Enregistrement.*

154. *Droit.* — Les adjudications pour con-

structions, réparations, entretien, approvisionnements et fournitures, dont le prix doit être
payé directement par le Trésor public, et les
cautionnements relatifs à ces adjudications,
sont soumis aux droits de 1 franc pour cent
sans décimes. (Loi de finances du 28 avril 1893,
art. 19. Circ. N 466. Loi du 29 juin 1918.)
V. Marché.

155. *Procès-verbal. Enregistrement.* — Les
procès-verbaux d'adjudication doivent être enregistrés dans les vingt jours qui suivent l'approbation du procès-verbal d'adjudication. (Circ.
566, art. 205. Loi du 22 frimaire an VII.)

156. *Enregistrement.* — Tous les actes préliminaires aux ventes peuvent être enregistrés
en même temps que le procès-verbal d'adjudication. (Décis. Min. 13 germ. an XIII. Circ. N
80, art. 54.)

SECT. X. — RÉSULTATS. ÉTATS DE VENTE.

157. *Résultats.* — Le conservateur doit, le
jour même de l'adjudication, faire connaître les
résultats de la vente. (Circ. A 575.)

158. *État des ventes. Bois communaux et
d'établissements.* — Après les ventes des coupes
de bois communaux et d'établissements publics,
les conservateurs adressent aux directeurs des
domaines un état, par arrondissement communal, indiquant le nom de la commune ou
de l'établissement public propriétaire, la contenance totale de la forêt et le prix principal
de chaque coupe. (Décis. Min. 11 juillet 1857.
Circ A 760.)

159. *Travaux. Résultats.* — Les résultats de
l'adjudication de travaux (soumission) seront
constatés par un procès-verbal relatant toutes
les circonstances de l'opération. Cah. des ch. 16.)
Ce procès-verbal est signé, séance tenante, par
le président et les membres du bureau. (Circ.
N 566, art. 192 et 193.)

160. *Menus produits.* — Il est rendu
compte des ventes de menus produits, au moyen
d'une affiche annotée adressée immédiatement
après l'adjudication. (Form. série 5, n° 4.)

161. *Affiche annotée. Bois domaniaux.* —
Pour toutes les ventes dont le produit est versé
à la caisse du receveur des domaines, l'affiche
annotée, à adresser dans les dix jours. (Circ. A
840 et Circ A 842), sera remplacée par un
bulletin série 4, n° 40 *bis.* (Lettre du
10 mars 1864, n° 4139.)

162. *Résumés et états.* — Immédiatement
après chaque séance, le conservateur adresse à
l'administration un résumé des résultats obtenus
(Form. série 4, n° 32) et, dans les quatre
jours qui suivent, une affiche annotée de tous
les détails de l'adjudication, avec un tableau
récapitulatif. (Form. série 4, n° 32 *bis.*)

Les résumés et états récapitulatifs sont
établis distinctement par affiche et par arrondissement.
En ce qui concerne les bois domaniaux, les
mêmes résumés et états sont établis séparément :
1° Pour les coupes ordinaires et pour les
coupes extraordinaires sans affectation spéciale ;
2° Pour les coupes extraordinaires dont le
produit a une affectation spéciale ;
3° Pour les articles de vente comprenant la
superficie seule des biens à aliéner.
On distingue toujours, lorsqu'il s'agit de
bois indivis, la part afférente à l'État. (Circ. N
80, art. 61.)
Sur les bulletins série 4, n° 32 *bis*, concernant les bois domaniaux, on doit indiquer le
chapitre et le paragraphe du classement auxquels les produits se rattachent. (Note de la direction, 8 février 1889.)

163. *Exploitation accidentelle.* — Les produits des exploitations accidentelles doivent figurer sur les états récapitulatifs du produit des
ventes, s'ils ont été mis en adjudication. (Circ.
A 819.)

164. *Rapport.* — Après la clôture des adjudications, les conservateurs fournissent un rapport général sur l'ensemble des opérations dans
lequel ils exposent les motifs des variations
survenues dans le prix des bois , leur opinion
sur la régularité des estimations et les considérations propres à éclairer l'administration sur
les causes de succès ou d'insuccès des ventes.
(Circ. N 80, art. 62.) V. Produit des bois.

165. *Rapport.* — Dans son rapport de ventes,
le conservateur doit envoyer la moyenne de
l'estimation et du prix de vente, pour chaque
département, du stère empilé de bois de chauffage et du mètre cube (volume réel en grume)
des bois de service et d'industrie. (Circ.
A 737.)

SECT. XI. — CORSE.

166. *Corse.* — Une loi du 16 juillet 1840
a autorisé l'administration des forêts à faire
dans les bois de l'État, en Corse, des adjudications à long terme, dont la durée ne peut
excéder vingt années. Ces adjudications doivent
avoir lieu suivant les formes établies pour les
autres adjudications de coupes dans les bois de
l'État. V. Président. Solvabilité.

167. *Corse. Bois domaniaux.* — L'administration est autorisée à effectuer, en une seule
et même adjudication, la vente de deux, trois,
quatre ou cinq coupes au plus appartenant à
autant d'exercices différents. (Décis. Min.
26 avril 1859. Circ. N 80, art. 66.)

ADMINISTRATEURS.

Suppression. — Les fonctions d'administrateur, vérificateur général des eaux et forêts

sont supprimées (Décis. du 31 août 1913, art. 9. Circ. N 810.) V. Inspecteur général.

ADMINISTRATEURS DES ÉTABLISSE- MENTS PUBLICS.

1. *Coupes. Ventes.* — Les ventes des coupes, tant ordinaires qu'extraordinaires, auront lieu en présence des administrateurs, pour les bois des établissements publics. (Ord. 100.)

La présence des administrateurs n'est pas nécessaire pour la validité de l'opération. Il suffit seulement qu'ils aient été dûment appelés de manière à pouvoir y assister.

2. *Ventes. Coupes non autorisées.* — Les administrateurs des établissements publics qui font des ventes ou opèrent l'exploitation de coupes, sans le concours des agents forestiers et contrairement aux prescriptions des articles 17, 18 et 19 du Code forestier, sont punis :

Amende : 300 à 6000 fr. (Cod. For. 100.)
Dommages-intérêts qui pourraient être dus aux propriétaires.

3. *Adjudication.* — Les administrateurs des établissements publics ne peuvent prendre part aux ventes des bois des établissements publics dont l'administration leur est confiée. (Cod. For. 21, 101.)

En cas d'infraction :

Amende du 1/4 au 1/12 du montant de l'adjudication. (Cod. For. 21, 101.)
Emprisonnement : 6 mois à 2 ans. (Cod. For. 21, 101. Cod. Pén. 175.)
Interdiction de fonctions civiles, 6 mois à 2 ans. (Cod. For. 21, 101. Cod. Pén. 175.)
Dommages-intérêts facultatifs : minimum, amende simple. (Cod. For. 101, 198, 201.)
Vente nulle. (Cod. For. 101, 201.)

4. *Pâturage. Chèvres. Moutons.* — Les administrateurs des établissements publics ne peuvent introduire, ni faire introduire des chèvres ou moutons dans les bois de ces établissements.

Pénalités édictées par l'article 199 du Code forestier. (Cod. For. 214.) V. Pâturage.

5. *Extraction.* — Les administrateurs des établissements publics autorisent, sauf l'approbation du conservateur, les extractions de productions quelconques dans les bois des établissements publics et proposent au préfet le prix à fixer. (Ord. 4 décembre 1844.)

ADMINISTRATION DES EAUX ET FO- RÊTS.

1. *Définition. Administration.* — L'administration est l'ensemble des services publics destinés à concourir à l'exécution de la pensée du gouvernement et à l'application des lois et règlements.

On confond souvent, à tort, le gouvernement avec l'administration. Mais ces deux autorités sont bien distinctes l'une de l'autre. C'est le gouvernement qui dirige, qui donne l'impulsion ; c'est l'administration qui agit, qui exécute. (Block.)

2. *Mission.* — Régler les intérêts publics et, tout en les faisant prévaloir sur les intérêts privés, concilier leurs exigences respectives, autant que le comportent les circonstances et les nécessités sociales ; telle est la mission de l'administration. (Vivien.)

3. *Subordination.* — Il ne s'exécutera rien dans les bois, en ce qui concerne le régime forestier, que par les ordres de l'administration et sous la direction de ses agents. (Instr. 23 mars 1821.)

4. *Actes.* — Chaque administration doit conserver une trace régulière des actes émanés d'elle. (Block.)

5. *Administration des eaux et forêts. Historique.* — La loi du 29 septembre 1791, qui supprima les maîtrises des eaux et forêts, réorganise l'administration forestière sous le nom de Conservatoire général des forêts. Une loi du 11 mars 1792 en suspendit l'exécution, période qui dura jusqu'au 4 brumaire an IV, époque où un décret réunit les forêts à la Régie de l'Enregistrement. La loi du 16 nivôse an IX (6 janvier 1801) créa un corps d'agents et de préposés à la tête duquel se trouvaient 5 administrateurs et qui dura jusqu'au 20 mai 1817, date où une ordonnance réunit l'administration forestière à celle des domaines. Enfin, le 11 octobre 1820, une nouvelle ordonnance lui rendit définitivement son indépendance.

Jusqu'en 1877 l'administration forestière faisait partie du ministère des finances. Depuis lors elle a été rattachée au ministère de l'agriculture et du commerce par décret du 15 décembre 1877 (Circ. N 220) et au ministère de l'agriculture en 1882.

6. *Personnel. Dénomination.* — Les agents et les préposés de l'administration des forêts sont dénommés : *Agents et préposés des eaux et forêts.* (Décr. du 19 avril 1898. Circ. N 536.)

7. *Attribution. Service.* — Les attributions conférées par le code forestier à l'administration des forêts sont exercées, sous l'autorité du Ministre de l'Agriculture, par la direction générale (Ord. 1, Décret du 14 novembre 1881. Décret du 18 février 1882.) V. Direction générale.

8. *Administration centrale.* — L'administration centrale (Direction gén. des eaux et forêts 1re partie) comprend actuellement :

1 section du personnel sous les ordres immédiats du Directeur général.

3 bureaux ayant à leur tête des conservateurs qui ont en même temps la direction d'une section.

1 service de la pêche et pisciculture ayant à sa tête un conservateur.

1 section des améliorations forestières et pastorales.

1 service de la reconstitution forestière dans les régions libérées.

Le conseil d'administration des eaux et forêts se compose du directeur général, des inspecteurs généraux, des conservateurs chargés de la direction d'un bureau ou d'un service ainsi que des chefs des sections du Personnel et des améliorations forestières.

9. *Pêche. Pisciculture. Rattachement.* — La surveillance, la police et l'exploitation de la pêche dans les cours d'eau navigables et flottables non canalisés, qui ne se trouvent pas dans les limites de la pêche maritime, ainsi que la surveillance et la police de la pêche dans les rivières, ruisseaux et cours d'eaux non navigables ni flottables, sont placées dans les attributions du Ministre de l'Agriculture et rattachées à l'administration des eaux et forêts. La pisciculture est également rattachée au ministère de l'agriculture. (Décr. du 7 novembre 1896. Circ. N 498.)

10. *Matière répressive. Rôle.* — D'après une jurisprudence qui paraît définitivement établie, l'administration des eaux et forêts est considérée par les tribunaux comme jouant, en matière répressive, le rôle de partie civile, dans tous les cas, alors même qu'elle exerce exclusivement l'action publique. Il lui est donc fait application de l'article 157 du décret-loi du 18 juin 1811 disposant que les frais sont à la charge de ceux qui se seront constitués partie civile soit qu'ils succombent ou non.

D'après des instructions adressées par le Ministre des Finances aux trésoriers généraux, l'administration n'a, en aucun cas, même s'il y a eu acquittement du prévenu, à payer les frais auxquels elle peut avoir été condamnée. (Lettre du Min. des fin., 12 juillet 1911. Circ. N 791.) V. Frais de justice.

12. *Recrutement.* — Les officiers de tout grade qui font partie de l'administration centrale sont recrutés dans le personnel du service extérieur. (Décr. 12 octobre 1890. Circ. N 433.)

13. *Personnel. Organisation départementale.* — Le Directeur général a sous ses ordres :

1° Des officiers, sous la dénomination de conservateurs, inspecteurs, inspecteurs adjoints et gardes généraux;

2° Des préposés, sous les noms de brigadiers et gardes (Ord. art. 11) et des commis. V. Commis.

14. *Réorganisation.* — A la suite de la guerre, l'administration a entrepris la réorganisation générale du service, tant en ce qui concerne les circonscriptions des inspecteurs et des chefs de cantonnement qu'en ce qui concerne les brigades et triages, dont le nombre et l'étendue ont été modifiés à la suite de la domanialisation des préposés communaux.

15. *Bois communaux et d'établissements publics. Gestion.* — Moyennant la perception des frais d'administration (voir Frais), les officiers et préposés de l'administration forestière doivent faire, dans les bois des communes et des établissements publics, toutes les opérations de conservation, régie, poursuites, etc.; les aménagements et les délimitations donnent lieu à rétribution spéciale payée à l'État par les communes et établissements publics.

Les poursuites, dans l'intérêt des communes et des établissements publics, pour délits et contraventions commis dans leurs bois, et la perception des restitutions et dommages-intérêts prononcés en leur faveur seront effectuées, sans frais, par les agents du gouvernement, en même temps que celles qui ont pour objet le recouvrement des amendes dans l'intérêt de l'État.

En conséquence, il n'y aura lieu d'exiger, à l'avenir, des communes et établissements publics, ni aucun droit de vacation, d'arpentage, de réarpentage, de décime, de prélèvement quelconque par les agents et préposés de l'administration forestière, ni le remboursement soit des frais des instances dans lesquelles l'administration succomberait, soit de ceux qui tomberaient en non-valeur par l'insolvabilité des condamnés. (Cod. For. 107.)

16. *Incompétence. Gestion.* — Si les bois ne sont pas régulièrement soumis au régime forestier, ils ne peuvent pas être administrés suivant le code forestier, et les agents forestiers sont incompétents pour y remplir leurs fonctions, sauf dans les cas prévus par la loi du 2 juillet 1913.

17. *Algérie.* — L'administration des forêts exerce en Algérie les mêmes attributions que dans la métropole, quant à l'assiette et à la perception des impôts, taxes et droits dont elle assure le recouvrement, ainsi que des amendes et contraventions y relatives. (Décr. du 31 décembre 1896.)

Le service des forêts de l'Algérie est placé sous la direction du Gouverneur général. (Décr. du 26 juillet 1901.) V. Algérie.

AFFAIRES.

Bureau. Dossier. — Dans les bureaux des agents, il doit être ouvert pour chaque affaire un dossier ayant son numéro spécial et contenant la correspondance par ordre de date. (Circ. A 584.) V. Instruction des affaires.

AFFAIRES CONNEXES-MIXTES. V. Compétence. Connexité.

AFFAIRES SOMMAIRES. V. Matière sommaire.

AFFECTATAIRES.

Droits. — Si les affectataires ont pu faire juger par les tribunaux la validité de leurs titres, le gouvernement, dans ce cas, a la faculté d'affranchir les forêts de l'État, par un cantonnement amiable ou judiciaire. L'action en cantonnement ne peut pas être exercée par les affectataires concessionnaires. (Cod. For. 58.)

AFFECTATIONS.

Section I. — Droit, 1-20.

  § 1. Droit en lui-même, 1-13.

  § 2. Exercice du droit, 14-20.

Section II. — Aménagement, 21-23.

Section III. — Immeubles, 24.

V. Accensement. Plan.

SECT. I. — DROIT.

§ 1. *Droit en lui-même.*

1. *Définition.* — On appelle *affectation* la faculté accordée à un établissement industriel de prendre, à un prix modique et pendant un certain temps, les bois nécessaires à l'alimentation de cet établissement.

Les affectations au profit des communes sont très rares, et il ne faut pas les confondre avec les délivrances fixes provenant de la réglementation des droits d'usage.

Le cantonnement des affectations *à temps* est à peu près impossible. L'exercice du droit d'affectation est régi, quant au *mode d'exercice* de ce droit, par toutes les règles du code forestier. (Nancy, 5 décembre 1834.)

2. *Principes.* — Les affectations de bois à titre particulier ont cessé d'avoir lieu à partir du 1er septembre 1837. A l'avenir, il ne sera plus concédé d'affectation dans les bois de l'État. (Cod. For. 60.)

3. *Expiration.* — Les affectations de coupes de bois ou délivrances, soit par stères, soit par pieds d'arbres, qui ont été concédées à des communes, à des établissements industriels ou à des particuliers, nonobstant les prohibitions établies par les lois et les ordonnances alors existantes, continueront d'être exécutées jusqu'à l'expiration du terme fixé par les actes de concession, s'il ne s'étend pas au delà du 1er septembre 1837. (Cod. For. art. 58.)

4. *Reconnaissance de droits.* — Les concessionnaires de ces dernières affectations qui prétendraient que leur titre n'est pas atteint par les prohibitions ci-dessus rappelées, et qu'il leur confère des droits irrévocables,

devront, pour y faire statuer, se pourvoir devant les tribunaux, dans l'année qui suivra la promulgation de la présente loi, sous peine de déchéance.

Si leur prétention est rejetée, ils jouiront, néanmoins, des effets de la concession jusqu'au terme fixé par le second paragraphe du présent article. (Cod. For. 58.)

5. *Suppression.* — Les affectations faites au préjudice des mêmes prohibitions, soit à perpétuité, soit sans indication de termes, ou à des termes plus éloignés que le 1er septembre 1837, cesseront à cette époque d'avoir aucun effet. (Cod. For. 58.)

6. *Libération. Cantonnement.* — Dans le cas où leur titre serait reconnu valable par les tribunaux, le gouvernement, quelles que soient la nature et la durée de l'affectation, aura la faculté d'en affranchir les forêts de l'État, moyennant un cantonnement qui sera réglé de gré à gré, ou, en cas de contestation, par les tribunaux, pour tout le temps que devait durer la concession. L'action en cantonnement ne pourra être exercée par les concessionnaires. (Cod. For. 58.)

7. *Usine. Suspension.* — Les affectations faites pour le service d'une usine cessent de plein droit, si le roulement de l'usine est suspendu pendant deux ans consécutifs, sauf le cas de force majeure. (Cod. For 59. Cod. Civ. 1148.)

8. *Force majeure. Suspension.* — Pour que la prescription de deux ans, fixée par l'article 59, ne soit pas appliquée, il faut que la suspension du roulement de l'usine provienne d'un fait de force majeure, régulièrement constaté par acte ou procès-verbal authentique, dressé par un agent forestier ou un autre officier public.

9. *Taillis. Concession.* — Lorsque le taillis d'une forêt domaniale a été concédé à une usine pour son alimentation tant qu'elle serait en activité, cette concession a le caractère d'une affectation et non d'un abandon de propriété. (Amiens, 14 juillet 1853.)

10. *Aliénation. Extinction.* — En cas d'aliénation d'une forêt domaniale, dont le taillis est affecté à l'alimentation d'une usine, c'est l'État, et non l'acquéreur de la forêt, qui profite de l'extinction de l'affectation, alors surtout que le sol et la futaie ont seuls fait l'objet de la vente. (Nancy, 25 janvier 1849.)

11. *Action. Juridiction.* — Les actions ayant pour objet de faire déclarer perpétuelles et irrévocables les affectations de bois doivent être considérées comme actions *réelles* et être, en conséquence, portées devant les tribunaux de la situation des bois. (Décis. Min. 11 mai 1829.)

12. *Action. Compétence.* — Les questions relatives aux affectations, dans les bois domaniaux, sont de la compétence de l'autorité judiciaire. (Ord. royale, 11 février 1829.)

13. *Redevances.* — Les redevances pour affectations sont considérées comme produits accessoires. (Arr. Min. 22 juin 1838.)

§ 2. Exercice du droit.

14. *Exercice. Règle de jouissance.* — Le mode d'exercice des affectations est soumis à toutes les règles du code forestier relatives aux exploitations. (Cass. 26 juin 1835.) Ces règles n'affectent point le fond du droit, mais déterminent seulement le mode de jouissance. (Cass. 2 juin 1836.)

15. *Coupes. Délivrance. Bois communaux.* — Lorsque des délivrances, en vertu d'affectations à titre particulier, devront être faites par coupes ou par pieds d'arbres, les ayants droit ne pourront en effectuer l'exploitation qu'après que la désignation et la délivrance leur en auront été faites régulièrement et par écrit par l'agent forestier chef de service. (Ord. 109.)

16. *Opérations.* — Les opérations d'arpentage, de balivage et de martelage, ainsi que le récolement, seront effectuées par les agents de l'administration forestière, de la même manière que pour les coupes de bois de l'État et avec les mêmes réserves. (Ord. 109.)

17. *Exploitation.* — Les possesseurs d'affectations se conformeront, pour l'exploitation des bois qui leur seront ainsi délivrés, à tout ce qui est prescrit aux adjudicataires des bois de l'État pour l'usance et la vidange des ventes. (Ord. 109.)

18. *Délivrance. Mise en charge. Bois domaniaux.* — Lorsque les délivrances devront être faites par stères, elles seront imposées comme charges aux adjudicataires des coupes, et les possesseurs d'affectations ne pourront enlever les bois auxquels ils auront droit qu'après que le comptage en aura été fait contradictoirement entre eux et l'adjudicataire, en présence de l'agent forestier local. (Ord. 110.)

19. *Estimation. Expert. Bois domaniaux.* — Lorsqu'il y aura lieu d'estimer la valeur des bois à délivrer aux affouagistes, il sera procédé à l'estimation par un agent forestier nommé par le préfet et un expert nommé par l'affouagiste; en cas de partage, un troisième expert sera nommé par le président du tribunal. (Ord. 111.)

20. *Disparition.* — Dans les forêts domaniales, les affectations ont disparu pour la plupart, soit par l'échéance du terme, soit par suite des dispositions de l'article 58 du code forestier.

21. *Affectation. Définition.* — Division d'une forêt aménagée.

22. *Formation ou établissement.* — Les affectations, dans chaque série, seront formées par la réunion d'un nombre convenable de parcelles contiguës et groupées autant que possible. Les parcelles seront désignées à l'encre rouge par des lettres. On pourra suivre un ordre continu de lettres pour chaque canton. (Instr. du 26 avril 1906, art. 167 et 309, Circ. N 697.)

23. *Dessin.* — Les affectations seront distinguées au moyen d'un indice, en chiffre arabe, dont on accompagnera chaque lettre. Elles pourront, dans les séries de futaies, être distinguées par des teintes plates, savoir :

1re affectation, bleu de Prusse.
2e   —   gomme gutte.
3e   —   vermillon (carmin et gomme gutte).
4e   —   violet.
5e   —   vert franc.
6e   —   sépia colorée.
7e   —   vert de vessie ou vert clair.
8e   —   teinte neutre (gris violacé).

(Instr. du 26 avril 1906, art 309, 310 et 332. Circ. N 697.) V. Aménagement.

24. *Affectation. Immeuble.* — Les ordonnances qui auront pour objet d'affecter un immeuble de l'État à un service public seront concertées entre le ministère des finances et le ministère qui réclamera l'affectation, et ce dernier contresignera l'ordonnance et décidera l'affectation. (Ord. 14 juin 1833.)

Les affaires de cette nature sont souvent confondues avec celles qui sont de la compétence de la commission mixte des travaux publics.

Il est inutile d'ouvrir une conférence au 1er et au 2e degré, l'ordonnance de 1833 prescrit seulement l'adhésion du Ministre des Finances aux propositions des départements intéressés.

AFFICHAGE.

1. *Opposition. Autorisation. Certificats.* — Les affiches pour les ventes seront apposées sous l'autorisation du préfet et à la diligence de l'agent forestier, lequel sera tenu de rapporter les certificats d'apposition, que les maires délivreront aux gardes ou autres qui les auraient placardées. (Ord. 84.)

2. *Visa. Dispense.* — Les affiches annonçant des adjudications de produits forestiers, quelles qu'en soient la nature et la provenance, à effectuer dans les chefs-lieux de canton ou dans les communes, sont dispensées de la formalité du visa par les préfets ou les sous-préfets. (Décr. 25 février 1888. Circ. N 396.)

3. *Publicité.* — Les préfets et sous-préfets emploieront, outre les affiches, les autres moyens de publication qui seront à leur disposition. (Ord. 84.)

4. *Mode.* — L'apposition des affiches se fait par l'intermédiaire de l'afficheur public.

5. *Ventes. Refus.* — En cas de refus du maire de faire afficher, ou en cas de refus de la part de l'afficheur lui-même, il n'y a pas de pénalité. L'administration n'a qu'à faire autoriser un garde à placer ses affiches aux lieux désignés.

6. *Délimitation. Arrêté. Certificat.* — Les maires doivent publier et afficher les arrêtés annonçant les délimitations générales, et adresser les certificats aux préfets. (Ord. 60.) V. Délimitation.

7. *Délimitation. Arrêté. Affiche.* — L'affichage doit être fait par les gardes ou les employés de la mairie, et la mairie en donne une attestation écrite, qui est jointe à la minute du procès-verbal de délimitation.

8. *Lieu.* — L'autorité municipale désigne les lieux destinés à recevoir les affiches de l'autorité. L'affichage sur les églises est généralement défendu. (Loi des 18-22 mai 1791. Loi du 29 juillet 1881, art. 15 et 16.)

Lorsque le maire s'est abstenu de désigner dans un arrêté les lieux destinés à recevoir les affiches des lois ou autres actes de l'autorité publique, la publication de ces actes n'en peut pas moins être régulièrement faite, à la condition que l'affiche ait été apposée en un endroit assez apparent pour que les intéressés puissent en avoir connaissance. (Cass. 10 avril 1895.)

9. *Périmètre de restauration. Loi.* — Aussitôt après sa promulgation, la loi instituant un périmètre de restauration est publiée et affichée dans les communes intéressées; un duplicata du plan du périmètre est déposé à la mairie de chacune d'elles. (Instr. gén. du 2 février 1885, art. 25. Circ. N 345.)

10. *Restauration des terrains en montagne.* — Le préfet est chargé de l'accomplissement des formalités de publication et d'affichage de la loi déclarant l'utilité publique des travaux et fixant le périmètre. Les plans et extraits nécessaires lui sont transmis immédiatement, à cet effet, par l'administration des forêts. (Décr. du 11 juillet 1882, art. 8.)

11. *Périmètres de restauration. Expropriation. Jugement. Tableau des offres légales.* — Le jugement et le tableau complet des offres légales, pour l'achat du terrain, sont publiés à son de trompe ou de caisse et affichés par extrait dans la commune de la situation des biens, tant à la principale porte de l'église qu'à celle de la maison commune. (Loi du 3 mai 1841, art. 6 et 15.)

Trois exemplaires en sont remis au maire de la commune, savoir :

Un pour les publications à faire à son de trompe ou de caisse;

Deux pour être affichées à la principale porte de l'église du lieu et à celle de la maison commune.

L'accomplissement des formalités de publication et d'affichage est constaté par un certificat en double minute. L'une des minutes reste déposée à la mairie et l'autre est remise au service forestier. (Instr. gén. du 2 février 1885, art 54, 55. Circ. N 345.)

12. *Périmètres de restauration. Tableau supplémentaire des offres.* — Les offres du tableau supplémentaire n'ont pas besoin d'être publiées et affichées. (Instr. gén. du 2 février 1885, art. 64. Circ. N 345.)

13. *Restauration des montagnes. Cessions amiables. Contrats.* — Les contrats sont publiés et affichés par extraits, conformément aux prescriptions de la loi du 3 mai 1841. (Instr. gén, du 2 février 1885, art. 39. Circ. N 345.)

14. *Mise en défens.* — Ampliation du décret prononçant la mise en défens est transmise par l'administration des forêts au préfet, qui le fait publier et afficher dans la commune de la situation des lieux. (Décret du 11 juillet 1882, art. 20.)

15. *Règlement du pâturage.* — Le règlement du pâturage, délibéré par le conseil municipal, conformément à l'article 12 de la loi du 4 avril 1882, est publié et affiché dans la commune. (Décr. du 11 juillet 1882, art. 25.)

AFFICHE.

SECT. I. — COUPES. AFFICHES EN GÉNÉRAL.

§ 1. *Rédaction. Composition.*

1. *Principes. Rédaction.* — Les affiches seront rédigées par l'agent supérieur de l'arron-

dissement forestier, approuvées par le conservateur et apposées, sous l'autorisation du préfet, à la diligence de l'agent forestier, lequel sera tenu de rapporter les certificats d'apposition que les maires délivreront aux gardes ou autres qui les auront placardées. (Ord. 84, 134.)

Toutefois, quand, par application du décret du 29 juillet 1884, il n'est établi qu'une seule affiche en placard, comprenant les coupes de toutes les inspections d'un département, cette affiche est rédigée par le conservateur. (Circ. N 80, art. 7. Circ. N 337.)

2. *Approbation.* — Les affiches en cahier ne sont soumises qu'à l'approbation du conservateur. (Circ. N 80, art. 9.)

3. *Ordre d'inscription des coupes.* — Les coupes seront inscrites sur les affiches dans l'ordre suivant :

BOIS DOMANIAUX.

1° Coupes ordinaires;
2° Coupes extraordinaires.

BOIS DES COMMUNES
ET DES ÉTABLISSEMENTS PUBLICS.

1° Coupes ordinaires;
2° Coupes extraordinaires. (Circ. N 80, art. 6.)

4. *Vérification. Pièces à joindre.* — Les procès-verbaux de balivage doivent être annexés aux projets d'affiches dressés par les inspecteurs et soumis à l'approbation des conservateurs. (Circ. N 80, art. 7, note.)

5. *Timbre.* — Les affiches qui annoncent les ventes des coupes et autres produits forestiers ne sont pas assujetties au timbre. (Délib. du conseil des domaines, 6 janvier 1832.)

§ 2. *Indications. Renseignements.*

6. *Affiches. Principes.* — Les affiches indiquent le lieu, le jour et l'heure où il est procédé aux ventes, les fonctionnaires qui doivent les présider, la situation, la nature et la contenance des coupes, le nombre, la classe et l'essence des arbres de réserve (Ord. régl., art 84) et ceux marqués par le service de la marine. (Arrêté Min. du 19 février 1862, art. 5. Circ. N 7, art. 9, § 2. Circ. N 80, art. 5. Circ. N 337.)

7. *Affiche en cahier. Désignation du territoire.* — Il conviendra d'indiquer dans les affiches en cahier, pour chaque coupe de bois mise en vente, le territoire communal sur lequel la coupe est située. Lorsqu'une coupe sera assise sur plusieurs territoires, on les indiquera tous en plaçant en tête le nom de la commune comprenant la plus grande partie de la coupe.

Lorsqu'il ne sera pas imprimé d'affiches en cahier, ces renseignements devront figurer sur les affiches en placard.

En ce qui concerne les coupes communales, on pourra s'abstenir de toute indication lorsqu'il s'agira de coupes situées tout entières sur le territoire de la commune propriétaire. (Circ. N 780.)

8. *Martelage. Réserve.* — Les affiches en cahier font connaître le mode de martelage et de désignation des arbres de réserve. (Ord. 79, § 3. Circ. N 80, art. 5. Circ. N 337.)

9. *Coupes extraordinaires.* — Les affiches en cahier indiquent les décrets qui autorisent les coupes extraordinaires. (Ord. 85. Circ. N 80, art. 5. Circ. N 337.)

. 10. *Indications sur les coupes.* — On doit veiller à la confection des affiches, de manière à éviter toute erreur dans les indications relatives à l'assiette et à la consistance des coupes. (Circ. N 180.)

11. *Tranchées. Laies.* — Les affiches en cahier indiquent si les bois des laies et tranchées font partie de la vente. (Ord. 75, § 2. Circ. N 80, art. 5. Circ. N 337.)

12. *Renseignements. Indications.* — Toutefois les affiches en placard pourront n'indiquer que le lieu, le jour et l'heure de l'adjudication ainsi que le nombre, la nature des coupes et leur consistance, en bloc. Dans ce cas, des cahiers spéciaux (affiches en cahier), renfermant les autres renseignements prescrits par l'article 84 de l'ordonnance du 1ᵉʳ août 1827 et les autres règlements en vigueur, seront mis à la disposition du commerce. (Décr. du 29 juillet 1884. Circ. N 337.)

13. *Cahier. Renseignements.* — Les affiches en cahier comprennent tous les renseignements propres à éclairer le public sur la nature des coupes, le mode d'exploitation, la faculté d'écorcer, le nombre et le volume en grume des arbres abandonnés dans les essences les plus précieuses.

Ce dernier renseignement peut être remplacé par l'indication du nombre et de la grosseur, par classes, des arbres de mêmes essences. (Circ. 80, art. 11.)

14. *Affiches en cahier. Renseignements.* — On n'omettra pas d'indiquer, en adoptant la disposition des modèles nᵒˢ 2 et 3, les circonférences de tous les arbres abandonnés. Aucune des indications qui se trouve déjà dans le cahier des charges ou dans les clauses spéciales ne sera répétée. (Circ. N 485.)

15. *Affiches en cahier. Délivrance.* — Le 1ᵉʳ juillet, au plus tard, les marchands de bois

doivent recevoir des affiches en cahier. (Lettre de l'administration du 10 juin 1897.)

16. *Matériel des coupes.* — Dans les affiches en cahier, on doit indiquer le volume en grume des essences les plus précieuses qui se trouvent dans chaque coupe, chênes, hêtres, frênes, etc., et on ne doit y inscrire que les travaux spécifiés à mettre en charge, d'après l'article 63 du cahier des charges. (Circ. N 86. Circ. N 337.)

17. *Interversion. Réunion. Lots.* — Les affiches en cahier rappellent que le conservateur se réserve le droit d'intervertir l'ordre des coupes au moment des ventes et, s'il y a lieu, de réunir certains lots qui, dans ce cas, doivent être déterminés. (Circ. A 426 *bis.* Circ. A 751. Circ. N 80, art 12. Circ. N 337.)

18. *Travaux. Chauffage.* — Les affiches en cahier indiquent la nature et le prix des travaux d'entretien à la charge des adjudicataires, ainsi que les quantités et espèces de bois à fournir pour le chauffage des préposés. (Circ. N 80, art. 13. Circ. N 337.) V. Chauffage.

19. *Travaux à exécuter.* — Le détail précis des travaux à exécuter par les adjudicataires des coupes, le mode d'exécution et l'évaluation de la dépense sont exactement indiqués aux affiches en cahier. (Décis. Min. 25 mars 1859. Circ. N 337. Circ. N 566, art. 327.)

20. *Affiche-cahier. Zone frontière. Chemins. Réparations.* — Les affiches en cahier renferment, en ce qui concerne les coupes assises dans les territoires réservés de la zone frontière, les clauses et conditions concertées entre les services des forêts et du génie, relativement à la réparation des chemins, et notamment celle fixant le délai accordé à l'adjudicataire pour la démolition des ouvrages et le rétablissement des lieux. (Circ. N 388. Circ. N 565, art. 49.)

21. *Charges. Évaluations.* — Sur les affiches en cahier, le détail des charges doit être donné après chaque article. (Circ. A 817. Circ. N 337.)

On doit évaluer les frais de façonnage et de transport de bois délivrés aux gardes ou aux usagers, cette somme constituant une charge soumise à la taxe de 1 fr. 60 pour 100. (Circ. N 283.) Actuellement 5 pour 100. (Circ. N 844.)

22. *Forêts communales. Mises en charges. Versement. Payement.* — En ce qui concerne les forêts communales, les affiches pourront exiger le versement immédiat du montant des travaux et fournitures imposées sur les coupes à la caisse du receveur de la commune et les quittances de ces versements devront être alors présentées au chef de service en même temps que les pièces énumérées à l'article 18. Le receveur municipal payera directement les ayants-droit au vu d'un mandat délivré par le maire sur la production d'un procès-verbal de réception des fournitures ou travaux dressé par l'agent local ou son délégué et visé par le chef de service. (Cah. des ch. 62.) V. Mise en charge. Permis d'exploiter.

23. *Escompte. Taux.* — Les affiches ne doivent pas indiquer le taux de l'escompte. (Circ. N 752.)

§ 3. *Impression.*

24. *Impression. Coupes.* — Les affiches en placard et en cahier, pour la vente de coupes, sont imprimées dans les départements, à la diligence des inspecteurs, sur l'autorisation du conservateur. (Circ. N 52, art. 10. Circ. N 80, art. 14.)

Toutefois, quand, par application du décret du 29 juillet 1884, il n'est établi qu'une seule affiche en placard comprenant les coupes de toutes les inspections d'un département, l'impression a lieu à la diligence du conservateur. (Circ. N 337.)

25. *Impression. Pêche.* — Les frais d'impression et d'affichage des arrêtés d'ouverture et de clôture sont supportés par le fonds d'abonnement des préfectures; ceux relatifs à la mise en adjudication des lots de pêche restent à la charge du ministère de l'agriculture. (Circ. N 529.) V. Impression.

26. *Chablis. Bois de délit.* — Les conservateurs peuvent ordonner, sous leur responsabilité, l'impression des affiches en placard et en cahier, lorsqu'il s'agit de ventes de chablis, bois de délit, etc., assez importantes pour qu'il paraisse utile d'avoir recours à une grande publicité. (Circ. N 252.)

27. *Impression. Frais.* — Les frais d'impression des affiches sont acquittés par l'administration. (Régl. Min. 4 juillet 1836, art. 2. Circ. A 68. Circ. A 372. Circ. N 52.)

28. *Économies.* — L'administration proscrit pour les affiches le luxe du papier et de la typographie. (Circ. A 848.)

Il importe de réaliser toutes les économies possibles par la réduction au minimum nécessaire du nombre des affiches imprimées, par l'emploi de papiers moins lourds, du papier à journaux notamment. (Lett. Dir. Gén. 3 juillet 1920, 28 décembre 1920 et 23 mars 1921.)

29. *Papier.* — Le papier blanc est réservé pour les affiches et actes de l'administration. (Loi du 17 juillet 1791.)

30. *Papier. Affiches en cahier.* — L'impression aura lieu sur papier bon marché. (Circ. N 485.)

On doit chercher à réaliser des économies par une plus grande compression des textes dans la mise en page des affiches-cahier, par la suppression de tous les textes superflus et des pages blanches inutiles. (Lett. Dir. Gén. 28 décembre 1920.) A observer strictement. (Lett. Dir. Gén. 23 mars 1921.)

31. *Nombre. Affiches en cahier.* — Le nombre d'affiches en cahier de chaque inspection doit être circonscrit dans de justes limites. (Circ. N 485.)

32. *Format. Indications. Placards.* — Les affiches *en placard* seront du format dit *carré,* c'est-à-dire de o m. 56 de hauteur sur o m. 45 de largeur. Elles indiqueront le lieu et l'heure de l'adjudication. Mais ces indications, au lieu d'être consignées dans un tableau, seront présentées dans un texte courant. (Circ. N 485. V. Modèle 1.)

33. *Format. Marge.* — Les affiches en cahier seront du format jésus in-8°, c'est-à-dire de o m. 28 sur o m. 19. La largeur de la marge à gauche ne dépassera pas 50 millimètres. Il n'y sera imprimé aucune mention. Tous les autres blancs, c'est-à-dire la marge à droite, seront réduits dans les plus étroites limites; chaque page renfermera au moins trois articles. (Circ. N 485.)

34. *Affiche. Cahier. Tolérance.* — Est toléré l'usage d'imprimer, en marge des affiches en cahier, des mentions relatives à l'estimation, à la mise à prix, au prix d'adjudication et au nom de l'adjudicataire, si le commerce local paraît en souhaiter le maintien. (Lett. Dir. Gén. 23 mars 1921.)

35. *Couverture.* — Les affiches en cahier n'auront aucune couverture, même blanche. L'avis relatif aux jours de vente sera imprimé en petits caractères au bas de la 1ʳᵉ page. (Circ. N 485.)

36. *Modèles.* — Les affiches en placard et en cahier doivent être conformes aux modèles 1, 2 et 3 joints à la circulaire N 485. Pour l'affiche-placard, V. le modèle-joint à la lettre de la Direction Générale du 23 mars 1921.

§ 4. *Apposition.*

37. *Lieu. Autorisation. Délai. Certificats.* — Les affiches annonçant les ventes doivent être placardées au moins quinze jours d'avance, dans le chef-lieu du département, dans le lieu de la vente, dans les communes de la situation des bois et dans les communes environnantes. (Cod. For. 17 et 100.)

Elles sont apposées sous l'autorisation du préfet et à la diligence de l'agent forestier, lequel sera tenu de rapporter les certificats d'apposition que les maires délivreront aux gardes ou autres qui les auront placardées. (Ord. 84.)

38. *Emplacement.* — Il appartient au maire de désigner les lieux où sont apposées les affiches des lois et autres actes de l'autorité publique. (Loi des 18 et 22 mai 1791, art. 11. Loi du 29 juillet 1881, art. 15.)

39. *Menus produits.* — Les affiches annonçant la vente de menus produits n'ont pas besoin d'être apposées au chef-lieu du département. (Décis. Min. 19 octobre 1829. Circ. A 231.)

40. *Chefs-lieux de canton. Communes. Visa.* — Les affiches annonçant des adjudications de produits des forêts, quelles qu'en soient la nature et la provenance, à effectuer dans les chefs-lieux de canton ou dans les communes, seront dispensées de la formalité du visa par les préfets ou sous-préfets. (Décr. du 25 février 1888. Circ. N 396.)

41. *Travaux. Délai.* — L'avis des adjudications à passer est publié au moins vingt jours à l'avance, par la voie des affiches et par tous les moyens ordinaires de publicité. (Circ. N 566, art. 177.)

42. *Travaux. Urgence.* — Le délai fixé pour l'apposition des affiches peut être réduit dans les cas d'urgence. (Décr. du 18 novembre 1882. Circ. N 304. Circ. N 566, art. 179.)

43. *Travaux. Lieu.* — Les affiches pour adjudication de travaux sont apposées : 1° dans la commune de la situation des travaux; 2° dans les communes environnantes et aux chefs-lieux d'arrondissement et de département. (Circ. N 566, art. 181.)

44. *Formalités. Conditions.* — Toute affiche doit porter l'indication du nom et du domicile de l'imprimeur. (Loi du 29 juillet 1881, art. 2.)

45. *Déchirement. Enlèvement. Altération.* — Ceux qui auront enlevé, déchiré, recouvert ou altéré, par un procédé quelconque, les affiches apposées par ordre de l'administration, dans les emplacements à ce réservés, seront punis d'une amende de 5 à 15 francs. (Loi du 29 juillet 1881, art. 17.)

§ 5. *Envoi.*

46. *Coupes.* — Immédiatement après l'impression des affiches en placard et en cahier, les conservateurs doivent en adresser un exemplaire à l'administration. (Circ. A 848.)

Mais, lorsque le cahier-affiche renferme des coupes d'une importance suffisante pour attirer la demande, on doit adresser à l'administration trente exemplaires du cahier d'affiches aussitôt après l'impression. (Circ. N 212.)

47. *Travaux.* — Il est adressé à l'administration deux exemplaires des affiches relatives aux adjudications, dont le montant excède 1,500 francs. (Circ. Min. du 10 février 1890, n° 11.)

L'inspecteur fera parvenir un exemplaire au trésorier-payeur général du département et un exemplaire au receveur-particulier des finances de l'arrondissement du lieu des travaux et du lieu de l'adjudication. (Circ. N 566, art. 181.)

48. *Envoi. Receveurs des finances.* — Les inspecteurs doivent adresser directement les affiches aux receveurs des finances. (Circ. A 596.)

49. *Envoi. Receveur des domaines.* — Il est adressé des affiches aux receveurs des domaines, pour les mettre à même de surveiller le paiement des droits, et remplacer la déclaration prescrite par l'article 2 de la loi du 22 pluviôse an VII, pour la vente des objets mobiliers. (Puton.)

50. *Envoi.* — Les chefs de service adressent directement aux trésoriers-payeurs généraux les affiches de vente dont le produit doit être versé dans la caisse de ces comptables, et font parvenir aux receveurs des domaines, par l'intermédiaire de leur directeur, les affiches relatives à ces ventes et à celles dont le produit doit être perçu par ses préposés. (Circ. N 80, art. 16.)

51. *Signification. Convocation. Adjudication.* — L'affiche tient lieu de signification pour prévenir et appeler les maires et administrateurs aux ventes. (Discussion à la Chambre des députés.)

52. *Affiches en cahier. Transport.* — Les affiches en cahier peuvent être adressées par la poste aux agents ou gardes qui doivent les distribuer, mais les noms des marchands de bois, à qui elles sont destinées, ne doivent pas être inscrits sur les affiches. (Décis. Min. 7 novembre 1856. Circ. A 756. Circ. N 46.)

53. *Affiches en cahier. Envoi. Affranchissement.* — Dans les cas exceptionnels, les affiches en cahier peuvent être affranchies au taux des imprimés, et le montant de ces affranchissements est imputé sur les frais d'adjudication. Décis. Min. 7 novembre 1856. Circ. A 756.)

54. *Transport.* — Les gardes sont chargés du transport des affiches, mais il ne leur est rien alloué pour cette partie du service. (Circ. A 408 *bis.* Circ. N 80, art. 15.)

SECT. II. — AFFICHE ANNOTÉE.

55. *Coupes ordinaires et extraordinaires. Délai.* — L'affiche annotée sera adressée quatre jours au plus tard après chaque adjudication. (Circ. N 80, art. 61.)

56. *Bois domaniaux. Chasse.* — Le conservateur rend compte des adjudications de chasse au moyen d'une affiche annotée. (Circ. A 838.)

SECT. III. — MENUS PRODUITS.

57. *Chasse. Affiches en placard.* — Les affiches en placard feront connaître le lieu, le jour et l'heure de l'adjudication, ainsi que le nom des forêts. Elles seront du format carré (0 m. 56 sur 0 m. 45). Il en est établi une par département. (Circ. N 543.)

58. *Chasse. Affiches en cahier.* — Elles renfermeront, avec le nom des forêts, tous les détails relatifs à la désignation des lots, à leur étendue, à leurs limites, à la nature du droit à amodier, au nombre d'années, aux avantages, aux charges et conditions imposées. Elles seront du format jésus in-8° (0 m. 28 sur 0 m. 19). Elles n'auront aucune couverture. Le papier sera pris bon marché. La largeur de la marge sera de 0 m 05. (Circ. N 543.)

59. *Pêche. Affiches en placard. Affiches en cahier.* — Bien qu'aucune circulaire n'ait réglé l'assimilation, on doit, autant que possible, se régler sur les instructions qui concernent la chasse pour l'amodiation du droit de pêche.

60. *Chasse. Lots.* — Le droit de chasse à tir et le droit de chasse à courre pourront être adjugés séparément et à des personnes différentes dans une même forêt, suivant les indications formulées à cet effet sur les affiches.

Dans le cas où le droit de chasse à courre et le droit de chasse à tir sur un même lot sont loués séparément, les adjudications sont définitives en ce qui concerne le droit de chasse à tir.

En ce qui concerne la chasse à courre, si la demande en est faite, séance tenante, par un des preneurs des lots adjugés, les divers lots adjugés ou non adjugés d'une même forêt pourront être remis en adjudication en bloc, aux enchères. (Cah. des ch. 5. Circ. N 718.) V. Mise à prix.

61. *Chasse. Bois domaniaux.* — Les affiches en cahier et les procès-verbaux d'adjudication déterminent, aussi exactement que possible, pour chaque forêt, les limites de chaque lot, les conditions particulières de jouissance et les charges et donnent une description détaillée des accessoires de la chasse mis à la disposition des fermiers, tels que bâtiments pour pied-à-terre, faisanderie, etc. (Cah. des ch. 27. Circ. N 718.)

62. *Menus produits.* — On doit réduire les frais d'affiches de menus produits en faisant les affiches à la main, ou en portant l'indication des objets à vendre sur des cadres imprimés aux frais de l'administration. (Lettres de l'administration, 6 juin 1829 et 22 septembre 1829.) Les frais d'affiches pour les menus produits des bois communaux sont à la charge de l'administration.

Pour les ventes importantes, les conservateurs peuvent ordonner l'impression d'affiches en placard et en cahier. (Circ. N 252.)

63. *Délai. Indications.* — L'avis des adjudications à passer est publié, sauf le cas d'urgence, au moins vingt jours à l'avance, par la voie des affiches et par tous les moyens ordinaires de publicité.

Cet avis fait connaître :

1° Le lieu où l'on peut prendre connaissance du cahier des charges, des plans et devis des projets;

2° Les autorités chargées de procéder à l'adjudication;

3° Les lieu, jour et heure fixés pour l'adjudication;

4° L'évaluation totale des devis;

5° L'évaluation des frais de timbre et d'enregistrement;

6° Le montant du cautionnement en argent et celui des subventions.

Il est procédé à l'adjudication en séance publique. (Décis. du 18 novembre 1882. Circ. N 304. Circ. N 566, art. 177, 183 et 204. Cah. des ch. 5.)

64. *Soumission. Promesse de caution.* — Un modèle de soumission et un modèle de promesse de caution seront annexés à l'affiche. (Circ. 566, art. 178.)

65. *Rédaction. Approbation.* — L'affiche sera rédigée par l'inspecteur et soumise à l'approbation du conservateur; elle est dispensée de l'autorisation préfectorale. (Circ. N 566, art. 178.)

AFFIRMATION.

Affirmation. — La loi du 29 décembre 1921 a supprimé la formalité de l'affirmation des procès-verbaux de délits dressés par les gardes des eaux et forêts pour les procès-verbaux écrits et signés par les gardes rédacteurs.

La loi s'applique même aux délits de chasse et de pêche. (Circ. autographiée du 7 janvier 1922.)

Ne resteront soumis aux formalités anciennes de l'affirmation que les procès-verbaux qui, par suite d'un empêchement quelconque, auront été seulement signés par le garde mais non écrits en entier de sa main. Dans ce cas, l'affirmation aura lieu le lendemain de la clôture du procès-verbal pour les infractions forestières et dans les 24 heures du délit pour les infractions aux lois sur la police de la chasse. L'affirmation sera reçue par le maire, l'adjoint ou le juge de paix du canton ou l'un de ses suppléants. Le maire pourra être celui de la commune de la résidence du préposé, soit de la commune où le délit a été constaté, sous peine de nullité.

En Algérie, la loi du 21 février 1903, art. 146, a supprimé l'affirmation dans des conditions analogues mais seulement en ce qui concerne les délits forestiers. (Circ. N 642.)

En Tunisie, les procès-verbaux de délits sont dispensés de l'affirmation. (Décret du 26 juillet 1903.)

AFFOUAGE COMMUNAL.

V. Bois de chauffage. Bois de construction. Bois d'usage. Chablis. Chef de famille. Coupe délivrée en nature. Délivrance. Domicile. Entrepreneur. Quart en réserve. Rôle d'affouage. Taxe affouagère.

1. *Définition.* — On désigne sous le nom d'*affouage* le droit ou la portion de bois afférente à chaque habitant dans le partage du produit, en bois de chauffage, des forêts communales ou des coupes usagères. V. Droit d'usage.

2. *Définition.* — Pour les forêts communales, c'est un mode de jouissance d'une chose qui appartient en propre aux habitants, et, dans les coupes usagères, c'est un droit sur une chose qui ne leur appartient pas.

3. *Définition.* — L'affouage communal est un droit inhérent à la qualité d'habitant et de chef de famille, dans une commune propriétaire de bois, et en vertu duquel chaque habitant chef de famille peut participer aux produits d'une partie des forêts communales. (Meaume.)

4. *Produits. Bois.* — On appelle affouage tout le bois propre au chauffage, soit de taillis, soit de futaie. L'affouage comprend généralement les taillis et les arbres des futaies impropres à être employés comme bois d'œuvre. Le quart en réserve ne peut jamais entrer dans l'affouage délivré aux habitants; les chablis font partie de l'affouage.

5. *Arrérage.* — Le principe que le droit d'affouage n'est pas susceptible de s'arrérager est applicable alors même que, pendant le cours d'une instance introduite contre un particulier par une commune, à l'effet de se faire reconnaître pleine propriétaire d'un bois, un arrêté préfectoral aurait soumis provisoirement le bois litigieux au régime forestier.

Dans ce cas, la commune aurait dû se

pourvoir devant qui de droit pour demander l'exercice de son droit d'affouage; faute de quoi elle est non recevable à les répéter, alors que, devant le jugement qui l'a reconnue simple usagère, elle a négligé de les demander pendant l'instance sur la propriété. (Riom, 25 juin 1883.)

6. *Servitude.* — Une servitude réelle d'affouage, concédée pour les besoins d'une exploitation, ne peut, au moyen de la prescription, être convertie en un droit personnel. (Colmar, 27 juin 1855.)

7. *Prescription.* — Les habitants de la commune ne peuvent perdre ou acquérir par prescription le droit d'affouage dans leur commune; mais il n'en est pas de même pour une section de commune, par rapport à la commune elle-même.

8. *Prescription.* — Les habitants d'une commune affouagère ne peuvent prescrire le droit d'affouage contre d'autres habitants de la même commune. (Cass. 24 juillet 1839.)

9. *Mode.* — Le partage et la répartition des délivrances affouagères sont réglés par le conseil municipal, comme les autres affaires communales.

Les portions d'affouage peuvent être vendues. (Cod. For. 112.) V. Compétence. Contentieux.

SECT. II. — JOUISSANCE. USAGE.

10. *Établissement public. Fournitures. Délivrances.* — Les administrateurs des établissements publics donnent chaque année (le 1ᵉʳ février, Circ. A 164) un état des quantités de bois de chauffage dont ces établissements auront besoin. Cet état sera visé par le sous-préfet et transmis par lui à l'agent forestier local. (Ord. 142.)

11. *Mise en charge.* — Les quantités de bois ainsi déterminées seront mises en charge, lors de la vente des coupes, et délivrées à l'établissement par l'adjudicataire aux époques qui seront fixées par le cahier des charges. (Ord. 142.)

12. *Bois communaux. Délivrances.* — Les communes qui ne sont pas dans l'usage d'employer la totalité des bois de leurs coupes à leur propre consommation feront connaître (le 1ᵉʳ février, Circ. A 164), à l'agent forestier local, la quantité de bois qui leur sera nécessaire pour leur chauffage, et il en sera fait délivrance, soit par l'adjudicataire de la coupe, soit au moyen d'une réserve sur cette coupe, le tout conformément à leur demande et aux clauses du cahier des charges de l'adjudication. (Ord. 141.)

13. *Vente.* — Ce n'est qu'en cas d'insuffisance ou à défaut de ressources ordinaires que les communes doivent être autorisées à vendre une partie de leur affouage pour acquitter leurs dépenses. (Décis. Min. 28 novembre 1838.)

14. *Non-enlèvement de bois. Dommages-intérêts.* — Le tribunal, saisi de la demande du propriétaire d'une forêt contre une commune ayant droit d'affouage dans cette forêt, en réparation du préjudice à lui causé par l'abandon sur le sol d'une partie du bois qu'elle devrait enlever, doit, pour ce fait, condamner la commune au paiement d'une indemnité, avec injonction d'enlever le bois lui revenant, et ce, sous réserve d'une sanction pécuniaire à fixer ultérieurement, en cas d'inexécution. (Cass. 9 juillet 1888.)

15. *Délibération. Conseil municipal.* — Le préfet n'a pas le droit d'imposer directement un mode de distribution d'affouage, ni d'obliger la commune à suivre les prescriptions de l'article 105 du code forestier; il n'a que le droit de *veto* et d'annuler toutes les délibérations contraires à la loi (loi du 5 avril 1884, art. 63), sauf recours du conseil devant le ministre et, par voie gracieuse ou d'enquête, devant le chef de l'État et le Conseil d'État.

16. *Jouissance. Partage.* — Le droit attribué aux préfets par le décret du 25 mars 1852, de changer le mode de jouissance des biens communaux, ne comprend pas celui de statuer sur les réclamations des habitants au sujet de nouveaux modes de partage d'affouage. Dans ce cas, il doit être sursis jusqu'à ce que l'autorité compétente ait statué. (Cons. d'État, 14 juin 1855.)

17. *Distribution. Usage. Compétence.* — Le conseil de préfecture est compétent pour statuer sur la réclamation formée par divers habitants d'une commune contre les délibérations du conseil municipal, relatives à la distribution de la futaie des coupes affouagères. (Cons. d'État, 7 mai 1863.)

18. *Compétence. Affouage.* — Lorsqu'un conseil municipal change le mode de distribution de l'affouage, un habitant lésé qui veut plaider contre la commune ne peut se pourvoir au contentieux, parce qu'il s'agit d'un intérêt communal et que le conseil municipal est seul en cause. (Cons. d'État.)

19. *Aptitude personnelle.* — La juridiction administrative est compétente pour connaître des contestations qui peuvent s'élever entre les habitants d'une commune, relativement à la jouissance d'une part des biens communaux et se rattachant au mode de partage adopté, et dès lors il lui appartient de statuer en matière d'affouage sur les questions d'aptitude personnelle. (Trib. des conflits, 4 juillet 1896. Besançon, 30 décembre 1896.)

20. *Titre.* — Lorsque la contestation relative à l'affouage porte sur des titres particuliers, il s'agit alors d'une question de propriété, qui est de la compétence exclusive des tribunaux. (Cons. d'État.)

21. *Domicile affouager.* — La jurisprudence admet que le domicile affouager peut ne pas se confondre avec le domicile du Code civil et qu'il est soumis à des règles distinctes dont l'application est faite souverainement par les tribunaux. (Trib. des conflits, 4 juillet 1896.)

Le domicile affouager emporte l'idée d'une résidence effective d'abord, de plus continue et permanente, plus stable que celle qui est requise par le domicile du Code civil. (Ch. Guyot.) V. *infra.*

22. *Changement d'usage.* — Une commune en possession d'usages contraires peut les abandonner pour adopter le mode de partage prescrit par l'article 105 du code forestier, qu'elle est alors obligée de suivre pour l'avenir. Cette décision dépend des conseils municipaux, dont les délibérations doivent être approuvées par les préfets. (Cons. d'Ét., 7 mai 1863.)

23. *Usages abandonnés.* — Les usages dont il était parlé dans l'ancien article 105 du code forestier, pour le partage de l'affouage, étaient ceux dont l'application avait été *constamment* suivie jusqu'à ce jour par les communes, qui ne pourraient pas revenir aux usages remplacés, même momentanément ou sous la pression administrative, en vertu du décret de 1808. (Lett. du Min. de l'Int., juillet 1828.)

24. *Titres.* — Pour que les titres contraires soient applicables, il faut qu'ils aient été suivis sans interruption par la commune.

25. *Anciens usages. Abolition.* — Tous les usages contraires aux modes de partage des bois d'affouage par feu, par tête ou moitié par feu, moitié par tête sont abolis. (Cod. For. 105. Loi du 26 mars 1908. Circ. N 729.)

26. *Conseil municipal.* — Les délibérations du conseil municipal, en ce qui concerne l'affouage, sont exécutoires par elles-mêmes, sans avoir besoin de l'adhésion d'une autorité supérieure (loi du 5 avril 1884, art. 68) puisque l'affaire ne rentre pas dans les treize cas prévus par cet article. V. Taxe.

27. *Conseil municipal. Délibérations.* — Les délibérations des conseils municipaux relatives au partage de l'affouage ne peuvent être déférées au Conseil d'État que dans le cas où elles ont été annulées par un arrêté préfectoral, confirmé par le Ministre. La délibération non annulée ne peut être modifiée, soit par le préfet, soit par le Ministre, soit par le conseil d'État. (Cons. d'État, 27 décembre 1839.)

Une délibération par laquelle le conseil municipal rejette la réclamation présentée par des habitants, contre le mode de répartition des affouages adopté par une délibération antérieure de plusieurs années, doit être considérée comme purement confirmative de cette première délibération (Cons. d'État, 12 mai 1882.)

28. *Section.* — Les règles établies pour la délivrance et le partage de l'affouage sont applicables aux sections des communes, pour les bois leur appartenant spécialement. (Metz, 24 août 1863. Loi du 5 avril 1884.)

29. *Hameau. Réunion à une autre commune. Droits.* — Les habitants d'un hameau qui, par mesure administrative, a été distrait d'une commune et rattaché à une autre continuent à exercer le droit d'affouage dans la commune à laquelle ils appartenaient autrefois. (Trib. Civ. de Beaume-les-Dames, 3 juillet 1889.)

30. *Droit.* — Les affouagistes ont un droit égal aux affouages de toute nature que peut produire une forêt. (Cass. 12 juin 1840.)

31. *Responsabilité.* — Les affouagistes et les communes affouagères sont garants solidaires des condamnations prononcées contre les entrepreneurs des coupes affouagères. (Cod. For. 82, 112.)

32. *Liste. Inscription.* — L'inscription sur la liste d'affouage tenant lieu de délivrance, l'habitant inscrit peut vendre ou donner son bois en vertu du droit acquis et de l'inscription qui oblige la commune à effectuer la délivrance. (Meaume.)

33. *Liste. Inscription.* — Les demandes d'inscription sur la liste des affouagistes sont recevables même lorsqu'elles sont présentées plus d'un mois après la transmission à la sous-préfecture de la délibération du conseil municipal réglant l'affouage. (Cons. d'État, 13 décembre 1901 et 14 avril 1905.) Cette décision ne précise pas jusqu'à quelle date la demande peut être utilement présentée. Ce serait avant la distribution effective de l'affouage. Il pourrait alors être tenu compte aux intéressés du préjudice qu'ils ont souffert au moyen d'une indemnité en argent (Ch. Guyot.)

34. *Inscription. Demande.* — Aucune disposition de loi ni de règlement n'ayant fixé le délai avant l'expiration duquel les demandes en inscription sur les listes d'affouage doivent être produites à peine de déchéance, un habitant d'une commune qui, à l'occasion du rôle d'affouage émis pour une année, a saisi la juridiction compétente d'une demande tendant à faire reconnaître son droit à figurer sur la liste des affouagistes, n'est pas tenu de former des demandes nouvelles lors de l'émission de chacun des rôles publiés au cours de l'instance. (Cons. d'État, 21 janvier 1910.)

4.

35. *Inscription. Radiation.* — Si un habitant demande à être inscrit sur la liste, c'est à lui qu'incombe la preuve de ses droits et capacités. Si une commune raye un habitant de la liste d'affouage, comme l'inscription antérieure est une présomption de droit, la commune doit prouver qu'il ne remplit plus les conditions nécessaires pour avoir droit à l'affouage. (Nancy, inédit, 4 février 1839.)

36. *Taxe.* — Les taxes d'affouage se règlent en même temps que les rôles de répartition à l'affouage. (Instr. 15 décembre 1826. Loi du 5 avril 1884, art. 140.)

37. *Taxe. Dépenses.* — La taxe d'affouage communal peut comprendre des dépenses étrangères à l'affouage, mais dont le conseil municipal aurait cru devoir grever la portion affouagère de chaque habitant. (Avis du Cons. d'État, 8 août 1838.)

38. *Timbre.* — Les rôles des taxes d'affouage sont sujets au timbre. (Circ. de la comptabilité gén. 24 décembre 1845.)

39. *Enlèvement. Taxe* — Les entrepreneurs doivent seuls veiller, à l'exclusion des gardes forestiers et sous leur responsabilité personnelle, à ce que les affouagistes n'enlèvent pas leur bois avant le paiement de la taxe. (Décis. Min. 10 janvier 1839. Circ. A 441.)

40. *Taxe.* — L'affouagiste qui enlève son lot frauduleusement et à l'insu de l'entrepreneur de la coupe peut être poursuivi en paiement de la taxe par le receveur municipal, en vertu de l'article 140 de la loi du 5 avril 1884. V. Taxe affouagère.

41. *Vente. Échange.* — L'article 83 du code forestier, qui interdit aux usagers, dans les bois de l'État, de vendre ou d'échanger les bois qui leur sont délivrés, n'est pas applicable en matière d'affouage dans les bois communaux. La délibération du conseil municipal portant défense de sortir de la commune, sans autorisation du maire, les bois à brûler provenant de l'affouage est illégale et non obligatoire. Cette délibération ne peut être qu'une simple disposition réglementaire et elle n'a pas pour sanction l'article 471, n° 15, du code pénal. (Cass. 6 avril 1865.)

42. *Vente.* — Les produits de l'affouage peuvent être vendus. Toutefois, le maire, comme règlement de police municipale dans lequel les agents forestiers n'ont pas à intervenir, peut défendre de vendre les portions avant qu'elles ne soient conduites au domicile de l'affouagiste. (Cass. 6 février 1824.)

43. *Portion. Vente.* — Les portions affouagères non réclamées par les habitants peuvent être vendues par le maire, sans la participation des agents forestiers. (Décis. Min. 14 juillet 1848. Circ. N 80, art. 77.)

44. *Arbres. Futaie.* — La vente des arbres provenant d'une coupe affouagère délivrée en nature peut se faire, au profit des seuls habitants de la commune, par le maire, en présence de l'agent forestier et du receveur municipal, après de simples affiches apposées dans la commune. Les formalités de l'article 84 de l'ordonnance ne s'appliquent pas à ces ventes. (Décis. Min. 23 février et 23 mai 1829.) V. Adjudication.

45. *Bois de construction. Vente.* — En l'absence de toute stipulation contraire, l'affouagiste peut vendre les bois qui lui ont été délivrés, soit comme affouage, soit comme délivrance spéciale. La défense, édictée par l'arrêté préfectoral, de vendre ces bois ne peut pas créer un délit. Ce fait ne pourrait donner lieu qu'à une action civile de la part de la commune, s'il y avait lieu, et sur une demande en indemnité. (Metz, 14 mars 1838.)

46. *Portions. Vente.* — Les portions affouagères non enlevées, faute de paiement, sont vendues par le receveur municipal et sans l'intervention des agents forestiers, jusqu'à concurrence du montant des taxes et des frais à payer, et le surplus est remis à l'affouagiste qui n'avait pas payé. (Circ. des Min. des Fin. et de l'Int. du 10 janvier 1839. Circ. A 441.) Le prix de vente des rémanents appartient aux propriétaires des lots vendus, distraction faite des frais de la vente et après déduction, s'il y a lieu, de la taxe non acquittée. (Cons. d'État, 10 mars 1894.) V. Rôle d'affouage.

47. *Portions.* — Les portions d'affouage peuvent être vendues par les affouagistes. (Cod. For. 83, 112. Décis. Min. 4 juin 1841.)

48. *Portions.* — La portion d'affouage peut être saisie par un créancier, entre les mains du maire. (Migneret.)

49. *Portions. Vidange.* — L'entrepreneur est seul responsable du retard dans l'enlèvement des portions affouagères. (Cod. For. 40. Besançon, 6 mai 1834.)

50. *Enlèvement.* — L'enlèvement d'un lot d'affouage, avant l'entier achèvement de la coupe, ne peut être excusé par l'autorisation du conseil municipal. (Cass. 1er juillet 1847.)

51. *Transport.* — Les bois d'affouage étant une *récolte,* la voiture qui le transporte doit profiter de l'exception prévue pour cet objet. (Conseil d'État, 23 février 1841. Loi du roulage.) V. Voiture.

SECT. III. — PARTAGE. CONDITIONS.

52. *Modes.* — S'il n'y a titre contraire, le partage de l'affouage, qu'il s'agisse des bois de chauffage ou de bois de construction, se fera de l'une des trois manières suivantes :

1° ou bien par feu, c'est-à-dire par chef de

famille ou de ménage ayant domicile réel et
fixe dans la commune avant la publication du
rôle ; 2° ou bien moitié par chef de famille ou
de ménage et moitié par tête d'habitant remplissant les mêmes conditions de domicile.

Sera, dans les deux cas précédents, seul
considéré comme chef de famille ou de ménage l'individu ayant réellement et effectivement la direction d'une famille ou possédant
un ménage distinct où il demeure et où il
prépare et prend sa nourriture ; 3° ou bien
par tête d'habitant ayant domicile réel et fixe
dans la commune avant la publication du rôle.
Chaque année, dans la session de mai, le conseil municipal déterminera lequel de ces trois
modes de partage sera appliqué. (Cod. For.
105. Loi du 26 mars 1908, Circ. N 729.)

53. *Vente.* — Le conseil municipal pourra
aussi décider la vente de tout ou partie de
l'affouage au profit de la caisse communale ou
des affouagistes. (Loi du 8 avril 1910. Circ.
N 767.)

Dans ce cas, la vente aura lieu par voie
d'adjudication publique par les soins de l'administration forestière. (Cod. For. 105. Loi du
26 mars 1908. Circ. N 729.)

54. *Durée du domicile.* — En cas de partage
par feu et par tête ou seulement de partage
par tête, le conseil municipal aura la faculté
de décider que, pour avoir droit de participer
au partage par tête de l'affouage, il sera nécessaire, au moment de la publication du rôle,
de posséder, depuis un temps qu'il déterminera
mais qui n'excédera pas six mois, un domicile
réel et fixe dans la commune. (Cod. For. 105.
Loi du 26 mars 1908, Circ. N 729.) V. Domicile.

55. *Nationalité.* — Les étrangers qui remplissent les conditions indiquées ne pourront
être appelés au partage qu'après avoir été autorisés, conformément à l'article 13 du code
civil, à établir leur domicile en France. (Cod.
For. 105. Loi du 26 mars 1908. Circ. N 729.)

56. *Remaniements. Historique.* — Le texte
de cet article 105 a subi de nombreuses modifications depuis 1827. Cinq lois sont interve-
nues pour changer la rédaction primitive,
savoir :

Loi du 25 juin 1874 (Circ. N 159), pour les
conditions d'admission des étrangers ;

Loi du 23 novembre 1883 (Circ. N 332),
pour suppression des usages locaux et pour
effacer toute différence entre le partage des
bois de construction et celui des bois de chauffage ;

Loi du 19 avril 1901, pour permettre l'option entre le partage par feu et le partage
par tête ;

Loi du 26 mars 1908 (Circ. N 729), qui
prévoit qu'une durée de séjour pourrait être
imposée à ceux qui bénéficient du partage
par tête.

Enfin loi du 8 avril 1910 (Circ. N 767) qui
permet de décider la vente de tout ou partie
de l'affouage au profit de la caisse communale
ou des affouagistes.

57. *Algérie. Partage. Modes.* — S'il n'y a
titre contraire, le partage de l'affouage, qu'il
s'agisse de bois de chauffage ou de bois de
construction, se fera de l'une des trois manières différentes :

1° ou bien par feu, c'est-à-dire par chef de
famille ou de ménage ayant domicile réel et
fixe dans la commune avant la publication du
rôle ;

2° ou bien moitié par chef de famille ou
de ménage et moitié par tête d'habitant remplissant les mêmes conditions de domicile.

Sera, dans les deux cas précédents, seul considéré comme chef de famille ou de ménage
l'individu ayant réellement et effectivement
la charge et la direction d'une famille ou possédant un ménage distinct où il demeure et où
il prépare et prend sa nourriture.

3° ou bien par tête d'habitant ayant domicile réel et fixe dans la commune avant la publication du rôle.

Chaque année, dans la session de mai, le
conseil municipal ou la commission municipale
détermineront lequel de ces trois modes de
partage sera appliqué.

Il pourra aussi décider la vente de tout ou
partie de l'affouage au profit de la caisse communale.

Dans ce dernier cas, la vente aura lieu par
voie d'adjudication publique, par les soins de
l'administration des eaux et forêts.

Les usages contraires à ces modes de partage sont et demeurent abolis.

Les étrangers qui remplissent les conditions
ci-dessus indiquées ne pourront être appelés au
partage qu'après avoir été autorisés, conformément aux lois et règlements applicables à
l'Algérie, à y établir leur domicile. (Loi du
21 février 1903, art. 88. Circ. N 642.)

58. *Partage.* — Le partage des bois d'affouage ne peut avoir lieu qu'après l'entière
exploitation du taillis ; mais on peut y procéder avant l'abatage des arbres de futaie qui
font partie de la coupe. (Décis. Min. 22 février 1829. Circ. A 211.)

59. *Futaie. Branches.* — Dans les délivrances de futaie, comme bois de construction, les
branches et rémanents doivent être réservés
pour le chauffage des autres habitants de la
commune, à moins d'usage contraire.

60. *École.* — L'école communale et tous les
autres établissements communaux peuvent être
compris dans les délivrances affouagères. (Décis.
Min. 27 mars 1830. Circ. A 235.)

61. *Répartition.* — L'autorité judiciaire est
seule compétente pour décider si un particu-

lier, réclamant contre une répartition de l'affouage a droit, en vertu d'une possession
équivalente à titre, à une portion déterminée
de cet affouage. (Cons. d'État, 10 mars 1859.)

62. *Partage.* — Les difficultés survenues
entre une commune et une section de commune, sur le mode de partage de l'affouage,
sont du ressort de l'autorité administrative.
(Ord. 5 décembre 1837.)

63. *Réunion de communes.* — Les habitants
d'une ancienne commune, ayant conservé pour
eux seuls la jouissance de ses biens propres,
ne peuvent participer à celle des biens de la
commune à laquelle ils sont réunis et y sont
inscrits à tort au rôle d'affouage. (Conseil de
préfecture Haute-Saône, 21 mars 1899.)
V. Commune.

64. *Qualités. Compétence.* — L'autorité administrative est seule compétente pour apprécier si, pour l'affouage, l'habitant remplit la
qualité de chef de maison ou de famille. (Cons.
d'État, 23 mai 1844.)

65. *Ouvriers. Chefs de famille.* — Les ouvriers établis dans une commune, avec l'intention d'y fixer leur domicile, doivent être
considérés comme des chefs de famille ou de
maison, ayant le domicile réel et fixe exigé
par l'article 105 du code forestier pour avoir
droit à l'affouage, quand bien même ils seraient
logés dans les bâtiments dépendant de l'usine
où ils travaillent et exposés quotidiennement
à un renvoi de l'usine, entraînant leur renvoi
des lieux où ils habitent. (Cod. For. art 105.
Cod. Civ. art 102, 103, 104, 105 et 109.
Besançon, 8 nov. 1883.)

Mais il faut actuellement qu'ils mangent
effectivement chez eux et que leur nourriture
ne leur soit pas donnée par le patron. (Loi
du 26 mars 1908.)

66. *Qualités.* — Ont droit à l'affouage :
1° le fils majeur qui a un logement à part et
des intérêts distincts de ceux de son père,
quoiqu'il demeure dans la même maison et ne
soit pas imposé au rôle de la contribution mobilière ; 2° la veuve qui a chez son gendre,
avec lequel elle habite, un appartement séparé, un feu distinct et un fourneau sur
lequel elle prépare ses aliments (Metz, 26 novembre 1867); 3° la femme mariée, lorsqu'elle
est administratrice provisoire de la personne
et des biens de son mari, placé dans un asile
d'aliénés (Chaumont, 17 avril 1867); 4° le
beau-père et le gendre, si quoique habitant la
même maison et vivant ensemble, ils sont l'un
et l'autre propriétaires de leur mobilier et s'ils
exercent une industrie séparée. (Dijon, 22 février et 17 mai.)

Tous ces individus ont actuellement droit à
l'affouage, s'ils ont réellement et effectivement
la charge ou la direction d'une famille ou pos

sèdent un ménage distinct où ils demeurent
et où ils préparent et prennent leur nourriture.
(Cod. For. 105. Loi du 26 mars 1908.) V. Chef
de famille ou de ménage.

67. *Mari absent.* — La femme, même non
séparée judiciairement, a droit à l'affouage du
chef de son mari, lorsque ce dernier a quitté
le pays sans acquérir ailleurs un domicile certain. Dans ce cas, le mari demeure, en droit,
domicilié au lieu de son ancienne résidence
et est maintenu sur les rôles d'affouage. La
femme, qui a toujours conservé le même
domicile, bénéficie alors de l'inscription de
son mari sur les rôles. (Rép. For. t. XVI, p. 62.)

68. *Douaniers.* — Les préposés des douanes
ont droit à l'affouage dans la commune de leur
résidence. (Nancy, 16 décembre 1893. Cons.
d'État, 7 août 1900.)

69. *Gendarme.* — Le gendarme qui fait
partie du service de brigade est réputé avoir
son domicile réel et fixe dans le lieu où il
exerce ses fonctions ; par suite, il a droit aux
distributions affouagères pour les besoins de
son ménage, comme les autres habitants.
(Dijon, 19 février 1873.)

70. *Fonctionnaires.* — Les fonctionnaires,
tels que l'instituteur et le garde champêtre, alors
même qu'ils seraient célibataires, doivent être
inscrits au rôle d'affouage. (Décis. du Min. de
l'Int. 1863.) Il en est de même pour le curé ou
desservant, auquel on attribuait autrefois la
qualité de fonctionnaire.

71. *Qualités.* — N'ont pas droit à l'affouage :
1° le fils majeur résidant avec sa mère.
(Metz, 24 mai 1866. Dijon, 6 décembre
1837.)
2° Le père qui se met aux pot et feu de sa
fille. (Nancy, 19 avril 1841.)
3° Les mineurs non émancipés.
4° Les interdits et les individus frappés de
mort civile.
5° La femme mariée, les serviteurs et domestiques habitant avec les maîtres, et généralement toutes personnes qui sont, par leurs
positions subordonnées, attachées à la famille
ou soumises à la puissance d'un chef de famille.

72. *Donation. Partage. Absence de feu distinct.* — Une donation-partage, consentie par
un père affouagiste au profit de ses enfants, ne
suffit pas pour que ceux-ci aient droit, comme
lui, à une part d'affouage.

Il faut encore qu'ils justifient d'habitations
à feu distinctes et que la donation ait amené
un changement dans la vie commune. (Tribunal de Saint-Dié, 6 décembre 1889.)

AFFOUAGISTE.

1. *Définition.* — Habitant d'une commune
propriétaire de bois et dans laquelle les dé

livrances de bois de chauffage se font en nature.

2. *Délit. Excuse.* — La qualité d'affouagiste ne peut servir d'excuse à aucun délit. (Cass. 12 juin 1840.)

3. *Possession.* — L'affouagiste peut se prévaloir de l'action possessoire pour conserver un droit d'affouage dans lequel il est en possession. (Cass. 11 juin 1839.)

4. *Affouage communal. Conditions.* — Pour prendre part au partage de l'affouage, les affouagistes doivent avoir un domicile réel et fixe dans la commune et être chefs de famille ou de ménage. V. Affouage. Chef de famille ou de ménage. Domicile.

AGARIC. V. Amadou. Champignon.

ÂGE.

1. *Majorité. Peine.* — L'homme est majeur à 21 ans. En matière de délit, la pénalité est adoucie pour l'enfant au-dessous de 18 ans et pour le vieillard au-dessus de 70 ans.

2. *Compte.* — Pour supputer l'âge, on compte le jour de la naissance tout entier, ainsi que celui du décès. (Block.)

3. *Emploi forestier.* — Nul ne peut excercer un emploi dans l'administration des eaux et forêts s'il n'est âgé de vingt-un ans accomplis. (Cod. For. 3. Loi du 9 avril 1914. Circ. N 816.)

4. *Âge. Bois.* — L'âge des bois inscrit dans un procès-verbal ne fait pas foi jusqu'à inscription de faux, à moins qu'il ne soit calculé sur l'époque exacte de l'exploitation ou de la coupe des bois. On peut combattre cette assertion par la preuve contraire.

5. *Preuve.* — L'âge des bois dans lesquels a été commis un délit de paturage peut être attaqué par la preuve testimoniale. (Cass. 7 floréal an XII.)

Si cependant l'âge des bois était indiqué par l'époque de la coupe, il y aurait alors là un fait matériel, qui ne pourrait pas être combattu par la preuve testimoniale.

6. *Taillis sous futaie.* — Lorsque l'âge des bois sert d'élément pour fixer les pénalités, on ne doit prendre pour base que celui du jeune taillis ou du recru de semence et non celui des réserves. Le jeune bois, étant en effet seul dommageable, doit seul entrer en ligne de compte. (Cass. 30 septembre 1848.)

7. *Futaie.* — A l'égard des coupes sombres ou de réensemencement, l'âge de la coupe se compte (pour les poursuites relatives à l'article 147, voiture) par le nombre des années de croissance du jeune taillis ou du recru de se-mence et non par celui des baliveaux qui le garnissent. (Cass. 30 septembre 1842.)

8. *Élagage.* — Si le propriétaire invoque l'âge des arbres, pour s'opposer à l'élagage, il y a là une question préjudicielle de propriété ou d'existence d'une servitude légale, dont l'appréciation est de la compétence des tribunaux civils.

AGENT DES EAUX ET FORÊTS.

1. *Dénomination.* — Les agents de l'administration des forêts sont dénommés : Agents des eaux et forêts. (Décr. du 19 avril 1898. Circ. N. 536.)

Ils comprennent exclusivement les conservateurs, inspecteurs, inspecteurs adjoints et gardes généraux.

2. *Dénomination. Substitution.* — La dénomination d'officiers des eaux et forêts est substituée à celle d'agents des eaux et forêts dans laquelle sont actuellement compris les fonctionnaires des grades de conservateur, d'inspecteur, d'inspecteur adjoint et de garde général. (Décr. 18 avril 1921.)

3. *Personnel.* — Le directeur général a sous ses ordres, dans les départements, des officiers forestiers, qui sont : les conservateurs, inpecteurs, inspecteurs adjoints, gardes généraux. (Ord. art 11. Ord. 25 juillet 1844. Décr. 18 février 1882. Décr. 1er avril 1882. Circ. N 301. Décr. 12 octobre 1890. Circ. N 433. Décr. 16 mars 1921 et 18 avril 1921.)

4. *Attributions.* — Les attributions communes des officiers sont celles d'administrateurs et de gérants ; ils ne s'occupent qu'accidentellement de la surveillance. (Ch. Guyot.) V. Surveillance.

5. *Fonctions.* — Les officiers ont pour fonctions de gérer les forêts soumises au régime forestier (domaniales, communales et d'établissements publics), d'exercer une surveillance au sujet du défrichement des forêts des particuliers, d'intervenir pour la conservation et le reboisement des terrains en montagne ainsi que pour le boisement des dunes, de faire appliquer les règles de police concernant la chasse et la pêche, enfin d'exercer les poursuites en réparation des délits commis dans les forêts.

6. *Âge.* — Les officiers des eaux et forêts doivent avoir 21 ans accomplis pour exercer leurs fonctions. (Cod. For. 3. Loi du 9 avril 1913. Circ. N 816.)

7. *Nombre.* — Le nombre des officiers, en France, est fixé à 33 pour les conservateurs, 185 pour les inspecteurs, 180 pour les inspecteurs adjoints, 125 pour les gardes généraux. (Décr. du 17 juin 1921.)

8. *Force publique.* — Les officiers forestiers ne sont pas agents dépositaires de la force publique, dans le sens de l'article 224 du code pénal, relativement aux outrages. (Nancy, arrêt inédit du 23 novembre 1842.) V. Insulte.

9. *Service militaire.* — Les officiers forestiers entrent dans la composition des forces militaires. (Décr. 2 avril 1875. Circ N 173. Loi du 15 juillet 1889, art. 8. Décr. 18 novembre 1890. Circ. N 424.) V. Chasseurs forestiers.

10. *Réserve. Armée territoriale. Nominations. Mutations. Notification.* — Les nominations et mutations concernant les officiers affectés soit à l'État-major, soit à l'intendance, soit à des corps de troupe de la réserve ou de l'armée territoriale continueront à être notifiées aux intéressés par les soins de l'autorité militaire. (Circ. N 614.)

11. *Algérie. Colonies. Pays de protectorat. Cadres.* — Les officiers des eaux et forêts affectés au service de l'Algérie, des colonies et pays de protectorat font partie des cadres du personnel métropolitain et restent soumis aux dispositions légales et réglementaires qui le concernent. (Décr. du 13 janvier 1913, art 1er.) V. Algérie. Colonies.

12. *Agents détachés. Durée. Situation.* — Les officiers peuvent être détachés, dans un intérêt public, au service des communes, établissements publics, départements ministériels et pays étrangers, Le détachement est autorisé pour une durée maximum de cinq ans ; il peut être prorogé pour une ou plusieurs périodes jusqu'à concurrence de quinze ans au plus. Dans cette position, les agents conservent leurs droits à l'avancement suivant les règles en vigueur pour les agents présents dans les cadres. Toutefois, les agents détachés promus conservateurs ne peuvent être réintégrés avec ce grade que s'ils ont accompli, dans les cadres, la durée de service actif exigée par le décret du 30 août 1912. (Décr. du 13 janvier 1913, art. 2.)

13. *Missions. Durée. Avancement.* — Les agents peuvent recevoir des missions scientifiques ou d'études en France, aux colonies, pays de protectorat et à l'étranger avec ou sans allocation de l'État. Les missions sont données pour une durée maximum de cinq ans ; elle peuvent être prorogées pour une ou plusieurs périodes, jusqu'à concurrence de dix ans au plus. Les agents conservent, pendant la durée de leur mission, leur droit à l'avancement suivant les règles en vigueur pour les agents présents dans les cadres. Toutefois, les agents en mission promus conservateurs ne peuvent être réintégrés avec ce grade que s'ils ont accompli, dans les cadres, la durée du service actif exigée par le décret du 30 août 1912. (Décr. du 13 janvier 1913, art. 3.)

14. *Algérie. Durée de séjour.* — Les agents appelés en Algérie avec avancement de grade devront y séjourner au moins quatre ans, à moins de circonstances exceptionnelles et sous peine d'être tenus, quel que soit le motif de leur départ, au remboursement partiel de la première mise de mille francs touchée par eux, à raison d'un quart par année pleine restant à courir sur les quatre à accomplir dans la colonie. (Décis. Min. du 28 août 1901. Circ. N 631.)

15. *Pêche. Délit. Répression.* — Les agents de l'Administration des Eaux et Forêts sont chargés de poursuivre la répression des délits de pêche (Lettres des 26 mars 1897 et 17 juillet 1900. Circ. N 589.)

16. *Hiérarchie. Subordination.* — Les agents ne reçoivent des ordres que de leurs chefs respectifs. (Circ. A 575 ter. Instr. 15 mars 1845.)

17. *Circonscription.* — Les agents forestiers constatent par procès-verbaux les délits et contraventions dans toute l'étendue du territoire pour lequel ils sont commissionnés. (Cod. For. 160.) V. Procès-verbaux. Délits. Compétence.

18. *Conseils municipaux. Relations.* — Les agents de tous grades doivent se mettre en relations directes avec les maires et les conseils municipaux, en vue de les éclairer sur la nature et l'opportunité des actes de gestion proposés ou effectués dans leurs bois. (Circ. N 391.)

19. *Autorités consulaires. Relations.* — Les agents appelés à participer à des conférences techniques ou administratives ou à prendre part aux travaux de commissions spéciales avec des pays limitrophes doivent se mettre en rapports directs (tout au moins par écrit lorsque leur séjour est de courte durée) avec le consul de France dans la résidence où doit se tenir toute réunion officielle avec des autorités étrangères. (Circ. N 597.)

20. *Actes.* — Les agents forestiers ne doivent, dans les actes de poursuite surtout, déclarer que leurs qualités et leurs résidences, afin qu'en cas de changement le nouveau titulaire, revêtu de la même fonction, puisse continuer les mêmes actes ou les mêmes poursuites.

21. *Délits.* — Les agents forestiers (en qualité de fonctionnaires), qui, dans l'exercice de leurs fonctions, acquerront la connaissance d'un crime ou d'un délit, sont tenus d'en donner avis, sur-le-champ, au procureur de la République près le tribunal dans le ressort duquel le crime ou le délit aura été commis, ou dans lequel le prévenu pourrait être trouvé,

et de transmettre à ce magistrat tous les renseignements, procès-verbaux et actes y relatifs. (Instr. crim. 29.)

22. *Responsabilité.* — Les agents sont responsables des délits commis dans le triage des gardes, s'ils ont sciemment, par connivence ou faiblesse, toléré et non signalé les négligences ou contraventions commises par leurs subordonnés, dans l'exercice ou à l'occasion de leurs fonctions. (Loi du 29 septembre 1791, titre xiv. Cod. Civ. 1384, Cass. 19 juillet 1826.)

23. *Poursuite.* — Les agents peuvent être poursuivis sans autorisation. (Décr. de la Défense nationale, 19 septembre 1870.) V. Garantie administrative.

24. *Officiers de police judiciaire.* — Les agents forestiers, n'étant pas mentionnés dans l'article 9 du code d'instruction criminelle, ne sont pas officiers de police judiciaire. Ils ne jouissent pas du privilège de juridiction. (Cass. 9 février 1825.) *Contrà,* Grenoble, 14 février 1881. V. Poursuite.

25. *Rétribution.* — Les agents ne pourront, sous aucun prétexte, rien exiger, ni rien recevoir des communes, des établissements publics et particuliers pour les opérations qu'ils auront faites, à raison de leurs fonctions. (Ord. 34. Circ. N 103.)

26. *Ventes.* — Les agents forestiers de l'État doivent, dans toute l'étendue de la France, rester complètement étrangers aux ventes. En cas d'immixtion directement ou indirectement, soit comme partie principale, associé ou caution :

Amende : Maximum, 1/4 ; minimum, 1/12 du montant de l'adjudication. (Cod. For. 21.)
Prison : 6 mois à 2 ans. (Cod. For. 21. Cod. Pén. 175.) Interdiction des fonctions publiques. (Cod. For. 21. Cod. Pén. 175.)

Vente déclarée nulle. (Cod. For. 21. Loi du 21 février 1903, art. 23, applicable en Algérie, Circ. N 642.) V. Vente. Fonctionnaire. Interdiction.

27. *Abatage. Partage irrégulier.* — Les agents forestiers qui laissent, soit par permission ou tolérance, partager ou abattre sur pied par les usagers individuellement, les bois qui se délivrent par coupes :

Amende : 50 fr. Responsabilité personnelle et sans aucun recours de la mauvaise exploitation et de tous les délits qui pourraient avoir été commis. (Cod. For. 81, 103, 112.)

28. *Poursuites.* — Les peines prononcées par le code forestier, dans certains cas spéciaux, contre des agents forestiers, sont indépendantes des poursuites et peines dont les agents seraient passibles pour malversation, concussion ou abus de pouvoir. (Cod. For. 207.)

29. *Délits. Prescriptions.* — Les délits, contraventions, malversations commis par les agents, dans l'exercice de leurs fonctions, se prescrivent pour eux et pour leurs complices, savoir :

Les peines portées par les arrêts ou jugements en matières correctionnelles, par cinq années révolues, à compter de la date de l'arrêt ou jugement rendu en dernier ressort. (Instr. crim. 636.)

L'action publique et l'action civile, résultant d'un crime emportant peine afflictive ou infamante, se prescrivent par dix années révolues. à partir du jour où le crime a été commis, ou du dernier acte de poursuite. (Instr. crim. 637.

S'il s'agit d'un délit de nature à être puni correctionnellement, la durée de la prescription est réduite à trois années révolues. (Instr. crim. 638.)

Les peines portées par les jugements pour contraventions de police se prescrivent après deux années révolues, à partir du jugement en dernier ressort, devenu inattaquable. (Instr. crim. 639.)

L'action publique et l'action civile pour les contraventions de police se prescrivent par une année révolue, à compter du jour où elles ont été commises, ou à partir du jugement définitif intervenu. (Instr. crim. 640.) Dispositions applicables en Algérie. (Loi du 21 février 1903, art. 165. Circ. N 642.) V. Prescription.

30. *Subordonnés.* — Les agents forestiers ne peuvent avoir sous leurs ordres leurs parents ou alliés en ligne directe, ni leurs frères ou beaux-frères, oncles ou neveux. (Ord. 33.)
Toutefois cette interdiction peut être levée par un décret.

31. *Explications. Conseils.* — Un agent forestier ne doit donner aucune explication qui pourrait lui être ultérieurement opposée et engager sa responsabilité. Il n'est tenu à donner aucun conseil et doit déclarer qu'il est sans qualité pour interpréter un cahier de charges et ses conséquences. (Meaume.)

32. *Travaux d'art.* — Dans chaque conservation, outre les agents du service ordinaire, l'administration peut placer un certain nombre d'agents de différents grades exclusivement chargés de travaux d'art concernant les délimitations, les aménagements, les routes, ponts, maisons, reboisements, etc.

33. *Erreur. Poursuites.* — L'autorité judiciaire est incompétente pour connaître de la demande d'indemnité formée contre l'État, à raison du dommage provenant d'erreur commise par les agents de l'administration des forêts, dans les opérations qu'ils accomplissent en leur qualité de préposés de l'administration. (Trib. des Conflits, 10 mai 1890.)

V. Compte de gestion. Aménagement. Travaux. Indemnité.

AGENT RÉGISSEUR.

Travaux de restauration et de reboisement. — Le rôle de l'agent régisseur est déterminé dans l'instruction générale du 2 février 1885 : articles 156 à 172 pour les travaux en régie et articles 192, 194, 195 pour les travaux par entreprise. (Circ. N 345.) V. Travaux forestiers.

AGENT VOYER.

Travaux. Coupe de bois. — Les agents voyers qui, pour étude ou établissement de chemins vicinaux, abattent, sans autorisation du conservateur, des bois soumis au régime forestier, sont passibles de poursuites correctionnelles. (Cass. 6 septembre 1845.)

AGGRAVATION DE PEINE

1. *Fonctionnaire. Maximum. Peine.* — Hors les cas où la loi règle spécialement les peines encourues pour crimes ou délits commis par les fonctionnaires ou officiers publics, ceux qui auront participé aux délits qu'ils étaient chargés de surveiller ou de réprimer seront punis comme il suit : s'il s'agit d'un délit de police correctionnelle, ils subiront toujours le maximum de la peine attachée à l'espèce de délit. (Cod. Pén. 198.)

2. *Gardes particuliers.* — L'aggravation de peine prononcée par l'article 198 du code pénal n'est pas applicable aux gardes particuliers. (Nancy, 18 novembre 1869.)

3. *Garde. Officier de police. Aggravation.* — Si les délits de police correctionnelle prévus au chapitre II du livre III du code pénal, articles 379 à 462, ont été commis par des gardes champêtres, ou forestiers, ou officiers de police judiciaire, la peine sera :

Prison : 1 mois au moins et 1/3 en sus de la peine la plus forte qui serait appliquée à un autre coupable du même délit. (Cod. Pén. 462.)

4. *Garde. Chasse.* — L'aggravation de peine édictée par la loi sur la chasse s'applique à la qualité de garde champêtre ou forestier de l'État ou des communes, lors même que le délit aurait été commis en dehors du territoire confié à la surveillance du prévenu. (Cass. 4 octobre 1844.) Ce cas n'est pas applicable aux gardes particuliers. (Montpellier, 4 avril 1842.)

5. *Garde particulier. Chasse.* — L'aggravation de peine est applicable aux gardes particuliers en cas de chasse sans permis dans les lieux confiés à leur surveillance. (Alger, 17 avril 1872.)

6. *Complices. Co-auteur.* — Les co-auteurs ou complices d'un délit sont passibles de l'aggravation des peines attachées à la qualité de l'un des délinquants. (Chambéry, 29 avril 1867.) V. Garde particulier. Cumul de peines. Circonstances aggravantes.

AGNEAU.

Pâturage. — L'agneau qui tette encore sa mère et ne broute pas semble ne devoir donner lieu à aucune amende, en cas d'introduction en forêt. Cependant il est certain que légalement l'agneau est une bête à laine et que son introduction en forêt, quel que soit son âge, est passible des peines édictées par l'article 199. V. Mouton. Pâturage.

AGRESSION. V. Outrages. Violences.

AGRICULTURE. V. Comice agricole. Chambre d'agriculture.

AIGUILLE DE PIN. V. Feuilles.

AJONC, arbuste. V. Enlèvement. Menus produits.

AJOURNEMENT. V. Citation.

ALATERNE, arbuste. V. Enlèvement. Menus produits.

ALBERGEAGE. ALBERGEMENT.

Droit. — Dans l'ancien Bugey, les expressions d'albergeage ou albergement s'entendaient tout aussi bien d'une concession de droit d'usage que d'une concession de droit de propriété. A cet égard, tout dépendait des clauses du titre. (Cass. 11 août 1852.)

ALBUM.

Périmètre de restauration. — Au registre du compte permanent sont annexés deux albums, dont l'un renferme les plans utiles à l'historique des travaux de reboisement et des travaux auxiliaires, et l'autre les plans et dessins relatifs aux travaux de correction.

Ces albums sont constitués, d'une part, au moyen des plans fournis à l'appui des devis annuels en régie et, d'autre part, avec les dessins d'exécution des ouvrages exécutés à l'entreprise.

Ces albums sont établis en trois expéditions, qui sont mises au courant chaque année. L'une de ces expéditions reste entre les mains du chef de service; la seconde entre les mains du conservateur; et la troisième est transmise à l'administration, avant le 1er mars de l'année suivante. (Instr. gén. 2 février 1885, art. 205 et 206. Circ. N 345.)

ALEVIN.

Définition. — L'alevin est le petit poisson qui n'est pas encore adulte. V. Poisson.

ALFA.

Algérie. Vente. Concessions par marchés. Contraventions. — En Algérie, l'alfa pourra être cédé, dans les forêts de l'État, par adjudication ou par marchés de gré à gré, passés dans les formes prescrites. Les dispositions d'exécution seront déterminées par arrêté du gouverneur général. Les contraventions à ces dispositions seront punies des peines prévues par la présente loi. (Loi du 21 février 1903, art. 18, 19 et 58. Circ. N 642.)

En vertu de cet article a été pris l'arrêté du 20 avril 1904 qui organise le système des concessions dans des conditions analogues à celles de la métropole pour la délivrance des menus produits. (Art. 7.) V. Produits forestiers. Exploitation. Marché.

Algérie. Règlement. Pénalités. — Des arrêtés du gouverneur général pris en conseil de gouvernement détermineront les conditions de l'exploitation, du colportage, de la vente et de l'exportation de l'alfa.

En cas de contravention à ce règlement :

Amende : de 1 à 100 francs.

Emprisonnement facultatif : de 1 à 5 jours. Confiscation facultative des produits, mise en séquestre, s'il y a lieu, des objets enlevés avec les voitures et attelages des délinquants. (Loi du 21 février 1903, art. 134 et 142. Circ. N 642.) L'arrêté visé dans cet article a été pris le 20 août 1904.

Tunisie. Incinération. Pénalités. — Dans la Tunisie, l'incinération de l'alfa est interdite en toute saison. En cas d'infraction :

Amende : 20 à 500 francs.

Emprisonnement facultatif : 6 jours à 6 mois. (Décr. du 26 juillet 1903, art. 4 et 5.)

ALGÉRIE. V. Gouvernement général de l'Algérie.

38. *Feu. Autorisation.* — Les mises à feu, ainsi que l'incinération des végétaux sur pied, seront soumises aux prescriptions des règlements et arrêtés à intervenir.

La mise à feu n'aura lieu qu'avec l'autorisation des agents des eaux et forêts et sous la surveillance des préposés, s'il s'agit de terrains situés à moins de 200 mètres des bois et forêts, pour la période du 1er novembre au 30 juin et à moins de 500 mètres entre le 1er juillet et le 31 octobre. (Loi du 21 février 1903, art. 125. Circ. N 642.) V. Feu.

ALIBI.

Preuve. — Le fait que le délit a été commis par les délinquants désignés par le procès-verbal constitue un fait matériel, faisant foi jusqu'à inscription de faux. Dès lors, le tribunal ne peut pas admettre la preuve testimoniale pour établir l'alibi du prévenu, au moment du délit (Nancy, 15 février 1833), ou celui du garde (Cass. 10 avril 1806).

ALIÉNATION.

Section I. — Domaine de l'État, 1-5.

Section II. — Forêts domaniales. Vente en fonds et superficie, 6-13.

Section III. — Biens des communes, des établissements publics et des départements, 14-25.

V. Bois domaniaux.

SECT. I. — DOMAINE DE L'ÉTAT.

1. *Ancien régime.* — Sous l'ancien régime, était inaliénable le domaine royal, qui comprenait non seulement le domaine public, mais aussi le domaine privé du roi, par suite les forêts royales, quelle qu'en fût l'origine et l'importance. V. Édit de Moulins, février 1566.

2. *Époque révolutionnaire.* — A cette époque, le domaine de l'État et les forêts qui en faisaient partie devinrent aliénables. Les forêts domaniales au-dessous de 150 hectares étaient vendues au gré du pouvoir exécutif; quant aux autres, elles ne pouvaient être aliénées que par permission expresse du législateur. V. Décr. des 14 mai, 25 et 26 juin 1790. Décr. du 6 août 1790. Loi du 22 novembre-1er décembre 1790. Décr. du 2 nivôse an IV. Loi du 14 ventôse an VII.

3. *Législation actuelle.* — Actuellement, tous les bois domaniaux, quelle que soit leur contenance, quelle que soit leur estimation, ne peuvent être aliénés qu'en vertu d'une loi. (V. Loi du 25 mars 1817, art. 145.) L'abrogation de la législation antérieure à cette loi paraît évidente. (Ch. Guyot.)

4. *Biens domaniaux.* — Les terrains domaniaux non boisés, dont l'estimation est supérieure à un million, ne pourront être aliénés, même partiellement ou par lot, qu'en vertu d'une loi. (Loi du 1er juin 1864.) Cette loi excepte de cette faculté les immeubles domaniaux dont l'aliénation est régie par des lois spéciales, par suite les forêts de l'État.

5. *Droits de pêche. Rivières navigables.* — Les droits de pêche sur les rivières navigables ne sont pas aliénables. (Ord. 14 mai 1828.)

SECT. II. — FORÊTS DOMANIALES. VENTE EN FONDS ET SUPERFICIE.

6. *Ventes. Résultat.* — Depuis la loi du 23 septembre 1814 jusqu'à la loi du 2 août

1868, il fut procédé à l'aliénation de forêts domaniales. Il fut ainsi vendu, à d'assez brefs intervalles, plus de 350,000 hectares des meilleures forêts de plaine.

7. *Réalisation.* — Les aliénations étaient réalisées par adjudication publique, après estimation faite par les agents forestiers, de concert avec des fonctionnaires des domaines et des contributions directes, sous la surveillance des inspecteurs des finances.

Le bureau d'adjudication était composé, comme pour les ventes des coupes, du préfet président, du conservateur des forêts et du trésorier général, en présence du directeur des domaines.

8. *Cahier des charges.* — Les cahiers des charges présentaient des dispositions analogues à celles de la section III du titre II du Code forestier (adjudications des coupes). Le dernier date du 23 avril 1861 et figure au Code forestier annoté de Dalloz et Vergé.

9. *Commune. Achat de bois domaniaux.* — Les communes qui étaient dans l'intention d'acquérir des bois domaniaux à aliéner devaient faire connaître les parcelles qu'elles jugeaient à leur convenance, ainsi que les ressources qu'elles destinaient à ces acquisitions. Lorsqu'une commune demandait à faire l'acquisition d'une ou plusieurs parcelles, il était procédé par le maire ou son délégué et les agents forestiers locaux à une reconnaissance contradictoire des bois à aliéner. Le procès-verbal de cette reconnaissance contenait tous les renseignements pouvant éclairer la commune sur la valeur de la propriété. Huit jours après sa clôture, ce procès-verbal était envoyé par le conservateur au préfet, qui faisait délibérer le conseil municipal et connaître le prix offert pour chaque parcelle. Ces offres, avec l'avis du préfet, étaient transmises au ministre, qui statuait après avis du Conseil d'État. (Décr. 10 août 1861.) C'était, au profit des communes, une exception au principe de l'adjudication.

10. *Prix. Ventes.* — Si les offres étaient acceptées, il était procédé à la vente par acte administratif passé entre le préfet et le maire, d'une part, et le conservateur et le directeur des domaines, d'autre part, dans les formes et d'après les conditions du cahier des charges du 23 avril 1861. (Décr. du 10 août 1861.)

11. *Régime forestier.* — Les bois cédés aux communes par l'État étaient de plein droit soumis au régime forestier. (Décr. du 10 août 1861.)

12. *Défrichement.* — Lorsque aucun intérêt, soit général, soit spécial, ne s'y opposait, la vente était faite avec faculté de défricher. (Circ. A 721.)

ALIÉNATION.

13. *Échange.* — L'aliénation des forêts domaniales n'étant plus pratiquée depuis 1870 sous forme de vente en fonds et superficie, les dispositions des lois qui furent précédemment votées à ce sujet et qui eurent alors une grande importance pour le service forestier ne présentent maintenant qu'un médiocre intérêt. L'échange, qui est un autre mode d'aliénation, est seul appliqué pour rectifier des limites et supprimer des enclaves. V. Échange.

SECT. III. — BIENS DES COMMUNES,
DES ÉTABLISSEMENTS PUBLICS ET DES DÉPARTEMENTS.

14. *Bois communaux et d'établissements publics.* — Les bois communaux et d'établissements publics, soumis au régime forestier, ne peuvent être aliénés qu'en vertu d'une autorisation du chef de l'État. (Avis du Conseil d'État, 11 novembre 1852.)

Ces bois ayant été soumis par décret, ils ne peuvent être aliénés, par suite distraits du régime que par décret.

15. *Avis.* — Le conseil général donne son avis sur la délibération du conseil municipal relative à l'aliénation des bois communaux. (Loi du 10 août 1871, art. 50.)

Le conseil municipal est toujours appelé à donner son avis sur les autorisations d'aliéner. (Loi du 5 avril 1884, art. 70-5°.)

16. *Demandes.* — Dans les bois communaux et sectionaux soumis au régime forestier, les demandes d'aliénation sont instruites par le service forestier, dont les propositions doivent être examinées au préalable par l'administration centrale. Celles-ci sont ensuite soumises à l'examen du conseil général et adressées par le Préfet au Ministre de l'Agriculture, qui transmet le dossier avec son avis au Ministre de l'Intérieur, pour provoquer le décret s'il y a lieu. (Cons. d'État, 22 août 1839. Lettre du Ministre des finances du 8 avril 1873. Circ. autogr. n° 33 du 24 juin 1879. Lettre de l'administration du 3 juin 1880.)

Dans les bois d'établissements publics soumis au régime forestier, l'instruction des demandes d'aliénation subit la même marche; toutefois la demande de la commission administrative de l'établissement public doit être accompagnée de l'avis du conseil municipal et c'est au Ministre de l'Hygiène, de l'Assistance et de la Prévoyance sociale que le dossier est transmis par le Ministre de l'Agriculture, en vue de l'émission du décret, s'il y a lieu.

17. *Défrichement. Zone frontière.* — Dans l'instruction des demandes d'aliénation, on devra signaler les conséquences du changement de propriété, au point de vue du défrichement pour les bois situés seulement dans la zone frontière, mais en dehors des territoires réservés, pour en faire l'objet d'une communication

à l'autorité militaire, s'il y a lieu. (Circ. N 253, Circ. N 565, art. 48.)

18. *Régime forestier.* — L'aliénation des bois soumis autorisée et effectuée comprend de plein droit leur distraction du régime forestier. (Décis. Min. 25 janvier 1851.)

19. *Propositions. Revenus.* — Les communes ne peuvent aliéner leurs immeubles qu'en cas d'urgence absolue, ou pour avantages évidents. Le motif que le produit des bois communaux est inférieur à l'intérêt des fonds placés en rentes n'est pas suffisant, si d'ailleurs la commune n'a pas de besoins urgents et peut subvenir par d'autres moyens au déficit de son budget. (Cons. d'État, 31 mai 1833.)

20. *Autorisation.* — L'aliénation des biens communaux par les communes ne doit, en tous cas, être désormais autorisée qu'avec une grande réserve. (Circ. Min. 10 juillet 1846.)

21. *Restauration des montagnes. Biens des communes et des établissements publics.* — Les biens des communes et des établissements publics compris dans l'arrêté de cessibilité, pour l'exécution des travaux d'utilité publique, peuvent être aliénés par les maires ou administrateurs, autorisés par délibération du conseil municipal ou du conseil d'administration, approuvée par le préfet, en conseil de préfecture. (Loi du 3 mai 1841, art. 13.)
S'il s'agit de bois communaux soumis ou non soumis au régime forestier, le préfet doit, en outre, prendre l'avis du conseil général. (Loi du 10 août 1871, art. 50. Instr. gén. du 2 février 1885, art. 38, Circ. N 345.)

22. *Biens communaux.* — Les préfets statuent en conseil de préfecture sur les aliénations de biens communaux de toute nature, quelle qu'en soit la valeur, excepté pour les bois soumis au régime forestier. (Décr. du 25 mars 1852. Cons. d'État, 22 août 1839. Circ. A 457. Cons. d'État, 11 novembre 1852. Circ. A 807. Loi du 5 avril 1884, art. 69.)

23. *Bois communal non soumis.* — Le préfet, en conseil de préfecture, peut autoriser, sans avis du service forestier, l'aliénation, mais après avoir soumis au conseil général la délibération du conseil municipal. (Loi du 5 avril 1884, art. 68-2° et 69.)

24. *Propriété départementale.* — L'aliénation des propriétés départementales est précédée d'une délibération du conseil général. S'il s'agit d'une propriété non affectée à un service départemental, la décision est souveraine. Dans le cas contraire, la délibération n'est exécutoire que si un décret ne la suspend pas dans les trois mois. (Loi du 10 août 1871, art. 46, § 1, 48 et 49.)

25. *Restauration des montagnes. Biens des départements.* — Les biens des départements, compris dans l'arrêté de cessibilité pour l'exécution de travaux d'utilité publique, peuvent être aliénés par le préfet, après autorisation du conseil général. (Loi du 3 mai 1841, art. 13. Instr. gén. du 2 février 1885, art. 38. Circ. N 345.)

ALIGNEMENT.

Formalité. — Acte par lequel l'administration détermine, pour chaque riverain de la voie publique, la ligne sur laquelle il peut établir, le long de cette voie, des constructions, plantations ou clôtures. L'alignement doit être délivré par écrit, dans la forme des actes administratifs; une autorisation verbale ne suffit pas. En matière de grande voirie, l'alignement est donné par les sous-préfets, généralement sans frais; mais on peut cependant percevoir un droit de voirie fixé par le préfet. (Cabantous.)

ALIMENTS.

1. *Consignation.* — En cas de détention pour le compte d'un particulier, le créancier est tenu de consigner les aliments d'avance et pour trente jours au moins. Les consignations ne vont que pour une période entière de trente jours. Le prix de cette consignation est fixé à 45 francs pour Paris, 40 francs dans les villes de 100,000 âmes et 35 francs dans les autres villes. Faute de consignation des aliments, le prévenu sera élargi sur une requête présentée au président, signée par le détenu et le gardien et fournie en duplicata. Cette requête est exécutoire sur minute. (Loi du 22 juillet 1867, art. 6 et 7. Proc. Civ. 791 et 800.)

2. *Détenus.* — Les détenus pour cause de dette envers l'État reçoivent la nourriture comme les prisonniers, à la requête du ministère public; il n'est fait aucune consignation particulière pour la nourriture de ces détenus. (Cons. d'État, 4 mars 1808.) V. Contrainte par corps.

ALIZIER.

Classification. — Arbre fruitier de 2ᵉ classe. (Cod. For. art. 192. Loi du 18 juillet 1906. Circ. N 703.)

ALLEMAGNE. V. Frontière.

ALLIÉS.

1. *Définition.* — On entend par allié ou alliance la relation qui existe entre deux personnes, dont l'une est unie par mariage à un parent ou parente de l'autre. L'alliance subsiste après la mort du parent conjoint, s'il reste des enfants vivants; il n'y a pas d'alliance entre deux individus qui ont contracté mariage dans la même famille. (Dupont.)

2. *Vente.* — Les alliés ne peuvent en aucune façon prendre part aux ventes dans la circonscription des agents et gardes alliés. V. Ventes. Agents. Parents.

ALLOCATIONS COLLECTIVES. V. Crédits collectifs.

ALLODIAUX (Biens).

Définition. — Biens libres de toute dépendance féodale et non grevés d'aucun cens.

ALLUMETTES.

1. *Surveillance. Fraude. Saisie.* — La fraude sur les allumettes est assimilée à la fraude sur le tabac. Les préposés forestiers peuvent constater la vente des allumettes, les contraventions, le colportage et la fraude sur les allumettes; procéder à la saisie des ustensiles et machines, à celle des moyens de transport et arrêter les fraudeurs et colporteurs et les constituer prisonniers. (Lois du 28 avril 1816, art. 222 et 223, des 28 janvier et 7 février 1875. Circ. 169.)

L'article 223 de la loi de 1816 ne mentionne pas les agents forestiers.

2. *Arrestations. Primes.* — Les préposés qui arrêteront les individus vendant en fraude des allumettes à leur domicile ou les colportant recevront une prime de 10 francs par chaque personne arrêtée. Mais il faut que les contrevenants soient constitués prisonniers ou amenés devant le directeur des contributions indirectes ou le représentant de la compagnie. La prime sera payée par la compagnie concessionnaire. (Décr. 10 août 1875. Circ. N 185.)

Les dispositions du décret du 10 août 1875 sont applicables à l'arrestation des fabricants frauduleux d'allumettes chimiques. (Décr. du 6 août 1895. Circ. N 488.)

ALLUVION.

1. *Propriétaire.* — L'alluvion profite au propriétaire riverain: s'il s'agit d'une rivière navigable ou flottable, il doit laisser le marchepied ou halage. (Cod. Civ. 556. Loi du 8 avril 1898, art. 7 et 39.)

Elle n'a pas lieu à l'égard des lacs et étangs. (Cod. Civ. 558.)

2. *Limites.* — C'est à l'autorité administrative qu'il appartient de fixer les limites des fleuves et rivières navigables et flottables et de déclarer jusqu'où s'étend leur lit. Des terrains qu'un arrêté préfectoral, dûment approuvé, a compris dans le lit d'une rivière font partie du domaine public et ne sont plus

susceptibles de propriété privée. (Cass. 20 août 1853.)

ALOSE.

1. *Pêche. Dimension.* — Les aloses ayant moins de 0^m14 de longueur, de l'œil à la naissance de la queue, ne peuvent pas être pêchées et doivent être rejetées à l'eau. Pêche interdite du lundi après le 15 avril au dimanche après le 15 juin. (Décr. du 5 septembre 1897, art. 1 et 8. Circ. N 524.)

2. *Pêche. Nuit.* — La pêche de l'alose peut être autorisée par des arrêtés préfectoraux rendus après avis des conseils généraux, pendant deux heures après le coucher du soleil et deux heures au plus avant son lever, dans certains emplacements des fleuves et rivières navigables spécialement désignés. (Décr. du 5 septembre 1897, art. 6.)

ALTITUDE.

1. *Triangulation.* — Partant d'un point du nivellement général, on fera toutes les opérations nécessaires pour arriver à la connaissance des altitudes des points de repère et des sommets des cheminements goniométriques. (Instr. du 26 avril 1906, art. 86. Circ. N 697.) V. Nivellement. Triangulation.

2. *Calcul.* — Les altitudes seront calculées par rapport au plan de repère adopté par le Dépôt général de la guerre pour la carte de France, c'est-à-dire au niveau moyen des mers. (Instr. du 26 avril 1906, art. 112. Circ. N 697.)

AMADOU (Agaric).

Tolérance. — L'enlèvement de ce produit est généralement toléré. V. Produit forestier. Enlèvement.

AMANDIER.

Classification. — Arbre fruitier de 2ᵉ classe. (Cod. For. art. 192. Loi du 18 juillet 1906. Circ. N 703.)

AMBIGUITÉ. V. Clauses. Incertitude.

AMÉLIORATION. (En général.)

1. *Travaux exécutés par les gardes.* — Avant le 1ᵉʳ novembre, le conservateur adresse, avec les rapports à l'appui, les états des travaux d'amélioration exécutés par les brigadiers et gardes. (Circ. N 566, art. 291.)

2. *Conservateurs. Propositions.* — Les conservateurs, dans leurs tournées, se rendent compte des améliorations de toute nature que comportent les forêts. (Circ. N 18.)

3. *Immeubles.* — Les frais d'amélioration des immeubles acquis et appartenant à l'administration des forêts sont à la charge de cette administration. (Décis. Min. 11 octobre 1824. Circ. N 6.)

4. *Dépenses. Bois communaux.* — L'administration n'est pas chargée d'acquitter les dépenses relatives à l'amélioration des bois des communes et établissements publics. Ces dépenses sont à la charge des propriétaires. (Lettre de l'admin., 22 septembre 1829.)

5. *Bois grevé d'usage. Préjudice.* — Les particuliers et propriétaires de bois grevé de droit d'usage peuvent exécuter tous les travaux d'amélioration qui ne causent pas un trop grand préjudice à l'usager. L'usager ne peut, dans tous les cas, que réclamer des dommages-intérêts, si l'usage ne suffit plus à ses besoins. (Cass. 10 mai 1843.)

6. *Droit d'usage.* — La question de savoir si le propriétaire d'une forêt, en semant ou améliorant, a usé de son droit ou a porté atteinte à celui des usagers, donnant lieu à l'interprétation des titres et à l'appréciation des facultés, constitue ainsi une question de fait, dont la solution échappe à la censure de la Cour de cassation. (Cass. 10 mai 1843.)

AMÉLIORATIONS PASTORALES.

1. *Travaux. But.* — Le but principal des travaux d'améliorations pastorales entrepris sous le contrôle de l'administration forestière est d'étudier et de populariser les meilleures méthodes de restauration des pelouses afin d'amener, ensuite, les communes à accepter «l'aménagement de leurs pâturages», c'est-à-dire leur répartition en trois catégories. (Lett. Dir. Gén. du 3 avril 1920.)

2. *Pâturage. 1re catégorie. Pelouses.* — La première catégorie comprendra les meilleures parties de pâturage, c'est-à-dire celles qui ont une couche de terre végétale suffisamment épaisse et dont la déclivité est faible. Ces surfaces doivent être conservées à l'état de pelouses, mais leur rendement en herbe doit être largement amélioré, au moyen de travaux appropriés (fumures, amendements, épierrements, extractions des végétaux ligneux et des mauvaises espèces fourragères, culture temporaire, mises en défens, etc.). [Lett. Dir. Gén. du 3 avril 1920.]

3. *2e catégorie. Prés-bois.* — La deuxième catégorie comprendra les parties médiocres du pâturage où la création de riches pelouses est impossible, mais, qui, à l'état de prés-bois, peuvent encore fournir une certaine quantité d'herbe. (Lett. Dir. Gén. du 3 avril 1920.)

4. *3e catégorie. Mise en défens. Reboisement.* — La troisième catégorie renfermera toutes les surfaces où la terre végétale est rare, la déclivité très forte ou qui sont menacées par des érosions. Le boisement de semblables terrains s'impose, tant au point de vue du revenu à en tirer qu'à celui de la restauration des montagnes; ils devront donc être mis en défens et reboisés. (Lett. Dir. Gén. du 3 avril 1920.)

5. *Études. Résultat.* — De nombreuses études établissent que généralement les bonnes parties des pâturages sont susceptibles, après exécution de travaux d'amélioration, de nourrir, à elles seules, plus de bétail que l'ensemble de ces mêmes pâturages laissés sans soins; c'est ce fait qu'il importe d'abord de démontrer expérimentalement aux pasteurs montagnards. (Lett. Dir. Gén. du 3 avril 1920.)

6. *Pelouses. Restauration.* — Il s'agit de trouver dans chaque vallée, si possible, une commune disposée à accepter l'ensemble des mesures que comporte l'aménagement des pâturages ou, tout au moins, à permettre à l'administration d'effectuer sur les terrains les travaux qui constituent la première partie de cet aménagement, c'est-à-dire la restauration des pelouses susceptibles de fournir un bon rendement en herbe. (Lett. Dir. Gén. du 3 avril 1920.)

7. *Places d'essai. Dépenses. Participation.* — On constituera des places d'essai, d'assez grande étendue, dont le traitement se fera aux frais de l'État avec participation aussi large que possible de la commune propriétaire. Toutefois, aucune règle n'est imposée en ce qui concerne cette participation, qui pourra être réduite à la fourniture d'un peu de main-d'œuvre ou de quelques journées d'animaux de bât, toutes les fois que l'expérience sera jugée assez intéressante pour justifier la mise à la charge de l'État de la part la plus importante de la dépense. (Lett. Dir. Gén. du 3 avril 1920.)

8. *Démarches.* — Il y aurait lieu d'entreprendre, de suite, des démarches dans le sens sus-indiqué auprès des communes dont les terrains se prêteraient à la démonstration désirée et qui paraîtraient disposées à l'accepter. (Lett. Dir. Gén. du 3 avril 1920.)

AMÉLIORATIONS TOURISTIQUES

SECT. I. — GÉNÉRALITÉS.

1. *But.* — En vue de stimuler l'essor du tourisme qui constitue, pour la France, une

source d'importants revenus, il importe de conserver et de mettre en valeur les beautés naturelles des forêts ainsi que de faciliter la circulation des touristes. (Circ. N 875.)

2. *Dispositions à prendre. Catégories.* — Les dispositions à prendre devront être appliquées en premier lieu aux forêts domaniales.

Elles peuvent être classées en deux catégories :
1° Mesures de conservation ;
2° Travaux d'amélioration. (Circ. N 875.)

SECT. II. — MESURES DE CONSERVATION.

3. *Routes. Sentiers. Carrefours. Ronds-points.* — Les routes et sentiers fréquentés par les touristes et les promeneurs devront être bordés de réserves ; il en sera de même des carrefours et des ronds-points. (Circ. N 875.)

4. *Règles culturales. Dérogation. Aménagement. Modification.* — Il sera parfois nécessaire de déroger davantage aux règles culturales ordinaires et de modifier complètement, dans un but touristique, les aménagements en vigueur dans les forêts voisines des villes ou des centres de tourisme. (Circ. N 875.)

5. *Maisons forestières. Reconstruction.* — Il y aura lieu d'étudier, lors des reconstructions des maisons forestières, dans les forêts fréquentées par les promeneurs, des modèles de maisons qui seront un ornement pour la forêt. (Circ. N 875.)

6. *Carrières. — Emplacements.* — Les emplacements des carrières doivent être choisis avec soin et dissimulés si possible. Il faut éviter d'ouvrir de multiples petites carrières le long des routes à empierrer. (Circ. N 875.)

7. *Souvenirs historiques. Inscriptions.* — Il importe d'indiquer l'emplacement des souvenirs historiques par des inscriptions et d'en rendre l'accès facile, en un mot de les mettre en valeur. (Circ. N 875.)

8. *Découvertes archéologiques. Avis.* — En cas de découvertes pouvant intéresser l'archéologie, faites dans des forêts soumises au régime forestier, le maire de la commune doit être avisé avant tout prélèvement et toutes facilités doivent lui être données pour prendre d'accord avec le service forestier les mesures prescrites par la loi. (Loi du 31 décembre 1913, art 18. Circ. N 875.)

9. *Mesures. Initiative. Exception.* — Les agents devront prendre d'eux-mêmes toutes les mesures de conservation qu'ils jugeront utiles dans les forêts domaniales de leur circonscription et ils n'auront à en référer à l'administration que lorsque ces mesures entraîneront une diminution appréciable de revenus de la forêt ou une véritable modification des aménagements. (Circ. N 875.)

SECT. III. — TRAVAUX D'AMÉLIORATION.

10. *Massifs. Sites. Accès.* — Il importe de faciliter l'accès des massifs et sites intéressants par l'établissement de routes ou de sentiers conçus au point de vue touristique ou pour l'élargissement, la rectification et l'amélioration des voies existantes. (Circ N 875.)

11. *Accotements. Saignées.* — Afin que l'ombre des réserves qui devront border les routes ne donne pas trop d'humidité à la partie empierrée, on sera parfois amené à créer, de chaque côté de celle-ci, un large accotement gazonné, coupé de saignées pour l'écoulement des eaux. (Circ. N 875.)

12. *Carrefours. Dimensions.* — Les carrefours doivent être d'un diamètre suffisant pour que les voitures automobiles puissent s'apercevoir à une distance suffisante du croisement des routes. (Circ. N 875.)

13. *Parcs. Jardins. Squares.* — Certaines parties des forêts domaniales, voisines des grandes villes ou des centres de tourisme, devront être aménagées en parcs et on pourra même être exceptionnellement amené à créer des jardins ou des squares sur les points les plus fréquentés par les promeneurs. (Circ. N 875.)

14. *Travaux. Projets.* — Lorsque l'embellissement nécessitera des travaux, ceux-ci devront faire, d'abord, l'objet de projets sommaires, permettant de juger de leur opportunité. Si celle-ci est reconnue, un projet définitif, dans la forme ordinaire, sera établi sur la demande de l'administration. (Circ. N 875.)

SECT. IV. — FORÊTS COMMUNALES.

15. *Traitement. Application.* — On doit appeler l'attention des communes sur l'intérêt qu'elles ont à apporter, dans le traitement de leurs forêts et même de leurs pâturages communaux, le même souci de conservation des beautés naturelles et d'embellissement et y appliquer les mêmes mesures que dans les forêts domaniales. (Circ. N 875.)

16. *Dépenses. Concours.* — Les dépenses à faire resteront à la charge des propriétaires, mais le personnel forestier devra leur prêter son plus entier concours pour l'étude et la direction des travaux. (Circ. N 875.)

AMÉNAGEMENT.

CHAP. I. — DÉFINITION. PRINCIPES.

1. *Définition.* — Opération qui consiste à régler, pour une ou plusieurs révolutions, le mode de culture (taillis ou futaie), la marche et la quotité des exploitations d'une forêt, de manière à en obtenir le rapport annuel soutenu le plus avantageux, dans l'intérêt du propriétaire.

2. *Définition.* — Détermination de la possibilité d'une forêt, ou règlement de son exploitation de manière à assurer annuellement une succession constante et égale des meilleurs produits possibles. (Parade. Salomon.)

3. *Aménagements.* — Il sera procédé à l'aménagement des forêts dont les coupes ne sont pas fixées régulièrement ou conformément à la nature du sol et des essences (Ord. 67, 134.)

4. *Bois domaniaux.* — Tous les bois de l'État sont assujettis à un aménagement, réglé par des ordonnances royales. (Cod. For. 15.)

5. *Algérie. Bois domaniaux.* — Tous les bois et forêts du domaine de l'État sont assujettis à un aménagement réglé par décret. (Loi du 21 février 1903, art. 16. Circ. N 642.)

6. *Bois communaux et d'établissements publics.* — Tous les bois communaux et d'établissements publics, soumis au régime forestier, sont assujettis à un aménagement réglé par des ordonnances royales. (Cod. For. art 15 et 90.)

7. *Produits.* — Les aménagements seront réglés principalement dans l'intérêt des produits en matière et de l'éducation des futaies. (Ord. 68.)

8. *Futaies. Éclaircies. Bois domaniaux.* — En conséquence, l'administration recherchera les forêts et parties de forêts qui pourront être réservées pour croître en futaie, et elle en proposera l'aménagement, en indiquant celles où le mode d'exploitation par éclaircie pourrait être le plus avantageusement employé. (Ord. 68.) Cet article n'est pas applicable aux apanages et aux majorats, ni aux bois communaux. (Ord. 125, 134.) V. Jardinage. Possibilité.

9. *Futaie. Bois communaux.* — Quoique l'article 68 de l'ordonnance, d'après lequel les aménagements doivent être réglés dans l'intérêt des produits en matière et de l'éducation des futaies, ne soit pas applicable aux bois des communes et établissements publics (Ord. 134), on doit cependant favoriser cette production, lorsque les revenus pécuniaires peuvent se concilier avec ce genre d'exploitation, (Circ. A 163.)

10. *Principes. Théories absolues.* — En matière d'aménagement, les agents doivent se tenir en garde contre les théories absolues. Les propositions ne doivent avoir pour base que des considérations fondées sur la nature du sol, l'état du peuplement, les besoins de la consommation et les intérêts du Trésor. (Circ. A 452.)

11. *Usufruit. Futaie. Bois particuliers.* — Il y a aménagement de futaie, dans le sens de la loi, dans le fait, par l'ancien propriétaire donateur de l'usufruit, d'avoir marqué et vendu annuellement à des tiers un certain nombre d'arbres pris indistinctement dans toutes les

parties de la forêt, bien qu'il n'y ait ni identité du nombre d'arbres coupés, ni identité de leurs produits. (Riom, 19 juillet 1862.)

12. *Approbation.* — Tout aménagement nouveau ou tout changement à un ancien aménagement doit être approuvé par un décret du chef de l'État. (Circ. A 163.)

13. *Contenance.* — L'administration s'est réservé de faire statuer sur tous les actes qui auraient pour effet de réduire l'étendue ou d'affecter l'aménagement des bois. (Déc. Min. 2 février 1856.)

14. *Tribunaux.* — Les tribunaux doivent respecter les aménagements fixés et s'abstenir de déterminer l'aménagement d'une forêt. (Circ. 30 janvier 1843.)

15. *Fixation.* — Le Conseil d'État ne peut prescrire aucun aménagement dans les bois communaux. (Cons. d'État, 13 août 1840.)

16. *Délivrance. Essences. Bois blancs. Bois durs.* — Si un propriétaire veut aménager sa forêt, en vue de la production des bois durs, et que des usagers aient droit aux morts bois et aux bois blancs, les usagers auront droit à une délivrance en bois dur proportionnelle à la puissance calorifique de ces bois, comparée à celle des bois blancs, de manière à ce que l'émolument de leurs droits ou de leurs besoins soit satisfait.

17. *Droit d'usage. Modifications.* — Le propriétaire d'une forêt grevée d'usage ne peut changer, sans l'assentiment des usagers, l'aménagement de la forêt, lorsque cet aménagement a été proposé par lui et accepté par les usagers, comme condition de l'abandon d'une action en dommages-intérêts. (Nîmes, 22 novembre 1886.)

18. *Droit d'usage. Pâturage. Bois particulier.* — Le propriétaire d'une forêt grevée d'un droit de pâturage peut en changer l'aménagement sans que l'usager soit fondé à s'y opposer ou à réclamer des dommages-intérêts, à moins que, par suite de faits particuliers, il ne rende l'usage impossible. (Cass. 10 mai 1843.)

19. *Forêt grevée d'usage.* — En cas de jouissance abusive du propriétaire d'une forêt grevée de droit d'usage, les tribunaux ne peuvent prescrire un règlement de jouissance et un aménagement auquel se refuse ce propriétaire. Ils n'ont le droit que d'allouer des dommages-intérêt. (Cass. 21 juillet 1846.)

20. *Droit d'usage. Coupes. Satisfaction de l'émolument usager.* — Le propriétaire d'une forêt, dans laquelle des communes ont droit à des délivrances de coupes ayant au moins dix-huit ans de recrue, conserve le droit d'aménager à son gré la forêt et d'y pratiquer des coupes avant que le bois ait atteint l'âge de dix-

huit ans, du moment qu'il laisse en état de possibilité une étendue suffisante pour assurer la satisfaction des besoins des usagers, et qu'en outre il ne restreint pas l'assiette de la servitude par un défrichement ou un changement dans l'état des lieux. (Cass. 27 octobre 1885.)

CHAP. II. — PROJET. REVISION.

§ 1. *Bois en général.*

21. *Proposition.* — Les agents forestiers sont chargés des travaux d'aménagement des bois domaniaux et communaux. Ils peuvent prendre l'initiative des propositions pour ces travaux.

22. *Projet. Établissement.* — Un projet d'aménagement est formé de documents de trois sortes :
Le procès-verbal d'aménagement ;
Les plans ;
Les pièces justificatives.

23. *Procès-verbal. Renseignements.* — Le procès-verbal d'un aménagement comprend cinq parties :
1re partie. — Renseignements généraux. (1. Noms. — 2. Contenance générale ; contenance du sol boisé ; vides et clairières. — 3. Limites. — 4. Droits d'usage et servitudes. — 5. Configuration des terrains et hydrographie. — 6. Sol. — 7. Climat. — 8. Nature et état du peuplement. — 9. Nature du traitement. — 10. Produits ligneux principaux et accessoires ; leur volume et leur valeur en argent pendant les dix dernières années. — 11. Routes, chemins et moyens de vidange. — 12. Pépinières. — 13. Lieux de consommation. — 14. Pâturage, pacage, sartage, soutrage.)
2e partie. — Chapitre I. — Exposé et examen critique du traitement et, s'il y a lieu, de l'aménagement en vigueur. — Chapitre II. — Bases de l'aménagement proposé. (1. Division de la forêt en sections et justification de cette division. — 2. Division de chaque section en séries et justification. — 3. Choix et justification de la méthode d'exploitation à appliquer à chaque série. — 4. Tableau A des séries par section.)
3e partie. — Études spéciales à chacune des séries.
I. Section de futaie. (1. Parcellaire avec état descriptif des parcelles et tableau B. — 2. Détermination de l'âge normal d'exploitabilité et, par suite, de la révolution normale principale ; partage de cette révolution en périodes ; partage de la série en affectations ; règlement général d'exploitation normal avec tableau C. — 3. Révolution préparatoire. — 4. Révolution principale transitoire. — 5. Règlement général d'exploitation provisoire avec tableau D. — 6. Règlement spécial d'exploitation avec tableau E. — 7. Possibilité avec tableau F. —

8. État d'assiette avec tableau G. — 9. Application de la possibilité; règles de culture.)

II. Section de taillis. (1. Parcellaire; état descriptif des parcelles. — 2. Détermination de l'âge d'exploitabilité pour le taillis; fixation de la durée de la révolution; partage de cette révolution en rotations, en ce qui concerne le taillis fureté. — 3. Établissement du règlement général d'exploitation; quart en réserve dans les bois communaux et d'établissements publics avec tableau H. — 4. Balivage. — 5. Coupe d'amélioration; nettoiements; dégagements de semis.)

4° partie. — Travaux et améliorations. (1. Établissement du plan général et du plan parcellaire. — Assiette de l'aménagement; fixation des lignes. — 3. Délimitation et bornage du périmètre. — 4. Repeuplements artificiels et pépinières. — 5. Assainissements. — 8. Voies de vidange.)

5° partie. — Examen comparé des produits annuels tant principaux qu'accessoires, en matière et en argent, dans l'état actuel et après l'aménagement. (Circ. N 415.)

24. *Plans.* — Il est joint au projet d'aménagement un plan général sur toile calque, indiquant les principaux mouvements du terrain, les cours d'eau, les routes, chemins, maisons forestières, scieries et pépinières, les limites des séries, des cantons, des affectations, des parcelles et des coupes. Si l'échelle du plan ne permet pas d'y figurer tous les détails nécessaires, il sera en outre établi un plan par série. (Circ. N 415.)

25. *Pièces justificatives.* — Elles se composent des tarifs de cubage employés et du tableau des comptages et cubages effectués pour arriver à la détermination de la possibilité. (Circ. N 415.)

26. *Procès-verbaux. Papier. Format.* — Les procès-verbaux d'aménagement doivent être établis sur du papier ayant o^m 420 de hauteur et o^m 594 de largeur, la feuille ouverte. (Circ. N 415.)

27. *Procès-verbal de révision. Renseignements. Plans.* — Le procès-verbal de révision d'un aménagement comprend 5 parties :

1re partie. — Renseignements préliminaires. (1. Nom. — 2. Contenance. — 3. Département, arrondissement. — 4. Conservation, inspection, cantonnement. — 5. Altitudes. — 6. Essences par centièmes.)

2° partie. — Aménagement en vigueur. (1. Exposé de l'aménagement en vigueur; régime et méthode d'exploitation appliqués à la forêt; division en sections et séries. — 2. Résumé du règlement général et du règlement spécial d'exploitation. — 3. But de l'aménagement et résultats obtenus par les coupes de régénération, de jardinage, de taillis préparatoires, d'amélioration.)

3° partie. — Révision. — Chapitre I. — Considérations générales. (Modifications à apporter aux bases générales de l'aménagement, à la division en sections et séries, aux révolutions, etc. Tableau A des nouvelles sections et séries.)

Chapitre II. — Études spéciales à chacune des nouvelles séries.

I. Section de futaie. (1. Composition de la série par rapport à l'aménagement ancien. — 2. Parcellaire. — 3. Règlement général d'exploitation normal et règlement général provisoire. — 4. Règlement spécial d'exploitation. — 5. Détermination de la possibilité. — 6. État d'assiette pour la période. — 7. Application de la possibilité; règles de culture.)

II. Section de taillis. (1. Composition de la série par rapport à l'aménagement ancien. — 2. Description des peuplements. — 3. Détermination de l'âge d'exploitabilité pour le taillis; fixation de la révolution; partage de cette révolution en rotations, en ce qui concerne le taillis fureté. — 4. Règlement général d'exploitation; quart en réserve; possibilité. — 5. Règlement spécial d'exploitation, avec tableau H. — 6. Balivage. — 7. Coupes d'amélioration; nettoiements; dégagements de semis.)

4° partie. — Améliorations. — Améliorations prévues au procès-verbal d'aménagement. — Améliorations effectuées (observations sur les procédés employés, résultats obtenus). Améliorations restant à effectuer. (Évaluation de la dépense.)

5° partie. — Examen comparé par série des produits annuels tant principaux qu'accessoires, en matière et en argent, réalisés avant et réalisables après la révision de l'aménagement.

Il est adjoint au procès-verbal de révision d'aménagement un plan général et, s'il y a lieu, des plans par série sur toile calque contenant les indications des plans qui accompagnent le procès-verbal d'aménagement. (Circ. N 415.) V. Possibilité.

§ 2. *Bois domaniaux.*

28. *Indications. Renseignements.* — Les projets d'aménagement doivent renfermer des renseignements très complets sur les repeuplements artificiels exécutés dans les forêts à aménager. On doit indiquer :

1° L'espèce, la quantité par hectare et la provenance des graines ensemencées; les procédés employés;

2° L'essence, le nombre par hectare, la provenance, l'âge et la qualité des plants mis en terre; les procédés employés pour la plantation;

3° Les résultats obtenus;

4° Les soins et les dépenses d'entretien, de binage et de remplissage;

5° Le coût de l'opération dans son ensemble;

6° Enfin tous les renseignements de nature à éclairer les agents d'exécution sur la meilleure marche à suivre, pour arriver à la réussite du repeuplement prescrit par l'aménagement. (Circ. N 133.)

29. *Place d'expérience.* — Dans toutes les forêts domaniales aménagées et traitées par la méthode du réensemencement naturel et des éclaircies, une place d'expérience de 50 ares sera choisie dans les jeunes peuplements. Cette place, choisie par le chef de cantonnement, vérifiée par l'inspecteur, sera délimitée et bornée. A chaque tour de coupe d'amélioration, il sera procédé à l'inventaire du produit et au dénombrement des bois restant sur pied. Ces expériences doivent servir à déterminer l'exploitabilité absolue de quelques essences et le revenu annuel correspondant à chaque âge d'exploitation. (Circ. N 145.)

§ 3. *Bois communaux et d'établissements publics.*

30. *Communes. Consentement.* — Le consentement préalable des communes et des établissements publics est nécessaire pour entreprendre un aménagement. (Circ. A 808.)

31. *Décrets. Propositions.* — Les décrets ayant pour objet de statuer sur les aménagements des bois des communes et des établissements publics peuvent être provoqués par des rapports collectifs, quand il y a unanimité de vue entre les agents forestiers, les conseils municipaux ou d'administration, les préfets ou l'administration supérieure. Dans le cas de divergence d'avis et pour les propositions concernant les aménagements en futaies, les projets doivent être l'objet de rapports spéciaux. (Déc. Min. 13 avril 1861.)

32. *Projet. Contrôle.* — A l'avenir, les projets d'aménagement concernant les bois communaux ou d'établissements publics ne seront soumis aux conseils municipaux des communes ou aux administrateurs des établissements propriétaires qu'après avoir subi le contrôle, et sur l'autorisation de l'administration centrale. (Circ. N 44.)

33. *Quart en réserve. Contenance. Essence.* — Dans les bois communaux de plus de 10 hectares et non entièrement peuplés en résineux, à aménager, un quart de la superficie doit être mis en réserve pour n'être coupé qu'en cas de dépérissement ou de nécessité bien constatée. (Cod. For. 93, Ord. 140.)

34. *Changements.* — Les changements d'aménagement ou d'exploitation dans les bois des communes et des établissements publics ne peuvent être faits que sur la proposition de l'administration forestière, et d'après l'avis du conseil municipal ou des administrateurs. (Cod. For. 90. Ord. 128.)

35. *Avis. Ordonnance.* — Les ordonnances d'aménagement ne seront rendues qu'après que les conseils municipaux ou les administrateurs des établissements propriétaires auront été consultés sur les propositions d'aménagement, et que les préfets auront donné leur avis. (Ord. 135.) Les conseils généraux donnent leur avis sur les délibérations du conseil municipal relatives à l'aménagement. (Loi du 10 août 1871, art. 50.)

§ 4. *Pâturages communaux.*

36. *Pâturage* — Pour l'aménagement des pâturages et leur conversion en bois, les propositions de l'administration seront communiquées aux maires et administrateurs; les conseils municipaux ou les administrateurs délibéreront, et, en cas de contestations, il sera statué par le conseil de préfecture, sauf recours au conseil d'État. (Cod. For. 90. Ord. 128.) Le conseil général donne son avis. (Loi du 10 août 1871, art. 50.)

37. *Pâturages communaux.* — Les conseils de préfecture sont compétents pour statuer sur l'aménagement d'un terrain communal en nature de pâturage. (Conseil d'État, 22 juin 1854.)

38. *Périmètres: Subventions.* — Lorsque, au lieu de les englober dans un périmètre par voie d'expropriation, l'administration pourra se contenter de soumettre au régime forestier, en vue de leur conversion en bois et de leur aménagement, des terrains appartenant aux communes, à des établissements publics ou à des associations d'utilité publique, en recourant à la procédure prévue par l'alinéa 4 de l'article 90 du Code forestier, l'État devra subventionner, au moins dans la proportion des deux tiers, les travaux de reboisement qui seront nécessaires pour la constitution des massifs. (Circ. N 827.) V. Subventions.

38². *Initiative.* — C'est seulement dans l'hypothèse où le service forestier prend l'initiative de requérir la soumission au régime forestier qu'il y a lieu d'appliquer la disposition qui précède.

En particulier, elle ne s'applique pas quand c'est la commune ou l'établissement public qui, de sa propre initiative, sollicite la soumission au régime forestier ou l'allocation d'une subvention pour exécuter des travaux de reboisement, entraînant de plein droit cette soumission, aux termes de l'article 16 du décret du 11 juillet 1882. (Circ. N 827.)

§ 5. *Plan de campagne.*

39. *Taillis sous futaie.* — Dans les taillis sous futaie, il conviendra d'étudier, toutes les fois que les conditions de végétation le permettront, la conversion en futaie et, lorsque la

conversion ne sera pas opportune, d'étudier l'allongement des révolutions. Dans les deux cas, l'aménagement devra tendre à augmenter le nombre des modernes et des anciens les plus jeunes susceptibles d'un fort accroissement et non à constituer de vieilles réserves de dimensions exceptionnelles. (Circ. N 873.)

39². *Futaies. Exploitations normales.* — Dans les futaies qui n'ont pas été parcourues par des exploitations intensives, on étudiera si les exploitations réalisent la production de la forêt et, pour les forêts à matériel surabondant ou abondant, on revisera les possibilités en tenant compte de l'accroissement. (Circ. N 873.)

40. *Futaies. Exploitations intensives.* — Dans les futaies qui ont été l'objet d'exploitations intensives, au lieu de suspendre entièrement toute exploitation, on étudiera un règlement permettant, tout en réduisant la possibilité, de continuer autant que possible à asseoir les coupes nécessaires pour la satisfaction des besoins locaux. (Circ. N 873.)

40². *Forêts de vidange difficile.* — Dans les forêts de vidange difficile, notamment dans les forêts inexploitées de montagne, on étudiera des aménagements comportant l'assiette de coupes assez importantes pour justifier l'installation de moyens de transport (routes, câbles aériens, voies Decauville, etc.). [Circ. N 873.]

CHAP. III. — RÈGLES D'EXPLOITATION.
ORDRE DES COUPES.

41. *Qualité.* — Les aménagements des forêts communales fixent, pour le taillis, la contenance de la coupe et, pour la futaie, le volume ou le nombre d'arbres dont elle se compose. Si les agents ne se conforment pas à ces indications, la commune peut réclamer auprès du conseil de préfecture.

42. *Taillis. Âge. Bois domaniaux et communaux.* — Dans toutes les forêts qui seront aménagées à l'avenir, l'âge de la coupe des taillis sera fixé à 25 ans au moins, et il n'y aura d'exception à cette règle que pour les forêts dont les essences dominantes seront le châtaignier et les bois blancs, ou qui seront situées sur des terrains de la dernière qualité. (Ord. 69, 134.)

43. *Réserve. Bois domaniaux et communaux.* — Lors de l'exploitation des taillis, il sera réservé cinquante baliveaux de l'âge de la coupe par hectare. En cas d'impossibilité, les causes en seront énoncées aux procès-verbaux de balivage et martelage. (Ord. 70.)

44. *Coupes des réserves. Bois domaniaux et communaux.* — Les baliveaux, modernes et anciens, ne pourront être abattus qu'autant qu'ils seront dépérissants ou hors d'état de prospérer jusqu'à une nouvelle révolution. (Ord. 70, 134.)

45. *Résineux. Jardinage. Âge. Dimension.* — Pour les forêts d'arbres résineux où les coupes se feront en jardinant, l'ordonnance d'aménagement déterminera l'âge ou la grosseur que les arbres devront atteindre, avant que la coupe puisse en être ordonnée. (Ord. 72.)

46. *Ordre des coupes.* — Il est interdit aux agents d'intervertir l'ordre des coupes. (Circ. A 292.)

47. *Coupes extraordinaires.* — Les coupes qui intervertiraient l'ordre établi par l'aménagement ou par l'usage observé dans les forêts dont l'aménagement n'a pu encore être réglé, les coupes par anticipation et celles des bois mis en réserve pour croître en futaie et dont le terme n'a pas été fixé par l'aménagement sont considérées comme coupes extraordinaires et ne peuvent être effectuées qu'en vertu d'ordonnances spéciales. (Ord. 71, 134.)

48. *Exploitation des coupes.* — Les conservateurs doivent veiller à ce que les propositions et les exploitations des coupes soient faites conformément aux prescriptions des aménagements en vigueur. (Circ. A 340. Circ. A 551.)

49. *Coupes ordinaires.* — Les conservateurs approuvent les états des coupes ordinaires à asseoir conformément aux aménagements, ou selon les usages actuellement observés dans les forêts qui ne sont pas encore aménagées. Ils adressent au directeur des propositions pour toutes les coupes non réglées par des aménagements ou par l'usage. (Décr. 25 février 1886. Circ. N 360.)

50. *Produit. Contrôle.* — Le contrôle du produit des forêts domaniales aménagées se fait au moyen d'un seul état par forêt, qui est transmis le 1ᵉʳ octobre de chaque année au conservateur et qui doit être renvoyé à l'agent rédacteur avant le 1ᵉʳ janvier suivant. (Circ. N 360. Form. Série 2, n° 10.)

51. *Résultats.* — Les conservateurs recherchent, dans leurs tournées, si les aménagements sont exactement observés, s'ils sont conçus de manière à assurer l'amélioration des forêts et à donner les produits les plus considérables et les plus utiles, et ils examinent les résultats obtenus pour arriver à ce but. (Circ. N 18.)

CHAP. IV. — ASSIETTE DE L'AMÉNAGEMENT.

SECT. I. — PLAN-PROJET DE DIVISION.

A. Futaies.

52. *Contours. Parcelles. Affectations.* — Lorsqu'une forêt devra être aménagée en futaie on procédera à une reconnaissance préalable des cantons et on en arrêtera les limites d'une manière apparente.

On opérera ensuite la division en parcelles, au moyen de lignes ou tranchées s'appuyant sur des démarcations naturelles, telles que les routes, les chemins, les crêtes, les thalwegs et les ruisseaux.

S'il y a lieu d'établir des affectations, elles seront formées par la réunion d'un nombre convenable de parcelles contiguës et groupées autant que possible. (Instr. du 26 avril 1906, art. 167. Circ. N 697.)

53. *Plan-projet. Établissement.* — Il sera établi un plan-projet à l'aide du plan général résultant du levé, des plans du cadastre s'il n'a pas été fait de levé, ou de tout autre document offrant une régularité convenable. Ce plan-projet indiquera :

1° Les parcelles homogènes avec leurs contenances en hectares, ares et centiares;

2° Les routes et chemins publics qui se trouveront dans l'intérieur de la forêt ou à proximité de son périmètre, dans un rayon de 200 à 400 mètres, avec leurs noms, leurs longueurs et leurs numéros de classement;

3° Les routes forestières empierrées et non empierrées;

4° Les chemins d'exploitation;

5° Les cours d'eau situés à l'intérieur ou à proximité du périmètre de la forêt;

6° Les carrières, minières, étangs, marais, et même les mares lorsqu'elles peuvent présenter des obstacles dans le tracé des divisions;

7° La nature des propriétés riveraines, le nom et les limites séparatives des communes contiguës à la forêt;

8° Le relief du terrain au moyen de courbes de niveau;

9° Les lignes séparatives des séries et la désignation, en chiffres romains, des affectations projetées, s'il y a lieu;

10° Les routes et chemins proposés, qui seront indiqués par deux traits parallèles (à l'échelle), ainsi que leurs noms et la cote de leur largeur;

11° Les redressements qu'il serait nécessaire d'opérer aux routes et chemins existants; dans le cas de redressement de routes, le plan-projet devra être accompagné des profils exigés. V. Route;

12° La direction, le nom et la distance approximative des lieux principaux de consommation.

Lorsque les plans ou les documents dont on fera usage ne fourniront pas tous les détails réclamés, il conviendra de lever ces détails par des méthodes expéditives. (Instr. du 26 avril 1906, art. 168. Circ. N 697.)

54. *Tableau d'exploitation.* — Un tableau d'exploitation, joint au projet et établi, si possible, en marge du plan, indiquera : le numéro et le nom des séries, le nom des cantons, la désignation des affectations proposées et des parcelles, leur contenance, enfin l'âge moyen des bois (modèle n° 43). (Instr. du 26 avril 1906, art. 169. Circ. N 697.)

55. *Futaie. Plan définitif. Bois communal.* — Les plans définitifs des bois communaux et d'établissements publics, aménagés en futaie, seront dressés sans inscription de cote. Le calcul des surfaces sera effectué par des procédés purement graphiques. Toutefois, les directrices ou lignes principales d'opération seront tracées à l'encre rouge; le relief du terrain sera figuré, mais sans qu'il soit nivelé, et les écritures seront remplacées par une ronde correctement écrite. (Circ. N 120.)

B. *Taillis.*

56. *Division des coupes. Principes.* — Les figures dans lesquelles la forêt doit être décomposée seront déterminées non seulement par des considérations forestières, mais aussi par des considérations de rapports de surfaces. Toutefois, aucune division de coupe ne sera exécutée sur le terrain, quels que soient l'état de la forêt et son mode d'exploitation, sans qu'au préalable le projet ait été approuvé par l'Administration. (Instr. du 26 avril 1906, art. 170. Circ. N 697.) V. Échelles.

57. *Plan-projet. Échelles.* — On emploiera les échelles de 1 à 2,500 ou de 1 à 5,000. Lorsque la forêt sera formée de plusieurs massifs qui ne pourront tenir sur une feuille grand-aigle dans leur position géométrique, il sera établi, dans un cadre, à l'un des angles de la feuille, et à une petite échelle, un plan général des bois indiquant simplement la position respective des massifs. (Instr. du 26 avril 1906, art. 170. Circ. N 697.)

58. *Plan-projet. Établissement.* — Le projet de division sera établi de concert avec le chef de service, à l'aide soit des plans résultant du levé, soit des plans du cadastre, soit même des plans d'arpentage et de réarpentage des coupes.

Il comprendra, outre les routes, chemins, cours d'eau, courbes de niveau, carrières, minières, étangs, marais, redressements à opérer aux routes, lieux de consommation et autres indications comprises sous les rubriques 2 à 8, 11 et 12 du numéro 168 :

a) Les noms des cantons;

b) La figure exacte, la contenance et l'année de l'exploitation des coupes de la dernière révolution;

c) Les vides susceptibles de repeuplement et leurs contenances;

d) Les lignes séparatives des séries et des coupes de la division projetée;

e) Les routes, chemins, laies sommières et

laies des coupes, avec leurs noms et la cote de leur largeur;

f) Les numéros des coupes. (Instr. du 26 avril 1906, art. 171. Circ. N 697.)

59. *Tableau d'exploitation.* — Un tableau d'exploitation sera, autant que possible, établi en marge du plan. Il indiquera : l'étendue de chaque massif isolé ou des cantons, les numéros des coupes et leurs contenances, l'âge actuel des bois et l'année dans laquelle on exploiterait chaque groupe, d'après le projet, à la première révolution, et, s'il est nécessaire, à la deuxième révolution; enfin l'âge que les bois auront à chacune de ces époques (modèle n° 44). (Instr. du 26 avril 1906, art. 172. Circ. N 697.)

60. *Assiette des coupes.* — Les coupes seront assises de manière à se succéder de proche en proche et à offrir la forme la plus régulière possible. Elles seront disposées de façon que les bois d'une coupe en exploitation ne soient pas dans le cas d'être transportés à travers d'autres précédemment exploitées. On les rendra donc indépendantes en faisant aboutir chacune d'elles, autant que possible, sur une route, un chemin, une laie sommière ou un cours d'eau flottable.

On les circonscrira, autant que possible, dans les limites naturelles, et généralement dans les limites des cantons ou des massifs, toutes les fois qu'il n'en devra pas résulter des différences trop considérables dans les contenances.

Dans les massifs étroits et en coteaux, on les établira de préférence selon les lignes de plus grande pente, si des considérations forestières ne s'y opposent pas. (Instr. du 26 avril 1906, art. 173. Circ. N 697.)

C. *Routes et laies sommières.*

61. *Dispositions générales.* — L'espacement d'une laie sommière à une autre laie, d'une route à une laie sommière ou à une autre route, sera établi selon les circonstances. Les agents s'attacheront, cependant, à ce que les coupes présentent une largeur qui ne soit pas moindre que le sixième de leur longueur, et qui se rapproche, autant que possible, du tiers de cette dimension.

La division sera disposée de manière qu'il y ait alternativement une route et une laie sommière, en n'affectant aux voies de vidange que le sol strictement nécessaire.

Les coupes traverseront le moins possible les routes et laies sommières; elles devront y aboutir et se terminer sur leurs rives. (Instr. du 26 avril 1906, art. 174. Circ. N 697.).

62. *Largeur.* — Les laies sommières ne devant pas servir à la vidange auront 4 mètres de largeur.

Les laies sommières et les routes servant accidentellement aux voitures pourront avoir de 4 à 6 mètres, non compris les fossés.

La largeur des routes qui devront être constamment pratiquées par les voitures pourra être de 6 à 8 mètres, non compris les fossés. (Instr. du 26 avril 1906, art. 175. Circ. N 697.)

63. *Direction. Profils.* — Les laies sommières ne devant pas servir à la vidange devront, autant que possible, être tracées en ligne droite.

Les routes et les laies sommières servant accidentellement aux voitures seront tracées en ligne droite ou en ligne courbe suivant les déclivités du terrain.

Toutes les fois que des routes sinueuses devront être établies, le plan-projet sera accompagné des profils en long et en travers nécessaires pour justifier la direction proposée. (Instr. du 26 avril 1906, art. 176. Circ. N 697.) V. Aménagement.

SECT. II. — LIGNES DE DIVISION.
ÉTABLISSEMENT ET TRACÉ.

64. *Laies sommières. Routes.* — Lorsque le projet aura été approuvé par l'Administration, on établira, sur le plan définitif, les routes et les laies sommières qui doivent servir de base à la division des coupes de taillis.

On divisera ensuite chacune des portions de forêt séparées par ces routes et laies en un certain nombre de coupes. (Instr. du 26 avril 1906, art. 177. Circ. N 697.)

65. *Lignes. Entretien.* — L'entretien des lignes d'aménagement rentre dans la catégorie des travaux d'entretien. (Circ. N 566, art. 23.)

66. *Surface des coupes.* — Les surfaces qu'on aura à calculer pour établir les laies sommières et les lignes de coupes pourront n'être déterminées que par les méthodes graphiques ou à l'aide du planimètre polaire; mais on y apportera tous les soins nécessaires pour éviter les différences sensibles dans les divisions.

Pour éviter les tâtonnements, on pourra suivre la marche indiquée sur le modèle n° 39.

Les tranchées et les laies séparatives seront comprises pour moitié dans la surface des coupes; les fossés du périmètre seront également compris jusqu'à la ligne séparative de la forêt avec les fonds riverains. Il en sera de même des chemins et ruisseaux qui ne feront pas partie du domaine public.

Seront calculées à part : les surfaces des habitations et des terrains occupés par les préposés des Eaux et Forêts ou affermés, les routes, chemins, rivières et ruisseaux dépendant du domaine public, enfin les enclaves. (Instr. du 26 avril 1906, art. 177. Circ. N 697.)

67. *Laies sommières. Ouverture.* — On procédera à l'ouverture des laies sommières en prenant, sur le plan, les éléments de rattachement, angles et distances. Les éléments de l'une des extrémités de la ligne serviront à l'ouvrir; les éléments de l'autre extrémité fourniront les vérifications.

Dans aucun cas, on ne devra procéder à l'ouverture des routes et des laies, en partant à la fois des deux extrémités. (Instr. du 26 avril 1906, art. 178. Circ. N 697.)

68. *Laies sommières. Routes. Tracé.* — Le tracé des routes et des laies sommières se fera par deux filets parallèles espacés de la largeur de ces routes et laies; de forts piquets seront plantés à chacune des extrémités de ces filets, il en sera planté d'autres, de 50 mètres en 50 mètres, qui seront rattachés aux arbres les plus voisins. Ces rattachements seront consignés sur des croquis spéciaux. (Instr. du 26 avril 1906, art. 179. Circ. N 697.)

69. *Laies sommières. Routes. Chaînage.* — Le chaînage total de la laie sommière devra toujours s'accorder avec la longueur fournie par le plan, dans les limites des tolérances. S'il existe une différence, celle-ci sera répartie proportionnellement sur les chaînages partiels qui déterminent les pieds des lignes de coupes.

Pour éviter de revenir sur ce premier chaînage, lors de l'ouverture des lignes de coupes, il conviendra de placer des piquets numérotés, de 100 mètres en 100 mètres, ou de 200 en 200 mètres. (Instr. du 26 avril 1906, art. 180. Circ. N 697.)

70. *Lignes séparatives. Tracé.* — Les lignes séparatives des coupes seront ouvertes sur une largeur de 1 mètre, 1 m. 50 ou 2 mètres, selon la longueur de ces lignes, la nature du sol et la durée de la révolution.

Elles seront appuyées sur les laies sommières. On en établira le pied d'après les cotes du plan, ou celles résultant de la répartition prescrite par le numéro précédent, en chaînant par continuité, à partir de l'une des extrémités de la laie sommière.

On opérera de manière que la coupe soit établie sur le terrain, dans la limite des tolérances indiquées par le numéro 166. (Instr. du 26 avril 1906, art. 181. Circ. N 697.) V. Arpentage.

71. *Lignes séparatives. Rattachement.* — Les lignes séparatives qui aboutiront sur le périmètre devront être rattachées au périmètre. Lorsqu'on aura fait usage de directrices pour le levé, elles seront rattachées à ces directrices.

Dans le cas où les coupes aboutiront sur une seconde route ou laie sommière, on mesurera celle-ci dans son entier, en cotant, au passage, le point d'arrivée des lignes de division. (Instr. du 26 avril 1906, art. 182. Circ. N 697.)

72. *Lignes séparatives. Vérifications.* — On mesurera les lignes séparatives, notamment celles qui aboutissent sur le périmètre, pour avoir des éléments de vérification. (Instr. du 26 avril 1906, art. 182. Circ. N 697.)

SECT. III. — PLANS DÉFINITIFS.

A. *Levés.*

73. *Catégories. Détermination.* — Quand la forêt ne devra renfermer qu'une seule série d'aménagement, on recherchera, en se servant de la longueur du périmètre prise sur le plan-projet, si elle peut rentrer dans la catégorie des levés de faible étendue (n° 70 et modèle n° 15).

Dans le cas contraire, on la fera rentrer dans la classe des levés de moyenne étendue.

Quand la forêt renfermera plusieurs séries d'aménagement, on devra rechercher, en consultant le plan-projet, si, en raisons des moyens dont on peut disposer pour la mesure des longueurs, on peut le faire rentrer dans la classe des levés de moyenne étendue (n° 76 et modèle n° 17).

Dans le cas contraire, il faudra faire une triangulation. (Instr. du 26 avril 1906, art. 183. Circ. N 697.) V. Levés.

74. *Périmètre.* — Le périmètre sera levé à la boussole nivelante ou au tachéomètre. (Instr. du 26 avril 1906, art. 184. Circ. N 697.)

75. *Détails.* — Les détails intérieurs : lignes de séries et d'affectations, lignes de parcelles et de coupes, laies sommières, ainsi que les objets qui figurent dans le numéro 67 (voir Croquis), seront levés à la boussole nivelante ou au tachéomètre. Pour les détails extérieurs (routes, chemins, ruisseaux, bâtiments, murs, etc., se trouvant à proximité ou à une distance de 50 à 100 mètres), ils seront levés et leurs contours exactement rapportés sur les plans. (Instr. du 26 avril 1906, art. 65 et 184. Circ. N 697.)

76. *Canevas. Rattachements.* — Dans le cas d'une forêt de moyenne et de grande étendue, on devra rattacher aux points du canevas le levé périmétral et les levés intérieurs, chaque fois que cela sera possible. (Instr. du 26 avril 1906, art. 184. Circ. N 697.)

77. *Mesurage. Mode.* — Le mode de mesurage à adopter pour les lignes périmétrales dépendra, dans les forêts de faible étendue, de la longueur totale du périmètre, dans les forêts de moyenne et de grande étendue, de la longueur des cheminements partiels compris entre deux points de repère consécutifs. On pourra s'inspirer des règles du modèle n° 15.

On observera les mêmes règles pour les détails intérieurs. (Instr. du 26 avril 1906, art. 184. Circ. N 697.)

78. *Laies sommières. Routes.* — Les routes et les laies sommières, ainsi que les carrefours qui seront établis en forêt, recevront des noms particuliers. (Instr. du 26 avril 1906, art. 184. Circ. N 697.)

79. *Canevas. Création.* — Lorsque la forêt sera rangée dans la catégorie des forêts de moyenne étendue, le canevas sera formé, levé et orienté d'après les indications du chapitre XIII. Voir Levés.

Pour une forêt de grande étendue, on fera une triangulation. V. Triangulation. (Instr. du 26 avril 1906, art. 185. Circ. N 697.)

B. *Construction des plans.*

80. *Série unique de faible étendue.* — Le plan sera construit d'après les indications générales du chapitre XV (A) [V. Plans] et d'après les prescriptions spéciales qui suivent :

Le canevas formé par les directrices sera rapporté par la méthode des coordonnées, et tous les détails par la méthode graphique.

Dans le canevas, on fera la répartition proportionnelle des erreurs; pour les levés de détails, on emploiera la méthode de la répartition parallèle. (Instr. du 26 avril 1906, art. 186. Circ. N 697.)

81. *Série unique de moyenne étendue.* — Le plan sera construit d'après les indications générales (n°ˢ 114 à 122) [V. Plans] et d'après les prescriptions spéciales qui suivent :

Le canevas formé par les cheminements intérieurs levés au théodolite sera rapporté par la méthode des coordonnées; et tous les levés de détails, périmétraux ou autres, seront construits graphiquement.

Pour la répartition, on suivra les indications du numéro 116. (Instr. du 26 avril 1906, art. 187. Circ. N 697.)

82. *Forêt de moyenne étendue. Plusieurs séries.* — Le plan sera construit d'après les indications générales des numéros 114 à 122 (V. Plans) et d'après les prescriptions spéciales qui suivent :

Le canevas formé par les cheminements intérieurs levés au théodolite, ainsi que les limites de séries, seront rapportés par la méthode des coordonnées; tous les levés de détails, périmétraux ou autres seront construits graphiquement.

Si le plan ne peut pas tenir sur une seule feuille, il sera dressé un plan général (modèle n° 45); chaque plan partiel (modèle n° 46) contiendra une ou plusieurs séries d'aménagement. Lorsqu'une série ne pourra tenir sur une seule feuille, on en fera l'objet de deux feuilles en conservant autant que possible, sur chacune d'elles, l'ordre alphabétique ou l'ordre de numérotage des divisions;

La répartition sera faite dans l'ordre suivant : cheminements levés au théodolite, li-mites de séries, levés de détails. (Instr. du 26 avril 1906, art. 188. Circ. N 697.)

83. *Forêt de grande étendue.* — Le plan sera construit d'après les indications générales des numéros 128 à 156. V. Plans (de grande étendue), Échelle, Relief et d'après les prescriptions spéciales qui suivent :

Le canevas trigonométrique, les cheminements périmétraux ou intérieurs levés au théodolite, les limites de séries seront rapportés par la méthode des coordonnées; tous les levés de détails, périmétraux ou autres, seront construits graphiquement.

La répartition sera faite dans l'ordre suivant : canevas trigonométrique, cheminements levés au théodolite, limite de série, levés des détails. (Instr. du 26 avril 1906, art. 189. Circ. N 697.)

C. *Surface.*

84. *Série unique de faible étendue.* — Le calcul de la contenance totale se fera suivant les indications du numéro 106. V. Plan. Les surfaces des parcelles des futaies ou des coupes de taillis seront calculées par les procédés graphiques, ou à l'aide du planimètre polaire.

On comparera la somme des contenances partielles avec la contenance totale qui a été obtenue par un procédé plus exact, et l'on répartira proportionnellement la différence. (Instr. du 26 avril 1906, art. 190. Circ. N 697.)

85. *Plusieurs séries.* — Si la forêt renferme plusieurs séries d'aménagement, le calcul de la contenance totale sera fait suivant les indications des numéros 123 ou 148, suivant qu'il a été fait un canevas de cheminements intérieurs ou une triangulation. V. Plans.

La surface de chaque série sera obtenue par des procédés graphiques ou à l'aide du planimètre polaire.

On comparera la somme des contenances de chaque série à la contenance totale, et l'on répartira proportionnellement la différence.

La surface de chaque série étant fixée définitivement, on retombera dans le cas du numéro précédent. (Instr. du 26 avril 1906, art. 191. Circ. N 697.)

D. *Bornage des lignes de division.*

86. *Modes.* — Les lignes de division pourront être fixées sur le terrain par des bornes, par des bouts de fossés, ou par le bombement transversal des lignes. (Instr. du 26 avril 1906, art. 192. Circ. N 697.)

87. *Bornes d'aménagement. Position du centre.* — Le centre des bornes sera placé sur les lignes séparatives des divisions, la plus grande face dirigée dans le sens de ces lignes; il sera, en outre, à une distance uniforme d'un mètre

du bord des routes ou des laies sommières.
Lorsque ces routes seront bordées de fossés,
on observera la même distance, en partant du
bord extérieur des fossés.

Lorsque les lignes séparatives aboutiront sur
le périmètre de la forêt, le centre des bornes
sera également placé à une distance uniforme
de cinq mètres de la ligne périmétrale, quels
que soient les objets qui fixent cette ligne.
(Instr. du 26 avril 1906, art. 193. Circ.
N 697.)

88. *Bornes d'aménagement. Dimensions.* —
Les bornes de division auront 0 m. 60 de hauteur, 0 m. 20 sur une face et 0 m. 15 sur
l'autre face. Elles seront taillées à vives arêtes
sur une hauteur de 0 m. 20 à 0 m. 25; on
donnera à la tête la forme de diamant. La partie non taillée sera enterrée.

Elles recevront, sur leurs plus grandes faces,
gravés sur une hauteur de 0 m. 05 à 0 m. 06
en chiffres arabes, les numéros des coupes qui
se trouveront en regard; et, sur le côté faisant
face à la laie sommière, l'indication de la série
de laquelle les coupes dépendent.

Les bornes intermédiaires qui pourront être
plantées sur les lignes de division seront de
moindres dimensions, et ne porteront aucune
indication de lettres ni de chiffres. (Instr. du
26 avril 1906, art. 194. Circ. N 697.)

89. *Fossés.* — Lorsque le bornage s'effectuera au moyen de fossés, ceux-ci seront établis dans le sens de la longueur des lignes séparatives; ils auront 2 mètres de longueur, et
seront espacés de 50 à 100 mètres selon les
accidents de terrain. Leur largeur dépendra de
celles des lignes. (Instr. du 26 avril 1906,
art. 195. Circ. N 697.)

90. *Laie. Bombement.* — Le bombement
transversal des laies de coupes sera opéré d'une
manière continue sur toute la longueur de ces
laies. La partie saillante en suivra toujours
l'axe. (Instr. du 26 avril 1906, art. 196. Circ.
N 697.)

CHAP. V. — DESSIN DES PLANS.

SECT. I. — PLANS DE DIVISION.

A. *Futaies.*

91. *Trait.* — Les lignes de parcelles, les
chemins existants, les cours d'eau, les courbes
de niveau, les carrières, les rivières, les étangs,
les marais, etc., figurant au numéro 168 sous
les rubriques 1 à 8, seront tracés à l'encre
noire. (Les chemins d'exploitation seront en
traits pointillés et les courbes de niveau pourront être faites à la sépia.)

Les lignes séparatives des séries, la désignation des affectations projetées, les chemins proposés avec les redressements à opérer sur les
chemins existants, la direction et le nom des

lieux principaux de consommation avec la
flèche, en ponctué allongé, à l'extrémité de laquelle figurera la distance moyenne à la forêt
(rubriques 9 à 12 du numéro 168), seront à
l'encre rouge.

Lorsqu'une parcelle sera subdivisée de manière à être comprise partie dans une affectation, partie dans une autre, la ligne de séparation proposée sera tracée à l'encre rouge. On
indiquera également à l'encre rouge la contenance de chaque subdivision. (Instr. du 26 avril
1906, art. 308. Circ. N 697.)

92. *Parcelles. Affectations.* — Les parcelles
seront désignées à l'encre rouge par des lettres.
On pourra suivre un ordre continu de lettres
pour chaque canton. Les affectations seront
alors distinguées au moyen d'un indice, en
chiffre arabe, dont on accompagnera chaque
lettre.

Dans le cas où la forêt serait aménagée suivant les prescriptions de la note du 17 juillet
1883, les parcelles seront désignées par la
suite non interrompue des nombre exprimés en
chiffres allant de l'Est à l'Ouest et du Nord au
Sud. (Instr. du 26 avril 1906, art. 309. Circ.
N 697.)

93. *Sous-parcelles.* — Lorsque des nuances
très tranchées de peuplements auront fait constituer des sous-parcelles, celles-ci seront désignées par des lettres minuscules, par exemple
45^a, 45^b. (Instr. du 26 avril 1906, art. 309.
Circ. N 697.)

94. *Teintes.* — Les affectations pourront être
distinguées par des teintes de couleurs semblables à celles des plans définitifs.

Les routes empierrés seront distinguées par
une teinte de sépia. Cette teinte sera interrompue sur celles dont l'empierrement sera projeté. (Instr. du 26 avril 1906, art. 310. Circ.
N 697.)

B. *Taillis.*

95. *Traits.* — Les chemins existants, les
cours d'eau, les courbes de niveau, les carrières, les minières, les étangs, etc., figurant
au numéro 168 sous les rubriques 2 à 8, ainsi
que les objets visés sous les rubriques a, b, c du
numéro 171, seront à l'encre noire. Les chemins d'exploitations seront en traits pointillés
et la sépia pourra être employée pour les
courbes de niveau.

Les lignes séparatives des séries et des
coupes, les numéros de ces coupes, les routes,
chemins et laies sommières projetés seront à
l'encre rouge.

Les laies principales seront figurées par deux
traits à l'échelle, les laies des coupes par un
seul trait. (Instr. du 26 avril 1906, art. 311.
Circ. N 697.)

96. *Teintes.* — Les routes empierrées seront
distinguées par une teinte de sépia. Cette

teinte sera interrompue sur celles dont l'empierrement sera projeté. (Instr. du 26 avril 1906, art. 312. Circ. N 697.)

C. *Futaies et taillis.*

97. *Titre. Indications.* — Un titre (voir modèle n° 60) indiquera : la conservation, l'inspection, le cantonnement, le département, l'arrondissement et la justice de paix; le nom de la forêt, ainsi que la date de la rédaction du projet et le nom de l'agent ou du géomètre chargé de la confection du plan. (Instr. du 26 avril 1906, art. 313. Circ. N 697.)

98. *Titre. Emplacement.* — Le titre à établir sur les plans de division sera placé, autant que possible, sur le haut et à gauche de la feuille, dans le sens de la plus grande dimension du papier. Sur le haut, à l'angle de gauche de la feuille et hors du cadre, on inscrira : Administration des eaux et forêts, ou le nom du ministère ou du service auquel appartient le plan. (Instr. du 26 avril 1906, art. 284 et 315. Circ. N 697.)

99. *Légendes.* — On écrira les légendes en petits caractères, en les plaçant dans des colonnes, à la droite ou à la gauche du dessin. (Instr. du 26 avril 1906, art. 285 et 315. Circ. N 697.) V. Plan.

100. *Tableau d'exploitation.* — Un tableau d'exploitation sera, autant que possible, établi en marge du plan; il indiquera le numéro et le nom des séries, le nom des cantons; puis, pour les séries de futaie (modèle n° 43) : la désignation des affectations proposées et des parcelles, leur contenance et l'âge moyen de chacune des parcelles; enfin, pour les séries de taillis (modèle n° 44) : les numéros des coupes et leurs contenances, l'âge actuel des bois et l'année dans laquelle on exploiterait chaque coupe, d'après le projet, à la première révolution, et s'il est nécessaire à la deuxième révolution, puis l'âge que ces bois auront à chacune de ces époques. (Instr. du 26 avril 1906, art. 314. Circ. N 697.)

101. *Écritures.* — On pourra employer, tant pour le titre que pour le plan, l'écriture dessinée (modèle n° 42), ou bien une ronde correctement écrite (modèle n° 60).

Lorsqu'on emploiera la première, on se servira autant que possible des caractères ci-après désignés :

La capitale droite, à l'extérieur, pour les noms des villes, des forêts et des départements limitrophes, ainsi que pour les noms des bourgs, des fleuves, des canaux et des rivières navigables;

Le romain droit, pour les noms des villages, des bois de faible contenance, des routes nationales et départementales, des chemins de fer, des cours d'eau flottables, des affectations,

des maisons forestières, des usines, des manufactures et des carrefours;

Le romain penché, pour les noms des hameaux, des fermes, des chemins de grande communication, des carrières et sablières en cours d'exploitation et des propriétés limitrophes autres que les bois;

L'italique, pour les noms de tous les objets non désignés ci-dessus. (Instr. du 26 avril 1906, art. 315. Circ. N 697.)

Les écritures intérieures se traceront de gauche à droite, dans le sens de la longueur et parallèlement au bord de la feuille. (Instr. du 26 avril 1906, art. 286 et 315. Circ. N 697.) V. Plan.

102. *Caractères.* — La hauteur des divers caractères employée sera choisie d'après l'importance relative des objets et en raison de l'échelle du plan.

Les caractères de fantaisie ne seront tolérés que dans les titres, à condition, toutefois, que les indications principales soient toujours bien lisibles. (Instr. du 26 avril 1906, art. 315. Circ. N 697.)

SECT. II. — PLANS D'AMÉNAGEMENT.

A. *Canevas trigonométrique.*

103. *Périmètre. Quadrillage.* — Le périmètre sera indiqué par un trait fort, en pointillé à l'encre noire. V. Modèle 20.

Le quadrillage sera tracé, en traits fins, à l'encre noire, dans toute l'étendue de la feuille, avec indication, au bord de cette feuille, des distances à l'origine. (Instr. du 26 avril 1906, art. 316. Circ. N 697.)

104. *Bases.* — Les bases empruntées à la carte de France seront désignées par un trait bleu un peu fort; les bases mesurées, par deux traits parallèles très rapprochés. (Instr. du 26 avril 1906, art. 317. Circ. N 697.)

105. *Triangles.* — Les côtés des triangles seront tracés à l'encre noire, rouge ou verte, de manière à bien séparer les groupements. Ceux qui serviront à la détermination des points de repère seront à l'encre bleue. (Instr. du 26 avril 1906, art. 318. Circ. N 697.)

106. *Échelle. Orientation.* — L'angle de l'une des bases avec la méridienne terrestre sera inscrit en noir sur un arc tracé en rouge.

L'échelle et le nord seront indiqués. (Instr. du 26 avril 1906, art. 319. Circ. N 697.)

B. *Plans d'aménagement. Dispositions communes.*

107. *Confins.* — Les plans présenteront les confins de la forêt, par commune et par masses de culture. (Instr. du 26 avril 1906, art. 320. Circ. N 697.)

108. *Périmètre.* — Le périmètre sera indiqué par un trait plus fort que celui des détails et sera en outre distingué, quel que soit le propriétaire de la forêt, par un liséré de carmin passé à l'extérieur, de 2 à 3 millimètres de largeur. (Instr. du 26 avril 1906, art. 321. Circ. N 697.)

109. *Points de triangulation.* — Ils seront indiqués conformément au tableau des signes conventionnels, mais à l'encre rouge. (Instr. du 26 avril 1906, art. 322. Circ. N 697.)

110. *Séries.* — Les limites des séries seront désignées par des lisérés de couleur verte pour les forêts domaniales; de couleur orangé pour les bois communaux; de terre de Sienne naturelle pour les bois d'établissements publics. (Instr. du 26 avril 1906, art. 323. Circ. N 697.)

111. *Futaies.* — Les affectations et les parcelles, dans les séries de futaie, seront indiquées de la même manière que dans le plan-projet, mais à l'encre noire (voir n° 309).

Le pourtour des parcelles recevra un liséré de même couleur que celui qui distinguera les séries, mais beaucoup plus fin. (Instr. du 26 avril 1906, art. 324. Circ. N 697.)

112. *Taillis.* — Les divisions dans les séries de taillis seront indiquées à l'encre noire. (Instr. du 26 avril 1906, art. 325. Circ. N 697.)

113. *Carrières. Minières. Sablières.* — Les contours des carrières, minières, sablières, les limites des terrains ne donnant pas lieu à une détermination de surface distincte, seront en traits pointillés. (Instr. du 26 avril 1906, art. 326. Circ. N 697.)

114. *Propriétés. Limites.* — Les limites des propriétés riveraines, lorsqu'il s'agira de domaines importants dont le nom sera inscrit sur le pourtour du périmètre, seront désignées par un simple trait fin à l'encre noire. (Instr. du 26 avril 1906, art. 326. Circ. N 697.)

115. *Inscriptions extérieures.* — Les noms des communes voisines, les numéros des séries limitrophes, les noms des forêts et bois attenant à la forêt et ceux des domaines importants seront inscrits à l'extérieur. (Instr. du 26 avril 1906, art. 327. Circ. N 697.)

116. *Inscriptions intérieures.* — Dans l'intérieur, on n'omettra aucune indication de cantons, de bâtiments, de routes et chemins, carrefours, ruisseaux, étangs, pics, cols, mares et marais, carrières et terrains particuliers; il en sera de même de ceux de ces objets situés aux abords de la forêt.

Les routes et laies sommières, ainsi que les carrefours qui seront établis en forêt, recevront des noms particuliers. (Instr. du 26 avril 1906, art. 328. Circ. N 697.)

117. *Écritures.* — On pourra employer, tant pour le titre que pour le plan, l'écriture dessinée (modèle n° 42) ou bien une ronde correctement écrite. V. Modèle n° 60. (Instr. du 26 avril 1906, art. 315 et 329. Circ. N 697.)

C. Plans généraux. Dispositions spéciales.

118. *Plan général.* — Il sera joint au projet d'aménagement un plan général de la forêt, sur toile calque, indiquant les principaux mouvements du terrain, les cours d'eau, les routes, chemins, maisons forestières, scieries et pépinières, les limites des séries, des cantons, des affectations, des parcelles, des coupes. Si l'échelle du plan général ne permet pas d'y figurer tous les détails nécessaires, il sera, en outre, établi un plan par série.

Un plan général et, s'il y a lieu, des plans par série, contenant les mêmes indications que ci-dessus, accompagnent le projet de revision d'un aménagement. (Circ. N 415.)

119. *Cotes.* — Il ne sera porté aucune mesure d'arpentage sur les plans généraux. (Instr. du 26 avril 1906, art. 330. Circ. N 697.)

120. *Fossés.* — Les fossés n'y seront figurés que lorsqu'ils serviront à l'écoulement des eaux. (Instr. du 26 avril 1906, art. 331. Circ. N 697.)

121. *Affectations.* — Les affectations, dans les séries de futaie, pourront être distinguées par les teintes plates, conformément aux indications suivantes :

1re affectation,		bleu de Prusse.
2^e	—	gomme-gutte.
3^e	—	vermillon (carmin et gomme-gutte.)
4^e	—	violet.
5^e	—	vert franc.
6^e	—	sépia colorée.
7^e	—	vert de vessie ou vert clair.
8^e	—	teinte neutre (gris violacé.)

(Instr. du 26 avril 1906, art. 332. Circ. N 598.)

122. *Peuplements.* — Lorsqu'on jugera préférable de représenter la nature des peuplements ou le mode d'aménagement, on pourra abandonner les teintes relatives aux affectations, on emploiera alors celles qui sont indiquées ci-après :

Essences résineuses, teinte bleue;

Essences feuillues, teinte jaune;

Essences résineuses et feuillues, teinte mélangée panachée, bleue et jaune.

S'il est nécessaire de faire connaître les différents âges de bois, on fera usage de bandes ou traits de mêmes couleurs; ces bandes seront pleines pour les bois les plus âgés et en pointillés pour ceux d'âges moyens.

Les vides recevront une teinte légère de bistre. (Instr. du 26 avril 1906, art. 333. Circ. N 697.)

123. *Modes d'aménagement.* — Les aménagements pourront être exprimés comme suit :

Futaies pleines, teinte de vert franc;

Taillis sous futaie, teinte de jaune verdâtre;

Conversions de taillis en futaie, teinte panachée, composée des deux précédentes, dans laquelle on introduira quelques touches de rose.

Taillis simples, teinte de terre de Sienne naturelle.

Les quarts en réserve des bois communaux ne seront distingués par aucune teinte. (Instr. du 26 avril 1906, art. 334. Circ. N 697.)

124. *Relief de terrain.* — On pourra employer indifféremment les courbes de niveau ou les hachures (numéros 290 à 297). V. Plan.

Les cotes d'altitude seront inscrites à la sépia ou à l'encre de Chine, en petits caractères droits; on soulignera les cotes de repère de la carte de France. (Instr. du 26 avril 1906, art. 335. Circ. N 697.)

125. *Titre.* — Un titre indiquera : sur la gauche, la conservation, l'inspection et le cantonnement; sur la droite, le département, l'arrondissement et la justice de paix; et au centre, le nom de la forêt, en gros caractères; la date du décret qui règle l'aménagement, la date de l'achèvement des opérations et le nom de l'agent opérateur. (Instr. du 26 avril 1906, art. 336. Circ. N. 697.)

126. *Tableau des contenances.* — Un tableau ou résumé des contenances (voir modèle n° 61) sera établi à l'un des angles du plan ou sur une feuille séparée. Il fera connaître la contenance totale des séries et des massifs, celle des objets intérieurs qui n'ont pas été compris dans les coupes, enfin la contenance des routes, chemins, ruisseaux, etc., qui ne dépendent pas du sol forestier (modèle n° 62). Instr. du 26 avril 1906, art. 337. Circ. N 697.)

D. *Plans partiels. Dispositions spéciales.*

127. *Cotes.* — Les plans partiels seront cotés. (Instr. du 26 avril 1906, art. 240 et 338. Circ. N 697.)

128. *Parcelles.* — La contenance de chaque parcelle homogène sera inscrite en noir au-dessous de la lettre indicative de la parcelle, lorsqu'il n'en devra pas résulter de confusion sur le plan. (Instr. du 26 avril 1906, art. 339. Circ. N 697.)

129. *Coupes. Coupons.* — Les numéros des coupes de taillis seront inscrits, dans l'intérieur de chaque coupe, en chiffres arabes droits, parallèlement au bord supérieur de la feuille, et assez gros pour ne pas être confondus avec les cotes d'arpentage. Les numéros des coupons des quarts en réserve seront en chiffres romains droits.

Au-dessous de ces numéros, on indiquera les contenances des coupes par hectares et ares. Les numéros des bornes ou des angles du périmètre seront indiqués de la même manière, mais en caractères plus petits. (Instr. du 26 avril 1906, art. 339. Circ. N 697.)

130. *Relief du terrain.* — Le relief du terrain pourra être figuré au moyen de teintes graduées ou adoucies, avec ou sans courbes de niveau. (Instr. du 26 avril 1906, art. 340. Circ. N 697.)

131. *Titre. Cartouche.* — Un titre ou un cartouche indiquera le nom de la forêt, le numéro et le nom de la série, ainsi que le nombre de feuilles dont cette série pourra se composer et le numéro de chaque feuille. (Instr. du 26 avril 1906, art. 341. Circ. N 697.)

132. *Tableau des contenances.* — Il sera dressé un tableau des contenances pour les séries d'aménagement de futaie (modèle n° 43), et, pour les séries traitées en taillis, un tableau de l'assiette des coupes (modèle n° 44). Ces tableaux seront établis soit à l'un des angles du plan, soit sur une feuille à part. (Instr. du 26 avril 1906, art. 342. Circ. N 697.)

133. *Expédition des plans. Établissement. Dessin.* — Les expéditions des plans d'aménagement seront établies sur des feuilles de la même dimension que les minutes.

Les expéditions seront confectionnées en piquant, à l'aide d'une aiguille très fine, la minute placée sur les feuilles de papier destinées à reproduire le plan dans toutes ses parties. On ne pourra piquer plus de deux expéditions à la fois, et l'on recherchera, au moment du piquage, les points de construction de la minute, afin qu'il y ait le moins de différence possible entre cette construction et le dessin piqué.

Toutes les parties principales du plan (le périmètre, les lignes de construction, les limites de coupes, etc.) seront reproduites par ce procédé. Quant aux parties accessoires, telles que les habitations, les chemins, les limites des fonds riverains, etc., situés à l'extérieur du plan, elles pourront être représentées, soit au moyen de la glace, sur laquelle on calquera alors directement ces parties, soit seulement par le procédé du papier transparent noirci sur le revers.

Le dessin sera exécuté, et les écritures seront faites avec soin et propreté, selon les prescriptions relatives à chaque nature de plans. (Instr. du 26 avril 1906, art. 343. Circ. N 697.)

CHAP. VI. — APPLICATION.

SECT. 1. — CAHIERS. PIÈCES. PLANS.

134. *Bois domaniaux. États signalétiques.* —

Les états signalétiques de chaque forêt renferment, à la deuxième page, la nature et la date de l'acte qui en a réglé l'aménagement, ainsi que les bases sommaires de cet aménagement. (Circ. N 360.)

135. *Bois communaux. États signalétiques. Décret.* — Le décret d'aménagement doit être copié à la deuxième page de l'état signalétique des forêts communales. (Circ. N 428.)

136. *Toile à calquer.* — La toile calque est employée pour le projet d'aménagement, ainsi que pour les expéditions destinées aux archives de la conservation et au chef de cantonnement. (Circ. N 126. Circ. N 415.)

137. *Futaie. Plan. Contenance. Bois communaux.* — Pour les aménagements en futaie de bois communaux et d'établissements publics, les plans seront dressés sans inscription des cote d'arpentage. Le calcul des surfaces sera effectué par des procédés purement graphiques; toutefois les directrices principales seront tracées à l'encre rouge. Le relief du terrain sera figuré aussi exactement que possible, mais sans effectuer le nivellement; les écritures seront faites en ronde, nettement et correctement écrites. (Circ. N 120.)

138. *Plans.* — Les plans concernant les aménagements doivent être conservés avec soin et être remis par les arpenteurs ou leurs héritiers à l'inspecteur chef de service, dans un délai de 15 jours, en cas de cessation de fonctions. (Ord. 23. Circ. A 571, quater.)

139. *Minutes. Établissement.* — Les minutes des plans d'aménagement seront établies correctement d'après les éléments du levé, celles qui auront été piquées ou calquées ne seront pas admises. (Instr. du 26 avril 1906, art. 361, Circ. N 697.)

140. *Vérification.* — Les chefs de service s'assureront, au cabinet et au besoin sur le terrain, que les croquis, cahiers de calcul et plans sont établis conformément aux instructions; ils s'assureront notamment que les bornes, les fossés, les rochers, les murs, les haies, les chemins, les bâtiments, etc., sont figurés sur les plans et que les noms particuliers de ces divers objets y sont régulièrement inscrits. Les résultats de leur examen seront transmis à la direction générale s'il s'agit de plans d'aménagement. (Instr. du 26 avril 1906, art. 362. Circ. N 697.)

141. *Minutes. Plans.* — Les minutes des plans d'aménagement seront soumises à l'examen de la direction générale. L'envoi comprendra, outre les plans et actes définitifs, les croquis relatifs à l'arpentage et à la triangulation, les cahiers des calculs trigonométriques et de surfaces, ainsi que les observations des chefs de service.

Les minutes des plans d'aménagement seront réservées pour les archives de la direction générale.
(Instr. du 26 avril 1906, art. 363 et 365. Circ. 697.)

142. *Taillis. Projets.* — Les projets de division en coupes de taillis seront dressés en double, dont l'un restera à la direction générale. (Instr. 26 avril 1906, art. 364. Circ. N 697.)

143. *Pièces. Plans. Expéditions.* — Les expéditions des pièces et plans concernant les aménagements ne seront entreprises que sur l'autorisation de la direction générale. Ces expéditions seront faites par des copistes et des dessinateurs, sur soumissions. (Instr. 26 avril 1906, art. 364. Circ. N 697.) V. Copie.

Lorsque le plan d'aménagement nécessitera plus d'une feuille (plan général et plan de détail) l'expédition destinée aux archives de la conservation sera remplacée par une copie, sur toile calque, du plan général, avec l'indication des contenances. Quand la forêt sera domaniale, un document semblable sera fourni au chef de cantonnement. (Circ. N 126.)

Les expéditions seront certifiées conformes, soit par les agents qui auront établi les minutes, soit par ceux qui auront été chargés de les collationner. Elles porteront, au bas et à gauche, autant que possible, la mention ci-après et signée : *Collationné par nous* (qualité), *le* (date). (Instr. 26 avril 1906, art. 366. Circ. N 697.)

144. *Pièces. Inventaire.* — Lorsqu'un aménagement commencé par un agent devra être achevé par un autre agent, il lui sera fait remise de toutes les pièces, sur inventaire. Si l'agent qui a commencé un travail est changé de résidence et doit achever l'opération à son nouveau poste, il lui est fait remise de toutes les pièces, sur inventaire dressé par le chef de service, qui, en recevant le travail, en délivrera récépissé. (instr. 26 avril 1906, art. 358 et 359. Circ. N 697.)

145. *Atlas.* — Chaque atlas de l'aménagement se composera :
D'un titre;
Du tableau des exploitations (Mod. 43 et 44);
Du résumé des contenances (Mod. 61);
Du registre des opérations trigonométriques (Mod. 36);
Du canevas trigonométrique (Mod. 20 ou 20 *bis*);
Du plan général de la forêt;
Des plans de détail dans l'ordre des séries. (Instr. 26 avril 1906, art. 368. Circ. N 697.)

146. *Minutes pour l'administration. Feuilles en mauvais état.* — Les minutes des plans, destinées à la direction générale, ne seront pas collées sur toile, ni reliées en atlas; l'envoi se

composera de toutes les pièces énumérées à l'article précédent; si quelques feuilles étaient en mauvais état, elles seraient immédiatement recommencées. (Instr. du 27 avril 1906, art. 363. Circ. N 697.)

147. *Plans. Conservation.* — Les plans collés sur toile, déposés dans les conservations et les inspections, seront disposés à plat dans des tiroirs ou des casiers, en les préservant de la poussière et de l'humidité autant que possible. (Instr. du 26 avril 1906, art. 369. Circ. N 697.)

SECT. II. — ÉTATS DES TRAVAUX. SITUATION.

148. *États de situation. Établissement. Époque.* — Les états de situation des aménagements sont dressés par forêt; ils sont fournis mensuellement (le 5 de chaque mois) par le service spécial et trimestriellement (les 5 avril, juillet, octobre et janvier) par le service ordinaire. (Circ. N 359. Form. Série 2, n° 7.)

149. *Retour aux agents. Envoi à l'administration.* — Après y avoir consigné leurs observations, les conservateurs renvoient les états aux agents, excepté toutefois en juillet et janvier.

A ces deux époques, les bulletins doivent, avant de faire retour aux agents, être communiqués à l'administration, avant les 15 juillet et 15 janvier. (Circ. N 359.)

150. *Travaux. Exécution.* — Les conservateurs sont tenus au courant de l'exécution des travaux concernant les aménagements par l'état série 2, n° 7. (Circ. N 359. Circ. N 372.)

SECT. III. — ZONE FRONTIÈRE. DIVERS.

151. *Lignes. Zone frontière.* — Dès que les bases de l'aménagement d'un bois situé dans les territoires réservés de la zone frontière seront arrêtées et avant de faire les projets définitifs, on soumettra au directeur du génie un croquis de la forêt, avec l'indication figurative des lignes à ouvrir et de leur largeur. L'adhésion du service militaire sera jointe au projet d'aménagement, lors de son envoi à l'administration; dans le cas de refus ou d'adhésion conditionnelle, il en est référé à l'administration. (Circ. N 253. Circ. N 565, art. 40.)

152. *Bornage. Projet.* — Les projets de travaux, concernant le bornage des lignes de division des coupes, seront établis d'après l'instruction du 26 avril 1906 qui a remplacée celle du 14 octobre 1860. (Circ. N 566, art. 121.)

153. *Abatage d'arbres.* — Les décisions régulières qui autorisent des travaux d'amélioration (aménagement) dans les bois soumis au régime forestier autorisent implicitement les abatages d'arbres que ces travaux occasionnent. (Décis. min. 15 mai 1862. Circ. A 819.)

154. *Gardes-ouvriers. Indemnité.* — Pour les travaux d'aménagement, on doit employer les gardes comme ouvriers, lorsque le service n'aura pas à en souffrir. Dans ce cas, les gardes sont indemnisés de leurs déplacements. (Décret du 15 juin 1921.)

155. *Décret. Exécution. Bois communaux.* — Une commune ne peut se soustraire à l'exécution d'un décret qui prescrit l'aménagement de ses bois. C'est à l'administration des forêts et au préfet à prendre des mesures pour l'y contraindre. (Décis. Min. Fin., 15 décembre 1828, 19 janvier 1830.)

156. *Usage. Aménagement.* — Lorsqu'un propriétaire d'une forêt grevée de droits d'usage est condamné à rétablir l'aménagement, à 25 ans, par exemple, il satisfait à cette prescription en coupant le 1/25 de la forêt, sans être tenu de couper les arbres âgés de plus de 25 ans. (Cass. 2 août 1865.)

157. *Agents. Bois communaux.* — Les travaux relatifs à l'aménagement des bois communaux et d'établissements publics peuvent être confiés aux agents des commissions ou aux agents du service ordinaire. (Ord. 2 décembre 1845. Décr. du 25 août 1861. Circ. A 580. Circ. N 103, § 1.)

SECT. IV. — FRAIS. INDEMNITÉ. PAYEMENT.

158. *Frais. Bois communaux.* — Les frais d'aménagement doivent être payés par les communes ou établissements publics. Ces frais ne sont pas compris dans les frais d'administration dont il est question à l'article 107 du code forestier. (Circ. A 456. Cons. d'État, 21 août 1839 et 23 juillet 1841.)

159. *Frais. Bois communaux.* — Les frais des opérations d'aménagement des bois communaux et d'établissements publics sont à la charge des propriétaires des bois. (Circ. N 103, § 2. Décr. 15 juin 1921.)

160. *Frais. Journées employées.* — Les conservateurs s'assurent que le nombre des journées consacrées aux travaux est en rapport avec la nature et avec l'importance des opérations. (Circ. N 123, § 5.)

161. *État des dépenses.* — L'état trimestriel de la situation des dépenses faites ou à faire pour travaux de toute nature (série 3, n° 16) est supprimé.

Le conservateur, immédiatement après l'exécution d'un travail d'aménagement qui n'aura pas absorbé l'intégralité du crédit alloué, informera l'administration du montant des fonds restés sans emploi par l'envoi de la nouvelle formule série 3, n° 16 appropriée à tous les cas. (Circ. N 372.)

162. *Indemnité. Principe.* — Aux termes du décret du 15 juin 1921, il n'est plus accordé au personnel aucune indemnité fixe, ni journalière, ni annuelle, pour travaux d'aménagement; les indemnités fixes de commission se trouvent donc supprimées à compter du 1ᵉʳ janvier 1921. Les officiers et préposés des commissions d'aménagement, comme ceux du service ordinaire, toucheront désormais exclusivement, à l'occasion des travaux d'aménagement, des indemnités destinées à les couvrir; 1° de leurs frais de tournées calculées suivant les modalités et d'après les tarifs en vigueur, pour les déplacements ne rentrant pas dans le service ordinaire et par suite non imputables sur les indemnités forfaitaires; 2° des frais de bureau et de copies qu'ils pourront avoir à supporter. (Lett. Dir. Gén. du 5 juillet 1921.) V. indemnité.

163. *Recouvrement. Tarif.* — L'État recouvrera sur les communes et établissements publics les dépenses occasionnées par la coopération du personnel d'après le tarif forfaitaire ci-après :

30 francs par journée d'agent employée sur le terrain;

18 francs par journée d'agent employée au cabinet;

10 francs par journée de préposé employée sur le terrain. (Décr. du 15 juin 1921, art. 2.)

164. *Journée. Durée.* — La durée de la journée sera de huit heures au moins, les fractions de moins de huit heures et de plus de quatre heures compteront pour une demi-journée; les journées et heures de voyage seront considérées comme ayant été employées sur le terrain. (Lett. Dir. Gén., 5 juillet 1921.)

165. *Auxiliaires.* — Les communes et établissements publics conservent à leur charge les dépenses d'auxiliaires étrangers à l'administration. (Lett. Dir. Gén. 5 juillet 1921.)

166. *Recouvrement. Formalités.* — L'état des frais dus au Trésor, adressé par le conservateur, sera rendu exécutoire par le préfet, pour être recouvré par le receveur des domaines au titre de remboursement d'avances et comme produits accessoires des forêts (Décr. du 15 juin 1921, art. 3.)

167. *Dérogation.* — L'État pourra continuer à exécuter gratuitement l'aménagement des forêts appartenant à des communes ou établissements publics dont les ressources sont reconnues insuffisantes pour en supporter les frais. (Décr. du 15 juin 1921, art. 4.)

168. *Propositions.* — Les propositions pour travaux d'aménagement doivent être adressées, par l'intermédiaire du préfet, aux communes intéressées, et être accompagnées du devis des dépenses probables, avec invitation à ouvrir les crédits nécessaires. (Lett. Dir. Gén. du 5 juillet 1921.)

169. *Rapport. Dossier.* — Lorsqu'une commune ou un établissement public invoquera le bénéfice de l'article 4 du décret du 15 juin 1921, on produira un rapport circonstancié avec avis sur l'opportunité d'accorder une gratuité complète des travaux, soit une remise partielle des frais d'intervention du personnel.

Le dossier sera transmis à l'administration par l'intermédiaire du préfet qui aura à y joindre son avis et tous renseignements utiles sur la situation financière de la commune ou de l'établissement public. (Lett. Dir. Gén. 5 juillet 1921.)

170. *Travaux. Programme.* — Le programme des travaux d'aménagement à présenter pour l'exercice au début de chaque année sera établi comme par le passé, mais il sera nécessaire d'y mentionner les engagements des conseils municipaux et commissions administratives de supporter les dépenses qui leur incombent. (Lett. Dir. Gén. 5 juillet 1921.)

171. *Récapitulation. Propositions.* — Les propositions seront récapitulées sur un état série 2 n° 2 sur lequel figureront, dans la colonne 19, les dépenses à prévoir au titre «frais de tournées du personnel» et dans la colonne 20, sous le titre de «travaux d'aménagement», toutes les autres charges de l'État. (Lett. Dir. Gén. du 5 juillet 1921.)

172. *Sommes dues au Trésor. Règlement.* — L'état des sommes dues au Trésor par les communes et établissements publics sera établi par les soins des conservateurs et transmis au préfet dès la clôture du procès-verbal d'aménagement. (Lett. Dir. Gén. du 5 juillet 1921.)

AMÉNAGEMENT-RÈGLEMENT.

1. *Définition.* — L'opération connue sous le nom d'aménagement-règlement, par laquelle un propriétaire de bois grevé de droit d'usage concentrait l'exercice de la servitude sur une portion déterminée de ces bois et reconnue suffisante pour satisfaire les besoins des usagers, n'est plus possible aujourd'hui, avec les prescriptions du code forestier. (Cass. 4 février 1863.) V. Usage.

2. *Algérie. Droits d'usage. Règlement-aménagement.* — Les droits d'usage grevant les forêts de l'État pourront être concentrés par voie de règlement-aménagement. Le règlement-aménagement sera approuvé par décret. (Loi du 21 février 1903, art. 62. Circ. N 642.)

Cette disposition ne paraît pas s'appliquer

aux bois de particuliers, car l'article 111 de ladite loi n'autorise que l'emploi des modes d'affranchissement de l'usage, tandis que le règlement-aménagement n'affranchit pas la forêt. (Ch. Guyot.)

3. *Définition. Application en Algérie.* — Le règlement-aménagement actuellement usité seulement en Algérie, depuis la loi du 9 décembre 1885, consiste à diviser les bois grevés de droits d'usage en deux parties qui doivent être attribuées respectivement et exclusivement l'une au propriétaire et l'autre aux usagers. Il diffère du cantonnement en ce que les usagers n'ont aucune part dans la propriété du fonds. (Loi du 9 décembre 1885, exposé des motifs. Circ. N 357.)

4. *Définition. Principe.* — A la différence du cantonnement, qui tranforme le titre de l'usager et substitue une propriété pleine et entière à une simple servitude, l'ancien aménagement-règlement ne faisait que restreindre l'étendue de la zone où s'exerçait le droit d'usage, sans modifier la nature de ce droit, qui demeurait subordonné aux besoins de l'usager et à la possibilité des bois grevés. (Cass. 11 novembre 1856.)

5. *Droit. Modification.* — Les anciens aménagements-règlements n'ont pu changer la nature des droits d'usage, ni les étendre au delà des termes fixés par le titre primitif. Ainsi des usagers qui ont des droits d'affouage ne peuvent prétendre à la futaie, même malgré des faits de possession. (Metz, 6 juin 1855. Cass. 27 mars 1854.)

6. *Propriété du fonds. Produits.* — A la différence du cantonnement, l'ancien aménagement-règlement n'emportait jamais l'évolution du fonds en pleine propriété au profit de l'usager. Il était, au contraire, de l'essence du contrat d'aménagement que le propriétaire conservât, outre le haut domaine, tous les produits quelconques que l'usager n'absorbait pas, en vertu de l'abandon qui lui avait été consenti. (Bourges, 27 février 1861.)

7. *Abandon de cantons. Jouissance.* — On doit considérer comme un aménagement-règlement et non comme un abandon de propriété l'acte par lequel le propriétaire d'une forêt abandonne aux usagers certains cantons de cette forêt, pour en jouir à titre d'usage, en bons pères de famille, avec faculté de nommer les gardes et en s'interdisant de les troubler par règlement ou autrement. (Metz, 7 mai 1856.)

8. *Autorité. Interprétation. Compétence.* — Les aménagements-règlements opérés par les commissaires réformateurs, en exécution d'arrêts du conseil et approuvés par le roi en son conseil, ont le caractère de loi; par suite, il appartient à l'autorité judiciaire de les interpréter. (Cass. 14 juin 1881.)

AMENDE.

V. Circonstances aggravantes. Condamnation. Fonds commun. Recouvrement. Sursis.

SECTION I. — AMENDE EN GÉNÉRAL.

1. *Matière forestière. Caractère.* — L'amende est l'une des peines principales en matière forestière; elle existe tantôt seule, tantôt jointe à l'emprisonnement; toujours elle est obligatoire pour le juge. (Ch. Guyot.)

2. *Amende forestière. Assimilation.* — Une jurisprudence constante de la Cour de cassation, se basant sur la nature de l'amende forestière qui ne donna pas lieu à l'application de la loi de sursis et au cumul ou confusion des peines, sans aller jusqu'à l'assimiler aux condamnations civiles, déclare qu'elle participe, dans une certaine mesure, du caractère de ces condamnations et qu'elle est assimilable aux demandes dites fiscales. Cette théorie est acceptée par une partie des auteurs. Cependant les amendes forestières sont de véritables peines et ne doivent pas être confondues avec les condamnations civiles. (Meaume. Ch. Guyot.) V. Cours de droit forestier, t. Ier, page 381. Cumul. Sursis.

3. *Délit forestier. Délit de pêche.* — Les amendes prononcées pour délits forestier et de pêche appartiennent à l'État. (Cod. For. 204. Loi du 15 avril 1829, art. 73. Loi du 21 février 1903, art. 182, relative à l'Algérie.) V. Recouvrement. Décimes.

4. *Délit de chasse.* — L'amende de chasse, ayant le caractère de peine, appartient à l'État. Comme en matière forestière et de pêche, le Trésor n'en conserve qu'une partie et abandonne le reste pour former un fonds commun. La disposition du deuxième paragraphe de l'article 19 de la loi du 3 mai 1844 doit être considérée comme abrogée par la loi de fin. du 28 avril 1893 (art. 45 modifiant l'article 11 de la loi de fin. du 26 décembre 1890) qui s'applique à toutes les amendes dont le recouvrement est confié aux percepteurs des contributions directes. (Ch. Guyot.) V. Fonds commun.

5. *Éléments.* — Les amendes dites de condamnation dont l'administration s'occupe sont :
Les amendes forestières proprement dites;
Les amendes de chasse;
Les amendes concernant la pêche fluviale;
Les amendes résultant des contraventions, en Algérie, à la loi du 21 février 1903 qui a remplacé la loi du 9 décembre 1885. (Circ. N 554. art. 7.) V. Condamnation.

6. *Amendes pénales. Majoration.* — Le montant des amendes pénales prononcées par les cours et tribunaux sera majoré de 20 décimes. (Loi du 25 juin 1920, art. 110.)

Les dispositions dont il s'agit ne consistent pas dans le triplement des amendes, ce qui aurait entraîné de profondes modifications dans les compétences des diverses juridictions. L'amende reste inchangée et la majoration porte exclusivement sur les décimes.

Il en résulte que les décimes sont portés de deux et demi à vingt-deux et demi.

7. *Chasse. Pêche. Caractère.* — En matière de chasse et de pêche l'amende a le caractère de peine personnelle, en ce sens que chacune des personnes qui ont participé aux délits emporte une amende distincte de celle de ses co-auteurs ou complices. (Ch. Guyot.) V. n°° 478 et 479.

8. *Pêche. Peine personnelle. Conséquence.* — Étant donnée la personnalité de l'amende, s'il est reconnu que plusieurs personnes sont co-auteurs d'un délit unique, chacune de ces personnes est condamnée individuellement. (Nancy, 29 janvier 1840.) V. Complice.

9. *Amende séparée.* — Il doit être prononcé une amende pour chaque délit distinct et régulièrement constaté par procès-verbal. (Cass. 28 juin 1845.)

10. *Co-prévenus. Condamnations.* — Dans les matières gouvernées par le droit commun ou par une loi spéciale, qui ne déroge pas aux principes généraux, les amendes encourues par divers individus, pour une même contravention doivent être prononcées contre chacun d'eux individuellement. (Cass. 11 juillet 1873.)

11. *Double amende. Délit double.* — Doit être punie de deux amendes distinctes une double contravention, alors que chacune des infractions est prévue par des dispositions distinctes du code forestier, quand même cette double contravention aurait été constatée par un seul procès-verbal (récolement). (Cass. 24 mai 1850.)

12. *Libération. Prestation.* — L'administration pourra admettre les délinquants insolvables à se libérer des amendes, des délits commis dans tous les bois en général, au moyen des prestations en nature. (Cod. For. 210, 215. Loi du 18 juin 1859.) V. Prestation.

13. *Algérie. Libération. Prestation.* — En ce qui concerne les bois soumis au régime forestier, l'administration des Eaux et Forêts pourra admettre tous les délinquants à se libérer des amendes, au moyen de prestations en nature, consistant en travaux d'entretien ou d'amélioration dans les forêts ou sur les chemins vicinaux. (Loi du 21 février 1903, art. 187.)

Les prestations seront exécutées sur chemins vicinaux dépendant de la commune sur le territoire de laquelle le délit aura été commis.

Pour les bois non soumis, les délinquants insolvables pourront être admis à se libérer de la même manière, mais seulement en ce qui concerne les amendes et les frais avancés par l'État. (Loi du 21 février 1903, art. 189. Circ. N 642.)

14. *Sursis. Exécution. Annulation.* — Lorsque l'inculpé condamné à l'amende n'a pas subi de condamnations antérieures à la prison pour crime ou délit de droit commun, le tribunal peut ordonner qu'il sera sursis au payement de l'amende, et si dans le délai de cinq ans le condamné n'a encouru aucune poursuite suivie de condamnation pour crime ou délit de droit commun, la condamnation est considérée comme non avenue. (Loi du 26 mars 1891.)

Cette loi, qui permet de suspendre pendant cinq ans l'application de la peine, n'est pas applicable en matière de contravention de simple police. (Cass. 5 mars 1892.)

15. *Délits forestiers. Sursis.* — Les dispositions de la loi Bérenger du 26 mars 1891, qui autorise les juges à surseoir à l'exécution de la peine, ne sont pas applicables en cas de condamnation, à l'amende prononcée en matière forestière. (Riom, 18 mai 1892. Cass. 22 décembre 1892. Bourges, 29 novembre 1895. Circ. N 456. Circ. N 554, art. 72.)

Les amendes en matière forestière constituent dans une certaine mesure des peines fiscales; il ne saurait être sursis à leur exécution. (Pau, 22 octobre 1898.)

16. *Délits de chasse.* — La loi du 26 mars 1891 (loi Bérenger) ne s'applique pas aux amendes encourues pour délits de chasse commis dans les bois soumis au régime forestier. (Angers, 27 avril 1893. Circ. N 456. Paris, 30 janvier 1894. Circ. N 473. Cass. 28 janvier 1897. Circ. N 512.)

16 *bis. Délits de pêche.* — La loi du 26 mars 1891 n'est pas applicable aux amendes en matière de délits de pêche. (Poitiers, 20 janvier 1899. Circ. N 556.)

17. *Transaction. Jugement. Chasse.* — Il n'y a pas de distinction à faire entre les amendes imposées par transaction et celles prononcées par un jugement; elles sont de même nature, doivent recevoir la même destination, et, en exécution de l'article 10 de la loi du 3 mai 1844, elles sont à appliquer au profit de la commune où la contravention a eu lieu. (Lettre du directeur général des domaines au directeur général des forêts en date du 5 avril 1854.)

18. *Modération.* — Nonobstant l'attribution faite aux communes par l'article 19 de la loi du 3 mai 1844 (chasse), les amendes prononcées pour délit de chasse peuvent être remises

ou modérées. (Décis. Min. 30 septembre 1844. Circ. N 72, § 25.) V. Gratification.

19. *Degré de foi. Calcul.* — Pour calculer le degré de preuve d'un procès-verbal, on prend l'amende qui peut être appliquée, sans s'arrêter au chiffre des conclusions. Les dommages-intérêts ne peuvent être inférieurs au minimum de l'amende.

20. *Calcul. Conférence. Mode d'enlèvement.* — Lorsque l'amende est calculée soit d'après la circonférence des arbres enlevés, soit d'après le mode d'enlèvement, elle reste toujours la même, quel que soit le nombre des délinquants, sauf à les faire condamner tous solidairement. (Cass. 23 août 1834.) V. Emprisonnement.

21. *Délinquants.* — En appliquant l'article 192, l'amende se calcule par arbre et non pas d'après le nombre des délinquants. (Cass. 10 avril 1835.)

22. *Calcul. Erreur.* — Lorsque le tribunal a commis une erreur dans le calcul et la fixation de l'amende, le bénéfice de l'erreur est définitivement acquis au prévenu lorsqu'il n'y a pas eu appel à minima de la partie publique. (Chambéry, 22 août 1861.)

23. *Cassation Dispenses.* — Sont dispensés de l'amende : 1° les condamnés en matière criminelle; 2° les agents publics pour les affaires qui concernent directement l'administration et les domaines ou revenus de l'État.

A l'égard de toutes autres personnes, l'amende sera encourue par celles qui succomberont dans leur recours. Seront néanmoins dispensées de la consigner celles qui joindront à leur demande en cassation : 1° un extrait de rôle des contributions constatant qu'elles payent moins de 6 francs, ou un certificat du percepteur de leur commune, portant qu'elles ne sont point imposées; 2° un certificat d'indigence à elles délivré par le maire de la commune de leur domicile ou par son adjoint, visé par le sous-préfet et approuvé par le préfet de leur département. (Instr. crimin. 420.)

24. *Recouvrement.* — Le recouvrement des amendes forestières est confié aux percepteurs des contributions directes, qui sont, pour cet objet, substitués aux receveurs des domaines. (Loi du 29 décembre 1873, art. 25.)

25. *Algérie. Recouvrement.* — En Algérie, le recouvrement des amendes forestières est confié au receveur des contributions diverses. (Loi du 21 février 1903, art. 187. Circ. N 642.)

26. *Recouvrement. Héritiers. Chose jugée.* — Le recouvrement des amendes prononcées en simple police et en police correctionnelle, par jugement ayant acquis force de chose jugée avant le décès du condamné, peut être poursuivi contre ses héritiers. (Cass. 9 déc. 1832.)

Déc. Min. et du garde des sceaux des 13 et 21 août 1833. Lettre de l'administration du 18 mai 1855, n° 13691.)

27. *Attribution. Police.* — Les amendes de police rurale recouvrées appartiennent aux communes dans lesquelles les contraventions ont été commises. (Ord. 30 décembre 1823.)

28. *Produit. Répartition.* — Le produit des amendes en principal est réparti annuellement dans chaque département de la manière suivante :

20 pour cent pour l'État;

80 pour cent pour le fonds commun.

(Loi de finances du 27 décembre 1890, art. 11. Circ. N 430. Loi du 28 avril 1893, art. 45.)

En principe les amendes forestières appartiennent toujours à l'État. (Cod. For. 204.)

SECT. II. — AMENDE SIMPLE.

29. *Définition.* — L'amende simple est celle édictée par le code, en dehors des circonstances aggravantes de nuit, scie et récidive.

30. *Application. Nomenclature.* — Dans le cas de l'article 199 du code forestier, l'amende pour le pâturage dans un bois au-dessous de dix ans est une amende simple (Cass. 19 avril 1833, 1er février 1834, 2 août 1834); il en est de même du 1/3 en sus prononcé contre l'adjudicataire pour coupe de réserve par l'article 34 du code forestier (Cass. 21 juillet 1838, 1er février 1834, 17 mai 1834), et de celles insérées aux articles 54 (introduction des porcs excédant le chiffre fixé par l'adjudication), 57 (enlèvement des glands et semences par les adjudicataires de menus produits), 70 (introduction par les usagers des bestiaux dont ils font commerce), 78 (introduction par les usagers de chèvres ou moutons au pâturage) et 29 (outre-passe). (Cass. 26 déc. 1833.)

31. *Maximum. Minimum.* — En cas de maximum ou de minimum, ce dernier chiffre sert de limite au-dessous de laquelle les dommages-intérêts ne peuvent pas être fixés.

32. *Outre-passe.* — En cas de délit d'outre-passe, si le fait a été commis à l'aide de la scie, les amendes de l'article 29 doivent être *doublées*, d'après l'article 201, attendu que l'amende du triple de la valeur du bois est une amende simple, dans le sens de l'article 202. (Cass. 26 déc. 1833.)

33. *Coupe de réserves.* — Dans le cas de l'article 34 (coupe de réserves), l'amende du 1/3 en sus est une amende simple. (Cass. 17 mai 1834.)

34. *Amende simple. Pêche.* — La circonstance de frai, qui double l'amende dans le cas de l'article 28 de la loi du 15 avril 1829, a pour

résultat de faire de cette amende doublée une amende simple.

SECT. III. — AMENDE DOUBLE.

35. *Définition.* — L'amende double est celle qui est doublée par suite d'une circonstance aggravante, telle que nuit, scie ou récidive.

36. *Latitude. Limite.* — Lorsque la loi indique un maximum ou un minimum, on peut prendre pour amende simple un chiffre quelconque compris dans ces limites, et cette amende sert de point de départ pour calculer le doublement provenant des circonstances aggravantes.

SECT. IV. — AMENDE TRIPLE, QUADRUPLE.

37. *Réunion des circonstances aggravantes.* — Le chiffre de l'amende doit varier selon le nombre des circonstances aggravantes, par suite l'amende simple doit être répétée autant de fois qu'il y a de circonstances de cette nature. Ainsi l'amende doit être double, s'il n'y a qu'une simple circonstance aggravante; elle est triplée avec deux et quadruplée avec trois; mais la progression s'arrête là. (Dalloz, J. G. 368.)

Toutefois, d'après l'arrêt de la Cour de cassation du 16 août 1849, le dernier paragraphe de l'article 201 du code forestier proposerait une alternative, pour la nuit et l'emploi de la scie, à cause de la disjonctive *ou* qui s'y trouve. En conséquence, le concours de la nuit et de l'usage de la scie ne donnerait lieu qu'à un doublement. Ainsi la condamnation serait de trois fois l'amende simple si à la récidive se joignaient les deux autres circonstances. (Ch. Guyot.) V. Circonstances aggravantes.

AMI.

1. *Chasse. Nombre. Permissions.* — Les fermiers pourront se faire accompagner par un nombre de personnes déterminé dans les affiches et le procès-verbal d'adjudication, ou les autoriser à chasser en dehors de leur présence en leur donnant par écrit des permissions spéciales et nominatives dont ils fixeront la durée. Ces permis devront être exhibés à toute réquisition. (Cah. des ch. 15.)

2. *Officiers forestiers.* — Les officiers forestiers ne doivent pas accompagner, en qualité d'amis, les fermiers de la chasse dans les forêts domaniales de leur circonscription. (Circ. N 65.)

3. *Nombre excédant. Pénalité.* — Les amis invités par un fermier de la chasse, et avec lui en plus grand nombre que celui fixé, ne sont passibles d'aucune amende; le fermier seul est passible de l'amende, pour violation du cahier des charges. (Cass. 19 nov. 1845.) V. Invités.

AMNISTIE.

1. *Définition.* — L'amnistie est un acte du pouvoir souverain (d'après la loi du 17 juin 1871, les amnisties ne peuvent être accordées que par une loi), dont l'effet est d'effacer et de faire oublier un crime ou un délit; elle enlève tous les effets de la récidive. (Cass. 6 janvier 1809, 11 juin 1825. Loi du 25 février 1875.) V. Grâce.

2. *Conséquence.* — L'amnistie accordée est irrévocable; nul ne peut y renoncer et les juges doivent l'appliquer d'office à tous les délits antérieurs à l'amnistie. (Meaume.)

3. *Instance.* — L'amnistie peut être invoquée en tout état de cause, appel ou cassation. (Meaume.)

4. *Conséquence.* — L'amnistie ne laisse après elle ni accusé, ni prévenu, ni condamné; elle éteint complètement et immédiatement l'action publique. (Meaume.)

5. *Classement.* — L'amnistie peut être générale ou partielle, absolue ou conditionnelle. L'amnistie générale est toujours restreinte aux délits indiqués par l'acte qui l'accorde; l'amnistie partielle comprend seulement une partie des coupables d'une certaine catégorie.

L'amnistie absolue est accordée sans conditions.

L'amnistie conditionnelle n'est valable que si le délinquant justifie de l'exécution des conditions prescrites. (Meaume.)

6. *Dates des amnisties pour délits forestiers.* — 25 mars 1810. — 11 juillet 1814. — 20 octobre 1820. — 28 mai 1825. — 3 novembre 1827. — 14 et 23 mars 1830. — 8 et 19 novembre 1830. — 7 et 23 décembre 1830. — 13 avril 1831. — 8 avril 1833. — 30 mai et 3 juin 1837. — 15 et 22 janvier 1852. — 14 et 25 août 1852. — 16, 25 et 31 mars 1856. — 14 août 1869. — 19 juillet 1889. — 27 décembre 1900. — 1er avril 1904. — 12 juillet 1906 (restreinte aux délits dont le minimum de pénalités encourues n'est pas supérieur à 100 francs). Loi du 24 octobre 1919, applicable à tous les délits et contraventions en matière forestière, de chasse, de pêche fluviale, quel que soit le tribunal qui ait statué. (Circ. N 870.) Loi du 29 avril 1921 relative aux mêmes infractions pour les faits commis avant le 11 mars 1920. Pour certaines catégories de militaires, l'effet de l'amnistie a été reporté au 11 novembre 1920.

Cette amnistie n'est pas applicable aux frais de poursuites et d'instances avancés par l'État, aux droits fraudés, restitutions et dommages-intérêts. L'administration forestière pourra donc provoquer le recouvrement des restitutions et dommages-intérêts soit par voie de jugement à obtenir de la juridiction correctionnelle ou de simple police, soit par voie de transaction.

7. *Condamnation non exécutée.* — Au cas où une condamnation définitive aurait été prononcée avant la promulgation de la loi, mais n'aurait pas été exécutée, il n'y aura lieu de poursuivre l'exécution du jugement qu'en ce qui concerne les restitutions et dommages-intérêts alloués.

8. *Action civile.* — L'amnistie n'enlève pas à l'acte amnistié son caractère délictueux et ne dessaisit pas les tribunaux correctionnels de l'action civile, pour le préjudice causé. En conséquence, le prévenu d'un délit forestier doit être condamné à des dommages-intérêts égaux à l'amende simple qui aurait été prononcée sans l'intervention de l'amnistie. (Colmar, 25 juillet 1856. Cass. 19 novembre 1869.)

9. *Action civile. Droit des tiers. Poursuites.* — L'amnistie n'éteint pas l'action civile, parce qu'elle ne peut pas préjudicier au droit des tiers. Dans ce cas, l'administration forestière requiert les dommages-intérêts seulement devant les tribunaux correctionnels, en vertu de l'article 171 du code forestier. (Cass. 26 octobre 1821 et 19 septembre 1832. Toulouse 29 juin 1921.) L'administration forestière seule, à l'exclusion du ministère public, peut, après amnistie, poursuivre en réparation civile devant le tribunal correctionnel. (Cass. 18 janvier 1828. Grenoble, 6 janvier 1870. Chambéry, 7 novembre 1889. Grenoble, 2 mai 1901. En sens contraire, Cass. 1er mai 1920 en ce qui concerne l'application de la loi de 1919.)

10. *Bois particuliers. Compétence.* — Dans les bois non soumis au régime forestier, un particulier ne peut poursuivre la réparation civile d'un délit amnistié que devant les tribunaux civils.

11. *Délit successif. Délit permanent.* — L'amnistie ne s'applique pas aux délits successifs et permanents, quoique leur commencement ait été antérieur à l'amnistie. (Cass. 20 octobre 1832.) (Défrichement, construction.)

12. *Abus. Malversation. Contrat.* — Une amnistie générale (25 mars 1810) n'est point applicable aux abus et malversations commis par les adjudicataires des bois, vu qu'il ne s'agit pas ici d'un simple délit forestier, mais d'un délit qui a pour effet la violation d'un contrat. (Cass. 13 et 14 décembre 1810. Conseil d'État, 23 juin 1810, approuvé par décret le 26 juin 1810.)

13. *Condamnations civiles.* — Lorsque en cours d'instance est intervenue une amnistie, le jugement de condamnation émanant du tribunal répressif n'a d'effet qu'en ce qui concerne les condamnations civiles. (Chambéry, 16 février 1905.)

14. *Contrat. Violation.* — A moins de condition expresse, l'amnistie ne s'applique pas aux délits et réparations résultant de la violation d'un contrat. (Cons. d'État. 23 juin 1810.)

15. *Complices.* — L'amnistie, à moins d'exception, profite de plein droit aux complices. (Cass. 6 janvier 1809.)

16. *Extension.* — Les décrets d'amnistie ne peuvent s'étendre à des matières que le souverain n'y a pas expressément comprises. (Cass. 11 juillet 1856.)

17. *Faits. Date.* — L'amnistie ne s'étend qu'aux faits antérieurs à la date de sa promulgation, y compris le jour de cette date. (Cass. 20 avril 1833, 2 décembre 1837, 12 août 1839.)

18. *Faits. Promulgation.* — L'amnistie ne s'étend qu'aux faits antérieurs (à sa date) au moment où elle est rendue. Les délais de la promulgation des lois sont inapplicables aux ordonnances d'amnistie. (Cass. 17 juillet 1839, 20 avril 1833.)

19. *Amende. Restitution.* — Lorsque, par le fait d'une amnistie, il n'y a plus lieu de statuer sur un pourvoi en cassation formé par un condamné, celui-ci a droit à la restitution de l'amende consignée. (Cass. 22 janvier 1870.)

AMPLIATION.

Définition. — Copie, première expédition d'un acte administratif.

ANALYSE CHIMIQUE.

Conditions. — Les agents forestiers, qui ont à faire procéder à l'analyse de terrains ou de produits dont l'étude se rapporte à l'exercice de leurs fonctions, peuvent s'adresser à l'administration, qui se charge de transmettre à la station de recherches et d'expériences, créée à l'école forestière, l'objet de leur demande, avec les corps expédiés, et de leur communiquer le résultat des expériences. (Circ. N 367.) V. Station de recherches et d'expériences forestières.

ANALYSE DES PRIX.

1. *Définition.* — Pour tout projet de travaux, l'analyse des prix comprend tous les éléments au moyen desquels on établit le prix de l'unité de chaque nature d'ouvrages et le détail du prix de chacune de ces unités. (Circ. N 566 art. 13.)

Pour les projets de routes l'analyse des prix comprend, les sous-détails applicables, non seulement à tous les travaux récapitulés dans le détail estimatif, mais encore aux objets de dépenses aléatoires qui peuvent surgir dans le cours de l'exécution des travaux. Ainsi on doit y prévoir toutes les différentes sortes de déblais qu'on peut rencontrer. (Circ. N 566, art. 64.)

2. *Indications.* — Les éléments qui entrent dans l'analyse des prix sont :

1° La valeur des matériaux. (Frais d'extraction, transports, droits.)

2° Les déchets que subissent les matériaux dans leur emploi.

3° La main-d'œuvre employée à l'exécution des ouvrages. (Salaire.)

4° Les frais comprenant les dépenses des outils, équipages, machines, construction de hangars, chantiers et magasins, conduite et surveillance des travaux, leur administration intérieure et les menues dépenses diverses.

5° Les intérêts des fonds avancés par l'entrepreneur et son bénéfice. (Block.)

ANCIENS.

1. *Définition.* — Les anciens sont les arbres réservés, âgés de trois révolutions et au delà. V. Réserves.

2. *Marque.* — Les anciens seront marqués du marteau de l'État à la hauteur et de la manière qui seront déterminées par l'administration. (Ord. 79, 134.)

Les anciens sont marqués sur un seul miroir, au bas du tronc et autant que possible sur les parties extérieures des racines. Sur ce miroir, il est appliqué trois empreintes du marteau, un peu séparées du haut en bas. (Décis. Min. 10 août 1822. Circ. A 91.)

3. *Désignation. Balivage.* — Les • agents doivent désigner les anciens à réserver. (Circ. A 534 *bis*.)

4. *Balivage. Réserves.* — Le nombre et les espèces d'arbres anciens marqués en réserve seront relatés dans les procès-verbaux de balivage. (Ord. 81, 134.)

5. *Exploitation.* — Lors de l'exploitation des taillis, les anciens ne pourront être abattus qu'autant qu'ils seront dépérissants et hors d'état de prospérer jusqu'à une nouvelle révolution. (Ord. 70, 134.)

6. *Réserves. Quarts en réserve.* — Lors de la coupe des quarts en réserve, le nombre des arbres à conserver sera de soixante au moins, et de cent au plus par hectare, y compris les baliveaux, modernes et anciens. (Ord. 137.)

ANCIENNETÉ.

1. *Titre. Copies.* — Sont considérées comme anciennes, les copies qui ont plus de 30 ans. Si elles ont moins, elles peuvent servir de commencement de preuve par écrit, lorsque le titre est perdu et qu'elles sont faites par un officier public. (Cod. Civ. 1335.)

2. *Service militaire. Grade.* — La date de nomination des agents dans l'administration doit être considérée comme l'origine de leur ancienneté dans le grade militaire, qu'ils soient employés dans l'armée ou dans les unités de chasseurs forestiers. (Lettre du Min. de la Guerre du 3 novembre 1891. Circ. N 439.)

3. *Avancement. Classe.* — Aucun agent ou préposé ne peut être promu à une classe supérieure s'il ne compte au moins 2 ans d'ancienneté dans sa classe. Les avancements de classe sont attribués par moitié au choix et par moitié à l'ancienneté. (Décis. du 30 août 1912, art. 3 et 30. Circ. N 809.) V. Classe. Grade.

ÂNE.

1. *Classification.* — L'âne, étant une bête de somme, est compris dans les prescriptions de l'article 199 du code forestier.

2. *Délit. Condamnations.* — Pour un âne trouvé en délit dans les bois, soit au pâturage, soit hors des routes et chemins ou dans les ventes et non muselé, amende pour le propriétaire ou usager :

BOIS DE 10 ANS ET AU-DESSUS.

Le jour.... 0 fr. 40 à 2 fr. C. F. 147, 199.
Le jour avec récidive ou la nuit ou la nuit avec récidive. } 0 fr. 80 à 4 fr. C. F. 147, 199, 201.

BOIS AU-DESSOUS DE 10 ANS.

Le jour.... 0 fr. 80 à 4 fr. C. F. 147, 199.
Le jour avec récidive ou la nuit ou la nuit avec récidive. } 1 fr. 60 à 6 fr. C. F. 147, 199, 201.

Dommages-intérêts facultatifs (minimum, amende simple). (C. F. 199, 202. Loi du 18 juillet 1905. Circ. N 703.)

Saisie et séquestre facultatifs. (C. F. 161.)

PÉNALITÉS DIVERSES.

Nota : Pour les bois au-dessous de 10 ans, l'amende doit être doublée.

Âne des usagers servant au commerce, trouvé au pâturage, *amende*...... 1 fr.   C. F. 70, 199.

Âne trouvé au pâturage à garde séparée (usagers), *amende* .... 0 fr. 50 C. F. 72.

Âne des usagers non marqué, *amende*......... o fr. 5o C. F. 73.

Réunion des ânes de communes usagères en un troupeau commun.

Amende contre le pâtre des usagers :

Le jour............ 5 à 10 fr. C. F. 72.

La nuit............ 10 à 20 fr. C. F. 72, 201.

En cas de récidive, outre l'amende :

Prison obligatoire, 5 à 10 jours. C. F. 72, 201.

La commune est responsable des condamnations pécuniaires civiles. C. F. 72.

Âne des usagers hors des cantons défensables ou chemins désignés :

Pâtre. { *amende*.......... 3 à 3o fr. C. F. 76.
{ et en récidive. *prison* 5 à 15 jours C. F. 76.

La commune est responsable des condamnations civiles prononcées contre le pâtre. C. F. 72.
Propriétaire, *amende*...... 3 fr. C. F. 199.

Les peines prononcées contre le pâtre sont indépendantes de celles prononcées contre le propriétaire des animaux. (Cass. 10 août 1848.)

On peut poursuivre le pâtre ou le propriétaire des animaux. (Cass. 2 mai 1845, 4 janvier 1849.)

Si le propriétaire était lui-même le gardien des animaux, l'amende contre le pâtre ne serait pas applicable. (Cass. 2 mai 1845.)

Âne excédant le nombre des animaux fixés, *amende*.... o fr. 4o à 2 fr. C. F. 77, 199.

Âne non muselé introduit dans une coupe renfermant des semis ou des jeunes bois pour la vidange des bois (Cah. des ch. 41), *amende*......... o fr. 4o à 2 fr. C. F. 199.

V. Animaux de charge ou de monture. Bête de somme. Hors route et chemin. Pâturage.

ANGLES.

Section I. — Angles horizontaux, 1-7.

Section II. — Angles azimutaux, 8-12.

Section III. — Méthodes d'observation. Angles horizontaux, 13-17.

Section IV. — Inscription des cotes, 18-19.

V. Boussole. Cercle à lunette. Croquis. Plan.

SECT. I. — ANGLES HORIZONTAUX.

1. *Cercles à lunette. Emploi.* — Quand on aura besoin d'une grande précision, on emploiera des cercles à lunette. Ces cercles devront être répétiteurs, reposer sur un trépied à vis calantes et donner les angles au moins à un demi-centigrade (division du limbe en quarts de grade et vernier au cinquantième). Les différents organes seront reliés par des pinces munies de vis de rappel. Il est recommandé d'employer de préférence les instruments pourvus d'un niveau mobile et portant, outre la lunette principale, une seconde lunette dite de repère.

Avant de commencer une opération, il faudra s'assurer : 1° que la directrice du niveau, c'est-à-dire la tangente à l'origine des graduations tracées sur le verre est perpendiculaire à l'axe général (condition sans laquelle le calage est impossible); 2° que l'axe de rotation de la lunette est à la fois perpendiculaire à son axe optique et à l'axe général de l'instrument. (Instr. du 26 avril 1906, art. 1ᵉʳ. Circ. N 697.)

2. *Pantomètre. Emploi.* — Quand on voudra opérer vite sans rechercher la précision, on pourra employer un pantomètre reposant sur un genou à coquilles, et portant un niveau sphérique. Les visées seront faites à l'aide de pinules et l'approximation donnée par les verniers pourra n'être que de 10 centigrades (division du limbe en grades et vernier au dixième).

Avant de se servir d'un pantomètre, on s'assurera : 1° que les surfaces de visée sont des plans; 2° que ces plans sont verticaux et se confondent quand les zéros sont en coïncidence et la bulle du niveau dans ses repères. (Instr. du 26 avril 1906, art. 1ᵉʳ. Circ. N 697.)

3. *Boussole. Orientements magnétiques. Mesure.* — L'aiguille d'une boussole devra ne pas avoir moins de o m. 12 de longueur et être munie d'un appareil qui permette de la séparer de son pivot quand on n'opère pas. Le limbe sera divisé en grades et demi-grades; les visées seront faites au moyen d'une lunette excentrique. L'instrument pourra reposer sur un genou à coquilles; mais le mode de suspension sur un trépied à vis calantes, et par le centre de gravité, est préférable.

Les conditions d'exactitude sont les mêmes que pour le cercle. De plus, il faudra s'assurer que l'aiguille est mobile, sensible, horizontale, bien centrée et que le métal de l'instrument ne renferme pas de fer. (Instr. 26 avril 1906, art. 2. Circ. N 697.)

4. *Cercles déclinés. Orientements conventionnels. Mesure.* — Les cercles déclinés destinés à la mesure des orientements conventionnels ou, autrement dit, des angles des alignements avec une ligne quelconque de direction constante, devront reposer sur un trépied à vis calantes. L'aiguille du déclinatoire devra avoir au moins 5 centimètres de longueur. Les visées seront faites au moyen d'une lunette concentrique. L'approximation donnée par le vernier devra être au moins de 5 centigrades (division du limbe en demi-grades avec vernier au dixième). L'instrument sera muni de deux pinces avec vis de rappel pour fixer le limbe et relier l'alidade à ce dernier.

Les cercles déclinés n'étant autre chose que des cercles répétiteurs munis de déclinatoires, les conditions d'exactitude sont les mêmes que celles des cercles d'alignement pour le niveau et la lunette et que celles des boussoles pour l'aiguille. (Instr. du 26 avril 1906, art. 3. Circ. N 697.) V. Boussole. Cercle à lunette.

5. *Orientements vrais. Mesure.* — Pour la mesure des orientements vrais, on peut employer soit la boussole déclinable ou à limbe mobile, soit le cercle décliné. Mais il faut, au préalable, tracer sur le terrain une ligne située dans le plan du méridien.

Avec le cercle répétiteur, on stationnera à l'une des extrémités de cette ligne et l'on visera directement le jalon placé à l'autre extrémité; puis on fixera le limbe, on amènera ensuite par le mouvement propre du déclinatoire, l'aiguille aimantée en face de l'index, enfin on rendra solidaires limbe et déclinatoire. (Instr. du 26 avril 1906, art. 4, Circ. N 697.)

6. *Construction sur le terrain.* — Pour la construction des angles sur le terrain, on emploiera le cercle répétiteur ou la boussole suivant qu'il s'agira d'un angle d'alignements ou d'un orientement.

Pour les cas particuliers des angles de 50 et de 100 grades, il conviendra d'employer l'équerre d'arpenteur. Il faudra s'assurer que les surfaces de visée sont des plans faisant bien entre eux un demi-angle droit. (Instr. du 26 avril 1906, art. 5. Circ. N 697.)

7. *Tracé.* — Quand on tiendra à la précision, il faudra : 1° que la planchette soit susceptible d'accomplir trois mouvements (mouvement de calage, mouvement de translation et mouvement de rotation); 2° que les visées soient assurées par une alidade à lunette.

Quand on voudra opérer vite, sans rechercher la précision, on pourra se contenter d'une planchette légère susceptible seulement d'un mouvement de rotation et d'une alidade à pinnules.

Dans le premier cas, il faudra s'assurer que l'axe de rotation de la lunette est perpendiculaire à son axe optique et horizontal après le calage; dans le second cas, que les pinnules déterminent un plan vertical quand la tablette est horizontale. (Instr. du 26 avril 1906, art. 6. Circ. N 697.)

SECT. II. — ANGLES AZIMUTAUX.

8. *Cercle à lunette. Pantomètre. Emploi.* — La mise en station du cercle à lunette et du pantomètre devra être assurée par un fil à plomb. Pour faire les visées, on utilisera le mouvement propre du limbe, si le cercle est répétiteur. On adoptera pour la valeur angulaire la moyenne des lectures faites sur les deux verniers, l'une d'elles ayant été corrigée de 200 grades. (Instr. du 26 avril 1906, art. 12, Circ. N 697.)

9. *Boussole. Emploi.* — L'erreur de mise en station étant faible en comparaison de l'erreur de lecture, on pourra se contenter, pour cette opération, d'une fiche plombée. On opérera avec la lunette à droite et l'on visera un jalon situé du piquet de la station suivante à une distance égale à l'excentricité de la lunette. On adoptera, pour la valeur de l'orientement, la moyenne des lectures faites sur les deux pointes de l'aiguille, l'une d'elles ayant été corrigée d'une demi-circonférence. (Instr. du 26 avril 1906, art. 13, Circ. N 697.)

10. *Cercle décliné. Emploi.* — La mise en station devra être assurée par un fil à plomb. L'orientation du déclinatoire devra être faite avec le plus grand soin. On adoptera, pour la valeur de l'orientement conventionnel, la moyenne des lectures faites sur les deux verniers, l'une d'elles ayant été corrigée de 200 grades. (Instr. du 26 avril 1906, art. 14. Circ. N 697.)

11. *Équerre. Emploi.* — Pour élever une perpendiculaire sur un alignement par un point extérieur, on s'assurera que l'instrument est bien sur cet alignement, en visant les jalons les plus éloignés. On s'assurera de la verticalité de l'équerre par le fil à plomb. (Instr. du 26 avril 1906, art. 15. Circ. N 697.)

12. *Planchette. Emploi.* — On emploiera la planchette ordinaire pour le tracé des angles d'alignement et la planchette déclinée, c'est-à-dire munie d'un déclinatoire, pour le tracé des orientements. L'emploi de la planchette déclinée offre cet avantage qu'on peut l'orienter sans qu'il soit nécessaire de faire une visée suivant une direction déjà figurée sur le plan.

La mise en station sera assurée au moyen du fil à plomb pour les levés de précision. (Instr. du 26 avril 1906, art. 16. Circ. N 697.)

SECT. III. — MÉTHODES D'OBSERVATION.
ANGLES HORIZONTAUX.

13. *Double retournement.* — Des rectifications relatives à la lunette n'étant pas très stables, on peut compenser les erreurs qui proviennent de ces défauts en faisant deux opérations, la seconde après retournement bout pour bout de la lunette et retournement de 200 grades autour de l'axe général, puis en prenant la moyenne des deux lectures, l'une étant corrigée d'une demi-circonférence.

Cette méthode est applicable à la mesure de tous les angles horizontaux (angles d'alignements et orientements).

Dans le cas des orientements, la méthode compense également les défauts d'excentricité de la lunette et de l'aiguille aimantée. (Instr. du 26 avril 1906, art. 38, Circ. N 697.)

14. *Observations directe et inverse.* — Dans la mesure des orientements, on peut employer également la méthode des observations directe et inverse qui consiste à stationner successivement aux deux extrémités d'un alignement, la lunette étant toujours dans la même position, à droite, et à prendre la moyenne des deux lectures, l'une étant corrigée de 200 grades.

Cette méthode compense le défaut de perpendicularité de l'axe de rotation de la lunette à l'axe général, et le défaut d'excentricité de l'aiguille aimantée. (Instr. du 26 avril 1906, art. 39, Circ. N 697.)

15 *Répétition.* — La méthode de répétition est destinée à atténuer les erreurs de pointé, de lecture, de division du limbe; elle est employée dans la mesure des angles d'alignements.

Elle consiste à porter plusieurs fois sur le limbe l'arc qui exprime la mesure d'un angle, à ne faire qu'une seule lecture et à diviser l'arc total par le nombre des opérations.

Quoique la lecture finale soit suffisante, il est bon, pour le contrôle, de faire également une lecture après la première opération.

De plus, pour compenser les erreurs provenant du défaut de réglage de la lunette, il faut en opérer le double retournement au milieu de l'opération. (Instr. du 26 avril 1906, art. 40. Circ. N 697.)

16. *Réitération.* — La méthode de réitération consiste à faire une série d'observations de l'angle simple, indépendantes l'une de l'autre et en partant de points du limbe répartis aussi également que possible sur la demi-circonférence. On prend pour angle définitif la moyenne des angles, après avoir effectué le double retournement de la lunette au milieu de l'opération. (Instr. du 26 avril 1906, art. 41, Circ. N 697.)

17. *Tour d'horizon.* — C'est la méthode de réitération appliquée à la mesure de plusieurs angles ayant même sommet. Ces angles, dans chaque tour, sont tous mesurés à partir d'une direction initiale; leur valeur est ensuite obtenue par soustraction. (Instr. du 26 avril 1906, art. 42, Circ. N 697.)

SECT. IV. — INSCRIPTION DES COTES.

18. *Croquis.* — Pour les levés à la boussole, dans l'application de la méthode des observations directe et inverse, les orientements seront inscrits le long des alignements, aussi près que possible des points de station et à droite de la visée. Des flèches indiqueront la direction de cette visée. Les angles de hauteur lus à l'éclimètre seront inscrits avec leurs signes en face des orientements et à gauche de la visée.

Quand on emploiera la méthode des observations à droite et à gauche, les deux orientements d'un même alignement seront également inscrits sur des flèches et tout près de la station; l'orientement pris avec la lunette à droite sera placé à la droite de l'alignement. Les angles de hauteur seront inscrits à la suite des orientements modèle n° 11. V. Pour les levés stadimétriques et au tachéomètre, modèles n°s 12, 13 et 14.

Pour les levés à l'équerre et au pantomètre, l'angle que l'un des côtés fait avec la méridienne devra être transcrit entre le côté et la flèche indiquant la direction de cette méridienne. (Instr. du 26 avril 1906, art. 66. Circ. N 697.) V. Croquis.

19. *Dessin de plans.* — Les angles des alignements, soit qu'ils aient été mesurés directement, soit qu'ils aient été déduits des orientements, seront inscrits sur des arcs de cercles tracés en rouge au compas, ou suivant des bissectrices.

Quand les angles sont trop multipliés pour pouvoir être cotés distinctement sur les plans, on les reportera, avec les détails qu'ils comportent, en marge à une échelle double, ou bien sur des feuilles particulières. (Instr. du 26 avril 1906, art. 240. Circ. N 697.) V. Plan.

ANGUILLE.

1. *Pêche. Dimension.* — Les anguilles ayant moins de 0^m 25 de longueur, de l'œil à la naissance de la queue, ne peuvent pas être pêchées et doivent être rejetées à l'eau. Pêche interdite du lundi qui suit le 15 avril au dimanche qui suit le 15 juin. Toutefois le préfet peut excepter de cette période la pêche de l'anguille. (Décr. du 5 septembre 1897, art. 1, 2 et 8. Circ. N 524.)

2. *Filet. Dimensions.* — L'anguille étant classée par l'article 8 du décret du 5 septembre 1897 dans la catégorie des poissons de grosse espèce ne peut être pêchée qu'au moyen de filets à maille d'une longueur d'au moins 27 millimètres. (Paris, 13 juillet 1871.)

3. *Pêche. Montée. Autorisation.* — La pêche de la montée d'anguille (alevins d'anguilles ayant moins de 7 centimètres de longueur) peut être permise par des arrêtés préfectoraux annuels, pris après avis conforme des Conseils généraux et approuvés par les Ministres de l'Agriculture et des Travaux publics, la Commission de la pêche fluviale entendue. Ces arrêtés détermineront les procédés de pêche, la nature et les dimensions des engins qui pourront être employés, les saisons et heures ainsi que les parties des fleuves, rivières et canaux où cette pêche sera autorisée et toutes autres mesures que les autorisations prévues au présent article pourraient rendre nécessaires en vue d'empêcher le dépeuplement des cours d'eau. (Décr. 1ᵉʳ septembre 1904, art. 1ᵉʳ complétant l'article 8 du décret du 5 septembre 1897 et 2 modifiant le 1ᵉʳ paragraphe de l'article 21 du même décret. Circ. N 673.)

4. *Pêche. Nuit. Engins.* — La pêche de l'anguille peut être autorisée après le coucher et avant le lever du soleil, dans les cours d'eau désignés et aux heures fixées par des arrêtés préfectoraux rendus après avis des Conseils généraux. Ces arrêtés déterminent la nature et les dimensions des engins dont l'emploi est autorisé. (Décr. du 5 septembre 1897, art 6.)

ANIMAL (en général).

1. *Qualités.* — Les animaux sont meubles par leur nature; mais ils sont immeubles lorsqu'ils sont attachés par le propriétaire à un fonds de culture. (Cod. civ. 524-528.)

2. *Délit.* — Les propriétaires des animaux trouvés en délit seront condamnés, savoir :

DÉSIGNATION DES ANIMAUX.	LE JOUR.	LE JOUR AVEC RÉCIDIVE, la nuit, ou la nuit avec récidive.
	fr. c.	fr. c.
BOIS DE 10 ANS ET AU-DESSOUS.		
Cochon (pour 1) Bête à laine ou veau........	0,20 à 1	0.40 à 2
Bête de somme. Chèvre...... Bœuf, vache...	0,40 à 2	0,80 à 4
BOIS AU-DESSOUS DE 10 ANS.		
Cochon (pour 1) Bête à laine ou veau........	0,40 à 2	0,80 à 4
Bête de somme. Chèvre....... Bœuf, vache...	0,80 à 4	1,60 à 8

(Colonne LE JOUR : Cod. For. 199. — Colonne avec récidive : C. F. 199, 201.)

Dommages-intérêts facultatifs (minimum, amende simple). (Cod. for. 199, 202. Loi du 18 juillet 1906. Circ. N 703.)

Saisie et séquestre, s'il y a lieu. (Cod. for. 161.)

3. *Animaux errants.* — Le passage d'animaux sur le terrain d'autrui ne constitue une contravention que quand ces animaux sont sous la conduite de leur gardien; mais il n'y a plus contravention de ce chef quand il s'agit d'animaux abandonnés et errants. (Cass. 18 juin 1897.)

4. *Algérie.* — Tout propriétaire d'animaux trouvés de jour en délit dans les bois âgés de moins de 10 ans sera puni des amendes prévues par l'article 177 de la loi du 21 février 1903. (Circ. N 642.) V. Pâturage.

ANIMAL DE BASSE-COUR. V. Volailles.

ANIMAL DE BÂT OU DE TRAIT.

Prohibition. — Il est défendu aux adjudicataires de conduire des animaux de trait ou de bât dans les coupes sans les museler; il leur est défendu de les laisser paître en forêt (Cahier des charges, 41), sous les peines édictées par l'article 199 du code forestier. (Cass. 16 mai 1834.) V. Muselière. Âne. Cheval. Mulet. Bœuf, Vaches. Hors route et chemin. Délit de pâturage. Bestiaux.

ANIMAL DOMESTIQUE.

1. *Définition.* — On doit entendre par animaux domestiques les êtres animés qui vivent, s'élèvent, sont nourris, se reproduisent sous le toit de l'homme et par ses soins. (Cass. 14 mars 1861.)

2 *Qualités.* — Les animaux domestiques sont considérés comme meubles par leur nature. (Cod. civ. 528.)

3. *Perte.* — Celui qui a perdu un animal utile peut le revendiquer, et, à cet effet, il doit en faire la déclaration à l'autorité municipale. (Cod. civ. 2279, 2280.)

4. *Perte. Revendication. Délai.* — Un animal de basse-cour (volaille) ne cesse pas d'appartenir à son maître, lorsqu'il s'est enfui, même hors de sa vue, sur la propriété voisine, à moins qu'il ne se soit écoulé un mois depuis la déclaration qui doit être faite à la mairie par la personne chez laquelle cet animal s'est réfugié. (Loi du 4 avril 1889, art. 5.)

5. *Animal perdu. Déclaration.* — Toute personne qui trouve un animal abandonné et le garde, pour se l'approprier, se rend coupable de vol (Cod. pén. 379); on doit en faire la déclaration à l'autorité municipale. Si le propriétaire est connu, l'animal lui est rendu, à la charge de payer les frais et dommages causés. Si le propriétaire n'est pas connu, l'animal est mis en fourrière, et les frais à la charge du propriétaire sont prélevés sur le prix de vente de l'animal, s'il n'est pas réclamé. (Dupont.) (Lois des 28 septembre 1791 et 4 avril 1889.)

6. *Responsabilité.* — Le propriétaire est responsable des dommages causés par les animaux échappés ou égarés. (Cod. civ. 1385.)

7. *Abandon.* — L'abandon des animaux dans le champ d'autrui est un délit, lors même qu'il n'en résulte aucun dégât ou dommage.

Amende : 11 à 15 francs. (C. pén. 479. Cass 15 février 1811.)

8. *Dommage. Bestiaux.* — Lorsque des animaux non gardés ou dont le gardien est inconnu ont causé du dommage, le propriétaire lésé a le droit de les conduire sans retard au lieu de dépôt désigné par le maire, qui, s'il connaît la personne responsable du dommage, aux termes de l'article 1385 du Code civil, lui en donnera immédiatement avis.

Si les animaux ne sont pas réclamés et si le dommage n'est pas payé dans la huitaine du jour où il a été commis, il est procédé à la vente sur ordonnance du juge de paix, qui évalue les dommages.

Cette ordonnance sera affichée sur papier libre et sans frais à la porte de la mairie.

Le montant des frais et des dommages sera prélevé sur le produit de la vente.

En ce qui concerne la fixation du dommage, l'ordonnance ne deviendra définitive, à l'égard du propriétaire de l'animal, que s'il n'a pas formé opposition par simple avertissement dans la huitaine de la vente.

Cette opposition sera même recevable après le délai de huitaine, si le juge de paix reconnaît qu'il y a lieu, en raison des circonstances, de relever l'opposant de la rigueur du délai. (Loi du 4 avril 1889, art. 1er.)

9. *Dégâts.* — Les dégâts des animaux doivent être punis, alors même que la propriété n'a souffert qu'à défaut de clôture usitée ou obligée. (Cass. 26 juillet 1824.) V. Volailles.

10. *Mauvais traitements. Pénalité.* — Pour mauvais traitements exercés publiquement et abusivement envers les animaux domestiques :

Amende : 5 à 15 francs. Prison facultative, 1 à 5 jours.

En cas de récidive, *prison*, 1 à 5 jours, obligatoire. (Loi du 2 juillet 1850.)

11. *Blessure involontaire. Pénalité.* — Pour blessure involontaire faite aux animaux :

Amende : 11 à 15 francs. (Cod. pén. 479.) Si la mort s'en est suivie, prison facultative, 5 jours. (Cod. pén. 480.)

12. *Blessure volontaire. Pénalité.* — Pour blessure volontaire faite méchamment, de dessein prémédité, à un animal domestique appartenant à autrui et sur le terrain d'autrui :

Amende : double des dommages-intérêts.

Facultatif : *prison* 1 mois, si l'animal n'est que blessé, et 6 mois s'il est mort ou estropié.

Prison double si le délit a été commis la nuit, dans une étable ou enclos rural. (Loi des 28 septembre et 6 octobre 1791, art. 30. Cass. 17 août 1822.)

13 *Empoisonnement. Destruction.* — Pour empoisonnement d'animaux domestiques :

(Bête de charge ou de monture, bêtes à cornes, moutons, chèvres, etc.)

Prison : 1 an à 5 ans. *Amende :* 16 à 300 francs. (1/4 des restitutions et dommages; minimum, 16 fr.) (Cod. pén. 452, 455.)

Pour destruction sans nécessité de ces animaux domestiques :

1° Chez le maître propriétaire ou locataire du bétail : *prison*, 2 mois à 6 mois. (Cod. pén. 463, 455.)

2° Si le fait a eu lieu sur le terrain du coupable (propriétaire ou fermier), *prison*, 15 jours à 6 semaines. (Cod. pén. 453, 455.)

En cas de violation de clôture, maximum de la peine. (Cod. pén. 453.)

14. *Destruction. Pénalités.* — Pour destruction sans nécessité d'animaux domestiques, sur le terrain du propriétaire ou fermier :

Prison : 6 jours à 6 mois. (Cod. pén. 454.) *Amende :* 1/4 des restitutions et dommage; minimum, 16 francs. (Cod. pén. 455.)

En cas de bris de clôture, maximum. (Cod. pénal, 454.)

ANIMAL NUISIBLE.

Section I. — Régime de la loi de 1844, 1-17.

Section II. — Régime de la loi de 1884, 18-23.

Section III. — Régime de l'arrêté de pluviôse an v, 24-31.

V. Battue. Louveterie. Bête fauve.

SECT. 1. — RÉGIME DE LA LOI DE 1844.

V. Circulaire ministérielle du 14 septembre 1915. (*J. O.* du 14 septembre.)

1. *Espèces. Désignation.* — Le préfet déterminera les espèces d'animaux malfaisants ou nuisibles que le propriétaire, possesseur ou fermier, pourra en tout temps détruire *sur ses terres.* (Loi du 3 mai 1844, art. 9, § 3.)

2. *Terrain d'autrui.* — Le fait de se livrer, sans permis ni autorisation, à la destruction des animaux malfaisants sur le terrain d'autrui, constitue un délit de chasse qui ne peut être couvert par la ratification ultérieure du propriétaire de ce terrain. (Bordeaux, 1er avril 1852.)

3. *Droit de destruction. Caractère.* — Le propriétaire ou fermier peut user du droit de destruction, abstraction faite de tout dommage causé aux récoltes agricoles. Ce droit s'applique par suite, aux forêts, aux landes et aux friches. (Ch. Guyot.)

Les mesures de destruction sont laissées à l'initiative des intéressés agissant isolément, chacun sur son terrain, sans intervention de l'administration. (Ch. Guyot.)

4. *Nomenclature. Pouvoir des préfets.* — L'arrêté préfectoral, pris après avis du Conseil général, doit contenir la nomenclature des animaux.

Le préfet est libre de donner à cette nomenclature une extension plus ou moins grande, il suffit qu'il s'agisse d'animaux sauvages, non domestiques. Il n'est pas obligé de se borner aux quadrupèdes, il peut aussi y comprendre les oiseaux réputés malfaisants. (Ch. Guyot.) V. Corbeau. Pie.

5. *Animaux comestibles.* — Parmi les animaux comestibles qui figurent dans les arrêtés préfectoraux on cite : le sanglier, le cerf et la biche, ainsi que le lapin qui y est classé comme malfaisant eu égard à sa multiplication excessive et à ses dégâts dans les terrains agricoles ou forestiers. (V. le nom de ces animaux.)

6. *Classification. Revision.* — Le fait, par un arrêté préfectoral, d'avoir classé un animal parmi les animaux malfaisants et nuisibles ne dispense pas le juge d'examiner si, en réalité, cet animal ne doit pas être rangé dans les bêtes fauves. (Douai, 17 février 1897.) V. Bête fauve.

7. *Destruction. Légitime défense.* — Le fait, de la part du propriétaire ou du fermier, de repousser ou détruire des bêtes fauves nuisibles (ne figurant pas à l'arrêté du préfet) sur le lieu et au moment où ils portent dommage à ses récoltes, constitue, non pas un acte de chasse, mais l'exercice d'un droit de légitime défense s'il s'agit de *bêtes fauves*. (Douai, 6 décembre 1882.)

8. *Droit de destruction. Actes de chasse. Délit. Nuit.* — Si le droit de destruction des animaux nuisibles reconnu par l'article 9 de la loi du 3 mai 1844 ne doit pas être assujetti à des formalités qui porteraient atteinte à son entier exercice (obligation du permis de chasse), il n'en saurait toutefois être ainsi, quand les procédés employés, tout en ayant la destruction comme résultat inévitable, constituent de véritables actes de chasse. (Poitiers, 5 juin 1905.) Le préfet peut toujours imposer l'obligation du permis de chasse.

Le permis de chasse n'est pas nécessaire pour l'exercice du droit de destruction des bêtes fauves. Le propriétaire, en ce cas, use du droit de légitime défense.

Cette destruction peut avoir lieu aussi bien la nuit que le jour, et le droit de destruction peut être délégué. (Amiens, 29 décembre 1880.)

Lorsque l'arrêté préfectoral ne porte aucune clause restrictive, la destruction des animaux nuisibles peut avoir lieu pendant la nuit. (Cass. 9 août 1877.)

9. *Neige.* — La destruction des animaux nuisibles peut être faite en temps de neige, lors même que, pendant ce temps, la chasse serait défendue. (Putois. Louveterie, p. 363.)

10. *Fusil. Emploi.* — L'emploi du fusil doit être considéré comme licite lorsqu'il n'est pas expressément prohibé par l'arrêté préfectoral (Cass. 16 janvier 1903.) Mais en temps de fermeture de la chasse, il peut être limité à une certaine date et soumis à certaines conditions. (Paris, 17 février 1899.)

11. *Engins. Emploi.* — Le préfet doit avoir soin de préciser dans son arrêté les engins dont il autorise l'emploi ; dans le cas d'une désignation incomplète, il appartient aux tribunaux d'apprécier. (Ch. Guyot.)

La destruction doit s'entendre de l'emploi de tous procédés ayant pour résultat de mettre l'animal malfaisant hors d'état de nuire. Il n'y a pas, par suite, contravention à un arrêté préfectoral de la part d'un propriétaire qui après avoir capturé des lapins les enferme dans un enclos pour les chasser ensuite. (Cass. 26 juillet 1907.) V. Lapin.

12. *Engins. Détention.* — Les engins qui servent à détruire les animaux malfaisants ne deviennent engins prohibés que s'ils sont placés dans d'autres lieux que ceux indiqués par l'arrêté préfectoral ; par suite la détention de pièges en fer ne constitue aucun délit. (Caen, 11 juillet 1874.) V. Engins de chasse.

13. *Poison. Emploi. Appâts empoisonnés.* — L'emploi peut être subordonné à certaines conditions, à l'observation de certaines précautions dont l'inobservation fait encourir les peines de l'article 12, § 2 de la loi du 3 mai 1844.

Dans un domaine *non clos*, le propriétaire n'a pas le droit de mettre des appâts empoisonnés pour la destruction des animaux nuisibles, sans autorisation et sans avertir les voisins, sous peine de dommages-intérêts pour les animaux domestiques qui seraient victimes de ces appâts empoisonnés. V. Dommages. Poison.

14. *Chiens. Lévriers. Emploi.* — Les préfets pourront prendre des arrêtés pour autoriser l'emploi des chiens lévriers pour la destruction des animaux nuisibles. (Circ. N 72.)

15. *Propriétaire. Assimilation.* — Au propriétaire ou possesseur on assimile l'usufruitier, l'emphytéote et l'usager civil. V. Bêtes fauves.

16. *Destruction. Cessibilité du droit.* — Le droit de destruction des animaux nuisibles exercé par les propriétaires, possesseurs ou fermiers ne doit pas être confondu avec un droit de chasse permanent.

Si le droit de destruction est accessible, au moins faut-il que la cession soit prouvée, sans quoi les locataires de la chasse et leurs invités ne sauraient y participer. (Lyon, 13 mars 1903.)

17. *Propriétaire. Location. Droit de destruction.* — A moins de stipulation contraire, le propriétaire qui loue la chasse sur les terres qu'il cultive lui-même conserve, au regard de son locataire de la chasse, le droit de détruire

les animaux nuisibles et malfaisants, et il peut déléguer ce droit à un tiers. (Trib. corr. de Compiègne, 7 juillet 1885.)

Le propriétaire peut se réserver le droit de destruction et il peut convenir avec le locataire de la chasse que celui-ci pourra détruire les animaux malfaisants, soit seul, soit concurremment avec lui.

Ainsi dans les forêts domaniales, le droit de destruction appartient aux adjudicataires de la chasse ou à leurs délégués, avec cette réserve qu'ils n'useront de ce droit qu'avec l'assentiment et sous la surveillance de l'administration forestière. (Chasse, Cah. des ch. 23.)

SECT. II. — RÉGIME DE LA LOI DE 1884.

18. *Propriétés boisées. Autorité municipale.* — Le maire est chargé de prendre, de concert avec les propriétaires ou les détenteurs du droit de chasse, dans les buissons, bois et forêts, toutes les mesures nécessaires à la destruction des animaux nuisibles désignés dans l'arrêté du préfet pris en vertu de l'article 9 de la loi du 3 mai 1844. (Loi du 5 avril 1884, art. 90.)

19. *Arrêté municipal. Pénalités.* — L'arrêté du maire, relatif à la destruction des animaux nuisibles, n'est obligatoire qu'autant qu'il a été publié, affiché ou notifié individuellement. (Loi du 5 avril 1884, art. 96.)

20. *Propriétés boisées. Procédés de destruction.* — Dans les limites de leur circonscription communale, les maires peuvent autoriser les procédés les plus communément usités, savoir : les pièges, le poison et les armes à feu; ils peuvent aussi organiser des battues. Ces mesures sont soumises au contrôle du Conseil municipal et la surveillance de l'administration supérieure. (Circ. Min. du 4 décembre 1884.)

21. *Battues. Terrain d'autrui.* — Les battues organisées par les maires, pour la destruction des animaux nuisibles, ne sont exécutoires sur le terrain d'autrui qu'avec le consentement du propriétaire. (Circ. du Min. de l'Int. du 4 décembre 1884.) V. Battue.

Il n'est pas nécessaire que le maire assiste personnellement à l'exécution des mesures prises par lui pour la destruction des animaux nuisibles. (Cass. 12 juin 1886.)

22. *Loups. Sangliers. Destruction.* — Le maire est chargé, pendant le temps de neige, à défaut des détenteurs du droit de chasse, à ce dûment invités, de détourner les loups et sangliers remis sur le territoire de la commune; les mesures qu'il prescrit à cet effet sont exécutoires sur le terrain d'autrui, sans le consentement du propriétaire. Les habitants qui n'obéissent pas à la réquisition du maire sont passibles des peines de simple police. (Loi du 5 avril 1884, art. 90.)

Les personnes qui participent à ces chasses n'ont pas besoin de permis de chasse.

Le maire n'a des pouvoirs qu'en temps de neige et sur les limites du territoire municipal, mais, dans ces limites, il peut ordonner la destruction sur tous les terrains boisés ou non et quels qu'en soient les propriétés, en employant la battue et la chasse collective, soit séparément, soit cumulativement. (Ch. Guyot.)

23. *Forêts soumises au régime forestier.* — Les mesures de destruction prescrites par l'autorité municipale ne sont pas soumises à la surveillance de l'administration forestière qui n'a à intervenir que si elles étaient exécutées dans les forêts soumises au régime forestier. (Circ. Min. du 4 décembre 1884.)

Lorsqu'il s'agit de la destruction de sangliers et autres animaux malfaisants dans les bois ou forêts appartenant à l'État, le maire d'une commune ne saurait faire exécuter un arrêté pris par lui, conformément à l'article 90 de la loi du 5 avril 1884, sans le porter officiellement à la connaissance de l'administration forestière et sans la mettre ainsi à même d'intervenir, si bon lui semble, dans cette destruction. (Trib. corr. de Compiègne, 29 juillet 1885.)

SECT. III. — RÉGIME DE L'ARRÊTÉ DU 19 PLUVIÔSE AN V.

V. Circulaire ministérielle des 14 septembre 1915 et 4 septembre 1916.

24. *Mesures de destruction. Caractère.* — Les mesures prises en vue de la destruction des animaux nuisibles au sens de l'arrêté du 19 pluviôse an v se distinguent par leur caractère d'utilité publique. Ce sont des mesures administratives qui sont imposées aux propriétaires sans avoir besoin de leur assentiment ou de leur coopération et même malgré eux. (Ch. Guyot.)

25. *Nomenclature.* — Aucun texte ne donne une énumération complète de ces animaux nuisibles qui ne sont pas nécessairement les mêmes que ceux désignés sous le nom de bêtes fauves. On est fixé pour cinq espèces d'animaux sauvages : le loup, le renard, le blaireau, le sanglier et la loutre. Il y en a d'autres, puisque les textes ne sont pas limitatifs, et on y range aussi les chats sauvages, les putois, fouines et en général toutes les bêtes puantes. Les tribunaux ont le soin de décider dans chaque affaire de la nocuité d'un animal. (Ch. Guyot.)

26. *Législation.* — La législation des animaux nuisibles visés ci-dessus est fondée : 1° sur l'arrêté du 19 pluviôse an v et sur l'ordonnance du 20 août 1814 rendue en application de cet arrêté; 2° sur la loi du 10 messidor an v, relative à la destruction des loups; 3° sur l'article 90 de la loi du 5 avril 1884.

27. *Application. Attributions.* — L'application de cette législation rentre actuellement dans les attributions du Ministre de l'Agriculture (Décret du 24 février 1897), et c'est la Direction générale des eaux et forêts qui est chargée du service concernant les mesures en vue de la destruction des animaux nuisibles. V. Bureau.

28. *Louveterie.* — Pour assurer la destruction des animaux nuisibles on a institué la Louveterie. V. Lieutenant de Louveterie. Louveterie.

29. *Battues. Chasses collectives.* — Les battues et chasses collectives sont souvent ordonnées concurremment. Les unes et les autres nécessitent la réunion d'un certain nombre de tireurs autour de l'enceinte où se trouvent les animaux nuisibles. Dans la battue ce sont les traqueurs qui sont chargés de faire vider l'enceinte, tandis que la chasse comporte l'emploi de chiens que l'on découple et qui peuvent ensuite poursuivre les bêtes sauvages. (Ch. Guyot.) V. Putois, Louveterie, n°ˢ 127, 142. V. Battues.

30. *Permissions individuelles spéciales.* — Les corps administratifs (Préfets) sont autorisés à permettre aux particuliers de leur arrondissement qui ont des équipages et autres moyens pour les chasses aux animaux nuisibles de s'y livrer sous l'inspection et la surveillance des agents forestiers (Arr. du 19 pluviôse an V, art. 5.) V. Putois, Louveterie.

Les permissions spéciales ne doivent être données qu'exceptionnellement. Elles peuvent être données à des personnes qui ne sont ni propriétaires, ni détenteurs du droit de chasse et qui n'ont aucune récolte à défendre, ainsi qu'aux lieutenants de louveterie.

L'arrêté préfectoral n'est subordonné à aucune formalité; il n'est pas nécessairement publié.

Le permissionnaire peut se faire aider des gens de son équipage et employer des chiens, mais il lui est interdit de convoquer traqueurs et tireurs.

Il devra s'entendre avec l'agent forestier local qui désigne le préposé chargé de la surveillance des chasses. (Ch. Guyot.) V. Circ. Min. 1ᵉʳ mars et 11 avril 1865. (Rep. for., t. II, p. 279 et 278.)

31. *État des animaux détruits. Louveterie.* — L'état des animaux nuisibles détruits par les lieutenants de louveterie (série 8, n° 6) n'est plus transmis à l'administration. (Circ. N 416.)

ANNÉE.

1. *Moyenne. Calcul.* — L'année moyenne se calcule en prenant les quatorze dernières années, dont on retranche les deux plus fortes et les deux plus faibles, de sorte que l'année commune est calculée sur les dix années restantes. (Loi du 18 décembre 1790.)

2. *Année de chasse. Période.* — Lorsque l'acte de bail ne s'explique pas sur la valeur des termes employés pour fixer la durée du contrat, on doit suivre à cet égard l'usage des lieux; l'année de chasse ne peut être considérée comme expirée qu'après la fermeture de la chasse. (Trib. Civ. de la Seine, 23 novembre 1886.)

ANNEXION.

1. *Lois.* — La Savoie et le Comté de Nice ont été réunis à la France par le Senátus-Consulte des 12-14 juin 1860. La constitution et les lois françaises y ont été exécutoires le 1ᵉʳ janvier 1861. Les mesures pour l'introduction du régime français seront réglées par des décrets rendus avant le 1ᵉʳ janvier 1861, et ces décrets ont force de loi. (Senatus-Consulte, 12-14 juin 1860.)

2. *Régime forestier.* — Les lois, ordonnances et décrets concernant le régime forestier ont été rendus applicables à la Savoie et au Comté de Nice par décret du 13 juin 1860.

3. *Droits d'usage.* — L'étendue d'un droit d'usage, concédé dans une province avant sa réunion à la France, doit être déterminée d'après la coutume de cette province. (Cass. 30 décembre 1844.)

ANNONCES.

Journaux. Insertion. — Toutes les annonces officielles, gratuites ou rémunérées, à insérer dans la presse locale, doivent être adressées à la préfecture. (Circ. N 591.)

ANNUITÉ.

Acquisition de terrains. Périmètres. — L'État aura la faculté de payer le montant de l'indemnité pour expropriation de terrain par annuités, dont chacune ne pourra être inférieure au 1/10 de la valeur totale attribuée aux terrains acquis.

Les annuités non payées porteront intérêt à 5 pour cent. L'État pourra se libérer en tout ou en partie par anticipation. (Loi du 4 avril 1882, art 21.)

ANNULATION.

Section I. — Adjudication, 1-7.

Section II. — Procès-verbal, 8.

Section III. — Condamnations, 9.

V. Fraude. Collusion. Dommages-intérêts.

ANNULATION.

1. *Fraude. Collusion.* — Les ventes sont annulées en cas de fraude ou collusion. (Cod. For. 18, 19, 22.)

2. *Conséquences.* — L'annulation d'une vente, pour cause de fraude et collusion, entraîne pour les adjudicataires le paiement de l'amende et des dommages-intérêts [égaux à l'amende simple] (Cod. For. 205, 202) et la restitution des bois exploités ou paiement de leur valeur sur le pied du prix de vente. (Cod. For. 205.) Les dommages-intérêts sont dus par application de l'article 1382 du code civil. (Circ. N 80, art. 96.)

3. *Juridiction.* — L'annulation d'une vente fait partie de la peine et ne peut être prononcée que par les tribunaux correctionnels. (Cass. 22 avril 1837. Déc. Min. 30 mars 1868.) Cette décision s'applique aux infractions prévues par les articles 21 et 101 du code forestier. (Circ. N 87.)

4. *Compétence.* — Les tribunaux correctionnels, compétents pour réprimer les infractions prévues par l'article 22 du code forestier et en appliquer la pénalité, le sont également pour prononcer la nullité de l'adjudication faite à bas prix, par suite de manœuvres frauduleuses. (Cass. 22 avril 1837.)

5. *Juridiction.* — Dans le cas prévu par l'article 16 du code forestier (vente de coupes extraordinaires, quart de réserve, ou massif réservé pour croître en futaie, bois domaniaux), l'annulation de la vente est prononcée par le préfet. (Circ. N 87.)

6. *Bois communaux. Vente. Compétence.* — Les conseils de préfecture sont incompétents pour faire annuler la vente d'une coupe de bois communal, par le motif qu'elle n'avait pas été précédée de l'accomplissement régulier des formalités administratives prescrites par le code forestier, pour la vente des bois des communes.

Ce n'est qu'à l'autorité administrative qu'il peut appartenir de prononcer sur une contestation de l'espèce. (Cons. d'État, 16 février 1854.)

7. *Compétence. Formalités.* — C'est à l'autorité administrative qu'il appartient de connaître d'une demande tendant à faire prononcer l'annulation de l'adjudication d'une coupe de bois communal, pour défaut d'accomplissement des formalités prescrites par les articles 17, 19 et 100 du code forestier. (Défaut d'affiche, quinze jours avant la vente.) (Cons. d'État, 25 mars 1852.)

8. *Vice de forme. Preuve.* — Quand un procès-verbal est annulé pour vice de forme, l'agent poursuivant doit demander au tribunal correctionnel qu'il soit suppléé au procès-verbal par l'audition des témoins et faire insérer ces conclusions dans le procès-verbal du jugement, afin que, sur sa demande incidente ainsi prouvée, il puisse fonder l'appel, en cas de refus. (Circ. 7 juin 1809.)

9. *Sursis. Délai. Conditions.* — Lorsque, en cas de condamnation à l'emprisonnement ou à l'amende, l'inculpé aura obtenu que le tribunal ordonne qu'il soit sursis à l'exécution de la peine, si, pendant le délai de cinq ans à dater du jugement ou de l'arrêt, le condamné qui a obtenu le sursis à l'exécution des condamnations n'a encore encouru aucune poursuite suivie de condamnation à l'emprisonnement ou à une peine plus grave pour crime ou délit de droit commun, la condamnation sera comme non avenue. (Loi du 26 mars 1891, art. 1.) Cette disposition n'est pas applicable en matière de contravention de simple police. (Cass. 5 mars 1892.) V. Sursis.

ÂNON.

Pâturage. — Si c'est un suivant qui tette encore sa mère et qui ne broute pas encore, il ne peut ne pas y avoir de pénalité pour son introduction en forêt, quoique ce soit une bête de somme. V. Âne.

ANTIDATE. V. Faux.

ANTICIPATION.

1. *Principe.* — L'anticipation de terrain ne peut se prouver que par des titres ou des actes de possession et n'est passible de poursuites que lorsqu'il y a eu enlèvement ou destruction de signe de limite, défrichement, ou exploitation et coupes de bois. Le délit est alors passible de la peine spéciale édictée pour le fait commis et constaté.

2. *Culture de terrain.* — L'anticipation résultant de la mise en culture d'un terrain vague ne peut donner lieu qu'à une action civile, s'il n'y a eu ni coupe, ni enlèvement de produits forestiers. V. Culture.

3. *Restitution. Fruits.* — En cas de restitution d'anticipation commise de *bonne foi*, la restitution des fruits perçus, avant la reprise de possession, n'est pas exigible. Il en serait autrement si l'anticipation avait été commise de mauvaise foi ; dans ce cas, l'anticipateur devrait les fruits à compter du jour où il aurait commis la voie de fait, sans préjudice des dommages-intérêts.

4. *Chemins vicinaux. Compétence.* — Les conseils de préfecture sont compétents, aux termes de la loi du 9 ventôse an XIII, pour connaître des empiètements qui ont lieu sur les chemins vicinaux régulièrement classés. (Cons. d'État, 6 février 1837.)

5. *Cours d'eau.* — Les anticipations sur les rivières, qui ne sont ni navigables, ni flottables, ne peuvent être poursuivies, ni punies comme délit. (Cass. 29 juin 1813.)

6. *Coupes.* — Les coupes par anticipation sont des coupes extraordinaires, qui ne peuvent avoir lieu qu'en vertu d'ordonnances spéciales. (Ord. 71.)

APANAGE.

1. *Définition.* — L'apanage était une dotation immobilière détachée par le roi du domaine de la couronne et attribuée à ses frères, fils ou petit-fils, pour leur tenir lieu de part héréditaire ; il devait faire retour à l'État en l'absence de descendants mâles en ligne directe. Voir Cod. For. 89 et Ord. 125 à 127.

2. *Suppression.* — Il n'existe plus d'apanages en France et ils ne peuvent être constitués qu'en vertu d'une loi. (Loi du 21 septembre 1790.)
La dernier apanage, constitué au profit du duc d'Orléans, a fait retour au domaine en 1830 par suite de l'accession au trône du chef de cette maison.

APPAREIL DE PÊCHE.

1. *Principe. Pénalités.* — Il est interdit de placer, dans les rivières navigables ou flottables, canaux et ruisseaux, aucun barrage, appareil ou établissement quelconque de pêcherie ayant pour objet d'empêcher entièrement le passage du poisson.
En cas d'infraction :

Amende : 50 à 500 francs.
Dommages-intérêts ; minimum : amende simple prononcée. Appareils de pêche saisis et détruits. (Loi du 15 avril 1839, art. 24.)

2. *Cours d'eau. Interdiction.* — Il est interdit d'établir dans les cours d'eau des appareils ayant pour objet de rassembler le poisson dans des noues, boires ou mares dont il ne pourrait plus sortir, ou de le contraindre à passer par une issue garnie de pièges. (Décis. du 5 septembre 1897, art 14. Circ. N 524.)

3. *Appareil de pêche prohibé.* — Est prohibé tout barrage ou appareil ayant pour objet d'empêcher entièrement le passage du poisson, sans qu'il y ait à distinguer entre le cas, où, par suite du jeu d'une vanne indépendante de la pêcherie, le passage du poisson du canal dans l'autre peut, au gré du propriétaire, être réta-

bli partiellement et par intermittence et le cas où le barrage et les vannes forment un obstacle permanent et continu au passage du poisson. (Loi du 15 avril 1829, art. 24. Cass. 1er juin 1900. Circ. N 576.)

4. *Emploi. Retrait. Heures.* — Les appareils ou engins de pêche mis en mouvement par le courant de l'eau ou par une force mécanique quelconque seront disposés de manière qu'il y ait pour les poissons un passage libre autre que celui où se meuvent ces appareils ou engins dans les bras de rivière où ils sont autorisés.
Ces appareils ou engins devront être retirés de l'eau et déposés à terre pendant au moins trente-six heures chaque semaine, du samedi à 6 heures du soir au lundi à 6 heures du matin. Ils seront de même complètement mis à terre pendant toute la durée de la période d'interdiction de la pêche des poissons qu'ils sont destinés à capturer. (Cah. des ch. 21. Circ. N 657.) V. Barrage de pêcherie.

APPÂT (Pêche).

Poissons désignés. Délit. Pénalités. — Ceux qui appâteront leurs hameçons, nasses, filets ou autres engins avec des poissons des espèces prohibées :

Amende : 20 à 50 francs. — De nuit ou en récidive, amende, 40 à 100 francs. (Loi du 15 avril 1829, art. 30, 31, 69 et 70.)

APPÂTS EMPOISONNÉS.

Appât enivrant. Délit. — Le fait de répandre un appât qui ne peut attirer le gibier et ne s'adresser qu'aux animaux carnivores ne constitue pas un délit d'emploi de drogues ou appâts de nature à enivrer le gibier, prévu par l'article 12, § 5, de la loi du 3 mai 1844; mais il constitue une infraction à l'article 9, § 3, de ladite loi, si l'arrêté préfectoral donnant la liste des animaux nuisibles et malfaisants n'autorise leur destruction en tout temps qu'au moyen de pièges. (Nîmes, 27 novembre 1896.) V. Drogue. Pêche. Poison.

APPEAU. APPELANT.

1. *Définition.* — Les appeaux sont des instruments employés pour attirer le gibier; tels sont les sifflets imitant les cris de différentes espèces d'animaux. Les appelants ou chanterelles sont des oiseaux captifs dont on se sert pour faire venir leurs congénères.

2. *Qualification. Détention. Confiscation.* — Les appeaux ou appelants ne sont pas des instruments de chasse proprement dits ; ils ne constituent que des moyens secondaires. (Cass. 7 mars 1868.) Leur détention n'est pas un délit (Orléans, 11 mai 1869), et, en cas de

délit, leur confiscation ne doit pas être prononcée. (Aix, 2 mars 1876.) V. Chasse.

3. *Propriété close. Emploi. Non-délit. Confiscation.* — Toute chasse et tout mode de chasse sans emploi d'engins prohibés étant licite dans les terrains clos et attenant à une habitation, l'emploi d'appelants, d'une espèce même dont la chasse est interdite par un arrêté, ne constitue aucune infraction punissable.

En outre, appeaux, appelants et chanterelles ne constituant pas des engins prohibés mais seulement des moyens de chasse, la confiscation ne pourrait en être ordonnée dans le cas même où une condamnation serait encourue par le fait de leur emploi. (Cass. 5 juillet 1907.) V. Terrain clos.

APPEL. (Matière répressive.)

V. Cassation. Instance. Matière. Sommaire. Pourvoi.

Nota. Pour la matière civile. V. Instance.

SECT. I. — DÉFINITION. PRINCIPES. DROIT.

1. *Définition.* — L'appel est le recours à un tribunal supérieur, pour obtenir la réformation d'une sentence rendue en premier ressort. Il est une voie de recours qui permet de déférer à un tribunal supérieur tout jugement, par défaut ou contradictoire.

2. *Principal.* — L'appel principal est celui qui a été interjeté le premier, par l'une des parties.

3. *Incident.* — L'appel incident est celui dirigé contre le même jugement, pendant l'instruction de l'appel principal.

En principe, on ne peut, en matière correctionnelle (forestière), interjeter appel incident, en tout état de cause, comme on le fait en matière civile. (Pau, 28 nov. 1861. Proc. Civ. 443. Instr. crim. 202, 203.)

4. *Infractions forestières et de pêche. Droit commun.* — Les codes forestier et de pêche renvoient entièrement, pour l'appel de ces infractions, au droit commun et par suite au code d'instruction criminelle. (Cod. For. 187. Loi du 15 avril 1829, art. 64.) Il en est de même pour les infractions forestières en Algérie, (Loi du 21 février 1903, art. 185.)

5. *Appel incident. Chefs distincts.* — Lorsqu'un jugement contient plusieurs chefs distincts et que l'une des parties interjette appel de l'un d'eux, l'intimé peut appeler incidemment, et en tout état de cause, non seulement de ce chef, mais encore de tous les autres. (Lyon, 5 décembre 1884. Cass. 11 janvier 1886.)

6. *Faculté.* — La faculté d'appeler appartient : 1° aux parties prévenues ou responsables ; 2° à la partie civile, quant aux intérêts civils seulement ; 3° à l'administration forestière ; 4° au procureur de la République près le tribunal de première instance ; 5° au procureur général près la cour d'appel. (Instr. crim. 202.)

7. *Père. Mineur. Mari. Épouse.* — Le père peut, en sa seule qualité, interjeter appel d'un jugement correctionnel condamnant son enfant mineur ; mais le mari ne peut interjeter appel d'un jugement correctionnel rendu contre sa femme que s'il est muni d'un pouvoir spécial. (Cass. 8 août 1874.)

8. *Qualité. Première instance. Changement. Fils. Héritier.* — Le fils qui a succombé en première instance, comme demandeur en poursuite d'un délit de chasse prétendûment commis sur la propriété de son père, ne peut, celui-ci étant mort, faire appel du jugement en prenant la qualité d'héritier de son père, alors qu'il avait introduit la première instance en son nom personnel. (Bourges, 23 janvier et 3 avril 1890.)

9. *Ministère public. Agent forestier.* — Le ministère public et les agents forestiers ont, pour les appels, les mêmes droits que pour l'exercice des poursuites correctionnelles. Chacun de ces fonctionnaires jouit, à cet égard, d'un droit *personnel, distinct et principal* ; c'est-à-dire que l'inaction de l'un ne nuit pas au droit d'appel de l'autre, et chacun d'eux peut agir isolément, sans être gêné ou paralysé par le silence de l'autre. (Cass. 27 janvier 1837.)

10. *Appel par l'Administration.* — L'administration des eaux et forêts peut interjeter appel alors même qu'elle ne serait pas intervenue dans l'instance et que l'action aurait été intentée par le ministère public seul devant le tribunal correctionnel. (Cass. 2 mai 1902. Circ. N 656.)

11. *Ministère public. Administration.* — Si le ministère public a fait appel au nom de l'administration des forêts, celle-ci peut s'approprier l'appel, qui doit lui profiter quand elle se présente pour le soutenir. (Cass. 27 janvier 1837.)

12. *Appel général, limité.* — Le ministère public et l'administration forestière pouvant exercer concurremment et simultanément, soit l'action publique, soit l'action privée, l'appel peut avoir des effets distincts, suivant les termes dans lesquels il est interjeté.

Il est *général* ou *indéfini* lorsqu'il est fait pour tous les *torts* et *griefs* que cause le jugement. (Cass. 22 janvier 1829.) Mais, comme l'appel du ministère public remet tout en question (Cass. 4 mars 1825), par la même raison, dès que l'appel de l'administration, général ou limité, a pour objet l'action *publique,* tout est également remis en question, comme avant le jugement.

Il n'en est pas de même si l'appel de l'administration est limité aux réparations civiles; dans ce cas, le débat devant les juges d'appel ne peut porter que sur ce point. (Meaume.)

13. *Partie civile.* — L'appel de la partie civile ne met en cause que les parties du jugement relatives à l'intérêt privé de cette partie. (Cass. 7 mai 1819.) Le plaignant qui ne s'est pas porté partie civile en première instance ne peut pas se porter en appel.

14. *Partie civile. Dommages-intérêts.* — La cour, saisie de l'appel de la seule partie civile, ne peut prononcer aucune peine, mais seulement allouer des dommages-intérêts. (Nancy, 16 mars 1904.) V. Chien de chasse.

15. *Partie civile. Recevabilité.* — La partie civile qui a obtenu des premiers juges la totalité de la somme par elle demandée, à titre de dommages-intérêts, est néanmoins recevable à former appel de la décision rendue, bien que le ministère public et le prévenu aient accepté le jugement, lorsqu'elle a un intérêt manifeste à faire réformer, dans ledit jugement, une disposition qui pourrait, dans des circonstances ultérieures, constituer à son encontre un préjugé défavorable. (Orléans, 15 mars 1892.)

16. *Instruction.* — Les agents ne doivent faire appel que lorsque le jugement porte atteinte, soit à la vindicte publique, soit aux droits de l'État, des communes ou des établissements publics, ou bien lorsqu'il renferme quelque principe contraire aux termes ou à l'esprit des lois. Il est convenable de ne faire appel que quelques jours après le jugement; on doit auparavant consulter les magistrats du parquet. On ne doit pas renoncer à l'appel si le ministère public en appelle de son côté.

Il convient de faire appel si la question est nouvelle et présente un intérêt réel pour l'administration; quand la question est douteuse, c'est-à-dire résolue diversement par plusieurs cours, il faut s'abstenir, si on est en opposition avec la jurisprudence de la Cour de cassation.

Si le même jugement statue sur plusieurs délits distincts, l'appel doit faire mention expresse des chefs sur lesquels il porte, afin de limiter les débats. (Circ. A 577.)

17. *Conclusions.* — L'administration peut demander, en appel, la condamnation du prévenu pour le fait dont la preuve a été rapportée. Le fait doit être le *même,* mais sa qualification peut varier, ainsi que les conclusions. (Cass. 5 décembre 1833.) On peut ainsi demander, pour la première fois en appel, des dommages-intérêts pour le préjudice éprouvé depuis le premier jugement. (Proc. Civ., art 464.)

18. *Conclusions. Preuves.* — L'administration peut demander la production de nouvelles preuves à l'appui de la prévention; les parties peuvent demander, en appel, la comparution de nouveaux témoins et l'audition des anciens témoins, en vertu de l'article 211 du code d'instruction criminelle. Ainsi, si l'appel est limité en ce qui concerne le *fond du débat,* il est illimité en ce qui concerne la preuve; dès lors, le tribunal ne peut se refuser d'entendre les témoignages des gardes rédacteurs d'un procès-verbal insuffisant (que ces gardes aient ou non été entendus en première instance), à moins que le rejet ne soit motivé sur ce que le tribunal se trouve suffisamment éclairé. (Cass. 21 juillet 1820, 23 août et 27 septembre 1823 et 16 décembre 1825.)

19. *Preuve testimoniale.* — D'après l'article 175 du code forestier, des délits forestiers peuvent aussi bien être prouvés par témoin devant la cour d'appel que devant le tribunal de première instance. (Meaume.)

20. *Cassation. Pourvoi.* — La partie civile, les prévenus, la partie publique, les personnes civilement responsables du délit pourront se pourvoir en cassation contre l'arrêt en appel. (Instr. Crim., art. 216.) V. Cassation. Instance. Pourvoi.

21. *Juridiction correctionnelle. Matière forestière.* — Dans les affaires forestières, poursuivies à la requête des agents de l'administration, l'appel sera toujours possible de la part de toutes les parties, quelles que soient la nature et l'importance des condamnations, (Instr. Crim. 172. Loi du 31 décembre 1906. Circ. N 705.)

SECT. II. — DROIT D'APPEL.

§ 1. Agent forestier. Administration.

22. *Appel. Désistement.* — Les agents de l'administration des eaux et forêts peuvent, en son nom, interjeter appel des jugements, mais ils ne peuvent se désister de leur appel sans son autorisation spéciale (Cod. For 183. Loi du 15 avril 1829, art. 60). En Algérie, sans l'autorisation du gouverneur général (Loi du 21 février 1903, art. 161. Circ. N 642). V. Désistement.

23. *Agents.* — Les agents forestiers, à l'exclusion des préposés, ont seuls le droit d'interjeter appel des jugements rendus sur des délits forestiers. (Cass. 2 septembre 1830.)

24. *Qualités. Droit.* — Les agents forestiers exerçant l'action publique (Cod. For. 159) ont, d'après l'article 183 du code forestier, le droit d'appel sur tous les jugements dans lesquels l'administration a été partie. Tout pourvoi fait par un agent forestier est formé au nom de l'administration (Cass. 7 juin 1819); dès lors, tout agent, qu'il ait ou non représenté l'administration à l'audience, peut interjeter appel d'un jugement au profit de l'administration. (Metz, 28 mai 1818.)

25. *Faculté.* — En matière de pêche fluviale, la faculté d'appeler appartient aux agents des eaux et forêts, lors même que l'action aurait été intentée en première instance par le ministère public. (Cass. 2 mai 1902. Circ. N 656. Angers, 11 juin 1903.)

26. *Simple police. Instance.* — Les appels de jugements de simple police seront suivis en principe par l'agent des eaux et forêts habituellement chargé des poursuites auprès du tribunal correctionnel jugeant en première instance. Exceptionnellement, il pourra être dérogé à cette règle pour des motifs de service dont le conservateur sera juge.

Les parties seront citées d'office devant le tribunal correctionnel par les soins de l'inspecteur des eaux et forêts, qui devra se concerter avec les magistrats pour la fixation du jour de l'audience. (Circ. N 737, art 81 et 82.)

§ 2. Ministère public.

27. *Acquiescement.* — Le ministère public a un droit indépendant de faire appel contre les jugements, quand bien même l'administration et les agents forestiers y auraient acquiescé. (Cod. For. 184. Loi du 15 avril 1829, art. 61. Loi du 21 février 1903, art. 162, relative à l'Algérie.)

28. *Droit. Extinction.* — Il faut combiner le texte de l'article 184 du code forestier avec la loi postérieure du 18 juin 1859; l'acquiescement peut, en effet, revêtir la forme d'une transaction avant jugement définitif, et comme cette transaction produit l'extinction de l'action publique, elle éteint le droit et l'appel du ministère public. (Ch. Guyot.)

29. *Recours. Procureur général.* — Le pro-
cureur général près la cour qui doit connaître de l'appel devra notifier son recours, soit au prévenu, soit à la personne civilement responsable, dans le délai de deux mois à compter du jour de la prononciation du jugement, ou, si le jugement lui a été légalement notifié par une des parties, dans le délai d'un mois à compter du jour de cette notification; sinon, il sera déchu. (Instr. Crim. 205.) Il n'y a pas de déclaration au greffe. La notification est indépendante de la citation à comparaître.

30. *Frais.* — L'administration forestière peut être condamnée, comme toute autre partie civile, aux frais d'un appel relevé par le ministère public, dans son intérêt. (Cass. 16 avril 1836.)

SECT. III. — CONSÉQUENCES. PRESCRIPTION.

31. *Qualités.* — L'appel peut être général ou limité, c'est-à-dire porter sur le jugement en entier ou sur les réparations civiles seulement.

32. *Résultat.* — L'appel interjeté par l'administration forestière remet tout en question et permet d'acquitter le prévenu. (Colmar, 15 mars 1864.)

33. *Résultat.* — La condition de celui qui appelle ne peut être aggravée par les tribunaux supérieurs lorsque les autres parties, soit privées, soit publiques, n'ont point appelé. (Duvergier. — Cons. d'État, 25 octobre 1806.)

Sur le seul appel du prévenu, la peine prononcée en première instance ne peut être aggravée, alors même que la cour constaterait que les pénalités édictées par la loi n'auraient pas été appliquées. (Nancy, 26 février 1902.)

34. *Partie. Droit.* — La partie qui n'a point appelé d'un jugement n'est point recevable, sur l'appel de la partie adverse, à prendre de nouvelles conclusions en aggravation de peine. (Cass. 21 février 1806.)

35. *Solidarité.* — L'appel d'un des condamnés solidaires ne profite pas aux autres. (Cass. 8 octobre 1829.)

36. *Indivisibilité.* — En matière indivisible (droit de servitude), l'appel formé en temps utile contre quelques-uns des intéressés conserve à l'appelant le droit d'interjeter appel contre les autres, même après l'expiration des délais (Cass. 14 août 1866); de même, l'appel interjeté par une des parties profite aux cointéressés, qui peuvent intervenir devant le juge d'appel.

37. *Exécution.* — L'exécution consentie ou ordonnée d'un jugement du tribunal correctionnel, par le ministère public près de ce tribunal, n'est point un obstacle à l'appel de ce même jugement interjeté par le ministère public près la cour qui doit en connaître. (Cass. 16 janvier 1824.)

38. *Condamnations civiles. Exécution. Non-solidarité. Non-acquiescement.* — L'exécution volontaire donnée, par l'une des parties condamnées, au jugement qui a prononcé, en matière forestière et sans solidarité contre plusieurs codéfenseurs, une condamnation civile en réparation du dommage causé, ne constitue pas une fin de non-recevoir contre l'appel des autres défenseurs qui n'ont pas acquiescé audit jugement et ne s'oppose point à ce que ceux-ci interjettent appel. (Chambéry, 13 juin 1885.)

39. *Prescriptions.* — Lorsqu'un jugement correctionnel a été frappé d'appel, il y a prescription, si, pendant trois ans depuis le jugement dont est appel, il n'a pas été fait d'acte d'instruction ou de poursuite. (Cass. 28 novembre 1857.)

SECT. IV. — JUGEMENT DONT ON PEUT APPELER.

40. *Jugement correctionnel. Principe.* — Les jugements en matière correctionnelle peuvent être attaqués par voie d'appel. (Instr. Crim. 199.)

41. *Jugement définitif.* — Tous les jugements *définitifs*, rendus en matière correctionnelle et sur les poursuites de l'administration forestière, peuvent être attaqués par voie d'appel. (Instr. Crim. 199.) Le paragraphe 2 de l'article 192 (Contravention) n'est pas applicable dans ce cas. (Cass. 12 novembre 1842.) Les contraventions forestières doivent être assimilées à des délits.

42. *Jugement interlocutoire.* — L'appel d'un jugement *interlocutoire* ne peut être interjeté avant le jugement définitif. (Procéd Civ. art. 451, § 2.)

43. *Jugement préparatoire.* — L'appel d'un jugement *préparatoire* ne peut être interjeté qu'après le jugement définitif et conjointement avec l'appel de ce jugement. (Procéd. Civ. art. 451, § 1.)

44. *Jugement interlocutoire définitif.* — Tout jugement qui fixe un point du procès est définitif pour ce point, quoiqu'il puisse n'être que préparatoire ou interlocutoire sur le fond de la question elle-même; il est, dès lors, susceptible d'appel. Tels sont les jugements qui renvoient à fin civile sur une question préjudicielle (Cass. 25 novembre 1826); qui rejettent une inscription de faux (18 mars 1836); qui prononcent sur la compétence du tribunal (Cass. 31 janvier 1817); qui portent remise de cause pour fournir une preuve ou vérification défendue ou non admise par la loi, ou qui doit nécessairement enchaîner le tribunal (Cass. 28 mai 1836.) Cependant la Cour de cassation a décidé, en même temps, que les juges du fond n'étaient pas liés par l'arrêt interlocutoire. (Cass. 28 mai 1836.)

45. *Simple police.* — Les jugements de simple police ne peuvent être attaqués en appel que lorsqu'ils prononcent un emprisonnement ou lorsque les amendes, restitutions et autres réparations civiles excèdent la somme de 5 francs, outre les dépens. (Instr. Crim. 172, § 1.) L'appel sera suspensif. (Instr. Crim. 173.)

46. *Simple police. Affaires forestières.* — Dans les affaires forestières poursuivies à la requête des agents de l'administration, l'appel sera toujours possible de la part de toutes les parties, quelles que soient la nature et l'importance des condamnations. (Instr. Crim. 172, § 2. Cod. For. 171, § 2. Circ. N 737, art. 77.)

47. *Simple police. Matière forestière. Dépens.* — Les jugements rendus par les tribunaux de simple police en matière forestière, en vertu de l'article 171 du code forestier modifié par la loi du 31 décembre 1906, sont susceptibles d'appel, quel que soit le montant des condamnations, et par suite dans le cas même où il y a une simple condamnation aux dépens. (Cass. 19 décembre 1908. Circ. N 745.)

48. *Qualification. Jugement.* — Ne sera pas recevable l'appel des jugements mal à propos qualifiés en premier ressort, ou qui, étant en dernier ressort, n'auraient pas été qualifiés. Seront sujets à l'appel les jugements qualifiés en dernier ressort, s'ils ont statué sur des questions de compétence ou sur des matières dont le juge de paix ne pouvait connaître qu'en premier ressort. Si le juge de paix est déclaré compétent, l'appel ne pourra être interjeté qu'après le jugement définitif. (Loi du 25 mai 1838, art. 14.)

49. *Qualification. Faits identiques.* — Pour des faits identiques, la cour d'appel peut substituer à la qualification inscrite dans le jugement une qualification nouvelle. (Bourges, 8 juin 1899. Cass. 11 août 1899.)

SECT. V. — CITATIONS. FORMALITÉS. REQUÊTE.

50. *Déclaration.* — Si l'agent forestier chargé des poursuites croit nécessaire d'interjeter appel d'un jugement, il en passe la déclaration au greffe et en fait faire la signification au prévenu, dans les délais prescrits. (Instr. Crim. 203. Instr. 23 mars 1821, art. 110.)

51. *Pièces. Requête. Délais.* — Lorsqu'un appel aura été interjeté, l'agent forestier devra, dans la huitaine, transmettre au conservateur les pièces de la procédure (1° acte de la déclaration d'appel; 2° copie de la requête d'appel; 3° extrait du jugement attaqué), avec une requête contenant les griefs et les moyens d'appel. Si le conservateur juge l'appel fondé, il renvoie les pièces au chef de service, en lui donnant des instructions, s'il y a lieu. (Circ. A 577.) L'autorisation de l'administration n'est requise qu'en cas de désistement.

52. *Requête. Délais.* — La requête contenant les moyens d'appel pourra être remise au greffe dans le délai de dix jours; en matière civile, le délai est de deux mois. Elle sera signée de l'appelant, ou d'un avoué, ou d'un fondé de pouvoir spécial. Dans ce dernier cas, le pouvoir sera annexé à la requête. Cette requête pourra être remise directement au greffe de la cour d'appel. (Instr. Crim. 204.) Elle est purement facultative et ne peut, quelles qu'en soient les conclusions, modifier le droit que confère au juge d'appel la généralité d'un acte d'appel. (Cass. 2 décembre 1865.) Un mandataire verbal n'a pas qualité pour remettre une requête d'appel. (Cass. 19 février 1836.) Les conclusions de l'appelant peuvent être modifiées devant la cour. (Nancy, 3 décembre 1861.)

53. *Effets.* — L'effet de l'appel est d'abord de suspendre l'exécution du jugement (Instr. Crim. 203); ensuite de saisir le juge d'appel des faits qui ont déjà été soumis au juge de première instance, la règle s'opposant à ce que la cour puisse statuer sur des faits qui n'ont pas été déférés aux premiers juges. (Ch. Guyot.)

54. *Signification.* — L'appel de l'administration contre un jugement rendu par défaut contre le prévenu n'est pas nul, bien que le jugement n'ait pas été signifié. Cet appel n'enlève pas au défaillant le droit de faire opposition, s'il est dans le délai; et l'appel n'est efficace que s'il n'y a pas d'opposition. (Cass. 25 juillet 1839.)

55. *Signification.* — Un acte d'appel ne peut être valablement signifié au domicile élu. (Proc. Civ. 58. Paris, 7 avril 1868.)

56. *Citation.* — Les citations en appel doivent être signifiées à toutes les parties désignées au jugement frappé d'appel, par les soins du parquet de la cour.

57. *Extraits. Délais.* — L'extrait des arrêts ou jugements rendus sur appel sera remis directement aux trésoriers généraux par les greffiers des cours et tribunaux d'appel, quatre jours après celui où le jugement aura été prononcé, si le condamné ne s'est point pourvu en cassation. (Ord. 189. Instr. Compt. pub. 5 juillet 1895, art. 53. Circ. N 554, art. 2.)

58. *Extrait. Recouvrement.* — Les percepteurs procèdent au recouvrement des condamnations. (Instr. du Min. des Fin., 20 septembre 1875.) Ils prennent charge, dès leur arrivée, des extraits d'arrêts qui leur sont adressés par le receveur des finances. (Circ. N 554, art. 24.)

59. *Simple police. Déclaration.* — La déclaration d'appel n'est assujettie par la loi à aucune forme spéciale.

En cas d'appel interjeté par l'administration, la déclaration sera signée de l'inspecteur ou de l'agent chef du cantonnement; elle sera remise au greffe par l'un de ces agents ou, si aucun d'eux n'a sa résidence au siège du tribunal, par un préposé. Il sera délivré récépissé par le greffier.

Lorsque l'appel aura été interjeté par le condamné ou la personne civilement responsable, le greffier en donnera immédiatement avis à l'inspecteur chef de service, chargé des citations. (Circ. N 737, art. 79 et 80.)

60. *Amende. Consignation.* — Tout appelant sera tenu de consigner l'amende d'avance, en faisant enregistrer son acte d'appel, sauf à en ordonner la restitution, si l'appel est jugé bien fondé ou si les parties transigent sur l'appel, avant le jugement. (Arrêté 27 nivôse an x.) L'appelant qui succombe sera condamné à une amende de 5 ou 10 francs. (Proc. Civ. 471.)

61. *Enregistrement.* — Les appels des jugements de juge de paix sont enregistrés au droit fixe de 5 francs en principal et ceux des jugements des tribunaux civils à 10 francs en principal. (Loi du 26 janvier 1892. Loi du 28 avril 1893, art. 22.)

SECT. VI. — DÉLAIS.

62. *Déclaration.* — La déclaration d'appeler doit, sous peine de déchéance, être faite au greffe du tribunal qui a rendu le jugement, dix jours au plus tard après celui où il a été prononcé; si le jugement a été rendu par défaut, dix jours au plus tard après la signification qui en aura été faite à la partie condamnée ou à son domicile, en outre un jour par trois myriamètres. Pendant ce délai et pendant l'instance de l'appel, *il sera sursis à l'exécution du jugement.* (Instr. Crim. 203. Cod. For. 187. Loi du 15 avril 1829, 64. Loi du 21 février 1903, art. 166, relative à l'Algérie.)

63. *Jugement par défaut. Avis.* — Si le condamné par défaut interjette appel, l'agent forestier doit en donner avis au receveur des finances. (Ord. 188. Circ. N 149. Form. série 6 n° 10.)

64. *Jour férié.* — Un appel correctionnel interjeté le onzième jour après le prononcé du jugement n'est pas recevable, bien que le dixième soit férié. (Colmar, 30 août 1862. Lyon, 3 juillet 1895. Agen, 7 août 1895.)

65. *Nullité. Délai. Jour férié.* — La déchéance résultant de la tardivité de l'appel, même si le dixième jour est un jour férié, constitue une nullité d'ordre public et doit être admise en tout état de cause et même suppléée d'office. (Nîmes, 29 juillet 1875.)

66. *Jugement par défaut.* — Les délais d'appel (dix jours) pour les jugements rendus par défaut ne commencent à courir que du jour de la signification du jugement. (Instr. Crim. 203. Cod. For. 209) et en même temps que le délai d'opposition (cinq jours). Dès lors, comme le prévenu peut former opposition avant la signification du jugement, il peut de même faire appel avant sa signification. (Cass. 23 septembre 1841.)

67. *Jugement par défaut.* — L'administration forestière et le ministère public peuvent également faire appel des jugements correctionnels par défaut, avant leur signification, d'autant que, le jugement étant contradictoire pour eux, les agents n'ont qu'un délai de dix jours, après le prononcé du jugement, pour interjeter l'appel. (Cass. 25 juillet 1839.) Malgré l'appel de l'administration, le prévenu a le droit de former opposition au jugement, s'il est encore dans les délais fixés par l'article 187 du code d'instruction criminelle. (Cass. 25 juillet 1839.)

68. *Défaut.* — Le prévenu condamné par défaut qui s'est désisté de l'opposition, ou qui a laissé passer le délai, peut interjeter appel, s'il est encore dans les délais prescrits par l'article 203 du code d'instruction criminelle.

69. *Commencement.* — Les délais d'appel courent à partir de la signification des jugements par défaut. (Cod. For. 209.)

70. *Point de départ.* — L'administration des eaux et forêts, à la requête de laquelle le prévenu a été condamné par défaut pour délit de pêche, a valablement formé son appel dans le délai de dix jours à compter, non du jugement par défaut réputé non avenu par suite de l'opposition du prévenu, mais à compter du jugement contradictoire rendu sur cette opposition. (Instr. Crim. 187 et 203. Cass. 19 décembre 1912.) S'applique aux matières forestières et de pêche.

71. *Délai. Commencement.* — Le délai d'appel d'un jugement de débouté d'opposition, en matière correctionnelle, faute de comparaître, court seulement du jour de sa signification à personne ou d'un acte d'exécution. (Dijon, 13 décembre 1881.)

72. *Jugement de police. Affaires forestières.* — L'appel des jugements de police sera porté au tribunal correctionnel; cet appel sera interjeté par déclaration au greffe du tribunal qui a rendu le jugement, dans les dix jours au plus tard après celui où il a été prononcé, et, si le jugement est par défaut, dans les dix jours au plus tard de la signification de la sentence à personne ou à domicile. Il sera suivi et jugé dans la même forme que les sentences des justices de paix.

Dans les affaires forestières poursuivies à la requête de l'administration, le délai ci-dessus sera porté à quinze jours pour l'appel interjeté par les agents forestiers. (Instr. Crim. 174. Circ. N 705. Circ. N 737, art. 78.)

73. *Algérie. Tribunaux répressifs indigènes. Délais.* — Le délai de deux jours édicté pour l'appel des jugements des tribunaux répressifs indigènes est applicable à l'Administration des Eaux et Forêts pour les délits de sa compétence. (Décr. du 9 août 1903, art. 21. Trib. de Tizi-Ouzou, 27 novembre 1908. Cass. 29 avril 1910.)

Désormais la poursuites des infractions forestières qui sont de la compétence des tribunaux répressifs indigènes devra être exercée conformément à la procédure tracée par les articles 12 à 15, 17, 21 à 23 et 26 du décret du 9 août 1903. (Lettre du procureur général d'Alger du 18 novembre 1910.)

SECT. VII. — AUDIENCES.

74. *Jugement. Délai.* — L'appel sera jugé à l'audience, dans le mois, sur le rapport fait par l'un des juges. (Instr. Crim. 209.) Simple délai d'ordre qui peut être dépassé.

75. *Nombre de juges.* — En toute matière, les arrêts des cours d'appel sont rendus par des magistrats délibérant au nombre impair. Ils sont rendus par cinq juges au moins, président compris.

Pour le jugement des causes qui doivent être portées aux audiences solennelles, les arrêts sont rendus par neuf juges au moins. Le tout à peine de nullité. (Loi du 30 août 1883, art. 1.)

76. *Instruction. Réquisitoire.* — Devant les tribunaux d'appel, l'instruction orale se fait comme devant les tribunaux correctionnels, sauf l'obligation d'un rapport sur le point litigieux de la part d'un des juges d'appel. L'agent forestier a également le droit d'exposer l'affaire et d'être entendu à l'appui de ses conclusions, avant le résumé du ministère public. L'appelant doit parler le premier. (Lyon, 11 août 1827.)

77. *Poursuites.* — Les appels sont poursuivis par l'agent forestier supérieur dans l'arrondissement duquel se trouve le tribunal saisi de l'appel. (Instr. 23 mars 1821, art 78.)

78. *Audience. Plaidoirie.* — A la suite du rapport et avant que le rapporteur et les conseillers émettent leur opinion, le prévenu, soit qu'il ait été acquitté ou condamné, la personne civilement responsable du délit, la partie civile et le procureur général seront entendus, dans la forme fixée pour les audiences correctionnelles. (Instr. Crim. 210.)

79. *Formalités.* — Sont applicables aux jugements sur appel les formalités relatives à l'instruction, à l'audience, à la nature des preuves, à l'authenticité, à la signature, à la condamnation, aux frais, habituelles aux jugements correctionnels en première instance. (Instr. Crim. 211.)

80. *Appel des sentences du juge de paix.* — Les appels des juges de paix sont réputés matières sommaires et jugés à l'audience après les délais de la citation et sans aucune procédure, ni formalités. (Procéd. Civ. 404, 405.) V. Matière sommaire.

SECT. VIII. — JURIDICTION. COMPÉTENCE.

81. *Compétence. Première instance.* — Les tribunaux de première instance connaîtront des matières de police correctionnelle; ils prononceront sur l'appel des jugements rendus en premier ressort par les juges de paix. (Loi du 27 ventôse an VIII, art. 7.) L'appel des jugements de simple police sera porté au tribunal correctionnel. (Instr. Crim. 174. Circ. N 705.) V. Décret du 18 août 1810, art. 9.

82. *Compétence. Cour d'appel.* — L'appel du jugement des tribunaux de première instance sera porté à la cour d'appel. (Instr. Crim. 201. Loi du 13 juin 1856.)

83. *Compétence. Décision. Action civile et pénale.* — Le juge d'appel, sur l'appel de la partie civile seule, peut, infirmant le jugement d'incompétence du tribunal correctionnel et évoquant le fond, statuer tant sur l'action publique que sur l'action civile et prononcer une peine contre le prévenu. (Cass. 30 janvier 1885.)

SECT. IX. — ARRÊTS.

84. *Annulation. Violation de formes.* — Si le jugement est annulé pour violation ou omission non réparées des formes prescrites par la loi à peine de nullité, la cour statuera sur le fond. (Instr. Crim. 215.)

85. *Annulation. Crime.* — La cour d'appel statue généralement sans renvoi. Toutefois, si le jugement est annulé parce que le fait est de nature à mériter une peine afflictive ou infamante, la cour décernera un mandat d'arrêt ou de dépôt et renverra le prévenu devant le fonctionnaire compétent, autre que celui qui a rendu le jugement ou fait l'instruction. (Instr. Crim. 214.)

86. *Annulation. Contravention.* — Si le jugement est annulé parce que le fait ne présente qu'une contravention de police, et si la partie publique et la partie civile n'ont pas demandé le renvoi, la cour prononcera la peine et statuera, s'il y a lieu, sur les dommages-intérêts. (Instr. Crim. 213.)

87. *Réformation.* — Si le jugement est réformé en appel, parce que le fait n'est réputé ni contravention, ni délit, par aucune loi, la cour renverra le prévenu et statuera, s'il y a lieu, sur les dommages-intérêts. (Instr. Crim. 212.)

88. *Chef d'appel.* — Une cour ne peut réformer que les points d'un jugement qui sont frappés d'appel; tout jugement qui prononce *ultra petita* est essentiellement vicieux. (Cons. d'État. 12 novembre 1806.)

89. *Partie civile. Dommages-intérêts.* — Lorsque après un jugement de relaxe l'appel est interjeté par la partie civile et que la cour déclare le délit constant, il n'y a pas lieu de prononcer de pénalité contre le délinquant, mais seulement d'allouer des dommages-intérêts au sujet du préjudice causé par ce délit. (Lyon, 13 mai 1903.)

APPEL DE CAUSE.

Droit. — Les huissiers audienciers ne sont pas autorisés à prendre un droit d'appel de cause dans les affaires criminelles, correctionnelles et de police. (Décis. Minist. 18 octobre 1806.) V. Dépens. Huissier.

APPEL EN GARANTIE.

Définition. — Demande par laquelle le défenseur appelle un tiers dans une instance, pour prendre son fait et cause.

APPEL SEMESTRIEL. V. Réserve. Service militaire.

APPOINTEMENT. V. Traitement.

AQUEDUC.

1. *Travaux.* — La construction d'aqueducs entre dans la catégorie des travaux neufs, la réparation dans celle des travaux d'entretien. (Circ. N 566, art. 22 et 23.)

2. *Construction.* — Les petits aqueducs en pierres sèches peuvent être construits à l'aide de journées de prestation pour extraction de menus produits, après autorisation du conservateur. (Circ. N 566, art. 320.)

3. *Dimensions.* — On ne doit donner aux aqueducs que les dimensions nécessaires pour le débit des eaux. (Circ. A 845.)

4. *Réparations. Projets distincts.* — Les réparations des aqueducs peuvent faire l'objet d'autant de projets distincts qu'il y a d'ouvrages à réparer. (Circ. N 566, art. 169.)

ARBITRAGE.

Définition. Droit. — Juridiction conférée par les parties ou par la loi à des simples particuliers (arbitres), pour juger une contestation suivant le compromis passé entre les parties. Voir pour les règles à suivre le code de procédure civile, art. 1003 à 1028.

L'État ne peut se soumettre à un arbitrage, les causes qui le concernent étant sujettes à communication au ministère public. (Cod.

Procéd. Civ., art. 1004.) Il en est de même pour les communes. (Block, de Vatimesnil.)

ARBRES EN GÉNÉRAL.

1. *Définition.* — L'arbre est un organisme vivant. On ne comprend, sous la dénomination d'*arbres*, que les brins ayant plus de 20 centimètres de tour, à 1 mètre du sol. (Grenoble, 12 juin 1839. Inédit.)

2. *Forêts jardinées. Sapins. Dimension.* — Dans les forêts résineuses, exploitées en jardinant, les sapins ayant moins de 20 centimètres de diamètre, à 1 mètre du sol, ne doivent pas être estimés comme bois, mais comme valeur d'avenir. (Montpellier, 19 juin 1882.)

3. *Classement.* — Pour les délits, les arbres ont été divisés en deux catégories; ceux de la première catégorie ont été ensuite distribués en deux catégories.

1re Catégorie : Arbres de deux décimètres de tour et au-dessus. (Cod. For. 192.)

1re *Classe :* Chênes, Ormes, Frênes, Érables, Châtaigniers, Noyers. (Cod. For. 192. Loi du 18 juillet 1906. Circ. N 703.)

2e *Classe :* Les espèces non comprises dans la première classe. (Cod. For. 192. Loi du 18 juillet 1906.)

2e Catégorie : Arbres au-dessous de deux décimètres de tour. (Cod. For. 194.)

4. *Pénalités. Arbres de première catégorie (de deux décimètres de tour et au-dessus).* — Pour coupe ou enlèvement de jour et sans circonstances aggravantes :

Amende. — 1re classe, 0 fr. 50 par chaque décimètre pour chacun des deux premiers et 5 centimes en plus pour chaque décimètre en sus. (Cod. For. 192.)

Amende. — 2e classe, 25 centimes par chaque décimètre pour chacun des deux premiers et 25 millimes en plus par chaque décimètre en sus. (Cod. For. 192. Loi du 18 juillet 1906.)

Outre l'amende, restitution des objets enlevés ou de leur valeur;

Dommages-intérêts, selon les circonstances; confiscation des objets du délit. (Cod. For. 198.)

5. — Tableau des pénalités pour coupe ou enlèvements d'arbres, dans tous les bois en général.

CIRCON-FÉRENCE.	AMENDE par DÉCIMÈTRE.	AMENDE ET PRISON POUR COUPE DE CHAQUE ARBRE.		OBSERVATIONS.
		Le jour.	Le jour avec la scie. Le jour avec récidive. Le jour avec scie et récid. La nuit. La nuit avec scie. La nuit avec récidive. La nuit avec scie et récid.	
décim.	francs.	francs.	francs.	
ARBRES DE PREMIÈRE CLASSE.				
1	″	″	″	Pour les arbres au-dessus de 2 mètres de tour, les amendes se calculent en suivant la même marche.
2	0,50	1,00	2,00	
3	0,55	1,65	3,30	
4	0,60	2,40	4,80	Les fractions de décimètre ne sont pas comptées pour le calcul de l'amende. (Cass., 10 juillet 1829.)
5	0,65	3,25	6,50	
6	0,70	4,20	8,40	
7	0,75	5,25	10,50	
8	0,80	6,40	12,80	
9	0,85	7,65	15,30	Les amendes ne peuvent être que doublées. (Cass., 16 août 1849.) V. Amende.
10	0,90	9,00	18,00	
11	0,95	10,45	20,90	
12	1,00	12,00	24,00	
13	1,05	13,65	27,30	
14	1,10	15,40	30,80	
15	1,15	17,25	34,50	
16	1,20	19,20	38,40	
17	1,25	21,25	42,50	
18	1,30	23,40	46,80	
19	1,35	25,65	51,30	
20	1,40	28,00	56,00	

CIRCON-FÉRENCE.	AMENDE par DÉCIMÈTRE.	AMENDE ET PRISON POUR COUPE DE CHAQUE ARBRE.		OBSERVATIONS.
		Le jour.	Le jour avec la scie. Le jour avec récidive. Le jour avec scie et récid. La nuit. La nuit avec scie. La nuit avec récidive. La nuit avec scie et récid.	
décim.	francs.	francs.	francs.	
ARBRES DE DEUXIÈME CLASSE.				
1	″	″	″	Par le mot «arbres», on doit entendre des tiges, ou tout au moins des fragmen's de tiges. (Grenoble, 5 juillet 1834.)
2	0,250	0,50	1,00	
3	0,275	0,80	1,60	
4	0,300	1,20	2,40	
5	0,325	1,60	3,20	
6	0,350	2,10	4,20	Les arbres dont il s'a-git doivent faire par-tie d'un peuplement forestier et avoir crû sur le sol de la forêt, sinon on doit ap-pliquer l'article 445 du Code pénal. (Ch. Guyot.)
7	0,375	2,60	5,20	
8	0,400	3,20	6,40	
9	0,425	3,80	7,60	
10	0,450	4,50	9,00	
11	0,475	5,20	10,40	
12	0,500	6,00	12,00	
13	0,525	6,80	13,60	
14	0,550	7,70	15,40	
15	0,575	8,60	17,20	
16	0,600	9,60	19,20	
17	0,625	10,60	21,20	
18	0,650	11,70	23,40	
19	0,675	12,80	25,60	
20	0,700	14,00	28,00	

6. *Algérie. Coupe. Enlèvement. Pénalités.* — La coupe ou l'enlèvement d'arbres ayant, à un mètre du sol, deux décimètres de tour et au-dessus, donnera lieu, par pied d'arbre, à une amende d'un franc au moins, qui ne pourra être inférieure à la valeur de l'arbre.

En cas de récidive, l'amende ne pourra être inférieure au double de la valeur de l'arbre.

Il pourra, en outre, être prononcé un em-prisonnement de trois mois au plus.

Les dommages-intérêts seront fixés par le tribunal, d'après les données du procès-verbal et les éléments de la cause, sans pouvoir être inférieurs à l'amende prononcée par le tribunal.

Le procès-verbal constatant le délit devra faire mention du nombre et de la grosseur des arbres coupés ou enlevés, ou indiquer les cir-constances qui n'ont pas permis de relever ces indications. (Loi du 21 février 1903, art. 171.)

Outre l'amende, restitution des objets enle-vés ou de leur valeur.

Dommages-intérêts, selon les circonstances; confiscation des instruments du délit. (Loi du 21 février 1903, art. 176. Circ. N 642.)

Ainsi, dans la loi algérienne, il n'y a pas de tarif fixe comme en France.

7. *Pénalités. Arbres de première catégorie.* — Pour coupe et enlèvement avec circonstances aggravantes, c'est-à-dire si le délit a été commis la nuit, ou avec une scie ou par un délinquant en état de récidive; ou si le délit a été commis pendant la nuit et avec la scie, ou pendant la nuit par un délinquant en réci-dive, ou avec la scie par un délinquant en état de récidive; ou si le délit a été commis la nuit, à l'aide de la scie et par un délinquant en état de récidive :

Amende. — 1re classe, 1 franc par décimètre pour les deux premiers et 10 centimes en plus pour chaque décimètre en sus. (Cod. For. 192, 201.)

Amende. — 2e classe, 50 centimes par décimètre pour les deux premiers et 5 centimes en plus pour chaque décimètre en sus. (Cod. For. 192, 201. Loi du 18 juillet 1906. Circ. N 703.)

Restitution des bois coupés ou de leur valeur. (Cod. For. 198.)

Dommages-intérêts facultatifs; minimum, amende simple. (Cod. For. 198, 202.)

Confiscation des instruments de délit, s'ils sont saisis, ou paiement de leur valeur. (Cod. For. 198.)

8. *Emprisonnement.* — La peine de l'emprisonnement ne peut être prononcée en vertu de l'article 192 du Code forestier depuis la modification introduite dans cet article par la loi du 18 juillet 1906. (Cass. 11 avril 1908. Circ. N 735.) Cet arrêt a cassé celui de la Cour de Rouen du 31 janvier 1908.

9. *Circonférence.* — Les circonférences doivent être mesurées à 1 mètre du sol, si l'arbre n'a pas été enlevé. Si l'arbre a été enlevé ou façonné, la circonférence doit être mesurée sur la souche. Si la souche a été enlevée, la circonférence sera calculée dans la proportion de 1/5 en sus de la dimension totale des quatre faces de l'arbre équarri. Si l'arbre et la souche ont disparu, l'amende sera calculée suivant la grosseur de l'arbre arbitrée par le tribunal d'après les documents du procès. (Cod. For. 192, 193.) Les fractions de décimètre ne sont pas comptées. (Cass. 10 juillet 1829.) V. Circonférence.

10. *Calcul.* — D'après l'article 192, l'amende se calcule par arbre et non pas d'après le nombre des délinquants. (Cass. 10 avril 1835.)

11. *Dimension.* — Si le procès-verbal n'indique pas la dimension des arbres, en l'absence de toute preuve supplémentaire, on peut évaluer, en charge à dos, la quantité de bois enlevé. (Cass. 10 mars 1837.)

12. *Indication.* — Lorsqu'un procès-verbal n'indique pas la dimension des arbres et se borne à dire qu'ils composent une charge d'homme, le tribunal doit appliquer l'article 194 du code forestier. (Cass. 10 mars 1837.)

13. *Pénalités. Arbres de deuxième catégorie* (au-dessous de 2 décimètres de tour). — La coupe ou l'enlèvement des bois de cette catégorie est puni, savoir :

AMENDE.	LE JOUR.	LE JOUR AVEC scie ou le jour avec récidive ou la nuit.	LE JOUR AVEC SCIE et récidive ou la nuit avec scie ou la nuit et récidive.	LA NUIT AVEC scie et récidive.
	fr.		fr.	
Par bête attelée à une charrette..	10		20	
Par charge de bête...	6	C. F. 194.	10	C. F., 194, 201.
Par charge d'homme ou par fagot......	2		4	

Emprisonnement facultatif de 5 jours au plus. (Cod. For. 194. Loi du 18 juin 1859.)

Restitution des bois ou de leur valeur (Cod. For. 198), même si les bois n'ont pas été enlevés. (Cass. 17 février 1849.)

Dommages-intérêts facultatifs; minimum, amende simple. (Cod. For. 198, 202.)

Confiscation des instruments du délit. (Cod. For. 198. Cass. 17 février 1849.)

14. *Algérie. Arbres de deuxième catégorie.* — L'amende pour coupe, arrachage ou enlèvement de bois ayant moins de 2 centimètres de tour sera :

Par bête attelée à une charrette : de 3 à 10 francs.

Par charge de bête de somme : de 2 à 5 francs.

Par fagot, fouée ou charge d'homme : de 50 centimes à 2 francs.

Emprisonnement facultatif de 5 jours au plus.

En cas de récidive, maximum de l'amende. (Loi du 21 février 1903, art. 172.)

Outre l'amende, restitution des objets enlevés ou de leur valeur.

Dommages-intérêts le cas échéant, et confiscation des instruments du délit. (Loi du 21 février 1903, art. 176. Circ. N 642.)

15. *Amende. Calcul.* — L'amende, pour les bois inférieurs à 2 décimètres de tour, doit être déterminée d'après le mode d'enlèvement. (Cass. 4 avril 1846.) Si les bois sont enlevés avec une charrette, l'amende se calcule d'après le nombre de bêtes attelées, sans se préoccuper de la quantité de bois et du mode d'attelage. (Cass. 16 août 1855.)

16. *Morceau de bois.* — Un seul morceau de bois n'ayant pas 20 centimètres de tour est considéré comme une charge d'homme. (Cass. 25 janvier 1862.)

17. *Pénalités. Semis ou plantations.* — La coupe ou l'enlèvement, dans tous les bois en général, d'arbres provenant de semis ou plantations et ayant moins de cinq ans est puni, savoir :

Amende par arbre, quelle qu'en soit la dimension :

Le jour . . . . 3 fr. Cod. For. 195.

Le jour avec scie ou avec récidive ou la nuit. . }
Le jour avec scie et récidive ou la nuit avec scie ou la nuit avec récidive. . . . . } 6 fr. Cod. For. 195, 201.
La nuit avec scie et récidive. . . . . }

Emprisonnement obligatoire; maximum, 1 mois, (Cod. For. 194. Loi du 18 juin 1859.)

Restitution des arbres ou de leur valeur (Cod. For. 198), même si les bois n'ont pas été enlevés. (Cass. 7 février 1849.)

Dommages-intérêts facultatifs; minimum, amende simple. (Cod. For. 198, 202.)

Confiscation des instruments du délit. (Cod. For. 198. Cass. 7 février 1849.)

18. *Algérie. Semis. Plantations. Pénalité.* — L'amende pour coupe, arrachage ou enlèvement

d'arbres semés ou plantés dans les forêts depuis moins de cinq ans sera de 3 à 5 francs par chaque arbre quelle qu'en soit la grosseur, et il pourra, en outre, être prononcé un emprisonnement de quinze jours au plus. En cas de récidive, le maximum de l'amende sera toujours appliqué. (Loi du 21 février 1903, art. 172. Circ. N 642.)

Outre l'amende, restitution des objets enlevés ou de leur valeur.

Dommages-intérêts selon les circonstances.

Confiscation des instruments du délit. (Loi du 21 février 1908, art. 176.)

19. *Pénalités.* — L'article 194 du code forestier devrait être appliqué, quand bien même les arbres auraient plus de 2 décimètres de tour, si toutefois ils étaient semés ou plantés depuis *moins de cinq ans.* Cette circonstance ne peut se présenter que pour des arbres à croissance très rapide.

20. *Champs. Coupe et enlèvement frauduleux.* — Le fait par un individu d'avoir, dans un champ, frauduleusement enlevé des arbres appartenant à autrui, et qu'il avait abattus en vue de se les approprier, ne constitue pas le délit prévu par l'article 445 du code pénal.

Ce fait ne constitue pas non plus le délit de vol de récoltes ou autres productions utiles de la terre, prévu par l'article 388, § 5, dudit code pénal, mais rentre dans la disposition générale de l'article 401 du même code. (Cass. 11 novembre 1882.)

Pénalités : *prison* : 1 an au moins, 5 ans au plus. *Amende* : facultative, 16 francs au moins, 500 francs au plus. Privation des droits civils ou civiques, 5 ans au moins, 10 ans au plus. (Cod. Pén. 401.)

21. *Propriété particulière. Pénalités.* — La coupe des arbres à autrui, non soumis au régime forestier, leur écorcement ou mutilation de manière à les faire périr sont punis, savoir :

Prison : 6 jours à 6 mois par arbre; maximum, 5 années. (Cod. Pén. 445, 446.)

Si l'arbre mutilé ou écorcé n'a pas péri :

Amende : double du dédommagement dû au propriétaire.

Prison : 6 mois au plus.

Ces délits n'existent qu'autant qu'ils ont été commis dans un esprit malveillant et un but de destruction. (Cass. 11 novembre 1882.)

Si les arbres sont plantés sur une voie publique, communale, vicinale ou de traverse :

Minimum de l'emprisonnement, 20 jours. (Cod. Pén. 448.)

V. Routes.

Si le délit a été commis la nuit, ou si les arbres appartiennent à un fonctionnaire et ont été coupés par haine à raison de ses fonctions, on appliquera le maximum de la peine. (Cod. Pén. 450.) Si l'auteur du délit est un garde ou un officier de police, le maximum de la prison sera augmenté de 1/3 en sus et le minimum sera de 1 mois. (Cod. Pén. 462.) V. Maraudage.

22. *Mutilation.* — Ceux qui, dans les bois et forêts, auront éhoupé, écorcé ou mutilé des arbres, ou qui en auront coupé les principales branches, seront punis comme s'ils les avaient abattus par le pied. (Cod. For. 196. Loi du 21 février 1903, art. 173, relative à l'Algérie. Circ N 642.) V. Dévastation.

23. *Scierie.* — Pour introduction dans une scierie autorisée d'arbres non marqués du marteau du garde.

Amende : 50 à 500 francs. (Cod. For. 158.)
Récidive : *Amende double*, suspension facultative de l'usine. (Cod. For. 158.)

V. Scierie. Bille.

24. *Chute. Dommage.* — Le propriétaire n'est responsable du dommage causé par la chute d'un arbre que s'il menaçait ruine avant sa chute, s'il était trop vieux ou trop penché. Si l'arbre était en bon état et qu'il fut renversé par un coup de vent, c'est là un cas de force majeure, dont nul n'est responsable.

ARBRE D'AGRÉMENT.

Définition. — Les arbres d'agrément sont ceux qui, abstraction faite de tout produit, ornent et décorent une propriété, embellissent le paysage, soit par leur forme ou la couleur de leur feuillage et procurent de l'ombrage, un parfum ou un agrément quelconque.

Les arbres de l'espèce doivent être considérés comme arbres de futaie par leur destination et ne doivent pas être compris dans les exploitations de l'usufruitier.

ARBRE D'ASSIETTE.

Définition. — Arbre qui se trouve sur la limite d'une coupe et qui est marqué du marteau de l'arpenteur. V. Pied cornier. Parois.

ARBRES D'AVENUE.

Définition. — Les arbres constituant une avenue, c'est-à-dire plantés de chaque côté d'un chemin ou de l'avenue d'une habitation, sont des arbres d'ornement; ils doivent être considérés comme des arbres de futaie non aménagés, destinés à rester sur pied et ne peuvent pas être compris dans les exploitations de l'usufruitier.

ARBRES DE BORDURE.

§ 1. *Sur les routes et chemins.*

1. *Propriété. Principe.* — Les arbres plantés sur un chemin public sont susceptibles d'une appropriation particulière indépendante de la propriété du sol; la propriété de ces arbres peut être acquise par prescription. (Cass. 21 novembre 1877.) Voir Route.

2. *Chemins publics. Propriété.* — Les arbres anciens existant sur les chemins publics, autres que les grandes routes nationales, appartiennent aux propriétaires riverains, tant qu'on ne leur oppose ni titre, ni possession contraire. (Cass. 7 juin 1827.)

3. *Chemins communaux. Propriété.* — Les arbres plantés par les riverains sur le sol de chemins vicinaux ou simplement communaux, dans le sens de la loi du 9 ventôse an XIII, appartiennent à ces riverains et non à la commune; il y a à cet égard dérogation au principe que la propriété du sol emporte la propriété du dessus. (Amiens 26 juillet 1872.)

4. *Routes nationales. Routes départementales. Distance. Élagage.* — Le riverain des grandes routes peut planter des arbres sur son propre terrain à moins de 6 mètres de distance de ces routes, après avoir demandé l'alignement au préfet, qui peut ordonner l'abatage ou l'élagage des arbres plantés. (Loi du 9 ventôse an XIII, art. 5.) Toujours en vigueur et applicable aux forêts.

5. *Chemins vicinaux. Distance.* — Les préfets règlent la distance des plantations au bord des chemins vicinaux. (Loi du 21 mai 1836, art. 21.) Cette distance est habituellement de 3 mètres.

En cas de contravention, le juge de paix est compétent pour en connaître: si les plantations avaient plus de 30 ans, elles devraient être maintenues par prescription. (Meaume.)

6. *Distance. Branches.* — Les arbres qui avancent sur le sol des chemins vicinaux seront coupés à l'aplomb des limites de ces chemins, à la diligence des propriétaires et fermiers; sinon, il sera dressé procès-verbal. (Règlement général du 15 avril 1872, art. 192 et 193.) V. Élagage.

§ 2. *En dehors des routes et chemins.*

7. *Classification.* — Les arbres de bordure autour des terrains cultivés, le long des fossés et cours d'eau, sont, suivant leur situation, considérés comme des arbres d'agrément ou d'ornement.

ARBRE CHABLIS. V. Chablis.

ARBRE CHARMÉ.

Définition. — Un arbre charmé, c'est-à-dire celui qu'on a fait périr au moyen de l'enlèvement d'un anneau d'écorce, est un arbre de

délit, qui ne peut pas être délivré aux usagers. (Cass. 25 mars 1830.)

ARBRE COURONNÉ.

Définition. — Arbre dont la cime ou les branches ont été brisées par le vent ou la neige ou coupées en délit. V. Branche.

ARBRE DE DÉLIT. V. Bois de délit.

ARBRE DÉPÉRISSANT.

1. *Définition.* — Seront considérés comme dépérissants les arbres morts en cime et présentant les signes d'un dépérissement assez avancé pour qu'ils soient désormais hors d'état de servir, soit à l'abri, soit à l'ensemencement du sol. (Décis. Min. 25 juillet 1872. Lettre de l'Admin. du 31 octobre 1872.)

2. *Reconnaissance. États.* — Les gardes constateront le nombre, l'essence, la grosseur et le volume des arbres dépérissants; ils dresseront, par forêt et sur les formules destinées à la reconnaissance des chablis, des procès-verbaux qu'ils remettront à leur chef immédiat, dans le délai de dix jours de leur rédaction. Avant le 15 novembre de chaque année, le chef de cantonnement adressera au chef de service un état récapitulatif de ces procès-verbaux. (Décis. Min. du 25 juillet 1872. Lettre de l'Admin. du 31 octobre 1872.)

3. *Martelage. Estimation.* — Après autorisation, le chef de cantonnement, assisté du brigadier local, marquera les bois dépérissants du marteau de l'État, et dressera procès-verbal du martelage et de l'estimation. (Décis. Min. du 25 juillet 1872. Lettre de l'Admin. du 31 octobre 1872. Circ. N 366.)

4. *Réduction de coupes. Volume.* — On peut réduire l'importance des coupes ordinaires à raison du volume des arbres dépérissants exploités. (Décis. Min. du 25 juillet 1872. Lettre de l'Admin. du 31 octobre 1872.)

5. *Vente.* — Suivant l'importance des produits et l'urgence des exploitations, la vente de ces arbres sur pied sera faite avec les coupes ordinaires ou sous forme de menus marchés. (Décis. Min. du 25 juillet 1872. Lettre de l'Admin. du 31 oct. 1872.) V. Bois dépérissants.

ARBRE ÉBRANCHÉ.

Bois domaniaux et communaux. — La coupe de ces arbres est autorisée par le directeur général, après délibération du conseil d'administration. (Ord. 10 mars 1831, art. 2. Ord. 103, 134. Circ. A 266.)

Il résulte implicitement du rapport du Ministre de l'Agriculture en date du 12 février 1888 que les conservateurs ont qualité actuellement pour autoriser les coupes de cette nature. (Circ. N 395.)

ARBRES ÉMONDÉS.

Définition. — On appelle ainsi les arbres soumis à un émondage périodique, ayant pour objet la coupe des branches feuillées tous les quatre ou cinq ans, pour en faire des fagots destinés à nourrir les bestiaux dans l'étable.

ARBRE ENCROUÉ.

Définition. — Arbre qui en supporte un autre coupé ou renversé par le vent, et dans les branches duquel il est tellement enchevêtré qu'on est obligé de l'abattre.

ARBRES ENDOMMAGÉS.

1. *Autorisation.* — La coupe de ces arbres est autorisée par le directeur général, après avis du conseil d'administration. (Ord. du 10 mars 1831. Ord. 103, 134. Circ. A 266.)

Même observation que pour les arbres ébranchés.

2. *Chandeliers. Bois incendiés.* — Les chandeliers sont considérés comme chablis; la vente et l'exploitation en sont autorisées par le conservateur.

Il en est de même des arbres incendiés et de l'exploitation de ces bois par économie (dans les forêts domaniales seulement), lorsque les frais d'exploitation n'excédent pas 500 fr. (Décr. 17 février 1888. Circ. N 395.)

ARBRES ÉPARS.

1. *Régime forestier.* — Les arbres épars appartenant aux communes ne sont pas soumis au régime forestier. (Décis. Min. 15 octobre 1827.)

2. *L'usufruitier. Droit.* — L'usufruitier n'a pas le droit d'abattre les arbres de futaie épars sur les biens affectés à l'usufruit. (Orléans, 12 mai 1822.)

ARBRE EN ESTANT.

Définition. — Arbre sur pied, mort ou vif.

ARBRE FRUITIER.

1. *Définition.* — La qualification d'arbre fruitier, dans le sens de l'ancien article 192 du code forestier, ne comprenait que les arbres fruitiers sauvages (non greffés) croissant naturellement dans les bois.

Dans le sens de l'article 594 du code civil, cette expression ne s'applique qu'aux arbres dont les fruits servent à l'alimentation de l'homme, en excluant les arbres qui ne pro-

duisent que des glands ou des feuilles, tels que le chêne et l'orme. (Angers, 8 mars 1866.) Mais l'article 594 du code civil ne s'applique pas aux arbres fruitiers sauvages, croissant dans les forêts. D'après Proudhon, les arbres à fruits sauvages et forestiers, qui se repeuplent et croissent sans le secours de l'homme, sont soumis aux mêmes règles que les arbres ordinaires des forêts.

2. *Usufruitier.* — Les arbres fruitiers qui meurent, ceux mêmes qui sont arrachés ou brisés par accident appartiennent à l'usufruitier, à charge de les remplacer par d'autres. (Cod. Civ. 594.) Ce remplacement est obligatoire.

3. *Coupe.* — Les arbres fruitiers qui ont atteint leur maturité doivent faire partie des coupes; les autres, tels que poiriers, pommiers, sorbiers, aliziers et merisiers, peuvent être conservés, lorsqu'ils n'ont point atteint leur maturité et qu'ils ne nuisent pas à la croissance d'essence plus utile. (Circ. A 104.)

4. *Classification.* — Arbre de deuxième classe. (Cod. For. 192. Loi du 18 juillet 1906. Circ. N 703.)

5. *Travaux publics. Études. Dommage.* — Aucun arbre fruitier ne peut être abattu, pour études de travaux publics, sans un accord amiable sur sa valeur ou une constatation contradictoire renfermant les éléments nécessaires pour l'évaluation du dommage. (Loi du 29 décembre 1892, art 1er. Circ. N 478.)

ARBRE DE FUTAIE OU DE HAUTE FUTAIE.

1. *Définition.* — Arbre âgé, ayant un fût, c'est-à-dire une tige élevée, distincte et dépourvue de branches, doué d'une grande longévité, pouvant fournir des bois de fortes dimensions, durs, résistants, sains et propres aux constructions civiles et navales.

2. *Dénomination.* — L'expression *arbre de futaie* n'est qu'une ellipse servant à désigner, soit les véritables arbres de haute futaie, soit les arbres réservés dans les coupes de taillis, ou bien encore les essences qui, par leur nature et leurs qualités, sont susceptibles d'être exploités par le traitement de futaies. D'après Baudrillard, les mots *arbres de futaie* n'ont pas de signification précise; il faut y ajouter un adjectif pour les déterminer et dire *arbres de petite futaie* ou *arbres de haute futaie.*

Les arbres de haute futaie sont, d'après Baudrillard, les grands arbres qu'on laisse parvenir à toute leur hauteur avant de les abattre ou ceux âgés de 120 à 200 ans.

Les pins maritimes âgés de 60 à 110 ans doivent être considérés comme des arbres de haute futaie. (Pau, 8 février 1886.)

3. *Bois résineux.* — Les bois qui ne s'exploitent pas en taillis et ceux d'essence résineuse, quel que soit leur âge, sont considérés comme arbres de futaie. (Cass. 20 février 1812.)

4. *Usufruitier. Réparations.* — L'usufruitier ne peut toucher aux arbres de haute futaie; il peut seulement employer, pour faire les réparations dont il est tenu, les arbres arrachés ou brisés par accident; il peut, même pour cet objet, en faire abattre, s'il est nécessaire, mais à la charge d'en faire constater la nécessité avec le propriétaire. (Cod. Civ. 592.)

5. *Nu-propriétaire. Usufruit.* — Le nu-propriétaire, pendant l'usufruit, a le droit d'abattre les arbres de haute futaie non aménagés, lorsqu'ils sont dépérissants, s'ils ne sont pas arbres d'agrément et s'ils ne donnent aucun produit, et sans indemnité pour l'usufruitier. (Poitiers, 2 avril 1818. Angers, 8 mars 1866.)

6. *Bois. Arbre de futaie. Usufruitier.* — L'usufruitier d'un bois taillis n'a droit aux arbres de futaie qui s'y trouvent, qu'autant que ces arbres font partie d'une coupe réglée et dont l'époque d'exploitation est arrivée. (Cass. 16 décembre 1874.) V. Futaie. Usufruitier.

7. *Avenue. Agrément. Ornement.* — Les arbres d'agrément, d'ornement et ceux plantés en avenue sont, d'après Chailland, considérés comme arbres de futaie, quel que soit leur âge.

8. *Hêtre. Sapin. Classification.* — Les hêtres et les sapins doivent être rangés dans la catégorie des bois de haute futaie. (Besançon, 12 août 1852.)

9. *Arbres épars. Usufruitier.* — L'usufruitier n'a pas le droit d'abattre les arbres de futaie épars sur l'immeuble grevé d'usufruit. (Orléans, 12 mai 1822.)

10. *Travaux publics. Études. Dommage.* — Aucun arbre de haute futaie ne peut être abattu pour études de travaux publics sans un accord amiable sur sa valeur ou une constatation contradictoire renfermant les éléments nécessaires pour l'évaluation du dommage. (Loi du 29 décembre 1892, art. 1er. Circ. N 478.)

ARBRE GISANT.

Définition. — Arbre mort ou vif, mais abattu et couché par terre.

ARBRE DE HOLLANDE.

Définition. — On appelle arbres de Hollande, ou propres au service, les arbres propres aux constructions civiles et navales, soit les hêtres, chênes et frênes ayant 5 à 7 mètres de longueur, et 0m,45 jusqu'à 1m,40 de tour, droits, sans nœuds, ou ayant une légère courbure uniforme, et ceux dans lesquels, à cause d'une courbure spéciale, on peut trouver le contour d'une roue hydraulique. Ce sont, en général, les arbres les plus beaux et de choix. (Metz, 10 janvier 1854.)

On appelle arbres de Hollande propres au sciage et au merrain les arbres convenables au service de la marine, à la confection tant des vaisseaux que des tonneaux des navires. (Metz, 5 juillet 1854.)

ARBRE ISOLÉ.

Coupe. Pénalité. — Quiconque aura abattu un ou plusieurs arbres qu'il savait appartenir à autrui sera puni d'un *emprisonnement* qui ne sera pas au-dessous de 6 jours, ni au-dessus de 6 mois, à raison de chaque arbre, sans que la totalité puisse excéder 5 ans. (Cod. Pén. 445.) *Amende* : minimum, 16 francs; maximum, 1/4 des restitutions et dommages-intérêts. (Cod. Pén. 455.) (Cet article s'applique aux arbres isolés sur les routes et non pas aux forêts, ni aux bois particuliers, et non soumis au régime forestier.)

Si les arbres étaient plantés sur les routes, chemins, rues et places, minimum : *prison*, 20 jours. (Cod. Pén. 448.)

Si les arbres appartiennent à un fonctionnaire et ont été coupés ou mutilés, par haine à raison de ses fonctions, ou la nuit, le maximum de la peine sera toujours appliqué. (Cod. Pén. 450.)

ARBRE DE LIMITE.

Définition. — Arbre qui se trouve sur les limites d'une forêt ou d'une coupe, et, dans ce cas, il est marqué du marteau de l'arpenteur. V. Arpentage. Pied cornier. Parois.

ARBRE DE LISIÈRE (près de la propriété voisine).

1. *Distance. Hauteur.* — Il n'est permis d'avoir des arbres, arbrisseaux et arbustes près de la limite de la propriété voisine qu'à la distance prescrite par les règlements particuliers actuellement existants ou par des usages constants et reconnus, et, à défaut de règlements et usages, qu'à la distance de 2 mètres de la ligne séparative de deux héritages pour les plantations dont la hauteur dépasse 2 mètres et à la distance d'un demi-mètre pour les autres plantations. (Cod Civ. 671. Loi du 20 août 1881.)

2. *Propriétés. Chemins.* — L'article 671 du code civil, relatif à la distance à observer pour les plantations d'arbres, ne s'applique qu'aux propriétés privées. A défaut de règlement, il n'est pas applicable aux arbres plantés le long des voies publiques. (Cass. 16 décembre 1881.)

3. *Arrachement. Taille.* — Le voisin peut exiger que les arbres, arbrisseaux et arbustes plantés à une distance moindre que la distance légale soient arrachés ou réduits à la hauteur de 2 mètres, à moins qu'il n'y ait titre, destination de père de famille ou prescription trentenaire.

Si les arbres meurent ou s'ils sont coupés ou arrachés, le voisin ne peut les remplacer qu'en observant les distances légales. (Cod. Civ. 672. Loi du 20 août 1881.)

4. *Haute tige. Basse tige.* — D'après l'ancien article 671 du code civil, les arbres de haute tige étaient ceux dont la hauteur dépasse 2 mètres, et les arbres de basse tige ceux qui n'atteignent pas cette taille.

5. *Distance. Hauteur. Distinction en haute et basse tige.* — Tout propriétaire a le droit de conserver sur un héritage, à une distance moindre de 2 mètres de l'héritage voisin, tous arbres, à la seule condition de les recéper à la hauteur de 2 mètres, quelle que soit l'essence. La distinction entre les arbres à haute et basse tige a été supprimée par la loi du 20 août 1881. (Cass. 27 décembre 1897.)

Ainsi, depuis la loi du 28 août 1881, on ne considère que la hauteur d'un arbre, au moment où la demande est formée.

6. *Arbres forestiers. Distance.* — Pour les arbres forestiers qui peuvent atteindre de fortes dimensions, on doit mesurer la distance du cœur ou du centre de l'arbre (Aubry et Rau). D'après l'opinion de Demolombe, la distance doit se calculer à partir de la surface extérieure de l'arbre; le voisin peut demander l'arrachement des arbres qui ont cessé d'être à la distance légale. (Ch. Guyot.)

7. *Mur.* — Les arbres, arbustes et arbrisseaux plantés de l'autre côté d'un mur séparatif ne sont assujettis à aucune distance, mais ils ne peuvent dépasser la crête du mur. (Cod. Civ. 671. Loi du 20 août 1881.)

8. *Branches. Racines. Coupe.* — Celui sur la propriété duquel avancent les branches des arbres du voisin peut contraindre celui-ci à couper ces branches. — Si ce sont les racines qui avancent sur son héritage, il a droit de les y couper lui-même.

Le droit de couper les racines ou de faire couper les branches est imprescriptible. (Cod. Civ. 673. Loi du 20 août 1881. Loi du 12 février 1921.) V. Élagage.

9. *Élagage. Autorisation.* — Les conservateurs peuvent autoriser les travaux d'élagage d'arbres de lisière, quand la dépense n'est pas supérieure à 200 francs. (Circ. N 194, § 292. Circ. N 496.)

10. *Arrachement. Dommage. Preuve.* — Le voisin peut exiger que les arbres qui ne sont pas à la distance légale soient arrachés sans qu'il ait besoin de prouver le dommage résultant pour lui de cet état de choses (Aubry et Rau). L'option appartient au propriétaire des arbres. (Cass. 27 décembre 1897.)

11. *Refus. Délit.* — Le voisin, en cas de refus, ne pourrait lui-même couper ou rabattre les arbres ne se trouvant pas à la distance légale; en forêt, il se rendrait passible des articles 192 et 194 du code forestier. (Ch. Guyot.)

12. *Fruits. Propriété.* — Les fruits tombés des arbres dont les branches avancent sur la propriété du voisin appartiennent à ce dernier. (Cod. Civ. 673. Loi du 20 août 1881. Loi du 12 février 1921.)

13. *Terrains boisés contigus.* — La prohibition de planter des arbres de haute tige, à moins de 2 mètres des héritages voisins, s'applique aux bois et forêts, comme à toute autre propriété et sans qu'il y ait à distinguer entre les arbres semés ou plantés de main d'homme et ceux venus naturellement. (Cass. 28 novembre 1853, 24 juillet 1860 et 2 juillet 1877.)

14. *Distance. Rejets. Usage.* — L'article 671 du code civil étant applicable aux forêts et aux héritages limitrophes en nature de bois, il s'ensuit que si, par mesure d'usages locaux, pouvant être prouvés par témoins, les arbres de lisière doivent être plantés à des distances autres que celles indiquées à l'article 671, ces distances sont applicables aux arbres provenant des semis naturels ou de rejets et situés aux lisières des forêts.

15. *Distance. Cours d'eau.* — Depuis la loi du 8 avril 1898 ayant reconnu aux riverains la propriété du lit du cours d'eau non navigable ni flottable, la distance pour la plantation des arbres doit être mesurée du milieu du lit du cours séparant les propriétés.

16. *Usages. Terrains boisés.* — Si l'usage des biens était de laisser croître tous les arbres jusqu'à la ligne délimitative, cet usage, dont les tribunaux sont seuls juges, devrait être suivi et appliqué aux massifs forestiers. (Cass. 28 juillet 1873.)

17. *Compétence.* — Les juges de paix sont seuls compétents pour connaître de l'action résultant de l'article 672 du code civil, à charge d'appel. (Loi du 12 juillet 1905, art. 7, § 3.)

Ils le sont également pour statuer sur les exceptions tirées de l'acquisition par voie de prescription du droit de s'affranchir de la distance légale. (Cass. 13 mars 1850.)

Mais si ces arbres ont plus de 30 ans, la prescription leur est acquise, et le riverain ne peut plus que requérir leur élagage et non pas leur enlèvement. (Cass. 29 mai 1832.)

18. *Remplacement. Prescription.* — La prescription acquise par les arbres âgés de plus de 30 ans ne peut être revendiquée pour leurs remplaçants, rejets de souche, ou brins de semis, attendu que la servitude continue et apparente est acquise à l'arbre existant et non pas à l'emplacement dudit arbre.

Cela ressort de ce que le dommage éventuel pour le voisin provient de l'arbre lui-même et non point de la souche ou de son emplacement. (Cass. 29 mai 1832, 25 mars 1842 et 2 juillet 1877.)

19. *Servitude. Libération.* — Cette servitude peut être acquise à prix d'argent et à plus forte raison par prescription. Cependant, il faut distinguer si la libération du fonds est faite, quant aux prescriptions de la distance énoncée aux articles 671 et 672 du code civil, et alors elle comprend le droit de remplacement, ou bien si elle est restreinte aux arbres existants, et alors elle n'est que temporaire et limitée à la durée de ces arbres. (Paris, 7 janvier 1825.)

20. *Prescription.* — La prescription commence à courir soit du jour de la plantation ou du semis, soit du moment où le recrû d'une souche antérieure commence à être apparent. (Cass. 24 mai 1864. Cass. 2 juillet 1877.) Les rejets de souches sont considérés comme des arbres nouveaux, auxquels s'applique une prescription spéciale. (Cass. 27 mars 1888. Trib. civil de Dijon, 27 février 1895.)

21. *Prescription.* — La prescription libératoire acquise par les arbres de 30 ans ne s'applique qu'à ces arbres seulement, et non pas au terrain limitrophe, ni aux jeunes arbres voisins. (Cass. 28 novembre 1853.)

22. *Haies. Plessées.* — Les plessées ou haies formées aux dépens des bois ne peuvent faire titre que si elles sont comprises dans la contenance du terrain et si la possession en est plus que trentenaire. (Dupin.)

23. *Vieilles souches. Prescriptions.* — Les arbres ayant moins de 30 ans d'existence et poussés sur de vieilles souches plus que trentenaires ne jouissent pas de la prescription pour être conservés à moins de 2 mètres de la ligne divisoire des propriétés, et doivent être arrachés. (Cass. 31 juillet 1865 et 2 juillet 1877.)

24. *Souches.* — Si la souche n'était pas coupée rez de terre et si elle était restée apparente, l'arbre pourrait être maintenu, mais les nouvelles branches devraient être élaguées.

25. *Plantation. Distance.* — Les plantations ou réserves, destinées à remplacer les arbres actuels de lisière, seront effectuées en arrière

de la ligne de délimitation de la forêt, à la distance prescrite par l'article 671 du code civil. (Ord. 176.)

26. *Dommage. Racines.* — Le dommage que les arbres de haute tige peuvent causer aux propriétés voisines ne résulte pas seulement de l'étendue de leurs branches, mais aussi du développement de leurs racines. (Cass. 25 avril 1876.)

27. *Plantation. Terrain.* — L'article 671 du code civil n'établit pas, en faveur de celui qui plante des arbres sur son fonds, une présomption légale de propriété sur le terrain qu'il doit laisser entre ses plantations et l'héritage contigu. (Cass. 14 avril 1852.)

Il n'y a là qu'une présomption simple, qui peut toujours être détruite par des présomptions contraires, résultant de ce que les distances légales n'ont pas été observées. (Cass. 22 juin 1863. Cass. 11 août 1875.)

ARBRE DE MARINE V. Marine.

ARBRE MITOYEN.

1. *Définition. Propriété. Fruits.* — Les arbres qui se trouvent dans une haie mitoyenne, les arbres plantés sur la ligne séparative de deux héritages sont mitoyens; quand ils meurent ou lorsqu'ils sont coupés ou arrachés, mais ils sont partagés par moitié; les fruits sont recueillis à frais communs et partagés par moitié, soit qu'ils tombent naturellement, soit qu'ils aient été cueillis. Chaque propriétaire a le droit imprescriptible d'exiger que les arbres mitoyens soient arrachés. (Cod. Civ. 670. Loi du 20 août 1881.)

2. *Arbre excru.* — Un arbre excru sur la ligne séparative de deux héritages est mitoyen. Si l'un des héritages est soumis au régime forestier, l'arbre mitoyen est soumis au même régime. (Colmar, 12 novembre 1856.)

3. *Exploitation. Régime forestier.* — Si les arbres mitoyens font partie d'une forêt domaniale ou communale, le représentant du propriétaire est l'administration des eaux et forêts, et cette administration a seule qualité pour autoriser l'exploitation.

4. *Exploitation. Autorisation.* — La coupe des arbres mitoyens dans les forêts domaniales, communales et d'établissements publics est autorisée par le conservateur. (Décr. 17 février 1888. Circ. N 395.)

5. *Bois domaniaux. Coupe. Vente.* — Dans les forêts domaniales, les conservateurs décideront si les coupes d'arbres mitoyens seront vendues en bloc sur pied ou par unités de marchandises. Ils pourront aussi en autoriser l'exploitation par les préposés ou par les concessionnaires, ainsi que l'exploitation par entre-

prise ou par économie, quand les frais à la charge de l'État ne dépasseront pas 200 francs. (Décr. du 17 février 1888. Circ. N 395. Circ. N 496. Circ. N 566, art. 162.)

6. *Bois communaux. Coupe. Vente.* — Dans les forêts communales et d'établissements publics, la vente sur pied des arbres mitoyens sera autorisée par les conservateurs des forêts. Quand il y aura lieu d'adopter un autre mode de réalisation, l'autorisation en sera donnée par le préfet, sur la proposition des communes ou établissements publics et après avis du conservateur. (Décr. du 17 février 1888. Circ. N 395.)

7. *Adjudication. Frais.* — Les adjudications d'arbres mitoyens soit entre l'État et les communes ou particuliers, soit entre les communes et les particuliers, sont assujetties aux droits de timbre et d'enregistrement ordinaires sans application de taxe forfaitaire.

8. *Produit.* — La coupe des arbres mitoyens n'est considérée comme produit principal, dans les bois domaniaux, que lorsque, par son importance, elle est de nature à modifier l'assiette des coupes annuelles. (Circ. A 833.)

9. *Coupe.* — Le fait d'avoir coupé un arbre mitoyen entre une forêt communale et celle d'un particulier constitue de la part de ce dernier un délit forestier. (Colmar, 13 décembre 1838.)

10. *Abatage. Pénalités.* — L'abatage d'un arbre mitoyen, effectué par un riverain sans autorisation dans un bois soumis au régime forestier ou sans entente avec l'autre co-propriétaire dans un bois particulier, tombe sous l'application de l'article 192 du code forestier. (Colmar, 12 novembre 1856; *contra* Besançon, 9 janvier 1837.)

Ne paraît pas devoir être étendu à l'abatage d'un arbre mitoyen le texte de l'article 114 du code forestier qui prévoit l'hypothèse toute spéciale de l'assiette d'une coupe par un des co-propriétaires de la forêt indivise. (Ch. Guyot.) V. Bois indivis.

ARBRE MORT.

Marque. — Les arbres morts sont marqués du marteau de l'État, par le chef de cantonnement et le brigadier. (Décis. Min. 25 juillet 1872. Lettre de l'Admin. 31 octobre 1872. Circ. N 417.) V. Arbre dépérissant ou mort en cime. Bois mort.

ARBRE D'ORNEMENT.

1. *Qualité.* — Les arbres plantés pour ornement et qui ne sont pas destinés à produire un revenu sont réservés, et l'usufruitier ne doit pas y toucher. (Proudhon.)

2. *Travaux publics. Études. Dommage.* — Aucun arbre d'ornement ne peut être abattu, pour études de travaux publics, sans un accord amiable sur sa valeur ou une constatation contradictoire renfermant les éléments nécessaires pour l'évaluation du dommage. (Loi du 29 décembre 1892, art. 1ᵉʳ. Circ. N 478.)

ARBRE DE PRODUIT.

1. *Définition.* — Ce sont les arbres sur lesquels l'usufruitier, en vertu de l'article 593 du code civil, peut prendre des produits annuels ou périodiques, suivant l'usage du pays ou la coutume du propriétaire.

Les têtards, les arbres émondés, les chênes-lièges, les pins résinés, les arbres dont on récolte les feuilles, comme les mûriers, ou les fleurs, comme les tilleuls, sont des arbres de produit.

2. *Usufruitier. Nu-propriétaire.* — L'usufruitier ne peut pas couper les arbres de produit, ni en changer la destination; le nu-propriétaire peut couper ces arbres lorsqu'ils sont dépérissants et ne donnent plus de produits.

ARBRE REMARQUABLE.

1. *Protection.* — Les arbres renommés, soit par les souvenirs historiques ou légendaires, soit par la majesté de leur port ou leurs dimensions exceptionnelles, seront l'objet d'une protection constante et ne seront pas compris dans les exploitations, tant qu'ils donneront quelques signes de vitalité. (Circ. 560.)

2. *Nomenclature.* — Pour assurer la conservation des arbres remarquables, les chefs de service doivent en dresser une nomenclature détaillée indiquant, pour chacun d'eux, son nom, sa situation, ses dimensions et les motifs de son inscription. (Circ. N 560.)

3. *Vérification. Contrôle.* — Les conservateurs approuvent la nomenclature, après l'avoir vérifiée; au cours de leurs tournées, ils visitent quelques-uns des arbres qui doivent être conservés et s'assurent qu'ils ont été respectés. (Circ. N 560.)

4. *Séries artistiques.* — Les arbres des séries artistiques établies dans certaines forêts ne doivent pas être portés dans la nomenclature des sujets à conserver. (Circ. N 560.)

5. *Abatage. Autorisation.* — Aucun arbre inscrit dans les nomenclatures ne doit être abattu sans autorisation du directeur général des eaux et forêts. (Circ. N 820.)

ARBRE DE RÉSERVE.

Marque. — Les arbres de réserve seront marqués du marteau de l'État à la hauteur et de la manière qui seront déterminées par l'administration. (Ord. 79.) V. Baliveaux. Modernes. Anciens. Pied cornier. Parois. Réserve.

ARBRISSEAU.

Définition. — Plante ligneuse qui n'atteint pas la hauteur de 5 mètres et se ramifie dès la base; elle atteint rarement 2 décimètres de tour. V. Arbuste.

ARBUSTE.

1. *Définition.* — Plante ligneuse qui ne s'élève pas au delà de 1 mètre et qui n'a que très rarement 2 décimètres de tour. V. Plante.

2. *Coupes. Arrachis.* — Dans les coupes, les arbustes nuisibles doivent être arrachés. V. Nettoiement. Travaux mis en charges.

3. *Nettoiement.* — Les coupes de taillis doivent être nettoyées en ce qui concerne l'enlèvement des arbustes nuisibles, au fur et à mesure de l'abatage. Dans les coupes de futaie ce nettoiement n'est pas obligatoire.

En cas d'inexécution :

Amende : 5o à 5oo francs. (Cod. For. 37.)
Dommages-intérêts facultatifs. (Cod. For. 37.)

4. *Nettoiement.* — L'obligation d'extraire les arbustes nuisibles s'applique à l'extraction des fragons. (*Ruscus aculeatus.*) (Poitiers, 25 avril 1861.)

5. *Branches.* — Celui sur la propriété duquel avancent les branches des arbustes et arbrisseaux du voisin peut contraindre celui-ci à les couper. Les fruits tombés naturellement de ces branches lui appartiennent.

Le droit de faire couper les branches des arbustes et arbrisseaux est imprescriptible. (Cod. Civ. 673. Loi du 12 février 1921.)

ARCHITECTE.

1. *Garantie.* — Après 10 ans, l'architecte est déchargé de la garantie des gros ouvrages qu'il a faits ou dirigés. (Cod. Civ. 2270.)

2. *Responsabilité.* — Lorsqu'une construction faite sur un plan, tracé par un architecte, périt par le vice du plan, l'architecte est responsable, quoiqu'il n'ait pas été chargé de l'exécution des travaux. (Cass. 20 novembre 1817.)

3. *Travaux.* — On peut proposer à l'administration l'emploi d'un architecte pour la rédaction des projets et la direction des travaux. (Circ. N 566, art. 7.) V. Travaux.

4. *Honoraires.* — Les honoraires alloués aux architectes pour les travaux du Ministère de l'Agriculture sont ainsi fixés :

Pour les premiers 5oo,ooo francs, 5 p. o/o

du montant des travaux; au-dessus des 5oo,ooo francs, 4 p. o/o du montant des travaux.

Quand les projets, plans et devis, ne sont pas suivis d'exécution, le taux des honoraires ne peut pas être supérieur à 1 fr. 5o p. o/o du montant des travaux. Si les travaux venaient ensuite à être exécutés, le montant de l'allocation déjà accordée serait déduit des honoraires de l'architecte. (Décis. du 12 avril 1917, pris en exécution de l'article 52 de la loi de fin. du 27 février 1912. Circ. N 843.)

5. *Frais de voyage et de séjour. Tarif.* — Les frais de voyage et de séjour exposés par les architectes, pour les besoins de leurs services, leur sont remboursés d'après le tarif figurant à l'article 5 du présent décret. (Déc. du 12 avril 1917. Circ. N 843.)

ARCHIVES.

1. *Constitution.* — Les titres, plans et papiers relatifs à la propriété, aux aménagements et usages des bois sont recueillis avec soin et constituent les archives de chaque conservation, inspection et cantonnement. (Instr. 23 mars 1821.)

2. *Responsabilité.* — Les agents forestiers sont responsables des actes, titres et plans dont ils sont dépositaires. Les agents et préposés forestiers sont responsables de la perte, bris ou altération des marteaux, instruments, mesures, livres, etc., confiés à leur garde ou communiqués.

3. *État.* — Tous objets, titres, circulaires, livres, plans, instruments, etc., reçus sans observations par un agent sont réputés complets et en bon état. (Circ. N 51, § 18.)

4. *Coupes par unités de marchandises. Calepins.* — Les calepins des dénombrements des coupes vendues par unités de marchandises sont conservés dans les archives des cantonnements. (Circ. N 377.)

5. *Vente.* — Dans les vieilles archives, on ne doit considérer comme papiers inutiles que les affaires terminées depuis cinq ans au moins. En les vendant, on doit conserver les titres, mémoires et plans qui peuvent être utilement consultés. (Circ. A 213.) V. Papiers administratifs.

6. *Archives départementales. Maîtrise.* — Il doit être fait remise aux archives départementales des pièces et titres provenant des archives des anciennes maîtrises des eaux et forêts, qui se trouvent dans les bureaux des agents forestiers et qui ne sont pas nécessaires au service. (Circ. de l'administration, 4 novembre 1861.)

7. *Bureau. Démembrement.* — En cas de démembrement d'un bureau, on doit remettre

les pièces relatives aux affaires ordinaires. Les sommiers et registres qui ne peuvent pas se séparer restent à l'ancien bureau, en remettant les matériaux fournis par les inspecteurs et autres chefs de service, pour la confection de ces registres. Quant aux ordonnances royales et aux sommiers des droits d'usage, il en sera remis une copie pour les départements faisant partie du nouveau bureau. On doit remettre tous les plans et actes, etc., quelle qu'en soit la date. Les archives à distraire devront être classées par nature d'affaires, et les inventaires devront indiquer le nombre de liasses et dossiers remis, concernant chaque objet du service, en suivant, autant que possible, la division des travaux adoptée dans les bureaux de l'administration. (Circ. A 313.)

8. *Destruction. Suppression. Soustraction. Pénalités.* — Tout fonctionnaire qui aura détruit, supprimé, soustrait ou détourné les actes et titres dont il était dépositaire en cette qualité, ou qui lui auront été remis ou communiqués à raison de ses fonctions, encourra :

Travaux forcés à temps : 5 à 20 ans. (C. Pén. 173.)

ARDOISE. V. Extraction ou enlèvement de produits. Pierres.

ARE.

Définition. — Mesure de superficie équivalant à 100 mètres carrés, ou un carré ayant 10 mètres de côté. V. Mesure.

ARGENT. V. Fonds.

ARGILE. V. Extraction ou enlèvement de produits.

ARMES.

1 *Définition.* — Sont compris dans le mot *arme* tous instruments ou ustensiles tranchants, perçants ou contondants. Les couteaux et les ciseaux de poche, les cannes simples ne seront réputés armes qu'autant qu'il en aura été fait usage pour tuer, frapper ou blesser. (Cod. Pén. 101.)

2. *Armes de guerre. Définition.* — Les armes de guerre sont celles qui servent ou qui ont servi à armer les troupes françaises ou étrangères. Peut être considérée comme arme de guerre toute arme qui serait reconnue propre au service de guerre et qui serait une imitation réduite ou amplifiée d'une arme de guerre. (Loi du 14 juillet 1860, art. 2.) V. État de siège.

3. *Pistolets. Armes cachées ou apparentes.* — Le port de pistolet de poche est un délit; mais il n'en est pas de même des armes apparentes, telles que fusil de chasse, pistolet d'arçon et de ceinture. (Cass. 6 août 1824.)

4. *Pistolets de poche.* — Les pistolets de poche sont prohibés. (Ord. 23 février 1837.)

Tous les pistolets qui se mettent dans les poches sont, par ce seul fait, considérés et qualifiés comme *pistolets de poche,* quelles que soient leurs dimensions. Leur port en poche devient délictueux et rend passible les porteurs de ces armes des pénalités édictées par l'article 314 du code pénal.

5. *Arme de poche prohibée.* — Il y a port d'armes prohibées dans le fait de celui qui est trouvé nanti d'un pistolet ou revolver ayant moins de 0 m. 15 de longueur. (Dijon, 19 février 1896.) La Cour de Grenoble admet qu'un revolver de plus de 0 m. 15 est permis. (Grenoble, 2 octobre 1888.) La Cour de Paris a considéré comme armes prohibées des revolvers de 0 m. 20 de long. (Paris, 9 février 1865.)

Il existe une circulaire du Ministre de l'intérieur de 1859 sur le port des revolvers de poche.

6. *Port d'armes cachées. Réunion. Poursuites.* — Les personnes qui se trouveraient munies d'armes cachées ou qui auraient fait partie d'une réunion non réputée armée seront poursuivies individuellement comme si elles avaient fait partie d'une réunion armée. (Cod. Pén. 215.) V. Rébellion.

7. *Port d'armes prohibées.* — Pour port d'armes prohibée (stylet, tromblon, etc.) :

Amende : 16 à 200 francs. Confiscation des armes. (Cod. Pén. 314.) Les armes prohibées, même saisies illicitement, doivent être confisquées. (Bourges, 12 mars 1869.)

8. *Détention d'armes de guerre.* — Pour détention illicite d'armes de guerre (fusil, couteau de chasse) :

Prison : 1 mois à 2 ans.

Amende : 16 francs à 200 francs. Confiscation. (Loi du 24 mai 1834, art. 3 et 4.)

9. *Saisie. Dépôt.* — Des armes saisies sur les délinquants doivent être déposées aux greffes des tribunaux. (Circ. 8 mars 1809.)

10. *Chasse. Confiscation. Saisie. Dépôt.* — Tout jugement de condamnation prononcera la confiscation des armes, excepté dans le cas où le délit aura été commis par un individu muni d'un permis de chasse, dans le temps où la chasse est autorisée.

Si les armes n'ont pas été saisies, le délinquant sera condamné à les représenter ou à en payer la valeur.

Les armes abandonnées par les délinquants restés inconnus seront saisies et déposées au greffe du tribunal. La confiscation en sera ordonnée. (V. Chasse, 16.)

ARMÉE.

1. *Officiers et préposés forestiers.* — Le personnel de l'administration des forêts entre dans la composition des forces militaires du pays; il est soumis aux lois militaires et fait partie de l'armée. (Lois des 24 juillet 1873 et 15 juillet 1889.) [Circ. N 173. Circ. N. 424.]

2. *Service militaire.* — Les commandants de bureau de recrutement n'affectent à aucun corps de l'armée active ou territoriale le personnel forestier n'ayant pas rang d'officier et comptant six mois au moins de fonctions dans l'administration. (Décr. 18 novembre 1890. Circ. N 424.) V. Service militaire. Chasseurs forestiers.

3. *Officiers de réserve. Armée territoriale.* — Les agents employés dans l'armée comme officiers de réserve ou de l'armée territoriale conservent l'uniforme du corps des chasseurs forestiers. (Déc. 18 novembre 1890. Circ. N 424.)

ARMEMENT.

1. *Désignation. Chasseur forestier.* — L'armement du chasseur forestier consiste en un fusil modèle 1886 avec ses accessoires; épée-baïonnette, fourreau, baguette et nécessaire d'arme. (Lettre du Ministre de la guerre, 24 mai 1890.)

2. *Chasseur forestier. Sergent-major.* — L'armement des sergents-majors de compagnie de chasseurs forestiers se compose d'un revolver et d'un sabre d'adjudant. Ces armes seront délivrées par le Ministre de la Guerre, à titre de prêt. (Décis. Min. de la Guerre, 8 mai 1878. Circ. N 227. Circ. N 259.)

3. *Mobilisation. Fusils.* — Les sergents-majors (brigadiers) des chasseurs forestiers, pourvus de fusils pour leur service ordinaire, devront, à partir de l'ordre de mobilisation, verser ces armes dans un magasin de troupe désigné, dès le temps de paix, par les soins du général commandant le corps d'armée. (Circ. N 317.)

4. *Fourniture.* — Le département de la Guerre pourvoit à l'armement des chasseurs forestiers. (Décr. 2 avril 1875. Circ. N 173. Circ. N 259. Décr. 18 novembre 1890. Circ. N 424.)

5. *Entretien.* — Le département de l'Agriculture assure l'entretien des armes en temps de paix. (Décr. 2 avril 1875. Circ. N 173, Décr. 18 novembre 1890. Circ. N 424.)

6. *Revue.* — Les conservateurs, dans leurs tournées, examinent l'armement des préposés. (Circ. N 18.)

7. *Visite.* — Les tirs à la cible étant supprimés, la visite des armes continuera à être opérée conformément aux dispositions de la circulaire du Ministre de la Guerre en date du 20 octobre 1888, dont copie est annexée à la présente circulaire. (Circ. N 746.)

8. *Entretien. Réparation. Envoi.* — Les armes confiées aux préposés doivent toujours être en bon état d'entretien; les réparations seront faites par les chefs ou ouvriers armuriers des corps désignés par le commandant de corps d'armée, sur la demande du conservateur.

Les fusils dont le mauvais état serait constaté par les agents locaux, lors de leurs revues, doivent seuls être expédiés aux chefs armuriers ou remis directement par les préposés détenteurs dans le cas où cela est possible sans déplacement important ou onéreux. (Circ. N 759.)

9. *Réparation. Autorisation.* — La réparation d'armes est autorisée par l'administration, quelle que soit l'évaluation de la dépense. (Circ. N 566, art. 162.)

10. *Pièces d'armes. Fournitures.* — Les pièces d'armes de rechange sont fournies aux chefs armuriers par le conservateur, qui en demande la délivrance aux entrepreneurs des manufactures de la guerre. (Circ. N 259. Circ. N 275.)

11. *Réparations. Paiement.* — Les pièces de rechange et frais de transport seront à la charge du dépositaire. Les réparations de force majeure seront payées par le Trésor. Les frais de réparation des armes seront payés par les conservateurs, sur les mémoires des chefs armuriers; les réparations d'entretien feront l'objet d'une retenue exercée sur le traitement des préposés, dans la forme indiquée par les circulaires N 76 et N 83. (Circ. N 184. Circ. N. 275. Déc. Min. 11 juillet 1875. Circ. N 184. Circ. 259. Circ N 408.)

Outre le prix du tarif, prime de 20 pour cent. (Circ. N 259.)

12. *Création et suppression d'emploi.* — En cas de création d'emploi, le conservateur demande les armes nécessaires à l'administration qui s'entend avec le Ministre de la Guerre. En cas de suppression d'emploi ou de tout autre motif qui laisse une arme disponible, le conservateur demande à l'administration l'autorisation de rendre l'arme au service de l'artillerie. (Circ. N 259.)

13. *Destruction. Force majeure. Incendie. Remboursement. Versement. Remplacement.* — En cas de destruction par un incendie ou par suite de tout autre événement de force majeure, en temps de paix, des objets d'armement délivrés par le service de l'artillerie aux chasseurs forestiers, la valeur des objets détruits ou perdus doit être remboursée au département de la Guerre par l'administration des forêts.

Les conservateurs demandent d'urgence l'allocation du crédit nécessaire pour opérer le versement de la valeur des objets perdus à la caisse du trésorier-payeur général, avec mention du retour au budget de l'artillerie, et se font délivrer par ce comptable un récépissé de la somme ainsi versée.

Au vu de ce récépissé, des objets neufs sont délivrés par le service de l'artillerie, en remplacement des objets détruits ou perdus. (Circ. N 355.)

14. *Dates. Mobilisation. Manœuvres. Remplacement.* — En cas de pertes provenant de force majeure, soit dans le cours d'une mobilisation, soit dans le cours d'une manœuvre ou de services exceptionnels exécutés sur ordre de l'autorité militaire, le conservateur fait établir un procès-verbal de perte par le sous-intendant militaire chargé de la surveillance administrative de la conservation et demande immédiatement à l'administration la délivrance d'une nouvelle arme. (Circ. N 259, art. 13. Circ. N 355.)

15. *Éliminés. Dépôt. Affectations.* — L'armement des préposés éliminés (fusil, épée-baïonnette et cartouches) doit être déposé dans les magasins désignés par l'autorité militaire.

Si le préposé éliminé vient à quitter la conservation, son armement est affecté à son successeur numérique, qui en prend possession. (Circ. N 440.)

16. *Changement de résidence.* — En cas de changement de résidence dans la même conservation ou dans d'autres, les préposés laissent l'armement, c'est-à-dire l'arme et ses accessoires. En cas de mutation, le chef de cantonnement devra se faire remettre l'arme et vérifier l'état où elle se trouve, accessoires compris. En cas de nécessité, elle serait réparée aux frais du garde. Le livret du préposé et la feuille mobile devront porter note des mutations de l'arme. (Circ. N 257. Circ. N 259. Circ. N 723.)

17. *Chasseur forestier. Officier. Revolver.* — Les officiers de chasseurs forestiers peuvent se munir à leurs frais d'un revolver, dont le prix est de 50 francs. (Lettre du Min. de la guerre du 15 juillet 1879.)

18. *Algérie. Fourniture. Entretien.* — L'armement est fourni aux chasseurs forestiers dès le temps de paix par le département de la guerre; il est entretenu, en temps de paix, par le gouvernement général de l'Algérie, et après l'appel à l'activité, par le département de la guerre. (Décis. du 7 juin 1904, art. 10. (Circ. N 670.)

19. *Tunisie. Fourniture. Entretien.* — L'ar-

mement est fourni aux chasseurs forestiers dès le temps de paix par le département de la Guerre; il est entretenu, en temps de paix, par le gouvernement beylical et, après l'appel à l'activité, par le département de la Guerre. (Dér. 7 juin 1904, art. 10. Circ. N 670.)

V. Fusils. Équipement. Armes. Cartouches. Chasseurs forestiers.

ARMOIRIE. V. Titre.

ARPENTAGE.

SECT. 1. — ARPENTAGE EN GÉNÉRAL.

1. *Définition.* — Action de mesurer la superficie d'une forêt ou d'une coupe.

2. *Bois indivis. Frais.* — Les frais d'arpentage des bois indivis sont supportés par les copropriétaires, suivant leurs droits. (Cod. For. 115. Loi du 21 février 1903, art. 94, relative à l'Algérie. Circ. N 642.

SECT. II. — ARPENTAGE DES COUPES.

A. *Lignes séparatives. Levés.*

3. *Coupes. Forme.* — On donnera aux coupes, autant que possible, une forme régulière. (Instr. du 26 avril 1906, art. 157. Circ. N 697.)

4. *Coupes par pied d'arbres.* — Les coupes par pied d'arbre ou par volume ne sont pas arpentées à moins de nécessité bien démontrée. (Circ. A 475.)

5. *Assiette des coupes.* — Les coupes seront assises de manière à se succéder de proche en proche et à offrir la forme la plus régulière possible. Elles seront disposées de façon que les bois d'une coupe en exploitation ne soient pas transportés à travers d'autres coupes précédemment exploitées. On les fera donc aboutir, autant que possible, sur une route, un chemin, une laie sommière ou sur un cours d'eau flottable. On les circonscrira, autant que possible, dans les limites des cantons ou des massifs. Dans les massifs étroits et en coteaux, on les établira de préférence selon les lignes de plus grande pente. La largeur ne doit pas être moindre que le sixième de leur longueur et doit se rapprocher, autant que possible, du tiers de cette dimension. (Instr. du 26 avril 1906, art. 173 et 174. Circ. N 697.) V. Aménagement.

6. *Ligne séparative. Détermination.* — S'il existe un plan de la forêt, on déterminera sur ce plan, graphiquement ou par le calcul, les extrémités de la ligne qui doit séparer les deux coupes. L'année suivante, on fixera de la même façon la ligne séparative en s'appuyant sur la première, que l'on aura eu soin de conserver sur le plan, et ainsi de suite.

S'il n'existe pas de plan, on lèvera la partie du périmètre à comprendre dans la coupe. Ce levé se fera en exécution des règles énoncées dans le chapitre XI. (V. Levés.) On le rapportera par la méthode graphique, et c'est sur le plan ainsi obtenu qu'on déterminera les extrémités de la ligne séparative.

Dans l'un comme dans l'autre cas, on mesurera à l'échelle, sur le plan, les distances de la ligne séparative aux deux sommets les plus voisins, ainsi que la longueur de cette ligne.

Pour éviter les tâtonnements inhérents à la méthode par approximations successives, on pourra suivre la marche indiquée sur le modèle n° 39. (Instr. du 26 avril 1906, art. 158. Circ. N 697.)

7. *Ligne séparative. Ouverture.* — Elle ne devra pas avoir plus d'un mètre de largeur (Ord. 75.)

On en mesurera la longueur, ainsi que les distances de ses extrémités aux deux sommets les plus voisins. On s'assurera ensuite que ces mesures cadrent avec celles qui figurent sur le plan de division. (Instr. du 26 avril 1906, art. 159. Circ. N 697.)

8. *Limites. Coupes.* — Les coupes seront délimitées par des pieds corniers et parois; lorsqu'il ne se trouvera pas d'arbres sur les angles pour servir de pieds corniers, les arpenteurs y suppléeront par des piquets et emprunteront au dehors ou au dedans de la coupe les arbres les plus apparents et les plus propres à servir de témoins. (Ord. 76.)

9. *Pieds corniers. Parois.* — L'arpenteur sera tenu de faire usage au moins de l'un des pieds corniers de la précédente vente. (Ord. 76.)

10. *Marques.* — Tous les arbres de limite seront marqués au pied, et le plus près de terre qu'il sera possible, du marteau de l'arpenteur, savoir: les pieds corniers sur deux faces, l'une dans la direction de la ligne qui sera à droite, et l'autre dans celle de la ligne qui sera à gauche; et les parois sur une seule face, du côté et en regard de la coupe. (Ord. 76.)

L'arpenteur fera, au-dessus de chaque empreinte de son marteau, dans la même direc-

tion, à la hauteur d'un mètre, une entaille destinée à recevoir l'empreinte du marteau de l'État. (Ord. 76, 134.)

11. *Témoins.* — Les coupes seront délimitées par des pieds corniers et des parois, et au besoin par des piquets, selon les prescriptions, de l'article 76 de l'ordonnance réglementaire rappelées précédemment.

Les parois seront, autant que possible, espacées de manière que deux hommes puissent facilement s'apercevoir de l'un à l'autre. Des piquets seront, en outre, plantés sur les lignes chaînées, au pied des perpendiculaires élevées de ces lignes sur chacune des parois.

Lorsque les lignes séparatives des coupes ne seront pas suffisamment indiquées par les parois et les souches des arbres abattus, on y suppléera par de forts piquets espacés de 50 à 100 mètres. (Instr. du 26 avril 1906, art. 160. Circ. N 697.)

12. *Levés extérieurs.* — Les routes nationales et départementales, les chemins de grande communication, les chemins vicinaux régulièrement classés, les carrefours, les enclaves, les bâtiments, les terrains occupés par les gardes et, en général, tous les terrains qui ne doivent pas être compris dans la contenance des coupes. seront levés de la même manière que le périmètre. (Instr. du 26 avril 1906, art. 161. Circ. N 679.)

13. *Parois. Pieds corniers. Rattachement.* — Les parois et les pieds corniers seront rattachés aux directrices, ou aux limites de coupes ou de lots, par des perpendiculaires élevées de ces limites ou de ces directrices, sur les centres de ces arbres, et mesurées à hauteur de l'entaille destinée à recevoir l'empreinte du marteau de l'Administration.

Ces arbres, ainsi que les plantations à proximité du périmètre, seront figurés sur le croquis par un dessin représentant ces objets suivant leur projection horizontale. (Instr. du 26 avril 1906, art. 162. Circ. N 697.)

B. Calepin. Croquis.

14. *Calepin.* — Tous les détails de l'opération seront consignés sur un calepin au fur et à mesure de l'exécution sur le terrain. (Instr. du 26 avril 1906, art. 192. Circ. N 697.)

15. *Croquis.* — Tous les détails de l'opération seront consignés au crayon, sur un croquis, au fur et à mesure de l'exécution sur le terrain. Dans le cas où ce croquis ne présenterait pas toute la netteté désirable, il sera reproduit à l'encre sur la feuille suivante. V. Modèle n° 11. (Instr. du 26 avril 1906, art. 66. Circ. N 697.)

16. *Signes conventionnels. Longueurs. Cotes.* — Le périmètre sera figuré par un trait

plein un peu fort. Les directrices, ainsi que les perpendiculaires élevées sur ces lignes, seront désignées par des traits en pointillé fin et disposées, aussi bien que possible, conformément à leur position respective sur le terrain. Les points de départ et d'arrivée d'une directrice seront figurés par un petit cercle, les perpendiculaires par une petite flèche placée au pied. Les cotes de longueur seront inscrites dans le sens de la marche de l'opérateur et perpendiculairement aux directrices; la longueur totale de chaque ligne sera distinguée des longueurs partielles par deux parenthèses renversées, tracées au-dessus et au-dessous des cotes et se rejoignant de façon à entourer la cote inscrite. Sur chaque feuille du cahier on indiquera, dans une note, la méthode adoptée : chaînage sur le sol ou chaînage par ressauts. V. Modèle n° 11.

Pour les levés stadimétriques et au tachéomètre. V. Modèles 12, 13 et 14. (Instr. du 26 avril 1906, art. 66 et 162. Circ. N 697.)

17. *Angles. Cotes.* — Pour les levés à la boussole, dans l'application de la méthode des observations directe et inverse, les orientements seront inscrits le long des alignements aussi près que possible des points de station et à droite de la visée. Les angles de hauteur lus à l'éclimètre seront inscrits avec leurs signes en face des orientements et à gauche de la visée. Quand on emploiera la méthode des observations à droite et à gauche, les deux orientements d'un même alignement seront également inscrits sur des flèches et tout près de la station; l'orientement pris avec la lunette à droite sera placé à droite de l'alignement. Les angles de hauteur seront inscrits à la suite des orientements.

Un trait terminé par une flèche indiquera la direction de la méridienne. Pour les levés à l'équerre ou au pantomètre, l'angle que l'un des côtés fait avec cette méridienne devra être transcrit entre la flèche et le côté. V. Modèle n° 11.

Pour les levés stadimétriques et au tachéomètre, v. les modèles 12, 13 et 14.

(Instr. du 26 avril 1906, art. 66 et 162. Circ. N 697.) V. Croquis.

C. Construction des plans. Surface.

18. *Échelle.* — Le plan sera dressé à l'échelle de $\frac{1}{2,500}$. L'échelle de $\frac{1}{5,000}$ ne sera employée que lorsque l'étendue de la coupe ne permettra pas de construire le plan sur les deux pages réservées dans les formules imprimées du procès-verbal d'arpentage. (Instr. du 26 avril 1906, art. 164. Circ. N 697.) V. Échelle.

19. *Plan. Construction. Orientation.* — Le plan sera construit par la méthode graphique. Autant que possible il sera orienté plein nord

(voir Modèle n° 40). [Instr. du 26 avril 1906, art. 164. Circ. N 697.]

20. *Surface. Calcul.* — La surface sera calculée soit par une décomposition en triangles et trapèzes, soit par la méthode semi-graphique, soit au moyen du planimètre polaire.

Le plan ne devra offrir aucune trace, à l'encre noire ou rouge, des lignes établies pour les calculs; ces lignes pourront cependant être figurées en bleu très léger, si l'opérateur le juge utile.

Lorsqu'on emploiera les méthodes graphiques, les résultats seront inscrits dans le tableau du Modèle n° 41. (Instr. du 26 avril 1906, art. 165. Circ. N 697.)

21. *Tolérances.* — Lorsque la contenance résultant de l'arpentage ne différera pas de plus de $\frac{1}{30}$ de celle portée sur l'état d'assiette pour les coupes de 5 hectares et en dessous, et de $\frac{1}{40}$ pour celles au-dessus, on pourra maintenir l'opération. En cas de plus forte différence, il faudra procéder à un nouveau calcul pour déterminer la position d'une autre ligne qui ajouterait ou retrancherait une contenance égale à la différence reconnue.

Les tolérances qui précèdent ne sont pas de rigueur pour les coupes d'amélioration, telles que les nettoiements et les éclaircies, dont la contenance ne sert pas de base à l'estimation des produits; néanmoins on devra se rapprocher le plus possible de la contenance portée sur l'état d'assiette. (Instr. du 26 avril 1906, art. 166. Circ. N 697.) V. Longueur.

SECT. III. — PLAN DES COUPES. DESSIN.

22. *Liserés.* — Le périmètre de la coupe sera indiqué par un liseré vert, si le bois est domanial; orangé, si le bois est communal; terre de Sienne naturelle, s'il appartient à un établissement public; ce liseré suivra intérieurement tout le contour du périmètre. (Instr. du 26 avril 1906, art. 302. Circ. N 697.)

23. *Pieds corniers. Parois. Piquets.* — Les pieds corniers et les parois seront figurés, en projection horizontale, à l'encre de Chine ou à la sépia, avec l'indication de l'essence et de la grosseur de ces arbres. V. Modèle 57 D.

Les piquets placés sur les limites seront indiqués par une petite croix à l'encre noire. (Instr. du 26 avril 1906, art. 303. Circ. N 697.)

24. *Routes.* — Il sera établi un trait pointillé allongé sur l'axe des routes et des chemins qui bordent les coupes, lorsque la moitié de leur surface aura été comprise dans la contenance. (Instr. du 26 avril 1906, art. 304. Circ. N 697.)

25. *Arbres de limite.* — Les perpendiculaires élevées sur les arbres de limite seront cotées dans le sens de ces perpendiculaires et du côté où ces arbres sont situés. (Instr. du 26 avril 1906, art. 305. Circ. N 697.)

26. *Contenances.* — Dans l'intérieur, la contenance de la coupe en hectares ou ares ou celle du lot y sera mentionnée en chiffres arabes ; on y fera connaître également la contenance des enclaves d'après l'arpentage. (Instr. du 26 avril 1906, art. 306. Circ. N 697.)

27. *Écritures.* — Les écritures seront faites en caractères ordinaires, très corrects et bien lisibles, ou en caractères moulés dits *filiformes*, composés de simples traits fins, dont l'exécution est facile et rapide. On inscrira extérieurement les exercices auxquels appartiennent les coupes limitrophes, ainsi que les indications relatives aux détails extérieurs. (Instr. du 26 avril 1906, art. 307. Circ. N 697.)

28. *Lignes de construction.* — Les lignes de construction (directives, perpendiculaires, lignes rayonnantes) seront désignées par des traits fins à l'encre rouge. (Instr. du 26 avril 1906, art. 239. Circ. N 697.)

29. *Distances. Cotes.* — Les cotes des distances seront inscrites en noir le long et au milieu des lignes, la longueur totale entre parenthèses. Sur les directrices, les cotes partielles seront déduites des cotes cumulées figurant sur les croquis. Les perpendiculaires trop courtes pour pouvoir être cotées dans le sens de la longueur le seront aux extrémités. V. Modèle n° 46. (Instr. du 26 avril 1906, art. 240. Circ. N 697.)

30. *Angles. Cotes.* — Les angles des alignements, soit qu'ils aient été mesurés directement, soit qu'ils aient été déduits des orientements, seront inscrits en noir sur des arcs de cercle tracés en rouge au compas ou suivant les bissectrices. Voir Modèle n° 46. (Instr. du 26 avril 1906, art. 240. Circ. N 697.) V. Plan.

31. *Nivellement.* — Les cotes de nivellement ne seront pas portées sur les plans d'arpentage. Toutefois les cotes des angles d'inclinaison seront inscrites lorsqu'on emploiera les mesures stadimétriques pour les distances. (Instr. du 26 avril 1906, art. 163. Circ. N 697.)

SECT. IV. — COUPES.

§ 1. *Procès-verbal. Formalités.*

32. *Époque.* — Les arpentages doivent être faits dans l'année qui précédera la vente ou la délivrance des coupes. (Circ. A 604.)

33. *Minute. Remise.* — La minute des procès-verbaux d'arpentage sera remise au chef de service. (Ord. 23. Instr. du 26 avril 1906, art. 360. Circ. N 697.)

34. *Minutes. Formules.* — Le chef de cantonnement conserve, pour lui tenir lieu de minute, les calepins qui ont servi à la rédaction des procès-verbaux.

Il sera fourni aux agents des formules (série 4, n°⁵ 5 et 6) pour les procès-verbaux d'arpentage. (Circ. A 604. Instr. du 26 avril 1906, art. 360. Circ. N 697.) V. Calepin.

35. *Lots.* — Lorsque la coupe est divisée en plusieurs lots, on ne fait qu'un procès-verbal minute d'arpentage, indiquant la contenance de chacun des lots séparément et la contenance totale des lots réunis. (Instr. du 26 avril 1906, art. 360. Circ. N 697.)

36. *Agent. Responsabilité.* — Les procès-verbaux d'arpentage doivent être établis et signés par l'agent (chef de cantonnement) qui aura fait l'opération sur le terrain. C'est aussi à lui qu'incombera la responsabilité édictée par la loi forestière. (Circ. N 433.)

37. *Aménagement.* — Lorsque le plan de coupes aura été extrait de plans d'aménagement, le procès-verbal d'arpentage devra faire mention de cette circonstance. (Instr. du 26 avril 1906, art. 355. Circ. N 697.)

38. *Vérification.* — Les chefs de service s'assureront, au cabinet et au besoin sur le terrain, que les plans sont établis conformément aux instructions. Les résultats de leur examen seront transmis aux agents opérateurs s'il s'agit de plans de coupes. (Instr. du 26 avril 1906, art. 362. Circ. N 697.)

39. *Dépôt au secrétariat. Délai.* — Les procès-verbaux d'arpentage des coupes à vendre devront être déposés par l'agent forestier chef de service, quinze jours avant l'époque fixée pour l'adjudication, au secrétariat de l'autorité administrative chargée de présider la vente, et ce fonctionnaire devra apposer son visa au bas de ces pièces pour en constater le dépôt. (Ord. 83, 134.)

A l'occasion de la vente des coupes concernant les forêts communales et des établissements publics, il ne sera plus annexé de procès-verbal d'arpentage avec plan aux procès-verbaux d'adjudication desdites coupes.

On continuera à dresser, mais en simple original, les procès-verbaux d'arpentage avec plan. (Circ. N 452.)

40. *Délivrance sur demande.* — On délivrera à tout adjudicataire qui en fera la demande une copie de la minute du procès-verbal d'arpentage avec plan ou un extrait du plan d'aménagement. Ces pièces ne seront établies qu'au vu de cette demande ; elles seront timbrées aux frais de l'impétrant et il y sera expressément mentionné qu'elles ne sont délivrées qu'à titre de simple renseignement, sans garantie d'aucune des indications qu'elles renferment et notamment sous garantie de contenance. (Circ. N 452.)

41. *Timbre. Enregistrement.* — Les procès-verbaux d'arpentage sont exempts des droits de timbre et d'enregistrement, comme actes dressés administrativement.

Les expéditions qui en sont demandées sont assujetties à la formalité et au droit de timbre. (Circ. N 452. Circ. N 752. Circ. N 817.)

§ 2. *Différence. Responsabilité.*

42. *Erreur.* — Les agents qui arpentent les coupes sont passibles de tous dommages-intérêts par suite des erreurs commises, lorsqu'il en résultera une différence excédant 1/20 de l'étendue de la coupe. (Cod. For. 52.)

En cas de malversation, il sera fait application des articles 174 et 175 du code pénal.

Réclusion ; *prison*, 6 mois à 2 ans ; interdiction des fonctions civiles ; *amende*, 1/4 à 1/12 des restitutions. (Cod. For. 207.)

43. *Erreur. Poursuites.* — En cas de poursuites pour une erreur de 1/20 à exercer contre les agents arpenteurs, en vertu de l'article 52 du code forestier, pour dommages-intérêts, comme il ne s'agit que d'une action civile (Loi du 29 septembre 1791), les poursuites ne peuvent être exercées que par l'administration des domaines après autorisation spéciale accordée par le Ministre. (Conseil d'État, 22 juin 1831. Décis. Min. 23 juillet 1831. Circ. A 282.)

44. *Erreur. Arpenteur. Responsabilité.* — En cas d'erreur dans l'arpentage d'une coupe de plus de 1/20, commise par l'arpenteur, l'adjudicataire de la coupe n'a pas d'action spéciale en responsabilité contre l'arpenteur ; il ne peut en avoir qu'en cas de préjudice constaté d'après le droit commun. (Cass. 31 août 1841.) Cette éventualité ne se présente plus depuis que la vente des coupes a lieu sans garantie.

45. *Arpenteur. Responsabilité.* — Les agents arpenteurs ne sont responsables qu'au profit de l'administration forestière des erreurs de plus de 1/20 de l'étendue de la coupe. (Cass. 31 août 1841.) L'action fondée sur l'article 52 concerne uniquement les rapports entre l'État ou la commune propriétaire des bois et l'arpenteur. (Ch. Guyot.)

ARPENTEUR.

1. *Définition.* — L'arpenteur est l'individu qui se charge par profession du mesurage des terres. Ce mot a vieilli ; il est, en général, remplacé aujourd'hui par celui de géomètre. (Block.)

2. *Suppression.* — Le corps spécial d'arpenteurs institué par l'ordonnance réglementaire (art. 19 à 23) et qui était chargé autrefois des arpentages a été supprimé depuis 1843. Les arpentages font aujourd'hui partie des attributions des chefs de cantonnement. (Circ. A 604.)

ARRACHIS. V. Plants. Souches. Défrichement. Bornes. Épines.

ARRÉRAGES.

1. *Arrérages. Intérêts.* — Les arrérages échus produisent intérêt du jour de la demande ou de la convention. (Cod. Civ. 1155.) Les arrérages se prescrivent par cinq ans. (Cod. Civ. 2277.)

2. *Retard.* — Les pensionnaires qui négligent de toucher leurs arrérages pendant plus d'un an sont radiés des états de payements (décès présumés), sauf rétablissement avec rappel d'arrérages s'ils se présentent avant les trois années fixées comme terme de déchéance. (Décis. Min. 9 janvier 1847.) V. Pension.

ARRESTATION.

1. *Principe.* — Nul ne peut être arrêté que suivant la prescription de la loi. (Constitution du 4 novembre 1848.)

2. *Acte. Formalités.* — Pour que l'acte qui ordonne l'arrestation d'une personne puisse être exécuté, il faut : 1° qu'il exprime formellement le motif de l'arrestation et la loi en vertu de laquelle elle est ordonnée ; 2° qu'il émane d'un fonctionnaire à qui la loi ait donné formellement ce pouvoir ; 3° qu'il soit notifié à la personne arrêtée et qu'il lui en soit laissé copie. (Constitution du 22 frimaire an VIII, art. 77. Instr. Crim. 97, 98, 615.)

3. *Officier de police judiciaire. Flagrant délit.* — Les gardes champêtres et forestiers, considérés comme officiers de police judiciaire, arrêteront et conduiront devant le juge de paix ou devant le maire tout individu qu'ils auront surpris en flagrant délit, ou qui sera dénoncé par la clameur publique, lorsque ce délit emportera la peine d'emprisonnement ou une peine plus grave. Ils se feront donner à cet effet main-forte par le maire ou l'adjoint du lieu, qui ne pourra s'y refuser. (Instr. Crim. 16.)

4. *Flagrant délit.* — Tous les gardes de l'État, des communes et des particuliers doivent arrêter et saisir le prévenu surpris en flagrant délit, ou poursuivi par la clameur publique, et le conduire devant le chef du parquet, si le crime ou le délit emporte peine afflictive ou infamante (emprisonnement). [Instr. Crim. 106.]

5. *Inconnu. Flagrant délit.* — Tous les gardes de l'État, des communes et des particuliers arrêteront et conduiront devant le juge de paix ou le maire tout inconnu surpris en flagrant délit. (Cod. For. 163, 189. Loi du 18 juin 1859. Circ. N 671.) Ce droit ne peut être étendu aux agents qui ne sont pas officiers de police judiciaire.

6. *Chasse. Inconnu. Déguisement.* — Les délinquants ne peuvent pas être arrêtés ; cependant, s'ils sont déguisés et s'ils refusent de faire connaître leurs noms, ou s'ils n'ont pas de domicile connu, ils sont conduits devant le maire ou le juge de paix, lequel s'assure de leur individualité. (Chasse, art. 25.)

7. *Officier de police judiciaire. Préposé. Agent.* — Les gardes seuls comme officiers de police judiciaire ont le droit d'arrestation provisoire ; les agents ne l'ont pas.

8. *Autorité.* — Les officiers de police administrative ou judiciaire, lorsqu'ils remplissent publiquement quelques actes de leur ministère, peuvent faire saisir les individus qui troublent leur séance ou leurs opérations ; ils dressent procès-verbal du délit et envoient ce procès-verbal, s'il y a lieu, ainsi que le prévenu, devant les juges compétents. (Instr. Crim. art. 509.)

9. *Arrestation. Fouilles. Soupçon.* — Les gardes ne peuvent, sans abus de pouvoir, arrêter et fouiller un individu qu'ils rencontrent en forêt, même hors des routes et chemins, sur le simple soupçon que cet individu est porteur d'engins prohibés dont rien ne révèle la présence. Le procès-verbal dressé en suite de ce fait est radicalement nul. (Rouen, 17 avril 1859.)

10. *Conduite de prisonnier.* — En cas d'arrestation, les gardes doivent immédiatement conduire leur prisonnier soit devant le maire, le juge de paix le plus voisin, le commissaire de police, le chef du parquet ou le brigadier de gendarmerie.

11. *Conduite de prisonnier.* — En cas d'arrestation, les gardes ne peuvent conduire un délinquant que devant le maire ou le juge de paix, mais non le contraindre d'assister à une vérification où le conduire à un endroit où le bois serait déposé. (Cass. 7 avril 1837.) V. Flagrant délit.

12. *Vagabond.* — Si l'individu arrêté par les gardes et conduit devant le maire ou le juge de paix le plus voisin ne justifie pas de son identité, il doit être conduit devant le chef du parquet comme vagabond. (Cod. Pén. 270.)

13. *Illégalité.* — Ceux qui, sans ordre des autorités constituées et hors le cas où la loi ordonne de saisir des prévenus, auraient arrêté ou détenu des personnes quelconques encourront :

Peine : Travaux forcés à temps. (Code Pén. 341.)

14. *Illégalité.* — Si l'arrestation illégale a été effectuée à l'aide d'un faux costume, sous un faux nom ou sous un faux ordre de l'autorité :

Peine : Travaux forcés à perpétuité. (C. P. 344.)

15. *Délinquant. Capture. Frais.* — La capture des délinquants solvables et insolvables condamnés à des amendes, restitutions, dommages-intérêts et frais pour délits forestiers, ne donne droit aux gendarmes qui l'ont opérée qu'à la taxe fixée par le n° 1 de l'article 6 du décret du 7 avril 1813, soit 3 fr. (Ord. 25 février 1832. Circ. A 296. Déc. du Min. de la Justice, 31 janvier 1833. Déc. 18 février 1863.)

16. *Fraudeur. Tabac.* — Les gardes doivent arrêter les fraudeurs et les colporteurs de tabacs. (Loi du 18 avril 1816.) V. Fraude. Tabac.

17. *Fraudeurs. Allumette. Primes.* — Les gardes qui arrêtent les individus vendeurs en fraude des allumettes recevront une prime de 10 francs par personne arrêtée. (Décr. du 10 août 1875. Circ. N 185.)

18. *Forçat évadé. Prime.* — La capture d'un forçat évadé d'un établissement pénitentiaire donne droit à une prime de 50 francs. (Décr. du 18 février 1863, art. 283 modifié par le décret du 2 juillet 1877.)

Ces dispositions ne sont applicables qu'au cas où le forçat aura été repris en France ou dans une colonie autre que celle de son internement.

19. *Primes.* — Les arrestations donnent droit aux primes suivantes :

Déserteur ou insoumis	25 fr.
Prisonnier de guerre ou détenu d'un pénitencier ou d'un atelier de condamnés	25
Militaire absent illégalement dans la limite de la garnison	5
Hors de la limite de la garnison	6
Condamné évadé d'une maison centrale de force ou de correction	50
Contrebandier ou fraudeur	15
Évadé d'une maison correctionnelle de l'État	15

(Décr. du 18 février 1863, art. 277, 278, 280, 284. Ord. 31 décembre 1817. Déc. Min. de l'Intérieur, 7 janvier 1867.)

20. *Débiteur. Jour et heure d'arrestation.* — Le débiteur ne pourra être arrêté : 1° avant le lever et après le coucher du soleil ; 2° les jours de fête légale ; 3° dans les édifices consacrés au culte et pendant les exercices religieux seulement ; 4° dans le lieu et pendant la tenue des séances des autorités constituées (Proc. Civ. 781), ni lorsqu'il sera cité ou appelé comme témoin devant un tribunal. (Proc. Civ. 782.)

ARRÊT.

1. *Définition.* — Décision rendue par le Conseil d'État, une cour d'appel ou la Cour de cassation.

2. *Solennel.* — Celui rendu par la Cour de cassation, toutes chambres réunies.

ARRÊT.

3. *Délai. Envoi.* — Les conservateurs doivent adresser à l'administration les arrêts intervenus en justice civile (Circ. A 671 *bis*), dans le délai de huit jours après la communication du directeur des domaines. (Circ. A 679.)

4. *Instances correctionnelles. Appels.* — Les conservateurs doivent transmettre en communication à l'administration les expéditions de tous les arrêts rendus en matière forestière correctionnelle sur les appels de l'administration ou des prévenus. (Circ. N 413.)

5. *Défaut. Opposition. Appel.* — Les arrêts rendus par défaut sur l'appel pourront être attaqués par la voie de l'opposition, dans la même forme et dans les mêmes délais que les jugements par défaut rendus par le tribunal correctionnel. (Instr. Crim. 208.)

6. *Nullités.* — Les arrêts qui ne sont pas rendus par le nombre de juges prescrits, ou qui ont été rendus par des juges qui n'ont pas assisté à toutes les audiences de la cause, ou qui n'ont pas été rendus publiquement, ou qui ne contiennent pas les motifs, sont déclarés nuls. (Loi du 20 avril 1810, art. 7.)

ARRÊTÉ

1. *Définition.* — Désignation des actes de l'autorité ou administration départementale et communale. (Loi du 12 août 1790.)

Désignation des décisions contentieuses des conseils de préfecture.

Décision prise par l'autorité administrative pour assurer l'exécution des lois et règlements. (Block.)

2. *Principes.* — Les arrêtés des préfets ne peuvent être attributifs de juridiction, ni constitutifs de peines. (Cass. 23 février 1811.)

3. *Forme.* — La loi n'a pas déterminé la forme à donner aux arrêts administratifs. (Block.)

4. *Force.* — Les arrêtés de l'autorité ne sont obligatoires pour les tribunaux qu'autant qu'ils sont pris en exécution des lois. (Cass. 20 janvier 1860.)

5. *Poursuites.* — Les arrêtés pris par les préfets en conseil de préfecture ne peuvent être déférés au Conseil d'État que pour incompétence ou excès de pouvoirs. (Cons. d'État, 15 juillet 1842.)

6. *Procédure.* — Les arrêtés des préfets pris dans la limite de leurs fonctions ne peuvent être déférés au Conseil d'État, avant d'avoir été attaqués devant le Ministre compétent. (Loi du 28 septembre 1791. Arrêté du 3 messidor an v. Loi du 9 ventôse an xiii. Cons. d'État, 26 juin 1822.)

7. *Infraction.* — Pour infraction aux arrêtés de l'autorité administrative (préfet) ou aux arrêtés publiés par l'autorité municipale en

vertu des articles 3 et 4 du titre xi de la loi des 16-24 août 1790 et de l'article 46, titre 1 de la loi des 19-22 juillet 1791.

Peine { Amende........ 1 à 5 fr. (C. Pén. 471.)
{ En cas de récidive
{ en outre, *prison.* 3 j. au plus. (C. P. 474.)

8. *Timbre.* — Les expéditions des arrêtés préfectoraux délivrées à des particuliers sont soumises au timbre. (Loi du 15 mai 1816, art. 80. Circ. Fin. 23 juin 1856.)

ARRONDISSEMENT.

1. *Définition.* — Subdivision d'un département.

Circonscription territoriale sur laquelle s'étend la juridiction d'un tribunal ou d'un fonctionnaire.

2. *Définition.* — L'arrondissement n'est qu'une circonscription territoriale; il n'est pas une personne civile. (Cabantous.)

3. *Signification.* — Ce mot a une signification différente suivant les circonstances dans lesquelles il est employé dans le code et dans l'ordonnance. (Lett. de l'Admin. 6 février 1828.)

4. *Arrondissement communal.* — L'arrondissement communal désigne l'étendue de la juridiction d'un tribunal.

ARTILLERIE (Délivrances à l').

1. *Bois. Produits divers.* — Les bois de bourdaine, les bois de fascinage, piquets, fascines et harts nécessaires aux exercices annuels des écoles d'artillerie, des corps de troupes isolés de leurs écoles respectives, des directions assimilées aux écoles d'artillerie seront coupés dans les forêts de l'État. (Décr. 10 octobre 1874, art. 1. Circ. N 167.)

2. *Fournitures. Demandes. Délivrances.* — Les fournitures à faire dans les forêts de l'État sont demandées par la direction d'artillerie ou les chefs des corps destinataires, qui font connaître aux agents forestiers les besoins en bois de toute nature, espèces, qualités, dimensions et quantités. Sur la proposition des agents locaux, le conservateur autorise les délivrances de préférence dans les forêts les plus *voisines* du lieu de destination. Lorsque l'état du peuplement, la possibilité, les dispositions de l'aménagement ne permettent pas de délivrer tout ou partie des bois demandés, le conservateur en informe sans retard les directeurs ou chefs de corps militaire, et il adresse un rapport à l'administration indiquant les motifs du refus. (Décr. 10 octobre 1874, art. 2 et 3. Circ. N 167.)

3. *Coupe. Exploitation.* — Les coupes seront faites par les soins de l'administration forestière, à moins que la proximité des lieux ne permette d'employer des hommes de troupe

sans les obliger à découcher. L'administration ne devra jamais réclamer le concours des hommes de troupe, s'il est reconnu que le service ou l'instruction doive en souffrir. Le montant des frais de coupe, avancé par l'administration des forêts, sera remboursé par le département de la Guerre. (Décr. 10 octobre 1874, art. 4 et 6.)

4. *Transports.* — Les transports seront faits par les soins de l'artillerie, lorsque la proximité du lieu permettra de ne pas faire découcher le détachement. Le transport par chemin de fer sera exécuté par les soins de l'administration des forêts; dans ce cas, les frais seront remboursés par le ministère de la Guerre. (Décr. 10 octobre 1874, art. 5, 7.) Les frais de transport par les chemins de fer seront effectués dans les conditions ordinaires, en inscrivant sur l'ordre de transport cette mention en gros caractère : *Compte du service de la guerre.* (Circ. N 167.)

5. *Délivrance.* — La délivrance des bois à l'artillerie sera constatée par un procès-verbal établi en double minute et signé par l'agent forestier et l'officier chargé de la réception. (Circ. N 167.)

6. *Crédit. Dépenses.* — Lorsqu'on ne pourra pas employer les ouvriers militaires, l'exploitation se fera au compte de l'État, et le conservateur pourra autoriser la dépense jusqu'à concurrence de 1,000 francs par forêt, en même temps qu'il adressera des demandes à l'administration pour les crédits excédant cette somme. Lorsque les transports ne sont pas effectués par les soins de l'artillerie, les agents doivent comprendre, dans le crédit des frais d'exploitation, les transports depuis les chantiers jusqu'aux lieux où les compagnies de chemins de fer sont tenues de prendre les objets du matériel du Ministère de l'Agriculture. (Circ. N 167, Circ. N 496.)

7. *Paiement.* — Le prix des bois est payé par un virement du Ministère de la Guerre. Lorsque les frais de la délivrance sont arrêtés, on en avise l'administration sur une formule série 3, n° 16, qui a remplacé la formule série 4, n° 36 *bis.* (Décr. 10 octobre 1874, art. 8. Circ. N 167. Circ. N 372.)

8. *Surveillance. Indemnité.* — Le taux des indemnités allouées par le service de l'artillerie aux préposés forestiers, pour la surveillance des travaux d'exploitation, la direction et la surveillance des transports du bois de fascinage destiné à l'artillerie, est fixé comme il suit :

1° *Pour surveillance de l'exploitation :*

 0 fr. 05 par fascine pour saucissons;
 0 fr. 05 par cent de harts;
 0 fr. 125 par fascine pour gabions;
 0 fr. 012 par grande perche;
 0 fr. 004 par piquets divers.

2° *Pour surveillance du transport :*

 25 pour cent des chiffres indiqués ci-dessus.

(Décis. du Min. de la Guerre du 3 mai 1891. Circ. N 432.)

9. *Avance. Payement. Remboursement.* — Ces indemnités sont avancées par le service des forêts et remboursées par virement de compte. (Décis. du Min. de la Guerre du 3 mai 1891. Circ. N 432.)

ASSAINISSEMENT.

1. *Classification. Travaux.* — L'ouverture de fossés et rigoles d'assainissement rentre dans la catégorie des travaux neufs, et le curage dans celle des travaux d'entretien. (Circ. N 566, art. 22 et 23.) V. Drainage. Fossé.

2. *Régime des eaux. Débordement. Dommages.* — Dans l'étude des projets d'assainissement, les agents doivent s'assurer que l'exécution des travaux n'amènera pas un changement notable dans le régime des cours d'eau appelés à recevoir le tribut des nouveaux fossés, c'est-à-dire que ces cours d'eau ne seront pas susceptibles de déborder ou de causer un dommage quelconque aux propriétés riveraines; autrement, il y aurait lieu d'introduire, dans le système de l'assainissement, des réservoirs et des barrages successifs, destinés à ralentir l'écoulement des eaux. (Circ N 566, art. 116.)

3. *Nivellement.* — Les projets d'assainissement, qui exigent un nivellement préalable du terrain, sont étudiés et établis de la manière indiquée à l'instruction sur les levés topographiques et le dessin des plans. (Circ. N 566, art. 117. Circ. N 697.) V. *Nivellement.*

4. *Croquis. Fossés.* — Lorsque les agents ne jugent pas nécessaire de faire un nivellement exact du terrain, ils produisent un croquis indiquant l'ensemble des fossés et rigoles à ouvrir, leur pente approximative et la direction des ruisseaux dans lesquels les eaux doivent se déverser. (Circ. N 566, art. 118.)

5. *Projets généraux. Travaux.* — Quand l'exécution de certains travaux d'assainissement doit précéder celle de projets de repeuplement dont l'administration est saisie, ou qui lui parviendront prochainement, les conservateurs en font mention d'une manière apparente sur le bulletin d'envoi; ils indiquent de combien de temps il convient que l'assainissement précède le repeuplement. (Circ. N 566, art. 119.)

6. *Travaux.* — Lorsque l'assainissement et le repeuplement peuvent être exécutés la même année et par le même mode, les deux projets doivent être réunis et compris dans un seul bulletin d'envoi. (Circ. N 566, art. 120.)

7. *Projets de travaux. Envois.* — Les projets de travaux concernant les assainissements

doivent être adressés à l'administration, au fur et à mesure de leur production, avec des bulletins spéciaux (série 3, n° 13) et parvenir en tout cas, avant le 15 novembre de l'année, qui précède l'exercice pour lequel ils sont proposés. (Circ. N 566, art. 26.)

ASSASSINAT. V. Meurtre.

ASSIETTE.

1. *Actes.* — Le procès-verbal d'arpentage et de martelage fait seul preuve, entre l'administration et l'adjudicataire, de l'assiette et des limites de la coupe. (Cass. 6 septembre 1850.) V. État d'assiette.

2. *Changement. Coupes.* — Pour changement à l'assiette des coupes, ou pour y avoir ajouté des arbres ou une portion de bois, après l'adjudication, pour l'adjudicataire qui l'a fait et l'agent forestier qui l'a permis ou toléré, pénalités :

Amende égale au triple de la valeur des bois non compris dans l'adjudication. (C. F. 29.)
Restitution des bois ou de leur valeur. (C. F. 29.)

3. *Changement. Bois.* — Si les bois sont de meilleure nature ou qualité ou plus âgés que ceux de la vente, pour l'adjudicataire qui l'a fait et l'agent forestier qui l'a permis ou toléré, pénalités :

Amende comme pour les arbres coupés en délit. (C. F. 29, 192.)
Dommages-intérêts obligatoires, une somme double de l'amende. (C. F. 29, 192.)

V. Coupe par unités de produit. Griffage.

4. *Agent. Modification.* — Pour l'agent forestier qui aura toléré ou permis des changements à l'assiette des coupes, s'il y a lieu :

En cas de concussion : *réclusion.* (Cod. Pén. 174.)
En cas de malversation : *prison* : 6 mois à 2 ans. Exclusion des fonctions civiles.
Amende du 1/4 à 1/2 des restitutions. (Cod. Pén. 175.)

ASSIGNATION.

Définition. — Acte par lequel on est cité à comparaître devant un tribunal. Ce terme est équivalent à celui de citation. (V. Citation.)

ASSIMILATION.

Solde. Indemnités. — Les compagnies, sections et détachements de chasseurs forestiers appelés à l'activité sont assimilés à l'armée active pour la solde, les prestations, allocations et indemnités de toute nature. (Décr. 18 novembre 1890. Circ. N 424.) V. Chasseurs forestiers. Grade.

ASSOCIATION.

1. *Association civile. Définition.* — L'association est la convention pour laquelle deux ou plusieurs personnes mettent en commun d'une façon permanente leurs connaissances ou leur activité dans un but autre que de partager des bénéfices. (Loi du 1er juillet 1901, art. 1er.)

2. *Déclaration. Statuts.* — Toute association qui voudra obtenir la capacité juridique devra faire une déclaration préalable à la préfecture ou à la sous-préfecture de l'arrondissement où l'association aura son siège, indiquant son titre et son objet, le siège de son établissement, les noms, professions et domiciles de ceux qui sont chargés de son administration. Deux exemplaires des statuts seront joints à la déclaration. (Loi du 1er juillet 1901, art. 5.) V. Bois des associations reconnues d'utilité publique.

3. *Ventes publiques.* — L'association entre plusieurs, pour acquérir dans les ventes publiques, n'est point prohibée par la loi. (Cod. Pén. 412. Cass. 15 mai 1857.)

4. *Fonctionnaires.* — Tout fonctionnaire qui, soit ouvertement, soit par acte simulé ou interposition de personne, aura pris ou reçu quelque intérêt que ce soit dans les actes, adjudications, entreprises ou régies dont il a ou avait, au temps de l'acte, en tout ou en partie, l'administration ou la surveillance, ou dont il était chargé d'ordonnancer le payement ou de faire la liquidation, encourra :

Peines :
{ *Prison*, 6 mois à 2 ans.
  Amende, maximum, le 1/4 ; minimum, le 1/12 des restitutions.
  Incapacité absolue d'exercer aucune fonction publique. (Cod. Pén. 175.) }

ASSOCIATION PASTORALE.

Subvention. — Dans les pays de montagne, des subventions peuvent être accordées aux associations pastorales, à raison des travaux entrepris pour l'amélioration, la consolidation du sol et la mise en valeur des pâturages. (Loi du 4 avril 1882, art. 5.) V. Restauration des terrains en montagne. Subvention.

ASSOCIATION SECRÈTE. V. Coalition. Vente.

ASSOCIATION SYNDICALE (de travaux).

1. *Principe.* — Les associations syndicales sont libres ou autorisées. (Loi du 21 juin 1865, art. 2.)
En ce qui concerne les associations constituées en vue de la défense des forêts contre l'incendie, l'administration des Eaux et Forêts a établi un modèle de statuts d'association syndicale libre.

2. *Objet.* — Peuvent être l'objet d'une association syndicale, entre propriétaires intéressés, l'exécution et l'entretien des travaux :
1° de défense contre la mer, les fleuves, les

torrents et rivières navigables ou non navigables, les incendies dans les forêts, landes boisées et landes nues; 2° de curage, approfondissement, redressement et régularisation des canaux et cours d'eau non navigables, ni flottables, et des canaux de desséchement et d'irrigation...; 9° de drainage; 10° de chemins d'exploitation et de toute autre amélioration agricole d'intérêt collectif. (Loi du 22 décembre 1888, art. 1er. Loi du 13 décembre 1902. Circ. 643.)

3. *Chemins ruraux.* — On peut former une association syndicale pour l'ouverture, le redressement, l'élargissement, la réparation et l'entretien des chemins ruraux. (Loi du 20 août 1881, art. 19 à 32.)

4. *Restauration des terrains en montagne.* — Les propriétaires, les communes et établissements publics peuvent constituer des associations syndicales, conformément aux dispositions de la loi du 21 juin 1865, et s'entendre avec l'État pour exécuter des travaux de restauration des montagnes, qui leur seraient indiqués, et pourvoir à leur entretien, sous le contrôle et la surveillance de l'administration forestière. Ils conservent les terrains leur appartenant compris dans les périmètres. (Loi du 4 avril 1882, art. 4.) V. Reboisement. Périmètres. Régime forestier.

5. *Association syndicale libre. Organisation.* — Les associations syndicales libres se forment sans l'intervention de l'administration. Le consentement unanime des associés doit être constaté par écrit. L'acte d'association spécifie le but de l'entreprise; il règle le mode d'administration de la société et détermine les voies et moyens pour subvenir à la dépense. L'extrait de cet acte doit, dans le délai d'un mois, être publié dans un journal d'annonces légales de l'arrondissement, transmis, en outre, au préfet et inséré dans le recueil des actes de la préfecture. (Loi du 21 juin 1865, art. 5 et 6.)

6. *Association syndicale autorisée. Organisation.* — Les propriétaires intéressés aux travaux spécifiés dans l'article 1er pourront être réunis par un arrêté préfectoral en associations syndicales autorisées, soit sur la demande d'un ou de plusieurs d'entre eux, soit sur l'initiative du maire ou du préfet, ou bien, lorsque les travaux auront été reconnus d'utilité publique, par un décret rendu en Conseil d'État.

Les associations syndicales autorisées se constituent par arrêté préfectoral, pour les travaux spécifiés dans les cinq premiers numéros de l'article 1er, si la majorité des intéressés, représentant au moins les deux tiers de la superficie des terrains, ou les deux tiers des intéressés représentant plus de la moitié de la superficie, ont donné leur adhésion. Pour les travaux spécifiés aux autres numéros du même

article, le préfet ne pourra autoriser l'association qu'au cas d'adhésion des trois quarts des intéressés, représentant plus des deux tiers de la superficie et payant plus des deux tiers de l'impôt foncier afférent aux immeubles, ou des deux tiers des intéressés, représentant plus des trois quarts de la superficie et payant plus des trois quarts de l'impôt foncier afférent aux immeubles. (Loi du 22 décembre 1888, art. 5.)

7. *Autorisation. Travaux.* — Les préfets autorisent, sur l'avis des ingénieurs en chef, la constitution en association syndicale des propriétaires intéressés à l'exécution et à l'entretien des travaux d'endiguement contre les fleuves et les torrents navigables et non navigables et des canaux d'arrosage et de desséchement, lorsque ces propriétaires sont d'accord pour l'exécution desdits travaux et la répartition des dépenses. (Décr. du 25 mars 1852, tableau D, nos 5 et 6.)

8. *Capacité. Droits.* — Les associations syndicales peuvent ester en justice, où elles sont représentées par leur administrateur ou syndic; elles peuvent acquérir à titre onéreux, vendre, échanger, transiger, emprunter et hypothéquer. (Loi du 21 juin 1865, art. 3.)

9. *Consentement.* — Les préfets n'ont pas le droit de constituer des associations syndicales sans le consentement des intéressés. (Conseil d'État, 2 mai 1866.)

10. *Contestation. Compétence.* — Les contestations relatives aux travaux, à la perception des taxes, à la fixation du périmètre et au classement des terrains sont de la compétence du conseil de préfecture, sauf recours au Conseil d'État. (Loi du 21 juin 1865. art. 16.) V. Décret du 9 mars 1894 portant règlement d'administration publique sur les associations syndicales.

11. *Procès. Intérêts collectifs.* — Un syndicat professionnel peut se constituer entre personnes exerçant la même industrie et en vue de soutenir un procès pour la défense d'intérêts communs et collectifs. Il n'y a pas là un syndicat pour la défense d'intérêts particuliers. (Amiens, 13 mars 1895.)

ASSOCIÉ.

1 *Associé. Vente.* — En cas de vente clandestine, les associés d'un adjudicataire ne sont pas complices, s'ils ont ignoré la vente clandestine et s'ils ont été trompés par l'adjudicataire.

2. *Nombre.* — L'administration a le droit de fixer, dans le cahier des charges, le nombre d'associés que peuvent avoir les adjudicataires des coupes. (Cass. 22 avril 1837.) V. Caution. Adjudicataire. Adjudication.

3. *Forêt domaniale. Chasse collective.* — Lorsqu'un droit de chasse résultant de l'adjudication faite dans une forêt domaniale a été mis en commun entre plusieurs associés sous la condition qu'il ne pourra être pratiqué que des chasses collectives, l'associé qui chasse isolément viole les conditions de son contrat, ce qui peut entraîner contre lui l'application de sanctions civiles; mais il ne peut être considéré, à l'égard de ses co-associés, comme ayant chassé sur le terrain d'autrui sans consentement du propriétaire. (Nancy, 16 mars 1905.) V. Permission de chasse.

ASSURANCE CONTRE L'INCENDIE.

1. *Principe.* — Le contrat d'assurance ne peut jamais être un moyen de bénéfice pour l'assuré. (Cod. Com. 357, 358.)

2. *Contrat. Conditions.* — Le contrat d'assurance est rédigé par écrit. Il est daté du jour auquel il est souscrit. Il peut être fait sous signature privée. Il ne peut contenir aucun blanc. Il exprime le nom et le domicile de celui qui fait assurer, sa qualité de propriétaire ou de commissionnaire, le nom et la désignation de l'objet assuré, la nature et la valeur ou estimation de l'objet que l'on fait assurer, les temps auxquels les risques doivent commencer et finir, la somme assurée, la prime ou coût de l'assurance et généralement toutes les autres conditions dont les parties sont convenues. (Cod. Com. 332.)

3. *Maison forestière.* — L'administration renonce à faire assurer les maisons forestières, et on ne doit pas renouveler les polices d'assurances. (Circ. N 258.)

4. *Précomptage.* — L'usager dont la maison est incendiée ne peut recevoir à la fois le montant intégral de l'assurance et le bois de construction que son droit d'usager l'autorise à demander pour reconstruire sa maison. Il doit en précompter la valeur sur celle de l'indemnité qui lui est due, et ce nonobstant toute clause contraire de la police d'assurance. (Besançon, 22 janvier 1867.)

5. *Principe.* — Le contrat d'assurance oblige l'assureur à payer à l'assuré une somme égale à la perte qui lui a été causée par le sinistre, et non pas seulement le montant de ce que l'assuré serait tenu de débourser pour reconstruire ou réparer. Les ressources venant en déduction des frais de construction, et non de la perte, ne peuvent être déduites par l'assureur. Il ne peut déduire de l'indemnité la valeur des bois auxquels un usager a droit pour reconstruire sa maison incendiée, alors surtout que, dans sa police, l'assuré a stipulé qu'en cas d'incendie la valeur de ces bois ne serait pas déduite. Cette clause, nullement contraire à l'ordre public, doit être exé-

cutée. (Cass. 10 mai 1869.) V. Bois de construction.

ATELIER.

SECT. I. — ATELIER EN GÉNÉRAL.

1. *Autorisation.* — L'autorisation d'établir un atelier à façonner le bois dans une maison ou ferme existante, ou dont la construction a été autorisée à distance prohibée, est accordée par le préfet. (Décr. 25 mars 1852.)

2. *Établissement. Autorisation. Pénalité.* — L'établissement, sans autorisation du préfet, dans une maison ou ferme existante, ou dont la construction a été autorisée dans le rayon de 500 mètres des forêts soumises au régime forestier, d'un atelier à façonner le bois;

Excepté les maisons et usines qui font partie d'une population agglomérée (ville, village, hameau) (Cod. For. 156. Décr. 25 mars 1852), est puni, savoir :

Amende : 50 francs. (Cod. For. 154. Loi du 21 juin 1898.) Récidive : 100 francs. (Cod. For. 201.)

Confiscation des bois ou de leur valeur. (Cod. For. 154.)

V. Construction.

3. *Algérie. Feu.* — L'emploi du feu dans les ateliers situés en forêt ou dans la zone de 200 mètres sera soumis, pendant la période du 1er juillet au 31 octobre, aux prescriptions et règlements à intervenir en exécution de la présente loi. (Loi du 21 février 1903, art. 123. Circ. N 642.) Pour les pénalités. V. Feu.

4. *Algérie. Feu. Autorisation.* — Pendant la période du 1er novembre au 30 juin, les propriétaires des biens ou leurs ayants droit sont autorisés, quelle que soit la distance de la propriété voisine et pourvu qu'elle soit séparée de leur bois par une tranchée ouverte et entretenue conformément à l'article 124, à allumer du feu dans leurs ateliers. (Loi du 21 février 1903, art. 123. Circ. N 642.) V. Tranchée.

5. *Retrait.* — La permission d'établir un atelier à façonner le bois dans une maison ou ferme peut être retirée lorsque ceux qui l'ont obtenue ont subi une condamnation pour délits forestiers. (Cod. For. 154. Loi du 21 juin 1898.)

6. *Visites.* — Les établissements autorisés sont soumis aux visites des agents et gardes forestiers, qui peuvent y faire toute perquisition sans l'assistance d'un officier public, pourvu qu'ils soient deux au moins, ou que l'agent ou

le garde soit accompagné de deux témoins domiciliés dans la commune. (Cod. For. 157.)

7. *Commerce.* — L'article 154 ne défend que le commerce de bois, c'est-à-dire l'achat du bois pour le vendre avec bénéfice. Le propriétaire qui vend ou fabrique les produits de sa propriété ne fait pas acte de commerce.

8. *Propriétaire.* — On ne doit pas considérer comme atelier prohibé celui d'un propriétaire qui vend les produits de sa propriété façonnés chez lui. (Meaume.)

9. *Consommation personnelle.* — Le fait de la fabrication, dans une baraque à la distance prohibée par l'article 154 du code forestier, de sabots pour la consommation personnelle, sans en faire commerce, ne constitue pas le fait d'établissement d'un atelier à façonner le bois. (Cass. 14 mars 1850.)

10. *Autorisation personnelle.* — L'autorisation de façonner le bois est accordée *à la personne*, habitant la maison, et non pas à l'immeuble. En cas de changement, le nouveau locataire de l'immeuble doit se munir d'une permission individuelle pour façonner le bois. L'autorisation doit toujours être expresse et antérieure à l'établissement de l'atelier. (Meaume.)

11. *Retrait.* — Le retrait de l'autorisation pour façonnage de bois ne peut s'effectuer qu'à la suite d'une condamnation pour délits forestiers. Une transaction ou une condamnation en responsabilité civile ne serait pas suffisante pour motiver le retrait d'une autorisation de l'espèce. Il faut une poursuite et une condamnation directe. Une condamnation comme civilement responsable ne suffirait pas non plus. (Meaume.)

12. *Terrain non clos.* — La loi n'exige une autorisation que pour les endroits clos dans lesquels les gardes ne peuvent pas toujours exercer leur surveillance. Ainsi tout individu, et à quelque distance que ce soit des forêts, peut établir un atelier à façonner le bois en *plein air*, parce que les gardes peuvent le surveiller. (Meaume.)

13. *Terrain clos.* — Tout terrain *clos*, situé à distance prohibée, dans lequel on a trouvé du bois nouvellement façonné, est considéré comme atelier (Cass. 9 avril 1813) et cette circonstance suffit pour faire application de l'article 154 du code forestier.

14. *Prescription.* — Le code forestier n'a établi aucune espèce de prescription applicable aux délits prévus par son article 154. Ces contraventions peuvent être poursuivies tant qu'elles subsistent et se perpétuent, quelle que soit l'époque à laquelle elles remontent. (Cass. 22 mai 1840.)

15. *Prescription.* — Du principe que l'on ne peut prescrire que les droits que l'on peut acquérir (Cod. Civ. 2226), il faut en conclure que la prescription trentenaire ne peut pas être invoquée pour un atelier à façonner le bois, établi à distance prohibée. La question, d'ailleurs, n'a jamais été résolue par la Cour de cassation.

16. *Prescription.* — Le droit d'établir un atelier dans une maison située à distance prohibée ne peut s'acquérir par prescription, soit en vertu d'un titre ou d'une possession, quelle qu'en soit la durée. (Lyon, 9 février 1863.)

SECT. II. — ATELIER DANS LES COUPES.

17. *Adjudicataire.* — Les adjudicataires pourront établir dans l'intérieur des coupes des ateliers pour le sciage et le débit des bois, à condition d'adresser une demande (sur papier libre) à l'agent local; celui-ci ou son délégué désignera par écrit les emplacements. (Cah. des ch. 37.)

18. *Adjudicataire.* — L'adjudicataire qui établit, dans sa coupe, un atelier sans en avoir reçu l'autorisation et la désignation *par écrit* de l'agent forestier, en ce qui concerne son emplacement, ou à un emplacement autre que celui désigné, encourra :

Amende pour chaque atelier non autorisé, 50 francs. (Cod. For. 38.)

S'il est en récidive, 100 francs. (Cod. For. 38, 201.)

Démolition des ateliers dans le délai d'un mois après le jugement. (Cod. For. 152.)

V. Pétition.

19. *Algérie. Autorisation. Pénalités.* — Les agents des eaux et forêts ou les préposés délégués indiqueront par écrit aux adjudicataires ou bénéficiaires des marchés de gré à gré l'emplacement des ateliers. Il n'en pourra être placé ailleurs, sous peine d'une amende de 10 à 50 francs pour chaque atelier établi en contravention. (Loi du 21 février 1903, art. 43. Circ. N 642.) Mêmes dispositions en Tunisie. (Décr. du 15 juillet 1899, art. 12.)

20. *Désignation. Demande.* — Les demandes présentées par les adjudicataires en vue d'obtenir la désignation d'emplacements pour ateliers sont exemptes des droits fixes de timbre et d'enregistrement. (Décis. Min. Fin. 1er juin 1905. Circ. N 752.)

21. *Vidange.* — Les ateliers construits dans les coupes sont compris dans la vidange des coupes. (Cass. 21 février 1828.) V. Copeaux. Sciure.

22. *Nivellement. Plantation.* — Les adjudicataires doivent faire fouir, niveler et replanter ou semer les places d'atelier. (Cah. des ch. 63.) En cas d'inexécution, pas d'amende; l'admi-

nistration fait exécuter ces travaux aux frais des adjudicataires. (Cod. For. 41. Cah. des ch. 64.)

23. *Désignation.* — Les agents forestiers sont seuls compétents pour désigner l'emplacement des ateliers, et leur décision est sans appel. (Meaume.)

24. *Emplacement.* — Tous les brigadiers sont chargés de désigner les places où devront être établis les ateliers. Le procès-verbal de délivrance sera rédigé et signé par le préposé ayant opéré. (Circ. N 416.)

25. *Désignation.* — La désignation des ateliers par écrit est la seule valable. (Cass. 16 mars 1833.)

ATMIDOMÉTRIE.

Expérience. — L'école forestière fait des expériences d'udométrie et d'atmidométrie comparées dont il est rendu compte chaque année. (Circ. N 60.)

ATTACHEMENT. V. Métrage.

ATTAQUE. V. Rébellion.

ATTELAGE.

Saisie. — Les gardes de l'administration et les gardes particuliers peuvent saisir et mettre en séquestre les attelages des délinquants. (Cod. For. 161, 189.)

ATTÉNUATION.

1. *Principe.* — Les peines ne peuvent être mitigées que dans les cas et dans les circonstances où la loi déclare le fait excusable et permet d'appliquer une peine moins rigoureuse. (Cod. Pén. 65.)

2. *Degré.* — Les peines prononcées par la loi, contre le prévenu ou accusé reconnu coupable et en faveur de qui on admettra des circonstances atténuantes, seront modifiées ainsi qu'il suit :

La mort............	Travaux forcés à perpétuité ou à temps.
Travaux forcés à perpétuité.............	Travaux forcés à temps ou réclusion.
Déportation dans un fort.............	Déportation simple ou détention.
Déportation simple....	Détention ou bannissement.
Travaux forcés à temps.	Réclusion ou prison, 1 à 6 ans, et amende, 16 à 500 francs.
Maximum des peines afflictives.........	Minimum de la peine ou la peine inférieure.
Prison minimum, 1 an.	Prison, 6 jours minimum.
Amende min^e, 500 fr.	Amende minimum, 16 fr.

Prison et amende.... Prison ou amende....	Prison, 1 à 5 jours. Amende, 1 à 15 francs. Une des deux peines seulement. Substitution de l'amende à la prison. (Cod. Pén. 463.)

3. *Instance forestière.* — Les tribunaux ne peuvent, en matière forestière, admettre les circonstances atténuantes. A l'administration seule appartient le droit de faire des remises, réductions ou atténuations de peine. (Cass. 29 mars 1835, 27 janvier 1838.)

4. *Pêche.* — La matière est réglée par l'article 72 de la loi du 15 avril 1829; l'emprisonnement peut être réduit au-dessous de six jours et l'amende au-dessous de 16 francs, si le préjudice n'excède pas 25 francs.

5. *Amende. Prison. Réduction. Substitution.* — Dans tous les cas où la peine d'emprisonnement et celle de l'amende sont prononcées par le code pénal, si les circonstances paraissent atténuantes, les tribunaux correctionnels sont autorisés, même en cas de récidive, à réduire l'emprisonnement même au-dessous de 6 jours et l'amende même au-dessous de 16 francs; ils pourront aussi prononcer séparément l'une ou l'autre de ces peines et même substituer l'amende à l'emprisonnement, sans qu'en aucun cas elle puisse être au-dessous des peines de simple police. (Décret de la Délégation de Tours, 27 novembre 1870. Cod. Pén. 463.)

ATTERRISSEMENT.

1. *Cours d'eau non navigable.* — Les atterrissements qui se forment dans les rivières non navigables, ni flottables, appartiennent au propriétaire riverain du côté où ils se sont formés. (Cod. Civ. 561. Loi du 8 avril 1898, art. 7.)

2. *Cours d'eau navigable.* — Les atterrissements qui se forment *dans le lit* des rivières et fleuves navigables ou flottables appartiennent à l'État. (Cod. Civ. 560. Loi du 8 avril 1898, art. 39.)

3. *Riverain.* — Les atterrissements qui se forment *sur les bords* des fleuves et rivières le long d'une grande route appartiennent à l'État et non au propriétaire riverain de l'autre côté de la route. (Cass. 16 février 1836.)

4. *Attribution. Qualité.* — Est entaché d'excès de pouvoir l'arrêté par lequel un préfet a compris dans le domaine public des atterrissements qui s'élèvent au-dessus du niveau d'un fleuve. (Cons. d'État, 30 mai 1873.) V. Alluvion. Cours d'eau. Île.

5. *Partage. Attribution.* — Les atterrissements formés par les cours d'eau ni navigables, ni flottables, appartiennent aux riverains proportionnellement à l'étendue de la propriété limitée par le cours d'eau; le partage entre les

divers riverains se fait habituellement, non pas
en prolongeant les lignes divisoires des propriétaires, mais au moyen de lignes tirées perpendiculairement à l'axe du cours d'eau, de l'extrémité des lignes divisoires.

ATTITUDE.

1. *Chasse. Présomption.* — L'attitude de
chasse, quand même elle serait complètement
établie, ne saurait constituer qu'une présomption qui peut être affaiblie ou détruite par les
autres circonstances de la cause, et les juges
sont souverains appréciateurs à cet égard.
(Bourges, 23 janvier et 3 avril 1890.)

2. *Chasse. Délit.* — Commettent un délit de
chasse, savoir :
1° Ceux qui, munis de carnassières, mar-
chent à petits pas dans la campagne, précédés
de chiens de chasse, le fusil abattu horizontale-
ment et dans l'attitude de guetter le gibier.
(Orléans, 13 décembre 1849.)
2° Ceux qui sont sur le terrain d'autrui,
le fusil armé et sous le bras et les chiens
allant çà et là. (Paris, 26 janvier et 3 février
1866.)
3° Celui qui siffle pour appuyer son chien,
de manière à faire passer le gibier du côté
d'un autre chasseur qui tient un fusil horizon-
talement, alors même que celui qui appuyait
le chien aurait remis son fusil à l'autre chasseur. (Nancy, 25 février 1874.)
4° Celui dont les chiens chassent un lièvre
qui a gagné une forêt domaniale et qui, en
attitude de chasse, attend la sortie du lièvre
chassé. (Nancy, 15 mai 1884.)

ATTRIBUTION.

1. *Fixation.* — Le Ministre de l'Agriculture
détermine les attributions du directeur général des eaux et forêts, du conseil d'administration, de chacun des inspecteurs généraux, ainsi
que la répartition du travail entre chacun des
bureaux de l'administration centrale. (Ord.
5 janvier 1831. Décr. 15 décembre 1877,
18 février 1882, 14 janvier 1888, 12 octobre
1890, 21 octobre 1911. Circ. N 220. Circ.
N 394. Circ. N 433. Circ. N 797.)

2. *Ministre.* — Les attributions conférées par
l'ordonnance réglementaire à un directeur
général, et exercées depuis 1877 par le sous-
secrétaire d'État, viendront se réunir aux attributions spéciales que le Ministre exerçait lui-
même déjà. (Circ. N. 289.)

3. *Juridiction.* — Malgré l'attribution des
tribunaux correctionnels pour les délits forestiers, certains fonctionnaires jouissent d'un *privilège de juridiction*, qui modifie pour eux les
dispositions de l'article 171 du code forestier.
(Instr. Crim. 479, 483. Cod. For. 159.)

4. *Revendication.* — Les juges qui, sur la
revendication formellement faite par l'autorité
administrative d'une affaire portée devant eux,
auront néanmoins procédé au jugement avant
la décision de l'autorité supérieure et les officiers du ministère public qui auront fait les réquisitions ou donné les conclusions, encourront :

Amende : 16 à 150 francs. (Cod. Pén. 128.)

ATTROUPEMENT. V. Rassemblement.

AUBERGE.

Prohibition. — Il est interdit aux agents et
gardes de tenir auberge, sous peine de révocation. (Ord. 31.)

AUDIENCE.

Section I. — Tribunal de première instance,
1-30.

Section II. — Cour d'appel, 31-34.

Section III. — Tribunal de simple police,
35-40.

V. Citation. Appel. Instruction. Conclusion.
Témoins. Comparution.

SECT. 1. — TRIBUNAL DE PREMIÈRE INSTANCE.

1. *Définition.* — Séance dans laquelle les
juges écoutent les plaidoiries des parties et
rendent leur jugement.

2. *Affaire en état. Évocation.* — Les tribunaux ont un pouvoir souverain d'appréciation,
pour décider qu'une affaire se trouve en état
et, par suite, pour l'évoquer. (Cass. 5 juillet
1882.)

3. *Instruction. Formalités. Procédure.* —
L'instruction sera publique, à peine de nullité.
Le ministère public, la partie civile ou son
défenseur, et, à l'égard des délits forestiers, le
conservateur, inspecteur ou inspecteur adjoint,
ou, à leur défaut, le garde général, exposeront
l'affaire. Les procès-verbaux ou rapports, s'il
en a été dressé, seront lus par le greffier; les
témoins pour ou contre seront entendus, s'il y
a lieu, et les reproches proposés et jugés; les
pièces pouvant servir à conviction ou à décharge
seront représentées aux témoins et aux parties;
le prévenu sera interrogé; le prévenu et les
personnes civilement responsables proposeront
leur défense; le ministère public résumera
l'affaire et donnera ses conclusions; le prévenu
et les personnes civilement responsables pourront répliquer.
Le jugement sera prononcé de suite, ou, au
plus tard, à l'audience qui suivra celle où l'instruction aura été terminée. (Instr. Crim. 190.)

4. *Agent forestier. Exposé. Conclusions* —
Les agents forestiers ont le droit d'exposer l'af-

faire devant le tribunal, et sont entendus à l'appui de leurs conclusions. (Cod. For. 174. Loi du 15 avril 1829, art. 51.) V. Conclusion. Tribunal de simple police.

5. *Agent forestier. Place. Tenue.* — Aux audiences tenues dans les cours et tribunaux pour le jugement des délits et contraventions poursuivis à la requête de la direction générale des eaux et forêts, l'agent chargé de la poursuite aura une place particulière à la suite du parquet des procureurs et de leurs substituts. Il y assistera en uniforme et se tiendra découvert pendant l'audience. (Ord. 185. Décr. 18 juin 1809.)

6. *Agent forestier. Place.* — La place des agents forestiers doit être à la suite de celles des magistrats du parquet, sur le même plan et sans solution de continuité. (Décis. Min. 11 avril 1843.)

7. *Assistance. Délégation.* — L'agent chargé des poursuites est tenu d'assister personnellement aux audiences du tribunal de sa résidence, à moins d'empêchement légitime. Il peut déléguer l'agent sous ses ordres le plus à portée des tribunaux. S'il n'existe pas d'agent, le chef de service pourra s'entendre avec le ministère public pour la poursuite des délits; mais il se rendra aux audiences, lorsqu'il y aura un fait grave à réprimer ou un point de jurisprudence à fixer. (Circ. A 358.)

8. *Formalité. Tenue.* — Les agents forestiers se tiendront debout et découverts en portant la parole à l'audience et pendant la prononciation du jugement. Ils se réuniront avec le tribunal dans la chambre du conseil et entreront dans la salle des séances à la suite du ministère public. (Suivre l'usage du tribunal.)

9. *Réquisition. Réplique.* — Les agents forestiers portent la parole devant les tribunaux pour exposer les affaires forestières, et ils ont le droit d'adresser des questions aux prévenus et aux témoins, après avoir demandé la parole au président, qui ne peut la leur refuser. (Instr. Crim. 319. Cass. 19 septembre 1834.)

10. *Question.* — L'article 319 du code d'instruction criminelle, qui accorde au ministère public, durant les débats, le droit de faire lui-même des questions à l'accusé, après avoir demandé la parole au président, est applicable en matière correctionnelle. (Cass. 19 septembre 1834.)

11. *Renseignement.* - Si, à l'audience, l'agent forestier croit utile d'éclaircir quelques doutes ou de rappeler quelques dispositions forestières, il demande à être entendu. (Décr. du 18 mai 1809. Instr. du 23 mars 1821.)

12. *Résumé.* — Les agents forestiers ne peuvent plus être entendus lorsque le ministère public, en vertu de l'article 190 du code d'in-struction criminelle, a résumé l'affaire et a présenté ses conclusions.

13. *Preuve. Témoins. Procès-verbal.* - - Quand un procès-verbal est déclaré nul pour vice de forme, l'agent poursuivant demande qu'il soit suppléé au procès-verbal par l'audition des témoins et fait insérer ses conclusions dans le procès-verbal du jugement, afin que, la demande incidente étant ainsi prouvée, elle puisse fonder l'appel en cas de refus. (Circ. 7 juin 1809.)

14. *Instruction. Plaidoirie.* — Lorsque les juges trouveront qu'une cause est suffisamment éclaircie, le président devra faire cesser les plaidoiries. (Décr. du 30 mars 1808, art. 34 et 73.)

15. *Réplique. Prévenus.* — Devant la juridiction criminelle, tant en première instance qu'en appel, le prévenu et les personnes civilement responsables ont le droit, à peine de nullité des jugements ou arrêts intervenus, de répliquer au ministère public. (Cass. 21 juin 1851.)

16. *Remplacement.* — En cas d'absence aux audiences, les agents sont remplacés, dans tous les cas, par le ministère public. (Circ. 31 août 1811.)

17. *Formalités. Témoins. Interrogatoire. Question.* — Après chaque déposition, le président demandera au témoin si c'est de l'accusé présent qu'il a entendu parler. Il demandera ensuite au prévenu s'il veut répondre sur ce qui vient d'être dit contre lui. Le témoin ne pourra être interrompu. L'accusé ou son conseil pourront l'interroger par l'organe du président, après sa déposition, et dire contre lui et contre son témoignage tout ce qui pourra être utile à la défense de l'accusé. Le président pourra demander au témoin et à l'accusé tous les éclaircissements qu'il croira nécessaires à la manifestation de la vérité. Les juges et le ministère public auront la même faculté, en demandant la parole au président. La partie civile ne pourra faire des questions, soit au témoin, soit au prévenu, que par l'organe du président. (Instr. Crim. 319.)

18. *Témoins. Réponses.* — A l'audience, le greffier tiendra note des déclarations des témoins et des réponses du prévenu. Les notes du greffier seront visées par le président, dans les trois jours de la prononciation du jugement. (Instr. Crim. 189.)

19. *Comparution personnelle. Fondé de pouvoir.* — La personne citée comparaîtra par elle-même ou par un fondé de procuration spéciale. (Instr. Crim. 152.)

20. *Mandataire verbal. Représentant.* — Les dispositions de l'article 152 du code d'instruction criminelle n'étant pas prescrites à peine

de nullité, il en résulte seulement pour les parties civiles et le ministère public le droit de s'opposer à la comparution et à l'audition d'un mandataire verbal se présentant pour l'inculpé. (Cass. 23 février 1877.)

21. *Comparution. Avoué.* — En matière correctionnelle, le prévenu n'est pas obligé de se faire représenter par un avoué. (Instr. Crim. 185.) V. Comparution.

22. *Interprète.* — Dans le cas où le prévenu, les témoins ou l'un d'eux ne parleraient pas la même langue ou le même idiome, le président nommera, d'office et à peine de nullité, un interprète. (Instr. Crim. 332.)

23. *Sourd et muet.* — Si l'accusé ou le témoin est sourd et muet et ne sait pas écrire, le président nommera d'office pour interprète la personne qui aura le plus d'habitude de converser avec lui, et, s'il sait écrire, le greffier lui écrira les questions, recevra et donnera lecture des réponses. (Instr. Crim. 333.)

24. *Durée.* — Les audiences seront au moins de trois heures. (Décr. 30 mars 1808, art. 10 et 53.)

25. *Appel de cause. Rôle.* — Au jour d'audience, l'huissier fera appel des causes dans l'ordre de leur placement au rôle. (Décr. 30 mars 1808, art. 59.)

26. *Rôle. Ordre. Inscription.* — Il sera tenu un rôle sur lequel les causes forestières seront inscrites dans l'ordre de leur présentation; l'inscription doit être faite la veille au plus tard du jour où l'on se présentera. (Décr. 30 mars 1808, art. 55 et 56.)

27. *Assistants. Tenue.* — Ceux qui assisteront aux audiences se tiendront découverts, dans le respect et le silence. La même disposition sera observée dans les lieux où, soit les juges, soit le ministère public exerceront les fonctions de leur état. (Proc. Civ. 88.)

28. *Tumulte.* — Lorsque à l'audience, ou tout autre lieu où se fait une instruction judiciaire, l'un ou plusieurs des assistants exciteront du tumulte, le président les fera expulser; en cas de résistance, il les fera arrêter et emprisonner pour 24 heures. (Instr. Crim. 504.)

29. *Injures.* — Si le tumulte a été accompagné d'injures ou voies de fait, il sera fait, séance tenante, application de peines correctionnelles. (Instr. Crim. 505.)

30. *Instance civile. Représentation.* — En matière civile, la loi exige que les parties soient représentées par un avoué. (Proc. Civ. 75.)

SECT. II. — COUR D'APPEL.

31. *Parties. Désignation.* — Le ministère public ne désignera les parties que par leurs noms et prénoms; il pourra seulement ajouter les titres de prince, duc, comte, baron ou chevalier qui auront été conférés par le chef de l'État, et l'état et profession des parties. (Décr. 6 juillet 1810, art. 38.)

32. *Agent. Place.* — Les agents forestiers occupent, devant les cours d'appel, la même place que devant les tribunaux de première instance; l'agent forestier qui a défendu en première instance peut aller défendre en appel, ou se faire représenter par l'agent forestier le plus voisin. (Circ. 31 août 1811.)

33. *Plaidoirie.* — Les agents forestiers ont le droit, aux audiences d'appel, d'exposer l'affaire et d'être entendus à l'appui de leurs conclusions, avant le résumé du ministère public. (Lyon, 11 août 1827.)

34. *Formalités.* — Les formalités de l'audience en appel sont les mêmes qu'en première instance. (Instr. Crim. 211.)

SECT. III. — TRIBUNAL DE SIMPLE POLICE.

35. *Jours. Fixation.* — Deux mois avant la fin de chaque année, l'Inspecteur ou l'agent chef de cantonnement se concertera avec le juge de paix en vue de fixer, pour l'année suivante, la date des audiences auxquelles les affaires forestières pourront être appelées.

L'appel de ces affaires pourra être fait aux audiences civiles dans le cas où le nombre des audiences de simple police serait reconnu insuffisant.

Lorsque la date des audiences aura été arrêtée, elle ne pourra être changée par le juge de paix qu'à charge par lui d'en aviser l'agent chef de cantonnement un mois à l'avance. (Circ. N 737, art. 53.)

36. *Dossiers. Transmission.* — Dix jours avant l'audience, l'inspecteur adressera à l'agent chef de cantonnement les procès-verbaux annotés de ses conclusions, les bulletins de renseignements (Série 6, n° 15 *bis*), les pièces justificatives établissant la remise aux intéressés des avertissements préalables, les originaux de citation et le résumé des diverses affaires établi sur la feuille d'audience (Série 6, n° 6). Ce résumé indiquera le détail des condamnations à requérir avec la référence du texte de loi spécialement applicable à chacune d'elles (amende et prison, restitution, dommages-intérêts, confiscation, contrainte par corps). L'inspecteur pourra joindre à ces documents telles instructions écrites qu'il jugera nécessaires.

Si, exceptionnellement, les fonctions de ministère public doivent être remplies par un préposé, le chef de cantonnement transmettra à ce préposé, dans les trois jours de leur réception, les pièces des dossiers. (Circ. N 737, art. 54 et 55.)

37. *Agent. Préposé. Place.* — L'agent ou le préposé chargé de poursuites aura sa place au banc du ministère public. Il sera en tenue réglementaire et se tiendra découvert pendant l'audience. (Circ. N 737, art. 56.)

38. *Parties. Comparution.* — Chaque personne citée doit comparaître à l'audience par elle-même ou par un fondé de procuration spéciale. (Instr. Crim. 152.)

La faculté de comparaître par mandataire appartient aux personnes appelées par simple avertissement aussi bien qu'aux personnes régulièrement citées. (Circ. N 737, art. 57.)

39. *Dossiers. Retour.* — A la suite de l'audience, l'agent ou le préposé qui y a assisté inscrit sur la feuille d'audience la suite donnée à chaque affaire. Cette pièce est retournée dans le plus bref délai à l'inspecteur. (Cir. N 737, art. 58.)

40. *Opposition.* — La première audience visée par l'article 151 du code d'instruction criminelle doit s'entendre de la première des audiences de simple police tenues par le tribunal après l'expiration du délai de 24 heures, outre un jour par 3 myriamètres, qui doit s'écouler entre la citation et la comparution.

Pour la détermination de cette première audience, on ne doit pas faire état des audiences spéciales qui pourraient être tenues pour le jugement des affaires forestières, en vertu d'arrangements intérieurs que les contrevenants ne peuvent connaître. (Circ. N 737, art. 75 et 76.)

AUMAILLES. (Bêtes.)

Définition. — Ce terme désigne les bœufs, vaches ou taureaux.

AUNE.

Classification. — Arbre de deuxième classe. (Cod. For. 192. Loi du 18 juillet 1906. Circ. N 703.)

AUTEUR DU DÉLIT.

Définition. — Celui qui commet un délit, ou qui, chargé d'empêcher un délit, le laisse faire.

AUTOMOBILE. (Algérie.) V. Arr. Gouv. du 25 septembre 1917 et Indemnité.

AUTORISATION.

1. *Validité.* — Les autorisations ne sont valables que lorsqu'elles émanent de l'autorité ayant régulièrement pouvoir de les octroyer. (Montpellier, inédit, 20 décembre 1841.)

2. *Conditions.* — Les autorisations doivent être expresses, régulières et antérieures aux faits incriminés. (Cass. 19 novembre 1829.)

3. *Excuse.* — L'autorisation des propriétaires couvre le délit commis dans les bois particuliers, quand même cette autorisation ne serait présentée qu'après le commencement des poursuites.

4. *Délit.* — En cas de délit commis suivant une autorisation illégalement accordée, la poursuite doit être dirigée contre l'auteur de l'autorisation. (Cass. 23 septembre 1807.) V. Garantie.

AUTORITÉ.

1. *Définition.* — Pouvoir public. Gouvernement. (Littré.)

2. *Autorités constituées.* — Les pouvoirs et fonctionnaires établis par une constitution pour gouverner. (Littré.)

3. *Désignation.* — Le mot *autorités* désigne les autorités civiles et militaires, les magistrats et les officiers investis du pouvoir. (Littré.)

4. *Classification.* — Les autorités CIVILES comprennent les autorités *administratives* et *judiciaires*.

Les autorités *administratives* sont les administrations de département, de district (arrondissement) et les corps municipaux. (Loi de janvier 1790.)

Les autorités *judiciaires* sont constituées par les magistrats.

Les autorités MILITAIRES sont les *chefs* de la force publique.

5. *Administrative.* — L'autorité administrative est cette portion du pouvoir exécutif qui est chargée d'assurer l'application des *lois d'ordre public*.

6. *Judiciaire.* — L'autorité judiciaire a dans ses attributions l'application des *lois d'ordre privé et d'ordre pénal*. (Cabantous.) V. Préséance.

AUXILIAIRE.

1. *Chasse. Complicité.* — Celui qui frappe des broussailles avec un bâton pour déloger un lièvre poursuivi par des chasseurs, sans permis, se rend co-auteur ou complice du délit. (Rennes, 11 avril 1866.)

2. *Permis de chasse.* — Lorsque la chasse exige le concours de plusieurs personnes, les auxiliaires n'ont pas besoin d'être munis d'un permis de chasse, mais alors ils ne doivent pas être munis d'armes à feu. (Circ. Min. 22 juillet 1851.)

3. *Auxiliaires temporaires de l'administration. Salaires.* — Les salaires des auxiliaires temporaires employés dans les services extérieurs de l'administration des eaux et forêts sont fixés par le ministère de l'Agriculture suivant l'emploi et d'après les salaires locaux, sans qu'ils puissent toutefois excéder un maximum de 17 francs par jour ouvrable. Ces salaires sont exclusifs de toute gratification. (Décr. du 12 août 1920.) V. Garde forestier auxiliaire.

AVANCE. V. Circ. 566, art. 272 et suiv.

1. *Travaux par économie.* — Il peut être fait des avances de fonds aux agents chargés des travaux à effectuer par économie; le total de ces avances ne doit pas excéder 40,000 francs. Elles sont faites à charge par eux de produire, dans le délai d'un mois, au comptable qui a fait l'avance, les quittances des créanciers réels et autres pièces justificatives. En Algérie et à l'étranger, il peut être fait des avances de 35,000 francs au maximum, à charge d'en justifier dans un délai de 45 jours au plus. (Circ. N 104, art. 134. Décr. du 1ᵉʳ octobre 1919. Circ. N 864.)

2. *Remboursement. Reversement.* — Toute avance ou portion d'avance faite pour un service régi par économie et non employée, ou dont l'emploi ne serait pas justifié à l'expiration du délai fixé, doit être reversée immédiatement dans une caisse publique. (Circ. N 104, art. 136.)

3. *Quotité.* — On ne doit pas autoriser des avances de fonds supérieures à la dépense susceptible d'être justifiée, dans le délai d'un mois. (Circ. A 822.)

4. *Mandat. Timbre de quittance.* — La quittance d'un mandat d'avance de fonds donnée par un fonctionnaire n'est qu'une mesure d'ordre exempte de timbre. Les quittances des créanciers réels que l'intermédiaire est tenu de fournir au comptable qui a fait l'avance des fonds sont seules sujettes au timbre de quittance. (Circ. N 104, § 1, n° 16.)

5. *Travaux.* — Les avances peuvent être faites pour les frais d'abatage et façonnage des bois non adjugés et pour les travaux d'entretien et d'amélioration, qui ne sont pas de nature à être exécutés par entreprise. (Circ. N 104, art. 135.)

6. *Périmètres de restauration des montagnes. Avance provisionnelle.* — En règle générale, l'ordonnancement des dépenses ne peut avoir lieu que pour les services faits.

Toutefois, des mandats d'avance provisionnelle peuvent être délivrés aux agents régisseurs de travaux pour faire face aux besoins urgents et imprévus, tels que le payement de fournitures et de transports au comptant ou celui de salaires d'ouvriers qui, pour une cause quelconque, ne pourraient attendre la fin du mois. (Instr. Gén. 2 février 1885, art. 135. Circ. N 345.)

7. *Mandat. Justification.* — Lorsqu'un mandat d'avance provisionnelle a été délivré à l'agent régisseur, il est justifié, suivant les mêmes règles que pour les mandats délivrés pour services faits, du payement des journées d'ouvriers qui n'ont pu attendre la fin du mois, avec cette seule différence que les feuilles de journées ne sont pas préalablement transmises au chef de service et qu'il n'est pas préparé par celui-ci de rôle-minute de journées.

Le rôle-minute est, dans ce cas, dressé par l'agent régisseur, qui l'envoie au chef de service *aussitôt* chaque payement effectué.

Il est justifié du payement des fournitures et transports dont le montant ne dépasse pas 50 francs, qu'il a été nécessaire de *payer comptant,* au moyen de quittances. (Form. série 7, n° 57. Instr. Gén. 2 février 1885, art. 166. Circ. N 345.)

8. *Mandat. Reliquat.* — Si le mandat d'avance provisionnelle n'a pas été touché avant la fin du mois, il reste disponible pour les besoins du mois suivant. S'il a été touché avant la fin du mois et si son montant total n'a pas été dépensé, le reliquat est reversé à la caisse du trésorier-payeur général ou du receveur des finances.

Le reversement est effectué d'office ou en vertu d'un ordre délivré par l'ordonnateur secondaire; l'original du récépissé, ainsi que la déclaration de versement sont adressés au conservateur; ce dernier joint la déclaration de versement aux pièces justificatives et transmet directement l'original du récépissé au secrétariat de la comptabilité du ministère de l'Agriculture, en même temps que la *Situation des crédits, des droits, des mandats et des payements.* (*Art. 136 et 141 du règlement sur la comptabilité publique.*)

Les agents demandent, s'il y a lieu, par rapport spécial, l'ouverture d'un nouveau crédit représentant le montant de la somme reversée. (Instr. Gén. 2 février 1885, art. 167. Circ. N 345.)

AVANCES AUX COMMUNES (Chemins forestiers.)

1. *Principe.* — Des avances pourront être faites aux communes, dans la limite des crédits budgétaires, pour la construction des chemins forestiers, lorsqu'elles ne disposeront de moyens financiers suffisants pour pourvoir elles-mêmes à la construction desdits chemins. (Loi de fin. du 31 juillet 1920, art. 100. Circ. N 879.)

2. *Intérêt. Taux. Remboursement.* — Les avances porteront intérêt au taux de 5 1/2 o/o par an; elles seront remboursées au moyen de

versements effectués par les communes proportionnellement au prix de vente ou d'estimation des coupes vendues ou délivrées dans leurs forêts après la construction des chemins, suivant un pourcentage qui sera fixé dans la décision autorisant l'avance. (Loi de fin. du 31 juillet 1920, art. 100. Circ. N 879.)

3. *Délai maximum.* — Le remboursement intégral de la somme avancée devra être effectué dans le délai maximum de vingt-cinq ans. (Loi du 31 juillet 1920, art. 100. Circ. N 879.)

4. *Garanties.* — Les garanties inscrites à l'article 109 du code forestier en vue d'assurer le payement des sommes qui reviennent au Trésor en exécution de l'article 106 du même code seront applicables au remboursement des avances consenties en vertu du présent article. (Loi du 31 juillet 1920, art. 100. Circ. N 879.)

5. *Chemins à créer. Désignation.* — Les conservateurs doivent faire rechercher sans retard quelles sont les forêts communales de leur arrondissement dans lesquelles les voies de vidange sont particulièrement insuffisantes et où la création de chemins forestiers présenterait le plus d'urgence. (Circ. N 879.)

6. *Démarches.* — Si les communes propriétaires rentrent dans la catégorie de celles visées à la loi de finances, les conservateurs auront à se mettre en rapport avec les municipalités et à leur signaler la possibilité qui leur est donnée désormais de recourir à l'État pour en obtenir les avances nécessaires à l'exécution des travaux; ils feront ressortir à leurs yeux que la création de chemins présente le plus grand intérêt au point de vue du rendement de leurs forêts et qu'elle doit être la source d'une augmentation de revenu importante. (Circ. N 879.)

7. *Études. Frais.* — Lorsqu'une commune se décidera à solliciter le concours de l'État sous forme d'avances, les études et opérations nécessaires pour l'établissement du projet devront, en principe, être effectuées par les agents et préposés forestiers qui seront indemnisés des frais réellement exposés par eux en la circonstance. Le montant de ces frais sera compris dans l'avance faite à la commune et à rembourser ultérieurement par elle. (Circ. N 879.)

8. *Personnes étrangères. Recours. Dépenses.* — Si, par suite du manque de personnel, il est absolument indispensable de recourir à des personnes étrangères à l'administration (agents voyers, géomètres, chaîneurs) pour les études et pour la rédaction même du projet, cette autorisation pourra être donnée au vu des propositions motivées, faisant ressortir la dépense qui en résulterait et il y aura lieu également

de tenir compte de cette dépense dans l'évaluation de l'avance à faire à la commune. (Circ. N 879.)

9. *Délibérations. Renseignements utiles.* — La délibération par laquelle le conseil municipal aura à solliciter des avances de l'État devra contenir tous les renseignements utiles relativement aux conditions de remboursement proposées (pourcentage de la valeur des coupes, délai...). [Circ. N 879.]

10. *Valeur des coupes. Indications.* — En envoyant la délibération avec les propositions, on aura soin de fournir des indications d'une certaine précision sur l'importance et la valeur probable des coupes, tant ordinaires qu'extraordinaires, qui pourront être mises en vente ou délivrées à la commune, au cours des années qui suivront la construction du chemin. (Circ. N 879.)

11. *Versements. Montant. Dates.* — Pour arrêter définitivement le chiffre du pourcentage prévu, il est indispensable de connaître, d'une manière aussi approchée que possible, les sommes sur lesquelles porteront les versements proportionnels et les dates auxquelles ces versements pourront être effectués. (Circ. N 879.)

12. *Projets. Établissement.* — Les projets de construction dont il s'agit devront être établis dans les formes prescrites par la circulaire n° 566 pour les travaux de même nature dans les forêts domaniales. (Circ. N 879.)

AVANCEMENT.

SECT. I. — GÉNÉRALITÉS.

1. *Règle. Exception.* — Aucun agent ou préposé ne peut recevoir un avancement de grade ou de classe s'il ne figure au tableau d'avancement. Toutefois il est fait exception à cette règle pour les promotions aux grades qui s'obtiennent à la sortie des écoles et pour la promotion au grade d'inspecteur général. (Décr. du 30 août 1912, art. 2 et 29. Circ. N 809.)

2. *Principe.* — Le moyen d'avancer est de bien servir et de rester fidèle aux sentiments d'honneur et de dignité. (Circ. N 121.)

3. *Grade. Classe.* — Toute nomination à un grade est faite à la dernière classe de ce grade, tout avancement de classe dans un grade a lieu d'une classe à la classe immédiatement supérieure. Toutefois, si, lors d'un avancement de grade, l'application de cette règle devait entraîner une diminution de traitement, la promotion dans le nouveau grade sera faite à la classe la moins élevée comportant un traitement au moins égal à celui que l'intéressé recevait dans son dernier grade. (Décr. du 3o août 1912, art. 1 et 28. Circ. N 809. Décr. du 6 août 1920.)

SECT. II. — ADMINISTRATION CENTRALE.

4. *Tableau d'avancement.* — Il n'existe pas de tableau d'avancement spécial pour les agents de l'administration centrale, qui sont considérés comme détachés provisoirement. C'est le comité d'avancement qui examine leurs titres. (Circ. N 435.)

5. *Inspecteurs généraux.* — Les inspecteurs généraux des eaux et forêts sont choisis parmi les conservateurs ayant deux ans au moins d'exercice dans le grade. (Décr. 15 juin 1891. Circ. N 435. Décr. du 31 août 1912, art. 1er. Circ. N 810.)

SECT. III. — SERVICE EXTÉRIEUR.

§ 1. *Officiers.*

6. *Avancement de grade. Conditions.* — Peuvent être portés au tableau d'avancement de grade, savoir :

Pour le grade d'inspecteur adjoint :

Les gardes généraux ayant, au 1er janvier de l'année de l'établissement du tableau, au moins cinq ans de grade de garde général et garde général stagiaire, y compris le temps de service militaire effectué en qualité d'officier de réserve après la sortie de l'école de Nancy.

Pour le grade d'inspecteur :

Les inspecteurs adjoints ayant, à cette même date au moins cinq ans de grade avec un minimum de trois ans de services dans les fonctions actives et moins de 55 ans d'âge.

Pour le grade de conservateur :

Les inspecteurs ayant, à cette même date, au moins cinq ans de grade, avec un minimum de service actif, soit de douze ans au total, soit de deux ans dans le grade d'inspecteur, et moins de 55 ans d'âge. (Arr. Min. du 15 juin 1891, art. 3. Circ. 435. Décr. du 3o août 1912, art. 5. Circ. N 809.) V. Grade. Tableau d'avancement.

7. *Promotions honorifiques.* — Les inspecteurs portés au tableau d'avancement et non promus, avant l'âge de 55 ans, sont rayés d'office dudit tableau ; ils peuvent toutefois être promus au grade supérieur, à titre honorifique au moment de leur mise à la retraite. (Arr. Min. du 15 juin 1891, art. 4. Circ. N 435. Décr. du 3o août 1912, art. 10. Circ. N 809. Décr. du 8 avril 1914. Circ. N 832.)

8. *Promotions honorifiques. Cas exceptionnels.* — Dans des cas exceptionnels, les inspecteurs et inspecteurs adjoints de 1re classe peuvent également, même s'ils n'ont pas figuré au tableau d'avancement, être promus au grade supérieur, à titre honorifique, au moment de leur admission à la retraite. (Décr. du 8 avril 1914. Circ. N 832.)

9. *Promotions honorifiques. Nombre.* — Le nombre des promotions à titre honorifique ne peut pas dépasser le tiers de celui des mises à la retraite prononcées dans le grade auquel appartiennent les agents qui font l'objet de ces promotions. (Décr. du 8 avril 1914. Circ. N 832.)

§ 2. *Préposés.*

A. *Préposés en général.*

10. *Propositions.* — En renvoyant, avant le 1er décembre, classées par ordre alphabétique, les feuilles de notes des préposés à l'administration, le conservateur y joint les tableaux annuels d'avancement (Form. série 1, n° 18) ; les listes de présentation pour les nominations aux emplois de gardes forestiers, dûment revisées ; les états, avec demandes à l'appui, des préposés qui désirent être appelés soit dans leur grade actuel, soit avec avancement en dehors de la conservation. (Lettres Circ. de l'Admin. 29 octobre 1884 et 22 octobre 1891.)

11. *Tableau d'avancement. Établissement.* — Il sera dressé des tableaux distincts : 1° pour les brigadiers sédentaires (commis) proposés pour un avancement de classe ; 2° pour les brigadiers du service actif proposés pour un avancement de classe ; 3° pour les gardes sédentaires (commis) proposés pour le grade de brigadier ; 4° pour les gardes du service actif proposés pour remplir les fonctions de brigadier (les gardes sortis de l'école d'enseignement technique et professionnel des Barres avec la moyenne de 14 seront portés hors rang, leurs noms seront inscrits à l'encre rouge) ; 5° pour les gardes domaniaux et gardes cantonniers proposés pour la classe supérieure ; 6° pour les gardes cantonniers comptant au moins quatre années de bons services, présentés pour l'emploi de garde à triage. (Circ. N 744.) V. tableau d'avancement.

B. *Brigadiers.*

12. *Accession au grade de garde général. Concours.* — Les promotions de brigadiers au grade de garde général ont lieu à la suite d'un concours.

Pour prendre part à ce concours, les brigadiers doivent compter, dans l'année du concours, au moins dix ans de services forestiers, dont cinq ans dans les fonctions actives. (Arr. Min. du 23 février 1905. Circ. N 680. Décr. du 30 août 1912, art. 6. Circ. N 809.) V. Examen.

13. *Service militaire. Bonification.* — Le temps passé sous les drapeaux entre dans le décompte des années requises dans la proportion de moitié de sa durée, sans que cette majoration puisse excéder dix-huit mois. (Arr. Min. du 10 janv. 1905. Circ. N 680.)

14. *Concours. Époque.* — Le concours prévu pour la promotion des brigadiers au grade de garde général a lieu annuellement dans le courant du mois d'octobre, à la date fixée par le directeur général. (Arr. Min. du 23 février 1905, art. 2. Circ. N 680. Arr. Min. du 29 septembre 1912, art. 1er.)

15. *Demande.* — Les brigadiers remplissant les conditions d'ancienneté requises, qui sont candidats au grade de garde général, en font la demande par voie hiérarchique pour le 1er juin de chaque année. Ces demandes sont transmises à l'administration par les conservateurs, avec leur avis motivé, pour le 15 juin. (Arr. Min. du 23 février 1905, art. 1er. Circ. N 680. Arr. Min. du 19 septembre 1912, art. 2.)

16. *École secondaire. Sortie.* — Les brigadiers qui ont satisfait aux examens de sortie de l'école secondaire des Barres sont nommés gardes généraux. (Arr. Min. du 19 octobre 1888.)

17. *Candidats garde général.* — Au vu de la liste de classement dressée à la suite du concours, le Ministre arrête le nombre des brigadiers à porter au tableau d'avancement pour le grade de garde général de 3e classe. (Arr. Min. du 23 février 1905. Circ. N 680.)

Les résultats du concours des brigadiers candidats au grade de garde général de 4e classe sont arrêtés par le Comité spécial. (Décr. du 30 août 1912, art. 8. Circ. N 809.)

C. Gardes.

18. *Brigadier.* — Les gardes admis à l'école secondaire d'enseignement professionnel reçoivent immédiatement le grade de brigadier. (Arr. Min. du 5 juin 1884, art. 3. Circ. N 336.)

19. *Anciens élèves de l'École d'enseignement technique et professionnel des Barres.* — Les préposés qui ont obtenu le certificat de fin d'études de la nouvelle École d'enseignement technique et professionnel bénéficient de majorations de points pour l'admission à l'École secondaire, ainsi que pour les concours d'accès aux grades de brigadier et de garde général. Ces majorations sont également accordées aux élèves diplômés de l'ancienne École pratique des Barres. (Arr. Min. du 8 mars 1921.)

20. *Promotions. Concours. Exception.* — Les promotions au grade de brigadier du service actif ont lieu à la suite d'un concours dont les conditions sont fixées par arrêté ministériel. (Décr. du 30 août 1912, art. 31. Circ. N 809.) V. Commis.

21. *Concours. Époque.* — Le concours prévu par l'article 31 du décret du 30 août 1912 a lieu annuellement dans chaque conservation au mois d'octobre. (Arr. Min. du 7 avril 1913, art. 1er.)

22. *Concours. Conditions.* — Pour prendre part au concours, le préposé (garde domanial) doit compter six ans au moins de services forestiers (domaniaux ou communaux) actifs ou sédentaires dont deux années dans le cadre domanial et moins de 44 ans d'âge au 1er juillet de l'année du concours. Pour les préposés ayant exercé les fonctions de brigadier communal, la durée du service exigée dans le cadre domanial sera réduite à un an. (Arr. Min. du 7 avril 1913, art. 2.) V. Examen.

23. *Demande.* — Les préposés qui désirent prendre part au concours en font la demande par la voie hiérarchique pour le 1er juin de chaque année. (Arr. Min. du 7 avril 1913, art. 2.)

D. Commis. Commis principal.

24. *Commis principal. Condition.* — Les commis sont nommés commis principaux sans concours, moitié au choix et moitié à l'ancienneté. Ils ne peuvent recevoir cet avancement que s'ils comptent au moins deux ans d'ancienneté dans la 1re classe de commis ou dans une classe afférente à un emploi du service actif comportant le même traitement. (Décr. du 4 novembre 1920, art. 47 *bis* § a.) V. Commis. Comité d'avancement.

AVANT-PROJET.

Travaux. Bois domaniaux. — L'avant-projet des travaux contient tous les renseignements propres à faire apprécier l'utilité des travaux qu'il s'agit d'exécuter et, pour les routes, notamment, il établit avec précision la plus-value nette à espérer pour le Trésor. (Circ. N 566, art. 5.)

AVARIE.

1. *Responsabilité.* — Le voiturier est garant des avaries autres que celles provenant du vice propre de la chose ou de la force majeure. (Cod. Comm. 103. Cod. Civ. 1784.)

2. *Colis. Graines.* — En cas d'avarie ou de déficit, l'état des colis est vérifié et constaté

par des experts nommés par le président du tribunal de commerce ou, à son défaut, par le juge de paix et par ordonnance au pied d'une requête. (Cod. Comm. art. 106.) Il en est donné avis immédiat à l'expéditeur. (Circ. N 566, art. 37.) Prescription, 6 mois. (Cod. Comm. 108.) V. Transport.

AVENUE.

Contenance. — Il ne peut être fait aucune réclamation pour les avenues qui se trouvent dans l'intérieur des coupes et dont la distraction n'a pas été faite dans le plan d'arpentage, les coupes étant adjugées en bloc et sans garantie de contenance. (Cah. des ch. 1.)

AVERTISSEMENT.

Section I. — Tribunal de simple police, 1–15.

Section II. — Défrichement, 16–19.

Section III. — Transaction, 20–25.

Section IV. — Prestations, 26.

SECT. I. — TRIBUNAL DE SIMPLE POLICE.

1. *Timbre. Avertissement préalable.* — Les avertissements donnés par les greffiers, avant citation devant le juge de paix, seront rédigés sur papier timbré de dimension de 50 centimes (60 centimes avec le double décime et demi). [Loi du 23 août 1871, art. 21.]
Les originaux des avertissements remis par les préposés ne doivent être ni timbrés ni enregistrés. (Circ. N 737, art. 19.)

2. *Principe.* — Un avertissement préalable et sans frais sera donné devant le tribunal de simple police aux personnes poursuivies ou civilement responsables. (Cod. For. 171. Circ. N 705.)
L'avertissement préalable et sans frais prévu par l'article 171 du Code forestier est obligatoire; il doit être remis dans tous les cas et avant toute citation aux prévenus et aux personnes civilement responsables. (Circ. N 737, art. 11.)

3. *Forme.* — L'avertissement préalable n'est assujetti à aucune forme sacramentelle. Le but de la loi se trouve rempli lorsque l'avertissement fait connaître aux intéressés le fonctionnaire duquel il émane, le fait qui est l'objet de la poursuite, le lieu où siège le tribunal, le jour et l'heure de l'audience.
Lorsqu'il ne sera pas offert de transaction, il sera fait remise d'un avertissement simple établi sur la formule série 6 n° 19⁴. (Circ. N 737, art. 12 et 15.)

4. *Transactions. Prestations. Forme.* — Lorsque la contravention donnera lieu à une trans-

action avant jugement, l'avertissement sera consigné à la suite de l'avis de transaction et porté à la connaissance des intéressés conjointement avec cet avis-formule série 6 n° 19⁵.
Si la transaction est accordée sous forme de prestations, l'avertissement sera inscrit à la main à la suite de l'avis de transactions sur la formule série 6 n° 23. (Circ. N 737, art. 14.)

5. *Formalités.* — Les avertissements seront remis par écrit. Ils seront établis par l'inspecteur chef de service et signés de cet agent. (Circ. N 737, art. 13.)

6. *Mode de remise. Choix.* — Les avertissements préalables peuvent être remis soit par les préposés, soit par l'intermédiaire des maires, soit par la poste.
L'inspecteur chef de service aura en tout temps le libre choix entre ces trois modes de remise. Il donnera dans chaque cas particulier la préférence à celui qui lui paraîtra le mieux approprié aux circonstances. (Circ. N 737, art. 16.)

7. *Avertissements individuels.* — Quel que soit le mode employé, il doit être remis un avertissement séparé à chacune des personnes invitées à comparaître. (Circ. N 737, art. 17.)

8. *Remise par les préposés.* — Lorsque les avertissements seront remis par les préposés, il sera établi pour chaque affaire un original qui fera retour à l'inspecteur.
La remise devra être faite autant que possible à la personne elle-même. En cas d'empêchement, le préposé remettra l'avertissement soit à l'une des personnes trouvées au domicile de l'intéressé, soit à un voisin, soit au maire de la commune (Proc. Civ. 68) et fera viser l'original. Au cas où ce visa ne pourra être obtenu par suite de refus ou d'empêchement, il fera mention sur l'original de la cause du refus ou de l'empêchement. (Circ. N 737, art. 18.)

9. *Secret.* — Les dispositions de la loi du 15 février 1899 (Proc. Civ. 68, § 2) relatives au secret des actes signifiés par huissiers ne sont pas applicables aux avertissements. (Circ. N 737, art. 20.)

10. *Rétribution.* — La remise par les préposés des avertissements préalables donnera lieu en leur faveur à la rétribution de trente centimes alloués pour les notifications de transactions. Lorsque l'avertissement sera joint à un avis de transaction, il ne sera payé qu'un seul émolument pour le tout. (Circ. N 737, art. 21.)

11. *Remise par les maires.* — Il n'y aura lieu de recourir à l'intervention des maires qu'autant que cette façon d'opérer n'entraînera aucun frais.
Dans ce cas, il ne sera pas établi d'original

mais chaque avertissement sera accompagné d'un bulletin individuel d'envoi (série 6-n° 19ᵇ). Le maire retournera ce bulletin à l'inspection avec une annotation faisant connaître que l'avertissement a été remis à la personne intéressée. (Circ. N 737, art. 22.)

12. *Remise par la poste.* — Lorsque les avertissements seront transmis par la poste, il ne sera pas établi d'original. L'envoi se fera par lettre recommandée. Les frais d'envoi seront avancés par les agents et leur seront remboursés comme en matière de transactions. (Circ. N 505. Circ N 737, art. 23.)

13. *Frais.* — Les frais occasionnés par le service des avertissements préalables seront exclusivement à la charge de l'administration et ne pourront être répétés dans aucun cas contre les personnes appelées à comparaître. (Circ. N 737, art. 24.)

14. *Délai de remise.* — Il conviendra d'observer entre l'avertissement et l'audience un délai minimum de vingt-quatre heures. Si, par suite de circonstances exceptionnelles, il était donné des avertissements à plus brève échéance, le délai devrait être néanmoins suffisant pour que les intéressés aient la possibilité matérielle de se rendre à l'audience. (Circ. N 737, art. 25.)

15. *Preuve de la remise.* — La preuve de la remise des avertissements résultera, suivant les cas, de l'original établi par les préposés, du certificat délivré par le maire ou du récépissé de la poste. Ces justifications seront jointes à la procédure. (Circ. N 737, art. 26.)

SECT. II. — DÉFRICHEMENT.

16. *Original.* — L'original est seul acte authentique. (Nîmes, 25 juin 1835.)

17. *Délai.* — Les avertissements pour défrichement, indiquant le jour où il sera procédé à la reconnaissance, se donnent, au domicile élu par le pétitionnaire, huit jours au moins avant celui fixé pour qu'il soit procédé, par un agent forestier, à la visite du terrain à défricher. (Cod. For. 219.)

Ces avertissements se donnent dans le mois du communiqué de la demande. Ils ne sont pas soumis à la formalité de l'enregistrement. (Décis. Min. 28 décembre 1859. Loi du 15 mai 1810, art. 80.)

Ils doivent contenir invitation d'assister ou de se faire représenter. (Ord. 192.)

Il importe de laisser écouler entre l'avertissement et la reconnaissance un délai de huit jours *pleins*, c'est-à-dire le jour où l'avertissement est donné et celui où la reconnaissance a lieu non compris. (Circ. N 352.)

18. *Frais.* — Les gardes reçoivent pour chaque avertissement de défrichement une indemnité de 30 centimes. (Décis. Min. 7 mars 1834. Circ. N 43, art. 30.)

19. *Notification.* — Si l'avertissement ne peut être notifié par un préposé, à cause de l'éloignement du domicile de la partie intéressée, il y aura lieu de procéder à sa signification par ministère d'huissier. (Circ. A 732. Circ. N 43, art. 31.) Les frais de cette signification sont réglés par le tarif du décret du 26 février 1807, art. 29 : à Paris, 2 francs ; ailleurs, 1 fr. 50 ; pour chaque copie, le 1/4 de l'original. (Décis. Min. 15 septembre 1832.)

SECT. III. — TRANSACTION.

20. *Rédaction.* — Les inspecteurs préparent les avertissements pour transaction. (Arr. Min. 27 décembre 1861. Circ. N 554.)

21. *Timbre.* — L'avertissement d'une transaction est exempt de timbre et d'enregistrement, comme acte d'administration intérieure. (Loi du 15 mai 1818, art. 80.)

22. *Notification.* — Les avertissements sont notifiés sans retard par les brigadiers et gardes. (Arr. Min. 30 janvier 1860. Circ. A 786. Circ. N 554.)

23. *Rétribution.* — Les avertissements pour transaction donnent droit, au garde chargé de la notifier, à une rétribution de 30 centimes. (Arr. du 30 janvier 1860, art. 12. Circ. A 786. Circ. N 554, art. 123.)

24. *Envoi.* — Les avertissements peuvent être adressés par lettre recommandée lorsque les préposés sont éloignés. (Arr. Min. 20 février 1897. Circ. N 505. Circ. N 554, art. 44.)

25. *Frais.* — Les frais de notification des avertissements pour transaction doivent être ajoutés au montant de la transaction. (Circ. A 801.)

SECT. IV. — PRESTATIONS.

26. *Rédaction. Notification.* — L'inspecteur prépare les avertissements destinés aux délinquants admis à se libérer au moyen de prestations ; il les adresse au chef de cantonnement, qui les fait notifier sans retard, conserve les originaux des notifications relatives aux travaux à exécuter sur le sol forestier et transmet à l'agent voyer d'arrondissement ceux qui concernent les chemins vicinaux. (Circ. N 554, art. 68.)

AVEU.

1. *Principe.* — L'aveu judiciaire fait pleine foi contre celui qui l'a fait ; il ne peut être divisé contre lui et ne peut être révoqué, à moins qu'on ne prouve qu'il a été la suite d'une erreur de fait. (Cod. Civ. 1356.

2. *Indivisibilité.* — En matière correctionnelle, les aveux des prévenus ne sont pas indivisibles comme en droit civil, et, bien qu'ils soient un fait matériel, ils ne suffisent pas toujours pour motiver une condamnation. (Cass. 15 décembre 1814.)

3. *Degré de foi.* — Les procès-verbaux qui relatent les aveux des prévenus font foi jusqu'à inscription de faux, non de la *véracité* des aveux, mais seulement de leur existence.

4. *Fait matériel.* — Les aveux faits par le prévenu constituent un fait matériel. (Cass. 30 juillet 1835.) Mais il faut, pour cela, qu'il y ait un fait matériel de contravention ; sinon, ils peuvent être attaqués par la preuve testimoniale. (Cass. 31 janvier 1817.)

5. *Poursuite. Décision.* — Si un procès-verbal est argué de nullité, le tribunal, sans statuer sur cette exception et sans admettre la preuve testimoniale offerte pour suppléer au procès-verbal, peut se décider, sur la culpabilité du prévenu, d'après ses aveux et le résultat des débats. (Cass. 6 juin 1835.)

6. *Procès-verbal. Nullité.* — L'aveu du prévenu s'élève contre toute nullité des procès-verbaux. (Cass. 15 octobre 1852.)

7. *Validité. Appréciation.* — Le juge reste le maître d'apprécier la force probante d'un aveu fait par le prévenu, eu égard aux circonstances dans lesquelles il intervient ; mais il ne peut se refuser à en faire la base d'une condamnation, par le seul motif qu'aucun procès-verbal régulier n'a constaté le fait matériel du délit. (Cass. 29 juin 1848.) Ainsi l'aveu du prévenu suffit pour entraîner une condamnation.

AVIRON.

Délivrance. — Les conservateurs autorisent la délivrance des avirons pour flottage. (Ord. 4 décembre 1844. Circ. A 568. Décis. Min. 13 mars 1841.) Dimensions : 60 à 70 centimètres de tour sur 18 à 11 mètres de longueur. Essences : aune ou tremble.

AVIS.

Écriture. — Les avis des agents sont fournis en simple expédition. (Circ. A 584.)

AVOCAT.

1. *Concours.* — L'avocat nommé d'office pour une cause ne pourra refuser son ministère sans faire approuver ses motifs d'excuse ou d'empêchement par le tribunal. (Ord. 20 novembre 1822, art. 41.)

2. *Plaidoirie.* — Les avocats parleront debout et couverts. (Décr. 2 juillet 1812, art. 12.) Mais ils se découvriront en prenant les conclusions ou en lisant les pièces du procès. (Décr. 14 décembre 1810.)

3. *Plaidoirie.* — Ne donneront lieu à aucune action en diffamation ou injure les discours prononcés ou les écrits produits devant les tribunaux ; néanmoins, les juges pourront, s'il y a lieu, faire des injonctions aux avocats, ou même les suspendre de leurs fonctions pour six mois au maximum. (Loi du 17 mai 1819, art. 23.)

4. *Plaidoirie. Attaque. Pénalités.* — Toute attaque qu'un avocat se permettrait de diriger dans ses plaidoiries ou ses écrits contre les autorités établies sera réprimée immédiatement, sur les conclusions du ministère public, par le tribunal saisi de l'affaire. (Ord. 20 novembre 1822, art. 43.) Pénalité : avertissement, réprimande, interdiction temporaire, radiation du tableau.

5. *Instance domaniale.* — Dans les instances domaniales, le ministère des avocats est facultatif. (Règl. Min. 3 juillet 1834.) Par suite l'administration peut y avoir recours.

6. *Défenseur.* — Dans les instances domaniales (question de propriété intéressant l'État), le ministère public est le véritable défenseur et fondé de pouvoirs de l'État. (Loi du 17 frimaire an VI. Cass. 27 août 1828.)

7. *Restauration des montagnes. Expropriations. Désignation.* — Le conservateur propose à la désignation du préfet l'avocat qui doit occuper pour l'État devant le tribunal et le jury d'expropriation. Toutefois la désignation d'un avocat n'est faite que si l'importance des expropriations le comporte. (Instr. Gén. du 2 février 1885, art. 49. Circ. N 345.)

8. *Instance domaniale. Honoraires.* — Les suppléments d'honoraires d'avocat sont payés par l'administration des forêts, d'après la fixation faite par le préfet, sur l'avis du directeur des domaines et du conservateur. Les arrêtés de liquidation ne sont soumis à l'approbation du Ministre que si la somme dépasse 2000 francs. (Loi du 20 juillet 1837. Arr. Min. 2 novembre 1838. Décr. 25 mars 1852. Circ. A 436.)

AVOUÉ.

1. *Principe.* — Le ministère des avoués est forcé en matière civile (Proc. Civ. 74) ; il est facultatif en matière commerciale, criminelle, correctionnelle et de police.

2. *Affaires forestières.* — Le ministère des avoués est exclu des affaires forestières, sauf le cas où il s'élève des questions de propriété. (Décis. Min. 17 mars 1824.)

3. *Question de propriété.* — L'administration n'est pas tenue de constituer avoué dans les affaires civiles, autres que celles relatives à des

questions de propriété. (Décis. Min. 17 mars 1824.) Le directeur des domaines est en réalité l'avoué de l'État.

4. *Instance domaniale.* — Dans les instances domaniales (question de propriété intéressant l'État), le ministère public est le véritable défenseur et fondé de pouvoirs de l'État et les préfets n'ont pas besoin de constituer un avoué. (Loi du 17 brumaire an VI. Cass. 27 août 1828.) Cependant rien n'empêche l'administration d'employer avoué et avocat.

5. *Restauration des montagnes. Expropriation. Désignation.* — Le conservateur propose à la désignation du préfet l'avoué qui doit occuper pour l'État devant le tribunal et le jury d'expropriation. (Instr. Gén. du 2 février 1885, art. 49. Circ. N 345.)

6. *Préfet. Constitution. Actes.* — Le préfet n'est tenu de constituer avoué que dans les affaires où il y a des formalités à remplir, des actes à signifier et une procédure à suivre; mais cette constitution n'est pas légalement obligatoire. (Lettre Min. 13 septembre 1822. Circ. A 70.)

7. *Plaidoirie.* — En l'absence ou sur le refus des avocats, les avoués pourront être autorisés par le tribunal à plaider en toute espèce de cause. (Décr. 2 juillet 1812, art. 5.)

8. *Comparution. Représentation.* — Dans les affaires relatives aux délits qui n'entraînent pas la peine d'emprisonnement, le prévenu pourra se faire représenter par un avoué. Le tribunal pourra néanmoins ordonner la comparution en personne. (Instr. Crim. 185.)

9. *Frais.* — Dans les affaires correctionnelles, l'assistance d'un avoué n'étant pas obligatoire, les frais d'avoué ne doivent pas être payés par l'administration, si elle succombe dans l'instance. (Cass. 31 janvier 1833, 2 avril 1836, 27 juin 1861.) On ne doit donc rien signifier aux avoués.

10. *Frais.* — Le ministère de l'avoué n'étant pas exigé en matière correctionnelle, les frais auxquels donne lieu l'assistance de cet officier ministériel doivent être supportés par la partie qui a jugé à propos d'y recourir et ne peuvent être mis à la charge de la partie condamnée, qui ne les a pas occasionnés. (Cass. 26 avril 1856. Décis. Min. 11 novembre et 31 décembre 1823.)

11. *Frais. Juridiction criminelle.* — Les frais d'avoué devant les juridictions criminelles ne peuvent être de plein droit mis à la charge de la partie qui succombe. C'est au juge à apprécier s'ils sont frustratoires ou non et quels sont ceux dont il doit ordonner le remboursement. (Cass. 12 décembre 1873.)

Ces dispositions seraient applicables en matière forestière pour les délits commis dans les bois de particuliers.

12. *Frais. Prescription. Délai.* — L'action des avoués, pour le payement de leurs frais et salaire, se prescrit par deux ans, à partir du jugement ou de la conciliation des parties. Pour les affaires non terminées, ils ne peuvent faire des demandes remontant à plus de cinq ans. (Cod Civ. 2273.)

13. *Pièces. Responsabilité.* — Les avoués sont déchargés des pièces cinq ans après le jugement du procès. (Cod. Civ. 2276.)

AYSEMENT.

Définition. — Ce mot est indicatif d'un droit de servitude sur la propriété d'autrui. (Metz, 9 avril 1867.)

AZEROLIER.

Classification. — Arbre fruitier, 2° classe. (Cod. For. 192. Loi du 18 juillet 1906. Circ. N 703.)

AZIMUT. V. Angles. Triangulation.

B

BAC.

1. *Franchise.* — Sont exempts du droit de péage les agents et préposés forestiers, lorsque le passage a lieu en raison de leurs fonctions et sous la condition qu'ils soient revêtus des marques distinctives de leurs fonctions, ou porteurs de leur commission. (Block.)

2. *Signes conventionnels.* — Les bacs ordinaires, à traille ou passage de bateaux seront représentés sur les plans comme l'indique le modèle n° 57 C. (Instr. du 26 avril 1906, art. 248. Circ. N 697.) V. Plan.

BAIL.

SECT. I. — GÉNÉRALITÉS.

1. *Définition.* — Contrat par lequel on cède la jouissance d'une chose, pour un prix et pour un temps. (Littré.)

2. *Règle spéciale.* — Les baux des biens nationaux, des biens communaux et d'établissements publics sont soumis à des règlements particuliers. (Cod. Civ. 1712.)

3. *Obligation. Bailleur.* — Le bailleur est obligé : 1° de délivrer au preneur la chose louée; 2° d'entretenir cette chose en état de servir à l'usage pour lequel elle a été louée; 3° d'en faire jouir paisiblement le preneur pendant la durée du bail (Cod. Civ. 1719); de délivrer la chose en bon état de réparations de toute espèce et d'y faire, pendant la durée du bail, toutes les réparations nécessaires, autres que les réparations locatives. (Cod. Civ. 1720.)

Le bailleur ne peut, pendant la durée du bail, changer la forme de la chose louée. (Cod. Civ. 1723.)

4. *Sous-location. Cession.* — Le preneur a le droit de sous-louer et même de céder son bail à un autre, si cette faculté ne lui a pas été interdite. Elle peut être interdite pour le tout ou partie. (Cod. Civ. 1717.) V. Location.

5. *Durée.* — Le bail par écrit cesse de plein droit au terme fixé, sans qu'il soit nécessaire de donner congé. (Cod. Civ. 1737.)

6. *Résiliation.* — Si, pendant la durée du bail, la chose louée est détruite en totalité par cas fortuit, le bail est résilié de plein droit; si elle n'est détruite qu'en partie, le preneur peut, suivant les circonstances, demander une diminution de prix ou la résiliation du bail. (Cod. Civ. 1722.)

7. *Résiliation.* — Un bail authentique n'est pas résilié par la vente du fonds, à moins de conditions spéciales. (Cod. Civ. 1743 et suivants.)

8. *Fonctionnaire. Résiliation.* — La mise d'office à la retraite d'un fonctionnaire public, lui laissant la faculté de garder sa résidence, ne lui permet pas d'invoquer la clause de résiliation prévue dans le bail. (Lyon, 11 décembre 1895.)

9. *Compétence. Exécution.* — Les questions relatives à l'exécution des baux passés par l'administration sont du ressort des tribunaux. (Cons. d'État, 21 juin 1826.)

Toutes les difficultés concernant la validité, l'interprétation, l'exécution et la résiliation des baux des biens de l'État et des communes sont de la compétence des tribunaux judiciaires. (Cabantous.)

10. *Compétence. Exécution. Bois communaux.* — Les difficultés qui s'élèvent entre une commune et un fermier, au sujet de l'exécution d'un bail, sont de la compétence de l'autorité judiciaire, bien que la carrière, objet du bail, soit située dans une forêt soumise au régime forestier et que le bail soit revêtu de la forme administrative. (Cass. 20 mai 1873.)

11. *Interprétation.* — C'est à l'autorité judiciaire qu'il appartient de donner l'interprétation du bail d'un immeuble appartenant à l'État, à moins qu'une disposition de loi n'ait fait attribution spéciale sur ce point à l'autorité administrative. (Cons. d'État, 12 mai 1853.) V. Chêne-liège.

12. *Exception. Droit.* — Un bail administratif ne constitue pas une exception fondée sur un droit réel, dont la connaissance appartient à l'autorité judiciaire. (Metz, 27 avril 1864.)

13. *Exception.* — Un droit de bail, ne donnant aucun droit de propriété, ne peut servir de base à une exception préjudicielle, en cas de poursuites pour délit forestier. V. Location.

SECT. II. — BIENS DOMANIAUX.

14. *Conditions.* — Pour un bail excédant neuf ans, les conditions sont concertées entre les Ministres de l'Agriculture et des Finances. (Circ. 688.)

15. Les projets de baux doivent être adressés à l'administration si le prix annuel dépasse 500 francs ou si la durée est supérieure à neuf années.

16. Lorsque la durée est inférieure à neuf années et que le prix annuel ne dépasse pas 500 francs, les conditions sont concertées entre le conservateur et le directeur des domaines.

17. Les baux contiennent, s'il y a lieu, la réserve pour l'État de résilier sans indemnité et à quelque époque que ce soit de la durée du bail.

18. *Passation de contrats.* — Les baux amiables concernant les locations de terrains et bâtiments du domaine de l'État sont passés par devant les préfets, à l'intervention du conservateur et à celle du directeur des domaines. Ces actes devront viser soit les décisions ministérielles les autorisant, soit les arrêtés préfectoraux pris en conseil de préfecture et statuant au nom de l'administration des eaux et forêts par application du décret du 25 mars 1852. (Circ. N 688.) V. Location.

19. *Délégation des Maires.* — En ce qui concerne les baux intéressant le domaine privé de l'État, il pourra être donné, sur la proposition du directeur des domaines, délégation au maire de la commune ou de l'une des communes de la situation des biens, savoir : par le préfet dans l'étendue de l'arrondissement chef-lieu et par le sous-préfet dans l'étendue de chacun des autres arrondissements. (Décr. 26 février 1907, art. 1er. Circ. N 713.)

20. *Minute. Dépôt.* — Dans le cas où les baux n'auraient pas été passés directement par le préfet, la minute de chaque acte devra lui être adressée dans les dix jours de l'enregistrement, pour être déposée dans les archives de la préfecture. (Décr. 26 février 1907, art. 3. Circ. N 713.)

21. *Papier timbré. Frais.* — Les baux sont établis sur papier timbré à la charge des bailleurs. (Décis. du Ministre des finances du 19 novembre 1868. Lettre de la direction du 30 avril 1887.)

SECT. III. — BIENS COMMUNAUX.

22. *Biens ruraux communaux.* — Les baux des biens ruraux des communes doivent rarement dépasser dix-huit et jamais excéder trente ans. (Circ. Min. 5 mai 1852.) Les conseils municipaux règlent par leurs délibérations les conditions des baux, dont la durée n'excède pas dix-huit ans, qu'il s'agisse de biens ruraux ou de maisons et bâtiments donnés à ferme par les communes, ou des biens pris à loyer par elles. (Loi du 5 avril 1884, art 67 et 68 combinés.) Quand la durée des baux excède dix-huit ans, le préfet statue en conseil de préfecture. Lorsque le préfet refuse son approbation, ou qu'il ne fait pas connaître sa décision dans un délai d'un mois, à partir de la date du récépissé, le conseil municipal peut se pourvoir devant le Ministre de l'intérieur. (Loi du 5 avril 1884, art. 69.)

La loi de 1884 n'a pas modifié la jurisprudence qui a été prescrite par la circulaire du Ministre de l'intérieur du 5 mai 1852, recommandant aux préfets d'exiger que les baux des biens communaux fussent précédés des formalités suivantes : enquête *de commodo et incommodo*, expertise, rédaction d'un cahier des charges, mise aux enchères publiques, et qu'il y a lieu de suivre, dans le cas où l'approbation de l'autorité supérieure est requise. Quand le conseil municipal statue définitivement, il lui appartient de déterminer lui-même les formalités de nature à sauvegarder l'intérêt de la commune. La mise en ferme des biens communaux de toute nature doit donc, à moins d'autorisation contraire, avoir lieu par adjudication publique, aux enchères, sous les clauses et conditions insérées au cahier des charges dressé par le maire et homologué par le préfet sur l'avis du sous-préfet. (Block.)

Lorsque la commune prend un immeuble à loyer pour une durée supérieure à dix-huit ans, le bail est proposé par le maire au conseil municipal, qui délibère sur les conditions. Un expert désigné par le sous-préfet constate la contenance, la valeur et la situation ; puis le sous-préfet fait ouvrir une enquête *de commodo et incommodo*. Ensuite, le maire transmet la délibération du conseil municipal, le rapport de l'expert, le procès-verbal d'enquête, l'avis du commissaire-enquêteur, la promesse du bail et le budget de la commune, et le préfet autorise, par un arrêté, la commune à prendre l'immeuble à loyer. Le bail est passé par le maire (Loi du 5 avril 1884, art. 98), qui peut procéder en la forme administrative et en l'absence de tout notaire. Toutefois le préfet, en vertu de son droit de surveillance, pourrait prescrire de recourir au ministère d'un notaire. (Block.)

22 bis. *Bois communaux soumis au régime forestier.* — Pour les baux de moins de dix-huit ans, mêmes règles que celles indiquées dans l'article 22 ci-dessus.

Quand la durée du bail dépasse dix-huit ans, il doit être statué par décret.

Dans ce cas, le conservateur adresse le dossier de l'affaire à l'administration pour examen préalable. Lorsque ledit dossier lui est retourné, il le transmet au préfet pour être soumis à l'examen du conseil général.

Le préfet l'envoie ensuite au Ministre de l'agriculture qui le fait parvenir avec son avis au Ministre de l'intérieur, à qui il appartient de provoquer l'émission du décret à intervenir.

SECT. IV. — CHASSE.

23. *Condition. Droit du locataire.* — Le bail existe dès l'instant où les parties sont d'accord ; peu importe le droit de l'administration d'annuler le bail. Le bail est exécutoire dès l'instant où il est conclu et le locataire de la chasse est en droit de poursuivre les délits commis, sans être tenu à montrer un bail ayant date certaine, lorsque le délinquant n'allègue aucun droit à lui conféré par le propriétaire et en contradiction avec le droit du locataire. (Rouen, 22 février 1878.)

24. *Location.* — L'acte par lequel un propriétaire cède et abandonne exclusivement, pour une durée déterminée et pour un certain prix, tous les droits de chasse sur les terres qu'il possède n'est point une simple permission ou autorisation de chasse, mais un véritable bail, sans aucune réserve. (Colmar, 1er octobre 1867.)

25. *Locataires successifs.* — En cas de concours de deux baux successifs concédant le droit exclusif de chasse, le dernier en date doit rester sans effet pendant toute la durée du précédent, le propriétaire du fonds n'ayant pu valablement céder l'exercice d'un droit qui, pour cette période, avait cessé de lui appartenir.

Dès lors, le titulaire du second bail commet un délit en chassant pendant la durée du premier bail sur le terrain loué. (Cass. 22 décembre 1899.)

26. *Poursuites. Exception.* — En cas de prévention de délit de chasse, l'exception tirée d'un bail ne constitue pas une exception fondée sur un droit *réel.* (Cass. 7 janvier 1853.)

FORÊTS DOMANIALES.

27. *Chasse. Cession.* — Les adjudicataires ne pourront céder leur bail qu'en vertu d'une autorisation du directeur général des eaux et forêts.

Les cessions seront passées au secrétariat de la préfecture ou de la sous-préfecture du lieu d'adjudication. Les cautions et certificateurs de caution interviendront à l'acte.

Nonobstant leur cession, les adjudicataires, ainsi que leurs cautions et certificateurs de caution, resteront solidairement obligés avec les cessionnaires, sous réserve de l'application de l'article 2020 du code civil qui autorise l'administration à exiger, le cas échéant, de nouvelles cautions.

Cependant les cautions et certificateurs de caution primitifs pourront être remplacés par d'autres cautions et certificateurs de caution solvables agréés par le receveur des domaines.

Les cessionnaires ne pourront obtenir le permis spécial qu'en représentant l'acte de cession. (Cah. des ch. 12.)

28. *Cessionnaire. Délit.* — Le cessionnaire qui se livre à la chasse avec la seule autorisation de l'adjudicataire commet le délit de chasse sur le terrain d'autrui sans le consentement du propriétaire. (Cass. 20 mars 1858.)

29. *Résiliation.* — Les demandes de résiliation de baux et en réduction de fermages ne suspendront pas l'effet des poursuites pour le recouvrement des termes arriérés.

En aucun cas, l'adjudicataire qui aura été privé du droit d'obtenir un permis de chasse, par application des articles 6, 7, 8 et 18 de la loi du 3 mai 1844, ne sera fondé à demander la résiliation de son bail ou une diminution de prix. (Cah. des ch. 10. Circ. N 865.)

30. *Chasse. Résiliation.* — Le fermier de la chasse pourra obtenir la résiliation du bail dans le cas où la surface louée sera réduite de moitié. (Cah. des ch. 2. Circ. N 865.)

31. *Bail rural. Chasse.* — Lorsque le bail rural ne contient aucune stipulation relative à la chasse le droit de chasse est considéré en principe comme réservé au seul propriétaire. Le fermier peut du moins exiger la réparation du préjudice causé. (Cass. 9 mai 1884.)

BAIL.

FORÊTS COMMUNALES.

32. Le conseil municipal règle les conditions des baux de chasse dont la durée ne dépasse pas dix-huit ans. (Loi du 5 avril 1884, art. 64.) Les maires et les administrateurs des établissements publics ont le droit d'affermer la chasse dans les forêts de ces communes ou établissements soumises au régime forestier, sans le concours des officiers forestiers. (Décr. 25 prairial an XIII.)

SECT. V. — PÊCHE ET CHASSE
SUR LES COURS D'EAU.

COURS D'EAU DU DOMAINE DE L'ÉTAT.

33. *Domaine de l'État.* — Les baux de pêche de l'administration forestière sont ceux qui concernent les rivières navigables et flottables non canalisées, les ruisseaux, lacs, mares et étangs dépendant du domaine forestier de l'État. (Circ. N 845.)

34. *Droit. Cession.* — L'adjudicataire du droit de pêche ne pourra céder son bail que s'il y est autorisé par le directeur général des eaux et forêts.

L'acte de cession sera passé au secrétariat de la préfecture ou de la sous-préfecture du lieu de l'adjudication. La caution interviendra à l'acte. Nonobstant la cession, l'adjudicataire ainsi que sa caution resteront solidairement obligés avec le cessionnaire, sous réserve de l'application de l'article 2020 du Code civil, qui autorise l'administration à exiger, le cas échéant, une nouvelle caution. Cependant la caution primitive pourra être remplacée par une caution solvable agréée par le receveur des domaines. (Cah. des ch., art. 14. Circ. N 657.)

35. *Droit. Défense de rétrocéder.* — A défaut d'autorisation, les cessions consenties par l'adjudicataire ne confèrent aucun droit. (Cass. 14 juillet 1848.)

36. *Droit. Prix. Réduction.* — Il ne pourra être accordé aucune réduction sur le prix des baux pour défaut de mesure dans les longueurs ou superficies mentionnées à l'affiche. (Cah. des ch., art. 2. Circ. N 657.)

37. *Contrats. Interprétation.* — Il appartient aux tribunaux civils de statuer sur les difficultés concernant l'application des contrats de bail de pêche dans les rivières dépendant du domaine public. (Trib. des conflits, 29 mars 1851.) L'autorité judiciaire peut seule interpréter les baux et adjudications de pêche et de chasse sur les rivières navigables, notamment pour déterminer les limites des lots ou cantonnements. (Conflits, 23 décembre 1905.)

Il est de jurisprudence constante que les difficultés auxquelles peuvent donner lieu l'interprétation et l'exécution des baux relatifs aux biens domaniaux doivent être portées devant l'autorité judiciaire toutes les fois qu'un texte de loi n'attribue pas à l'autorité administrative la connaissance de ces difficultés.

38. *Résiliation.* — Dans le cas où il a été passé bail à un particulier d'un droit de pêche dans une rivière, l'autorité judiciaire est seule compétente pour statuer sur l'action en résiliation dudit bail formée contre l'État par l'adjudicataire. (Trib. des conflits. 11 décembre 1875.)

39. *Juridiction.* — L'exécution et l'application des baux administratifs relatifs à la pêche fluviale, vis-à-vis des tiers intéressés, appartient aux tribunaux, qui n'ont pas à observer en cette matière la distinction des pouvoirs. (Cass. 14 mars 1842.)

AUTRES COURS D'EAU.

40. *Droit de pêche. Chasse.* — Dans le silence du bail, le droit de pêche dans un cours d'eau non navigable ni flottable appartient au propriétaire du fonds riverain, à l'exclusion du fermier rural. (Rouen, 7 décembre 1878.) Il en est de même pour le droit de chasse.

41. *Droit. Cession. Expropriation.* — Le droit de pêche ne peut être aliéné à perpétuité séparément du fonds riverain. S'il a été vendu à des tiers et si le fonds riverain a été ensuite exproprié, la cession consentie ne doit pas être qualifiée de vente, elle ne peut constituer qu'un bail; en conséquence c'est au propriétaire du fonds qu'incombe l'obligation de dénoncer ce bail à l'expropriant, conformément à l'article 21 § 1er de la loi du 3 mai 1841. (Cass. 30 mars 1885.)

42. *Bail à métayage. Chasse. Pêche.* — Dans le cas de métayage, les droits de chasse et de pêche restent au propriétaire qui en a seul la jouissance. (Loi du 18 juillet 1889, art. 5.)

43. *Preuve.* — Le bail d'un droit de pêche sous écrit peut être prouvé par l'existence de la convention faite par le bailleur dans un acte authentique, auquel le preneur n'est pas partie, mais qu'il déclare accepter. Un extrait de l'acte ne peut être refusé à la partie qui le demande. (Paris, 20 mai 1858.)

44. *Sous seing privé. Force probante.* — Lorsque le fermier du droit de pêche, intervenant comme partie civile dans une poursuite correctionnelle contre un individu à raison d'infractions aux lois sur la pêche, se fonde sur des actes sous seings privés, enregistrés antérieurement aux délits pour lesquels les fermiers des prairies riveraines de la rivière ont donné à bail le droit de pêcher, les juges du fond ne sauraient écarter cette intervention sous prétexte que les baux invoqués n'émanent pas des propriétaires du sol et ne sont complétés que par des attestations constatant leur consentement mais écrites par ceux-ci à des dates postérieures aux faits incriminés. (Cod. Civ. 1328. Cass. 24 juillet 1909.)

SECT. VI. — ENREGISTREMENT.

45. *Bail verbal. Déclaration. Droit.* — Tout bail verbal excédant une durée de trois ans ou dont le prix annuel excède 100 francs doit être déclaré au bureau du receveur d'enregistrement dans le délai de trois mois de l'entrée en jouissance. La déclaration du bail et le payement du droit sont à la charge du bailleur, sauf recours contre le preneur. (Loi du 28 février 1872, art. 6. Loi du 23 août 1871, art. 11.)

46. *Droit.* — Les baux dont la durée est limitée sont enregistrés au droit de 60 centimes par 100 francs sur le prix cumulé de toutes les années. (Loi du 25 juin 1920, art. 26.) Pour un bail administratif, délai : 20 jours; pour un bail sous seing privé : 3 mois. (Loi du 22 frim. an vii, art. 20, 22.)

47. *Droit.* — L'acte contenant bail d'une forêt pour plusieurs années n'est soumis qu'à un droit d'enregistrement de 20 centimes par 100 francs (actuellement 60 centimes) et ne peut être assimilé à une vente de coupe de bois. (Cass. 22 février 1842.) V. Liège. Gemmage.

48. *Hypothèques.* — Les baux d'une durée de plus de dix-huit ans sont transcrits au bureau des hypothèques, conformément à l'article 2 de la loi du 23 mars 1855. La transcription est opérée gratuitement. (Circ. N 6, art. 44.)

49. *Adjudication. Frais et droits.* — L'adjudicataire payera comptant à la caisse du receveur des domaines, pour tous frais et droits de bail et de cautionnement, 2 p. 100 sur le total des annuités de son bail, augmenté de l'intégralité des charges imposées pour la durée du bail. (Déc. du Ministre des finances du 9 mai 1921.)

BALIVAGE.

SECT. I. — OPÉRATION.

§ 1. *Principes.*

1. *Définition.* — Le balivage est l'opération qui consiste à désigner les arbres à réserver dans les coupes de taillis et de taillis sous futaie.

2. *Agent. Nombre.* — Il sera procédé annuellement à chaque opération de balivage et de martelage par l'agent ou les agents qui seront désignés par le conservateur des eaux et forêts. (Ord. 78. Décr. du 8 juin 1914.)

L'exécution par deux agents, l'inspecteur chef de service et le chef de cantonnement, demeurera la règle générale, sauf pour les cantonnements dont la gestion est confiée au chef de service (Circ. N 834), mais le conservateur décide quels sont les cas où il peut y être dérogé.

4. *Bois communaux. Maire. Convocation. Assistance.* — Les agents locaux devront prévenir par écrit les maires des communes propriétaires de bois soumis au régime forestier du jour auquel devront avoir lieu les opérations de balivage des coupes communales. (Décis. Min. 25 juillet 1872.)

Les maires n'ont que le droit d'assister, sans participation, aux opérations dont les agents forestiers ont toute la responsabilité. (Lettre de l'Admin. du 31 octobre 1872.)

6. *Responsabilité.* — Le chef de service est responsable des opérations des coupes, à l'exception de celles dont il aurait été régulièrement déchargé par une décision du conservateur. (Circ. N 366–N 834.)

7. *Désignation.* — Pendant le cours des opérations, les agents ne doivent jamais perdre de vue les porteurs des marteaux; au lieu de les suivre, ils doivent plutôt les précéder, afin d'être plus à même de déterminer les réserves et d'empêcher qu'ils n'aillent trop vite et s'écartent trop. (Circ. A 80.)

12. *Adjudicataire. Réserve.* — L'adjudicataire sera tenu de respecter tous les arbres marqués ou désignés pour demeurer en réserve, quelle que soit leur qualification, lors même que le nombre en excéderait celui qui est porté au procès-verbal de martelage et sans que l'on puisse admettre, en compensation d'arbres coupés en contravention, d'autres arbres non réservés, que l'adjudicataire aurait laissés sur pied. (Cod. For. 33.)

13. *Vérification.* — Les conservateurs, dans leurs tournées, vérifient les opérations de balivage les plus importantes. (Circ. N 18. Circ. N 366.)

§ 2. *Nombre des réserves.*

14. *Taillis. Réserves. Nombre. Bois domaniaux.* — Lors de l'exploitation des taillis, il sera réservé 50 baliveaux de l'âge de la coupe par hectare. En cas d'impossibilité, les causes en seront énoncées aux procès-verbaux de balivage et de martelage. (Ord. 70, 134.)

15. *Règles. Baliveaux. Nombre. Bois communaux.* — Dans les coupes des bois des communes et des établissements publics, la réserve prescrite par l'article 70 de l'ordonnance sera de 40 baliveaux au moins et de 50 au plus par hectare. (Ord. 137.)

16. *Quart en réserve.* — Lors de la coupe des quarts en réserve, le nombre des arbres à conserver sera de 60 au moins et de 100 au plus par hectare. (Ord. 137.)

§ 3. *Marque des réserves.*

17. *Marque. Désignation.* — Le balivage se fait au moyen de marteau ou de griffes, lorsque les sujets sont trop faibles pour supporter l'empreinte du marteau. V. Martelage.

18. *Marque.* — Les pieds corniers, les parois et les arbres à réserver dans les coupes seront marqués du marteau de l'État, savoir : les arbres de limites, à la hauteur de 1 mètre; les arbres anciens, les modernes et les baliveaux de l'âge du taillis, à la hauteur et de la manière qui seront déterminées par les instructions de l'administration. (Ord. 79.) V. Réserves.

19. *Griffage.* — Les baliveaux de l'âge du taillis pourront être désignés par un simple griffage ou toute autre marque autorisée par l'administration, lorsque ces arbres seront trop faibles pour recevoir l'empreinte du marteau de l'État. (Ord. 79.)

21. *Côté Nord.* — Dans les balivages, les marques doivent, dans chaque coupe, être appliquées du même côté, au nord. (Circ. A 91.)

SECT. II. — ACTE. PROCÈS-VERBAL.

§ 1. *Rédaction. Formalités.*

23. *Désignation.* — Il sera fait mention, dans les affiches en cahier et dans le procès-verbal d'adjudication, du mode de martelage ou de désignation des arbres de réserve. (Ord. 79. Circ. N 337.)

24. *Calepins.* — Les calepins sont tenus en double. Chacun des doubles est exactement annoté de toutes les indications que comporte l'imprimé; dans les calepins de balivage, les tableaux devront être toujours soigneusement remplis. (Circ. N 366.)

25. *Procès-verbal. Rédaction Délai. Signature.* — Le procès-verbal de balivage est établi par l'agent responsable, au plus tard, dans un délai de quinze jours. Dans le cas où l'agent responsable est un chef de cantonnement, ledit acte doit être vérifié par le chef de service et revêtu de son visa.

26. *Procès-verbal. Désignation.* — Les procès-verbaux de balivage et de martelage indiqueront le nombre et les espèces d'arbres qui auront été marqués en réserve, avec distinction en baliveaux de l'âge, modernes, anciens, pieds corniers et parois. (Ord. 81.)
Ils indiquent en outre les limites de la coupe, les travaux mis en charge, les conditions d'exploitation et de vidange et, pour les coupes vendues, toutes les clauses particulières intéressant l'adjudication.

27. *Envoi.* — Les procès-verbaux de balivage sont adressés au conservateur; si ces actes sont relatifs à des coupes à vendre, ils sont joints au projet d'affiche.

29. *Zone frontière. Chemins. Réparation. Procès-verbal.* — Les procès-verbaux de balivage des coupes assises dans les territoires réservés de la zone frontière doivent renfermer les clauses et conditions concertées entre les deux services intéressés, relativement à la réparation des chemins, et notamment celle fixant le délai accordé à l'adjudicataire pour la démolition des ouvrages et le rétablissement des lieux. (Circ. N 388. Circ. N 565, art. 49.)

30. *Jardinage. Limite.* — Pour les coupes par pied d'arbre, on doit indiquer dans les procès-verbaux de balivage et martelage la nature des limites naturelles, ainsi que l'essence et la dimension des parois et pieds corniers. (Circ. A 475.)

31. *Conditions.* — Les conditions insérées au procès-verbal de balivage ne peuvent prévaloir contre les indications contraires ou différentes insérées au cahier des charges et au procès-verbal d'adjudication. (Cass. 6 mars 1852.)

32. *Procès-verbal. Dépôt.* — Quinze jours avant l'époque fixée pour l'adjudication, l'agent forestier chef de service fera déposer au secrétariat de l'autorité administrative qui doit présider la vente les procès-verbaux de balivage et martelage des coupes.
Le fonctionnaire qui devra présider à la vente apposera son visa au bas de ces pièces, pour en constater le dépôt. (Ord. 83, 134.)

Après l'adjudication, ces pièces sont retirées du secrétariat et rendues aux agents forestiers. (Lettre Min. 10 octobre 1810.)

§ 2. *Interprétation.*

33. *Actes. Interprétation.* — Les procès-verbaux de balivage et de martelage étant des actes administratifs, leur interprétation appartient exclusivement aux tribunaux administratifs (conseil de préfecture), notamment en ce qui concerne les énonciations relatives à l'âge des arbres. (Cass. 18 août 1836.)

§ 3. *Timbre et enregistrement.*

34. *Timbre. Enregistrement.* — Les procès-verbaux de balivage sont exempts des droits de timbre et d'enregistrement. (Circ. N 732. Circ. N 817.)

BALIVEAU.

1. *Définition.* — Arbre réservé de l'âge de la coupe ou d'une révolution.

2. *Dénomination.* — L'expression de baliveau, employée seule, ne comprend pas les baliveaux anciens ou modernes; elle doit, à moins de disposition contraire, être restreinte aux baliveaux de l'âge, c'est-à-dire de l'âge du taillis. (Paris, 25 juillet 1851.)

3. *Nombre. Bois domaniaux.* — Lors de l'exploitation des taillis, il sera réservé 50 baliveaux de l'âge par hectare. En cas d'impossibilité, les causes en seront énoncées aux procès-verbaux de balivage. (Ord. 70.)

4. *Nombre. Bois communaux.* — Dans les coupes de bois des communes, la réserve prescrite par l'article 70 de l'ordonnance sera de 40 baliveaux au moins et de 50 au plus par hectare. (Ord. 137.)

5. *Quart en réserve. Nombre.* — Lors de la coupe des quarts de réserve, le nombre des arbres à conserver sera de 60 au moins et de 100 au plus par hectare. (Ord. 137. Circ. A 163.)

6. *Marque.* — Les baliveaux de l'âge du taillis seront marqués du marteau de l'État, à la hauteur et de la manière qui seront déterminées par l'administration. (Ord. 79, 134.)

7. *Marque.* — Les baliveaux de l'âge seront marqués d'une marque à la patte, sur un miroir, le plus près de terre que faire se pourra. (Décis. Min. 18 août 1822.) Les marques seront faites du même côté, au Nord. (Cir. A 91.)

8. *Griffage.* — Les baliveaux de l'âge du taillis pourront être désignés par un simple

griffage ou toute autre marque autorisée par l'administration, lorsque ces arbres seront trop faibles pour recevoir l'empreinte du marteau de l'État. (Ord. 79, 134.) On doit choisir principalement des brins de semence ou de pied. (Circ. A 30.)

9. *Désignation.* — A moins que le taillis ne soit impénétrable, les agents doivent désigner eux-mêmes les baliveaux. (Circ. A 534 *bis.*)

10. *Procès-verbal de balivage.* — Le nombre et l'espèce des baliveaux marqués en réserve seront relatés dans les procès-verbaux de balivage. (Ord. 81, 134.)

11. *Exploitation.* — Les baliveaux modernes et anciens ne seront abattus qu'autant qu'ils seront dépérissants et hors d'état de prospérer jusqu'à une nouvelle révolution. (Ord. 70.)

12. *Branches. Chablis.* — L'adjudicataire respectera les baliveaux de tout âge, même ceux cassés par les vents ou par des accidents de force majeure indépendants du fait de l'exploitation ; il sera tenu de les représenter, ainsi que les cimeaux et branchages en provenant. (Cah. des ch. 33.)

BALLE. V. Munition.

BANDE.

Paquet. — Les bandes des paquets contresignés ne doivent adhérer entre elles qu'au verso de la dépêche, à l'endroit où elle est cachetée. Les bandes ne doivent pas excéder le 1/3 de la largeur des paquets. (Décis. Min. 11 août 1852. Circ. N 46, art. 13, 14.)

BANDEROLE.

Engins. Délits. Chasse. — Les banderoles ne sont pas des engins prohibés, et le fait de les placer le jour ou la nuit, sur son propre terrain, ne constitue pas un délit de chasse. (Cass. 16 juin 1866.) Il y aurait délit si on les plaçait sur le terrain d'autrui. (Trib. de Fontainebleau, 7 mai 1862.)

BANDITE. BANDIOTE.

1. *Définition. Principe.* — Dans l'ancien comté de Nice on appelle bandite le droit qui grève certaines propriétés communales de la région, dont quelques-unes sont des forêts. Le bandiote peut être considéré comme un superficiaire ayant la jouissance de l'immeuble dont le tréfonds appartient aux communes et exerçant cette jouissance au moyen de la vaine pâture sans restriction ni limitation. (Ch. Guyot.) V. Superficie. Tréfoncier.

Le propriétaire d'un droit de bandite s'appelle *bandiote.* V. Superficiaire. Tréfoncier.

2. *Exception préjudicielle de propriété.* — Lorsque les propriétaires d'un troupeau de chèvres, trouvé dans un bois communal, opposent aux poursuites dirigées contre eux une exception préjudicielle tirée de ce que le terrain fait partie d'une bandite cédée par la commune à leurs auteurs, en payement de ses dettes, le tribunal correctionnel méconnaît les prescriptions de l'article 182 du Code forestier en retenant la cause et en nommant un expert pour appliquer les titres, au lieu de renvoyer les prévenus à fins civiles. (Aix, 17 octobre 1880.)

3. *Régime forestier.* — Les bois communaux situés dans l'ancien comté de Nice et grevés du droit de bandite doivent être laissés en dehors du régime forestier, et ceux qui y seraient soumis en être distraits. (Décis. Min. 30 septembre 1867.)

BANNETON.

Fermier. Visite. — Les fermiers de la pêche et les porteurs de licence qui refuseraient aux agents et préposés de l'administration d'ouvrir et de laisser visiter leurs bannetons à la première réquisition encourent :

Amende : 50 francs. (Loi du 15 avril 1829, art. 34.)

Il en est de même pour tous pêcheurs en général, sur les fleuves et rivières navigables et flottables, ainsi que sur les canaux désignés à l'article 1ᵉʳ de la loi du 15 avril 1829.

BANNISSEMENT.

Pénalité. — La durée du bannissement, peine infamante, sera de 5 ans au moins et de 10 ans au plus. (Cod. Pén. 32.)

BARAQUE.

1. *Définition.* — Les baraques, loges, etc., sont des constructions ne pouvant servir à l'habitation ordinaire et permanente, et qui n'ont d'autre but que de fournir un abri ou un lieu de recel pour les délits. (Meaume.) V. Maison sur perches. Ferme.

2. *Définition.* — Une baraque peut emprunter et recevoir le caractère de *ferme,* si elle complète un ensemble de bâtiments propre à une exploitation rurale, si modeste qu'on le suppose. (Cass. 15 novembre 1873.)

3. *Construction. Autorisation. Distance.* — Pour construction de baraque, maison sur perches, loge ou hangar, sans autorisation du préfet, dans l'intérieur et à moins de 1 kilomètre des forêts soumises au régime forestier (Décr. 25 mars 1852), pénalités :

Amende : 50 francs. (Cod. For. 152.)

En cas de *récidive*, *amende* : 100 francs. (Cod. For. 152, 201.)

Démolition dans le mois à dater du jour du jugement qui l'aura ordonnée. (Cod. For. 152.)

L'autorisation de construction de baraques est donnée, par le préfet. (Décr. du 25 mars 1852, art. 3, tableau C n° 8. Décr. du 13 avril 1861.)

4. *Autorisation. Conditions. Formule.* — La formule et les conditions de l'autorisation de baraques, loges, hangars, maisons sur perches, etc., ont été fixées par l'administration. (Décis. Min. 28 juin 1871. Cir. N 155.)

5. *Visites.* — Si la construction de la baraque, etc., a été autorisée, les agents et gardes forestiers peuvent y faire toute espèce de perquisitions, sans l'assistance d'un officier public, pourvu qu'ils se présentent au nombre de deux, ou accompagnés de deux témoins domiciliés dans la commune. (Cod. For. 157.) V. Construction.

6. *Appréciation.* — Si une loge ou baraque était une maison d'habitation, elle serait comprise dans la prohibition de l'article 156 du code forestier. L'appréciation de ce fait appartient aux tribunaux. (Nancy, inédit, 24 janvier 1844. Besançon, inédit, 12 mars 1832. Cass. 13 novembre et 13 décembre 1828.)

7. *Habitation. Autorisation.* — Une baraque destinée à l'habitation pendant une partie de l'année n'en reste pas moins soumise aux prescriptions qui régissent ce genre de construction. (Cass. 26 août 1853.)

8. *Distance. Population agglomérée* — La prohibition de construction de baraque à distance prohibée s'applique même au cas où ces baraques font partie d'une population agglomérée. (Cass. 13 décembre 1834 et 13 novembre 1828.)

9. *Reconstruction.* — La reconstruction d'une baraque doit être autorisée dans les mêmes formes que pour sa construction primitive. (Cass. 26 août 1853.)

10. *Résinage. Entretien.* — Les baraques domaniales, mises à la disposition des adjudicataires, devront être entretenues pendant toute la durée du bail et rendues en parfait état d'habitation.

A cet effet, le chef du cantonnement en fera remise sous inventaire à l'adjudicataire. Il constatera annuellement, avant le 1ᵉʳ mars, les réparations à faire et celles-ci devront être exécutées par l'adjudicataire avant le 1ᵉʳ avril. (Cah. des ch. 44.)

11. *Résinage. Construction.* — Chaque adjudicataire aura la faculté de construire dans sa coupe, sur l'emplacement qui lui sera désigné par les agents forestiers, des baraques pour servir au logement des résiniers. Ces baraques auront les parois de leurs cheminées en pierres ou en briques et seront recouvertes en tuiles. (Cah. des ch. 43.)

12. *Ponts et chaussées. Chemins de fer. Travaux.* — La construction des baraques, hangars ou autres bâtiments temporaires, par ordre de l'administration des ponts et chaussées, dans l'intérêt de son service et de l'exécution des chemins de fer, pourra avoir lieu, à distance prohibée des forêts, après qu'il aura été donné avis au conservateur par l'ingénieur en chef de la nécessité de leur exécution, de leur emplacement et de leur durée présumée. (Décis. Min. 24 juin 1851. Circ. A 688.) V. Hangar. Construction.

BARBEAU.

Pêche. Dimension. — Les barbeaux ayant moins de 0ᵐ14 de longueur, de l'œil à la naissance de la queue, ne peuvent pas être pêchés et doivent être rejetés à l'eau. Pêche interdite du lundi après le 15 avril au dimanche qui suit le 15 juin. (Décr. 5 septembre 1897, art. 1 et 8. Circ. N 524.)

BARDEAU.

Cantonnement. — Il n'y a pas lieu, dans un cantonnement, de tenir compte des bois (bardeaux pour couverture en bois) dont l'emploi a cessé d'être nécessaire pour la couverture des maisons, par suite d'un règlement de police qui oblige à se servir de tuiles pour la toiture. (Cass. 26 décembre 1865.)

BARRAGE ORDINAIRE OU INDUSTRIEL.

1. *Autorisation.* — 1° Cours d'eau non navigables ni flottables. — Aucun barrage ne peut être entrepris dans un cours d'eau non navigable et non flottable, sans l'autorisation de l'administration. (Loi du 8 avril 1898, art. 11.)

Les préfets statuent après enquête sur les demandes ayant pour objet l'établissement d'ouvrages intéressant le régime ou le mode d'écoulement des eaux. (Loi du 8 avril 1898, art. 12.)

2° Cours d'eau navigables ou flottables. — Aucun travail ne peut être exécuté et aucune prise d'eau ne peut être pratiquée dans les fleuves et rivières navigables ou flottables sans autorisation de l'administration. (Loi du 8 avril 1898, art. 40.)

Les préfets statuent, après enquête, et sur l'avis des ingénieurs, sauf recours au Ministre, sur les demandes ayant pour objet de faire des prises d'eau au moyen de machines, lorsqu'il est constaté que, eu égard au volume des cours d'eau, elles n'auront pas pour effet d'en altérer le régime. Toutes autres autorisations ne peuvent être accordées que par décrets rendus, après enquête, sur l'avis du Conseil d'État. (Loi du 8 avril 1898, art. 41 et 43.)

2. *Instruction des demandes.* — L'instruction, qui doit précéder les arrêtés préfectoraux concernant les ouvrages dans les cours d'eau, est réglée par le décret du 1er août 1905 rendu par application de la loi du 8 avril 1898.

3. *Barrage industriel.* — V. Énergie hydraulique.

BARRAGE (de pêcherie).

1. *Définition.* — Un barrage est ainsi appelé lorsqu'il constitue un appareil de pêcherie, c'est-à-dire lorsqu'il est disposé en vue de la capture du poisson. (Ch. Guyot.) V. Appareil de pêcherie.

2. *Pénalités.* — Il est interdit de placer dans les cours d'eau des barrages ayant pour objet d'empêcher entièrement le passage du poisson. En cas d'infraction :

Amende : 50 à 500 francs. Dommages-intérêts et destruction des barrages. (Loi du 15 avril 1829, art. 24.)

Cette défense s'applique à tous les canaux et fossés, quels qu'ils soient, communiquant par un point avec les fleuves et rivières, même à ceux qui seraient établis entre des propriétés particulières et ne communiqueraient, par l'autre extrémité, à aucune rivière navigable ou flottable. (Cass. 24 novembre 1832.) Elle s'applique encore aux barrages qui, ayant été établis pour une usine, servent néanmoins en même temps à la pêche. (Cass. 14 décembre 1837.) Le tribunal apprécie les circonstances légales qu'il faut tirer des faits matériels. (Cass. 22 août 1835.)

3. *Contravention.* — Quels que puissent être les droits d'un propriétaire sur un cours d'eau, ce propriétaire contrevient aux prescriptions de l'article 24 de la loi du 15 avril 1829 en plaçant dans les cours d'eau des barrages empêchant entièrement le passage du poisson. (Trib. de Laval, 10 août 1899.)

4. *Barrage avec vannes.* — Est prohibé le barrage laissant une ouverture suffisante en largeur, mais à laquelle sont placées des vannes qui obstruent l'ouverture dans une partie de sa hauteur. (Cass. 23 mars 1876.)

5. *Plusieurs nasses.* — La disposition de plusieurs filets dit *verveux* ou de plusieurs nasses, placés à côté les uns des autres, forme un barrage prohibé, s'il y a empêchement complet à la remonte du poisson dans un cours d'eau, boire, noue ou canal. (Cass. 23 mars 1876.)

6. *Bras secondaire. Boire. Noue. Délit.* — La construction d'un barrage dans une boire ou bras secondaire d'une rivière navigable, lorsqu'il n'en résulte pas d'obstacle pour la navigation dans le lit principal, n'est pas une contravention de grande voirie ; elle constitue une contravention à l'article 24 de la loi du 15 avril 1829, sur la pêche fluviale. (Ord. 23 juillet 1841.) Il en est de même pour un barrage construit dans une noue. (Cass. 5 février 1848.) V. Action possessoire. Noue.

7. *Obstacle intermittent.* — La prohibition édictée par l'article 24 de la loi de 1829 est applicable à un barrage de pêche occupant toute la largeur d'un bras de rivière, alors même qu'à raison de sa construction il n'opposerait qu'un obstacle intermittent au passage du poisson et que d'ailleurs ce passage pourrait s'opérer librement par un autre bras de la même rivière. (Cass. 21 décembre 1851.)

8. *Plusieurs canaux.* — L'article 24 de la loi de 1829 est applicable lorsque le barrage est établi dans un canal faisant communiquer une eau privée avec une rivière, bien que, sur d'autres points et par d'autres canaux, il existe des moyens de circulation offrant aux poissons une ou plusieurs issues leur permettant de remonter en rivière. (Cass. 23 mars 1806.)

9. *Barrage partiel. Principe.* — Les barrages partiels ne sont pas interdits. (Lyon, 14 août 1845.)

10. *Barrage partiel. Bras de rivière.* — Le fait d'avoir intercepté le passage du poisson à l'aide de claies et de fascines placées à la digue d'une usine ne constitue pas le délit prévu par l'article 24 de la loi de 1829, lorsque le poisson n'est pas privé de toute issue et que notamment le passage reste libre dans un autre bras du cours d'eau où se trouve une autre usine. (Cass. 7 septembre 1849.)

11. *Barrage mobile.* — L'article 24 de la loi de 1829 s'applique à une grille mobile dont les mailles ont de 30 à 40 millimètres d'écartement et qui fait obstacle au passage du poisson. (Lyon, 10 novembre 1864.)

12. *Prescription. Conséquence.* — Du principe que l'on ne prescrit pas contre les lois de police, il résulte que la possession, même immémoriale, ne peut légitimer l'usage d'un barrage de pêche prohibé par l'article 24 de la loi du 15 avril 1829. (Lyon, 10 novembre 1864.)

Dans le cas de délit successif ou continu, tel que le délit de barrage, la prescription ne court pas tant que subsiste la construction faite contrairement à la loi. (Cass. 14 décembre 1837.)

13. *Filets.* — Il y a délit rentrant dans les prévisions de l'article 24 de la loi de 1829 dans le fait de pêcheurs qui fixent des filets d'une rive à l'autre d'un cours d'eau. (Colmar, 3 décembre 1864.) V. Filet.

14. *Débordement.* — L'article 24 de la loi de 1829 est applicable au propriétaire qui éta-

blit un barrage complet dans un cours d'eau qui s'est formé momentanément sur son héritage, à la suite d'un débordement d'une rivière, alors que ce cours d'eau n'a pas cessé d'être en communication avec la rivière. (Bourges, 24 février 1853.)

15. *Barrages établis en vue de la pisciculture.* — V. Fonds d'eau aménagés en enclos. (Loi du 18 juin 1923.)

BARRIÈRE.

1. *Adjudicataires.* — Les adjudicataires doivent rétablir les barrières endommagées ou détruites par le fait de l'exploitation ou de la vidange des coupes (Cah. des ch. 63.) En cas d'inexécution, pas de pénalités; l'administration fait exécuter les travaux aux frais des adjudicataires. (Cah. des ch. 64. Cod. For. 41.)

2. *Travaux.* — L'établissement de barrières rentre dans la catégorie des travaux neufs, la réparation dans celle des travaux d'entretien. (Circ. N 566, art. 22 et 23.)

BARROIS MOUVANT.

1. *Souveraineté.* — Les ducs de Lorraine et de Bar n'avaient pas la souveraineté pleine et entière sur la partie de leurs États connue sous le nom de *Barrois mouvant.* L'hommage lige auquel ils étaient tenus envers les rois de France, à raison du Barrois mouvant, était exclusif du droit de faire des lois organiques pour ce pays; mais il n'était pas exclusif du droit de faire des lois de police et d'administration, dans lesquelles on peut ranger le droit de prendre du bois dans les forêts pour les besoins accordés aux habitants, ainsi que celui de vendre ledit bois. (Nancy, 22 février 1842.)

2. *Aliénabilité.* — Les biens que les ducs de Lorraine possédaient dans le Barrois mouvant n'étaient pas inaliénables. (Cass. 30 janvier 1821.)

BAS BOIS. V. Unterholz.

BASSIN.

Rivière torrentielle. — Le projet de loi de déclaration d'utilité publique des travaux de restauration de terrains en montagne peut comprendre l'ensemble des terrains à restaurer dans un même bassin de rivière torrentielle. (Décr. 11 juillet 1882, art. 7. Cir. N 345.)

BATEAU. BATELETS.

1. *Contremaîtres. Mariniers. Filets. Visite.* — Les contremaîtres, les employés du balisage et les mariniers qui fréquentent les fleuves, rivières et canaux navigables ou flottables ne pourront avoir dans leurs bateaux aucun filet ou engin de pêche, même non prohibé. A cet effet ils seront tenus de souffrir la visite, sur leurs bateaux, des agents chargés de la police de la pêche, aux lieux où ils aborderont.

En cas de détention de filets ou de refus de visite :

Amende : 50 francs. (Loi du 15 avril 1829, art. 33.) V. Perquisition.

2. *Bateaux stationnaires.* — Peu importe que le bateau soit destiné à la navigation ou qu'il soit établi à poste fixe pour l'exploitation d'une usine. (Cass. 6 mars 1835.)

3. *Fermier. Visite.* — Dans leur cantonnement, les fermiers de la pêche et les porteurs de licence sont tenus d'amener leur bateau à la première réquisition des agents et préposés de la pêche. — En cas de refus :

Amende : 50 francs. (Loi du 15 avril 1829, art. 34.)

4. *Gardes-pêche particuliers.* — Les gardes-pêche des particuliers ont qualité pour constater les contraventions à l'article 34 de la loi du 15 avril 1829. (Metz, 4 janvier 1860.)

5. *Nombre.* — Le nombre des bateaux ne pourra excéder trois pour l'adjudicataire ainsi que pour chacun des co-fermiers, deux pour chacun des permissionnaires de grande pêche, un pour chacun des permissionnaires de petite pêche, de pêche aux lignes ou de chasse. (Cah. des ch. art 16 *bis,* C. N 657.)

6. *Bateau de plaisance. Visite.* — Les canotiers qui ne se livrent pas à la pêche ne sont pas tenus d'amener leurs bateaux ni de les laisser visiter par les agents de la pêche.

7. *Moulin à bateau. Bateau à lessive.* — Les moulins à bateau et les bateaux à lessive sont assujettis aux visites des préposés de la pêche, ils sont en contravention si des filets y sont trouvés. (Cass. 19 février 1836. Paris, 21 juin 1838.)

8. *Lettres. Numéros. Chaîne. Cadenas. Amarrages.* — Les batelets employés à la pêche porteront à l'extérieur de la proue et des deux côtés le mot «pêche» et le numéro du lot. Les lettres et le numéro auront au moins 5 centimètres de hauteur et seront inscrits en noir sur un fond blanc, sur le bordage même de l'embarcation et non sur des plaques mobiles.

Ils seront garnis d'une chaîne et d'un cadenas. Chaque soir ils seront amarrés dans l'emplacement qui sera désigné par l'agent local. (Cah. des ch. 29. Circ. N 657.)

9. *Infractions. Pénalités.* — En cas d'inobservation des prescriptions qui précèdent, les adjudicataires et autres seront tenus de verser au Trésor public, à titre de clause pénale civile, une somme de 2 francs par jour de retard pour chaque contravention constatée par les

agents de l'administration, indépendamment
des frais de timbre et d'enregistrement du
procès-verbal de constatation et sans préjudice
des actions civiles ou correctionnelles qui pourraient être intentées. (Cah. des ch. 3o. Circ.
N 657.)

10. *Pêcheurs à la ligne. Batelets.* — Les batelets dont les membres des sociétés de pêcheurs
à la ligne pourront faire usage ne seront pas
asssimilés aux bateaux servant à l'exploitation
de la pêche dans les conditions prévues à l'article 29 du Cahier des charges. (Cah. des
ch. 45. Circ. N 657.)

BÂTON.

Pénalités. — La coupe ou l'enlèvement de
bois (un bâton) n'ayant pas 2 décimètres de
tour est passible de 2 francs d'amende (Cod.
For. art. 194) par chaque charge d'homme,
alors même que le bois coupé ou enlevé ne
présente pas une quantité suffisante pour former une charge d'homme. (Cass. 25 janvier
1862.)

BÂTON PLANTÉ (PATURAGE A).

Désignation. — Cette expression, servant
à désigner un délit de pâturage *volontaire*, vient
de ce que les bergers, en s'arrêtant pour garder
leurs troupeaux, s'appuient sur leur bâton,
qui, sous leur poids, se plante et s'enfonce
dans la terre, ou parce que les bergers enfon-
cent eux-mêmes leur bâton pour avoir plus de
stabilité.

BATTUE.

V. Animal nuisible. Chasse. Louveterie.
Traque.

SECT. I. — GÉNÉRALITÉS.

1. *Objets.* — Les battues ont pour objet la
destruction des loups, renards, sangliers,
blaireaux et autres animaux nuisibles.

2. *Classification.* — Les battues se divisent :
1° En battues administratives ordonnées par
le préfet dans l'intérêt public ;

2° En battues municipales organisées par le
maire dans les conditions fixées par la loi municipale ;

3° En battues privées organisées par le propriétaire ou le fermier de la chasse sur son
terrain en temps d'ouverture. [Voir Circ. Min.
des 14 septembre 1915 (*J. O.* du 22 septembre) et 4 septembre 1916 (*J. O.* du 5 septembre.)]

SECT. II. — BATTUES ADMINISTRATIVES.

A. *Principes. Objets divers.*

3. *Principes. Conditions. Terrain d'autrui.* —
Les battues générales prescrites par l'autorité
administrative, dans un intérêt public, et qui
peuvent être faites sur le terrain d'autrui,
contre la volonté des propriétaires, sont des
mesures exceptionnelles, dont la légalité est
subordonnée à certaines conditions imposées
pour la protection des propriétés particulières,
pour la sécurité des personnes et pour l'effi-
cacité de la poursuite des animaux nuisibles.

En dehors de ces conditions, la battue devient
une chasse ordinaire soumise aux prescriptions
de la loi du 3 mai 1844 et de l'arrêté du
19 pluviôse an v. Peu importe qu'elle soit faite
par un lieutenant de louveterie ou l'un de ses
préposés, ou un simple particulier. (Paris,
29 novembre 1882.)

4. *Nombre. Époques.* — Il sera fait dans
les forêts nationales et dans les campagnes,
tous les trois mois et plus souvent, s'il est
nécessaire, des chasses et battues générales ou
particulières aux loups, renards, blaireaux et
autres animaux nuisibles. (Arr. 19 pluviôse
an v, art. 2.)

5. *Époques.* — Les battues générales doivent avoir lieu, de préférence, à deux époques
de l'année, savoir : au mois de mars, avant que
les récoltes ne soient sorties de terre et vers le
mois de décembre, aux premières neiges. (Ins.
Min. de l'intérieur, 9 juillet 1818.)

6. *Délai.* — Lorsqu'un arrêté préfectoral
ordonnant une battue n'a pas fixé de délai,
l'administration est présumée s'être reposée
sur le lieutenant de louveterie du soin d'en
apprécier l'opportunité, suivant les besoins de
l'agriculture et les convenances des habitants.
(Bourges, 24 mars 1870.)

7. *Forêt domaniale. Adjudicataire de la chasse.
Trouble de jouissance.* — Il n'y a pas lieu à
dommages-intérêts au profit de l'adjudicataire
du droit de chasse dans une forêt domaniale
qui se plaint du trouble apporté à sa jouissance
par une battue au sanglier ordonnée sans mise
en demeure préalable en vertu de l'arrêté du
19 pluviôse an v, sur l'initiative de l'administration forestière. Cette initiative, autorisée par
l'article 3 dudit arrêté, ne constitue pas une

violation des clauses du Cahier des charges de l'adjudicataire. (Cass. 7 novembre 1905 et 29 juin 1910. Poitiers, 13 novembre 1911.)

B. *Autorisation.*

8. *Arrêté.* — Les battues pour la destruction des animaux nuisibles doivent être l'objet d'un arrêté fixant le nombre des battues à effectuer pendant un délai déterminé, le territoire sur lequel les battues auront lieu et les espèces d'animaux à détruire.

9. *Décision.* — Les préfets ordonnent des battues, soit sur l'avis du maire et du sous-préfet, soit sur la plainte d'un certain nombre de propriétaires. (Circ. Min. 22 juillet 1851.)

10. *Battues. Arrêtés. Conditions.* — Les préfets ne peuvent ordonner des battues, pour la destruction des animaux nuisibles, que de concert avec les agents forestiers. (Cons. d'État, 12 mai 1882.)

11. *Autorisation.* — Les battues ne peuvent faire l'objet d'autorisation permanente. (Circ. du Ministre de l'intérieur, 1er mars 1865.)

12. *Bois communaux.* — Les sous-préfets autorisent des battues pour la destruction des animaux nuisibles, dans les bois des communes et des établissements de bienfaisance. (Décr. 13 avril 1861, art. 6.)

13. *Condition. Demande.* — Les chasses et battues seront ordonnées par les administrations centrales des départements (Préfets), de concert avec les agents forestiers de leur arrondissement, sur la demande de ces derniers et sur celle des administrations municipales de canton. (Règl. 20 août 1814, § 11. Arr. 19 pluviôse an v, art. 3.) La demande ou proposition de battue peut être faite par toute personne. (Ch. Guyot.)

14. *Prescription. Exécution.* — Les préfets peuvent ordonner d'office des battues aux loups (Règl. du 20 août 1814, art. 11) même dans les bois soumis au régime forestier, sauf à en donner avis aux agents forestiers et aux officiers de louveterie, qui doivent diriger ces chasses et régler, de concert avec les maires, les mesures à prendre pour leur exécution. Si l'officier de louveterie est désigné, on doit s'entendre avec lui ; s'il n'est pas désigné, la battue sera dirigé par un agent forestier, qui s'entendra avec le maire. (Décis. Min. 10 septembre 1850. Circ. A 660.)

15. *Autorisation.* — Les préfets ont seuls qualité pour ordonner des battues dans les bois de l'État. Ils peuvent provoquer cette mesure. (Circ. A 809.)

16. *Instructions préfectorales. Interprétation.* — Les instructions sous forme de lettres,

envoyées postérieurement à l'arrêté préfectoral autorisant une battue, ne constituent pas des décisions administratives dont l'interprétation échappe à l'autorité judiciaire. (Angers, 27 octobre 1894. Cass. 30 mai 1895. Rennes, 20 novembre 1895.)

17. *Arrêté préfectoral. Indications essentielles.* — Le préfet doit spécifier le territoire sur lequel la battue aura lieu, préciser les espèces d'animaux qu'on se propose de détruire ; il peut déterminer les moyens dont l'emploi est autorisé. Si la battue seule est mentionnée, on ne peut la transformer en chasse et l'emploi des chiens est interdit. V. Rép. For. 8, p. 134. Putois, Louveterie n°s 142 et 143.

18. *Arrêté préfectoral. Validité.* — L'arrêté préfectoral n'est pas nécessairement publié et n'a pas besoin d'être notifié aux propriétaires des bois dans lesquels la battue s'opère. (Paris, 28 février 1874.) V. Puton, Louveterie p. 152.

C. *Exécution.*

§ 1. *Surveillance.*

19. *Exécution. Concours. Direction. Surveillance.* — Les lieutenants de louveterie, pour l'exécution des battues autorisées, ne sont tenus qu'à se concerter avec l'administration forestière, sous la surveillance de laquelle ces battues doivent être effectuées. (Cass. 21 janvier 1864.)

Les battues autorisées doivent être dirigées par les lieutenants de louveterie, sous la surveillance des agents forestiers, dont le concours est indispensable. (Circ. du Ministre de l'intérieur, 22 juillet 1851.)

La présence du lieutenant de louveterie n'est pas indispensable, mais, en son absence, toute battue exécutée sans le représentant de l'administration forestière est illégale, bien qu'elle ait été dûment autorisée et ceux qui y prendraient part sont en délit. (Cass. 18 janvier 1898.) V. Rép. For. 8, p. 257.

20. *Faire le bois. Délit. Surveillance.* — Lorsqu'il est constaté qu'en vue d'une chasse en battue de sangliers, autorisée par arrêté préfectoral, les prévenus avaient, sans avoir de chien, fait le bois, la veille du jour fixé pour la battue, cet acte de recherche initiale constitue un délit de chasse, si, contrairement aux prescriptions de l'arrêté du 19 pluviôse an v, il s'est accompli hors de la surveillance d'un agent forestier.

.... Et ce délit ne saurait être excusé par le motif que la faute, si elle a été commise, ne pourrait retomber que sur l'agent, qui, délégué par son administration, n'avait pas jugé utile d'assister à un acte qu'il regardait comme préliminaire et préparatoire. (Cass. 29 juin 1889.)

21. *Autorisation régulière.* — Une simple lettre du préfet contenant réquisition aux officiers de louveterie de faire une battue, sans l'accomplissement des conditions réglées par les lois sur la matière, ne peut autoriser ou régulariser l'introduction des lieutenants de louveterie dans les propriétés particulières. (Cass. 3 janvier 1840.)

22. *Formalités. Exécution. Décision.* — Lorsque les préfets ordonnent des battues pour la destruction des loups, les conservateurs veillent à ce que toutes les formalités prescrites par l'arrêté du 19 pluviôse an v soient ponctuellement exécutées.

Ils recommandent de rapporter des procès-verbaux contre les individus appelés, qui abandonneraient les battues pour se livrer à la chasse du gibier, et ils proposent, contre les gardes qui auraient contrevenu aux dispositions des lois et règlements, telle peine qu'ils jugent convenable. (Instr. 23 mars 1821.)

23. *Arrêté préfectoral. Infraction.* — L'infraction à un arrêté préfectoral qui fixe les conditions d'exécution d'une battue constitue le délit réprimé par l'article 11 de la loi du 3 mai 1844. (Besançon, 21 juillet 1877.)

24. *Exécution. Surveillance. Traqueurs.* — Les battues ordonnées seront exécutées sous la direction et la surveillance des agents forestiers, qui régleront, de concert avec les administrations municipales de canton, les jours où elles se feront et le nombre d'hommes qui y seront appelés. (Règl. 20 août 1814, art. 11. Ord. 20 juin 1845, art. 4. Arr. 19 pluviôse an v, art. 4.)

25. *Exécution. Condition.* — L'arrêté ministériel du 4 septembre 1915 recommande de ne procéder aux battues administratives pour la destruction des animaux reconnus nuisibles que sur les terrains dont les propriétaires ou leurs ayants droit ont négligé d'effectuer eux-mêmes les destructions nécessaires. Aucune disposition impérative de l'arrêté du Directoire du 19 pluviôse an v, toujours en vigueur, n'exige pour les battues ordonnées par les préfets, de concert avec l'administration forestière, une mise en demeure préalable adressée aux propriétaires intéressés. (Cons. d'État, 5 août 1921.)

26. *Chasseur. Exclusion.* — Les agents ou préposés chargés de diriger une battue peuvent refuser d'y admettre ou en exclure des chasseurs, sans même avoir à faire connaître les motifs de cette injonction. En cas de refus de la part du chasseur de quitter la battue, il est réputé avoir chassé en temps prohibé ou sur un terrain d'autrui et doit être puni comme tel. (Trib. d'Arbois, 5 mars 1878.)

27. *Bois et terrains particuliers.* — Les battues peuvent se faire dans les campagnes et bois, *non clos,* soumis au régime forestier ou appartenant aux particuliers, sans avoir besoin de demander l'assentiment des propriétaires. (Circ. Min. 22 juillet 1851.)

28. *Animaux. Désignation.* — Les battues ne peuvent être effectuées que contre les animaux désignés dans les arrêtés ordonnant les battues. (Circ. Min. 22 juillet 1851.)

§ 2. *Concours.*

29. *Convocation. Refus. Pénalité.* — En cas de battue, le préfet prévient le maire de la commune sur laquelle doit se faire la battue, et le maire convoque les tireurs et traqueurs qui en doivent faire partie. Après la battue, le maire adresse au préfet la liste des habitants convoqués qui ne se sont pas présentés, et il leur est fait application de l'article 63 de l'arrêté du conseil du 25 février 1697. L'amende est de 10 francs. (Cass. 13 juillet 1810. Trib. de paix Châteauneuf, 19 mars 1902.)

30. *Réquisition. Refus. Pénalité.* — Les peines édictées par l'article 471, § 15, du code pénal sont applicables à ceux qui, le pouvant, s'abstiennent d'obéir à la réquisition de l'autorité municipale, à l'effet de concourir à une battue régulièrement ordonnée pour la destruction des animaux nuisibles. (Vaucouleurs, 2 août 1861.)

Ceux qui auront contrevenu aux règlements ou arrêtés publiés par l'autorité municipale, en vertu de la loi des 16-24 août 1790, articles 3 et 4, et de la loi des 19-22 juillet 1791, article 40, encourront :

Amende : 1 à 5 francs (Cod. Pén. 471, § 15).

31. *Refus de concours. Réquisition. Pénalité.* — Seront punis ceux qui, le pouvant, auront refusé ou négligé de prêter le concours dont ils auront été requis en cas de calamité (battue) :

Amende : 1 à 10 francs. (Cod. Pén. 475, § 12. Lettre de l'administration, 14 août 1845.)

32. *Gibier. Chasse.* — Il doit être dressé des procès-verbaux contre ceux qui, appelés aux battues, les abandonneraient pour se livrer à la chasse du gibier. (Instr. 23 mars 1821.)

33. *Chevreuil tué au lieu d'un loup.* — Il n'y a pas délit de chasse de la part d'un chasseur qui, dans une battue pour la destruction des animaux nuisibles, tire au jugé dans un fourré et tue un chevreuil au lieu d'un loup, alors que l'animal tué avait déjà essuyé plusieurs coups de feu et que celui qui l'a tué n'a pas pu connaître l'animal sur lequel il tirait. (Cass. 16 novembre 1866.)

34. *Forêts domaniales. Fermiers de la chasse.* — Les fermiers souffriront, en outre des battues prévues à l'article 18 et sans mise en demeure, les battues qui pourront être ordonnées pour la destruction des loups et autres animaux nuisibles, en vertu des lois et règlements existants. Ils concourront à ces battues. (Ord. 20 juin 1845. Cah. des ch. 24.) Cet article s'applique aux battues administratives proprement dites, ordonnées dans un but d'intérêt général. (Circ. N. 718.) V. Gibier.

35. *Indemnité.* — Il n'est dû aucune indemnité aux personnes qui participent aux battues.

36. *Organisateur. Responsabilité.* — L'organisateur d'une battue qui n'a pas pris les précautions nécessaires est civilement responsable, si un traqueur reçoit un coup de feu, même si l'imprudence d'un des chasseurs était démontrée. Cette circonstance aurait pour effet de faire peser la responsabilité sur l'organisateur et sur le chasseur solidairement. (Amiens, 5 juillet 1895.)

SECT. III. — BATTUES MUNICIPALES.

37. *Destruction des animaux nuisibles. Neige. Chasse.* — Le maire est chargé, sous le contrôle du conseil municipal et la surveillance de l'autorité supérieure :

....

9° De prendre, de concert avec les propriétaires ou les détenteurs du droit de chasse dans les buissons, bois et forêts, toutes les mesures nécessaires à la destruction des animaux nuisibles désignés par l'arrêté préfectoral ;

De faire, pendant le temps de neige, à défaut des détenteurs du droit de chasse, à ce dûment invités, détourner les loups et sangliers remis sur le territoire ; de requérir, à l'effet de les détruire, les habitants avec armes et chiens propres à la chasse de ces animaux ;

De surveiller, d'assurer l'exécution des mesures ci-dessus et d'en dresser procès-verbal. (Loi du 5 avril 1884, art. 90.)

Ainsi le préfet n'a pas à intervenir. Il n'est pas fait mention des lieutenants de louveterie ni des officiers ou préposés forestiers dont la présence n'est pas imposée. L'entente avec les détenteurs du droit de chasse suffit, mais elle est essentielle, sauf pour la destruction des loups et des sangliers en temps de neige.

38. *Animal nuisible. Non-délit.* — Ne commettent pas un délit de chasse les personnes chargées par le maire de faire une battue aux sangliers, dans les conditions de la loi du 5 avril 1884, art. 90, alors même : 1° que la battue n'a pas été l'objet d'un arrêté municipal ; 2° que le maire ne l'a pas personnellement surveillée ; 3° que l'administration des forêts n'a pas été invitée à la surveiller, la battue devant avoir lieu dans une forêt communale soumise au régime forestier. (Toulouse, 16 novembre 1894.)

39. *Animal nuisible. Moyens de destruction.* — Rentre dans les pouvoirs conférés au maire l'autorisation de faire usage de panneaux, afin de rendre les battues plus efficaces.

Il n'est pas nécessaire que les mesures jugées utiles par le maire pour la destruction des animaux nuisibles fassent l'objet d'un arrêté spécial.

De même, il n'est pas nécessaire que le maire assiste personnellement à l'exécution des mesures prises. (Cass. 12 juin 1886.)

40. *Chasseurs. Convocation. Bonne foi.* — Des chasseurs qui ont participé à une battue irrégulière sur la convocation du maire ne sont à l'abri des poursuites, nonobstant leur bonne foi, que si cette convocation a eu le caractère de la réquisition légale prévue par l'article 90, n° 9, de la loi du 5 avril 1884. (Cass. 12 juin 1886.)

41. *Réquisition. Destruction d'animaux nuisibles. Refus. Pénalité.* — Les habitants qui n'obéissent pas à la réquisition du maire, pour les chasses ordonnées pour la destruction des animaux nuisibles, sont passibles des peines de simple police. Amende : 1 à 5 francs. (Cod. Pén. 471 § 15.)

42. *Maire. Irrégularité. Compétence.* — Les irrégularités commises par le maire, organisateur d'une battue aux sangliers, constituent des faits personnels, dont il appartient à l'autorité judiciaire d'apprécier les conséquences. (Cass. 12 juin 1886.)

SECT. IV. — BATTUES PRIVÉES.

43. *Bois domaniaux. Principe.* — Il appartient au conservateur de déclarer qu'il y a surabondance de gibier et de mettre l'adjudicataire en demeure, par sommation extrajudiciaire, de détruire dans un délai déterminé les animaux dont le nombre et l'espèce lui sont indiqués. Faute par le premier de satisfaire à la mise en demeure, le service forestier peut procéder d'office à des destructions par tous les moyens qu'autorisent la loi et les règlements et notamment par des chasses ou par des battues. (Cah. des ch. 18.)

44. *Bois domaniaux. Chasse. Bail.* — La chasse en traques ou en battues est permise aux fermiers de la chasse à tir. Toutefois ce mode de chasse ne pourra être pratiqué pendant la dernière année du bail qu'avec l'autorisation du conservateur. (Cah. des ch. 16. Circ. N. 865.)

45. *Bois communal. Bail. Interdiction.* — La prohibition de faire des battues sans autorisation, dans les forêts confiées à la surveillance de l'administration forestière, comporte interdiction, pour les fermiers du droit de chasse, de se livrer à la chasse avec traque et battue. (Cass. 30 février 1847.)

46. *Particulier. Propriétés.* — Le préfet peut autoriser le propriétaire lui-même à faire, sur ses terres, des battues aux animaux nuisibles (sangliers), lorsque leur multiplication donne lieu à des plaintes de la part des habitants. (Poitiers, 10 décembre 1836.)

L'article 9, § 3 *in fine* de la loi sur la chasse implique pour le propriétaire, en cas d'urgence, le droit d'organiser une battue et de se faire aider et assister par tels auxiliaires qu'il lui plaira de choisir. (Caen, 26 juin 1878.)

47. *Accident. Responsabilité.* — Lorsque, dans une battue organisée en commun, un traqueur est blessé par suite de l'imprudence des chasseurs, chacun de ceux-ci doit être tenu pour sa part et portion des condamnations solidaires prononcées contre eux s'il n'est pas possible d'imputer avec certitude à l'un des chasseurs le fait dont a souffert la victime. (Paris, 15 juin 1867.) V. Traqueur.

48. *Imprudence. Responsabilité.* — Lorsque le garde du propriétaire a été chargé par celui-ci d'organiser une battue, l'homicide par imprudence commis par ce garde engage la responsabilité du propriétaire, conformément à l'article 1384 du Code civil. (Rouen 1ᵉʳ mars 1893.)

SECT. V. — RÉSULTATS DES BATTUES.
PROPRIÉTÉ DES ANIMAUX TUÉS.

49. *Animaux tués. Procès-verbal.* — Il sera dressé procès-verbal de chaque battue, du nombre et de l'espèce des animaux qui auront été détruits. (Arr. 19 pluviôse an v, art. 6.) L'état des animaux nuisibles détruits par les lieutenants de louveterie ne sera plus adressé à l'administration. (Circ. N. 416.)

50. *Animaux tués. Propriété.* — Le fermier du droit de chasse dans une forêt de l'État n'a pas droit à la propriété des animaux nuisibles (sangliers) tués par un tiers, dans une battue ordonnée par l'autorité administrative, alors d'ailleurs qu'une clause du bail oblige le fermier à souffrir, en pareil cas, la destruction de ces animaux. (Cass. 22 juin 1843.) Les animaux tués dans les battues appartiendront à ceux qui les auront abattus. (Cah. des ch. 18.) (Art. 28 de la loi de finances du 30 octobre 1903.)

51. *Animaux tués. Transport.* — Les animaux tués dans une battue (chevreuils, sangliers) peuvent être transportés au domicile des individus qui ont pris part à cette battue. (Rouen, 22 juin 1865.)

BEAU-FRÈRE.

1. *Prohibition.* — Les beaux-frères des agents et gardes ne peuvent prendre part aux ventes. V. Agents. Ventes.

2. *Coupe. Vente. Nullité.* — La vente prononcée au profit du beau-frère d'un garde concernant une coupe communale située dans le triage de ce garde donne lieu, contre l'adjudicataire, à l'amende prévue par l'article 21 § 2 du Code forestier (du 1/12 au 1/4 du montant de l'adjudication).

La nullité de la vente doit être prononcée. (Trib. de Saint-Mihiel, 25 octobre 1904.) V. Action pénale.

BELGIQUE. V. Frontière.

BÉLIER. V. Mouton. Pâturage.

BÉNÉFICIAIRES (de marchés).

Algérie. Responsabilité. — Les bénéficiaires de marchés de gré à gré, à dater du permis d'exploiter et jusqu'à leur libération définitive, sont responsables de tout délit forestier commis dans leur vente et dans une zone de 100 mètres de largeur en dehors de leur vente, si leurs facteurs ou gardes-vente n'en font leurs rapports, lesquels doivent être remis à l'agent des eaux et forêts dans le délai de cinq jours.

Ils sont également responsables et contraignables par corps au payement des amendes et restitutions encourues pour délits et contraventions commis, dans les mêmes conditions de lieu, par leurs facteurs, gardes-vente, ouvriers, bûcherons, voituriers et tous autres employés. (Loi du 21 février 1903, art. 48. Circ. N. 642.) V. Cahier des charges. Coupe. Empreinte. Exploitation. Facteur. Feu. Marché. Pâturage. Recolement. Régie.

BERGE.

1. *Propriété.* — Les lits de cours d'eau ni navigable ni flottable ayant été reconnus la propriété du riverain (Loi, 8 avril 1898, art. 3), il s'ensuit que, dans ces cours d'eau, les berges sont la propriété absolue des riverains.

2. *Berges. Francs-bords.* — Le propriétaire du bief ou canal d'une usine est, par cela même, présumé propriétaire des berges ou franc-bords du canal.

Une telle présomption cependant n'est pas absolue, et elle doit céder devant la preuve contraire résultant, soit de titres attribuant à un autre qu'au propriétaire du bief ou canal la propriété des berges ou francs-bords, soit de la prescription, soit même d'un ensemble de présomptions plus concluantes que celle qui milite en faveur du propriétaire incontesté du bief ou canal. (Paris, 28 janvier 1890.) V. Canal. Cours d'eau.

BERGER.

Animaux nuisibles. Destruction. — Les bergers qui sont en même temps colons partiaires, en ce sens qu'ils partagent avec le propriétaire le croît des troupeaux, ont le droit, pour la défense de ces troupeaux, de détruire les animaux malfaisants et principalement de repousser les bêtes fauves avec des armes à feu (Circ. Int. 22 juillet 1851.)

V. Pâtre. Pâturage et, pour les délits, le nom de chaque animal.

BÉTAIL. BESTIAUX.

1. *Classification.* — On comprend sous le nom de *bestiaux* les taureaux, bœufs, vaches, veaux, moutons, béliers brebis, chèvres, boucs, cabris et agneaux. Les chevaux, mulets et ânes ne sont pas rangés dans cette catégorie. (Dupont.)

2. *Bestiaux de commerce.* — Les usagers et les habitants ne peuvent envoyer au pâturage ou au panage, dans les cantons défensables désignés des bois de l'État, des communes et des particuliers, que les bestiaux servant à leur propre usage. S'ils envoient ceux dont ils font commerce, à moins de titre spécial à cet effet, ils encourent les pénalités suivantes, d'après les articles 112 et 120 du code forestier :

DÉSIGNATION DES ANIMAUX.	LE JOUR.	LA NUIT OU EN RÉCIDIVE, la nuit et en récidive.
	fr. c.	fr. c.
Cochon (pour 1). Bête à laine ou veau.......	0,20 à 1 — C.F. 70, 199.	0,40 à 2 — C.F. 70, 199. 201
Bête de somme. Bœuf, vache...	0,40 à 2	0,80 à 4

Dommages-intérêts facultatifs ; minimum, amende simple. (Cod. For. 199, 202. Loi du 18 juillet 1906. Circ. N. 703.)

Saisie, s'il y a lieu. (Cod. For. 161.)

(Il n'est pas question de chèvres, ni de bois au-dessous de dix ans, car ces délits ne peuvent avoir lieu pour l'usage du droit de pâturage et dans les cantons défensables ; en dehors de ces conditions, les usagers encourent les pénalités ordinaires. Voir les noms des animaux.)

3. *Bestiaux de commerce. Habitants. Communes.* — Les habitants peuvent envoyer dans les pâturages communaux, dont ils jouissent en qualité d'habitants de la commune, les bestiaux dont il font commerce, par exception à l'article 70 du Code forestier. (Décis. Min. 2 novembre 1829.)

4. *Bétail de commerce.* — On ne considère comme bétail de commerce que celui qui est acheté maigre, pour être revendu après avoir été engraissé. Tous les animaux nés dans la ferme, quoique destinés à être vendus, sont considérés comme bétail à l'usage des usagers, ainsi que tous ceux servant à l'exploitation du domaine.

5. *Algérie. Bois domaniaux. Usagers.* — Les usagers ne pourront, en aucun cas, jouir des droits de parcours dans les bois de l'État que pour les bestiaux à leur propre usage.

Les troupeaux, autres que ceux attachés à l'exploitation, appartenant à des marchands de bestiaux, même si ces marchands sont usagers, ainsi que les troupeaux en achaba, sont exclus du bénéfice des droits d'usage. (Loi du 21 février 1903, art. 68. Circ. N. 642.)

Pour les troupeaux «en achaba», il s'agit d'une sorte de transhumance qui s'exerce sans contrat, mais moyennant une redevance. V. Chemin.

6. *Cheptel.* — Le bétail donné à cheptel n'est pas considéré comme bétail de commerce et peut être introduit au pâturage par l'usager. (Cass. 14 février 1862, 11 mars 1865.) V. Cheptel.

7. *Troupeau commun. Usager.* — La réunion des bestiaux des usagers en un troupeau commun, pour le pâturage, est punie, savoir :

Pour le pâtre des usagers, *amende*, 5 à 10 fr. (Cod. For. 72.)

En cas de récidive : *Prison obligatoire*, 5 à 10 jours. (Cod. For. 72, 201. Loi du 18 juillet 1906.)

La commune est responsable des condamnations civiles. (Cod. For. 72.)

8. *Pâturage hors chemin ou canton. Usagers.* — Pour pâturage des bestiaux des usagers, hors des cantons défensables ou hors des chemins désignés pour s'y rendre :

Pour le propriétaire : *amende* pour les animaux en délit. V. le nom des animaux.

Pour le pâtre des usagers : *amende*, 3 à 30 fr. (Cod. For. 76, 112, 120.)

Pour le pâtre en récidive, outre l'amende, *prison* facultative, 5 à 15 jours. (Cod. For. 76, 112.)

La commune est responsable des condamnations civiles. (Cod. For. 72.)

Cet article ne s'applique qu'aux usagers et aux pâtres des usagers. (Cass. 18 septembre 1835.) On peut poursuivre le pâtre ou l'usager propriétaire. (Cass. 30 avril 1836, 10 mai 1842.) V. Hors chemin.

9. *Marque.* — Les bestiaux des usagers doivent être marqués d'une marque spéciale, pour chaque commune ou section de commune usagère dans les bois de l'État, ou les bois particuliers ou ceux d'une autre commune. En cas d'infraction :

Amende, par tête de bétail non marqué : 50 centimes. (Cod. For. 73, 112, 120. Loi du 18 juillet 1906.)

Récidive, 1 franc. (Cod. For. 201.)

10. *Pâturage à garde séparée.* — Le pâturage des bestiaux à garde séparée est puni, savoir :

Le jour : *amende* pour le propriétaire, 50 centimes par bête. (Cod. For. 72.)

La nuit en récidive : *amende* pour le propriétaire, 1 franc par bête. (Cod. For. 72, 201. Loi du 18 juillet 1906.)

11. *Muselière.* — Pour les bestiaux non muselés introduits dans une coupe par un adjudicataire, l'amende de l'article 199 du code forestier, pour pâturage ordinaire, est applicable. (Cass. 16 mai 1834.)

12. *Nombre.* — Si le nombre des bestiaux des usagers et habitants excède celui fixé par l'administration, l'excédent est puni d'une amende, comme celle du pâturage ordinaire, savoir :

Cochon (pour un), veau ou bête
à laine........ 0,20 à 1 fr. }
Bête de somme,   } (C. F.
bœuf, vache.... 0,40 à 2 fr. } 77, 112, 199.)

Dommages-intérêts facultatifs ; minimum, amende simple (Cod. For. 199, 202. Loi du 18 juillet 1906.)

Saisie, s'il y a lieu. (Cod. For. 161.)

13. *Attelage.* — Si les bestiaux non muselés étaient attelés, on pourrait appliquer l'article 147 du code forestier. V. Voiture.

14. *Algérie. Excédent. Amende maxima.* — Si les usagers introduisent dans les bois de l'État un plus grand nombre de bestiaux que celui qui aura été fixé, il y aura lieu, pour l'excédent, à l'application des peines prononcées par l'article 177. V. Pâturage.

L'amende maxima sera appliquée dans le cas où des troupeaux en achaba ou appartenant à des marchands de bestiaux patentés seraient trouvés dans les parties de forêts ouvertes aux usagers. (Loi du 21 février 1903, art. 70. Circ. 642.)

15. *États.* — Les maires des communes et les particuliers jouissant du droit de pâturage ou de panage dans les forêts de l'État remettront annuellement à l'agent forestier local,

avant le 31 décembre pour le pâturage, et avant le 30 juin pour le panage, l'état des bestiaux que chaque usager possède, avec la distinction de ceux qui servent à son propre usage et de ceux dont il fait commerce. (Ord. 118, 146.)

La même formalité est obligatoire pour l'usage du pâturage ou du panage de la part des habitants dans le bois communal. (Cod. For. 112. Ord. 146.)

16. *Nombre. Usager.* — Le conservateur fixe le nombre de bestiaux des usagers, dans les procès-verbaux des cantons défensables. (Cod. For. 68.)

17. *Saisie. Réclamation.* — Si la réclamation des bestiaux saisis n'a lieu qu'après la vente (dans tous les bois en général), le propriétaire n'aura droit qu'à la restitution du produit net de la vente, tous frais déduits, dans le cas où cette restitution serait ordonnée par le tribunal. (Cod. For. 169, 189.) V. Saisie.

18. *Dommage. Saisie.* — Lorsque des animaux (bestiaux) non gardés ou dont le gardien est inconnu ont causé du dommage, le propriétaire lésé a le droit de les conduire, sans retard, au lieu de dépôt désigné par le maire, qui, s'il connaît la personne responsable du dommage, aux termes de l'article 1385 du code civil, lui en donnera avis. (Loi du 4 avril 1889, art. 1.) V. Animal domestique.

19. *Bestiaux en délit. Destruction.* — Les gardes ne doivent jamais tuer les bestiaux trouvés en délit, alors même que le propriétaire est inconnu ; sans quoi, ils s'exposent à être poursuivis en réparation civile par le propriétaire. (Le Mans, 6 messidor an XII. Cass. 14 germinal an XIII.)

20. *Dégâts. Abandon.* — Les dégâts que les bestiaux de toute espèce, laissés à l'abandon, feront sur les propriétés d'autrui seront payés par les personnes qui ont la jouissance des bestiaux. (Loi des 28 septembre et 6 octobre 1791, art. 12. Loi du 4 avril 1889.)

En cas d'insolvabilité par le propriétaire :

Amende : minimum, valeur de 3 journées de travail.

Prison : minimum, 3 jours. (Loi du 23 thermidor an IV. art. 2.)

Le terme de bestiaux de toute espèce désigne les animaux domestiques, quelle que soit leur espèce. V. Volaille.

21. *Pépinière. Pâturage.* — Il est interdit de mener des bestiaux sur le terrain d'autrui, notamment dans les plants ou pépinières d'arbres faits de main d'homme.

Pénalité : Amende de 11 à 15 francs. (Cod. Pén. art. 479, § 10.)

22. *Destruction.* — Ceux qui sans nécessité auront tué des bestiaux (bêtes de somme, bestiaux à cornes, à laine, porcs), si le fait a été commis dans des lieux n'appartenant pas au propriétaire des animaux, ni aux coupables, encourront :

Prison : 15 jours à 45 jours. (Cod. Pén. 453.)
Amende : minimum, 16 francs ; maximum, 1/4 des restitutions. (Cod. Pén. 455.)

Si le délit a été commis par un garde ou un officier de police, le maximum de la prison sera augmenté de 1/3 en sus. (Cod. Pén. 462.)

23. *Empoisonnement.* — Pour empoisonnement de bestiaux (chevaux, bêtes à corne et à laine et porcs), pénalités :

Prison : 1 an à 5 ans.
Amende : 16 à 300 francs ; maximum, 1/4 des restitutions et dommages-intérêts. (Cod. Pén. 455.)
Facultatif : surveillance de haute police, 2 ans à 5 ans. (Cod. Pén. 452.)

Si le délit a été commis par un garde ou un officier de police, le maximum de la prison sera de 1/3 en sus. (Cod. Pén. 462).

24. *Mort. Enfouissement.* — Les bestiaux morts seront enfouis dans la journée à 3 pieds (1 m. 30) de profondeur. En cas d'infraction :

Amende : valeur d'une journée de travail et les frais. (Loi, 28 septembre-7 octobre 1791, art. 13.)

BÊTE A LAINE. V. Mouton. Brebis. Bélier.

BÊTE DE SOMME.

Algérie. Hors chemin. Pénalités. — Les propriétaires de bêtes de somme trouvées de jour en délit dans les bois de dix ans et au-dessus seront condamnés à une amende de :

40 centimes à 2 francs pour une bête de somme.
Si les bois ont moins de dix ans, l'amende sera de 80 centimes à 4 francs.
Le tout sans préjudice, s'il y a lieu, des dommages-intérêts.
Il pourra, en outre, être prononcé contre le berger un emprisonnement de cinq jours à deux mois.
En cas de récidive ou si le délit a été commis la nuit, le maximum de l'amende sera appliqué. (Loi du 21 février 1903, art. 177. Circ. N 642.) V. Âne. Cheval.

BÊTES FAUVES.

1. *Définition.* — Le terme «bête fauve» s'applique à tous les animaux sauvages, que leur nature ou leurs habitudes rendent particulièrement redoutables pour la propriété aussi bien mobilière qu'immobilière.

2. *Nomenclature.* — Aucun texte ne donne une énumération complète; d'après la jurisprudence, on peut ranger dans les bêtes fauves :

Le loup (Cass. 28 avril 1873);
Le renard (Poitiers, 29 octobre 1886);
Le sanglier (Cass. 13 avril 1856, 29 décembre 1883);
Le cerf (Cass. 14 avril 1848; Rouen, 25 février 1875);
Le blaireau (Trib. de Castres, 8 décembre 1905; Orléans, 6 mars 1906);
La loutre (Douai, 17 février 1897);
Les fouines et putois (Cass. 23 juillet 1858).

3. *Droit de destruction. Principe.* — Les propriétaires ou les fermiers ont le droit de repousser ou de détruire, même avec des armes à feu, les bêtes fauves qui porteraient dommage à leurs propriétés. (Loi chasse, art. 9, 3°, *in fine.* Circ. min. des 14 septembre 1915 et 4 septembre 1916.) V. Destruction des animaux nuisibles.

4. *Droit de destruction. Exercice.* — La loi de 1844, en ce qui concerne les personnes pouvant exercer le droit de destruction, ne mentionne que le propriétaire ou le fermier; cependant le possesseur doit être assimilé au propriétaire. Il faut y joindre l'usufruitier, l'emphytéote et l'usager civil. (Ch. Guyot.)

5. *Chasse. Adjudicataire.* — Les adjudicataires du droit de chasse, dans les bois soumis au régime forestier, n'ont pas le droit, à moins d'une délégation à leur profit, de détruire en tout temps les bêtes fauves, parce qu'ils ne sont pas considérés comme fermiers. Ils n'ont ni semailles, ni récoltes à défendre contre les animaux qui pourraient les endommager. (Circ. Min. 22 juillet 1851.)

6. *Droit de poursuite. Terrain d'autrui.* — Le droit de repousser et de détruire les bêtes fauves n'emporte pas celui de les poursuivre sur le terrain d'autrui. (Cass. 28 août 1868.)
Celui qui a blessé mortellement une bête fauve sur son terrain peut aller l'achever ou la ramasser sur les terres du voisin. (Rouen, 21 décembre 1879.) V. Sanglier.

7. *Dommage. Preuve.* — La preuve du dommage causé aux récoltes incombe au destructeur. (Paris, 18 mai 1865.)

8. *Destruction. Moyens divers.* — Le propriétaire ou fermier peut, pour la destruction des bêtes fauves, faire usage non seulement des armes à feu, mais aussi d'autres modes de destruction, tels que pièges et assommoirs. (Orléans, 6 mars 1906.) On permet l'emploi de chiens, l'organisation d'une battue; on autorise le poison et les engins de toute sorte. (Ch. Guyot.) V. Puton, Louveterie, p. 348.

9. *Destruction. Moyens. Délégation.* — L'article 9 de la loi du 3 mai 1844, qui reconnaît à tout propriétaire ou fermier le droit de repousser ou détruire les bêtes fauves qui porteraient dommage à ses propriétés, ne limite pas les moyens qui peuvent être employés; il ressort, au contraire, des termes mêmes de cet article, que tous les moyens sont lic'tes, à la condition qu'ils soient exclusivement employés pour la destruction et qu'ils puissent sérieusement aboutir au résultat qu'on se propose d'atteindre.

Ce droit de destruction, personnel au propriétaire lésé, peut être par lui délégué, et cette délégation n'est soumise à aucune formalité. (Poitiers, 19 janvier 1883.)

Il peut être exercé la nuit (Cass. 29 décembre 1833) ainsi qu'en temps de neige. (Cass. 30 juillet 1852.)

10. *Destruction. Dommage imminent.* — Pour la destruction de bêtes fauves, il n'est pas nécessaire que les récoltes soient endommagées; il suffit qu'il y ait péril imminent, surtout à raison des dommages causés dans le voisinage. (Cass. 8 décembre 1875. Orléans, 6 mars 1906.) V. Animal nuisible.

11. *Légitime défense. Dommage. Délit.* — Le droit reconnu par l'article 9, § 3°, *in fine*, de la loi du 3 mai 1844, au propriétaire ou fermier, de repousser ou détruire, même avec armes à feu, les bêtes fauves qui portent dommage à sa propriété, ne peut s'exercer légitimement qu'au cas d'une agression actuelle faite par cet animal contre la propriété, au moment même où le propriétaire ou fermier cherche à le capturer. Et l'on ne saurait voir, par suite, l'exercice légitime de ce droit dans la recherche d'une bête fauve entreprise un certain nombre d'heures après l'incursion dont cette bête a été l'auteur. (Paris, 2 mars 1892.)

12. *Dommage actuel ou imminent.* — Tout propriétaire peut tuer, en tout temps et sans être tenu de se conformer aux prescriptions des arrêtés préfectoraux relatifs à la destruction des animaux malfaisants ou nuisibles, les bêtes fauves,... soit au moment où elles causent des dévastations,... soit au moment où elles font irruption,... alors, d'ailleurs, que le propriétaire ne s'est pas mis à la recherche de ces animaux et que les dommages causés par leur présence dans la région avaient été constatés.

Le colportage d'un sanglier tué dans les conditions légales ci-dessus spécifiées n'est pas prohibé. (Paris, 30 avril 1881, et Amiens, 31 août 1882.)

13. *Simple menace.* — La défense, pour être utile, peut consister à empêcher le dommage de se produire par la destruction de l'animal qui est une menace pour la propriété. (Douai, 17 février 1897.)

14. *Appâts. Fosses. Délit.* — Commet un délit de chasse le propriétaire d'un champ qui, sans autorisation spéciale, y creuse à l'avance une fosse pour capturer les bêtes fauves (biches), alors surtout qu'il recouvre cette fosse de branchages auxquels il mêle des substances pouvant attirer ces animaux. (Trib. de Compiègne, 24 mars 1896.)

BIBLIOTHÈQUES FORESTIÈRES.

1. *Établissement. Conditions.* — Il est établi une bibliothèque forestière par brigade. Les livres sont déposés, autant que possible, dans une maison forestière et rangés sur des rayons en forme d'étagère. Un registre inventaire sera joint à chaque bibliothèque. Les préposés et les membres de leur famille vivant sous le même toit ont le droit d'emprunter des livres, deux volumes au plus à la fois, et de les conserver au plus deux mois. Les livres empruntés sont mentionnés à leur sortie et à leur rentrée sur l'inventaire, avec indication de leur état, et le préposé chargé de la gestion de la bibliothèque apposera sa signature pour constater la rentrée des livres prêtés. Les chefs de cantonnement surveilleront le bon entretien des bibliothèques, dont il sera fait un récolement annuel, au mois de décembre de chaque année. (Règl. 23 juin 1874.) Les bibliothèques contiennent de vingt à trente volumes.

2. *Rapport. Double des inventaires. Communication.* — Pour se renseigner sur la situation des bibliothèques, l'administration adresse, dans le courant du mois de février, les doubles des inventaires, qui doivent être communiqués aux bibliothécaires intéressés, chargés de les renvoyer après les avoir revêtus de leur visa et après les avoir mis à jour. (Circ. Min. 31 janvier 1890, n° 10.)

BICHE.

1. *Classification.* — Les biches ne sont pas des animaux nuisibles, dans le sens de l'arrêté du 19 pluviôse an v, et les préfets ne peuvent prendre des arrêtés prescrivant des battues pour leur destruction. (Cons. d'État, 1ᵉʳ avril 1881.) V. Cerf.

2. *Chasse. Sanctions.* — Pendant la dernière année du bail, les biches ne pourront être chassées sans l'autorisation du conservateur, qui déterminera le nombre d'animaux pouvant être tués. (Cah. des ch. 16; Circ. N 718.)

En cas de contraventions, application de l'article 11, 5°, de la loi de 1844.

BIDASSOA (Fleuve de la).

Pêche. — Les dispositions du décret du 5 septembre 1897, sur la pêche, ne sont pas applicables aux eaux de la Bidassoa. (Circ. N 524.) V. Frontière.

BIEF.

Moulin. Alevin. Non délit. — L'acte du propriétaire d'un moulin sur une rivière non navigable ni flottable, consistant à mettre à sec le bief du moulin, et ayant eu pour conséquence la mort d'une certaine quantité d'alevins existant dans ce bief, ne peut être considéré comme un acte de pêche, alors que la mise à sec avait pour but des réparations urgentes et que le meunier ne s'est approprié aucun poisson. (Trib. de Dijon, 23 novembre 1907.)

BIEN COMMUNAL.

1. *Définition.* — Celui à la propriété ou au profit duquel les habitants d'une ou plusieurs communes ont un droit acquis. (Cod. Civ., 542.)

2. *Définition.* — Les biens communaux sont ceux dont les habitants ont la jouissance en nature. (Block.)

3. *Définition.* — Tout droit utile, dont la participation s'acquiert par le seul fait de l'habitation dans une commune, est un bien communal. Les charges ou redevances auxquelles ce droit est subordonné constituent une charge communale. (Nancy, 11 juin 1844.)

4. *Définition. Droit d'usage.* — Un droit d'usage est un bien communal, au produit duquel chaque habitant de la commune a un droit acquis, aux termes de l'article 542 du code civil.

5. *Mise en valeur.* — Les biens communaux doivent être mis le plus promptement possible en culture, soit au moyen d'une amodiation à long terme, soit par allotissement entre habitants et par feu, au moyen d'une redevance annuelle. (Circ. Min. 10 juillet 1846.)

6. *Jouissance. Compétence.* — La juridiction civile est compétente pour statuer sur la demande d'un habitant, tendant à être compris parmi les personnes entre lesquelles est répartie la jouissance de certains biens communaux, sous des conditions déterminées par un cahier des charges. (Lyon, 24 mai 1878.)

7. *Chasse. Pêche. Concession.* — La clause par laquelle une commune cède à des particuliers, à titre onéreux, les droits de chasse et de pêche, pour eux et leurs descendants, sur la superficie des biens communaux «tant qu'ils ne sont pas aliénés ou partagés», ne constitue ni un démembrement perpétuel de la propriété, ni une servitude prohibée par l'article 686 du code civil; elle n'est pas non plus entachée de féodalité. Dès lors, une telle clause est parfaitement licite et obligatoire. (Cass. 13 décembre 1869.)

8. *Juridiction. Litige.* — Les questions qui s'élèvent entre différentes sections de communes, relativement aux droits de propriété sur les biens communaux, ne sont pas de la compétence des tribunaux. (Cons. d'État, 7 août 1843.)

9. *Propriété. Bois.* — La présomption de propriété en faveur des communes, consacrée par la loi du 10 juin 1793, ne s'applique qu'aux terres vaines et aux terrains vacants; à l'égard des bois, les communes ne peuvent les revendiquer qu'en prouvant : 1° qu'elles les ont anciennement possédés à titre de propriétaires; 2° qu'elles en ont été dépouillées par la puissance féodale. (Cass. 24 juin 1868.)

10. *Communes voisines. Revendication.* — La présomption établie par l'article 1er, section IV, de la loi du 10 juin 1793, en vertu de laquelle les communaux sont censés appartenir aux communes sur le territoire desquelles ils se trouvent, ne forme pas obstacle à ce qu'une autre commune revendique la co-propriété de ces communaux, si elle justifie en avoir eu, antérieurement à la loi précitée, une possession ou une jouissance promiscuë, réunissant les caractères requis pour prescrire. (Cass. 3 janvier 1872.) V. Marais. Terres vaines et vagues. Commune. Vente.

BIEN DOTAL.

Mari. Bois. Jouissance. — Le mari ne peut aliéner à son profit des arbres coupés dans le bois de sa femme et qui n'a pas été mis en exploitation, soit par coupes périodiques sur un certain espace de terrain, soit par coupes d'un certain nombre d'arbres sur toute son étendue. (Lyon, 7 février 1883.) V. Usufruit. Futaie.

BIEN VACANT.

Tous les biens vacants et sans maître appartiennent au domaine public. (Cod. Civ., 539.)

BILAN.

Bois domanial. — L'administration centrale établit elle-même le bilan annuel exact des recettes et des dépenses, par article du budget et par conservation. (Circ. N 360.)

BILLON.

Appoint. — La monnaie de billon (cuivre) ne peut être donnée que pour l'appoint de 5 francs. (Décr. 18 août 1810.)

BILLE. BILLON. BILLOT.

1. *Conditions. Marque. Déclaration.* — Les possesseurs de scieries autorisées seront tenus, chaque fois qu'ils voudront faire transporter dans ces scieries ou dans les bâtiments ou enclos qui en dépendent des arbres, billes ou troncs, d'en remettre, à l'agent forestier

local, une déclaration détaillée, en indiquant de quelle propriété les bois proviennent. Ces déclarations énonceront le nombre et le lieu de dépôt des bois; elles seront faites en double minute, dont une sera visée et remise au déclarant par l'agent forestier, qui en tiendra un registre spécial. Les arbres, billes ou troncs seront marqués, sans frais, par le garde forestier du canton ou par un des agents forestiers locaux, dans le délai de cinq jours après la déclaration. (Ord. 180.)

2. *Scierie. Déclaration. Introduction.* — Pour introduction, dans les scieries construites avec autorisation dans le rayon prohibé, de billes, billots ou billons, avant qu'ils aient été reconnus par le garde du triage et marqués de son marteau, ce qui doit avoir lieu dans les cinq jours de la déclaration faite par le scieur :

Amende : 50 à 300 francs. (Cod. For. 158.)
Récidive : 100 à 600 francs. Suppression facultative de l'usine. (Cod. For. 158.)

V. Scierie.

3. *Enclos. Chantier.* — L'enclos ou chantier de la scierie fait partie de l'usine. (Cass. 13 mars 1829.)

4. *Délit. Conditions.* — L'introduction de bois dans la scierie ou dans l'enclos ou chantier attenant, avant la marque de ce bois, constitue le délit prévu par l'article 158 du code forestier, quand bien même le propriétaire de l'usine aurait requis le garde pour marquer les bois déposés dans l'enclos ou chantier de l'usine. (Cass. 14 avril 1837.)

5. *Marque.* — La marque doit être appliquée à tous les bois de la scierie, quels qu'en soient la provenance et les propriétaires.

6. *Marque. Délai.* — La marque des billes ou troncs devant être faite dans les cinq jours de la déclaration, le propriétaire d'une scierie qui a déclaré des bois le 1ᵉʳ pourra les enlever le 7 sans encourir de risques. Dans ce cas, pour éviter toute fraude, il faudrait, contradictoirement avec le propriétaire de la scierie, marquer tous les bois existant dans l'usine et sur le chantier attenant, qui est considéré comme faisant partie de l'usine. (Cass. 13 mai 1829.)

7. *Récidive.* — La récidive indiquée à l'article 158, n'étant pas celle de l'article 201, doit être considérée au point de vue spécial de la récidive pour défaut de déclaration, quelle que soit l'époque à laquelle le premier délit de l'espèce a été commis. Dès lors, après un premier défaut de déclaration, il y a lieu d'appliquer l'amende double pour toutes les omissions de déclarations ultérieures. Toutefois la démolition de l'usine ne pourrait pas être prononcée si le propriétaire avait acquis par prescription trentenaire le droit de la conserver.

8. *Scierie autorisée.* — Les dispositions de l'article 158 ne s'appliquent qu'aux scieries autorisées, établies à moins de 2,000 mètres des bois et forêts et ne faisant pas partie d'une population agglomérée. (Cass. 22 février 1834.)

9. *Scierie. Marque.* — Les scieries établies dans le rayon prohibé, sans autorisation, mais qui ont acquis par prescription le droit d'être maintenues, sont également soumises à la marque des billons ou troncs. (Cass. 20 octobre 1835.)

10. *Scierie. Marque.* — Les scieries existant dans le rayon prohibé lors de la promulgation du code forestier sont soumises, comme celles autorisées depuis, à la marque des billes. (Cass. 3 juillet 1835.)

11. *Scierie. Marque. Dispense.* — Les scieries faisant partie d'une population agglomérée, bien que situées dans l'enceinte et à moins de 2 kilomètres des forêts, ne sont pas assujetties à la marque des billes, ni à leur déclaration. (Cass. 22 février 1834.)

BILLETS À ORDRE.

1. *Délai. Adjudication. Escompte.* — Dans les dix jours de l'adjudication, chaque adjudicataire fournira au Trésorier-Payeur général du département, pour les coupes des bois domaniaux et les coupes extraordinaires des bois des communes et des établissements publics, et aux receveurs de ces communes et établissements pour les coupes ordinaires :

Quatre traites, ou en cas de consignation de cautionnement, dans les conditions prévues à l'article 8, quatre billets à ordre, payables au domicile desdits comptables et, sauf stipulations contraires, aux échéances suivantes :

La première, au 31 mars qui suivra l'adjudication; la seconde, au 30 juin; la troisième, au 30 septembre; la quatrième, au 31 décembre.

Chacun de ces billets ou de ces traites comprendra, pour les coupes des bois de l'État, le quart du prix principal, et, pour les coupes des bois des communes et des établissements publics, le quart du prix principal diminué du dixième de ce prix payé comptant; les fractions, s'il en existe, seront comprises dans la dernière traite ou le dernier billet à ordre.

Toutefois les adjudicataires des coupes de bois domaniaux dont le prix est encaissé par les trésoriers-payeurs généraux auront la faculté de payer au comptant ou de se libérer à toute époque par anticipation, moyennant un escompte dont le taux sera arrêté chaque année par le Ministre des Finances. Les adjudicataires des coupes ordinaires et extraordinaires dans les bois des communes et des établissements publics jouiront de la même faculté, moyennant un escompte dont le taux sera fixé chaque année par le Préfet. Mais, en ce qui concerne les coupes ordinaires, ils ne pourront valablement effectuer leur versement qu'à la caisse du receveur particulier de l'arrondissement à titre de payement au Trésor public pour le compte de la commune ou de l'établissement public.

L'escompte sera calculé d'après l'échéance des obligations souscrites ou qui auraient été souscrites, si le payement anticipé ne les avait pas rendues inutiles. (Cah. des ch. 13.) V. Traite.

2. *Modèle de billets à ordre à souscrire.*

<table>
<tr><td>Nº DE L'AFFICHE.

—

ÉCHÉANCE

—

DÉPARTEMENT

d

———

(1) Trésorier-Payeur général ou Receveur de la commune ou de l'établissement public.

(2) Désigner la coupe et la forêt.</td>
<td>BILLET À ORDRE À SOUSCRIRE PAR UN ADJUDICATAIRE DE COUPE DE BOIS
QUI A REMPLACÉ
LES CAUTIONS PERSONNELLES PAR UN CAUTIONNEMENT EN VALEURS
DÉPOSÉ À LA CAISSE DES DÉPÔTS ET CONSIGNATIONS.

— · —   *B. P. F.* ▨▨▨▨

COUPE DE L'EXERCICE 19 .

A le 19 .
Au trente mil neuf cent fixe, je payerai à M. (1)
            ou à son ordre
la somme d ▨▨▨▨▨▨▨▨▨▨ valeur
en payement, à échoir à la même époque, de la coupe (2)
dont je suis adjudicataire, suivant procès-verbal du 19 .
Je m'engage à effectuer ce payement à la caisse de M. le (1)
Le présent billet à ordre n'opère ni novation, ni dérogation aux droits résultant dudit procès-verbal.

Adjudicataire, M.   (*Signature.*)
demeurant à</td></tr>
</table>

3. *Retard.* — Tout adjudicataire qui n'aura pas fourni ses billets à ordre dans le délai de dix jours y sera contraint par les voies de droit et tenu, en outre, de payer, soit à l'État, soit à la commune ou à l'établissement public propriétaire, à titre de dommages-intérêts, une somme équivalente au vingtième du prix total de son adjudication. (Cah. des ch. 13.)

4. *Bois* indivis. — En ce qui concerne les coupes adjugées dans les bois *indivis*, il sera souscrit des obligations séparées pour la somme revenant à chaque copropriétaire. (Cah. des ch. 13.)

5. *Lots.* — Lorsque la même personne sera devenue adjudicataire de plusieurs lots d'une même coupe, elle conservera la liberté de souscrire des billets spéciaux pour chaque lot; mais elle pourra ne fournir que des billets collectifs pour le payement des divers lots adjugés, si les trésoriers ou receveurs, après avoir agréé les cautions et certificateurs, jugent cette mesure compatible avec leur responsabilité. (Cah. des ch. 14.)

6. *Rédaction. Formules. Coût.* — Les adjudicataires qui ne voudront pas libeller eux-mêmes leurs traites ou billets à ordre pourront les faire établir par les receveurs des finances ou par les receveurs municipaux. Ils auront, dans ce cas, à leur payer une rétribution qui sera réglée, indépendamment des frais de timbre, à 50 centimes par billet à ordre, quel que soit d'ailleurs le nombre de lots auxquels ce billet à ordre s'applique. Le coût de la formule du billet à ordre est compris dans cette rétribution. (Cah. des ch. 13, nota.)

BINAGE.

Exécution. — Les binages peuvent se faire au moyen des journées de prestation, après autorisation du conservateur. (Circ. N 566, art. 317 et 318.)

BIRE. V. Filet.

BLÂME. V. Peine administrative.

BLANC ÉTOC. V. Défrichement. Coupe à
blanc étoc.

BLANCHIS.

Définition. — Partie d'un arbre dont on a enlevé l'écorce avec une partie de l'aubier, pour y appliquer l'empreinte du marteau; s'appelle également plaquis ou miroir.

BLESSURE.

1. *Fonctionnaire.* — L'attaque, résistance avec violence ou voie de fait, faites à un fonc-

tionnaire (garde ou agent) dans l'exercice de ses fonctions, seront punies, savoir :

Rébellion de la part de 3 à 20 personnes avec des armes, *réclusion*. (Cod. Pén. 211.)

Sans armes, *prison* : 6 mois à 2 ans. (Cod. Pén. 211.)

En outre, *amende facultative* : 16 à 200 francs. (Cod. Pén. 218.)

Rébellion par 2 personnes avec des armes, *prison* : 6 mois à 2 ans. (Cod. Pén. 212.)

Sans armes, *prison* : 6 jours à 6 mois. (Cod. Pén. 212.)

En outre, *amende facultative* : 16 à 200 francs. (Cod. Pén. 218.)

2. *Gardes. Indemnités.* — Des indemnités peuvent être allouées aux préposés blessés dans l'exercice ou à raison de leurs fonctions. (Arrêté du directeur général du 18 novembre 1848.)

3. *Mobilisation. Activité.* — A dater du jour de l'appel à l'activité, les agents et préposés mobilisés jouiront de tous les droits attribués aux militaires du même grade de l'armée active sous le rapport des pensions pour blessures. (Décr. 2 avril 1875 et 18 novembre 1890. Circ. N 173. Circ. N 424.)

4. *Violence volontaire.* — Tout individu qui volontairement aura fait des blessures ou porté des coups ou commis toute autre violence ou voie de fait :

S'il en est résulté une maladie ou incapacité de travail pendant plus de 20 jours :

Prison : 2 à 5 ans.... (Préméditation) Réclusion.
Amende : 16 à 200 fr. { ou } (C. P. 309,
(guet-apens.) 310.)

S'il en est résulté une mutilation, privation de l'usage d'un membre, infirmité permanente :

Réclusion. Avec préméditation ou guet-apens, travaux forcés à temps. (Cod. Pén. 309, 310.)

Si les coups ont eu pour conséquence la mort :

Travaux forcés à temps. Avec préméditation et guet-apens, travaux forcés à perpétuité. (Cod. Pén. 309, 310.)

Si les blessures n'ont occasionné aucune maladie ou incapacité de travail pendant plus de 20 jours :

Prison : 6 jours à 2 ans (ou l'une des deux peines
Amende : 16 à 200 fr. {   seulement. (C. P. 311.)

S'il y a eu préméditation et guet-apens :

Prison : 2 ans à 5 ans.
Amende : 50 à 500 francs. (Cod. Pén. 311.)

5. *Imprudence.* — Quiconque, par défaut d'adresse ou de précaution, aura occasionné des blessures ou des coups involontaires :

Peine : (*Prison* : 6 jours à 1 mois.
{ *Amende* : 16 à 100 francs, ou l'une de ces
(deux peines seulement.(C. P. 320.)

BLINDAGE. V. Place forte.

BLOC.

Vente. — Lorsqu'une vente n'est pas faite en bloc, elle n'est point parfaite, en ce sens que les choses vendues sont aux risques du vendeur jusqu'à ce qu'elles soient comptées, pesées ou mesurées. Si, au contraire, la vente est faite en bloc, elle est parfaite, quoique les choses vendues n'aient pas été pesées, comptées ou mesurées. (Cod. Civ. 1585 et 1586.)

BŒUF.

1. *Hors route.* — Pour un bœuf trouvé en délit de pâturage, hors des routes et chemins ordinaires et non attelé, dans les coupes et non muselé :

Pour le premier, *amende* :

BOIS DE 10 ANS ET AU-DESSUS.

Le jour.... 0 fr. 40 à 2 fr. (Cod. For. 147, 199.)
Le jour avec)
récidive ou (
la nuit, ou } 0 fr. 80 à 4 fr. (C. F. 147, 199, 201.)
la nuit avec (
récidive.)

BOIS AU-DESSOUS DE 10 ANS.

Le jour.... 0 fr. 80 à 4 fr. (C. F. 147, 199.)
Le jour avec)
récidive ou (
la nuit, ou } 1 fr. 60 à 8 fr. (C. F. 147, 199, 201.)
la nuit avec (
récidive.)

Dommages-intérêts facultatifs; minimum, amende simple. (Cod. For. 199, 201, Loi du 18 juillet 1906.)
Saisie, s'il y a lieu. (Cod. For. 161.)

2. *Muselière.* — L'introduction des bœufs non muselés dans une coupe, pour la vidange des bois, est punie comme délit de pâturage. (Cass. 16 mai 1834.)

3. *Commerce.* — Les usagers et habitants qui introduisent au pâturage, dans les cantons défensables désignés, des bœufs servant au commerce, encourent :

Amende :
Le jour.... 2 fr.
La nuit ou)
en récidive (
ou la nuit } 4 fr. (Cod. F. 70, 112, 199, 201).
et en réci- (
dive.)

Dommages-intérêts facultatifs. (Cod. For. 199.)
Loi du 18 juillet 1906.

4. *Garde séparée.* — Pâturage des bœufs des usagers et habitants à garde séparée :

Amende, par tête de bétail, 0 fr. 50. (Cod. F. 72, 112.)

Nuit ou récidive, ou nuit et récidive, 1 franc. (C. F. 112, 201. Loi du 18 juillet 1906.)

5. *Troupeau commun. Usagers.* — La réunion des bœufs des usagers en un troupeau commun est punie, pour le pâtre des usagers, savoir :

Amende : 5 à 10 francs. Cod. For. 72.)

En cas de récidive : *prison obligatoire,* 5 à 10 jours. (Cod. For. 72, 201.)

La commune est responsable des condamnations civiles. (Cod. For. 72.)

6. *Marque.* — Pâturage des bœufs des usagers sans être marqués :

Amendes: par tête de bétail, 3 francs. (Cod. For. 73.)

Récidive, 6 francs. (Cod. For. 201.)

7. *Hors cantons.* — Pâturage des bœufs des usagers et habitants hors des chemins ou cantons désignés :

Pour le propriétaire, amende fixée par l'article 199, pour bœuf trouvé en délit. V. 1 ci-dessus.

Pour le pâtre des usagers. { *Amende :* 3 à 30 fr. (Cod. F. 76, 112.) En cas de récidive, *emprisonnement* facultatif de 5 à 15 jours. (Cod. F. 76, 112.)

La commune est responsable des condamnations civiles prononcées contre le pâtre. (Cod. For. 72.)

Cet article ne s'applique qu'aux pâtres des usagers. (Cass. 18 septembre 1835.) On peut poursuivre le pâtre ou l'usager propriétaire des animaux.

8. *Algérie. Hors chemins. Pénalités.* — Les propriétaires de bœufs trouvés de jour dans les bois de dix ans et au-dessus sont condamnés à une amende de :

40 centimes à 2 francs pour un bœuf ou vache si les bois ont moins de dix ans, l'amende sera de :

80 centimes à 4 francs.

Le tout sans préjudice, s'il y a lieu, des dommages-intérêts.

Il pourra, en outre, être prononcé contre le berger un emprisonnement de cinq jours à deux mois.

En cas de récidive ou si le délit a été commis la nuit, le maximum de l'amende sera appliqué. (Loi du 21 février 1903, art. 177, Circ. N 642.)

9. *Excédent.* — Pâturage des bœufs des usagers ou habitants, excédant le nombre fixé par l'administration.

Pour le propriétaire, *amende* pour l'excédent fixé par l'article 199 pour bœuf trouvé en délit (Cod. F. 77, 112, 199) et suivant les circonstances aggravantes.

En Algérie, si les usagers introduisent dans la forêt de l'État un plus grand nombre de bœufs que celui qui aura été fixé, il y aura lieu, pour l'excédent, à l'application des peines prononcées par l'article 177. Dispositions applicables aux bois des communes et des établissements publics. (Loi du 21 février 1903, art. 70 et 91. Circ. N 642.)

BOIRE.

1. *Définition.* — Les boires sont des fossés qui tirent en général leurs eaux des rivières voisines. V. Fossé. Noue.

2. *Droit de pêche.* — Le droit de pêche n'appartient à l'État dans les boires et fossés, tirant leurs eaux des cours d'eau navigables ou flottables, qu'autant que l'entretien de ces boires est à la charge de l'État et qu'il est possible en tout temps d'y pénétrer en bateau de pêcheur. (Cass. 11 juilllet 1890.)

BOIS (En général).

1. *Définition.* — Le mot *bois* désigne tantôt une agglomération d'arbres (*forêt*), tantôt la nature même de la substance dont ces végétaux sont formés (*ligneux*). V. Forêt.

2. *Définition. Conditions.* — A défaut d'autres prescriptions, il semble qu'on ne doit considérer comme *bois,* dans le sens légal du mot, que les massifs boisés de faible contenance, de 10 hectares et au-dessous. (Cod. For. art. 224.)

3. *Forêt.* — Les mots *bois* et *forêt* sont synonymes. (Cass. 1er mai 1830.) V. Massif.

4. *Matières.* — Les bois non abattus n'ont pas le caractère de meubles. (Cass. 10 décembre 1828.)

5. *Chasse. Délit.* — Faire le bois est un acte de chasse. (Cass. 29 juin 1889.)

BOIS ABROUTIS.

1. *Autorisation. Vente.* — Les conservateurs autoriseront la vente, par forme de menus marchés, dans les forêts domaniales et communales, des bois abroutis, lorsque les produits présumés n'excéderont pas 500 francs, et l'exploitation de ces mêmes bois par entreprise ou par économie, dans les forêts domaniales, lorsque les frais d'exploitation n'excéderont pas 200 francs. (Ord. 4 décembre 1844.)

Les maximum de 500 francs et 200 francs s'appliquent à des bois d'un seul tenant et non aux portions éparses de ces bois. (Circ. A 568.)

2. *État.* — L'état de l'exploitation des bois abroutis est supprimé. (Circ. 372.) V. Recepage. Menus marchés. Exploitation par économie.

BOIS D'AGRÉMENT.

Définition. — Les bois d'agrément, appelés jadis *bois marmentaux* ou *bois de touche,* sont ceux qui entourent une habitation, un jardin, et qui ne sont plantés ou conservés que pour l'ornement ou l'agrément. On doit les considérer comme bois de futaie par leur destination, et ils ne peuvent pas être compris dans les exploitations ordinaires.

BOIS D'ASSOCIATIONS RECONNUES D'UTILITÉ PUBLIQUE.

1. *Régime forestier. Régie. Principe.* — Les bois, forêts et terrains à boiser des associations reconnues d'utilité publique sont soumis au régime forestier et seront administrés conformément aux dispositions du code forestier relatives aux bois des établissements publics. (Loi du 2 juillet 1913, art. 1ᵉʳ. Circ. N 858.)

2. *Redevances. Principe.* — Une somme égale au produit présumé des redevances de gestion payées par les associations reconnues d'utilité publique sera mise à la disposition de l'administration forestière, pour servir au paiement de ses frais supplémentaires de gestion. (Loi du 2 juillet 1913, art. 4. Cir. N 858.)

3. *Administrateurs. Attributions.* — Les administrateurs exercent pour l'application du régime forestier aux bois des associations toutes les attributions appartenant, en la même matière, aux administrateurs des établissements publics.

L'agent administrateur, chargé des opérations de recettes et de dépenses, remplit, pour la gestion des biens forestiers, le rôle dévolu aux receveurs des établissements publics. Il est soumis aux incapacités et défenses édictées par les articles 21 et 101 du code forestier. (Décr. du 26 novembre 1918, art 2. Circ. N 858.)

4. *Régie.* — Les questions de soumission ou d'aménagement, les demandes de coupes extraordinaires, l'estimation des bois mis en charge sur les coupes, les demandes de crédit pour travaux seront instruites par les agents dans les formes prescrites pour les bois des établissements publics, mais les affaires seront traitées directement et sans l'intermédiaire du préfet entre les administrateurs et les conservateurs. Ces derniers, selon le cas, statueront ou transmettront le dossier à la direction générale. Notamment les adjudications de glandée, panage ou paisson et les conditions de délivrance de menus produits seront autorisées par les conservateurs sur l'avis des administrateurs qui fixeront le prix des menus produits. (Décr. du 26 novembre 1918, art. 3. Circ. N 858.)

5. *Acquisitions.* — Les associations reconnues d'utilité publique ne peuvent, en vertu de l'article 2 de la loi du 2 juillet 1913, acquérir, à titre onéreux, des bois, forêts ou terrains à boiser acquis à titre gratuit qu'autant que le conservateur de la région des biens aura reconnu les terrains susceptibles d'exploi-

tation régulière ou de reconstitution. (Décr. du 26 novembre 1918, art. 3. Circ. N 858.)

6. *Contestation. Vérification.* — En cas de contestation de la part du conservateur, il est procédé à une vérification contradictoire, au vu de laquelle il est statué par le Ministre de l'Agriculture. (Décr. du 26 novembre 1918, art. 3. Circ. N 858.)

7. *Soumission. Plein droit.* — La décision reconnaissant les terrains susceptibles de reboisement et les bois d'exploitation régulière ou de reconstitution emportera de plein droit leur soumission au régime forestier et elle sera exécutoire immédiatement pour les bois, forêts et terrains acquis à titre gratuit et, dès la réalisation de l'acquisition, pour les bois et terrains à acquérir à titre onéreux. (Décr. du 26 novembre 1918, art. 3. Circ. N 858.)

8. *Acquisitions. Avis.* — Avis des acquisitions réalisées à titre gratuit ou onéreux est donné au conservateur de la région, tant par l'association que par le directeur de l'enregistrement. (Décr. du 26 novembre 1918, art. 3. Circ. N 858.)

9. *Déclaration.* — Les associations qui auront l'intention soit d'acquérir, soit de conserver des bois ou terrains à boiser, adresseront, par lettre recommandée, au conservateur de la région des immeubles, une déclaration en double minute, faisant connaître la situation cadastrale des biens, les lieux dits, la contenance, le nom du propriétaire, vendeur ou donateur, ainsi que le nom, l'adresse et la qualité de la personne qu'elles désignent pour assister à la reconnaissance sur le terrain, s'il y a lieu. (Arr. Min. 26 avril 1919, art. 3. Circ. N 858.)

10. *Immeubles acquis. État.* — Dès la publication du présent arrêté, le conservateur demandera au directeur de l'enregistrement de lui adresser un état indiquant la contenance et la situation cadastrale des bois ou terrains acquis depuis le 2 juillet 1913 par des associations avec le nom et l'adresse des acquéreurs. (Arr. Min. du 26 avril 1919, art. 3. Circ. N 858.)

11. *Reconnaissance. Soumission.* — Il sera, après les formalités prescrites, procédé à la soumission des bois, forêts ou terrains à boiser, dans la forme indiquée par l'article 3 du décret du 26 décembre 1918. (Arr. Min. du 26 avril 1919, art. 3. Circ. N 858.)

12. *Reconnaissance contradictoire.* — En cas de reconnaissance contradictoire, huit jours au moins avant la reconnaissance, l'agent qui en sera chargé adresse par lettre recommandée à l'association en cause un avertissement indiquant le jour et l'heure de la reconnaissance, fixant avec précision le lieu où devront se ren-

contrer les parties et contenant invitation d'assister à l'opération. (Circ. N 858.)

13. *Procès-verbal.* — Dans un procès-verbal, l'agent forestier fera connaître :

1° La présence ou l'absence du représentant de l'association;

2° Le nom, la contenance, la composition et la situation de l'immeuble et, pour un bois, l'état des peuplements et le traitement appliqué;

3° Tous les faits permettant d'apprécier si le bois est susceptible d'exploitation régulière ou de reconstitution ou si le terrain est susceptible de reboisement. (Circ. N 858.)

14. *Instructions.* — Toutes les personnes convoquées devront être invitées à signer le procès-verbal. Tous les dires, observations, oppositions ou refus de signer devront être constatés. L'agent rédacteur formulera son avis à la suite du procès-verbal et transmettra celui-ci sans retard, par la voie hiérarchique, au conservateur qui le communiquera, pour avis aux administrateurs intéressés. Au vu de cet avis et suivant le cas, le conservateur statuera ou transmettra le dossier à l'administration pour provoquer l'émission du décret ou de la décision ministérielle à intervenir. (Circ. N 858.) V. Forêts privées. Régime forestier.

15. *Frais d'administration. Remboursement.* — Le remboursement à l'État des frais d'administration des bois, forêts et terrains à boiser appartenant aux associations s'effectue sur les bases et dans les conditions prévues pour les établissements publics. (Décr. du 26 novembre 1918, art. 5. Circ. N 858.)

BOIS BLANC. BOIS DUR.

1. *Énumération.* — Les bois blancs étaient, d'après Freminville, ceux qui ne portaient aucun fruit, tels que charme, tremble, bouleau, érable et autres. On comprenait quelquefois dans cette catégorie le châtaignier, le tilleul, l'orme, le frêne et le sapin.

2. *Calorique.* — Si les usagers ont droit aux morts bois et aux bois blancs et qu'une forêt soit aménagée en vue de la production en bois dur, on fait une délivrance en bois dur proportionnelle en puissance calorifique, comparée à celle du bois blanc, de manière à satisfaire ainsi les droits et les besoins des usagers.

BOIS DE CAISSES D'ÉPARGNE.

1. *Acquisitions. Principe.* — Les acquisitions de bois, forêts ou terrains à boiser seront comprises dans la qualité des placements que les caisses d'épargne peuvent effectuer en valeurs locales, sans que toutefois le montant total de ces acquisitions puisse excéder un dixième du capital de la fortune personnelle. (Loi du 2 juillet 1913, art. 5. Circ. N 858.)

2. *Application.* — Les dispositions de la loi du 2 juillet 1913 et du présent décret concernant les bois, forêts et terrains à boiser des associations reconnues d'utilité publique sont applicables aux bois, forêts et terrains à boiser qui pourront être acquis par les caisses d'épargne. (Décr. du 26 novembre 1918, art. 4. Circ. N 858.) V. Bois des associations.

3. *Frais d'administration. Remboursement.* — Le remboursement à l'État des frais d'administration des bois, forêts et terrains à boiser, appartenant aux caisses d'épargne, s'effectue sur les bases et dans les conditions prévues pour les établissements publics. (Décr. du 26 novembre 1918, art. 5. Circ. N 858.)

4. *Déclaration.* — Les caisses d'épargne qui auront l'intention soit d'acquérir, soit de conserver des bois ou terrains à boiser, adresseront, par lettre recommandée, au conservateur de la région des immeubles, une déclaration en double minute, faisant connaître la situation cadastrale des biens, les lieux dits, la contenance, le nom du propriétaire, vendeur ou donateur, ainsi que le nom, l'adresse et la qualité de la personne qu'elles désignent pour assister à la reconnaissance sur le terrain, s'il y a lieu. (Arr. Min. du 26 avril 1919, art. 3. Circ. N 858.)

5. *Immeubles acquis. État.* — Dès la publication du présent arrêté, le conservateur demandera au directeur de l'enregistrement de lui adresser un état indiquant la contenance et la situation cadastrale des bois ou terrains acquis depuis le 2 juillet 1913 par des caisses d'épargne avec le nom et l'adresse des acquéreurs. (Arr. Min. du 26 avril 1919, art. 3. Circ. N 858.)

6. *Reconnaissance. Soumission.* — Il sera, après les formalités prescrites, procédé à la soumission des bois, forêts ou terrains à boiser dans la forme indiquée par l'article 3 du décret du 26 novembre 1918 (Arr. Min. du 26 avril 1919, art. 3. Circ. N 858.)

7. *Reconnaissance contradictoire. Formalités.* — En cas de reconnaissance contradictoire, huit jours au moins avant la reconnaissance, l'agent qui en sera chargé adresse, par lettre recommandée, à la caisse d'épargne en cause, un avertissement indiquant le jour et l'heure de la reconnaissance, fixant avec précision le lieu où devront se rencontrer les parties et contenant invitation d'assister à l'opération. (Circ. N 858.)

8. *Procès-verbal.* — Dans son procès-verbal, l'agent forestier fera connaître :

1° La présence ou l'absence du représentant de la caisse d'épargne;

2° Le nom, la contenance, la composition et la situation de l'immeuble et, pour un bois, l'état des peuplements et le traitement appliqué;

3° Tous les faits permettant d'apprécier si le bois est susceptible d'exploitation régulière ou de reconstitution, ou si le terrain est susceptible de reboisement. (Circ. N 858.)

9. *Instructions.* — Toutes les personnes convoquées devront être invitées à signer le procès-verbal. Tous les dires, observations, oppositions ou refus de signer devront être constatés. L'agent rédacteur formulera son avis à la suite du procès-verbal et transmettra celui-ci sans retard, par la voie hiérarchique, au conservateur qui le communiquera pour avis aux administrateurs intéressés. Au vu de cet avis et suivant le cas, le conservateur statuera ou transmettra le dossier à l'administration pour provoquer l'émission du décret ou de la décision ministérielle à intervenir. (Circ. N 858.) V. Forêts privées. Régime forestier.

BOIS CANARD.

1. *Définition.* — On appelle ainsi les bois qui, dans les flottages, ont plongé ou ont échoué sur la rive.

2. *Propriété.* — Ceux qui s'emparent des bois canards, sans l'autorisation formelle des flotteurs, commettent le délit de vol. (Limoges, 29 mai 1857.)

BOIS DE CHARBONNETTE.

1. *Définition.* — Bois de faible dimension destinés à être convertis en charbon. V. Charbonnette.

BOIS DE CHAUFFAGE.

Section I. — Bois domaniaux, 1-12.

   § 1. Délivrance, 1.

   § 2. Délivrance usagère, 2-12.

Section II. — Bois communaux et des établissements publics, 13-17.

V. Bois de construction. Délivrance. Droit d'usage.

SECT. I. — BOIS DOMANIAUX.

§ 1. *Délivrance.*

1. *Préposés. Fourniture.* — Les quantités et espèces de bois à fournir, pour le chauffage des préposés, doivent être indiquées sur les affiches en cahier. (Circ. N. 80, art. 13.) Les clauses spéciales indiquent l'essence, la qualité et les dimensions des bois destinés au chauffage des préposés et les époques de livraison. (Circ. N. 80, art. 23.) Depuis le décret du 13 mars

1920 relatif à la majoration des traitements, il n'est pas délivré de bois de chauffage à titre gratuit. V. Chauffage.

§ 2. *Délivrance usagère.*

2. *Demandes.* — Les maires des communes dont les habitants, en totalité ou en partie, exercent des droits d'usage en bois de chauffage, remettent, avant le 1er janvier de chaque année, une demande en délivrance à l'agent local des eaux et forêts. Si la délivrance est subordonnée soit à l'accroissement de la population, soit à la profession de chaque usager, cette demande est produite sur l'état, série 9, n° 5. Si, au contraire, la délivrance se fait par quantités fixes et invariables, l'emploi de cette formule est inutile. (Circ. N 669, art. 28.)

3. *Vérification. Décision.* — L'agent chef de service fait vérifier les demandes de chaque commune et les transmet au conservateur, avant le 1er mai, avec un état général (série 9, n° 6) indiquant sur une seule ligne, pour chaque commune usagère ou pour chaque commune du domicile des usagers, la quantité de bois à délivrer et ses observations sur la possibilité de la forêt grevée d'usage.

Le conservateur vérifie les pièces, approuve, s'il y a lieu, l'état général du chef de service, et fait prendre dans les bureaux une copie dudit état, annotée des modifications qu'il aura pu y apporter.

Avant le 1er juin, le conservateur renvoie l'état général approuvé, sur les demandes, au chef de service qui en fait la répartition entre les chefs de cantonnement chargés de surveiller la délivrance des bois. (Circ. N 669, art. 29. Circ. N. 822, art. 13, 30 et 32.)

4. *Délivrances par stères. Mise en charge.* — Les bois de chauffage qui se délivrent par stères sont mis en charge sur les coupes adjugées et fournis aux usager par les adjudicataires aux époques fixées par le cahier des charges, (Ord. 122.) Si aucune coupe n'est mise en adjudication, on procède comme il est dit à l'article 81 du code forestier. (Circ. N 669. art. 33.)

5. *Coupe. Exploitation.* — Si les bois de chauffage se délivrent par coupes, l'exploitation en sera faite aux frais des usagers par un entrepreneur spécial nommé par eux et agréé par l'agent local. (Cod. For. 81. Circ. N. 669. art. 33.)

6. *Partage. Habitant. Pénalité.* — Aucun bois ne sera partagé sur pied, ni abattu par les usagers individuellement, et les lots ne pourront être faits qu'après l'entière exploitation de la coupe, à peine de *confiscation* de la portion de bois abattu afférente à chacun des contrevenants. (Cod. For. 81.)

7, *Partage des bois.* — Pour les communes usagères, la délivrance est faite au maire qui en fait effectuer le partage entre les habitants. (Ord. 122. Circ. N 669, art. 34.)

8. *Agent. Pénalité.* — Les fonctionnaires ou agents qui auraient permis ou toléré la contravention (partage sur pied, abatage individuel) seront passibles d'une *amende* de 50 francs et demeureront, en outre, personnellement *responsables*, et sans aucun recours, de la mauvaise exploitation et de tous les délits qui pourraient avoir été commis. (Cod. For. 81.)

9. *Façonnage. Enlèvement.* — Les habitants des communes usagères peuvent enlever les bois de feu qui leur adviennent en partage, sans les avoir fait préalablement façonner en stères et en fagots, sauf aux agents forestiers à veiller à ce que ces bois reçoivent la destination voulue. (Décis. Min. 2 octobre 1829.)

10. *Délivrance. Usager. Maire.* — Les maires ne peuvent se refuser à accepter la délivrance et à faire, entre les habitants de la commune usagère, le partage des bois de chauffage délivrés à cette commune. (Ord. 122. Décis. Min. du 23 février 1829.)

11. *Frais de façonnage.* — Dans le silence des titres, les usagers, dans les forêts domaniales, sont tenus du paiement des frais de façonnage des bois de feu, qui sont mis en charge sur les coupes pour être délivrés par les adjudicataires. (Nancy, 11 février 1852.)

12. *Droit de chauffage. Espèce de bois.* — Le droit de chauffage concédé en termes généraux, sans désignation d'espèce de bois, est censé embrasser tous les bois destinés au chauffage et peut s'exercer aussi bien sur les bois vifs en taillis que sur les bois morts ou les morts bois, à moins d'acte de jouissance interprétatif et fixant le mode d'exercice de ce droit. (Montpellier, 19 décembre 1871. Cass. 27 janvier 1873.)

SECT. II. — BOIS COMMUNAUX
ET DES ÉTABLISSEMENTS PUBLICS.

13. *Réserve. Fourniture.* — Lors des adjudications des coupes ordinaires et extraordinaires des bois des établissements public, il est fait réserve, en faveur de ces établissements et dans les formes prescrites par l'autorité administrative, de la quantité de bois ne chauffage nécessaire pour leur propre usage. (Cod. For. 102. Ord. 141, 142. Circ. N 80, art. 73.)

14. *Coupes. Réserve.* — Les communes qui ne sont pas dans l'usage d'employer la totalité de bois de leurs coupes à leur propre consommation font connaître (le 1er février, Circ. A 164) à l'agent local la quantité de bois qui leur est nécessaire pour le chauffage et il en est fait délivrance soit par l'adjudicataire soit au moyen d'une réserve sur la coupe, le tout conformément à leur demande et aux clauses du cahier des charges de l'adjudication. (Ord. 141. Circ. N. 80, art. 72.) V. Affouage.

15. *Affouage. Partage. Vente.* — Qu'il s'agisse des bois de chauffage ou des bois de construction, le conseil municipal, dans la session de mai, déterminera si le partage de l'affouage se fera :
1° Ou par feu; 2° Ou bien moitié par chef de famille ou de ménage et moitié par tête d'habitant; 3° Ou bien par tête d'habitant.
Il pourra aussi décider la vente de tout ou partie de l'affouage au profit de la caisse municipale ou des affouagistes. Dans ce cas, la vente aura lieu par voie d'adjudication publique par les soins de l'administration forestière. (Cod. For. 105. Loi du 26 mars 1908. Circ. N 729. Loi du 8 avril 1910. Circ. N 767.). V. Affouage. Chef de famille.

16. *Étrangers.* — Pour avoir droit aux délivrances de bois de chauffage, les étrangers, chefs de famille ou de ménage, ayant domicile réel et fixe dans la commune, doivent, en outre, avoir été autorisés par décret à établir leur domicile en France. (Cod. For. 105. Loi du 26 mars 1908. Circ. N 729.)

17. *Affouage. Taillis. Partage.* — Dans les coupes de taillis sous futaie, où les arbres sont destinés à être vendus ou à être délivrés pour bois de construction, le partage de l'affouage peut être fait immédiatement après l'exploitation du taillis. (Déc. Min. 22 février 1829.)

BOIS COMMUNAUX.

SECTION I. — France, 1–25.

SECTION II. — Algérie, 26-34.

V. Régime forestier.

SECT. I. — FRANCE.

1. *Définition.* — Les bois des communes ou sections de communes sont ceux à la propriété desquels les habitants d'une ou de plusieurs communes ont un droit acquis. (Cod. Civ. 542.)

2. *Contenance.* — Au 1er janvier 1922, la contenance totale des forêts communales ou d'établissements publics était en France, y compris l'Alsace-Lorraine, de 2,418,161 hectares, dont 235,218 hectares non soumis au régime forestier. En outre 16,208 hectares étaient en Alsace-Lorraine *indivis* entre l'État et des communes.

3. *Propriété.* — La désignation de *bois appartenant à une commune* n'emporte pas néces-

sairement l'idée d'une propriété pleine et
entière. Elle peut s'appliquer aux bois possédés par la commune à titre d'usagère. (Metz,
9 avril 1867.)

4. *Désignation.* — La désignation de *bois
communaux* n'indique pas toujours un fait de
possession. Cette expression remplace quelquefois celle-ci : *Bois situés sur le territoire de telle
commune* (Cass. 26 brumaire an XI) ou bois sur
lesquels la commune avait un simple droit
d'usage. (Nancy, 21 janvier 1857.)

5. *Législation. Principes.* — La législation a
toujours eu pour but de maintenir dans son
intégrité le domaine forestier des communes.
(Édit de 1667 défendant les aliénations de
bois communaux. Lois des 28 août 1792 et
10 juin 1793, donnant aux communes le
moyen de rentrer en possession des bois dont
elles auraient été dépossédées, tout en interdisant le partage des bois communaux. Loi des
2 prairial an II et 21 mai 1797, défendant
toute aliénation ou échange des bois sans autorisation. Décret du 13 décembre 1804 et loi
du 20 mars 1813, renouvelant les défenses
aux communes de vendre les bois, pâtis,
mines, tourbières et autres biens dont les
habitants jouissent en commun. Article 92 du
code forestier, défendant la vente et le partage
des bois communaux entre les habitants.)

6. *Législation. Usage.* — Toutes les dispositions des six premières sections du titre III
du code forestier, articles 8 à 58, sont applicables aux bois communaux soumis au régime
forestier, sauf les exceptions y insérées. (Cod.
For. 90.) Toutes les dispositions de la huitième
section du titre III du code (articles 62, 63,
64, 65, 66, 67, 68, 69, 70, 71, 72, 76,
77, 78, 79, 80, 81, 82 et 85), sur l'exercice des droits d'usage dans les bois de
l'État, sont applicables à la jouissance des
communes et des établissements publics dans
leurs propres bois, ainsi qu'aux droits d'usage
dont ces mêmes bois pourraient être grevés,
sauf les modifications résultant du titre VIII et
à l'exception des articles 61, 73, 74, 83 et 84.
(Cod. For. 112.) L'article 75 est abrogé. (Loi
du 18 juillet 1906. Circ. N 704.)

7. *Législation.* — Toutes les dispositions des
sections 2, 3, 4, 5 et 6 du titre II de l'ordonnance (art. 67, 68, 69, 70, 71, 72, 73, 74,
76, 77, 78, 79, 80, 81, 82, 83, 84, 85, 86,
87, 89, 90, 91, 92, 93, 94, 95, 96, 97, 98,
99, 100, 101, 102, 103, 104) sont applicables
aux bois des communes, à l'exception des articles 58 et 88 et sauf les modifications du
titre VI du code forestier et du titre V de l'ordonnance. (Ord. 134.)

8. *Droit d'usage. Délivrances.* — Dans les
bois des communes, ont droit aux délivrances

tous usagers justifiant d'un titre ou d'un jugement reconnaissant l'existence de leurs droits.
(Cir. N 669, art. 1er.)

9. *Droits d'usage.* — Les dispositions édictées par les articles 83 et 84 du code forestier
et celles prescrites au sujet du non-remploi des
bois par la circulaire N 669 ne sont pas applicables à l'exercice des droits d'usage dans les
forêts communales. (Circ. N 669, art. 19. Circ.
N 822.)

10. *Législation.* — Toutes les dispositions de
la section IX du titre II (décrets des 12 avril
1854, 19 mai 1857, articles 117, 118, 119,
120 et 122) de la présente ordonnance, sur
l'exercice des droits d'usage dans les bois de
l'État, sont applicables à la jouissance des communes dans leurs propres bois, sauf les modifications qui résultent du présent titre et à
l'exception des articles 121 et 123. (Ord. 146.)

11. *Régime forestier.* — Sont soumis au régime forestier les bois taillis et futaie appartenant aux communes et qui auront été susceptibles d'aménagement et d'exploitation régulière,
par l'autorité administrative, sur la proposition
de l'administration forestière et d'après l'avis
du conseil municipal et du conseil général.
(Cod. For. 1, 90. Loi du 10 août 1871.)

12. *État signalétique.* — Les renseignements
concernant la gestion des forêts communales
sont groupés sur des états signalétiques, formule série 4, n° 1 C. (Circ. N 428.) V. État
signalétique.

13. *Assimilation.* — Les bois communaux
sont assimilés sous tous les rapports et sans
restriction aucune aux bois de l'État. (Arr. du
19 ventôse an X.)

14. *Bois et terrains communaux. Autorisation.* — La personne trouvée chassant dans les
bois et sur les terrains communaux n'est pas
fondée à exciper qu'elle y avait été autorisée
verbalement par le maire de la commune.
Cette autorisation ne suffirait pas pour faire
disparaître la contravention, car il ne dépend
pas d'un maire de disposer d'un droit de chasse
dans les bois et sur les terrains communaux.
(Chambéry, 22 décembre 1881.)

15. *Propriété.* — Les bois communaux, bien
que soumis au régime forestier et confiés à la
surveillance de l'administration forestière, n'en
constituent pas moins une propriété particulière, qui doit jouir de toutes les garanties attachées à la propriété privée. (Cass. 29 mars
1845.)

16. *Bois non soumis au régime forestier.* —
Les bois non soumis au régime forestier sont
régis par les mêmes dispositions que les bois
particuliers, sauf en ce qui concerne les défrichements.

17. *Jouissance.* — Les habitants des communes ne sont qu'usufruitiers des bois communaux.

18. *Jouissance.* — Les préfets statuent sur le mode de jouissance des biens communaux, quelle que soit la nature de l'acte primitif qui ait approuvé le mode actuel de jouissance. (Décr. 25 mars 1852.)

19. *Jouissance.* — Le droit de jouissance qui appartient aux communes, dans leurs bois, est assujetti aux mêmes formalités que celles auxquelles est soumis l'exercice de leurs usages dans les forêts dont elles ne sont pas propriétaires. (Cass. 1er octobre 1846.)

20. *Produit. Jouissance.* — Les produits des coupes ordinaires des bois communaux sont vendus ou délivrés en nature aux habitants, suivant les décisions prises par les conseils municipaux.

21. *Extractions. Délivrance.* — Dans les bois communaux, les extractions de produits quelconques ne pourront avoir lieu qu'avec l'autorisation formelle des maires, sauf l'approbation du conservateur, qui fixera les conditions et le mode d'extraction; quant au prix il est fixé par le préfet, sur la proposition des maires. (Ord. 4 décembre 1844.)

22. *Aliénation.* — La section de l'intérieur, considérant... que c'est au Chef même de l'État qu'il appartient de soumettre les bois des communes au régime forestier et de fixer l'aménagement auquel lesdits bois seront assujettis;... que tout bois communal qui, par suite d'aliénation, devient la propriété d'un particulier, cesse de plein droit d'être soumis au régime forestier et à l'aménagement obligatoire auquel il était assujetti; d'où il suit que, si l'on reconnaissait aux préfets le droit d'autoriser l'aliénation de tout ou partie d'un bois communal soumis au régime forestier il appartiendrait à ces magistrats de rapporter indirectement et de mettre à néant les actes de l'autorité souveraine;... que le décret du 25 mars 1852 n'a rien innové en ce qui concerne les aliénations des bois communaux soumis au régime forestier; — est d'avis que les préfets ne sont pas compétents pour autoriser lesdites aliénations. (Avis du Conseil d'État, 11 novembre 1852.)

Cet avis a été transmis aux préfets par une circulaire du Ministre de l'intérieur du 8 décembre 1852, n° 807.

Un décret est donc nécessaire pour autoriser l'aliénation de terrains communaux soumis au régime forestier.

23. *Consistance. Réduction.* — L'administration s'est réservé de faire statuer sur tous les actes, tels que : aliénation, concession, transaction ou autres, qui auraient pour effet de réduire l'étendue du sol forestier, et ceux qui,

comme les partages, peuvent affecter l'aménagement des bois. (Décis. Min. 2 février 1856.)

24. *Savoie et Nice.* — Les bois appartenant à des communes françaises et situés dans le comté de Nice, entre la ligne-frontière et la crête des Alpes, seront administrés par les agents du gouvernement français; toutefois, ces agents ne seront appelés qu'à constater les délits ou contraventions en matière forestière qui seraient commis par des Français résidant en France, et leurs procès-verbaux ne pourront être mis en poursuite que devant les tribunaux français. (Conv. du 7 mars 1861, art. 8. Circ. N 29.)

25. *Affaires. Instruction.* — Les affaires intéressant les bois communaux doivent généralement être transmises par l'intermédiaire du préfet, qui doit donner son avis comme représentant l'État, tuteur légal des communes. (Lettre de l'Admin. 21 juillet 1871.)

SECT. II. — ALGÉRIE.

26. *Origine.* — Les forêts communales proviennent d'anciennes forêts domaniales abandonnées à titre de dotation aux communes lors de leur création. (Ch. Guyot.) V. Algérie.

27. *Surveillance. Gestion.* — Les bois communaux sont surveillés et administrés par le service des eaux et forêts. (Loi du 21 février 1903, art. 83. Circ. N. 642.)

Il n'y a pas de gardes communaux en Algérie; c'est le personnel domanial qui est chargé de cette fonction. V. Frais d'administration. Partage.

28. *Régime forestier.* — Sont soumis au régime forestier les bois des communes susceptibles d'exploitation régulière par l'autorité administrative. Il en est de même pour les terrains non boisés, susceptibles d'être reboisés. (Loi du 21 février 1903, art. 1er, 7, 9 et 80. Circ. N 642.) V. Régime forestier.

29. *Contenance.* — La contenance des forêts appartenant aux communes est la suivante :

Surfaces soumises au R. F...   88,516 hect.
—   non soumises......   227,000

30. *Coupes. Martelage. Produits.* — L'assiette des coupes, le martelage, la quotité des produits à abandonner aux communes pour leur revenu annuel se déterminent, comme en France, par le Service forestier seul, sans intervention des autorités communales et sauf à celles-ci à réclamer contentieusement au conseil de préfecture. V. Loi du 21 février 1903, art. 91.

31. *Aménagements. Délimitations.* — Aucun texte ne vise les aménagements communaux ni les délimitations communales. On doit suivre les dispositions concernant les forêts doma-

niales ; cette application est la conséquence de leur soumission au régime forestier. (Ch. Guyot.) V. Aménagement. Délimitation.

32. *Défrichement.* — Les communes ne peuvent faire aucun défrichement de leurs bois sans une autorisation expresse et spéciale du Gouverneur général. (Loi du 21 février 1903, art. 81.) Il s'agit sans doute de bois non soumis au régime forestier. Lorsqu'il y a eu soumission, il faut d'abord qu'un .décret opère la destruction du régime, ensuite la question pourra être résolue par le gouverneur général. (Ch. Guyot.)

33. *Droits d'usage.* — Toutes les dispositions contenues dans la section VII du titre III sur l'exercice du droit d'usage dans les bois de l'État (art. 60, 61, 62, 63, 64, 65, 66, 67, 68, 69, 70, 71, 72, 73 et 75) sont applicables à la jouissance des communes dans leurs propres bois, ainsi qu'aux droits d'usage dont ils pourraient être grevés, sauf les modifications résultant du titre IV. (Loi du 21 février 1903, art. 91. Circ. N 642.)

34. *Parcours. Pénalités.* — Les habitants des communes ne pourront, sous réserve des exceptions déterminées à l'article 71, introduire ni faire introduire dans les bois appartenant à ces communes, des moutons, chèvres ou chameaux. En cas d'infraction, peines édictées par l'article 177 pour les délits de pâturage en forêt. (Loi du 21 février 1903, art. 89. Circ. N 642.) V. Pâturage.

BOIS DE CONSTRUCTION.

SECT. I. — VENTE.

1. *Estimation.* — Dans le rapport des ventes, le conservateur doit envoyer la moyenne de l'estimation et du prix de vente, pour chaque département, du mètre cube (volume réel en grume) des bois de servive. (Circ. A 737.)

SECT. II. — DÉLIVRANCE.

§ 1. *Délivrance affouagère communale et d'établissements publics.*

2. *Affouage. Partage. Vente.* — Qu'il s'agisse des bois de construction ou des bois de chauf-

fage, le conseil municipal, dans la session de mai, déterminera si le partage de l'affouage se fera :

1° ou par feu, 2° ou bien moitié par chef de famille ou de ménage et moitié par tête d'habitant; 3° ou bien par tête d'habitant.

Il pourra aussi décider la vente de tout ou partie de l'affouage au profit de la caisse municipale ou des affouagistes. Dans ce cas, la vente aura lieu par voie d'adjudication publique, par les soins de l'administration forestière. (Cod. For. 105. Loi du 26 mars 1908. Circ. N 729. Loi du 8 avril 1910. Circ. N 767.) V. Affouage. Chef de famille.

3. *Bois communal. Délivrance. Besoin.* — Les communes qui ne sont pas dans l'usage d'employer la totalité des bois de leurs coupes à leur propre consommation feront connaître (le 1er février, Circ. A 164), à l'agent forestier local, la quantité de bois qui leur sera nécessaire, tant pour constructions que pour réparations, et il en sera fait délivrance, soit par l'adjudicataire de la coupe, soit au moyen d'une réserve sur cette coupe, le tout conformément à leur demande et aux clauses du cahier des charges de l'adjudication. (Ord. 141.)

4. *Étrangers.* — Pour avoir droit aux délivrances de futaie, les étrangers, chefs de famille ou de ménage, ayant domicile réel et fixe dans la commune, doivent, en outre, avoir été autorisés par le chef de l'État à établir leur domicile en France. (Cod. Civ. 13. Cod. For. 105. Loi du 26 mars 1908. Circ. N 729.)

5. *Réserve. Besoin.* — Lors des adjudications des coupes ordinaires et extraordinaires des bois des établissements publics, il est fait réserve, en faveur de ces établissements et suivant les formes prescrites par l'autorité administrative, de la quantité de bois de construction nécessaire à leur propre usage. (Cod. For., art. 102. Circ. N 80, art. 73.)

6. *Établissements publics. Fournitures à leur usage. Délivrance.* — Les administrateurs des établissements publics donneront, chaque année (le 1er février, Circ. A 164), un état des quantités de bois, tant de chauffage que de construction, dont ces établissements auront besoin. Cet état sera visé par le sous-préfet et transmis par lui à l'agent forestier local.

Les quantités de bois ainsi déterminées seront mise en charge lors de la vente des coupes et délivrées à l'établissement par l'adjudicataire, aux époques qui seront fixées par le cahier des charges. (Ord. 142.)

§ 2. *Délivrance usagère.*

7. *Définition.* — Par construction, on doit généralement entendre non seulement le gros œuvre des bâtiments, correspondant aux poutres et chevrons, mais aussi les planchers, boiseries, portes et fenêtres qui exigent des bois de menuiserie et non des charpentes proprement dites. (Ch. Guyot.) V. Maronage.

8. *Délivrance. Possibilité.* — Quels que soient les besoins des usagers ou l'importance des droits résultant de leurs titres, les délivrances usagères ne peuvent dépasser la possibilité de la forêt grevée. Le chiffre de cette possibilité est fixé par l'administration des eaux et forêts, sauf recours des usagers au conseil de préfecture. (Cod. For. 65. Circ. N 669, art. 5.)

9. *Usagers. Demandes.* — Les demandes pour bois de constructions ou réparations seront remises, avant le 1er février de chaque année, contre reçu, à l'agent forestier local ou au brigadier autorisé à cet effet. Elles seront transmises avant le 1er avril au conservateur qui statuera après avoir fait procéder aux vérifications qu'il jugera nécessaires. (Ord. 123. Décr. du 28 juin 1913. Circ. N 822.) V. Délivrance. Devis.

10. *Algérie. Demande.* — Pour les bois de construction et autres divers, les maires ou administrateurs des communes doivent adresser chaque année à l'inspecteur des eaux et forêts une liste nominative des usagers qui demandent des délivrances, avec une indication des motifs qui justifient leur demande. (Arr. du gouverneur général du 20 août 1904, art. 2 et 3.)

11. *Emploi. Constructions.* — L'agent chargé de la vérification de l'emploi des bois annote au bas du procès-verbal (Série 9, n° 8) les contraventions aux articles 83 et 84 du code forestier et rappelle le numéro du procès-verbal de poursuite. (Circ. N. 669, art. 18.)

12. *Emploi. Délais.* — L'emploi des bois de construction doit être fait, en principe, dans un délai de deux ans, lequel néanmoins peut être prorogé. Les conservateurs sont délégués pour accorder à l'avenir les prorogations de l'espèce. Ce délai de deux ans expiré, l'administration peut disposer des bois non employés. (Cod. For. 84. Circ. N. 822, art. 19.) En Algérie, le délai d'emploi est d'un an. (Arr. du gouverneur général du 20 août 1904, art. 10.)

13. *Non-emploi. Refus de livraison. Saisie conservatoire. Vente.* — Si l'usager refuse de livrer les bois non employés dans le délai de deux ans, il peut être procédé, par les soins d'un préposé et sur l'ordre du chef de service, à une saisie conservatoire, sans préjudice des poursuites correctionnelles qui pourraient être intentées.

Ces bois, si leur restitution en nature est ordonnée par le tribunal, sont ensuite vendus au profit du Trésor, à la diligence du receveur des domaines.

Ces dispositions ne sont pas applicables à l'exercice des droits d'usage dans les forêts communales ou d'établissements publics. (Circ. N 669, art. 19. Circ. N 822.)

14. *Branches. Rémanents.* — On ne doit ni branches ni rémanents aux usagers qui n'ont droit qu'au bois de construction. (Décis. Min. 8 mai 1828.)

15. *Changement. Destination.* — Le bois de construction délivré pour une maison désignée ne peut, sans délit, être employé à une autre maison. Ce serait un changement de destination. (Cass. 7 mai 1830.)

16. *Changement de destination. Usagers.* — La constatation du changement de destination des bois délivrés à un usager, pour la reconstruction de sa maison, constitue un fait matériel. (Cass. 26 avril 1845.)

17. *Maison incendiée. Assurance.* — Le droit de maronage, pour la reconstruction d'une maison incendiée, ne peut pas être exercé par l'usager, si une indemnité lui a été payée par une compagnie d'assurance. (Nancy, 28 mai 1833.) Une décision ministérielle du 10 octobre 1834 décide que, malgré l'assurance, l'usager incendié a droit à la délivrance des bois pour reconstruire sa maison. (Comté de Dabo.) V. Maronage. Réserve. Délivrance d'urgence.

§ 4. *Travaux en montagne.*

19. *Fourniture. Exploitation.* — Dans les circonstances exceptionnelles, telles que cherté des transports ou rareté de l'essence sur les marchés, les bois nécessaires à l'exécution des travaux autorisés par l'administration seront exploités par forme d'extraction ou d'éclaircie et disposés sur place pour être employés, après dessiccation convenable, par les entrepreneurs des travaux.

Le prix des bois sera versé à la caisse des domaines par l'adjudicataire, qui sera tenu d'en payer la valeur d'après le devis approuvé. Un extrait du procès-verbal d'adjudication sera adressé au directeur des domaines comme titre de recouvrement, avec la copie du devis relatif au prix des bois. Une mention spéciale de cette disposition sera faite sur l'affiche et le procès-verbal d'adjudication, indiquant l'obligation de payer la valeur des bois, sans déduction du rabais consenti pour les travaux. En cas d'inexécution des travaux, les bois exploités seront vendus comme menus marchés (valeur inférieure à 2,000 francs). [Décis. Min. 15 février 1875. Circ. N 170. Circ. N. 566, art. 19.]

BOIS DE DÉLIT.

1. *Définition.* — Le bois de délit est celui qui a été l'objet ou qui provient d'un délit.

2. *Affouage.* — Les bois de délit ne peuvent accroître l'affouage qu'autant qu'ils se trouvent dans la coupe affouagère. (Décis. Min. 21 juin 1820.)

3. *Bois gisant.* — Les bois de délit ne sont pas compris dans le bois sec et gisant. (Cass. 7 mars 1829.)

4. *Usage.* — Les usagers ne peuvent jamais s'approprier les bois de délit. (Cass. 25 mars 1830.)

5. *Classification.* — Les bois de délit sont considérés comme produits accessoires. (Arr. 22 juin 1838, *Bois domaniaux.* Arr. 1er septembre 1838, *Bois communaux.*)

6. *Enlèvement. Pénalité.* — L'enlèvement des bois de délit, dans tous les bois en général, est puni des mêmes *amendes* et *restitutions* que pour la coupe ou le délit lui-même. (Cod. For. 197. Loi du 21 février 1903, art. 175, relative à l'Algérie. Circ. N. 642.)

Il y a aggravation de la peine suivant que le bois est débité à la scie, enlevé de nuit, ou si le délinquant est en récidive.

7. *Saisie. Séquestre.* — Les gardes doivent suivre les bois de délit jusque dans les lieux où ils auront été transportés, les saisir et les mettre en séquestre. (Cod. For. 161. Instr. Crim. 16.)

8. *Reconnaissance.* — Les gardes font mention sur leurs registres des bois de délit reconnus; ils doivent en donner avis, sans délais, à leur supérieur immédiat. (Ord. 26.) Il leur est défendu d'en disposer lorsqu'ils sont gisants dans la forêt.

9. *Marque.* — Lorsqu'un arbre enlevé en délit a été retrouvé dans une perquisition, le garde doit le marquer aux *deux extrémités du tronc*, de manière à ce qu'il soit impossible au séquestre ou gardien de modifier ultérieurement la *découpe* et d'enlever ainsi les signes de reconnaissance et de rapprochement, propres à établir l'identité entre l'arbre saisi et celui dont la souche a été reconnue en forêt. (Livret des préposés. Circ. A 454.)

Indiquer dans le procès-verbal les parties de l'arbre marquées du marteau et le nombre des empreintes apposées.

10. *Frais.* — Les frais de séquestre, de transport ou de façon des bois de délit sont imposés aux adjudicataires, qui sont tenus de les payer aux ayants droit au moment de la vente. (Circ. A 368.)

11. *Vente.* — Les inspecteurs et agents chefs de service provoquent la vente des bois de délit. (Instr. 22 mars 1821.)

12. *Adjudication.* — Les conservateurs autoriseront et feront effectuer les adjudications de bois provenant des délits (Ord. 102, 134) ainsi que les remises en vente. (Circ. N 752.)

13. *Conditions de la vente.* — L'inspecteur fixe le délai de vidange dans les conditions de la vente et le réduit au temps strictement nécessaire, sauf, s'il le juge convenable, à désigner des lieux de dépôt sur les bords des routes ou aux lisières des forêts. (Instr. 23 mars 1821.)

14. *Vente.* — Les bois de délit provenant des forêts domaniales, quelle qu'en soit la valeur, pourront être vendus aux chefs-lieux de canton ou dans les communes voisines de la forêt. (Ord. 20 mai 1837. Circ. N 80, art. 83.)

14¹. *Concession.* — Les bois de délit invendables par adjudications publiques peuvent être concédés, comme les menus produits, moyennant argent ou prestations, lorsque la valeur des bois à délivrer à un même concessionnaire ne dépassera pas 100 francs. (Déc. Min. du 29 déc. 1919. Lettre Dir. Gén. 5 janvier 1920.)

15. *Présomption. Culpabilité. Preuve.* — Les bois de délit trouvés dans l'intérieur d'une maison font peser sur le propriétaire de la maison la présomption légale (Cod. Civ. 1352) qu'il est l'auteur ou le complice du délit. C'est à lui qu'incombe la preuve qu'il possède ces bois légitimement et de bonne foi, en tant que cette preuve n'est pas contraire aux énonciations contenues dans le procès-verbal faisant foi jusqu'à inscription de faux. (Cass. 26 septembre 1840. Cass. 11 juillet 1867.)

16. *Bois de délit.* — La personne chez laquelle on trouve une partie des arbres coupés en délit et qui ne veut pas déclarer les auteurs du délit ou ses complices est responsable des peines encourues pour le tout. (Cass. 23 octobre 1812.)

17. *Enlèvement.* — Le porteur de bois coupé en délit est présumé être l'auteur de la coupe. Il ne serait pas admissible à prouver que cette coupe a été faite par un autre (Cass. 5 février 1830.) V. Meaume, tome II, page 889, § 1345.

18. *Moyen de transport.* — Si des bois coupés en délit et ayant moins de 20 centimètres de tour sont trouvés chez un délinquant, en l'absence de fait matériel prouvant le mode de transport employé, le délinquant sera toujours recevable à prouver que ce bois a été transporté à l'aide d'une voiture. (Meaume.)

19. *Possession. Identité.* Ne peut être relaxé, sous prétexte que le délit n'est pas prouvé, l'individu détenteur d'un arbre, de la légitime possession duquel il ne justifie pas, alors que le procès-verbal constate que le rapatronnement et la comparaison de l'essence, de l'écorce et des copeaux, ont établi qu'il y avait identité parfaite entre cet arbre et la souche d'un arbre coupé en délit. (Cass. 13 avril 1849.)

20. *Détenteur. Restitution.* — Le détenteur de bois de délit qui prouve avoir acheté ces bois de bonne foi d'une personne qu'il croyait être le propriétaire est exempt de toute peine, mais il est tenu de restituer les bois ou d'en payer la valeur en vertu de l'article 2279 § 2 du code civil. (Besançon, 18 novembre 1903.)

21. *Possession.* — La présomption légale de fraude, qui résulte de la possession des bois de délit, tombe devant la preuve administrée par le prévenu que ces bois ont été achetés, soit dans une vente publique, soit d'un individu faisant profession de vendre du bois. (Cass. 14 avril 1848.)

22. *Possession. Présomption.* — La possession de bois coupés en délit élève contre le détenteur une présomption de fraude, qui ne peut tomber que devant la preuve d'une provenance légitime. (Chambéry, 27 avril 1876.)

23. *Preuve. Possession.* — Un délinquant, chez lequel des bois coupés en délit ont été trouvés, ne peut pas affaiblir la foi due à un procès-verbal, en se fondant sur ce qu'il aurait été précédemment adjudicataire de la partie du bois où le délit a été commis. (Cass. 5 février 1830.)

24. *Possesseur. Remboursement.* — Si le possesseur actuel d'une chose volée l'a achetée dans un marché, ou une foire, ou d'un marchand vendant des choses pareilles, le propriétaire originaire ne peut se la faire rendre qu'en remboursant au possesseur le prix qu'elle lui a coûté. (Cod. Civ. 2280.)

BOIS DE DÉPARTEMENTS.

1. *Soumission. Régie. Principe.* — Les bois et forêts des départements sont soumis au régime forestier et seront administrés conformément aux dispositions du code forestier relatives aux bois des établissements publics. (Loi du 2 juillet 1913, art. 1er, circ. N 858.)

2. *Régime forestier. Application.* — Le préfet et le conseil général exercent, chacun en ce qui le concerne, pour l'application du régime forestier aux bois et forêts du département, les attributions appartenant, en la même matière, aux administrateurs des établissements publics. Dans le cas où le préfet, appelé à représenter le département, devrait intervenir au nom de l'État, le département serait représenté par un membre de la commission départementale délégué par elle. (Décr. du 26 novembre 1918, art. 1er, circ. N 858) V. Régime forestier.

3. *Comptable.* — Le comptable du département a, en matière d'adjudication et de recouvrement du produit des bois, les mêmes droits et obligations que les receveurs des établissements pour les bois de ces établissements.

Il est soumis aux mêmes incapacités de défenses. (Décr. du 26 novembre 1918, art. 1er. Circ. N 858.)

4. *Acquisitions de bois.* — En cas d'acquisition de bois ou de forêts par un département, le préfet notifiera l'acquisition au conservateur dans le mois de sa réalisation et il sera procédé aux formalités prescrites pour la soumission. (Arr. Min. du 26 avril 1919, art. 1er. Circ. N 858.) V. Forêts privées.

5. *Contenance.* — Au 1er janvier 1919, la contenance des bois des départements soumise au régime forestier est de 1,257 hectares.

BOIS DÉPÉRISSANTS.

1. *Autorisation.* — Les conservateurs autoriseront les coupes de bois dépérissants dans les forêts domaniales, communales et d'établissements publics. (Décr. du 17 février 1888. Circ. N 395.)

2. *Bois domaniaux. Coupe. Vente.* — Dans les forêts domaniales, les conservateurs décideront si les coupes de bois dépérissants seront vendues en bloc sur pied ou par unités de marchandises. Ils peuvent aussi en autoriser l'exploitation par les préposés ou par les concessionnaires. Mais si l'exploitation doit avoir lieu au compte de l'État, l'autorisation et les crédits nécessaires doivent être demandés à la direction des forêts. (Décr. du 17 février 1888. Circ. N. 395.)

3. *Bois communaux. Coupe. Vente.* — Dans les forêts communales et d'établissements publics, la vente sur pied des coupes de bois dépérissants sera autorisée par les conservateurs des forêts. Quand il y aura lieu d'adopter un autre mode de réalisation, l'autorisation en sera donnée par le préfet, sur la proposition des communes ou établissements publics et après avis du conservateur. (Décr. du 17 février 1888. Circ. N 395.)

4. *Adjudication. Lieu de vente.* — Les adjudications de bois dépérissants provenant des forêts domaniales, communales ou d'établissements publics, pourront être faites dans les chefs-lieux de canton ou dans les communes riveraines des forêts. (Décr. du 25 février 1888. Circ. N 396.)

5. *Martelage.* — Les bois dépérissants doivent être frappés du marteau de l'État. (Circ. N 417.)

6. *Frais de régie. Taxe.* — Les bois dépérissants sont assujettis à la taxe des frais de régie. (Circ. N 417.)

BOIS D'ÉTABLISSEMENT PUBLIC.

Section I. — France, 1-12.

Section II. — Algérie, 13-16.

V. Administrateurs des établissements publics. Établissement public. Frais d'administration. Vente.

Nota. — Toutes les dispositions relatives aux bois communaux s'appliquent aux bois des établissements publics.

SECTION I. — FRANCE.

1. *Définition.* — Les bois des établissements publics sont ceux qui appartiennent aux hôpitaux, hospices, bureaux de bienfaisance, collèges, et à toute autre corporation établie ou maintenue par le gouvernement dans un but d'intérêt général. (Ord. 7 mai 1817.)

2. *Contenance.* — En 1878, les forêts d'établissements avaient une contenance de 32,029 hectares dont 25,608 étaient soumis au régime forestier. (Statistique forestière de 1878.)

(La contenance de ces forêts en Alsace-Lorraine est de 2,000 hectares.) V. Bois communaux.

3. *Législation.* — Toutes les dispositions des six premières sections du titre III du code forestier, articles 8 à 58, sauf les modifications et exceptions y insérées, sont applicables aux bois des établissements publics soumis au régime forestier. (Cod. For. 90.) Toutes les dispositions de la 8ᵉ section du titre III du code forestier sur l'exercice des droits d'usage dans les bois de l'État (articles 62, 63, 64, 65, 66, 67, 68, 69, 70, 71, 72, 76, 77, 78, 79, 80, 81, 82 et 85) sont applicables à la jouissance des établissements publics dans leur propres bois, ainsi qu'aux droits d'usage dont ces mêmes bois pourraient être grevés, sauf les modifications résultant du titre VIII et à l'exception des articles 61, 73, 74, 83 et 84. (Cod. For. 112.) L'article 75 du C. F. est abrogé. (Loi du 18 juillet 1906, circ. N 704.)

Toutes les dispositions des sections 2, 3, 4, 5 et 6 du titre II de l'ordonnance (art. 67, 68, 69, 70, 71, 72, 73, 74, 75, 76, 77, 78, 79, 80, 81, 82, 83, 84, 85, 86, 87, 89, 90, 91, 92, 93, 94, 95, 96, 97, 98, 99, 100, 101, 102, 103, 104) sont applicables aux bois des établissements publics, à l'exception des articles 58 et 88 et sauf les modifications qui résultent du titre VI du code forestier et du titre V de l'ordonnance. (Ord. 134.)

Toutes les dispositions de la section 9 du titre II de l'ordonnance (Décr. du 12 avril 1854, 19 mai 1857, art. 117, 118, 119, 120 et 122), sur l'exercice du droit d'usage dans les bois de l'État, sont applicables à la jouissance des établissements publics dans leurs propres bois, sauf les modifications du présent titre et à l'exception des articles 121 et 123. (Ord. 146.)

BOIS D'ÉTABLISSEM. PUBLIC.

4. *Régime forestier.* — Sont soumis au régime forestier les bois taillis et futaie appartenant aux établissements publics, qui auront été reconnus susceptibles d'aménagement et d'exploitation régulière, par l'autorité administrative, sur la proposition de l'administration forestière et d'après l'avis des administrateurs des établissements publics. (Cod. For. 1, 90.)

5. *État signalétique.* — Les renseignements concernant la gestion des forêts des établissements publics sont groupés sur un état signalétique. (Circ. N 428. Form. série 4, n° 1 C.) V. État signalétique.

6. *Coupe. Vente. Bureau.* — Le bureau d'adjudication pour la vente des coupes sera formé du préfet ou de son délégué, d'un agent forestier et du comptable de l'établissement public, sauf pour les coupes extraordinaires, dont le prix de vente est encaissé par le trésorier général. (Ord. 86.)

7. *Bois non soumis.* — Les bois non soumis au régime forestier sont régis par les mêmes dispositions que les bois particuliers, sauf pour les défrichements.

8. *Extraction.* — Dans les bois des établissements publics, les extractions des productions quelconques ne pourront avoir lieu qu'en vertu d'une autorisation formelle des administrateurs, sauf approbation du conservateur, qui règle les conditions d'extraction. Le prix est fixé par le préfet, sur les propositions des administrateurs. (Ord. 4 décembre 1844.)

9. *Produit. Jouissance.* — Les produits des bois des établissements publics sont soumis au contrôle de l'administration supérieure, en ce sens qu'on ne peut vendre que le surplus de ce qui est nécessaire aux besoins. (Meaume.)

10. *Exploitation. Fermier. Domaine.* — Le fermier d'un domaine appartenant à un établissement public, dans lequel se trouvent compris des bois soumis au régime forestier, est assujetti aux règles tracées par le code forestier pour l'exploitation des bois, quand même il n'aurait rien été stipulé à ce sujet dans le bail. (Cass. 2 juin 1838.)

11. *Droit d'usage. Délivrances.* — Dans les bois d'établissements publics ont droit aux délivrances tous usagers justifiant d'un titre ou d'un jugement reconnaissant l'existence de leurs droits. (Circ. N 669, art. 1ᵉʳ.)

12. *Droits d'usage.* — Les dispositions édictées par les articles 83 et 84 du code forestier et celles prescrites au sujet du non-emploi des bois par la circulaire N 669 ne sont pas applicables à l'exercice des droits d'usage dans les forêts d'établissements publics. (Circ. N 669, art. 19, Circ. N 822.)

13. *Surveillance. Administration.* — Les bois d'établissements publics, soumis au régime forestier, sont surveillés et administrés par le service des eaux et forêts. (Loi du 21 février 1903, art. 83. Circ. N 642.) C'est le personnel domanial qui est chargé de la surveillance. V. Algérie. Régime forestier.

14. *Régime forestier.* — Sont soumis au régime forestier les bois et forêts des établissements publics qui auront été reconnus susceptibles d'exploitation régulière par l'autorité administrative, sur les propositions de l'administration des eaux et forêts et d'après l'avis des administrateurs des établissements publics. (Loi du 21 février 1903, art. 1ᵉʳ et 79. Circ. N 642.) V. Régime forestier. Législation.

15. *Droits d'usage.* — Toutes les dispositions contenues dans la section VI du titre III sur l'exercice du droit d'usage dans les bois de l'État (art. 60, 61, 62, 63, 64, 65, 66, 67, 68, 69, 70, 71, 72, 73 et 75) sont applicables à la jouissance des établissements publics dans leurs propres bois, ainsi qu'aux droits d'usage dont ils pourraient être grevés, sauf les modifications résultant du titre IV. (Loi du 21 février 1903, art. 91. Circ. N 642.)

16. *Parcours.* — Les administrateurs ou employés des établissements publics ne pourront, sous réserve des exceptions déterminées à l'article 71, introduire ni faire introduire dans les bois appartenant à ces établissements publics des moutons, chèvres ou chameaux, sous les peines édictées pour les délits de pâturage en forêt. (Loi du 21 février 1903, art. 89 et 177. Circ. N 642.) V. Pâturage.

BOIS DOMANIAUX.

1. *Définition. Origine.* — Les bois domaniaux sont ceux que l'État possède à titre de propriété; leurs produits font partie du revenu public.

Ils ont six origines principales :

1° Domaine royal antérieur à 1669;

2° Anciens domaines souverains réunis postérieurement à 1669;

3° Bois ecclésiastiques réunis à ceux de l'État par les lois des 2 novembre 1789, 26 mars 1790, etc., et par la loi du 9 décembre 1905;

4° Fixation des dunes sur le littoral maritime (Décr. des 14 décembre 1810 et 29 avril 1862);

5° Reboisement des montagnes (Lois des 28 juillet 1860, 4 avril 1882 et 16 août 1913, et décrets des 10 novembre 1864 et 11 juillet 1882);

6° Acquisitions diverses à l'aide de crédits inscrits annuellement au budget, par voie d'échange, etc. (Loi de fin. 1920. *J. O.* du 1ᵉʳ août 1920, p. 10971.)

2. *Contenance.* — Au 1ᵉʳ janvier 1922, la contenance des bois de l'État, y compris les périmètres de restauration et de reboisement des montagnes, était de 1,396,264 hectares, dont 155,004 hectares en Alsace-Lorraine, parmi lesquels 16,208 hectares étaient indivis avec des communes. — En Algérie, elle est de 2,239,571 hectares.

3. *Inaliénabilité.* — Le principe de l'inaliénabilité et de l'imprescriptibilité des grandes masses de bois domaniaux a été anéanti par l'effet de la loi du 25 mars 1817, qui a replacé cette nature de biens dans les conditions du droit commun. Cette loi n'a pas été abrogée par les lois de finances des 1ᵉʳ mai 1825, 27 mars 1831 et 10 juin 1833, relatives à la dotation de la caisse d'amortissement. (Cass. 27 juin 1854, Cass. 9 avril 1856.)

4. *Aliénation.* — Quoique les bois domaniaux ne puissent être aliénés qu'en vertu d'une loi, cette règle souffre exception en faveur des communes qui demandent à acquérir, pour cause d'utilité publique. Dans ce cas il suffit d'un décret qui déclare cette utilité et le Ministre des finances peut ensuite traiter à l'amiable avec la commune intéressée, qui se trouve affranchie, d'ailleurs, des droits de mutation. (Bulletin officiel du Ministère de l'intérieur, 1857, p. 215.)

5. *Masse. Inaliénabilité.* — Les bois domaniaux ayant une contenance au-dessous de 150 hectares, séparés et éloignés de 1 kilomètre au moins des autres forêts, ne sont pas considérés comme faisant partie des grandes masses de forêt. (Loi du 23 août 1790 Implicitement abrogée par la loi du 25 mars 1857.) V. Aliénation.

6. *Incorporation.* — L'édit du 16 avril 1667, qui déclare incorporés au domaine de la couronne les biens tenus et administrés pendant dix ans comme biens domaniaux, a supposé une possession de dix ans antérieure à la date de l'édit. (Cass. 17 mai 1852.)

7. *Affectation à un service.* — Les bois domaniaux peuvent être affectés au moyen d'un décret à un service public. L'article 4 de la loi du 18 mai 1850 est abrogé. (Décr. 25 mars 1852.)

8. *Caisse d'amortissement.* — Les bois de l'État avaient été en 1817 affectés à la caisse d'amortissement.

La dotation annuelle de la caisse d'amortissement se composait :

1° Du produit net des coupes ordinaires et des produits accessoires des forêts;

2° À titre de recettes extraordinaires, du

produit net des coupes extraordinaires et aliénations de forêts qui pourront être autorisées par les lois et dont le montant n'aura pas été déjà ou ne serait pas, à l'avenir, affecté à des améliorations forestières. (Loi du 11 juillet 1868. Circ. N 25.)

La caisse d'amortissement ne fonctionne plus; ses livres ont été fermés en 1888. (*Journal off.* 4 janvier 1889.)

9. *Aménagement.* — Tous les bois et forêts du domaine de l'État sont assujettis à un aménagement réglé par des ordonnances. (Cod. For. 15.)

BOIS FAÇONNÉS.

1. *Principe. Vente.* — La vente de tout bois qu'un propriétaire exploitera dans ses forêts pendant l'exercice, à tant la corde, lorsque le propriétaire se charge de l'abatage et du façonnage, est une vente à la mesure et non une vente en bloc. (Orléans, 31 août 1880.) V. Vente à la mesure.

2. *Produit. Classification.* — Les bois façonnée, provenant des coupes ordinaires ou extraordinaires des bois communaux ou d'établissements publics, ne sont jamais considérés comme produits accessoires. (Décis. Min. 22 juin 1838 et 17 janvier 1840.)

3. *Bois communaux et d'établissements publics. Exploitation. Coupe invendue.* — Lorsque les coupes communales et d'établissements publics restent invendues, le préfet peut, sur la proposition du conservateur, en autoriser l'exploitation par un entrepreneur responsable et la vente en bloc ou par lots des produits façonnés de ces coupes, dans une des communes voisines de la situation des bois. (Ord. 24 août 1840. Circ. N 752.)

4. *Bois communaux. Vente sur les lieux.* — Les préfets statuent en conseil de préfecture, sans l'autorisation du ministre, mais après avis du chef de service, sur la vente sur les lieux des produits façonnés provenant des bois des communes et des établissements publics, quelle que soit la valeur de ces produits. (Décr. 25 mars 1852, art. 3.) En cas de désaccord avec le conservateur, il en est référé à l'administration par un rapport spécial avec pièces à l'appui. (Circ. A 686.)

5. *Vente. Bois communaux.* — Les coupes ou les portions de coupes ordinaires, dont les produits ont été préalablement exploités et façonnés sous la direction d'un entrepreneur responsable, peuvent être vendues dans la commune propriétaire, sous la présidence du maire et avec l'intervention des agents forestiers; toutefois, si leur valeur dépasse 3,000 francs, l'autorisation du Ministre est nécessaire, sur la proposition du préfet et de

l'administration forestière. (Ord. 15 octobre 1834. Déc. min. des 9 février 1843 et 5 mars 1844. Décret du 20 janvier 1920.)

6. *Enchères. Frais. Adjudication.* — Les bois façonnés seront vendus par lots, dans la forme ordinaire des adjudications aux enchères.

7. *Résultat de la vente à l'administration.* — Après la vente des bois façonnés, on en fait connaître le résultat à l'administration par un état, série 4, n° 40 bis.

8. *Bois domanial. Adjudication. Compte rendu à l'administration.* — Dans les dix jours de la vente des bois façonnés provenant des forêts domaniales, on adresse à l'administration un bulletin rendant compte de cette adjudication. Cette marche sera suivie pour tous les produits versés à la caisse des receveurs des domaines. (Lettre du 10 mars 1864, n° 4139.)

9. *Produit. Versement.* — Le produit des ventes des bois façonnés provenant des forêts domaniales doit être versé à la caisse des receveurs des domaines, excepté si la coupe est précomptée sur la possibilité. (Circ. A 833.)

10. *Traite. Bois communaux.* — Les adjudicataires de bois façonnés provenant des forêts communales sont tenus de fournir des traites, toutes les fois que la vente se fait à terme et qu'il s'agit de lots excédant 500 francs. (Décis. Min. 25 août 1865. Circ. N 15. Cah. des ch. 9.)

11. *Caution. Certificateur.* — Lorsque le payement aura lieu à terme, chaque adjudicataire sera tenu de présenter sur-le-champ une caution et un certificateur de caution reconnus solvables. Pour les lots inférieurs à 500 francs, le certificateur ne sera obligatoire que si le receveur l'exige. (Cah. des ch. 9.)

12. *Permis. Retard.* — L'adjudicataire ne pourra commencer l'enlèvement des bois qu'après avoir obtenu un permis de l'agent local des eaux et forêts, chef de service; à défaut de quoi il sera tenu de payer au propriétaire de la forêt une indemnité de 5 francs par stère et de 10 francs par cent de fagots enlevés. (Cah. des ch. 11.)

13. *Surveillance.* — Le soin de surveiller la livraison des bois façonnés aux adjudicataires incombe à l'administration. (Circ. A 831.)

14. *Frais. Droits. Payement.* — Outre le prix principal d'adjudication, les adjudicataires paieront immédiatement, pour tous frais et droits de vente et de cautionnement, 7,50 p. 100 du montant de l'adjudication.

Le paiement se fera à la même caisse que celui du prix de vente.

Le surplus des frais et droits devra, le cas échéant, rester à la charge du propriétaire. (Cah. des ch. 3. Circ. N 854.)

15. *Procès-verbal d'adjudication. Minute.* — La minute du procès-verbal d'adjudication sera signée, séance tenante, par tous les fonctionnaires présents et par les adjudicataires ou leurs fondés de pouvoirs. Cette minute sera soumise à la formalité du visa pour timbre au moment de son enregistrement. (Cah. des ch. 8. Circ. N 854.)

16. *Transport. Dégradations.* — Lorsque les produits d'une coupe de bois domanial seront vendus en bloc en un seul lot, l'adjudicataire pourra être tenu de payer aux communes les subventions spéciales auxquelles celles-ci auraient droit, en exécution de l'article 14 de la loi du 21 mai 1836 et de l'article 11 de la loi du 20 août 1881, pour dégradations extraordinaires causées, par le transport de ces produits, aux chemins vicinaux et aux chemins ruraux classés. (Cah. des ch. 13.)

17. *Expéditions. Extraits.* — Dans les cinq jours de l'adjudication, il sera fourni par le fonctionnaire présidant la séance, avec un exemplaire du cahier des charges, des *expéditions* et des *extraits* du procès-verbal, savoir :

A. Pour les bois domaniaux :

Une expédition, sur papier libre, à l'agent forestier, chef de service;

Une expédition, sur papier visé pour timbre, au receveur des domaines (elle sera remise à l'agent forestier, chef de service, qui l'adressera au directeur des domaines).

Un extrait, sur papier visé pour timbre, à chaque adjudicataire, pour les articles qui le concernent, mais seulement s'il le demande (il sera remis à l'agent forestier, chef de service).

R. Pour les bois communaux et d'établissements publics :

Une expédition sur papier libre, à l'agent forestier, chef de service;

Une expédition sur papier visé pour timbre, au receveur de la commune ou de l'établissement public;

Un extrait, sur papier visé pour timbre, à chaque adjudicataire, pour les articles qui le concernent, mais seulement s'il le demande (il sera remis à l'agent forestier, chef de service). Circ. N 479.

BOIS ACHETÉ OU VENDU EN FRAUDE.

1. *Saisie.* — Les gardes doivent rechercher et saisir les bois achetés ou vendus en fraude. (Cod. For. 164.)

2. *Mauvaise foi. Complicité.* — Le fait d'avoir acheté des bois pendant la nuit, d'individus insolvables, et de les avoir immédiatement cachés dans une écurie, constitue la mauvaise foi et la complicité. (Grenoble, 13 novembre 1874.)

BOIS FRONTIÈRE. V. Frontière.

BOIS GELÉ.

Classification. — Le bois gelé de la cime au tronc ne doit pas être considéré comme bois mort, soumis à l'exercice d'un droit d'usage des habitants. (Cass. 4 août 1885. Nancy, 11 février 1886.)

BOIS GISANT. V. Bois mort.

BOIS GRAS.

Enlèvement. Tolérance. — L'enlèvement du bois gras sur les souches et les arbres résineux morts est généralement toléré ou autorisé moyennant des journées de prestation. En cas de poursuites, on pourrait appliquer soit l'article 80 du code forestier (crochet et ferrement), ou l'article 144 (produits divers), ou 197 (bois chablis ou de délit), ou même les articles 192, 194 et 198 du code forestier. V. Souche. Morceau.

BOIS INCENDIÉS.

1. *Autorisation. Exploitation. Coupes.* — Les conservateurs autoriseront les coupes de bois incendiés dans les forêts domaniales, communales et d'établissements publics. (Décret du 17 février 1888. Circ. N 395).

2. *État.* — L'état des exploitations des bois incendiés est supprimé. (Circ. N 372.)

3. *Bois domaniaux. Coupe. Vente.* — Dans les forêts domaniales, les conservateurs décideront si les coupes de bois incendiés seront vendues en bloc sur pied ou par unités de marchandises. Ils pourront aussi autoriser l'exploitation par les préposés ou les concessionnaires, ainsi que l'exploitation par entreprise ou par économie, quand les frais à la charge de l'État ne dépasseront pas 500 francs. (Décr. du 17 février 1888. Circ. N 395.)

4. *Bois communaux. Coupe. Vente.* — Dans les forêts communales et d'établissements publics, la vente sur pied des bois incendiés sera autorisée par les conservateurs des forêts. Quand il y aura lieu d'adopter un autre mode de réalisation, l'autorisation en sera donnée par le préfet, sur la proposition des communes ou établissements publics et après avis du conservateur. (Décr. du 17 février 1888. Circ. N 395.)

5. *Algérie. Exemption d'impôt.* — Les bois et forêts incendiés seront exempts de tout impôt pendant dix ans pour la partie qui aura été détruite par l'incendie, dans le cas où l'incendie ne serait pas le fait du propriétaire. (Loi du 21 février 1903, art. 116. Circ. N 642.)

6. *Algérie. Parcours. Interdiction. Pénalités.*
— Tout parcours au profit des usagers est interdit pendant six ans au moins sur toute l'étendue des bois et forêts incendiés, sous les peines portées à l'article 177, § 2, de la présente loi.

Dans les bois particuliers, cette interdiction pourra, après consultation du Service des eaux et forêts, être levée par le gouverneur général, sur la demande du propriétaire. (Loi du 21 février 1903, art. 131. Circ. N 642.) V. Pâturage.

BOIS INDIVIS.

1. *Régime forestier.* — Sont soumis au régime forestier les bois et forêts dans lesquels l'État, les communes ou les établissements publics ont des droits de propriété indivis avec des particuliers. (Cod. For. 1ᵉʳ. Loi du 21 février 1903, art. 1ᵉʳ. Circ. N 642.)

2. *État. Gestion.* — Lorsque l'État est copropriétaire de bois indivis, toutes les règles relatives à la conservation et à la régie des bois de l'État ainsi qu'à la poursuite des délits et contraventions sont applicables à ces bois indivis. Par suite, la gestion est confiée aux agents de l'administration sans intervention des copropriétaires. (Cod. For. 113. Loi du 21 février 1903, art. 92, relative à l'Algérie. Circ. N 642.)

La mention finale de l'article 113 concerne seulement le cas où les copropriétaires seraient tous des communes, des sections de commune ou des établissements publics. (Ch. Guyot.)

3. *Surveillance.* — Pour les bois indivis avec l'État, l'administration nommera les gardes, réglera leur salaire et aura seule le droit de les révoquer. (Cod. For. 115. Loi du 21 février 1903, art. 94, relative à l'Algérie. Circ. N 642.)

4. *Coupe. Exploitation. Pénalités.* — Aucune coupe ordinaire, exploitation ou vente, ne pourra être faite par les possesseurs copropriétaires, sous peine d'une amende égale à la valeur de la totalité des bois abattus ou vendus. Toutes ventes ainsi faites sont déclarées nulles. Restitution des bois ou de leur valeur. (Cod. For. 114, 205. Loi du 21 février 1903, art. 93, relative à l'Algérie. Circ. N 642.) Par suite, l'administration règle seule les exploitations, peut seule asseoir les coupes et fixer le revenu annuel.

5. *Délimitation. Arpentage. Surveillance.* — Les frais de délimitation, d'arpentage et de garde sont supportés par l'État et les copropriétaires, chacun dans la proportion de ses droits. (Cod. For. 115. Loi du 21 février 1903, art. 94, relative à l'Algérie. Circulaire N 642.)

6. *Répartition.* — Les copropriétaires auront, dans les restitutions et dommages-intérêts, la même part que dans le produit des ventes, chacun dans la proportion de ses droits. (Cod. For. 116, 204. Loi du 21 février 1903, art. 95, relative à l'Algérie, Circ. N. 642.) En cas de contestation, les tribunaux civils statuent. V. Instance.

7. *Application.* — Toutes les dispositions de l'ordonnance du 1ᵉʳ août 1827 relatives aux forêts de l'État sont applicables aux bois dans lesquels l'État a des droits de propriété indivis, soit avec des communes ou des établissements publics, soit avec des particuliers. (Ord. 147.)

8. *Arbre mitoyen. Coupe. Pénalités.* — Lorsque la forêt est indivise, le copropriétaire qui coupe un arbre mitoyen est passible, savoir :

Amende égale à la valeur des bois abattus. (Cod. For. 114.) V. Arbre mitoyen.

9. *Frais de régie.* — Une commune copropriétaire d'un bois avec l'État doit payer les frais de régie proportionnellement à sa propriété. (Lettre de l'administration, 1ᵉʳ mars 1829.)

10. *Travaux.* — Lorsqu'il y a lieu d'effectuer des travaux extraordinaires pour l'amélioration des bois indivis entre l'État et les communes ou les particuliers, le conservateur communiquera les propositions ou projets aux copropriétaires. (Ord. 148. Circ. N 566, art. 27.)

Il faut donc une entente préalable.

11. *Crédits.* — Les conservateurs veillent à ce que la portion des dépenses à la charge des copropriétaires avec l'État soit allouée avant l'exécution des travaux. (Cir. N 566, art 27.)

12. *Contribution.* — Les conservateurs s'assureront si les divers propriétaires des bois indivis avec l'État contribuent, proportionnellement à leurs droits, aux charges et impositions qui grèvent ces bois en vertu des lois du 21 mai 1836 (subvention des chemins vicinaux), 12 juillet 1865 (centimes départementaux), 18 juillet 1866 (dépenses départementales, centimes additionnels), 24 juillet 1867 (dépenses communales et centimes additionnels). (Circ. N 68. Circ. N 75.)

13. *Contenance.* — En 1878, les bois indivis avaient une contenance de 8,631 hectares et rentraient les uns dans la catégorie des forêts domaniales, les autres parmi les forêts communales et d'établissements public. (Statistique forestière de 1878.)

14. *Communes. Régie.* — Les bois indivis entre des communes ou des établissements publics et les particuliers sont régis conformément aux dispositions appliquées aux bois des communes et des établissements publics. (Ord. 147.)

15. *Procès. Soumission au régime forestier.* — Dans le cas où, par un jugement, une forêt est déclarée indivise entre une commune et un particulier, cette forêt peut être soumise au régime forestier jusqu'à la solution définitive du procès. (Cod. For. 1. Cass. 23 décembre 1843.) V. Partage.

16. *Compétence.* — Les tribunaux civils sont seuls compétents sur les questions de propriétés relatives aux bois indivis entre des communes. (Cass. 26 août 1856. Nancy, 24 mars 1866.)

BOIS D'INDUSTRIE.

Renseignement. — Dans le rapport sur les ventes, les conservateurs doivent adresser à l'administration la moyenne de l'estimation et du prix de vente, par département, du mètre cube (volume réel en grume) des bois d'industrie. (Circ. A 737.) V. Bois d'usage.

BOIS DE LIGNE, LAIES OU TRANCHÉES.

1. *Bois. Adjudication.* — Le bois provenant des lignes ouvertes pour l'arpentage des coupes fera partie de l'adjudication de chaque coupe, ou sera vendu suivant la forme des menus marchés. (Ord. 75.)

2. *Adjudicataires.* — Lorsque les bois des lignes ne sont pas vendus, ils appartiennent aux adjudicataires des coupes que les laies délimitent. (Circ. A 291.)

3. *Abandon. Ouvriers. Préposés.* — Il est interdit aux agents d'abandonner à des préposés ou à des ouvriers les bois provenant des tranchées. (Circ. A 339.)

4. *Façonnage.* — Si on fait façonner le bois des lignes, on peut mettre le façonnage à la charge de l'acquéreur. (Inspection des finances.)

5. *Concession.* — Les bois de lignes peuvent être concédés, comme les menus produits, moyennant argent ou prestations, lorsque la valeur des bois à délivrer à un même concessionnaire ne dépassera pas 100 francs. (Décis. Min. 29 décembre 1919. Lettre Direc. Gén. 5 janvier 1920.)

BOIS DE LA LISTE CIVILE.

1. *Définition.* — Bois faisant partie de la dotation immobilière de la couronne.
Ces bois ont fait en 1870 retour au domaine de l'État. (Décr. du 6 septembre 1870.)

Les articles 86, 87 et 88 du Code forestier et 124 de l'ordonnance ne présentent plus aucun intérêt.

2. *Nomenclature.* — Étaient affectées à la dotation de la couronne les propriétés de Versailles, Marly, Saint-Cloud, Meudon, Saint-Germain, Compiègne, Fontainebleau, Pau, Strasbourg, Villeneuve-l'Étang, Lamothe-Beuvron, la Grillère, Vincennes, Sénart, Dourdan et Laigue. (Sénatus-consulte du 12 décembre 1852.)

BOIS EN LITIGE.

SECTION I. — France, 1-4.

SECTION II. — Algérie, 5-8.

V. Régime forestier.

SECT. I. — FRANCE.

1. *Régime forestier.* — Une forêt dont la propriété est contestée à l'État, mais dont ce dernier est en possession, est réputée soumise au régime forestier. (Cass. 7 juillet 1849.)

2. *Jouissance.* — Lorsqu'une forêt litigieuse est soumise au régime forestier par un arrêté préfectoral non attaqué, encore bien que la décision d'un tribunal ait autorisé chacune des parties (une commune et des particuliers) à jouir concurremment pendant la durée du litige, cette jouissance ne peut s'exercer que suivant les règles du Code forestier et après en avoir obtenu la délivrance conformément à l'article 79 du même code. (Cass. 23 décembre 1843.)

3. *Produits.* — Les produits de toute nature provenant des bois en litige doivent être versés à la Caisse des dépôts et consignations.

4. *Vente d'arbre.* — Le fait par un intéressé d'avoir vendu des arbres, dans une partie de forêt en litige ne peut servir de base à une condamnation correctionnelle, mais seulement donner lieu à une action civile en dommages-intérêts. (Cass. 15 mars 1839.)

SECT. II. — ALGÉRIE.

5. *Régime forestier.* — Sont soumis au régime forestier les bois et forêts objet d'un litige, soit entre les diverses classes de propriétaires (État, communes, établissements publics) soit entre l'un quelconque de ces propriétaires et des particuliers. (Loi du 21 février 1903, art 1er. Circ. N 642.) V. Régime forestier.

6. *Législation.* — Toutes les dispositions de la présente loi relative à la conservation et à la régie des bois qui font partie du domaine de l'État, ainsi qu'à la poursuite des délits et contraventions commis dans ces bois, sont applicables aux bois en litige, sauf les modifications portées par le titre IV pour les bois des communes et des établissements publics. (Loi du 21 février 1902, art. 92 et 96. Circ. N 642.)

7. *Coupes. Exploitation. Vente. Pénalités.* — Aucune coupe ordinaire ou extraordinaire, exploitation ou vente, ne pourra être faite, dans les bois en litige, sous peine d'une amende égale à la valeur des bois abattus ou vendus; toutes ventes ainsi faites seront déclarées nulles. (Loi du 21 février 1903, art. 93 et 96. Circ. N 642.)

8. *Produits.* — Les recettes provenant des ventes, restitutions ou dommages-intérêts seront versées à la Caisse des dépôts et consignations pour être remises aux propriétaires après jugement définitif, au prorata de leurs droits reconnus et en tenant compte des droits de garderie et de gestion, sans qu'il puisse être élevé aucune contestation ni réclamation d'indemnité ou de dommages-intérêts au sujet des actes de gestion. (Loi du 21 février 1903, art. 96. Circ. N 642.)

BOIS MORT.

1. *Définition.* — Le bois mort est le bois réellement mort et sec en cime et en racines, sur pied ou gisant, tombé et rampant par terre et qui n'est bon qu'à brûler.

2. *Ramassage. Principe. Excuse.* — Le fait de ramasser du bois mort dans une forêt constitue le délit prévu par l'article 194 du Code forestier, et le prévenu ne peut être relaxé sous prétexte qu'indigent il croyait user d'un droit appartenant aux pauvres, et qui n'avait jamais été contesté antérieurement. (Cass. 13 avril 1888.)

3. *Définition.* — Le bois mort est le bois réellement sec en cime et en racines; la plus grande extension à donner à ces mots, c'est d'y comprendre les volis ou chablis uniquement propres au chauffage. (Orléans, 31 juillet 1848.)

4. *Définition.* — Le bois mort soumis à l'exercice du droit d'usage des habitants d'une commune est celui qui est mort naturellement de la cime à la racine, en dehors de tout sinistre et de toute circonstance exceptionnelle, et non le bois gelé de la cime au tronc. (Cass. 4 août 1885. Nancy, 11 février 1886.)

5. *Classification.* — Le droit d'enlever le bois mort ne comprend que le droit d'enlever le bois mort par caducité, et non pas les arbres renversés par accident ou coupés en délit. (Cass. 25 mars 1830.)

6. *Bois en estant. Classification.* — Le bois mort naturellement, sur pied, s'appelle bois en *estant*, excepté le bois de délit.

7. *Produit principal. Frais de régie. Taxe.* — Le bois mort sur pied, c'est-à-dire les arbres morts sont considérés comme produits principaux. (Circ. N 80, art. 65.)
Les coupes et les produits provenant de l'exploitation des bois morts sont assujettis à la taxe des frais de régie. (Circ. N 417.)

8. *Crochet.* — La prohibition de se servir de crochet ou ferrement n'est pas applicable à l'exercice du droit au bois sec en estant. (Cass. 4 août 1858.)

9. *Bois gisant.* — Le bois mort par terre s'appelle *gisant;* il est absolument mort, détaché de la terre et de l'arbre.

10. *Chablis. Tronc. Arbre abattu.* — Le droit au bois mort sec et gisant ne donne pas droit aux chablis, ni au corps des arbres abattus par les vents ou autrement. (Orléans, 31 juillet 1848.)

11. *Chablis. Marque.* — L'apposition du marteau du garde sur des chablis établit une présomption qu'au moment de leur chute ces arbres étaient encore verts. (Orléans, 31 juillet 1848.)

12. *Coupe.* — Le seul fait que le bois mort est *coupé* et non cassé rend l'usager passible de l'amende (3 fr.) édictée par l'article 80 du code forestier. (Cass. 27 avril 1833.)

13. *Enlèvement.* — L'enlèvement du bois sec et gisant est toléré gratuitement ou moyennant une redevance. Il ne devient délictueux que s'il a lieu en dehors des jours indiqués, ou avec des instruments défendus.
Le conservateur peut autoriser le ramassage et l'enlèvement du bois mort. V. Fagot. Crochet. Ferrement.

14. *Ramassage. Liste. Indigent. Cartes.* — Les communes riveraines ont la faculté de ramasser gratuitement et à la main et de transporter à dos d'homme le bois mort gisant dans les forêts domaniales, excepté si ce bois appartient aux usagers. Cette tolérance est exercée au moyen de cartes personnelles, indiquant le jour et les heures, délivrées par le chef de service, chaque année, aux indigents, sur la présentation des listes dressées par les maires et le chef de cantonnement. (Décis. Min. 19 septembre 1853. Lettre de l'administration du 24 octobre 1853. Circ. N 416.)
En cas de procès-verbal dressé, le chef de cantonnement peut retirer jusqu'à nouvel ordre les cartes de permission pour le ramassage du bois mort.
(Les indigents à porter sur la liste sont ceux qui ne payent pas plus de 12 francs de contri-

butions directes de toute nature. On doit renouveler chaque année les listes et les faire viser par le percepteur.)

15. *Autorisation.* — Un conseil de préfecture excède ses pouvoirs en autorisant les habitants à prendre le bois mort dans une forêt communale. (Cons. d'État 15 juillet 1835.)

16. *Affouagiste.* — Un affouagiste ne peut pas se prévaloir de cette qualité pour enlever le bois mort dans une forêt communale. (Cass. 12 juin 1840.)

17. *Usager. Ramassage. Exploitation.* — Le propriétaire n'est pas tenu de prévenir les usagers qu'il est dans l'intention d'exploiter le bois mort qu'ils n'enlèvent pas, attendu que, s'ils ne l'ont pas enlevé, ils sont censés ne pas en avoir besoin. (Bourges, 18 novembre 1829.)

18. *Usage. Élagage.* — L'usage au bois mort n'emporte pas interdiction pour le propriétaire du droit d'élagage, si d'ailleurs l'élagage n'est pas abusif. (Poitiers, 3 juin 1847.)

19. *Usager. Droit. Futaie. Tronc.* — L'usager au bois de chauffage, bois mort, n'a pas droit aux arbres de futaie morts, dont la tige peut être employée comme bois de construction ou de travail. Il n'a droit qu'aux parties des arbres de futaie qui ne sont propres qu'au chauffage.

20. *Usager. Titre. Prohibition.* — La prohibition faite aux usagers, par l'ordonnance de 1669, de prendre dans les forêts le bois *sec* autre que celui *gisant à terre* est absolue et s'oppose à ce que les communes usagères puissent se prévaloir des titres qui leur confèrent le droit de prendre le *bois mort en estant, au croc et à la main,* même sans *cognée, ni ferrement.* (Poitiers, 11 juillet 1849.)

21. *Droit. Usage.* — Le droit au bois mort est soumis à la délivrance. (Cass. 17 avril 1846. Orléans, 31 juillet 1848.)

22. *Ramassage. Coupe.* — Le droit d'amasser le bois sec dans les forêts ne donne pas celui de le couper. (Cass. 15 fructidor an x, ou 2 septembre 1802.)

23. *Usager. Bois sec.* — L'usage au bois mort ne comprend que le bois sec et gisant et nullement le bois sec en estant. (Poitiers, 3 juin 1846.)

24. *Usager. Droit.* — Lorsque les droits des usagers ne sont pas limités au bois mort gisant ou aux branches sèches en estant, ceux-ci ont droit aux arbres sur pied, secs en cime et en racines.

25. *Crochet. Ferrement. Pénalités.* — Ceux qui n'ont d'autre droit que celui de prendre le bois mort sec et gisant ne peuvent, pour l'exercice de ce droit, se servir de crochet ou ferrement d'aucune espèce, sous peine de :

Amende : 3 francs. (Cod. For. 80, 120). Nuit ou récidive : 6 fr. (Cod. For. 201, 112.) **V.** Arr. du Gouvernement général de l'Algérie en date du 20 août 1904 (art. 1er).

V. Crochet.

26. *Instrument tranchant. Usager. Bois de délit.* — Les usagers au bois mort ne peuvent jamais s'introduire dans les forêts avec des instruments propres à couper du bois. Dans le bois mort ne sont compris ni les chablis encore sur pied, ni les bois coupés en délit. (Cass. 7 mars 1829.)

27. *Autorisation. Coupe. Exploitation.* — Les conservateurs autoriseront les coupes de bois morts dans les forêts domaniales, communales et d'établissements publics. (Décr. du 17 février 1888. Circ. N 395.)

28. *Martelage.* — Les bois morts doivent être frappés du marteau de l'État. (Circ. N 417.)

29. *Bois domaniaux. Coupes. Vente.* — Dans les forêts domaniales, les conservateurs décideront si les coupes de bois morts seront vendues en bloc sur pied ou par unités de marchandises. Ils pourront aussi en autoriser l'exploitation par les préposés ou les concessionnaires. Mais, si l'exploitation doit avoir lieu par économie ou par entreprise au compte de l'État, l'autorisation et les crédits nécessaires devront être demandés à la direction des forêts. (Décr. du 17 février 1888. Cir. N 395.)

30. *Bois communaux. Coupes. Vente.* — Dans les forêts communales et d'établissements publics, la vente sur pied des coupes de bois morts sera autorisée par les conservateurs des forêts. Quand il y aura lieu d'adopter un autre mode de réalisation, l'autorisation en sera donnée par le préfet, sur la proposition des communes ou établissements publics et après avis du conservateur. (Décr. du 17 février 1888. Circ. N 395.)

31. *Adjudication. Lieu de vente.* — Les adjudications de bois mort, provenant des forêts domaniales, communales ou d'établissements publics, pourront être faites dans les chefs-lieux de canton ou dans les communes riveraines des forêts. (Décr. du 25 février 1888. Cir. N 396.)

BOIS PARTICULIER.

V. Défrichement. Garde particulier. Usage. Forêts de protection.

SECT. I. — FRANCE.

§ 1. *En général.*

1. *Principes.* — Les mêmes règles de police doivent protéger les bois de l'État et les bois des particuliers, dans lesquels les propriétaires sont placés sur la même ligne que les agents du gouvernement.

2. *Jouissance. Droit.* — Les particuliers exercent sur leurs bois tous les droits résultant de la propriété, excepté le droit de défrichement et le droit de martelage de la marine, suspendu indéfiniment par ordonnance royale du 14 décembre 1838. (Cod. For. 2.)

3. *Jouissance. Principe.* — L'article 2 du code forestier est une restriction apportée au droit de propriété considéré comme le droit d'user ou d'abuser (*uti et abuti*). Il limite le droit de chacun au point où la liberté immodérée deviendrait un dommage pour les autres, et établit ainsi, en quelque sorte, un droit de réparation civile contre ceux qui excèdent les limites de la loi.

4. *Contenance.* — La contenance des bois particuliers était, en France, lors de l'établissement de la statistique de 1912, de 6,470,488 hectares. Elle est, en Algérie, d'environ 530,000 hectares.

5. *Travaux. Amélioration.* — Les particuliers peuvent exécuter, pour la conservation et l'entretien de leurs bois, tous les travaux qui ne causent pas un trop grand préjudice à l'usager. (Cass. 10 mai 1843.)

Dans tous les cas, l'usager ne peut que réclamer des dommages-intérêts.

6. *Gardes.* — Les propriétaires qui voudront avoir, pour la conservation de leurs bois, des gardes particuliers, devront les faire agréer par le sous-préfet de l'arrondissement, sauf le recours au préfet, en cas de refus.

Ces gardes ne pourront exercer leurs fonctions qu'après avoir prêté serment devant le tribunal de première instance. (Cod. For. 117.) V. Garde particulier.

6². *Gardes. Commission.* — Les gardes des bois des particuliers ne seront admis à prêter serment qu'après que leurs commissions auront été visées par le sous-préfet de l'arrondissement.

Si le sous-préfet croit devoir refuser son visa, il en rendra compte au préfet, en lui indiquant le motif de son refus.

Ces commissions seront inscrites dans les sous-préfectures, sur un registre où seront relatés les noms et demeures des propriétaires et des gardes, ainsi que la désignation et la situation des bois. (Ord. 150.)

7. *Agents. Préposés. Concours.* — A l'avenir, les autorisations aux officiers et préposés, appelés à prêter leurs concours à des particuliers à l'occasion de martelages ou d'estimations de coupes pourront être accordées par les conservateurs pour les officiers et par les inspecteurs ou inspecteurs adjoints, chefs de service, pour les préposés sous leurs ordres. (Lettre Dir. Gén. 26 janvier 1920.)

7². *Autorisations. Rejet.* — L'administration sera saisie, lorsque les autorités chargées de statuer croiraient devoir proposer le rejet des autorisations sollicitées dans l'intérêt du service ou pour tout autre motif. (Lettre Dir. Gén. 26 janvier 1920.)

8. *Préposé de l'administration.* — Il est défendu aux gardes domaniaux de se livrer sans autorisation à la surveillance des bois particuliers. (Circ. A 515 *bis*.)

9. *Droit d'usage. Cantonnement.* — Les particuliers jouiront, de la même manière que le Gouvernement et sous les conditions déterminées par l'article 63, de la faculté d'affranchir leurs forêts de tous droits d'usage en bois. (Cod. For. 118.)

10. *Droit d'usage. Émolument usager. Cantonnement amiable.* — Lorsque le tribunal a ordonné aux experts de procéder à l'évaluation de l'émolument usager conformément aux règles posées par le décret du 19 mai 1857, relatif aux cantonnements amiables concernant les bois de l'État, les experts ne doivent pas ajouter au calcul de l'émolument l'allocation en sus de 15 p. 100, prévue par le décret, attendu que cette bonification n'est prévue qu'en cas de cantonnements amiables et dans le but de les favoriser. S'il est de principe que les usagers ne doivent pas supporter les frais du cantonnement, c'est à la condition que les offres de cantonnement amiable à eux faites ont été jugées insuffisantes.

Dans la délimitation de canton attribué aux usagers, les experts doivent déduire, du chiffre de l'émolument, la valeur de l'accroissement des bois depuis l'expertise, par suite et à concurrence des délivrances de bois qui auraient été faites par le propriétaire dans d'autres parties de la forêt. (Montpellier, 1er juillet 1908.) V. Cantonnement.

11. *Droits d'usage. Rachat.* — Les droits d'usage autres que ceux au bois peuvent être rachetés moyennant des indemnités qui seront réglées de gré à gré, ou, en cas de contestation, par les tribunaux. (Cod. For. 64, 120.) V. Rachat.

12. *Pâturage. Droit d'usage.* — Les droits de pâturage, parcours, panage et glandée, dans les bois des particuliers, ne pourront être exercés que dans les parties de bois déclarées défensables par l'administration forestière, et suivant l'état et la possibilité des forêts reconnus et constatés par la même administration.

Les chemins par lesquels les bestiaux devront passer pour aller au pâturage et pour en revenir seront désignés par le propriétaire. (Cod. For. 119.)

13. *Droit d'usage. Action. Expertise.* — Pour qu'un droit d'usage à l'affouage résultant d'une ancienne concession seigneuriale puisse être encore exercé, il est nécessaire que celui qui prétend à l'exercice de ce droit démontre que non seulement il est propriétaire des immeubles énumérés dans des actes recognitifs du xviiie siècle, mais encore qu'il possède sur ces immeubles des maisons d'habitation pouvant bénéficier de l'affouage et du pâturage dans la mesure des besoins de leurs habitants; et, à ce sujet, il y a lieu de nommer des experts qui seront chargés de vérifier si ces conditions se trouvent remplies. (Dijon, 11 février 1908.)

14. *Usager. Dépaissance de moutons. Convention.* — Une convention conférant à l'usager dans un bois de particulier le droit d'introduire des moutons ne peut être invoquée par cet usager pour fonder une exception préjudicielle, en cas de poursuites pour délit de dépaissance, attendu qu'une telle convention, en la supposant prouvée, n'est pas de nature (Cod. For. 182) à faire disparaître le délit. (Cass. 20 décembre 1902.)

15. *Droit d'usage. Biens d'émigrés. Acte administratif. Valeur.* — Lorsqu'une forêt grevée d'usages a été confisquée lors de la Révolution comme bien d'émigrés et est ainsi devenue propriété nationale, une reconnaissance des droits exercés sur cette forêt a pu valablement être faite, pendant qu'elle se trouvait en la possession de l'État, par le Directoire du département, en vertu du décret du 6 septembre 1792; toutefois, cette reconnaissance, analogue à celle résultant d'arrêtés du Conseil de préfecture, à la suite du dépôt des titres exigés des usagers domaniaux par les lois du 28 ventôse an xi et du 14 ventôse an xii, n'a que la valeur d'un simple avis, et ne fait pas obstacle à ce que la question soit ultérieurement débattue devant les tribunaux civils. (Dijon, 11 février 1908.)

16. *Droit d'usage. Prescription.* — Ne peuvent être invoqués pour l'acquisition de droit d'usage par prescription dans les forêts des particuliers que les faits de possession intervenus conformément aux règles du Code forestier, relativement à la délivrance en ce qui concerne la prise de bois, la déclaration de défensabilité et de possibilité de la désignation des chemins en ce qui concerne le pâturage. (Dijon, 11 février 1908.)

17. *Défensabilité. Agent.* — Lorsque les propriétaires ou les usagers seront dans le cas de requérir l'intervention d'un agent forestier pour visiter les bois des particuliers, à l'effet d'en constater l'état et la possibilité ou de déclarer s'ils sont défensables, ils en adresseront la demande au conservateur, qui désignera un agent forestier pour procéder à cette visite.

L'agent forestier ainsi désigné dressera procès-verbal de ses opérations, en énonçant toutes les circonstances sur lesquelles sa déclaration sera fondée.

Il déposera ce procès-verbal à la sous-préfecture, où les parties pourront en réclamer des expéditions. (Ord. 151. Cir. N. 669, art. 52, 53 et 54.) V. Défensabilité.

18. *Agent. Honoraires.* — L'agent qui a procédé à la reconnaissance des cantons défensables peut réclamer des honoraires réglés d'après le taux des vacations, fixé pour les experts par les articles 159 et suivants du décret du 16 février 1807. (Circ. N. 669, art. 55).

19. *Droit d'usage. Législation.* — Toutes les dispositions contenues dans les articles 64, 66, § 1er, 70, 72, 73, 75, 76, 78, § 1er, 2, 79, 80, 83 et 85 du code forestier sont applicables à l'exercice des droits d'usage dans les bois des particuliers, lesquels y exercent, à cet effet, les mêmes droits et la même surveillance que les agents du gouvernement dans les forêts soumises au régime forestier. (Cod. For. 120.)

20. *Contestation. Compétence.* — En cas de contestation entre le propriétaire et l'usager, il sera statué par les tribunaux. (Cod. For. 121.)

21. *Constatation de délit. Procès-verbaux.* — Les délits et contraventions commis dans les bois non soumis au régime forestier sont recherchés et constatés tant par les gardes des bois et forêts des particuliers que par les gardes champêtres des communes, les gendarmes, et, en général, par tous les officiers de police judiciaire chargés de rechercher et de constater les délits ruraux.

Les procès-verbaux feront foi jusqu'à preuve contraire.

Ces procès-verbaux, à l'exception de ceux dressés par les gardes particuliers, sont enregistrés en débet. (Loi du 18 juin 1859. Instr. Crim. 154. Cod. For. 188.)

22. *Poursuites.* — Les dispositions contenues aux articles 161, 162, 163, 167, 168, 169, 170, § 1er, 182, 185 et 187 du code forestier sont applicables à la poursuite des délits et contraventions commis dans les bois non soumis au régime forestier. (Loi du 18 juin 1859.)

Toutefois, dans les cas prévus par l'article 169, lorsqu'il y aura lieu à effectuer la vente des bestiaux saisis, le produit net de la vente sera versé à la Caisse des dépôts et consignations. (Ord. 8 juillet 1816, art. 2.)

Les dispositions de l'article 165 seront applicables à la rédaction des procès-verbaux dressés par les gardes des bois et forêts des particuliers. (Loi du 18 juin 1859. Cod. For. 189.)

23. *Tribunaux. Compétence.* — Il n'est rien changé aux dispositions du code d'instruction criminelle, relativement à la compétence des tribunaux pour statuer sur les délits et contraventions commis dans les bois et forêts qui appartiennent aux particuliers. (Cod. For. 190.)

24. *Législation.* — Les dispositions du code forestier qui ne s'appliquent pas aux bois particuliers sont :

L'article 61, relatif au dépôt des titres des usagers.

L'article 62, qui prohibe la concession d'un droit d'usage quelconque.

L'article 63, qui a été remplacé par l'article 118, relatif au cantonnement des droits d'usage.

L'article 65, qui attribue au conseil de préfecture la connaissance des contestations élevées par les usagers sur l'état et la possibilité des forêts.

Le paragraphe 2 de l'article 66, relatif à l'ouverture de la glandée et du panage.

L'article 67, relatif aux cantons défensables.

L'article 68, relatif au nombre des animaux à admettre au parcours.

L'article 69, relatif aux déclarations des cantons défensables.

L'article 71, reproduit par l'article 119, chemins pour le pâturage.

L'article 74, dépôt de l'empreinte du fer servant à marquer les bestiaux.

L'article 77, relatif au nombre des animaux à admettre au parcours.

Le paragraphe 3 de l'article 78, pâturage des moutons autorisé par ordonnance du chef de l'État.

L'article 81, relatif aux entrepreneurs des coupes affouagères. (Exploitation.)

L'article 82, relatif aux entrepreneurs des coupes affouagères. (Vidange.)

L'article 84, relatif au délai pour la reprise des bois d'usage non employés.

25. *Transaction.* — Le particulier ne peut faire porter l'effet de sa transaction que sur les condamnations civiles, il a simplement renoncé à exercer l'action civile. La transaction sera sans influence sur les droits du ministère public qui a toujours la faculté d'exercer l'action répressive. (Ch. Guyot.)

26. *Citation.* — La copie du procès-verbal n'est pas nécessairement jointe à la citation, comme l'exige l'article 172 du code forestier pour les délits commis dans les bois soumis au régime forestier.

27. *Jugements. Exécution.* — Les jugements contenant des condamnations en faveur des particuliers seront, à leur diligence, signifiés et exécutés suivant les mêmes formes et voies de contrainte que les jugements rendus à la requête de l'administration des forêts. (Cod. For. 215.) V. Jugement. Recouvrement.

28. *Réparations civiles.* — Il appartient au particulier propriétaire de la forêt de se servir du jugement comme d'un titre exécutoire qui lui permettra de rentrer par les voies de droit (saisie et vente des biens du débiteur) dans les sommes allouées pour réparations civiles : restitution et dommages-intérêts.

Le particulier peut aussi stipuler pour ces sommes leur conversion en travaux applicables à l'amélioration de ses propriétés. V. Contrainte par corps. Marteau.

29. *Droit d'usage.* — L'article 65 du code forestier n'étant pas applicable aux bois particuliers, il s'ensuit que la réduction du droit d'usage en bois, suivant l'état et la possibilité des forêts, ne semble pas possible. Cette condition, étant cependant inhérente à la conservation de la forêt et de l'usage, doit être appliquée. V. Droit d'usage. Usage. Usager.

30. *Arrêté préfectoral. Commune usagère.* — Un préfet qui, sous le prétexte de dévastations commises par le propriétaire dans un bois, dont plusieurs communes se prétendent usagères, prend des mesures pour restreindre, à ce propriétaire, la jouissance de sa forêt commet un excès de pouvoir. Cette contestation est de la compétence des tribunaux ordinaires. (Cons. d'État, 1er mai 1822.)

§ 2. *Gestion.*

31. *Administration forestière. Régie.* — L'administration forestière pourra se charger, en tout ou en partie, de la conservation et de la régie des bois des particuliers, moyennant une redevance annuelle et sous des conditions fixées contractuellement. Les demandes seront adressées au conservateur de la région chargé de traiter avec les particuliers. Les contrats devront avoir une durée d'au moins une année. (Loi dite Audiffred, en date du 2 juillet 1913, art. 3.)

32. *Législation.* — Les dispositions du code forestier qui s'appliquent aux bois des particuliers régis par l'administration des eaux et forêts sont :

L'article 91, relatif aux défrichements des bois.

L'article 97, relatif à la nomination des gardes.

L'article 107 § 2, relatif aux frais de poursuites pour délits et contraventions.

L'article 108 relatif au salaire des gardes.

L'article 109, § 1er, relatif au payement des frais de garde au moyen des coupes ordinaires et extraordinaires.

Les articles de la Section I du titre XI, relatif à la poursuite des délits et contraventions, à l'exception du paragraphe 2 de l'article 169 concernant les frais de séquestre et de vente des bestiaux saisis, l'article 189, § 2, relatif au versement du produit de la vente des bestiaux saisis.

Les articles de la Section I du titre XIII, concernant l'exécution des jugements. (Loi du 2 juillet 1913, art. 3.)

33. *Conventions. Ventes.* — Sont déclarées nulles les conventions et les ventes conclues par les propriétaires qui auraient consenti à des tiers des droits d'usage ou procédé à des coupes, tant ordinaires qu'extraordinaires, sans l'autorisation de l'administration forestière ou en dehors des conditions fixées par elle. (Loi du 2 juillet 1913, art. 3.)

34. *Frais supplémentaires de gestion.* — Une somme égale au produit présumé des redevances de gestion payées par les particuliers sera mise à la disposition de l'administration forestière pour servir au payement de ses frais supplémentaires de gestion. (Loi du 2 juillet 1913, art. 4.)

35. *Décret d'application.* — Un décret du 26 novembre 1918 détermine les conditions d'application de la loi du 2 juillet 1913

SECT. II. — ALGÉRIE.

36. *Jouissance. Droit.* — Les particuliers exercent sur leurs bois tous les droits de la propriété, sauf les restrictions énumérées dans la présente loi. (Loi du 21 février 1903, art. 97. Cir. N 642.) V. Défrichement.

37. *Droits d'usage. Affranchissement.* — Tous les particuliers jouiront de la même manière que l'État, et sous les mêmes conditions, de la faculté d'affranchir leurs forêts des droits d'usage. (Loi du 21 février 1903, art. 111. Circ. N 642.)

38. *Parcours. Glandée. Contestations. Frais.* — Les droits de parcours et glandée, dans les bois des particuliers, ne pourront être exercés, en cas de contestations entre les propriétaires et les usagers, que dans les parties de bois déclarées défensables par le service des eaux et forêts et suivant l'état et la possibilité constatés par le même service. Les frais en résultant seront réglés d'après les tarifs applicables aux experts et supportés par moitié par les parties intéressées. (Loi du 21 février 1903, art. 112. Circ. N 642.) V. Chemin.

39. *Droits d'usage. Législation.* — Toutes les dispositions contenues dans les articles :

68 (exclusion de bestiaux de commerce);

69 (chemins pour le pâturage, le deuxième paragraphe paraît seul applicable);

70 (animaux en surnombre);

71 1° (introduction des moutons, des chèvres et des chameaux);

72 (délivrance pour les usages au bois);

74 (défense de vendre ou échanger les bois délivrés), sont applicables à l'exercice des droits d'usage dans les bois des particuliers. Le propriétaire exerce, à cet effet, les mêmes droits et la même surveillance que les agents de l'administration dans les forêts soumises au régime forestier. (Loi du 21 février 1903, art. 113. Circ. N 642.)

40. *Droits d'usage. Contestations. Compétence.* — En cas de contestation entre le propriétaire et l'usager, il sera statué par les tribunaux. (Loi du 21 février 1903, art. 115. Circ. N 642.)

41. *Défrichement indirect. Pénalités.* — Les exploitations abusives, l'exercice du parcours après exploitation, recépage ou incendie, qui auraient pour conséquence d'entraîner la destruction de tout ou partie de la forêt dans laquelle ils sont pratiqués seront assimilés à des défrichements et, par conséquent, donneront lieu contre ceux qui les auront ordonnés aux peines prévues par les articles 101 et 101. (Amende : 200 à 500 francs et rétablir, le cas échéant, les lieux défrichés en nature de bois dans un délai de 3 ans.)

Tout propriétaire d'animaux trouvés ou admis dans les bois âgés de moins de six ans sera puni des amendes prévues par l'article 177, § 2. (Loi du 21 février 1903, art. 104. Circ. N 642.) V. Pâturage. Défrichement.

42. *Produits divers. Exploitation. Colportage. Vente. Exportation. Réglementation. Peines.* — Des arrêtés du gouverneur général, pris en conseil de gouvernement, détermineront les conditions de l'exploitation, du colportage, de la vente et de l'exportation des lièges, écorces à tan, charbons, bois et cendres de bois, alfa, produits résineux des forêts et bois destinés à la fabrication des cannes. Ceux qui auront contrevenu à ce règlement seront punis d'une amende de 1 à 100 francs; ils pourront, en outre, être passible d'un à cinq jours de prison et de la confiscation des produits, sans préjudice de l'application de l'article 142. (Saisie et séquestre des instruments, voitures et attelages des délinquants.)

En cas de récidive, l'emprisonnement sera obligatoire. (Loi du 21 février 1903, art. 134. Circ. N 642.)

43. *Exploitations. Autorisations.* — En Algérie, l'exploitation des bois appartenant à des particuliers est exclusivement subordonnée à l'autorisation du conservateur des eaux et forêts qui peut, soit y faire opposition, soit imposer à cette exploitation certaines conditions. Il ne saurait être suppléé à cette autorisation par celle du propriétaire. (Arr. du Gouverneur général, 20 août 1904. Cass. 15 novembre 1907.)

44. *Exploitations. Formalités.* — Les particuliers sont, pour toutes leurs exploitations, soumis à l'obligation d'une déclaration préalable, faite au moins trois mois d'avance, à la mairie ou au bureau de l'administrateur. Dans

les vingt-cinq jours du dépôt de la déclaration, le chef de cantonnement procède sur les lieux à une vérification contradictoire et dresse procès-verbal de cette opération.

Avant l'expiration du délai de trois mois, le conservateur peut s'opposer à l'exploitation ou subordonner cette exploitation à telles conditions qu'il estime nécessaires, ou enfin déclarer qu'il ne s'oppose pas. Son silence équivaut, après les trois mois écoulés, à une approbation tacite. (Arr. du Gouv. gén. du 20 août 1904, pris en vertu de l'article 134 de la loi du 21 février 1903.)

45. *Exploitations. Oppositions.* — Le conservateur ne peut fonder son opposition que sur l'un des six motifs de l'article 76 de la loi de 1903 : il faut, de plus, pour que l'opposition soit recevable que l'exploitation projetée risque d'amener la dénudation définitive du sol. En cas d'opposition, appel peut être formé par le déclarant devant le préfet statuant en conseil de préfecture. (Arr. du gouv. gén. du 20 août 1904, art. 4 et 5.)

46. *Poursuites.* — Les dispositions contenues aux articles 142 (saisie et séquestre), 143 (accompagnement), 144 (flagrant délit), 147 (mainlevée), 148 (notification de saisie), 149 (enregistrement), 160 (exception préjudicielle de propriété), 163 (prescription) et 166 (renvoi au Code d'instruction criminelle) sont applicables à la poursuite des délits et contraventions commis dans les bois non soumis au régime forestier.

Spécialement, les procès-verbaux des gardes particuliers sont assimilés, quant aux formes, à ceux des gardes de l'administration. (V. art. 146) pour l'écriture, la signature et l'affirmation. (Loi du 21 février 1903, art. 168. Circ. N 642.) V. Garde particulier.

47. *Juridiction. Compétence.* — Il est statué sur les délits et contraventions commis dans les bois et forêts appartenant à des particuliers suivant les règles de compétence indiquées à l'article 150. (Loi du 21 février 1903, art. 170. Circ. N 642.) V. Poursuites.

48. *Instruction. Règlement.* — Les tribunaux compétents sont saisis soit par le ministère public, soit par l'intervention de la partie lésée. L'instruction orale, ses incidents, la prescription de l'action, les jugements et les voies de recours contre ces jugements se règlent comme dans les bois soumis au régime forestier.

L'exécution des jugements se fait comme en France par les mêmes moyens. (Ch. Guyot.) V. Contrainte par corps.

BOIS DE SOCIÉTÉS DE SECOURS MUTUELS.

1. *Régime forestier. Régie. Principe.* — Les bois, forêts et terrains à boiser des sociétés de secours mutuels sont soumis au régime forestier et seront administrés conformément aux dispositions du code forestier relatives aux bois des établissements publics. (Loi du 2 juillet 1913, art. 1er. Circ. N 858.)

2. *Redevances. Principe.* — Une somme égale au produit présumé des redevances de gestion payées par les Sociétés de secours mutuels approuvées sera mise à la disposition de l'administration forestière, pour servir au payement de ses frais supplémentaires de gestion. (Loi du 2 juillet 1913, art. 4. Circ. N 858.)

3. *Administrateurs. Attributions.* — Les administrateurs exercent pour l'application du régime forestier aux bois des sociétés toutes les attributions appartenant, en la même matière, aux administrateurs des établissements publics.

L'agent administrateur, chargé des opérations de recettes et de dépenses, remplit, pour la gestion des biens forestiers, le rôle dévolu aux receveurs des établissements publics. Il est soumis aux incapacités et défenses édictées par les articles 21 et 101 du code forestier. (Décr. du 26 novembre 1918, art. 2. Circ. N 858.)

4. *Régie.* — Les questions de soumission ou d'aménagement, les demandes de coupes extraordinaires, l'estimation des bois mis en charge sur les coupes, les demandes de crédit pour travaux seront instruites par les agents dans les formes prescrites pour les bois des établissements publics; mais les affaires seront traitées directement et sans l'intermédiaire du préfet entre les administrateurs et le conservateur. Ces derniers, selon le cas, statueront en transmettant le dossier à la direction générale. Notamment, les adjudications de glandée, panage ou paisson et les conditions de délivrance des menus produits seront autorisées par les conservateurs sur l'avis des administrateurs qui fixeront le prix des menus produits. (Décr. du 26 novembre 1918, art. 2. Circ. N 858.)

5. *Frais d'administration. Remboursement.* — Le remboursement à l'État des frais d'administration des bois, forêts et terrains à boiser appartenant aux sociétés de secours mutuels s'effectue sur les bases et dans les conditions prévues pour les établissements publics. (Décr. du 26 novembre 1918, art. 5. Circ. N 858.)

6. *Renseignements. Envoi.* — Dès la publication du présent arrêté, le préfet invitera les sociétés de secours mutuels approuvées à lui faire connaître la contenance et la situation cadastrale des bois qu'elles possèdent et si elles jugent ces bois susceptibles d'aménagement ou d'une exploitation régulière. Le préfet transmettra, sans délai, au conservateur, les renseignements produits par les sociétés; il indiquera, en outre, leur siège social, le nom et l'adresse du président. (Arr. Min. du 26 avril 1919, art. 2. Circ. N 858.)

7. *Reconnaissance. Rapport.* — Le conservateur fera procéder à la reconnaissance des bois et adressera au ministre son rapport avec ses propositions, s'il y a accord, entre le service forestier et la société propriétaire. (Arr. Min. du 26 avril 1919, art. 2. Circ. N 858.)

8. *Désaccord. Vérification Décret.* — En cas de désaccord, les administrateurs seront invités, par lettre recommandée, à la vérification de l'état de bois qui sera faite contradictoirement par les agents forestiers. Le procès-verbal de vérification constatant la présence ou l'absence des administrateurs sera transmis au Ministre de l'agriculture. La soumission sera prononcée par décret. (Arr. min. du 26 avril 1919, art. 2. Circ. N 858.)

9. *Acquisition. Déclaration.* — En cas d'acquisition de bois, forêts ou terrains à boiser par des sociétés de secours mutuels approuvées, les sociétés adresseront dans le mois de l'acquisition, par lettre recommandée, au conservateur de la région des immeubles, une déclaration en double minute donnant tous les renseignements concernant la contenance, la situation des immeubles, le siège social, le nom et l'adresse du président. (Arr. min. du 26 avril 1919, art. 2. Circ. N 858.)

10. *Reconnaissance contradictoire. Formalités.* — En cas de reconnaissance contradictoire, huit jours au moins avant la reconnaissance, l'agent qui en sera chargé adresse, par lettre recommandée, à la société en cause un avertissement indiquant le jour et l'heure de la reconnaissance, fixant avec précision le lieu où devront se rencontrer les parties et contenant invitation d'assister à l'opération. (Circ. N 858.)

11. *Procès-verbal.* — Dans son procès-verbal, l'agent forestier fera connaître :

1° La présence ou l'absence du représentant de la société;

2° Le nom, la contenance, la composition et la situation de l'immeuble et, pour un bois, l'état des peuplements et le traitement appliqué;

3° Tous les faits permettant d'apprécier si le bois est susceptible d'exploitation régulière ou de reconstitution ou si le terrain est susceptible de reboisement. (Circ. N 858.)

12. *Instructions.* — Toutes les personnes convoquées devront être invitées à signer le procès-verbal. Tous les dires, observations, oppositions ou refus de signer devront être constatés. L'agent rédacteur formulera son avis à la suite du procès-verbal et transmettra celui-ci sans retard, par voie hiérarchique, au conservateur qui le communiquera pour avis aux administrateurs intéressés. Au vu de cet avis et suivant le cas, le conservateur statuera ou

transmettra le dossier à l'administration pour provoquer l'émission du décret ou de la décision ministérielle à intervenir. (Circ. N 858.) V. Forêts privées. Régime forestier.

BOIS D'USAGE.

V. Bois de chauffage. Bois de construction. Délivrance. Devis.

SECT. I. — GÉNÉRALITÉ. PRINCIPE.

§ 1. *Nomenclature. Définition.*

1. *Nomenclature.* — Les bois d'usage comprennent : l'affouage et le petit ramage; le maronage et le grand ramage; le bois de travail et le bois de fente; le bois à charruer; le bois d'étai.

2. *Affouage. Petit ramage.* — Bois destiné au chauffage et aux usages domestiques des usagers. V. Affouage. Ramage.

3. *Maronage. Grand ramage.* — Ces expressions comprennent les bois pour construire et réparer les maisons usagères. V. Maronage, Ramage.

4. *Bois de travail. Bois de fente.* — C'est le bois employé par différents métiers, tels que la menuiserie, ébénisterie, tonnellerie (douve merrain), sabotage, boissellerie (lattes, échalas), etc.

5. *Bois à charruer.* — C'est le bois nécessaire à la confection des instruments agricoles.

6. *Bois d'étai.* — Ce sont les branches pour clore et ramer les légumes. Ce bois était anciennement nommé branche de *plein point.*

§ 2. *Droit. Énonciation. Base.*

7. *Concession.* — La concession d'un droit d'usage, sans autre désignation spéciale, ne s'étend qu'au bois de chauffage. Les bois durs ne sont compris dans les délivrances de l'espèce qu'en cas d'insuffisance de bois mort, chablis, volis, mort bois et bois blanc. (Meaume.)

8. *Chauffage. Définition.* — En l'absence d'une définition, une cour d'appel a pu décider que le bois de chauffage à délivrer à une commune usagère doit comprendre le bois nécessaire *pour cuire les aliments pour les bestiaux et faire des fromages.* (Cass. 18 novembre 1835.)

9. *Base. Chauffage.* — La délivrance du bois de chauffage doit être basée sur la consommation de l'usager, d'après le nombre de cheminées *existantes* lors de la concession du droit et d'après la possibilité de la forêt. On ne doit jamais délivrer des arbres de futaie pour le chauffage, quand bien même la possibilité serait insuffisante. Toutefois il faudrait excepter le cas où le propriétaire aurait transformé la forêt du taillis en futaie; auquel cas l'usager aurait le droit de prendre sur la futaie l'équivalent de ce qu'il aurait perdu sur le taillis.

10. *Énonciation. Droit.* — Lorsque le droit au bois de construction a été accordé sans autre indication, il comprend le bois pour construire à neuf, aussi bien que pour réparer. (Colmar, 28 mars 1832. Cass. 1ᵉʳ février 1837.)

11. *Bois de fente. Essences. Dimensions.* — Ces bois comprennent, pour la plupart, le bois pour échalas, qui doit d'abord être pris parmi les essences les moins précieuses, mais avec les dimensions suffisantes. Le choix des bois appartient au propriétaire exclusivement. Pour opérer le cantonnement, on calcule la moyenne des délivrances opérées par année. (Meaume.)

SECT. II. — JOUISSANCE. EMPLOI.

§ 1. *Répartition. Partage.*

12. *Bois délivré. Répartition.* — Les bois de construction délivrés à une commune appartiennent aux habitants *ut universi* et doivent être délivrés à tout *habitant français* ayant domicile, qui y fait construire ou réparer une maison.

13. *Bois de construction. Délivrance.* — La délivrance des bois de construction doit être faite suivant les usages du pays et le mode de construction généralement adopté.

L'usager n'a droit qu'au corps des arbres. Les branchages et rémanents appartiennent au propriétaire de la forêt. (Déc. Min. 8 mai 1828.) V. Maronage. Emploi.

14. *Partage.* — Le bois de construction se partage entre les usagers suivant le toisé des maisons, lorsqu'il est insuffisant pour satisfaire les besoins de tous; mais ordinairement il se délivre au fur et à mesure des besoins à satisfaire et des réparations à effectuer.

15. *Bois de travail. Usage. Délivrance.* — Les délivrances pour le bois de travail doivent s'effectuer suivant l'usage et comprendre les essences nécessaires au genre de travaux : frêne

ou orme pour le charronnage, hêtre pour la boissellerie, etc., suivant l'évaluation des délivrances moyennes.

16. *Bois de feu. Insuffisance.* — En cas d'insuffisance de bois de feu, les usagers ne peuvent réclamer la délivrance de bois de service pour compléter leur affouage. (Nîmes, 14 juin 1867.)

17. *Qualités. Bois. Branches.* — Dans le silence des titres, les usagers ne peuvent exiger pour leur chauffage la délivrance de bois de qualité moyenne. Ils ne peuvent s'opposer à ce que, dans la composition des stères, on fasse entrer des branchages, soit du taillis, soit de la futaie faisant partie de la coupe exploitée à tire et aire, telle qu'elle se comporte. (Besançon, 26 juin 1867.) V. Affouage.

§ 2. *Mode de délivrance.*

18. *Demande.* — Les demandes en délivrance de bois d'usage doivent être rédigées sur timbre, comme les pétitions. (Loi du 18 brumaire an VII.)

19. *Constructions. Réparations. Devis.* — Aucune délivrance de bois pour constructions ou réparations ne sera faite aux usagers, que sur la présentation des devis dressés par les gens de l'art et constatant les besoins. (Ord. 123. Décr. du 28 juin 1913.)

20. *Époque. Reçu. Vérification.* — Les demandes accompagnées des devis sont remises avant le 1ᵉʳ février de chaque année, contre reçu, à l'agent forestier local ou au brigadier autorisé à cet effet. Elles seront transmises avant le 1ᵉʳ avril au conservateur qui statuera après avoir fait procéder aux vérifications qu'il jugera nécessaires. (Ord. 123. Décr. du 28 juin 1913. Circ. N 822.)

21. *Délivrance.* — La délivrance des bois d'usage sera mise en charge sur les coupes en adjudication et sera faite à l'usager par l'adjudicataire, à l'époque fixée par le cahier des charges. (Ord. 123. Décr. du 28 juin 1913.)

22. *Urgence. Délivrance.* — En dehors de la décision générale annuelle concernant chaque fait, des délivrances pourront être autorisées par le conservateur dans les cas d'urgence constatée par le maire de la commune. L'abatage et le façonnage des arbres auront lieu aux frais de l'usager et les branchages et rémanents seront vendus comme menus marchés. (Ord. 123. Décr. du 28 juin 1913. Circ. N 822.) V. Délivrance d'urgence. Urgence.

23. *Bois de service. Demande. Modèle. Reçu.* — L'usager remet à l'agent local chef de service ou de cantonnement ou au brigadier délégué à cet effet sa demande en double expédition (dont l'une est sur papier timbré et

l'autre sur papier libre), à la suite de laquelle est le devis des bois qu'il réclame. La demande doit être, autant que possible, formulée d'après un modèle mis par les agents locaux ou préposés à la disposition des usagers et conforme au specimen joint à la circulaire 669. L'agent local ou le brigadier autorisé à cet effet délivre un reçu sur un imprimé série 9, n° 7. (Circ. N 669, art. 8. Circ. N 822, art. 7 et 9.)

24. *Vérification.* — La demande de l'usager est immédiatement adressée à l'agent chargé de faire la vérification du devis. Cet agent inscrit le résultat de la vérification sur un procès-verbal de vérification (série 9, n° 8) qu'il joint au devis de l'usager.

Dans le plus grand nombre des cas, l'agent vérificateur se borne à indiquer, dans la colonne réservée à cet effet, le volume total des bois demandés par l'usager; il ne donne le détail de sa vérification que dans le cas où des changements seraient faits à la demande de l'usager. (Circ. N 669, art. 10 et 11.)

25. *Envoi. Époques.* — Le devis de l'usager et le procès-verbal de vérification sont adressés immédiatement après vérification, à l'agent chef de service, qui inscrit ses observations au verso du procès-verbal. Le chef de service transmet, avant le 1er avril, ces pièces au conservateur en y joignant un état général (série 9, n° 9) [Circ. N 822, art. 12.]

26. *Approbation. Exécution.* — Le conservateur vérifie les pièces, approuve s'il y a lieu l'état général du chef de service, et fait prendre dans ses bureaux une copie dudit état, annotée des modifications qu'il aura pu y apporter.

Avant le 1er juin, le conservateur renvoie l'état général approuvé avec les devis et les procès-verbaux au chef de service qui fait la répartition de ces dernières pièces entre les chefs de cantonnement chargés de surveiller les délivrances de bois. (Circ. N 822, art. 13 et 14.) V. Devis.

27. *Délivrance conditionnelle. Inexécution. Action civile.* — En cas de délivrance supplémentaire en dehors du devis et du droit de l'usager (délivrance sous condition de couvrir la maison en tuiles), l'inexécution des conditions de la délivrance ne peut donner lieu qu'à une action en dommages-intérêts, qui n'est pas de la compétence des tribunaux répressifs, attendu que le fait n'est pas prévu et puni par le code forestier. (Cass. 16 janvier 1836.)

28. *Façonnage.* — Les usagers ne sont pas obligés de façonner en forêt les bois qui leur sont délivrés. (Décis. Min. 2 octobre 1829.)

§ 3. *Emploi.*

29. *Usager. Emploi. Délai.* — Les bois de construction délivrés aux usagers doivent être employés dans le délai de deux ans. L'administration peut proroger ce délai; mais si, à son expiration, les bois ne sont pas employés suivant la destination pour laquelle ils ont été délivrés, l'administration peut en disposer. (Cod. For. 84.)

30. *Emploi des bois. Justification.* — Il résulte de l'article 123 de l'ordonnance une présomtion légale que les bois remis aux usagers pour un emploi déterminé leur ont été délivrés, comme disposés pour servir à cet emploi. Ils doivent dont justifier de l'emploi, en totalité, de la quantité des bois délivrés. (Cass. 25 avril 1845.)

31. *Emploi. Délai.* — A l'expiration du délai de deux ans, fixé par l'article 84, les usagers sont tenus, sans autre avertissement préalable, de justifier de l'emploi des bois de construction qui leur ont été délivrés. (Cass. 28 février 1835.)

32. *Défaut d'emploi. Excuse.* — Si l'usager a remis à un entrepreneur, qui a fait faillite, les bois qui lui avaient été délivrés pour réparer sa maison et que cet entrepreneur n'ait pas rempli ses engagements, ni opéré la restitution des bois, ce fait constitue un cas de force majeure, qui l'empêche d'affecter ces bois à leur destination, et il n'est passible d'aucune peine. (Cass. 21 août 1851.).

33. *Bois volé. Excuse.* — Si l'usager prouvait que les bois délivrés lui ont été volés, il ne serait passible d'aucune peine, mais il ne pourrait plus exiger de délivrance nouvelle pour réparer sa maison.

§ 4. *Vente. Échange.*

34. *Vente. Échange. Usagers.* — Les usagers qui vendent, échangent ou emploient les bois d'usage à une destination autre que celle pour laquelle le bois a été accordé encourront, à moins de titres ou conventions contraires :

Amende : Pour le bois de chauffage, 10 à 100 fr. (Cod. For. 83.)

Amende : Pour les bois de construction, le double de la valeur des bois; minimum, 50 francs. (Cod. For. 83.)

Dispositions applicables aux bois des particuliers. (Cod. For. 120.)

35. *Prohibition. Conseil municipal.* — La prohibition de vendre ou d'échanger s'applique aussi bien aux communes qu'aux habitants, alors même que la délibération du conseil municipal autorisant la vente d'une portion d'affouage, avant le partage entre les habitants, aurait reçu l'approbation de l'autorité administrative. (Cass. 14 juin 1839.)

36. *Frais d'exploitation.* — Les usagers ne peuvent vendre une partie des bois d'usage

qui leur sont délivrés, pour payer les frais d'exploitation. (Décis. Min. 1828.)

37. *Vente. Excuse.* — La vente des bois d'usage ne peut pas être excusée par un arrêté du maire autorisant la vente des portions affouagères. (Metz, 5 juin 1833.)

38. *Transport. Indigent. Frais. Tolérance.* — On tolère que les indigents abandonnent une partie du bois délivré pour payer son transport ou son équarrissage.

39. *Achat de bois d'usage. Complice.* — Celui qui achète le bois d'usage n'est pas complice du délit commis par celui qui le vend. (Cass. 6 mai 1837.)

40. *Vente ou échange. Prohibition.* — La prohibition de vendre ou d'échanger les bois d'usage n'est pas d'ordre public; on peut y déroger par titre ou convention contraire. (Nancy, 2 janvier 1844.)

§ 5. *Vérification. Reprise. Instance.*

41. *Représentation. Poursuites.* — L'administration peut, sans attendre l'expiration du délai de deux ans, surveiller l'emploi des bois délivrés et, dans le cas où ils ne pourraient pas être représentés, poursuivre le contrevenant. (Cass. 30 juillet 1835.)

Le défaut de représentation des bois, suivant la destination de l'usage, établit, contre l'usager, une présomption d'emploi frauduleux. (Cass. 30 juillet 1835.)

42. *Vérification contradictoire.* — A l'expiration du délai de deux ans, l'administration n'a pas besoin d'avertir l'usager du jour où devra s'opérer la vérification de l'emploi des bois. La reconnaissance du bois doit être faite contradictoirement avec l'usager et constater ses déclarations. (Cass. 20 septembre 1832. Nancy, 21 novembre 1834.)

43. *Reprise. Saisie. Instance.* — La reprise de possession des bois d'usage non employés doit être constatée par un procès-verbal, et la validité de la saisie doit être prononcée par les tribunaux. L'usager doit donc être cité devant le tribunal et les frais de cette instance sont à sa charge. (Metz, inédit, 15 novembre 1837.)

44. *Défaut d'emploi. Saisie. Frais.* — Lorsqu'un usager néglige d'employer, dans le délai légal de deux ans, les bois de construction qui lui ont été délivrés, l'action en validité de la saisie des bois doit être portée par l'administration forestière devant la juridiction correctionnelle, quoique la loi ne prononce aucune peine contre l'usager. Les frais d'instance sont à la charge de l'usager qui les a nécessités, en refusant d'obtempérer à la saisie. (Metz, 12 juin 1867.)

45. *Reprise. Héritiers.* — La reprise des bois d'usage non employés peut être exercée contre les héritiers du prévenu, après son décès.

46. *Changement de destination.* — La constatation du changement de destination des bois délivrés à un usager pour la reconstruction de sa maison constitue un fait matériel. (Cass. 26 avril 1845.)

47. *Défaut d'emploi. Changement de destination. Expertise.* — Lorsqu'un procès-verbal, non attaqué en faux, constate que des bois délivrés à un usager n'ont pas été employés en totalité, ni conformément à leur destination, le tribunal ne peut ordonner une expertise, pour vérifier si le défaut d'emploi ne provient pas de ce que les bois ont été délivrés en grume, tandis que le procès-verbal de délivrance constate qu'ils ont été délivrés propres à être mis en œuvre, et que le changement de destination provient du retard de l'administration à faire la délivrance de ces bois. (Cass. 26 avril 1845.)

BOISSON.

1. *Fraude. Surveillance. Procès-verbaux. Remise.* — Le remployés de l'administration des finances peuvent verbaliser en cas de contravention sur la circulation des boissons. Ils doivent donc surveiller les infractions à ce sujet, en vérifiant sommairement, dans le cours de leur service, les chargements qu'ils peuvent rencontrer des boissons ci-après :

1° Les vins, râpés et piquettes, les cidres, poirés, hydromels, vermout, vin cuit, vin de liqueur;

2° Les esprits, eaux-de-vie, kirchs, rhums, tafias, genièvres, liqueurs, absinthes, fruits à l'eau-de-vie, élixirs;

3° Les préparations à bases alcooliques, telles que parfums, eaux de senteurs, vernis, alcools dénaturés, chloroformes, aldéhydes, etc.

Ils doivent s'assurer qu'ils circulent en vertu d'expédition régulière.

Les employés (agents et préposés) toucheront, pour chaque contravention en matière de boissons, la moitié du produit des amendes et confiscations encourues et prononcées. (Loi du 28 février 1872, art. 5. Lettre Circ. du 20 mars 1872.)

2. *Défense.* — Il est interdit aux officiers et gardes de vendre des boissons en détail, sous peine de révocation. (Ord. 31.)

3. *Délit.* — Pour ouverture d'un débit de boissons illicite et sans autorisation :

Amende : 25 à 500 francs.
Prison : 6 jours à 6 mois. (Décr. 29 déc. 1851.)

BOMBEMENT. V. Route. Laie.

BOMBYCE DISPARATE.

Destruction. — C'est à l'état d'œufs qu'il est le plus facile de détruire le bombyce disparate et il est aisé d'atteindre les pontes qui sont grosses et bien visibles. Après avoir fait la reconnaissance des cantons envahis, on tracera des virés comme pour les martelages, les gardes ou ouvriers les parcourront lentement, chacun d'eux portera à la ceinture un pot rempli d'un mélange préparé dans la proportion de 4 litres de goudron pour 1 litre de pétrole et sera muni d'un gros pinceau fixé à l'extrémité d'un manche de 3 mètres de longueur environ. Sur chaque ponte, l'ouvrier appliquera un bon coup de pinceau, Pas un des œufs ainsi traités n'éclora. Cette opération aura lieu de novembre à fin avril.

En ce qui concerne les forêts domaniales, les propositions de crédits nécessaires pour assurer la préservation des massifs seront adressées en temps utile ; quant aux forêts communales ou particulières, il y aura lieu d'agir auprès des propriétaires intéressés pour qu'ils prennent les mesures nécessaires en vue d'enrayer la multiplication de cet insecte. (Circ. N 637.)

BON PLAISIR.

1. *Interprétation.* — La clause de *bon plaisir*, insérée dans les actes de constitution de droit d'usage, doit s'entendre comme portant seulement sur le mode de jouissance que le propriétaire a toujours le droit de régler, et non pas sur le fond du droit lui-même. (Metz, 21 août 1833.)

2. *Interprétation.* — La clause de *bon plaisir* qui termine les arrêts récognitifs des droits d'usage, dans les forêts domaniales de l'ancienne province de Lorraine, doit être considérée comme une clause référentielle et de style, alors surtout qu'elle n'est accompagnée d'aucune énonciation ou réserve quelconque qui en explique la portée. (Nancy, 13 mars 1850.)

3. *Valeur.* — On ne peut attribuer de valeur et d'effet à la clause de *bon plaisir* insérée dans les actes récognitifs de droit d'usage, concédés dans les forêts domaniales du duché de Bar, qu'autant que les concessions usagères sont postérieures à 1600. (Dijon, 16 juillet 1846.)

BONNE FOI.

1. *Principe.* — La bonne foi est toujours présumée ; c'est celui qui allègue la mauvaise foi à la prouver. (Code Civ. 2268.) V. Complice.

2. *Excuse légale.* — La bonne foi n'est pas une excuse légale admise par le code forestier.

(Cod. For. 203. Cass. 20 juin 1823, 2 mai 1833, 12 juin 1834.) Les infractions forestières ont le caractère des contraventions qui n'admettent pas l'exception de bonne foi.

3. *Gardes. Excuse.* — La bonne foi ne peut pas être admise comme excuse, pour les gardes poursuivis en responsabilité des délits commis (en vertu de l'article 6 du code forestier), et qu'ils n'ont pas constatés. (Cass. 23 mars 1850.)

4. *Battues.* — La bonne foi peut être admise comme excuse lorsqu'il s'agit de battues prescrites par le préfet pour la destruction des animaux nuisibles. (Nancy, 11 mai 1850. Cass. 16 novembre 1866.)

5. *Chasse.* — La bonne foi n'est pas une excuse en fait de délit de chasse. (Cass. 21 juillet 1865. Cass. 12 juin 1886. Rouen, 3 février 1905.)

6. *Pêche. Excuse légale.* — La bonne foi ne constitue pas une excuse légale en matière de délits de pêche. (Cass. 22 juin 1865.)

BORDEREAU.

1. *Travaux par économie.* — Les bordereaux d'envoi de pièces justificatives (pièces et quittances des parties prenantes) pour travaux par économie, dressés en double expédition (série 11, n° 33), sont soumis à la vérification et au visa de l'ordonnateur des avances et adressés ensuite, avec les pièces à l'appui, aux comptables du Trésor, qui renvoient une expédition desdits bordereaux, après l'avoir revêtue de leur déclaration de réception. (Circ. N 104, art. 136). V. Comptabilité.

2. *Timbre.* — N'est point soumis au timbre tout bordereau produit par un agent administratif à l'effet, soit d'obtenir le remboursement de dépenses ou avances, soit de justifier de l'emploi des fonds qui avaient été mis à sa disposition pour un service public. (Circ. N 104, § 1, n° 17.)

3. *Frais d'adjudication.* — Les bordereaux des frais d'adjudication sont dressés par le fonctionnaire qui aura présidé la vente et l'agent forestier chef de service. (Règl. Min. 4 juillet 1836, art. 9.)

4. *Expédition.* — Les bordereaux des frais d'adjudication se fournissent en simple expédition. (Circ. A 584.)

5. *Envoi. Délai.* — Les bordereaux des frais d'adjudication des travaux doivent être adressés dans les huit jours de l'adjudication. (Circ. A 409.)

6. *Frais d'impression.* — Les bordereaux des frais d'impression sont fournis en simple expédition, formule série 11, n° 5. (Circ. N 372.) Ces bordereaux, qui sont à soumettre au con-

trôle de l'Imprimerie nationale, doivent être adressés, sous pli spécial, à la direction du Secrétariat, du Personnel central et de la Comptabilité du Ministère de l'agriculture. (Lett. Dir. Gén. du 28 décembre 1920.)

7. *Mandat.* — On dresse un bordereau collectif pour l'envoi des mandats. Ces bordereaux portent une série de numéros par département.

L'indication de ce numéro d'ordre est essentielle. Chaque ordonnateur secondaire aura sa série, qu'il suivra sans interruption depuis le commencement jusqu'à la fin de l'exercice. Les ordonnateurs secondaires, dont la circonscription comprend plusieurs départements, suivent une série spéciale de numéros par chaque département. (Nota en marge de l'imprimé série 11, n° 12.)

8. *Mode d'envoi.* — Les bordereaux s'adressent sans lettre d'envoi. (Circ. A 444.)

9. *Restauration des montagnes. Bordereau de situation.* — Aussitôt que la situation des travaux et dépenses est établie sur le sommier de comptabilité, l'agent régisseur la reproduit sur le bordereau de situation. Ce bordereau est transmis à la fin de chaque mois au chef de service, qui le conserve dans ses archives. (Instr. Gén. du 2 février 1885, art. 162, 163 et 182. Circ. N 345.)

10. *Restauration des montagnes. Mandat.* — Après chaque payement, l'agent régisseur envoie au chef de service, qui l'adresse immédiatement au conservateur :

Le bordereau détaillé (série 11, n° 33) en trois exemplaires, dont un pour le trésorier général, un pour le conservateur et le troisième destiné à lui être retourné avec le récépissé de la trésorerie générale, pour être transmis à l'agent régisseur, à titre de décharge. (Instr. Gén. du 2 février 1885, art. 171 et 183. Circ. N 345.)

11. *Restauration des montagnes. Mandats touchés.* — A la fin de chaque mois, le chef de service établit le bordereau des mandats touchés pendant le mois (formule série 7, n° 63) et l'adresse au conservateur. (Instr. Gén. du 2 février 1885, art. 180. Circ. N 345.)

BORNAGE.

SECT. I. — DÉFINITION.

1. *Définition.* — Le bornage est l'opération matérielle qui constate sur le terrain, au moyen de signes convenus, naturels ou artificiels, l'accomplissement de la délimitation. Il est donc l'application d'une délimitation antérieure.

Le bornage est général, lorsqu'il s'effectue sur tout le périmètre de la forêt, et partiel, s'il n'a lieu que sur une partie.

On l'appelle judiciaire lorsqu'il est prescrit par les tribunaux à la suite d'une instance, et amiable s'il est fait du plein gré des riverains. V. Délimitation.

SECT. II. — ACTION. DEMANDE.

2. *Action.* — L'action en bornage peut être requise par l'administration ou par le riverain. (Cod. For. 8. Cod. Civ. 646.)

3. *Demande.* — Les demandes en bornage, entre les forêts de l'État et les propriétés riveraines, seront adressées au préfet du département. (Ord. 57.)

4. *Mémoire.* — L'action en bornage s'intente par un mémoire présenté au préfet. (Cod. For. 9.)

5. *Délimitation. Sursis.* — Toutefois il sera sursis au bornage partiel si l'administration offre d'y faire droit en faisant la délimitation générale dans le délai de six mois. (Cod. For. 9.)

6. *Qualité.* — L'action en bornage ne peut être exercée que par le propriétaire du sol. (L'administration et le préfet pour l'État; le

maire pour la commune, et les administrateurs pour les établissements publics.) L'usager ou le fermier ne sont pas recevables à intenter l'action en séparation. (Cass. 8 juillet 1819.)

7. *Demandeur. Action.* — L'action en bornage est recevable, quoique le demandeur ne justifie pas actuellement de sa propriété. Cette action peut être formée dans la vue d'obtenir ultérieurement le délaissement du terrain usurpé. (Montpellier, 14 janvier 1842.)

7bis. *Ruisseau. Action. Non-recevabilité.* — L'action de bornage prévue par l'article 645 du code civil ayant pour objet de fixer définitivement la ligne séparative de deux héritages contigus et d'assurer par la plantation de pierres-bornes le maintien de la limite ainsi déterminée est, par sa nature même, inapplicable à des fonds séparés par un ruisseau formant entre eux une limite naturelle.

La loi du 8 avril 1898 (art. 3), en déclarant le riverain d'un cours d'eau non navigable ni flottable propriétaire pour moitié de son lit, n'a point eu pour conséquence de créer entre les héritages riverains la contiguïté visée dans l'article 646 et autorisant l'action en bornage. (Cass. 11 décembre 1901.)

8. *Usufruitier.* — Il y a doute sur la question de savoir si l'usufruitier peut exercer l'action en bornage, et, le cas échéant, il serait bon de mettre le nu-propriétaire en cause, afin de rendre l'opération définitive avec tous les ayants droit. (Meaume.)

9. *Action.* — L'action en bornage peut être intentée tant que la ligne séparative n'est pas fixée par des bornes ayant un caractère usité. (Cass. 30 décembre 1818.)

10. *Prescription.* — L'action en bornage est imprescriptible.

SECT. III. — FORMALITÉS.

NOTA. — Les formalités pour le bornage sont les mêmes que pour la délimitation.

§ 1. Rapport. Proposition. Arrêté.

11. *Proposition.* — Lorsqu'il y a lieu de procéder à un bornage partiel ou général d'une forêt, le conservateur en fait la proposition par un rapport contenant tous les renseignements propres à éclairer l'administration. (Circ. N 64, art. 141.)

12. *Reconnaissance.* — Les agents doivent dresser un procès-verbal sommaire constatant le nombre et la nature des signes de bornages et leurs dimensions.

13. *Dépenses. Bois domaniaux.* — Le conservateur joint à ses propositions un état de la dépense du bornage et comprenant : 1° le nombre de bornes à fournir à neuf, à réparer et à numéroter ; 2° la longueur et le nombre de fossés à ouvrir et à curer ; 3° la longueur et les dimensions des murs de clôture à construire et à réparer ; 4° le montant des frais de ces divers travaux et fournitures ; 5° les frais de direction et de surveillance de l'opération et de direction des travaux, de rédaction et d'expédition du procès-verbal, de timbre et d'enregistrement de ces actes. (Circ. N 64, art. 142.)

14. *Travaux. Projets.* — Les projets des travaux neufs de bornage sont réservés à l'appréciation de l'administration. (Circ. N 566, art. 162.)

15. *Travaux. Propositions. Bois communaux et d'établissements publics.* — Les rapports et propositions de bornage concernant le bois des communes et d'établissements publics doivent, comme travaux extraordinaires et d'améliorations, être soumis aux conseils municipaux et aux administrations des établissements propriétaires, qui donneront leur avis par l'intermédiaire du préfet. (Ord. 134.)

16. *Dépenses. Bois communaux.* — S'il s'agit d'un bois communal ou d'établissement public, l'état des dépenses est transmis par le préfet au conseil municipal ou commission administrative, appelé à délibérer et à voter les dépenses. Dans ce dernier cas, les frais de timbre et d'enregistrement sont compris dans les dépenses. (Circ. N 64, art. 143.)

17. *Préliminaires. Arrêté.* — Lorsque les crédits nécessaires ont été alloués et que toutes les mesures sont prises pour la fourniture et le transport des bornes, le conservateur provoque l'arrêté préfectoral annonçant le bornage, propose l'expert et le géomètre, la fixation du jour et le point de départ de l'opération. (Circ. N 64, art. 166.)

18. *Formalités.* — Les experts et géomètres, agents et préposés, se conformeront aux règles tracées pour la délimitation générale, en ce qui concerne : les listes des riverains, leur convocation, les significations ou citations, les rectifications d'erreurs, les publications des arrêtés préfectoraux, les délais, l'ordre de l'opération, le timbre et l'enregistrement des actes. (Circ. N 64, art. 169.)

19. *Arrêté. Formalités.* — Les bornages sont prescrits par arrêté du préfet du département de la situation des bois, dans les mêmes formes et avec les mêmes formalités que pour les délimitations. (Cod. For. art. 12. Ord. art. 58. Circ. N 64, art. 144.)

20. *Arrêté. Copie.* — Des copies de l'arrêté préfectoral sont adressées par le conservateur à l'administration et aux chefs de service. (Circ. N 64, art. 168.)

13.

21. *Publication.* — Lorsqu'il y aura lieu d'opérer le bornage d'une forêt soumise au régime forestier, cette opération sera annoncée deux mois d'avance par un arrêté du préfet, qui sera publié et affiché dans les communes limitrophes, et signifié au domicile des propriétaires riverains ou à celui de leurs fermiers, gardes ou agents. (Cod. For. 10.)

22. *Publication. Maire. Certificats.* — Les maires des communes où devra être affiché l'arrêté, par lequel le préfet appellera les riverains au bornage général, seront tenus d'adresser au préfet des certificats constatant que ces arrêtés ont été publiés et affichés dans ces communes. (Ord. 60, 65.)

23. *Arrêté. Signification.* — L'arrêté prescrivant le bornage doit être signifié aux riverains deux mois à l'avance ; mais il doit, d'après l'article 12 du code forestier, être pris dans le mois qui suit l'homologation ou l'année du dépôt. Toutefois ce délai n'est pas obligatoire.

24. *Apanage. Majorat. Bois communaux et d'établissements publics.* — Toutes les dispositions relatives au bornage des bois de l'État sont applicables aux bois possédés à titre d'apanage et de majorat et aux bois des communes et établissements publics. (Cod. For. 90. Ord. 125.)

§ 2. *Expert. Agent.*

25. *Expert.* — Dans le cas où les parties étant d'accord pour opérer le bornage, il y aurait lieu à nommer les experts, le préfet, après avoir pris l'avis du conservateur des forêts et du directeur des domaines, nommera un agent forestier pour opérer comme expert dans l'intérêt de l'État. (Ord. 58.)

26. *Bois communaux. Expert.* — Dans les cas prévus par les articles 58 et 59, le préfet, avant de nommer les agents forestiers chargés d'opérer comme experts dans l'intérêt des communes et des établissements publics, prendra l'avis du conservateur et celui des maires et administrateurs. (Ord. 130.)

SECT. IV. — EXÉCUTION.

§ 1. *Conditions.*

27. *Signes de bornage. Frais.* — Les délimitations faites par simple bornage, c'est-à-dire avec les signes de bornage en usage dans le pays et les moins coûteux, se font à frais communs. (Cod. For. 14.) V. Délimitation.

28. *Exécution.* — Lorsque le procès-verbal de délimitation est signé par tous les riverains, il peut être procédé au bornage aussitôt après l'homologation. (Circ. N 64, art. 7.)

29. *Bornage. Délai.* — Un mois après que la délimitation est définitive, il doit être procédé au bornage, en présence des riverains dûment convoqués par un arrêté préfectoral annoncé et signifié deux mois à l'avance. (Cod. For. 10, 12. Loi du 21 février 1903, art. 10 et 12, relative à l'Algérie. Circ. N 642.)

30. *Refus. Recours.* — Si les agents forestiers refusaient de procéder au bornage, après l'homologation d'une délimitation devenue définitive, les riverains auraient leur recours devant les tribunaux. (Cod. For. 13. Loi du 21 février 1903, art. 13, relative à l'Algérie. Circ. N 642.)

31. *Délai.* — Après le délai de deux mois de publication, les agents de l'administration forestière procéderont au bornage, en présence ou en l'absence des propriétaires riverains. (Cod. For. 10, 12. Loi du 21 février 1903, art. 10 et 12, relative à l'Algérie. Circ. N 642.)

32. *Bois communaux et d'établissements publics.* — Les dispositions relatives aux bois de l'État sont applicables aux bois des communes et des établissements publics. (Cod. For. 90.)

33. *Bois communaux et d'établissements publics.* — Lorsqu'il y aura lieu d'opérer le bornage des bois des communes et des établissements publics, il sera procédé de la manière prescrite pour les bois de l'État, sauf les modifications des articles 130, 131, 132, 133 et 134 de l'ordonnance. (Ord. 129.)

34. *Assistance. Opérations.* — Le maire de la commune ou l'un des administrateurs de l'établissement public aura droit d'assister à toutes les opérations, conjointement avec l'agent forestier nommé par le préfet. Ses dires, observations et oppositions seront exactement consignés au procès-verbal.

Le conseil municipal ou les administrateurs seront appelés à délibérer sur les résultats du procès-verbal, avant qu'il soit soumis à l'homologation. (Ord. 131.)

35. *Travaux.* — Moyennant les prix ou honoraires alloués au géomètre soumissionnaire, celui-ci est chargé des frais de voyage, d'ouvriers, de fourniture de papier (pour la minute seulement) et des travaux divers. (Circ. n° 64, art. 176.

36. *Responsabilité.* — L'expert est responsable du bornage et il doit veiller à sa bonne exécution. (Circ. N 64, art. 152.) Voir, pour le modèle de rédaction du procès-verbal, la circulaire N 64, modèle A.

37. *Exécution. Délimitation.* — Le bornage peut être effectué immédiatement après la délimitation, ou simultanément ; dans ce cas, les deux opérations sont relatées au même procès-verbal. (Circ. N 64, art. 164.)

38. *Bornage partiel.* — Il peut être procédé au bornage partiel lorsque le procès-verbal de

délimitation partielle a été approuvé par toutes les parties. (Décis. Min. 14 octobre 1840.)

39. *Bornage partiel.* — Le bornage partiel peut être effectué après un délai quelconque et même simultanément à la délimitation, si le riverain y adhère. (Circ. N 64, art. 90 et Annexe B.)

40. *Terrain contesté.* — Les terrains contestés sont réservés; mais si, dans l'intervalle de la délimitation et du bornage, il survient un désistement, ou si les tribunaux consacrent les limites données par la délimitation, le bornage est effectué d'après cet acte. (Circ. N 64, art. 150.)

41. *Bornage judiciaire.* — A défaut de désistement pour les terrains contestés ou de décision judiciaire conforme au procès-verbal de délimitation, il est procédé au bornage par des experts judiciaires. (Circ. N 64, art. 151.)

42. *Plantation de bornes. Trouble.* — La plantation de bornes faite par un propriétaire, sans avoir fait statuer sur la propriété prétendue par son voisin, doit être considérée comme un trouble à la possession de ce dernier, qui peut, en conséquence, pour s'y maintenir, intenter une action en complainte devant le juge de paix, ou le préfet s'il s'agit d'un bois soumis au régime forestier. (Cass. 27 août 1829.)

43. *État de situation.* — Les conservateurs sont tenus au courant de l'exécution des travaux concernant les délimitations et les aménagements par l'état série 2, n° 7 (Cir. N 359), et il appartiendra d'imprimer aux opérations des arpenteurs, par l'intermédiaire et sous le contrôle des chefs de service, l'activité et l'exactitude désirables. (Circ. N 372.)

44. *Condition. Contiguïté.* — Pour effectuer un bornage, il faut qu'il y ait contiguïté. Des terrains séparés par un chemin vicinal ou une rivière ne peuvent être bornés; mais un ravin, un ruisseau, un sentier ou un chemin d'exploitation non classé ne sont pas des signes suffisants pour empêcher la contiguïté.

§ 2. *Mode. Signe.*

45. *Mode.* — Le mode de bornage à adopter est celui convenu avec le riverain. (Circ. N 64, art. 138.)

46. *Limites naturelles.* — On ne doit pas planter de bornes lorsque le procès-verbal de délimitation constate que la ligne séparative est fixée par des limites naturelles ou par des signes quelconques, suffisamment stables et apparents.

47. *Bornes.* — Un riverain est toujours en droit d'exiger la plantation de bornes, quelque

claire et apparente que puisse être la ligne séparative. (Cass. 30 décembre 1818.)

48. *Signe de bornage.* — L'expert doit se concerter, autant que possible, avec les parties présentes sur les signes de bornage qui doivent être employés. (Circ. N 64, art. 37.)

49. *Mode de bornage.* — Si une des parties tient à un mode de bornage spécial, elle doit le faire à ses frais et sur son terrain.

50. *Mode de bornage.* — En cas de désaccord sur le mode de bornage (bornes ou fossés), la difficulté doit être soumise aux tribunaux ordinaires.

51. *Frais.* — *Dépenses.* — Le riverain n'est tenu qu'à la dépense strictement nécessaire au bornage; par conséquent, lorsque l'usage de la localité est d'employer des pierres autres que celles dont l'administration prescrit l'emploi, le propriétaire de la forêt doit supporter l'excédent de la dépense. (Circ. N 64, art. 191, nota.)

52. *Limites naturelles.* — Un sentier privé, un simple ruisseau, un ravin dont l'emplacement fait partie des fonds qu'ils bordent ou traversent ne serviraient de limites qu'autant qu'ils seraient reconnus ou déclarés tels par les titres de l'une ou de l'autre partie. (Pardessus.)

53. *Délimitation. Croix.* — Lorsque la nature du terrain ne permettra pas de planter des bornes, le sommet des angles sera fixé par une croix ou par tout autre signe sur le rocher. (Circ. N 64, art. 26.)

54. *Croix.* — Lors du bornage, les croix de la délimitation sont remplacées par un carré de 0 m. 20 gravé dans le rocher, avec le numéro assigné au point par la délimitation. (Circ. N 64, art. 148.)

55. *Frais.* — Lorsque la séparation ou délimitation sera effectuée par un simple bornage, elle sera faite à frais communs. (Cod. For. 14. Loi du 21 février 1903, art. 14, relative à l'Algérie, Circ. N 64a.)

56. *Bornage simple.* — Le bornage simple à frais communs consiste soit dans la plantation de bornes en pierre ou de poteaux, soit dans l'établissement de fossés d'angles. (Circ. N 64, art. 137.)

57. *Signe de bornage.* — Lorsqu'il s'agit d'un simple bornage, une des parties peut toujours contraindre l'autre à employer le mode de bornage qui, suivant la localité, est le moins dispendieux. Les fossés d'angles peuvent être employés pour un bornage à frais communs. (Circ. A 229. Circ. N 64, art. 149.)

Il faut que la ligne de délimitation passe par l'axe des fossés d'angles. (Issoudun, 19 août 1839.)

58. *Fossé.* — Lorsque le bornage sera effectué par des fossés de clôture, ils seront exécutés aux frais de la partie requérante et pris en entier sur son terrain. (Cod. For. 14. Loi du 21 février 1903, art. 14, relative à l'Algérie, Circ. N 642.)

59. *Bornage continu. Exécution. Entretien.* — Le bornage effectué au moyen d'un fossé continu, d'une haie vive, d'un mur, d'un talus ou palissade servant de clôture, se fait aux frais et sur le terrain de la partie requérante. La confection et l'entretien de ce bornage sont exclusivement à la charge du propriétaire qui l'a fait établir. (Cod. For. 14. Cir. N 64, art. 137.)

§ 3. *Recherche des piquets disparus.*

60. *Cercle répétiteur. Emploi.* — Lorsque des piquets auront disparu et qu'il n'y aura pas possibilité de les rétablir au moyen des rattachements mentionnés dans l'article 27 de la circulaire N 64, si le levé a été fait en suivant le périmètre, on pourra en retrouver la position par le procédé suivant :

S'il ne manque qu'un seul piquet (modèle n° 48) on le rétablira au moyen du cercle répétiteur. Pour plus de sécurité on fera deux opérations, l'une au point précédent et connu, l'autre au point suivant et également connu. Une fois que le piquet sera rétabli par l'intersection des deux visées, on y stationnera pour vérifier l'angle dont il est le sommet.

S'il manque deux piquets consécutifs, on stationnera avec le cercle aux piquets existants entre les points à trouver, puis les piquets rétablis, on mesurera la ligne qui les sépare ainsi que les angles dont les sommets sont les extrémités de cette ligne.

S'il manque plus de deux piquets consécutifs, on emploiera le procédé du numéro 197, V. Délimitation. (Instr. du 26 avril 1906, art. 198. Circ. N 697.)

61. *Abscisses et ordonnées. Rayonnement.* — Dans le cas d'un levé par abscisses et ordonnées, on transformera le levé par abscisses et ordonnées en un levé par cheminement et l'on retombera dans le cas du numéro précédent. (V. modèle 48, fig. 3.)

S'il s'agit d'un levé par rayonnement, on déterminera les longueurs des côtés des points disparus au moyen de la résolution de triangles dont on connaît les côtés rayonnants, ainsi que les angles compris. (V. modèle 48, fig. 4.) — (Instr. du 26 avril 1906, art. 199 et 200. Circ. N 697.)

SECT. V. — CONTENTIEUX.

§ 1. *Opposition.*

62. *Réclamation.* — Si, à l'expiration du délai d'un an, après le dépôt du procès-verbal

de délimitation, il n'a été élevé aucune réclamation par les propriétaires riverains contre le procès-verbal et si le Gouvernement n'a pas déclaré son refus d'homologuer, l'opération sera définitive. (Cod. For. 12.)

63. *Opposition.* — Les riverains ne sont pas recevables à former opposition au bornage lorsque la délimitation est devenue définitive. Néanmoins, si des contestations s'élèvent, il en est fait mention au procès-verbal. (Circ. N 64, art. 158.)

64. *Opposition.* — Si les observations portent sur la forme ou les dimensions des bornes adoptées par l'administration, ou sur le mode de bornage, l'expert en fait l'objet d'un rapport spécial. Ce rapport est envoyé, avec les avis du chef de service et du conservateur, à l'administration si le bois est domanial, et au préfet s'il s'agit d'un bois communal ou d'établissement public. (Circ. N 64, art. 159, 160.)

§ 2. *Compétence. Juridiction. Contestation.*

65. *Refus de l'administration. Recours.* — Il y a recours devant les tribunaux, de la part des riverains, si l'administration refusait de procéder au bornage, un mois après que la délimitation est devenue définitive, c'est-à-dire après le délai d'un an pour le dépôt du procès-verbal de délimitation à la préfecture. (Cod. For. 12, 13. Circ. N 64, art. 162.)

66. *Contestations.* — Les contestations en cas de bornage, pour les bois soumis au régime forestier, sont portées devant les tribunaux de première instance et non pas devant le juge de paix. (Cod. For. 13. Lyon, 10 mai 1878.)

67. *Contestation. Compétence. Terrain revendiqué. Prescription.* — Lorsque dans une question de bornage une partie de terrain est contestée, le juge de paix devient incompétent pour statuer. (Cass. 15 décembre 1868.)

Il en est de même lorsqu'une commune revendique des terrains, en vertu des lois des 10 juin et 28 août 1792, et excipe même de la prescription. (Cass. 3 janvier 1872.)

68. *Compétence.* — En cas de litige, l'action doit être portée devant le tribunal du domicile du demandeur, même lorsque la forêt est située sur plusieurs arrondissements.

69. *Compétence.* — Les juges de paix connaissent des actions en bornage lorsque la propriété ou les titres qui l'établissent ne sont pas contestés (Loi du 25 mai 1838); au delà de ces limites, les actions en bornage sont de la compétence des tribunaux de première instance. Toutefois, si la propriété des biens repose sur un acte administratif, la connaissance des débats appartient à l'autorité administrative. (Block.) [Lyon, 10 mai 1878.] V. Juge de paix.

70. *Compétence.* — Il y a action en bornage de la compétence du juge de paix, toutes les fois que l'un des voisins demande qu'il soit procédé à la recherche des limites respectives des deux propriétés contiguës. L'action en revendication, qui est de la compétence du tribunal civil, n'existe, au contraire, que s'il y a réclamation d'une portion de terrain déterminée. (Trib. de la Seine, 8 décembre 1892.)

71. *Titres. Application.* — Le juge de paix, saisi d'une action en bornage, peut légitimement appliquer les titres produits par les parties, dès lors que ces titres ne sont pas contestés et que la prescription n'est pas invoquée. (Cass. 25 avril 1894.)

72. *Procédure.* — Les formes ordinaires suivant lesquels les actions en bornage doivent être intentées sont celles déterminées pour le jugement des affaires domaniales. (Loi du 5 novembre 1790. Règlement du 3 juillet 1834.)

73. *Action judiciaire.* — Lorsqu'il s'élèvera des contestations ou des oppositions, les communes ou établissements propriétaires seront autorisés à intenter action ou à défendre, s'il y a lieu, et les actions seront suivies par les maires et administrateurs, dans la forme ordinaire. (Ord. 132.) V. Instance. Délimitation.

74. *Contentieux.* — Les difficultés concernant les travaux de bornage soumissionnés et relatifs aux forêts domaniales doivent être déférées au conseil de préfecture, parce qu'ils sont considérés comme travaux publics. (Circ. N 74. Inspection des finances.)

La circulaire N 74 avait admis comme établi que tous travaux effectués par les agents de l'État et à son compte constituaient des travaux publics et que la connaissance des contestations sur l'interprétation et l'exécution des marchés y relatifs appartenait aux conseils de préfecture. Mais, dans l'état actuel de la jurisprudence, l'autorité judiciaire seule est compétente pour statuer. (Circ. N 319.)

75. *Signification. Originaux.* — Les originaux des significations sont joints à la minute du procès-verbal de bornage, lors du dépôt à la préfecture. (Circ. N 64, art. 170.)

76. *Publication. Certificat.* — Les certificats de publication des arrêtés préfectoraux sont joints à la minute du procès-verbal, lors du dépôt à la préfecture. (Circ. N 64, art. 170.)

77. *Vérification.* — Avant toute signature, le procès-verbal de bornage est vérifié successivement par le chef de service et le conservateur, qui indiquent les modifications et rectifications à y introduire. Cet acte est ensuite soumis, avec les pièces justificatives, à l'administration, qui statue sur sa régularité. Les changements prescrits sont effectués par les expert et géomètre. (Circ. N 64, art. 69, 153.)

78. *Procès-verbal. Dépôt.* — Aussitôt qu'elle est revêtue des formalités exigées, la minute du procès-verbal de bornage est déposée à la préfecture, pour être réunie au procès-verbal de délimitation. (Circ. N 64, art. 154.)

79. *Procès verbal de limites. Dépôt.* — Le procès-verbal de la délimitation sera immédiatement déposé au secrétariat de la préfecture et, par extrait, au secrétariat de la sous-préfecture, en ce qui concerne chaque arrondissement. Il en sera donné avis par un arrêté du préfet, publié et affiché dans les communes limitrophes. Les intéressés pourront en prendre connaissance et former leur opposition dans le délai d'une année, à dater du jour où l'arrêté aura été publié. (Cod. For. 11.)

80. *Dépôt. Certificat. Publication.* — Les maires doivent justifier, par des certificats, de la publication de l'arrêté préfectoral prescrivant le dépôt du procès-verbal au secrétariat de la préfecture. Les certificats sont fournis par les préfets, lors des propositions pour l'homologation. (Circ. N 54.)

81. *Ratification. Consentement.* — L'opération du bornage devient définitive par le consentement formel ou tacite des riverains, pourvu qu'il y ait été procédé conformément au procès-verbal de délimitation.

82. *Homologation.* — Le procès-verbal de bornage n'est point soumis à l'homologation du Gouvernement.

83. *Homologation.* — Les procès-verbaux de bornage ne sont soumis à l'homologation que lorsqu'ils comportent des modifications au procès-verbal de délimitation. Dans ce cas, l'expédition destinée à l'administration centrale est transmise au Ministre de l'agriculture par le préfet, comme pour les délimitations. (Circ. N 64, art. 157. Circ. N 220.)

84. *Expédition.* — Lorsqu'il n'y a pas lieu à homologation, l'expédition destinée à l'administration est transmise directement par le conservateur, après qu'elle a été certifiée conforme par le secrétaire général de la préfecture. (Circ. N 64, art. 156.)

§ 1. *Répartition. Timbre. Enregistrement.*

85. *Frais. Bois communaux.* — L'opération du bornage ne rentre pas dans les frais d'administration prescrits par l'article 107 du code forestier; les communes et établissements publics doivent payer les frais de cette opération. (Cons. d'État, 23 juillet 1841. Circ. N 64, art. 188.)

86. *Frais. Répartition.* — Le bornage étant la conséquence et le complément de la délimitation, les frais de cette opération doivent être supportés en commun par les propriétaires de la forêt et les propriétaires riverains à l'époque de la délimitation, et non pas par les acquéreurs des terrains limitrophes, postérieurement à cette opération. (Trib. de Saint-Dié, 14 juillet 1855.)

87. *Frais. Proportion.* — Les riverains contribuent au bornage pour la moitié des dépenses, proportionnellement à l'utilité pour chacun d'eux des travaux qui en font l'objet. Un seul riverain peut payer la moitié de plusieurs bornes, et la moitié d'une borne peut être payée par plusieurs riverains. (Circ. N 64, art. 191.)

88. *Frais généraux.* — Les frais généraux de bornage (voyage, fournitures de bornes, ouverture de fossés d'angles mitoyens ou de fossés continus mitoyens, direction des travaux, rédaction de la minute du procès-verbal, copie pour le ministre, papier et reliure) sont payés par moitié par les riverains, dans la proportion de l'utilité des travaux pour chacun d'eux. Les frais de copie et de papier pour le procès-verbal destiné aux agents forestiers ou au propriétaire de la forêt sont payés par le propriétaire seul. (Imprimé série 2, n° 4.)

89. *Fossés. Murs. Frais.* — Les frais de bornage exécuté au moyen de bouts de fossés ou de murs sont supportés en commun par moitié. (Décis. Min. 29 juin 1829. Circ. A 129. Circ. N 64, art. 149.)

90. *Frais. Calcul.* — Les frais de bornage seront établis par articles séparés pour chaque riverain et supportés en commun entre l'administration et lui. (Ord. 66.)

91. *État des frais.* — Aussitôt que les opérations sont terminées, le chef de service adresse au conservateur : 1° l'état des riverains; 2° les mémoires des sommes dues aux agents, géomètres et tous autres. (Circ. N 64, art. 194.)

92. *Frais spéciaux. Indemnités.* — Les conservateurs dressent les états de frais spéciaux dus aux agents du service ordinaire, pour les bornages généraux (Décis. 25 août 1861), ainsi que les autres états de frais spéciaux de ces opérations (Décis. Min. 7 janvier 1863), et les états de frais généraux pour tous les riverains. (Ord. 66 et 133.) [Form. série 2, n°ˢ 4, 8, 9.]

93. *Algérie. Propriété non constatée. Frais.* — Dans les territoires où la propriété n'a pas encore été constatée ou constituée, les frais de bornage sont supportés par moitié par le propriétaire de la forêt et par la partie requérante ou défenderesse. (Loi du 21 février 1903, art. 15. Circ. N 642.)

94. *Timbre. Enregistrement.* — Les actes constatant les bornages, ainsi que les états de répartition des frais, sont visés pour timbre et enregistrés en débet, à la diligence de l'agent forestier et du géomètre, sauf recouvrement ultérieur. (Ord. 66, 133.) Ces formalités sont remplies dans le délai de vingt jours, à dater de la clôture des actes. (Circ. N 64, art. 186.) V. Délimitation pour les frais de timbre et d'enregistrement.

§ 2. *Recouvrement. Paiement.*

95. *Frais. Recouvrement. Bois domaniaux.* — L'état des frais (série 2, n° 4) sera dressé par le conservateur des forêts et visé par le préfet. Il sera remis au receveur des domaines, qui poursuivra, par voie de contrainte, le paiement des sommes à la charge des riverains, sauf l'opposition, sur laquelle il sera statué par les tribunaux, conformément aux lois. (Ord. 66. Cod. Civ. 646.)

Les états préparés par le conservateur, visés par le préfet et approuvés par le Ministre de l'agriculture, forment titre de perception et ont force exécutoire jusqu'à opposition de la partie intéressée. (Loi du 13 avril 1898, art. 54.)

96. *Frais. Recouvrement. Bois communaux.* — L'état des frais de bornage dressé par le conservateur et visé par le préfet sera remis au receveur de la commune ou de l'établissement propriétaire, qui percevra le montant des sommes mises à la charge des riverains et, en cas de refus, en poursuivra le paiement par toutes les voies de droit, au profit et pour le compte de ceux à qui ces frais sont dus. (Ord. 133.)

97. *Indemnité. Agents. Paiement. Recouvrement.* — Les communes et établissements publics qui auraient requis des bornages partiels ou généraux payeront directement et intégralement aux ayants droit, *autres que les agents forestiers*, les frais de ces opérations, et recouvreront ensuite sur les propriétaires riverains le montant des frais tombant à la charge de chacun d'eux.

Lorsque les bornages de bois communaux ou d'établissements publics auront été requis par les riverains, il sera procédé conformément aux dispositions de l'article 133 de l'ordonnance réglementaire du 1ᵉʳ août 1827.

Dans l'un et l'autre cas, les frais de la coopération du personnel forestier seront versés par les receveurs des communes ou établissements publics dans les caisses du domaine, à titre de remboursement d'avance et comme produits accessoires des forêts. (Décret du 15 juin 1921.)

Les frais de recouvrement des sommes mises à la charge des riverains seront supportés en entier par les établissements et communes. (Ord. 23 mars 1845, art. 1, 2 et 3.)

98. *État des dépenses.* — Les agents doivent fournir, pour le 15 octobre, un état des dépenses concernant les bornages généraux. (Circ. N 64, art. 219. Annexe G.)

§ 3. Indemnité.

99. *Tarif.* — Les officiers forestiers nommés experts par arrêté préfectoral pour l'exécution des travaux de délimitation et de bornage et les préposés participant à ces opérations comme auxiliaires du géomètre auront droit au remboursement de leurs frais de déplacements dans les conditions définies pour les travaux d'aménagement. Les frais de ces opérations seront calculés, répartis et mis en recouvrement suivant la procédure en vigueur, la coopération du personnel forestier étant évaluée d'après le tarif de l'article 2 du décret du 15 juin 1921. (Lett. Dir. gén. du 5 juillet 1921. Circ. N 889.) V. Indemnités.

100. *Travaux. Exécution. Règles.* — Pour l'exécution des travaux de bornage, les règles à suivre sont celles qui sont prescrites pour les travaux d'aménagement. (Lett. Dir. Gén. du 5 juillet 1921.) V. Aménagement.

101. *Abrogation.* — Sont rapportées les dispositions des arrêtés ministériels du 28 août 1861, du 7 janvier 1863 et du 20 avril 1883, allouant des indemnités aux agents et préposés, pour les travaux de bornage exécutés par eux dans les forêts soumises au régime forestier. (Déc. du 15 juin 1921, art. 1er.)

102. *Recouvrement. Tarif.* — L'État recouvrera, sur les communes et établissements publics propriétaires, les dépenses occasionnées par la coopération des agents et préposés, d'après le tarif forfaitaire ci-après :
30 fr. par journée d'agent employée sur le terrain.
18 fr. par journée d'agent employée au cabinet.
10 fr. par journée de préposé employée sur le terrain. (Déc. du 15 juin 1921, art. 2.)

103. *Riverains.* — Le tarif qui précède servira de base pour le recouvrement, sur les propriétaires riverains, des frais tombant à leur charge à l'occasion des travaux de bornage des forêts domaniales. (Décr. du 15 juin 1921, art. 2.)

SECT. IX. — TRAVAUX DIVERS. AMÉNAGEMENT.

104. *Travaux. Reboisement. Projets.* — Les projets de travaux concernant le bornage du périmètre ou des lignes de division des forêts sont établis d'après l'instruction sur les levés topographiques et le dessin des plans. (Circ. N 566, art. 121. Circ. N 697.)

105. *Ligne d'aménagement. Futaie. Taillis.* — Les lignes d'aménagement et de division dans les taillis et futaies pourront être fixées par des bornes, des bouts de fossés ou par un bombement transversal des lignes. (Instr. 26 avril 1906, art. 192. Circ. N 697.)

106. *Périmètre de restauration.* — Avant le commencement des travaux, il est procédé à la reconnaissance et à la fixation provisoire ou définitive des limites du périmètre dans chacune des séries.
Les limites sont fixées immédiatement par des signes de bornage apparents et durables, tels que bornes brutes, bouts de fossés, rigoles, croix gravées sur les rochers.
S'il y a des difficultés soulevées par les riverains, et dans ce cas seulement, les agents forestiers proposent à l'administration l'exécution des bornages partiels nécessaires pour faire trancher définitivement le litige.
L'opération est alors exécutée conformément aux règles tracées par la circulaire N 64. (Instr. Gén. 2 février 1885, art. 105 et 106. Circ. N 345.)

107. *Périmètres de mise en défens.* — Il est procédé avant le commencement des travaux à une délimitation sommaire et à un bornage économique. (Instr. Gén. 2 février 1885, art. 233. Circ. 345.) V. Délimitation.

BORNE.

1. *Qualité. Authenticité.* — Pour qu'une borne ait le caractère de *limite* et que son déplacement donne ouverture à une action publique, il suffit qu'elle ait été reconnue pour telle par les propriétaires qu'elle intéresse et que leur possession y ait été conforme. Il n'est pas indispensable de prouver que cette borne a été officiellement plantée. (Nancy, 10 janvier 1844.)

2. *Plantation. Trouble.* — La plantation de bornes opérée par un propriétaire, sans qu'il ait été statué sur la propriété prétendue par son voisin, est considérée comme un trouble à la possession de ce dernier, qui peut, en conséquence, intenter une action en complainte devant le juge de paix. (Cass. 27 août 1829.)

3. *Plantation. Témoins.* — Les bornes sont plantées verticalement et de manière à ce que leur centre corresponde au centre des piquets. La plus grande face doit être perpendiculaire à la bissectrice de l'angle dont elles fixent le sommet. La face principale des bornes intermédiaires est dirigée dans le sens des lignes du périmètre de la forêt. Il est placé sous chaque borne de la poussière de charbon ou de tuile ou de toute autre matière étrangère au sol. La partie non taillée doit être complètement enterrée. (Instr. 15 octobre 1869, art. 134. Circ. N 64, art. 147.)

4. *Aménagement. Position. Distance.* — Le centre des bornes sera placé sur les lignes séparatives des divisions, la plus grande face dirigée dans le sens de ces lignes et à une distance uniforme de 1 mètre du bord des routes et laies sommières. S'il y a des fossés, la distance de 1 mètre sera mesurée du bord extérieur du fossé. Lorsque les lignes des coupes aboutiront sur le périmètre, le centre des bornes des coupes sera placé à une distance uniforme de 5 mètres de la ligne périmétrale. (Instr. 26 avril 1906, art. 193. Circ. N 697.)

5. *Fossés. Distance.* — Les bouts de fossés intermédiaires sont espacés de 50 à 100 mètres, de telle sorte que deux hommes puissent s'apercevoir de l'un à l'autre. (Circ. N 64, art. 140.) Il doit en être de même pour l'espacement des bornes.

6. *Bornes de périmètre. Dimension. Taille. Forme.* — Les bornes de délimitation ont 0 m. 80 de hauteur, 0 m. 22 sur une face et 0 m. 08 sur l'autre; elles sont taillées à vives arêtes sur une hauteur de 0 m. 35 et sont arrondies à la tête, dans le sens de leur plus grande largeur. (Circ. N 64, art. 139.)

7. *Numéros.* — Des numéros en chiffres arabes de 0 m. 08 de hauteur sont gravés à une profondeur de 1 centimètre sur une des faces les plus larges des bornes; ils doivent correspondre aux numéros des piquets mentionnés dans le procès-verbal de délimitation. Le numéro est tourné du côté de la forêt. (Circ. N 64, art. 146, 147.)

8. *Numéro.* — Les bornes ne reçoivent de numéros d'ordre que dans le cas où l'opération s'applique, soit à la totalité du périmètre, soit à une portion de forêt dont le surplus est déjà aborné. (Circ. N 64, art. 163.)

9. *Borne d'aménagement. Dimensions.* — Les bornes d'aménagement auront 0 m. 60 de hauteur, 0 m. 20 sur une face et 0 m. 15 sur l'autre face. Elles seront taillées à vives arêtes sur une hauteur de 0 m. 20 à 0 m. 25; on donnera à la tête la forme de diamant. La partie non taillée sera enterrée. (Instr. 26 avril 1906, art. 194. Circ. N 697.)

10. *Numéro. Chiffres.* — Les bornes des coupes recevront sur leur plus grande face, gravés sur une hauteur de 0 m. 05 à 0 m. 06, en chiffres arabes, les numéros des coupes qui se trouvent en regard, et, sur le côté faisant face à la laie sommière, l'indication de la série dont les coupes dépendent. (Instr. 26 avril 1906, art. 194. Circ. N 697.)

11. *Borne intermédiaire.* — Les bornes intermédiaires qui pourront être plantées sur les lignes de division seront de moindres dimensions et sans aucune indication. (Instr. 26 avril 1906, art. 194. Circ. N 697.)

12. *Signes conventionnels.* — Les bornes séparatives de territoire, les bornes séparatives de propriétés, les bornes kilométriques et les bornes militaires seront figurées sur les plans comme l'indique le modèle 57 D. (Instr. du 26 avril 1906, art. 252. Circ. N 697.) V. Croquis. Plan.

13. *Conservation.* — Les gardes, brigadiers et agents, sont chargés de veiller à la conservation des bornes. Les préposés font une visite annuelle des bornes, du 1er août au 1er septembre et en rendent compte à leur chef immédiat, qui provoque, s'il y a lieu, les réparations nécessaires. (Circ. N 64, art. 161.).

14. *Surveillance.* — Les gardes cantonniers veilleront à la conservation des bornes de route. (Instr. 13 août 1840. Livret des gardes.)

15. *Aménagement. Périmètre.* — L'assiette sur le terrain des aménagements approuvés et le bornage du périmètre des forêts sont considérés comme travaux neufs; l'entretien du bornage comme travaux d'entretien. (Circ. N 566, art. 22 et 23.)

16. *Rétablissement.* — Les adjudicataires doivent rétablir les bornes endommagées ou détruites par le fait de l'exploitation ou de la vidange des bois. (Cah. des ch. 63.) En cas d'inexécution, pas de pénalité; l'administration fait effectuer les travaux aux frais des adjudicataires. (Cod. For. 41. Cah. des ch. 64.)

17. *Enlèvement. Déplacement.* — Pour le fait d'enlèvement ou déplacement de borne :

Prison : 1 mois à 1 an. (Cod. Pén. 456.)

Amende : égale au 1/4 des restitutions et dommages-intérêts; minimum, 50 francs. (Cod. Pén. 456.)

Si le délit a été commis par un garde ou officier de police, le maximum de la prison est augmenté de 1/3 en sus. (Cod. Pén. 462.)

Il s'agit ici de bornes servant de limites entre héritages, de propriétaires différents et non de bornes d'aménagement. Leur dégradation ne donne lieu qu'à des dommages-intérêts.

18. *Algérie. Destruction. Déplacement. Enlèvement.* — Quiconque aura brisé, détruit, déplacé ou fait disparaître les bornes servant à limiter les forêts ou les cantons forestiers sera puni d'une amende de 5 à 500 francs.

S'il y a destruction, déplacement ou enlèvement d'une suite de bornes, un emprisonnement de trois jours à trois mois pourra, en outre, être prononcé. Le tout sans préjudice des dommages-intérêts. Dans tous les cas, il y aura lieu à la restitution des objets enlevés et à la remise des lieux en état. L'emprisonnement sera obligatoire en cas de récidive. (Loi du 21 février 1903, art. 117. Circ. N 642.)

19. *Enlèvement. Déplacement. Vol.* — L'enlèvement ou déplacement de bornes, pour commettre un vol, est puni, savoir :

Prison : 2 ans à 5 ans. (Cod. Pén. 389.)

Amende : 16 à 500 francs. (Cod. Pén. 389.)

Facultatif : Privation des droits civils, 5 ans à 10 ans et surveillance de la haute police. (Cod. Pén. 42, 389.)

Si le délit a été commis par un garde ou officier de police, le maximum de la prison est augmenté de 1/3 en sus. (Cod. Pén. 462.)

20. *Déplacement. Délit.* — Le délit de déplacement de bornes existe, lorsque, d'une part, le fait matériel est constaté et que, d'autre part, le prévenu se contente d'alléguer que les opérations originaires de bornage ont été irrégulières, sans justifier d'un redressement ordonné par la juridiction compétente. (Paris, 4 novembre 1886.)

21. *Poursuites.* — Le délit de déplacement de bornes commis dans les bois soumis au régime forestier, bien que prévu et puni par l'article 456 du code pénal, peut être constaté et poursuivi par l'administration forestière, parce qu'il y a une atteinte directe à la propriété forestière, dont la répression donne lieu à une poursuite devant le tribunal correctionnel. (Dijon, inédit, 13 février 1833.)

22. *Déplacement. Enlèvement. Exception de propriété.* — Le juge du délit de déplacement de bornes, devant lequel le prévenu soulève une exception de propriété appuyée sur un titre, rejette valablement l'exception, pour passer outre au jugement du fond, en se fondant sur ce que le titre invoqué ne s'applique pas au terrain où le délit a été commis. A cet égard l'appréciation du juge est souveraine.

Dans une poursuite pour enlèvement de bornes contradictoirement plantées, l'exception de propriété est inadmissible, en tant du moins que le prévenu n'allègue pas une acquisition de propriété postérieure à l'abornement. (Cass. 19 juillet 1878.)

23. *Poursuite. Compétence.* — L'administration est compétente pour poursuivre la réparation civile du délit de déplacement de bornes. (Cass. 20 juin 1866.)

24. *Juridiction.* — Les actions civiles en déplacements de bornes, commis dans l'année, doivent être portées devant le juge de paix de la situation de l'objet. (Proc. Civ. 3.)

BOSTRICHES.

1. *Famille. Mœurs.* — Les insectes connus vulgairement sous le nom de «bostriches» sont de petits coléoptères de la famille des xylophages ou scolytides.

Ils recherchent les arbres en mauvais état de végétation ou plus ou moins endommagés ou ébranlés par le vent.

A. *Bostriche bidenté.*

2. Le bostriche bidenté, de très petite taille, attaque les jeunes plantations de pins.

Pour couper court à l'invasion, il faut arracher toutes les plantes attaquées, vers le milieu de mai, avant la sortie des insectes parfaits, et les brûler. Les plantes attaquées se reconnaissent à la mort prématurée des aiguilles; en soulevant l'écorce au niveau des verticilles inférieurs, on voit des galeries sur la nature desquelles on ne peut se méprendre. Les bostriches qui échapperaient à cette première destruction seraient capturés au moyen de branches-pièges qui, laissées sur le sol, seraient vite infestées par les femelles en quête d'endroits propres à recevoir leur ponte. (Circ. N 658.)

3. *Crédits. Demande. Indications.* — Des propositions de crédits nécessaires pour l'emploi des moyens de destruction dans les jeunes pineraies des forêts domaniales sont à adresser, le cas échéant, en temps utile.

Dans le cas où des invasions de bostriche bidenté seraient signalées dans les forêts communales ou particulières, il y aurait lieu de fournir aux maires et aux propriétaires intéressés les indications utiles pour les combattre et d'obtenir qu'ils les mettent en pratique. (Circ. N 658.)

B. *Bostriche typographe.*

4. *Dégats.* — Les premiers atteints par cet insecte qui est l'ennemi le plus redouté des vieux massifs d'épicéa sont, pour les arbres âgés (de 80 à 100 ans, par exemple), ceux dont la végétation est ralentie pour une cause quelconque, ceux qui sont situés au bord des coupes ou clairières, aux environs des vides produits par les chablis, surtout dans les situations abritées, sèches et chaudes.

A défaut de cette proie préférée, l'insecte peut se jeter sur des arbres parfaitement sains et d'âges très divers. Les tiges saines percées de galeries et de trous d'où suinte la résine réagissent moins à l'assaut de la génération suivante et servent efficacement de pâture à une troisième génération. (Circ. N 684.)

Il peut s'attaquer aussi au mélèze et se rencontrer exceptionnellement sur le pin sylvestre. (Circ. N 819.)

5. *Moyens préventifs.* — Il faut introduire ou favoriser le mélange des essences, répéter souvent les éclaircies, faire de nombreuses reconnaissances de bois morts et surtout chercher à se garantir des bris ou abatage par le vent ou toute autre cause.

On doit écorcer les chablis ou les enlever aussitôt; il faut abattre et écorcer au plus vite tous les arbres du voisinage qui ont été endommagés ou ébranlés par le vent. (Circ. N 684.)

On évitera les grandes coupes, les arbres exploités et on écorcera grossièrement à partir du mois de mai.

6. *Moyens destructifs.* — Il faut procéder à une reconnaissance exacte, minutieuse, des arbres atteints, les abattre au plus tôt, les écorcer et brûler les écorces. Si cette opération est terminée pour le mois de juillet, tous les insectes de la première génération seront détruits.

Il est, en outre, indispensable, pour atteindre les bostriches échappés au premier massacre, de disposer de-ci de-là, dans les cantons envahis, des arbres-pièges (fragments de troncs fraîchement abattus) sur lesquels les femelles viendront pondre. Dès que les larves seront bien développées, on les écorcera et on brûlera les écorces. On installera ces arbres-pièges d'avril à septembre et on les remplacera par du matériel frais toutes les quatre ou cinq semaines, de façon qu'à toutes les époques d'essaimage les femelles aient à leur disposition leurs places de ponte préférées. (Circ. N 684.)

C. Bostriche chalcographe.

7. *Mœurs.* — Le bostriche chalcographe, le plus petit du genre, est le compagnon fidèle du bostriche typographe; il n'habite que l'épicéa, mais en raison de l'exiguité de sa taille il ne lui faut que des écorces minces pour loger ses galeries, et aussi ne le rencontre-t-on généralement que sur les branches ou les fûts des jeunes arbres.

Cet insecte essaime en avril-mai, les larves se développent en mai-juin et la nymphose a lieu en juin-juillet.

Suivant la région et les conditions de l'année, il y a une ou deux générations. (Circ. N 684.)

8. *Dégâts.* — Comme il s'installe dans la cime des arbres, il échappe le plus souvent à l'examen, mais il joue un rôle néfaste en affaiblissant la vigueur de la cime des épicéas et il les rend aptes à recevoir la ponte du bostriche typographe qui amène très vite leur mort. (Circ. N 684.)

9. *Moyens préventifs. Moyens destructifs.* — Les moyens préventifs et destructifs sont les mêmes que ceux qui sont à employer pour le bostriche typographe. (Circ. N 684.)

D. Bostriche liseré.

10. *Mœurs.* — Le bostriche liseré a des mœurs tout à fait différentes de celles du bos-

triche typographe et du bostriche chalcographe. Il vit, non plus dans le liber et dans la zone cambiale, mais dans l'intérieur du bois de tous les résineux, de préférence dans le sapin et l'épicéa; c'est un intraligneux.

Il se montre et commence à pondre en mars-avril et la seconde génération en juillet qui souvent termine son évolution en septembre.

La femelle attaque de préférence les bois exploités et les chablis, à condition qu'ils soient sous écorce et contiennent encore un peu de sève et que le bois ne soit ni trop frais, ni trop sec.

Dans les trous de ponte se développe un tapis de mycelium, d'abord blanchâtre, puis noir, qui s'étale sur toute la galerie d'entrée.

L'insecte passe volontiers l'hiver dans les chambres de nymphose. (Circ. N 684.)

11. *Dégâts.* — A la suite des grands abattis de chablis, il y a à craindre une multiplication excessive de cet insecte.

Quand les petits trous noirs sont multipliés, ils déprécient beaucoup la valeur des bois de service. Les plus beaux arbres sont souvent perforés comme des cribles et rendus inutilisables pour maints emplois. (Circ. N 684.)

12. *Moyens préventifs.* — L'écorcement rapide des chablis et des arbres endommagés et leur enlèvement prompt sont les deux moyens préventifs de se mettre à l'abri de la piqûre noire. La coupe en sève est à recommander, que l'on écorce ou non. Si l'on n'écorce pas, les arbres exploités au printemps ou en été attirent les insectes de la première génération éclos en juin-juillet et deviennent de vrais arbres pièges pour les générations d'été. (Circ. N 684.)

13. *Moyens destructifs.* — Le seul moyen destructif consiste à disposer (en juin, juillet, août) du matériel-piège frais, destiné à recevoir la deuxième génération. Il faut le surveiller soigneusement, le remplacer à temps et, quand il est envahi, le sortir de la forêt et l'utiliser comme bois de feu. (Circ. N 684.)

E. Bostriche curvidenté.

14. *Mœurs.* — La bostriche attaque souvent les sapinières, surtout à la suite de grands abattis de chablis ou d'étés très chauds et secs. Les insectes sortent de leur retraite et volent en avril ou au début de mai. Les œufs sont déposés sous l'écorce assez épaisse des sapins malades ou endommagés de divers âges depuis l'état de perchis jusqu'à celui de vieille futaie. En mai-juin se développent les larves de la première génération dont l'évolution est achevée en juillet. A ce moment, on voit voltiger les insectes qui vont procéder à une seconde génération dont le développement sera terminé en octobre. Ceux-ci passent l'hiver sous l'écorce de leurs hôtes pour s'accoupler et pondre en avril.

Il y a donc presque toujours deux générations. (Circ. N 686.)

15. *Dégâts.* — Ce bostriche, le plus dangereux pour le sapin, est très abondant dans les forêts de basse montagne. Il attaque les arbres récemment abattus, qu'il préfère à tous autres, les arbres sur pied en choisissant les moins vigoureux et, dans les cas de grande multiplication, il se jette même sur les arbres sains. Il procède généralement de haut en bas, il aime les bords des coupes, les peuplements clairiérés, les sols secs aux expositions chaudes, il préfère les tiges isolées. Les arbres envahis se décèlent bien vite à la teinte jaune des aiguilles, indice certain d'une mort prochaine. (Circ. N 686.)

16. *Moyens préventifs. Moyens destructifs.* — Il faut tenir la forêt propre, la débarrasser au plus tôt des tiges dépérissantes ou endommagées et surtout prendre pour l'assiette des coupes des précautions en vue d'éviter les châblis dans la mesure du possible.

Une fois que l'invasion s'est prononcée, on doit faire la reconnaissance des arbres envahis, les abattre, écorcer et brûler les écorces avant le 1er juillet. L'emploi d'arbres-pièges est aussi à recommander. Leur abatage doit commencer fin mars et continuer chaque mois jusqu'à l'automne. Il faut les numéroter, les surveiller de très près et procéder en temps voulu à l'écorcement et à la combustion des écorces. (Circ. N 686.) V. Cryphale (du sapin).

BOUC.

Pâturage. — La défense du pâturage des chèvres s'applique aux boucs. (Cass. 1er août 1811.) V. Chèvres.

BOUCHOYAGE.

1. *Définition.* — Le droit de bouchoyage est un droit de buissonnage, qui consiste dans la faculté de couper les épines, arbustes et menus bois qui croissent sur le fonds d'autrui, pour les employer à son usage. (Proudhon.)

2. *Cantonnement.* — Le droit de bouchoyage établi par titre est susceptible de cantonnement. (Besançon, 10 avril 1826.)

BOUGIE. V. Enchères. Frais.

BOULEAU. Arbre de 2e classe. (Cod. For. 192. Loi du 18 juillet 1906.)

BOURDAINE (Bois de).

1. *Principe.* — Le bois de bourdaine continuera à être exploité par les soins du service forestier, conformément aux prescriptions des circulaires 167 et 192, dans les conservations où le département de la guerre jugera préférable de ne point recourir au système de l'entreprise. (Circ. N 315.)

2. *Demande. Désignation. Délivrance. Bois domaniaux.* — Les bois de bourdaine seront coupés dans les bois de l'État, suivant les demandes des directeurs des poudreries, qui feront connaître les quantités de bois nécessaires à leurs services. Le conservateur, sur l'avis des agents forestiers locaux, autorisera la délivrance dans la forêt la plus voisine des lieux de destination. En cas de refus, il en informera le directeur de la poudrerie et devra envoyer immédiatement à l'administration un rapport indiquant le motif du refus. (Décr. du 10 oct. 1874. Circ. N 167.)

3. *Délivrances. Bois communaux.* — Les délivrances de bourdaine peuvent être faites dans les bois communaux, après autorisation du conservateur; le prix fixé par le préfet, serait acquitté par le ministre de la guerre, et les frais d'exploitation et de transport seraient avancés par l'administration des forêts, comme pour les fournitures dans les bois domaniaux. (Ord. 4 décembre 1844. Circ. N 167.)

4. *Coupe. Exploitation.* — Le bois de bourdaine sera exploité par les soins de l'administration des forêts, à moins que la proximité ne permette d'employer les hommes de troupe sans découcher. (Décr. 10 octobre 1874. Circ. N 167.)

5. *Déchets. Dessiccation.* — Le bois de bourdaine devant être évalué d'après son poids sec, le déchet résultant de la dessiccation sera déterminé d'après des expériences faites dans les poudreries et énoncées dans un procès-verbal, qui sera dressé par le conseil d'administration de la poudrerie. (Lettre Min. du 5 déc. 1874. Circ. N 167.)

6. *Frais d'exploitation.* — Le bois de bourdaine étant employé dépourvu de son écorce, il y aura lieu de le faire écorcer en forêt, après la coupe. Le prix de cette opération est d'environ 50 à 60 centimes par botte. Les prix d'exploitation, de façon et de débardage seront augmentés du prix d'écorçage. (Circ. N 167.)

7. *Procès-verbal de délivrance. Prix.* — A la fin de l'extraction, le chef de cantonnement

dresse un procès-verbal de délivrance pour faire payer le prix des produits enlevés. Le conservateur fixe le prix pour les forêts domaniales et le préfet pour les forêts communales. Les procès-verbaux de délivrance seront établis sur les imprimés série 5, n° 23. (Circ. N 192.)

8. *Délivrance.* — La délivrance sera constatée par un procès-verbal (form. série 5, n° 23) ou état estimatif dressé en double et signé par un agent forestier et l'officier ou garde-magasin chargé de la réception. Ce procès-verbal donnera le détail des produits délivrés, leur estimation en argent, ainsi que les frais d'exploitation et de transport, lorsque ces frais devront être prélevés sur les crédits alloués. Ce procès-verbal de délivrance est adressé à l'administration. (Circ. N 167. Circ. N 192.)

9. *Transport.* — Les transports seront faits par l'artillerie, lorsque la proximité permettra de ne pas faire découcher le détachement; sinon, ils seront exécutés par l'administration forestière. Les transports par chemin de fer seront effectués par l'administration des forêts et donneront lieu à remboursement. (Décr. 10 octobre 1874. Circ. N 167.)

10. *Botte. Dimension. Prix.* — Le bois de bourdaine est généralement livré en bottes de 1ᵐ,25 à 1ᵐ,30 de long sur 1 mètre à 1ᵐ,10 de tour. La botte sèche pèse de 20 à 25 kilogrammes; le diamètre des brins varie de 10 à 35 millimètres; on pourrait réduire à 60 ou 65 centimètres la longueur de deux bottes.

Pour la délivrance dans les forêts communales, les agents forestiers doivent défendre l'intérêt de l'État contre les demandes exagérées des communes. (Lettre Min. 5 décembre 1874. Circ. N 167.)

11. *Prix.* — A partir du 1ᵉʳ janvier 1876, la valeur du bois de bourdaine sera calculée en prenant pour unité la botte de 1 mètre de tour et de 1ᵐ,30 de longueur. (Circ. N 192.)

12. *Gratifications. Indemnité.* — On comprendra dans la dépense d'exploitation l'indemnité de 1 franc par cent de fagots allouée aux préposés domaniaux et communaux chargés des détails de la délivrance, ou soit 5 centimes par botte. (Décis. Min. 14 février 1876. Circ. N 167. Circ. N 192.)

13. *Payement* — Lorsque les frais afférents à chaque délivrance auront été arrêtés, on devra en informer l'administration par un bulletin établi sur la formule série 4, n° 36 *bis.* (Cette formule a été remplacée par l'imprimé série 3, n° 16. Cir. N 372.) La valeur de la délivrance dans les bois de l'État sera payée. par voie de virement de compte, par le Mi-

nistre de la guerre. (Décr. 10 octobre 1874. Circ. N 167.)

14. *Crédits.* — Lorsque l'exploitation sera faite au compte de l'État, les conservateurs pourront autoriser la dépense jusqu'à concurrence de 1,000 francs par forêt, en même temps qu'ils adresseront à l'administration des demandes spéciales, pour les crédits qui devraient excéder cette somme.

Les agents devront comprendre dans les dépenses d'exploitation les frais de transport depuis le chantier jusqu'au point où les chemins de fer sont tenus de prendre le matériel du Ministère de l'agriculture. (Circ. N 167. Circ. N 496.)

15. *Délivrance. Timbre et enregistrement. Bois communaux.* — Dans les délivrances de bois de bourdaine faites à l'État dans les bois communaux, le procès-verbal spécialement dressé et destiné à servir de titre de recouvrement aux receveurs municipaux (indépendamment du procès-verbal de délivrance prescrit par la circulaire 167) doit être visé pour timbre et enregistré gratis. (Décis. Min. 11 juin 1823. Loi du 22 frimaire an VII, art. 70, § 2, n° 1.)

§ 2. Exploitation par entreprise.

16. *Recherche. Extraction. État.* — Chaque année, avant le 15 janvier, le département de la guerre adresse à l'administration des forêts l'état des conservations où la bourdaine sera recherchée et extraite, pendant la campagne suivante, par les entrepreneurs chargés de la fournir aux poudreries nationales. (Règl. Min. 1ᵉʳ mars 1883, art. 1. Circ. N 315.)

17. *Coupe. Écorçage.* — La coupe et l'écorçage de la bourdaine ne peuvent avoir lieu que dans les cantons et parcelles désignés à l'avance par les agents forestiers locaux. (Règl. Min. du 1ᵉʳ mars 1883, art. 5. Circ. N 315.)

18. *Surveillance.* — Les gardes forestiers veillent à ce que les bois soient coupés hors sève (du 1ᵉʳ octobre au 1ᵉʳ avril) et mis en fagots de 1 m. 25 à 1 m. 30 de longueur, sur 1 mètre de circonférence, liés avec deux harts suffisamment solides pour résister aux transports. (Régl. Min. du 1ᵉʳ mars 1883, art. 9. Circ. N 315.)

19. *Payement.* — Les quantités de fagots sont constatées au moyen d'états qui seront dressés par les agents forestiers et qui serviront de base aux payements à effectuer par l'entrepreneur. Ces payements se feront entre les mains du receveur des domaines, pour la bourdaine extraite dans les forêts domaniales, et, quand il s'agit de bois communaux ou d'établissements publics, dans les caisses des

receveurs des communes ou établissements propriétaires. (Règl. Min. du 1er mars 1883,
art. 10. Circ. N 315.)

20. *Bois domaniaux. Redevance.* — Le prix
à payer par fagot ou botte de 1 m. 25 à 1 m. 30
de longueur, sur 1 mètre de circonférence,
était de 17 centimes pour les bois provenant
des forêts de l'État. (Règl. Min. du 1er mars
1883, art. 11. Circ. N 315.)

21. *Bois communaux et d'établissements publics. Redevance.* — En ce qui concerne ces
bois, le prix de la botte, fixé au commencement de chaque année par les préfets, est
porté par les conservateurs, avant le 15 juin,
à la connaissance du Ministre de l'agriculture,
qui transmet l'ensemble des renseignements
au Ministre de la guerre. (Règl. Min. du
1er mars 1883, art. 12. Circ. N 315.)

22. *Bois domaniaux. Recouvrement. Liquidation.* — Les titres de perception sont transmis au directeur des domaines.

Dès que les versements sont opérés, les
conservateurs adressent à l'administration les
quittances justificatives du recouvrement, en
les accompagnant d'états de répartition. Au vu
de ces pièces, la dépense sera liquidée au
profit des préposés, par les imputation sur les
fonds des restitutions. Les sommes ainsi im-
putées seront mandatées par les conservateurs.
(Cir. N 315.)

23. *Bois communaux et d'établissements publics. Recouvrement. Liquidation.* — Les versements effectués aux caisses des receveurs des
communes ou des établissements propriétaires
sont imputés au compte des cotisations municipales, et ces versements sont subordonnés à
l'envoi direct par le conservateur au trésorier-
payeur général des titres de perception. Ces
titres portent décompte et sont émis par le
conservateur. Le trésorier-payeur général se
charge de les transmettre aux receveurs intéressés.

Il appartient aux conservateurs de se concerter avec les préfets, pour faire mandater
les indemnités aux préposés forestiers. (Circ.
N 315.)

24. *Assistance. Surveillance. Indemnité. Payement.* — Une indemnité, à titre de droit
d'assistance et de surveillance, est allouée aux
préposés forestiers chargés d'effectuer les délivrances de bois de bourdaine. Le payement de
cette indemnité, fixée à 1 centime par botte,
est effectué par l'entrepreneur entre les mains
du receveur des domaines, pour la bourdaine
extraite dans les forêts domaniales, et, quand
il s'agit de bois communaux ou d'établissements
publics, dans les caisses des receveurs des
communes ou d'établissements propriétaires.
(Règl. Min. du 1er mars 1883, art. 10 et 13.
Circ. N 315.) V. Entrepreneur.

25. *Exploitation. Indemnité aux préposés.
Liquidateurs.* — Le mandatement de l'indemnité de 1 centime par botte allouée aux préposés pour droit d'assistance et de surveillance
lors des exploitations de bois de bourdaine
pourra être opéré par le conservateur, en vertu
d'un arrêté collectif de répartition pris par le
préfet, sur la proposition du conservateur
lorsqu'il s'agira de sommes de 100 francs et au-
dessus par préposé. (Circ. N 624.)

26. *Législation.* — D'après l'arrêt du conseil
du 7 mai 1709, il était défendu, à peine de
300 francs d'amende et de confiscation des
bois, à tous les propriétaires des bois situés
à 12 lieues des moulins à poudre, de comprendre le bois de bourdaine dans les ventes
et coupes de leurs bois. La distance de
12 lieues avait été fixée à 6 myriamètres par
l'arrêté du 25 fructidor an XI. (Circ. A 173.)
Le rayon dans lequel l'administration des
poudres et salpêtres est autorisée à faire rechercher, couper et enlever, dans tous les temps,
les bois de bourdaine, a été fixé à 15 myriamètres par décret du 16 floréal au XIII. (Circ.
A 269.) Les fagots de bois de bourdaine de 3,
4 et 5 ans seront payés 25 centimes la botte
ou bourrée, et 30 centimes pour ceux livrés
par les adjudicataires des coupes. Les fagots
doivent avoir 2 mètres de longueur sur 1 m. 50
de tour. D'après Cabantous, ces dispositions
n'auraient pas été abrogées par l'article 218 du
code forestier, parce que ces matières ne sont
pas régies par le code forestier.

BOURGEON DE SAPIN.

Enlèvement. Pénalité. — Le délit d'enlèvement de bourgeons de sapin peut être poursuivi, si la dimension des arbres est connue,
comme mutilation d'arbre (Cod. For. 196), ou
bien comme enlèvement de bois n'ayant pas
2 décimètres de tour (Cod. For. 194), ou
comme extraction de produits forestiers (Cod.
For. 144), et suivant les circonstances du
délit, si le mode d'enlèvement est seul connu.

BOURRÉE. V. Fagot.

BOURSE. V. École nationale des eaux et
forêts. Institut agronomique.

BOUSSOLE.

1. *Dimension. Exactitude.* — L'aiguille d'une
boussole devra ne pas avoir moins de 0 m. 12
de longueur, et être munie d'un appareil qui
permette de la séparer de son pivot quand on
n'opère pas. Le limbe sera divisé en grades et
demi-grades; les visées seront faites au moyen

d'une lunette excentrique. L'instrument pourra reposer sur un genou à coquilles; mais le mode de suspension sur un trépied à vis calantes, et par le centre de gravité, est préférable.

Les conditions d'exactitude sont les mêmes que pour le cercle. De plus, il faudra s'assurer que l'aiguille est mobile, sensible, horizontale, bien centrée, et que le métal de l'instrument ne renferme pas de fer. (Inst. du 26 avril 1906, art. 2. Circ. N 697.)

2. *Boussole nivelante. Emploi. Choix.* — Elle est destinée à la mesure des orientements magnétiques et des angles de hauteur. Employer de préférence l'instrument suspendu par son centre de gravité et reposant sur vis calantes. (Instr. du 26 avril 1906, art. 46. Circ. N 657.)

3. *Boussole nivelante et diastasimétrique. Emploi.* — Elle est destinée à la mesure des orientations magnétiques, des angles de hauteur et des distances. L'instrument devra avoir une grande stabilité et reposer sur des vis calantes.

La boussole forestière, par raison d'économie, porte une lunette stadimétrique et pas entièrement achromatique, mais il existe des boussoles munies de lunettes anallatiques totalement achromatisées. La boussole Goulier déjà employée dans le service forestier répond à ces conditions. Elle est de plus déclinable. (Instr. du 26 avril 1906, art. 47. Circ. N 697.) V. Angles.

BOUTIQUE A POISSON.

1. *Visite.* — Les fermiers de la pêche et les porteurs de licence, ainsi que tous les pêcheurs en général, qui, sur les rivières navigables, refuseraient d'ouvrir et de laisser visiter par les agents et préposés de l'administration leurs boutiques à poisson [cette disposition s'applique à tous ceux qui ont des boutiques à poissons sur les rivières navigables et flottables (Amiens, 4 décembre 1843)]. Pénalité :

Amende : 50 francs. (Loi du 15 avril 1829, art. 34.)

2. *Temps d'interdiction.* — En temps d'interdiction de la pêche, les adjudicataires de pêche et autres ne devront conserver, dans leurs boutiques à poissons, ni poissons d'étang, ni poissons de rivière. Dans un délai de huit jours, les boutiques devront être retirées de l'eau ou rester ouvertes et vides. (Cah. des ch. art. 31.) Le jour de la fermeture de la pêche, les détenteurs de boutiques à poissons devront faire constater par un garde-pêche les quantités, poids et espèces de poisson qu'ils posséderont. (Circ. du 1er février 1899.)

3. *Clauses pénales civiles.* — En cas d'inobservation des clauses précédentes, les adjudicataires et autres seront tenus de verser au

trésor, à titre de clause pénale civile, une somme de vingt francs pour chaque contravention, indépendamment des frais de timbre et d'enregistrement de l'acte de constatation et sans préjudice des actions civiles et correctionnelles qui pourraient être intentées. (Cah. des ch., art 31. Circ. N 657.)

BRACONNAGE.

1. *Répression.* — Pour arriver à supprimer le braconnage, tous les agents qui peuvent verbaliser en matière de chasse doivent exercer une surveillance active sur les voitures publiques et dans les gares de chemin de fer, dans les octrois, dans les marchés publics et chez les hôteliers, restaurateurs, marchands de comestibles, lesquels, dans l'espèce, sont de véritables recéleurs. (Lettre min. du 5 mars 1901. Circ. N 604.)

2. *Chasses louées. Instructions.* — Les agents et préposés ne doivent pas voir, dans les dispositions de l'article 26 du cahier des charges des adjudications de la chasse dans les forêts domaniales, un encouragement à se désintéresser de la chasse. Il faut, au contraire, que les préposés répriment activement les délits de chasse dans les forêts confiées à leur garde, en évitant toutefois tout excès de zèle pour l'application du cahier des charges. Il importe d'avoir en vue la répression du braconnage qui est seul dangereux pour la conservation du gibier et c'est le braconnage sous toutes ses formes (fusil, collets, filets, affut, etc.) qu'il faut chercher à atteindre. Il y a lieu de s'inspirer de ces vues lors des poursuites ou des transactions. (Circ. N 632.)

BRACONNIER. V. Transaction. Délinquant.

BRANCHAGE. V. Ramiers.

BRANCHE.

1. *Coupe. Propriété rurale. Ville. Pénalités.* — Le fait de couper des branches d'arbre et de se les approprier ne constitue pas simplement le maraudage ordinaire puni comme contravention de police; un tel fait, quand il est commis dans les plantations d'arbres, autres que les bois taillis et futaie, tombe sous l'application de l'article 36 de la loi du 6 octobre 1791.

Pénalité : Amende double du dédommagement dû au propriétaire; valeur de 3 journées de travail.

Prison : 3 jours; maximum, 3 mois.

Il en est ainsi lorsque ce délit porte atteinte à une propriété rurale; accompli au détriment d'une plantation d'arbres situés dans une ville, à défaut de dispositions précises, ce fait doit être réprimé comme vol ordinaire, par application de l'article 401 du code pénal.

Prison : 1 à 5 ans.

Amende : 16 à 500 francs. (Cass. 1er mars 1872.)

2. *Élagage.* — Le voisin peut exiger que les branches des arbres de lisière avançant sur son fonds soient coupées. (Cod. civ. 673. Loi, 20 août 1881. Loi du 12 février 1921.) V. Arbre de lisière.

3. *Principales.* — La coupe des branches *principales* (une seule branche) d'un arbre est punie de la même peine que celle de la coupe de l'arbre lui-même. (Cod. For. 196. Nancy, 8 mars 1828.) V. Arbres. Maraudage.

4. *Principales.* — La constatation de la coupe des branches *principales*, au lieu de branches *parasites*, constitue un fait matériel. (Rouen, 17 avril 1845.)

5. *Secondaires.* — Si les branches ne sont pas *principales*, le délit est puni comme enlèvement de bois de moins de 2 décimètres de tour. (Cod. For. 194.) V. Fagot.

6. *Secondaires. Dimensions. Mesurage.* — Les branches ayant plus de 20 centimètres de tour paraissent ne pas être comprises dans les dispositions de l'article 194 du code forestier ; elles y rentrent cependant, parce que les branches allant toujours en s'amincissant finissent par avoir *moins* de 20 centimètres de tour et que la loi n'a prescrit aucun point de mesurage pour la circonférence et n'a pas indiqué si on doit prendre le maximum, le minimum ou la moyenne. V. *Revue des eaux et forêts*, 1878, page 46.

7. *Chablis.* — La coupe des branches d'un chablis est punie par l'article 194, lorsque les branches ont moins de 20 centimètres de tour. (Nancy, 12 avril 1820.)

BRANDON.

1. *Définition.* — Morceau d'étoffe ou lien de paille mis autour d'un bâton. Signe annonçant une saisie de fruits pendants par racines ; indiquant la mise en réserve ou la mise en défens d'un bois.

2. *Saisie. Délai.* — La saisie-brandon ne pourra être faite que dans les six semaines qui précéderont l'époque ordinaire de la maturité des fruits ; elle sera précédée d'un commandement, avec un jour d'intervalle. (Proc. Civ. 626.)

BRASSÉE. V. Fagot. Charge d'homme.

BREBIS. V. Mouton.

BRÊME.

Pêche. Dimensions. — Les brèmes ayant moins de 0 m. 14 de longueur, de l'œil à la naissance de la queue, ne peuvent pas être pêchées et doivent être rejetées à l'eau. Pêche interdite du lundi après le 15 avril au dimanche après le 15 juin. (Décr. du 5 septembre 1897, art. 1er et 8. Cir. N 524.)

BREVET. V. Invention.

BRIGADE.

Groupement. — Depuis 1840, les gardes sont groupés en brigades. Le brigadier, avec ou sans triage, est l'intermédiaire entre le chef de cantonnement et les gardes. V. Triage.

BRIGADIER.

SECT. I. — NOMINATION. AVANCEMENT.

1. *Nomination.* — Les brigadiers domaniaux sont nommés par le Ministre de l'agriculture. (Décr. du 23 octobre 1883. Circ. N 322. Décr. du 14 janvier 1888. Circ. N 394.)

2. *Concours pour l'accession au grade de brigadier.* — Les emplois de brigadier du service actif domanial sont réservés en totalité aux gardes et aux commis qui ont satisfait aux épreuves du concours pour le grade de brigadier.

Pour pouvoir prendre part au concours, les gardes domaniaux et les commis doivent compter six ans au moins de services forestiers actifs (comme gardes domaniaux, communaux ou auxiliaires, ou bien encore comme gardes de forêts particulières acquises par l'État), dont deux ans au moins dans le cadre domanial. Pour les candidats ayant exercé les fonctions de brigadier communal ou de brigadier dans les forêts particulières acquises par l'État, la durée de service exigée dans le cadre domanial est réduite à un an. Les candidats doivent en outre être âgés de moins de 44 ans au 1er janvier de l'année du concours, cette limite d'âge étant prorogée, pour les candidats qui ont été mobilisés, d'un temps égal à celui passé par eux sous les drapeaux pendant la guerre, en sus de la durée légale du service pour les appelés, et en sus du temps pour lequel ils étaient liés au service pour les engagés et rengagés.

Les gardes domaniaux et les commis qui désirent prendre part au concours en font la demande par la voie hiérarchique pour le 1er juin de chaque année. (Arr. min. du 7 avril 1918 et 31 juillet 1922.)

Le concours a lieu chaque année dans le courant du mois d'octobre. Les épreuves écrites ont lieu au siège de la conservation à la date fixée par le directeur général. (Arr. min. du 6 août 1914.)

3. *Choix du poste de brigadier.* — L'administration tiendra compte, dans la mesure du possible, des préférences des candidats dans le choix du poste de brigadier à leur attribuer et cherchera à ne pas les éloigner de la région qu'ils désirent. Dans ce but, elle ne suivra pas rigoureusement pour les nominations l'ordre d'inscription au tableau d'avancement. (Circ. N 691.)

4. *Élève de l'école secondaire* — Les préposés admis à l'école secondaire d'enseignement professionnel reçoivent, s'ils ne l'ont déjà, le grade de brigadier. (Arr. Min. du 5 juin 1884, art. 3. Circ. N 336.)

5. *Avancement. Principes.* — Aucun brigadier ne pourra recevoir un avancement de grade ou de classe s'il ne figure pas au tableau d'avancement. (Décr. du 30 août 1912, art. 29. Circ. N 809.)

Nul brigadier ne peut être inscrit au tableau d'avancement s'il n'est en activité de service. (Arr. Min. du 15 juin 1891, art. 1er. Circ. N 435.) V. Tableau d'avancement.

6. *Classes. Promotions.* — Aucun brigadier ne peut être promu à une classe supérieure s'il ne compte au moins deux ans d'ancienneté dans sa classe.

Les avancements de classe sont attribués par moitié au choix et par moitié à l'ancienneté. (Décr. du 30 août 1912, art. 30. Circ. N 809.)

7. *Ancienneté. Calcul. Priorité.* — L'ancienneté pour l'attribution des classes se calcule d'après la date de la nomination à la dernière classe.

À ancienneté égale dans la classe, on part de l'ancienneté dans le grade et, si celle-ci est aussi la même, du temps total des services dans l'administration. S'il y a encore parité, la priorité est déterminée par l'âge. (Décr. du 30 août 1912, art. 30. Circ. N 809.) V. Classe.

8. *Promotions. Époque.* — Les promotions sont faites du 1er janvier et du 1er juillet de chaque année. (Décr. du 30 août 1912, art. 30. Circ. N 809.)

9. *Avancement de grade. Concours des brigadiers pour le grade de garde général.* — Les promotions de brigadiers au grade de garde général ont lieu à la suite d'un concours dont les conditions sont fixées par arrêté ministériel.

Pour prendre part à ce concours les brigadiers doivent compter, dans l'année du concours, au moins dix ans de services dans le cadre des préposés forestiers, dont cinq ans dans les fonctions actives. (Décr. du 30 août 1912.)

Le temps de service écoulé entre le 2 août 1914 et la cessation des hostilités sera compté à cet égard comme temps de service accompli dans les fonctions actives. (Décr. du 11 mars 1919.)

10. *Époque.* — Le concours prévu pour la promotion au grade de garde général a lieu annuellement dans le courant du mois d'octobre à la date fixée par le directeur général. (Arr. Min. du 19 septembre 1912, art. 1er.)

11. *Demandes.* — Les brigadiers remplissant les conditions d'ancienneté requises qui désirent prendre part au concours en font la demande par la voie hiérarchique pour le 1er juin de chaque année. Les demandes sont transmises à l'administration par les conservateurs pour le 15 juin. (Arr. Min. du 19 septembre 1912, art. 2.)

12. *Résultats.* — Les résultats du concours des brigadiers candidats au grade de garde général sont arrêtés par le comité d'avancement.

Le nombre des candidats à porter au tableau d'avancement est préalablement déterminé par le Ministre. (Décr. du 30 août 1912, art. 7 et 8.)

SECT. II. — OBLIGATION. SERVICE.

17. *Ambulants.* — Dans la région des Maures et de l'Estérel, il a été institué des brigades ambulantes pour la surveillance des incendies.

18. *Travaux.* — Les brigadiers doivent, comme les gardes, consacrer à des travaux d'amélioration tout le temps qui n'est pas absorbé par la surveillance et les autres exigences du service. (Livret des préposés, art. 57. Circ. N 566, art. 287.)

19. *Délégation. Remplacement. Vente.* — Les conservateurs délèguent des brigadiers pour suppléer les agents dans les ventes sur les lieux des produits principaux et accessoires des bois de communes et établissements publics, quel que soit le chiffre de l'estimation de ces produits. (Ord. 13 janvier 1847.)

Les inspecteurs pourront se faire remplacer ou autoriser les agents sous leurs ordres à se faire remplacer par un chef de brigade, dans les adjudications sur les lieux des produits forestiers dont l'évaluation ne dépassera pas 500 francs. (Décr. 25 février 1888. Circ. N 396.)

20. *Service.* — Les brigadiers sont chargés : 1° de reconnaître et marquer les lieux où devront être établis les fosses ou fourneaux pour charbon, et les loges et ateliers, de rédiger et de signer le procès-verbal de délivrance; 2° d'opérer, dans les cantons désignés par leurs chefs, la délivrance des plants, des harts et généralement de tous les menus produits, autres que ceux dont l'enlèvement, s'opérant sur plusieurs points à la fois, ne peut avoir lieu que sous la surveillance du garde local; 3° de marquer, lorsque le conservateur en aura donné l'autorisation, les porcs et les bestiaux admis au parcours, dans les cantons défensables. (Circ. A 585. Circ N 416.)

21. *Citation. Exploit.* — Les brigadiers sans triage sont chargés des citations, oppositions et significations. (Arrêté du Directeur général, 8 janvier 1840. Circ. A 467.) Il conviendra de confier les citations ou les significations au préposé qui aura la plus faible distance à parcourir. (Circ. N 382.) V. Citation.

22. *Attributions. Service.* — Les brigadiers ont les mêmes attributions judiciaires et administratives et les mêmes droits que les gardes.

Ils sont les intermédiaires entre les gardes et les chefs de cantonnement.

Indépendamment du triage spécial qui peut exceptionnellement leur être confié, ils exercent leur surveillance sur les autres garderies dépendant de leur brigade et sur la conduite administrative et privée des gardes. (Livret des préposés, art. 57.)

23. *Algérie. Attributions.* — Les brigadiers statuent par délégation des chefs de service sur les affaires suivantes :

1° Permissions aux gardes jusqu'à 4 jours;

2° Installation des préposés, établissement du procès-verbal d'installation et, s'il y a lieu, de l'état des lieux;

3° Essayage des effets d'habillement;

4° Exécution des payes dont le montant est inférieur à 200 francs.

5° Griffage des coupes par unité de produits;

6° Tenue, au moment des opérations, des calepins de balisage et de martelage;

7° Récolement des réserves dans les coupes exploitées;

8° Réception des chauffages mis en charge sur les coupes;

9° Délivrance de permis de menus produits;

10° Délivrance des permis de colportage;

11° Exécution de certaines délivrances usagères. (Circ. Gouv. du 28 février 1912.)

24. *Ordres.* — Les brigadiers peuvent, sous leur responsabilité, donner aux gardes tous ordres motivés par l'intérêt du service. (Livret des préposés, art. 57.)

25. *Renseignements.* — Les brigadiers fournissent aux chefs de cantonnement tous les renseignements et informations concernant le service. (Livret des préposés, art. 57.)

26. *Responsabilité.* — Les brigadiers demeurent personnellement responsables de toutes les irrégularités qu'il était de leur devoir de remarquer dans le service des préposés sous leurs ordres, et qu'ils n'auront pas immédiatement signalées. (Livret des préposés, art. 57.)

BRIN.

1. *Coupe. Pénalité. Poursuite.* — La coupe ou l'enlèvement d'un brin inférieur à 2 décimètres est considéré comme le commencement d'un fagot. (Cod. For. 194. Besançon, inédit, 14 décembre 1836. Metz, inédit, 3 mai 1837.) La Cour de cassation a jugé, le 30 septembre 1836, que ce fait ne donnait lieu qu'à une demande en dommages-intérêts à porter par l'administration devant le tribunal correctionnel. V. Plant. Arbre. Rejet. Bâton.

2. *Algérie. Bois particuliers. Cannes.* — Des arrêtés du gouverneur général régleront l'exploitation, la vente, l'expédition et l'exportation des brins destinés à la fabrication des cannes. Loi du 21 février 1903, art. 134. Circ. N 642. L'arrêté susvisé est du 20 août 1904. V. Bois particuliers.

BRINDILLE.

Définition. Pénalité. — Petite branche autre que les branches principales d'un arbre et dont la coupe et l'enlèvement sont punis comme délit de fagotage. V. Fagot. Lisière. Ronce.

BRIQUETERIE.

1. *Autorisation.* — Lorsqu'il s'agira de briqueterie, il sera d'abord statué par le préfet, sur la demande d'autorisation, sans préjudice du droit des tiers et des oppositions qui pourraient s'élever. Il sera ensuite procédé suivant les formes prescrites par le décret du 15 octobre 1810 et par les ordonnances des 14 janvier 1815 et 29 juillet 1818. (Ord. 177.) V. Établissement insalubre ou incommode. Construction.

2. *Visite.* — Les briqueteries autorisées sont soumises aux visites des agents et gardes, sans l'assistance d'un officier public, pourvu qu'ils soient au nombre de deux ou accompagnés de deux témoins domiciliés dans la commune. (Cod. For. 157.)

3. *Établissement non autorisé.* — Pour établissement, soit temporaire, soit permanent, dans l'intérieur et à moins de 1 kilomètre des forêts soumises au régime forestier et sans l'autorisation du préfet, d'une briqueterie ou tuilerie, pénalité :

Amende : 100 à 500 francs. (Cod. For. 151.)

Démolition de l'usine. (Cod. For. 151. Décr. 22 mars 1852, art. 3.)

BRIS DE CLÔTURE.

Pénalité. — Quiconque aura en tout ou en partie détruit des clôtures, de quelques matériaux qu'elles soient faites, sera puni :

Prison : Minimum, 1 mois; maximum, 1 an.

Amende : égale au 1/4 des restitutions et des dommages-intérêts; minimum, 50 francs. (Cod. Pén., art. 456.)

BRIS DE RÉSERVE.

1. *Observation ou violation des règles d'exploitation. Principe.* — Le bris de réserve, qui a eu lieu en exécution des prescriptions relatives à l'exploitation et à la vidange, ne donne lieu qu'au payement d'une indemnité; mais, s'il a lieu par suite de l'inobservation des règles fixées, il y a alors un fait délictueux puni par l'article 37 du code forestier, nonobstant tous dommages pour les réserves brisées en suite du délit.

2. *Réparation civile. Valeur. Compétence.* — Le bris de réserve ne constitue pas le délit prévu par l'article 33 du code forestier, attendu que l'article 35 du cahier des charges a prévu le fait.

3. *Adjudicataire. Obligation.* — L'adjudicataire respectera tous les arbres mis en réserve, quels que soient leur qualification et leur nombre. Il respectera les baliveaux de tout âge et autres arbres réservés, même ceux qui seraient cassés ou renversés par les vents ou par des accidents de force majeure.

Il sera tenu de les représenter, ainsi que les cimeaux et branchages en provenant. (Cah. des ch. 33.)

4. *Arbre encroué. Réserve.* — Lorsqu'un arbre abandonné à l'exploitation demeurera dans sa chute encroué sur une réserve, l'adjudicataire ne pourra abattre cette réserve qu'après que l'agent local des eaux et forêts, ou son délégué, aura reconnu la nécessité de l'abatage. (Cah. des ch. 34.)

5. *Réserves. Remplacement.* — Lorsque, malgré l'exécution des prescriptions relatives à l'exploitation des coupes, des réserves auront été renversées par le fait de l'exploitation ou lorsque des réserves encrouées auront été abattues, l'adjudicataire sera tenu, si l'agent des eaux et forêts l'exige, de remplacer ces réserves par des arbres pris parmi ceux abandonnés à l'exploitation. Ces arbres seront choisis par l'agent local des eaux et forêts ou son délégué et marqués de leur marteau particulier. Dans aucun cas, la valeur des arbres ainsi marqués ne devra excéder celle des arbres remplacés. (Cah. des ch. 35.)

6. *Indemnité.* — Si le remplacement des réserves n'est pas exigé ou s'il est opéré par des arbres d'une valeur inférieure à celle des réserves renversées ou abattues, l'acquéreur payera, à titre d'indemnité, la valeur de ces réserves ou la différence entre leur valeur et celle des arbres marqués en remplacement, le tout d'après l'évaluation contradictoire qui en aura été faite (Cah. des ch. 35.)

7. *Réserves. Évaluation. Tarif minimum.* — L'évaluation des réserves ne pourra jamais descendre au-dessous d'un minimum fixé comme suit :

Coupes de taillis sous futaie.

Baliveau, 0 fr. 15 par décimètre de tour, à 1 mètre du sol.

Moderne, 0 fr. 30 par décimètre de tour, à 1 mètre du sol.

Ancien, 0 fr. 50 par décimètre de tour, à 1 mètre du sol.

Coupes de futaie.

Brin de 5 décimètres de tour et au-dessous à 1 mètre du sol, 0 fr. 15 par décimètre de tour.

Arbre de 6 à 11 décimètres de tour et au-dessous à 1 mètre du sol, 0 fr. 30 par décimètre de tour.

Arbre de 12 à 19 décimètres de tour et au-dessous à 1 mètre du sol, 0 fr. 40 par décimètre de tour.

Arbre de 20 à 29 décimètres de tour, et au-dessous à 1 mètre du sol, 0 fr. 50 par décimètre de tour.

Arbre de 30 décimètres de tour et au-dessus à 1 mètre du sol, 0 fr. 60 par décimètre de tour.

8. *Réserves endommagées.* — Lorsque des réserves seront endommagées, il sera procédé comme pour les réserves renversées ou abattues, si l'agent local juge qu'elles ne peuvent plus prospérer en restant sur pied.

Si, au contraire, l'agent local des eaux et forêts juge que les réserves endommagées peuvent être utilement maintenues sur pied, l'adjudicataire payera le montant du dommage causé à la réserve d'après l'évaluation qui en sera faite par ledit agent. (Cah. des ch. 35.)

9. *Reconnaissance. Évaluation. Procès-verbal.* — Il sera dressé procès-verbal de ces reconnaissances et évaluations par l'agent des eaux et forêts ou son délégué, lequel sera signé par l'adjudicataire ou son facteur, et arrêté définitivement par l'inspecteur, qui assurera le recouvrement des sommes dues. Cet acte est exempt

des droits de timbre et d'enregistrement. (Loi
du 15 mai 1818, art. 80. Cah. des ch. 35.)

10. *Propriété.* — Les réserves renversées,
abattues ou endommagées continuent à appartenir au propriétaire de la forêt. (Cah. des
ch. 35.)

11. *Vidange. Dommages.* — Les dispositions
de l'article 35 sont applicables aux arbres qui,
malgré l'exécution des prescriptions relatives à
l'enlèvement des bois, seront renversés ou
endommagés par le fait de la vidange. (Cah.
des ch. 46; Circ. N 844.) Par suite aux
réserves.

12. *Pénalités.* — En cas de contravention,
pénalités :

Amende : 50 à 500 francs. (Cod. For. 37. Cah.
des ch. 36.)

Dommages-intérêts : obligatoires ; minimum,
amende simple. (Cod. For. 37. 202.)

13. *Indemnité. Produits accessoires.* — Les
indemnités pour réserves abattues ou endommagées sont considérées comme produits accessoires. (Arr. du 22 juin 1838, Bois domaniaux.
Arr. du 1er septembre 1838, Bois communaux et d'établissements publics.)

BROCHET.

Pêche. Dimension. — Les brochets ayant moins
de 0 m. 14 de longueur, de l'œil à la naissance de
la queue ne peuvent pas être pêchés et doivent
être rejetés à l'eau. Pêche interdite du lundi
après le 15 avril au dimanche après le 15 juin.
(Décr. du 5 septembre 1897, art. 1 et 8.
Circ. N 524.)

BROUETTE.

1. *Introduction. Pénalité.* — L'introduction
d'une brouette dans les bois, hors des routes
et chemins ordinaires, est considérée comme le
délit prévu par l'article 147 du code forestier.
(Cass. 19 décembre 1828) quoiqu'il n'y ait
pas de dégâts, ni intention de nuire. (Caen,
22 février 1888.) V. Voiture.

AMENDE. — BOIS DE DIX ANS ET AU-DESSUS.

Le jour .... 10 fr. (C. F. 147.)
Le jour avec récidive,
　ou la nuit, ou la }　20 fr. (C. F. 147, 201.)
nuit avec récidive. }

BOIS AU-DESSOUS DE DIX ANS.

Le jour .... 20 fr. (C. F. 147, 201.)
Le jour avec récidive,
　ou la nuit, ou la }　40 fr. (C. F. 147, 201.)
nuit avec récidive. }

Dommages-intérêts; minimum, amende simple.
(Cod. For. 147, 202.)

2. *Chargement.* — Si la brouette est chargée
d'un produit délictueux, le délit est alors carac-
térisé par l'objet enlevé, avec les modifications
résultant, pour la pénalité, du mode de transport et des autres circonstances.

3. *Mode d'enlèvement.* — L'enlèvement de
produits forestiers effectué de mains d'homme
et à l'aide d'une brouette est considéré comme
charge d'homme, et le délinquant n'encourt
qu'une amende de 1 franc. (Dijon, inédit,
20 juillet 1836, Cod. For. 144. Loi du
18 juillet 1906.)

BROUSSAILLE.

1. *Définition.* — Mauvais bois. Touffes de
buissons épineux. Partie de terrain couverte
de mauvais bois. V. Menus produits. Fagot.
Défrichement.

2. *Algérie. Défrichement. Périmètre.* — Les
broussailles situées dans le périmètres de reboisement sont considérées comme se trouvant
dans les conditions de l'article 76 et ne pourront être défrichées à aucun moment, sans
l'autorisation du service des eaux et forêts. (Loi
du 21 février 1903, art. 109. Circ. N 642.)
V. Défrichement.

Les dispositions de la loi du 9 décembre 1885
(art. 12) assimilaient, pour les défrichements,
les broussailles aux bois proprement dits. D'après
celles de la loi de 1903, il ne peut être fait
opposition au défrichement de broussailles que
si elles se trouvent dans un périmètre de reboisement. (Circ. du gouv. gén. n° 4083.) V. Périmètre.

3. *Algérie. Incinération. Pénalités.* — Pendant la période du 1er novembre au 30 juin, le
propriétaire des bois et forêts ou leurs ayants
droit sont autorisés, quelle que soit la distance
de la propriété voisine et pourvu qu'elle soit
séparée de leur bois par une tranchée ouverte
et entretenue conformément à l'article 124
(V. Tranchée), à incinérer en tas les broussailles et rémanents de leurs exploitations. (Loi
du 21 février 1903, art. 123.)

En cas d'infraction :

Amende : 20 à 500 francs.

Emprisonnement facultatif de 6 jours à 6 mois.

En cas d'incendie : emprisonnement d'un an à
5 ans, avec application de l'article 463 du code
pénal et dommages-intérêts, s'il y a lieu. (Loi du
21 février 1903, art. 136. Circ. N 462.)

BRUYÈRE.

1. *Définition.* — Arbuste sauvage. Les
bruyères ne sont pas considérées comme bois.

2. *Enlèvement. Délit.* — Le délit d'enlèvement de bruyères, dans tous les bois en
général, est puni par l'article 144 du code
forestier. La pénalité varie suivant les moyens

d'enlèvement et les circonstances. V. Enlèvement.

3. *Algérie. Enlèvement. Pénalités.* — Le délit d'extraction ou d'enlèvement de bruyères, dans tous les bois et forêts en général, est puni par les articles 118 et 176 de la loi du 22 février 1903. La pénalité varie suivant les moyens d'enlèvement et les circonstances. V. Enlèvement.

4. *Corse. Bruyère en arbre.* — La bruyère qui croît dans le maquis de la Corse est tout autre que la petite bruyère visée par l'article 144 du code forestier, elle forme de véritables arbustes, rentrant dans la catégorie des bois auxquels est applicable l'article 194. (Trib. d'Ajaccio, 30 octobre 1908.)

5. *Délivrance. Produit.* — La délivrance des bruyères est considérée comme menus produits. (Arr. 22 juin 1838, Bois domaniaux. Arr. 1er septembre 1838, Bois communaux et d'établissements publics.)

6. *Enlèvement. Usage.* — L'usage consistant dans la faculté d'enlever les bruyères d'une forêt n'autorise pas l'usager à enlever les feuilles mortes. (Cass. 13 octobre 1824.)

7. *Extraction. Autorisation.* — Dans les bois de l'État, l'extraction des bruyères est autorisée par le conservateur et, dans les bois communaux et d'établissements publics, par les maires et administrateurs des communes et établissements publics propriétaires, sauf l'approbation du conservateur, qui, dans tous les cas, règle les conditions et le mode d'entretien. (Ord. 4 décembre 1844, art. 2.)

BUIS. Arbrisseau. V. Arbre. Souche. Enlèvement.

BÛCHERAGE.

1. *Définition.* — Droit de prendre le bois destiné au chauffage des habitants.

Ce bois ne peut être enlevé qu'à faix et à col, sans introduire des bêtes de somme ou des voitures dans le bois, parce que cette dernière manière d'enlever rendrait la servitude plus onéreuse. (Cass. 10 avril 1839.)

2. *Usage.* — Lorsque à un droit de bûcherage la commune usagère ajoute le droit de *casser du bois*, il y a lieu de décider que les habitants peuvent, en cas d'insuffisance du bois mort, prendre du bois vert, mais seulement pour la satisfaction de leurs besoins domestiques et en s'attaquant aux essences les moins précieuses. (Aix, 13 août 1858.)

BÛCHERON.

1. *Qualités. Ouvriers.* — Doivent être considérés comme des préposés du propriétaire, et non comme des entrepreneurs, les bûcherons employés dans une forêt, alors que le choix des ouvriers, le droit de donner des ordres et des instructions, le droit de surveillance appartiennent au propriétaire de la forêt et ont été exercés par lui, et alors, d'ailleurs, que le propriétaire ne justifie de l'existence d'aucun traité qui permette d'apprécier la nature des accords intervenus. Il importe peu que les bûcherons aient été payés à la tâche et non à la journée. (Toulouse, 5 mars 1883.)

2. *Adjudicataire. Responsabilité.* — L'adjudicataire est responsable des délits commis par ses bûcherons, dans la coupe et à l'ouïe de la cognée. (Cod. For. 46.)

3. *Travaux.* — Les préposés sont employés pour les travaux comme bûcherons, chaque fois que le service ne peut en souffrir. A défaut, l'administration autorise, sur les propositions du conservateur, l'emploi d'ouvriers. (Circ. N 566, art. 8, 9 et 10.)

13. *Indemnités. Produits.* — Les indemnités pour réserves abattues sont considérées comme menus produits.

BUDGET

1. *Définition.* — Le budget est l'acte par lequel sont prévues et autorisées les dépenses et recettes annuelles de l'État. (Décr. du 31 mai 1862.)

2. *Formation.* — Le budget de l'État, une fois voté, prend le nom de loi de finances, présente distinctement les recettes et les dépenses. Celles-ci doivent être établies par ministère, par chapitre et par article, et sont examinées avant les recettes destinées à les acquitter.

Chaque ministère prépare son budget particulier et se concerte avec le Ministre des finances. Celui-ci, après avoir centralisé et coordonné les budgets spéciaux des divers ministères, y ajoute le budget des recettes, pour compléter le budget général de l'État.

Le budget forme un volume qui comprend trois divisions : l'exposé des motifs, le texte du projet de loi, partie essentielle du budget, et les documents généraux annexés.

Le projet de loi portant fixation du budget général des dépenses et des recettes d'un exercice se subdivise en titres et en articles. Les titres représentent des divisions plus grandes que les articles, leur nombre varie. (Block.)

3. *Chapitres. Spécialité.* — Le budget fait annuellement l'objet d'une loi spéciale. Il est divisé en chapitres, entre lesquels tout virement est interdit. Chaque chapitre faisant par suite l'objet d'une comptabilité séparée, les agents auront soin d'envoyer des propositions distinctes pour des matières s'appliquant à des chapitres différents. (Circ. N 566, art. 133.) V. Exercice.

4. *Algérie.* — Le budget de l'Algérie, entièrement distinct de celui de l'État, est établi,

voté et homologué suivant des règles particulières à la colonie. Le projet de budget est établi par le gouverneur général, sous le contrôle du Ministre de l'intérieur. Le budget est réglé par décret du Président de la République, sur le rapport du Ministre de l'intérieur. (Loi du 19 décembre 1900, art. 3, 6 et 11.)

Parmi les recettes et dépenses que le budget comporte figurent notamment toutes les recettes et les dépenses du service des forêts. (Circ. N 631.)

5. *Loi de règlement. Projet. Époque.* — La présentation du projet de loi de règlement définitif du budget du dernier exercice clos et la production des comptes des ministres à l'appui doivent avoir lieu, au plus tard, à l'ouverture de la session des Chambres qui suit la clôture de l'exercice. (Loi du 25 janvier 1889, art. 6. Circ. N 406.)

6. *Fixation.* — Le budget général de l'administration des forêts est fixé par le Ministre de l'agriculture. (Ord. 7, Circ. N 220.)

7. *Communes. Décisions.* — Le budget de chaque commune est proposé par le maire, voté par le conseil municipal et réglé par le préfet. Lorsqu'il pourvoit à toutes les dépenses obligatoires et qu'il n'applique aucune recette extraordinaire aux dépenses, soit obligatoires, soit facultatives ordinaires ou extraordinaires, les allocations portées audit budget pour les dépenses facultatives ne peuvent être modifiées par l'autorité supérieure. (Loi du 5 avril 1884, art. 145.)

BULLETIN D'EMPLOI DE JOURNÉES.

Restauration des montagnes. Établissement. — En même temps que la feuille de journées, le surveillant tient au courant le bulletin d'emploi de journées (formule série 7, n° 46), indiquant, jour par jour ou semaine par semaine, selon les cas, où les instructions du chef de section, le travail effectué et la dépense correspondante.

Le bulletin est tenu pour l'ensemble du chantier.

Un même bulletin ne peut s'appliquer qu'à une seule division du périmètre; il doit donc être tenu dans une semaine, pour un même chantier, autant de bulletins qu'il y a de divisions touchées par les travaux de ce chantier.

C'est à l'aide des totaux du bulletin ou de l'ensemble des bulletins, s'il y en a plusieurs pour le même chantier, que le surveillant établit au verso de la feuille de journées le tableau intitulé : *Résultat de l'emploi des journées.*

Les bulletins d'emploi de journées sont transmis, le premier jour de chaque semaine, à l'agent régisseur, qui les garde dans ses archives. (Instr. Gén. 2 février 1885, art. 152, 155 et 203. Circ. N 345.)

BULLETIN D'ENVOI.

1. *Travaux.* — Les projets de travaux de toute catégorie sont adressés à l'administration au fur et à mesure de leur production avec des bulletins spéciaux, formule série 3, n° 13. (Circ. N 566, art. 26.) V. Travaux.

2. *Crédits. Non-emplois.* — Le conservateur, immédiatement après l'exécution d'un travail en régie qui n'aura pas absorbé l'intégralité du crédit alloué, informera l'administration du montant des fonds restés sans emploi par l'envoi d'un bulletin série 3, n° 16, approprié à tous les cas. (Circ. N 372.)

3. *Allocations collectives. Non-emplois.* — Les conservateurs feront connaître aussitôt que possible au moyen d'un bulletin spécial (form. série 3, n° 16) les sommes qui restent sans emploi sur leurs allocations collectives et qu'il y a lieu d'annuler définitivement. (Circ. N 566, art. 174.) V. Crédits collectifs.

4. *Travaux de restauration des montagnes. Devis.* — Les devis des travaux en régie sont adressés dans un bulletin d'envoi spécial, série 7, n° 38. (Instr. Gén. du 2 février 1885, art. 116. Circ. N 345.)

5. *Travaux de restauration des montagnes. Payement.* — Après chaque payement, l'agent régisseur adresse un bulletin d'envoi de pièces justificatives au chef de service, qui le renvoie après avoir rempli le récépissé, qui constitue pour l'agent régisseur une décharge provisoire.

Le chef de service transmet au conservateur, aussitôt après avoir reçu de l'agent régisseur les justifications de l'emploi des mandats délivrés au nom de cet agent, un bulletin d'envoi de justifications, qui est renvoyé revêtu du récépissé. (Inst. Gén. du 2 février 1885, art. 171, 179, 183, 186. Circ. N 345, form. série 7, n° 59.)

BUREAU.

Section I. — Administration centrale, 1–5.

Section II. — Service extérieur. Agents, 6–11.

SECT. I. — ADMINISTRATION CENTRALE.

1. *Direction générale.* — La direction générale des eaux et forêts, qui fait partie de l'administration centrale du ministère de l'Agriculture (V. Ministère de l'Agriculture), comprend 2 parties :

1re partie. — Forêts.

2e partie. — Eaux et génie rural.

2. *Personnel.* — Le personnel technique de la direction générale (1re partie) comporte 4 conservateurs chargés de bureau ou de ser-

vice, 6 inspecteurs chefs de section, 12 inspecteurs ou inspecteurs adjoints rédacteurs.

3. *Attributions.* — Les attributions des bureaux de la direction générale sont fixées ainsi qu'il suit :

PREMIÈRE PARTIE.

Personnel.

Préparation du travail pour la nomination des officiers, des commis et des préposés des Eaux et Forêts à tous les emplois; mutations, intérim, congés, retraites, missions. — Rétribution d'auxiliaires temporaires. — Bonification des retraites des anciens préposés communaux et des gardes forestiers auxiliaires. — Feuilles de notes et renseignements sur le personnel. — Préparation des tableaux d'avancement. — Propositions au Ministre pour les distinctions honorifiques. — Mesures disciplinaires. — Avis des décès des légionnaires, médaillés et pensionnaires. — Création et suppression d'emplois; changements dans les circonscriptions. — Admission aux emplois de préposés des candidats civils et militaires. — Répartition du fonds de secours. — Indemnités diverses aux officiers, commis et préposés de tout ordre; frais de bureau et d'écritures extraordinaires. — Circulation à tarif réduit sur les voies ferrées.

Admission des officiers et préposés dans les hôpitaux civils et militaires.

Organisation militaire. — Nomination des officiers. — Mobilisation.

École nationale des Eaux et Forêts, école secondaire d'enseignement professionnel et école d'enseignement technique et professionnel des Barres (*personnel, examens, bourses*).

1ᵉʳ BUREAU.

Contentieux. — *Acquisitions.* — *Enseignement forestier.* — *Matériel des eaux et forêts.* — *Police de la chasse.*

1ʳᵉ SECTION. - *Contentieux civil et correctionnel.* — Questions de propriété, de servitude, d'usage et d'affectation. — Déclassement de forêts domaniales en Algérie. — Cantonnements et rachats. — Échanges, partages dans les bois domaniaux, communaux et d'établissements publics. — Instances administratives et judiciaires. — Examen des demandes d'honoraires hors taxe. — Centralisation des jugements et arrêts rendus en matière forestière domaniale. — Instances correctionnelles. — Appels. — Pourvois en cassation et au Conseil d'État. — Mesures à prendre avec les insolvables. — Examen des divers états relatifs à la répression des délits. — Remises et modérations de condamnations; cessation de poursuites, abandon de procès-verbaux, transactions. — Incendies dans les forêts; indemnités, dépenses d'extinction d'incendies, statistiques.

Étude des questions litigieuses intéressant les différents services et déférées spécialement à l'examen de la section.

Établissement et vérification des créances concernant les frais d'instance en matière civile ou correctionnelle et les salaires dus aux conservateurs des hypothèques.

Acquisitions des terrains boisés ou à reboiser. — Acquisitions, conformément aux dispositions de la loi du 3 mai 1841, des terrains compris dans les périmètres de restauration. — Acquisitions, suivant les règles du droit commun, des terrains pouvant être appelés exceptionnellement à compléter ces périmètres. — Projet de contrat. — Liquidation des acquisitions et expropriations.

2ᵉ SECTION. - *Enseignement forestier, matériel des forêts, police de la chasse.* — Secrétariat du Conseil des Eaux et Forêts. — Suite donnée aux avis du Conseil.

Inspecteurs généraux. — Tournées de contrôle des inspecteurs généraux. — Examen des rapports de tournées des conservateurs.

Examen des rapports présentés aux conseils généraux et d'arrondissement. — Suite donnée aux vœux de ces assemblées.

École nationale des Eaux et Forêts, école secondaire et école d'enseignement technique et professionnel des Barres (*Direction des études. — Programme d'enseignement. — Matériel*). — Cours de sylviculture dans les écoles normales.

Instructions et circulaires concernant le service technique. — Bibliothèques forestières.

Matériel forestier. — Marteaux, étuis, plaques. — Habillement et équipement des chasseurs forestiers. — Masse d'entretien. — Bibliothèques forestières. — Exécution des marchés passés pour le transport d'objets de matériel. — Demandes de matériel, de fournitures de bureau, d'imprimés spéciaux.

Préparation du budget. — Comptabilité. — Application de la loi du 3 mai 1844 sur la police de la chasse et de l'arrêté du 19 pluviôse an V relatif à la destruction des animaux nuisibles. — Examen des arrêtés réglementaires des préfets sur la police de la chasse et des affaires connexes. — Ouvertures et clôtures de la chasse. — Législation sur la chasse. — Délivrance des permis de transport du gibier vivant pendant la clôture de la chasse. — Louveterie. — Primes pour la destruction des loups et des sangliers. — Statistique des permis de chasse. — Répression du braconnage.

2ᵉ BUREAU.

Aménagements et gestion.

1ʳᵉ SECTION. - *Aménagements, exploitations au compte de l'État.* — Préparation des plans de campagne annuels pour études d'aménagement.

— Vérification des états. — Dépenses afférentes aux opérations d'aménagement.

Aménagements domaniaux et communaux. — Règlements et plans spéciaux d'exploitation. — Revision périodique. — Contrôle des aménagements. — Application des aménagements sur le terrain.

États d'assiette. — Coupes d'amélioration de toute nature. — Produits accidentels en bois; chablis, bois morts et dépérissants, arbres mitoyens. — Recépages, élagages et essartements.

Délivrance de bois à la Marine, à la Guerre et autres services publics; bois de bourdaine pour les poudreries nationales; bois de fascinage pour l'artillerie; règlement des comptes de ces délivrances. — Cessions de bois de chauffage. — Exploitations au compte de l'État.

Travaux de régénération, de démasclage et de mise en valeur des forêts de chêne-liège.

Questions économiques. — Importations, exportations, mercuriales, régime douanier. — Emploi industriel des bois et des produits divers des forêts.

Statistique. — Recherches et expériences scientifiques. — Météorologie forestière.

Conservation et régie par l'administration forestière des bois non soumis au régime forestier.

2ᵉ SECTION. — Régime forestier. Ventes. Locations. Concessions. Constitution et établissement du régime forestier domanial. — Affectations aux divers services publics (champs de tir, de manœuvres, etc.).

Régime forestier communal et des établissements publics. — Soumission et distraction. — Défrichements et aliénations.

Coupes extraordinaires dans les bois des communes et des établissements publics.

Ventes des coupes et des produits de toute nature dans les forêts soumises au régime forestier. — Cahier des charges générales, rédaction et application. — Cahier des clauses spéciales. — Interprétation des clauses de toute nature relatives aux ventes. — Demandes en annulation ou en réduction de prix. — Lieux et publicité des ventes. — Mise en charge sur les coupes.

Concessions et locations; terrains, carrières, mines, minières, résines, écorces, lièges, menus produits.

Amodiation du droit de chasse dans les forêts de l'État. — Cahier des charges : rédaction et interprétation, cession de baux. — Location de la pêche dans l'intérieur des forêts.

Chasses réservées. — Entretien et exploitation.

Règlement des frais d'administration des bois des communes et des établissements publics.

Constatations de tous les produits principaux, accidentels et accessoires, vendus ou cédés à

prix d'argent. — Tenue des livres et comptes correspondants. — Comptes particiels et définitifs des budgets des recettes.

Exercice de la dépaissance et autres tolérances dans les bois soumis au régime forestier.

3ᵉ BUREAU.

Reboisement. — Défrichement. — Travaux.

1ʳᵉ SECTION. — *Reboisement, défrichement.* — Création et entretien des pépinières et sécheries affectées aux travaux de reboisement. — Récoltes, achats et essais des graines. — Répartition des plants et des graines affectés aux reboisements. — Délivrance de plants et de graines à prix d'argent. — Concessions à charge de repeuplement. — Gratifications aux préposés pour travaux dans leurs triages. — Établissement des périmètres d'utilité publique, de restauration et de mise en défens. — Délimitation et bornage de ces périmètres. — Travaux et dépenses de toute nature. — Marchés à l'approbation du Ministre et du directeur général. — Subventions en nature, en argent et en travaux. — Indemnités à allouer aux propriétaires conservant la propriété des terrains situés dans les périmètres. — Examen de l'utilité et de la convenance des acquisitions de terrains nus et boisés au point de vue de la restauration et de la conservation des terrains en montagne. — Défrichement des bois des particuliers. — Examen des déclarations. — Procédure. — Notification des décisions. — Tenue des registres.

2ᵉ SECTION. — *Travaux d'entretien et d'amélioration des forêts.* — Repeuplements. — Substitutions d'essences. — Dégagement des semis et plantations. — Émondage des réserves.

Création et entretien des pépinières et sécheries affectées à l'usage des forêts. — Répartition des plants et des graines. — Délivrance de plants et de graines à prix d'argent. — Concessions à charge de repeuplements.

Rémunération des préposés domaniaux pour travaux effectués par eux dans leurs triages.

Dunes. — Travaux de mise en valeur, d'entretien, de conservation et de fixation des dunes du littoral maritime. — Subventions aux communes et aux particuliers.

Routes. — Chemins. — Ponts. — Construction, réparation, entretien. — Acquisitions de terrains qui s'y rattachent; projets de contrats. — Cession de terrains pour ouverture et exploitation de voies ferrées, de routes nationales, départementales, vicinales, rurales, etc. — Subventions aux compagnies, aux départements et aux communes pour établissement de voies de toute nature utiles à l'exploitation des forêts. — Indemnités pour dégradations extraordinaires. — Étude de chemins forestiers dans les forêts communales.

Expositions forestières : organisation et matériel. — Concours régionaux. — Primes et médailles.

Construction, réparation et entretien des maisons forestières, scieries et bâtiments divers. — Acquisition et location de bâtiments et terrains pour le même objet. — Projets de contrats. — Acquisition et entretien des mobiliers des maisons forestières et bâtiments divers. — Remise à l'Administration des Domaines des immeubles et matériaux sans emploi. — Assurances contre l'incendie.

Clôture et assainissement des forêts. Curage des ruisseaux.

Ouverture des tranchées garde-feu et précautions à prendre contre les incendies. — Subventions aux associations syndicales de propriétaires forestiers.

Tableau général des propriétés de l'État; revision annuelle.

Améliorations pastorales, forestières et touristiques.

1. *Améliorations pastorales et forestières.* — Études et travaux relatifs à la mise en valeur, à l'aménagement et à l'amélioration des pâturages communaux dans les régions pastorales et forestières. — Application de la loi du 4 avril 1882 en ce qui concerne la réglementation des pâturages communaux. — Amélioration des vacants domaniaux, aménagement et utilisation agricole des eaux dans les régions montagneuses. — Création et entretien de chemins pastoraux et de fruitières dans les pâturages de montagne. — Arboretums, jardins alpins, stations d'essais botaniques.

2. *Améliorations touristiques.* — Embellissement et mise en valeur des beautés naturelles des forêts. — Conservation des sites, des massifs et des arbres remarquables. — Séries artistiques. — Aménagement de certaines forêts dans un but touristique. — Parcs nationaux et réserves forestières. — Routes et sentiers touristiques, refuges et abris, aménagement des maisons forestières. — Rapports avec les associations de tourisme. — Publication de notices et itinéraires. — Conférences, fêtes de l'arbre. — Inventaire des richesses pittoresques des forêts et pâturages.

Pêche et pisciculture.

Pêche. — Amodiation. — Cahier des charges. — Indemnités réclamées par les fermiers, réduction de prix ou résiliation de bail. — Examen des arrêtés préfectoraux réglementant l'exercice de la pêche et des déversements industriels. — Ouvertures, clôtures, répression du braconnage de la pêche. — Législation de la pêche. — Indemnités.

Pisciculture. — Création et entretien d'établissements de pisciculture, subventions aux départements, aux communes, aux associations et aux particuliers. — Encouragements aux sociétés de pêcheurs à la ligne.

Service de la reconstitution forestière dans les régions libérées.

Étude et travaux concernant la reconstitution des forêts domaniales, communales et particulières dans les régions dévastées. — Avances aux communes et aux particuliers pour travaux de reconstitution dans leurs bois. — Constatation et évaluation des dommages de guerre dans les forêts. — Représentation du ministère de l'Agriculture dans les commissions cantonales.

DEUXIÈME PARTIE. —

Travaux de régénération, de démasclage et de mise en valeur des forêts de chêne-liège.

Police et entretien des cours d'eau.

1re Section. — Police et entretien des cours d'eau non navigables ni flottables. — Curage. — Faucardement. — Mesures de protection contre la pollution des cours d'eau non navigables et des nappes souterraines. — Suppression des étangs insalubres. — Rectification des cours d'eau. — Partages d'eau entre l'agriculture et l'industrie.

Desséchement des marais. — Assainissement des terres humides et insalubres. — Colmatages. — Marais salants. — Travaux de défense contre la mer et les cours d'eau non navigables.

Associations syndicales de curage, de desséchement, d'assainissement et d'endiguement. — Subventions aux entreprises ci-dessus indiquées. — Contentieux des affaires qui précèdent. — Questions générales relatives au fonctionnement des associations syndicales.

Captage et utilisation des sources. — Alimentation des villes.

2e Section. — Commission spéciale de répartition des fonds provenant des prélèvements sur le pari mutuel et sur le produit des jeux pour des travaux communaux d'adduction d'eau potable (art. 102 de la loi du 31 mars 1908 et 46 de la loi du 31 juillet 1920). — Commission spéciale de répartition des fonds provenant du prélèvement sur le pari mutuel pour des travaux communaux d'adduction d'eau potable dans les régions libérées (art. 36 de la loi du 11 août 1919). — Examen des demandes et payement des subventions. — Réserves à imposer aux communes dans l'intérêt de l'agriculture et pour la sauvegarde des usages des cours d'eau non navigables ni flottables. — Déclaration d'utilité publique des captages des sources et des dérivations projetées par les communes.

Canaux d'irrigation et de submersion.
Grandes forces hydrauliques.

1° Canaux d'irrigation et de submersion exécutés par l'État, les départements et les communes, des compagnies concessionnaires ou des associations syndicales et autres collectivités. — Encouragements pour l'exécution de ces entreprises.

2° Études et travaux d'amélioration du régime des cours d'eau. — Étude des eaux souterraines et inventaires des ressources aquifères du sous-sol. — Observations hydrométriques et nivométriques. — Étude et repérage des glaciers. — Études agricoles des plans d'aménagement.

Service des forces hydrauliques.

Opérations de jaugeage des cours d'eau non navigables ni flottables. — Nivellement. — Publications de ces services. — Autorisations d'usines sur les cours d'eau non navigables ni flottables. — Examen au point de vue des intérêts de l'agriculture des demandes de concession d'usines hydrauliques et de distributions d'énergie.

3° Préparation du budget. — Ouverture et répartition des crédits. — Comptabilité des travaux exécuté par l'État, des garanties d'intérêt et des subventions accordées aux entreprises d'hydraulique agricole.

4° Personnel des services extérieurs de l'hydraulique agricole (fonctionnaires et agents détachés), agents techniques de l'hydraulique agricole, gardes des canaux appartenant à l'État. — Conseil supérieur des eaux et du génie rural. — Commission de vérification des comptes des grandes entreprises de l'hydraulique agricole. — Inspection générale de l'hydraulique agricole. — Propositions au Ministre pour les distinctions honorifiques. — Examen des demandes de souscription aux ouvrages intéressant la direction.

3° BUREAU.

Génie rural.

Améliorations agricoles permanentes diverses. — Mise en valeur des terrains incultes, marécageux, bourbeux, etc., sales, etc. — Utilisation agricole des eaux. — Drainage. — Échange de parcelles éparses. — Remembrements. — Chemins d'exploitation. — Chemins ruraux. — Câbles porteurs agricoles. — Alimentation en eau des agglomérations rurales et des exploitations agricoles. — Réseaux ruraux de distribution d'énergie électrique. — Études des projets et constitution d'associations syndicales et autres groupements en vue de l'exécution des opérations ci-dessus.

Constructions rurales. — Habitations à bon marché pour les ouvriers agricoles et les petits cultivateurs. — Petites industries rurales. — Installations des industries annexes de la ferme. — Établissement des plans et devis pour les associations agricoles et les cultivateurs. — Étude des projets d'installation des sociétés coopératives (laiteries, beurreries, fruitières, caves, huileries, etc.). — Surveillance et réception des travaux. — Subventions et autres mesures destinées à faciliter et à encourager la création des associations agricoles et des groupements ayant pour objet les améliorations énumérées ci-dessus.

Comité d'études scientifiques. — Coordination et publication des travaux de ce Comité. — Personnel des services extérieurs du génie rural. — Comptabilité des subventions accordées aux entreprises d'amélioration agricole. — Législation et contentieux.

SERVICE DES ÉTUDES TECHNIQUES HYDRAULIQUES.

1. Secrétariat du Conseil supérieur des Eaux et du Génie rural. — Étude et préparation des affaires ressortissant au Service hydraulique, soumises pour avis à ce Conseil.

Examen des affaires non soumises au Conseil supérieur des Eaux et du Génie rural, notamment des projets dressés pour le service hydraulique ou en faveur desquels une subvention est sollicitée, des décomptes produits à l'appui des demandes de payement des subventions, des décrets d'utilité publique relatifs aux dérivations d'eaux non domaniales et aux déversements d'eaux usées, des arrêtés préfectoraux de réglementation des ouvrages intéressant le régime des Eaux, des procès-verbaux de conférences civiles ou mixtes.

Examen, en ce qui concerne les intérêts confiés au Ministère de l'agriculture, des demandes de concession d'usines sur cours d'eau domaniaux ou non domaniaux. — Examen des règlements d'eau des usines sur cours d'eau non domaniaux, placés sous le régime de l'autorisation. — Études relatives à l'établissement des plans généraux d'aménagement des cours d'eau en vue de leur meilleure utilisation industrielle et agricole et de la lutte contre les inondations. — Études des dispositions à prévoir en faveur de l'agriculture dans les entreprises de distribution d'énergie électrique et dans les contrats de location ou de cession de droits de riveraineté passés par les communes.

Organisation de jaugeages et levers des profils en long des cours d'eau, des observations pluviométriques, nivométriques et glaciologiques. — Études sur le régime des eaux souterraines et des sources, et des mesures à prendre pour développer l'utilisation des richesses hydrauliques du sous-sol. — Étude des

mesures relatives à la protection des cours
d'eau, des sources et des eaux souterraines
contre la pollution. — Recherches concernant
les procédés d'épuration des eaux d'alimentation et le traitement des eaux usées. — Études
techniques relatives aux projets de loi et circulaires concernant le service hydraulique et
vérification des projets d'adduction d'eau potable subventionnés sur les fonds du pari mutuel. — Examen de leurs conséquences au
point de vue du régime des eaux. — Vérification des décomptes produits à l'appui des
demandes de payement des subventions.

2. Études statistiques, confection des cartes
ou graphiques relatifs à ces études. — Publication des *Annales de la direction générale
des Eaux et Forêts*. — Publication des travaux
des services des forces hydrauliques relatifs aux
jaugeages et levers des profils en long des
cours d'eau. — Publication des observations
pluviométriques, nivométriques et glaciologiques, et des résultats des études sur les
eaux souterraines.

3. Études juridiques relatives aux projets
de loi et circulaires intéressant le service hydraulique. — Analyse des compte rendus de
la marche du service, des comptes moraux et
des rapports d'inspection. — Analyse et résumé
de la jurisprudence des tribunaux administratifs et judiciaires en matière d'eau. — Renseignements sur les législations étrangères en
ce qui concerne les eaux. — Bibliographie des
ouvrages français et étrangers.

4. *Correspondance. Indication des services.
Numéro d'ordre.* — Afin d'assurer la régularité
des affaires et leur prompte expédition, il est
indispensable que les indications marginales
de la correspondance portent très exactement
la mention du numéro d'ordre de l'affaire à
laquelle on répond. (Circ. N 9.)

Il doit en outre être fait mention en haut,
à gauche et en travers, des numéros des bureaux et des sections ou de l'indication des
services dont ressortissent à l'administration
centrale les affaires traitées. (Circ. N 874.)
V. Conservateur.

SECT. II. — SERVICE EXTÉRIEUR.

5. *Présence.* — La durée minimum du travail des commis dans les bureaux des conservateurs et des chefs de service est fixée, en
moyenne, à 42 heures effectives par semaine.
La durée des vacations journalières est fixée par
les conservateurs et les chefs de service dans
la limite précitée. (Décr. du 11 juin 1921.)

6. *Heures supplémentaires.* — Les heures
supplémentaires de travail que les commis des

eaux et forêts peuvent être autorisés à effectuer, sous la responsabilité des conservateurs
et des chefs de service, dans la limite des crédits qui leur sont ouverts pour frais d'écritures
extraordinaires, doivent être effectués en dehors des heures réglementaires de présence.
Elles donnent lieu à une rémunération de
2 fr. 50 par heure, avec majoration : d'un
tiers pour les travaux effectués entre 19 heures
et minuit, de deux tiers pour ceux effectués
entre minuit et 7 heures, ou les dimanches et
jours fériés. (Décr. du 11 juin 1921 et 1er février 1923.)

7. *Vérification.* — Les conservateurs vérifient dans leurs tournées les bureaux des inspecteurs et des chefs de cantonnement. (Circ.
N 18, art. 7.)

8. *Fourniture. Travaux.* — Lorsque la rédaction des projets de travaux entraîne des
fournitures de bureaux de quelque importance,
l'administration peut, sur la proposition du
conservateur, les prendre à sa charge. (Circ.
N 566, art. 10.)

9. *Frais. Autorisation.* — Les frais de bureaux sont autorisés par l'administration,
quelle que soit la dépense. (Circ. N 566, art.
162.)

10. *Frais.* — Il est alloué ordinairement
aux conservateurs des frais fixes de bureau. Le
conservateur mandate directement cette somme
par trimestre, sans joindre des pièces justificatives à l'appui du mandat.

En cas d'insuffisance de ces frais fixes les
conservateurs peuvent, comme tous les autres
officiers, participer à la répartition du crédit
porté chaque année au budget pour frais de
bureau des officiers et des brigadiers des eaux
et forêts. Les intéressés doivent justifier, à cet
effet, des dépenses réelles qu'ils ont eu à supporter au cours de l'année écoulée pour le
loyer, l'entretien, le chauffage et l'éclairage de
leurs bureaux, ainsi que pour l'achat de fournitures diverses. Il doivent rappeler les crédits
qui ont pu être ouverts en cours d'année pour
le payement d'une partie des dépenses de
l'espèce.

11. *Impôt mobilier.* — Les fonctionnaires
publics ne sont assujettis à l'impôt mobilier
pour leur bureau qu'autant que ce local fait
partie de leur habitation personnelle. (Cons.
d'État, 24 mars 1859.)

12. *Brigadiers.* — Les brigadiers reçoivent
chaque année une allocation dont le montant
est fixé par décision ministérielle (50 fr. environ), pour les indemniser de leurs frais de
bureau et de correspondance.

CABANE.

Définition. Prohibition. — Une petite cabane en terre et bruyère, pour s'abriter, rentre dans les constructions prohibées par l'article 152 du code forestier. (Cass. 20 juin 1851.) V. Baraque. Construction.

CABARET. V. Boisson. Auberge.

CÂBLES. PORTEURS FORESTIERS.

1. *Construction. Avant-projet.* — Dans le cas où l'emploi de câbles aériens paraîtrait avantageux, les agents dresseront un avant-projet faisant connaître :

1° La nature et le poids approximatif des matériaux à transporter par année ;

2° La longueur du câble, son prix, frais compris ;

3° Le bénéfice net annuel qu'il procurera au Trésor, en tenant compte de l'amortissement sur une durée de vingt ans et du taux fixé à 3 p. o/o. Le montant net annuel de l'intérêt et de l'amortissement totalisés s'obtiendra en multipliant le capital engagé par le coefficient 0,067216. (Circ. N 566, art. 81.)

2. *Projet définitif. Rapport. Plans. Coupes. Devis.* — Le projet définitif comprendra :

1° Un rapport précisant :
La différence de niveau entre les extrémités du câble ;
La longueur en plan horizontal entre ces deux points ;
La flèche verticale ;
Le choix du système adopté ;
Le choix des câbles porteurs et tracteurs, leur poids, leur section, et le nombre de supports intermédiaires ;
La charge que le câble peut supporter, son mode d'attache, l'appareil adopté pour donner la tension nécessaire ;
La force utilisée pour la mise en marche ;
Le choix et l'installation du frein s'il y a lieu ;
La nature et les dispositions des appareils de transport ;
Le mode de chargement et de déchargement ;

2° Un plan général indiquant la situation du câble et les voies d'accès ;

3° Les élévations, plans et coupes des détails des ouvrages accessoires et du matériel utilisé ;

4° Le devis de la dépense. (Circ. N 566, art. 82.)

3. *Exploitation. Concession. Clauses.* — Si le câble doit être utilisé par un entrepreneur de travaux ou par les adjudicataires de coupes, on joindra au projet un cahier des clauses et conditions spéciales à leur imposer, pour assurer l'entretien du matériel en bon état et, s'il y a lieu, fixer la redevance à imposer par tonne, par voyage et par jour. (Circ. N 566, art. 83.)

4. *Travaux.* — La construction de câbles rentre dans la catégorie des travaux neufs, la réparation dans celle des travaux d'entretien. (Circ. N 566, art. 22 et 23.)

5. *Entretien. Approbation.* — Les travaux d'entretien des câbles d'une même forêt doivent être toujours réunis en un seul projet annuel par cantonnement, comprenant deux devis : l'un pour la fourniture, l'autre pour l'emploi des matériaux. Le conservateur ne pourra statuer sur ces projets que si l'ensemble des deux devis n'excède pas 500 francs. (Circ. N 566, art. 167.)

CABRI. V. Chevreau.

CACHET. V. Sceau.

CADASTRE.

1. *Définition. Objet.* — Le cadastre a pour objet exclusif d'amener l'égalité proportionnelle de la contribution foncière. Il consiste en opérations d'art (plans), qui servent à déterminer la contenance de chaque parcelle de propriété, et en travaux d'expertise (matrice), qui ont pour but d'évaluer et de fixer le revenu imposable des parcelles.

2. *Preuve.* — Le plan cadastral est un commencement de preuve par écrit ; il constate le fait de la jouissance au moment de l'arpentage.

3. *Titre.* — Le cadastre ne constitue pas un titre de propriété, mais il fournit une présomption sérieuse de propriété, qui devient une preuve si elle est appuyée de vraisemblance et de titre. (Cass. 5 mars 1894.)

4. *Foi.* — Le cadastre ne constitue pas un droit de propriété, et il ne fait foi que relativement aux contenances et aux limites des héritages. (Toulouse, 20 juillet 1820.)

5. *Possession. Preuve.* — On peut prendre en considération la délimitation cadastrale comme corroborant la preuve de la possession

invoquée par une des parties. (Cass. 20 avril 1868.)

6. *Possession. Titre.* — En l'absence de possession utile et de tout titre, on peut considérer les indications du cadastre comme des preuves suffisantes de propriété. (Cass. 3 juin 1838, 27 novembre 1864. Bastia, 10 janvier 1900. Circ. N 574.)

7. *Propriété. Inscription.* — Une partie est à bon droit déclarée propriétaire d'un terrain figurant au cadastre sous son nom, possédé par elle depuis plus de trente ans utiles à prescrire, et pour lequel elle a toujours été inscrite au rôle des contributions et a seule payé les impôts. (Cass. 30 juin 1874.)

8. *Copies.* — Les directeurs des contributions directes doivent communiquer sur place les documents cadastraux aux agents des diverses administrations publiques et leur laisser prendre, sous leur responsabilité, sans déplacer les pièces et sans requérir de certificats de conformité, les copies ou extraits des matrices cadastrales et états de sections qui sont nécessaires dans l'intérêt de l'État. (Circ. de l'administration des contributions directes, 16 juin 1865, n° 445. Circ. N 99.)

9. *Plan.* — Les directeurs restent exclusivement chargés de la rédaction des copies ou extraits des plans cadastraux. (Circ. de l'administration des contributions directes, 16 juin 1865, n° 445. Circ. N 99.)

10. *Prix des copies ou extraits.* — Pour les extraits destinés à un service public, le prix est limité au remboursement des dépenses occasionnées par leur confection.

Extraits des matrices ou états de sections: remboursement des frais de copie payés à l'heure.

Copies de plans, en moyenne: plans de 1 à 10 parcelles sur une même feuille, 4 franc.

Plans de plus de 10 parcelles, 0 fr. 10 par parcelle.

Plans par sections entières, 0 fr. 05 par parcelle.

Majoration de 50 p. 0/0 pour plans coloriés et à limites coloriées; en outre, prix du papier calque utilisé.

(Lettre du Ministre des finances, 3 mars 1852. Circ. N 99.)

11. *Recherches. Autorisation.* — Les agents forestiers ne peuvent faire aucune recherche dans les bureaux des directeurs des contributions directes que sur l'ordre du conservateur, qui désigne les agents. (Circ. N 99.)

12. *Copie. Extrait. Autorisation.* — Les copies ou extraits de plans ne peuvent être réclamés que sur l'autorisation de l'administration. (Circ. N 99.)

13. *Réclamation. Classement.* — Les réclamations contre le classement des bois et autres propriétés non bâties ne sont plus recevables, après les six mois qui suivent la mise en recouvrement du premier rôle cadastral. (Loi du 15 septembre 1809. Conseil d'État, 29 juin 1865.)

14. *Classement. Compétence.* — Le conseil de préfecture est compétent, à l'exclusion du préfet, pour prononcer sur les réclamations concernant le tarif des évaluations lorsque cette opération est inséparable du classement. (Cons. d'État, 27 fév. 1835.) V. CABARET.

15. *Géomètre.* — Les géomètres du cadastre ne peuvent être poursuivis, à cause des dégâts commis dans les forêts, que sur l'autorisation du Ministre (Lettre Min. 15 fructidor an iv.)

16. *Dommages aux propriétés.* — La question des dommages est actuellement réglée par la loi du 29 décembre 1892. (Circ. N 478.) V. Étude.

17. *Contribution foncière.* — La contribution foncière des propriétés bâties est établie en raison des sommes du revenu de ces propriétés, tel qu'il résulte des évaluations foncières. ... Contribution foncière ... 3 p. 0/0. Le montant net annuel ... et de l'amortissement, totalisés s'obtiendra en multipliant le capital ... 0,06316. (Circ. N 505, art. 81.)

CADEAU. V. Corruption.

CADET. V. ...

CADRE. V. Plan. Chasseurs forestiers.

CAHIER DES CHARGES.

Nomenclature des cahiers des charges.

1. Bois façonnés (vente).
2. Coupes en bloc (vente).
3. Adjudication des gemmages et des coupes avec gemmage.
4. Coupes par unités de produits (vente).
5. Liège en Algérie (vente au quintal).
6. Chasse. — Bois domaniaux (Adjudication du droit).
7. Pêche (Adjudication du droit).
8. Travaux (Adjudication et exécution).

1. *Définition.* — Nomenclature détaillée des conditions d'une vente et des moyens d'exploitation. Conditions d'exploitation imposées à tous les adjudicataires.

2. *Établissement du cahier des charges des ventes.* — Les conditions générales des adjudications sont établies par un cahier des charges délibéré par la Direction générale des Eaux et Forêts et approuvé par le Ministre de l'Agriculture (O. 82.) — Décret du 19 mars 1891. Circ. N 431). Ce cahier est ensuite soumis à

l'adhésion du Ministre des Finances, en ce qui concerne les conditions financières qu'il renferme.

Lorsqu'il s'agit d'exploitations, qui, par leur nature, doivent être effectuées dans des conditions autres que celles du cahier des charges générales, des cahiers des charges spéciaux sont établis d'après les mêmes règles.

3. *Validité.* — Les clauses et conditions des cahiers des charges sont toutes de rigueur et ne pourront jamais être réputées comminatoires. (Ord. 82, 134. Décr. du 19 mars 1891. Circ. N 431.)

4. *Dépôt. Secrétariat.* — Quinze jours avant l'époque fixée pour l'adjudication, l'agent forestier chef de service fera déposer, au secrétariat de l'autorité administrative qui devra présider à la vente, une expédition du cahier des charges générales. (Ord. 83, 134.)

5. *Visa.* — Le fonctionnaire qui devra présider à la vente apposera son visa au bas de cette pièce, pour en constater le dépôt. (Ord. 83, 134.)

6. *Clauses spéciales.* — Les cahiers des charges générales ne règlent que les conditions générales, et l'administration a toujours le droit d'ajouter les clauses spéciales, soit pour étendre ou restreindre, dans certains cas, les stipulations générales, soit même pour créer des conditions non prévues. (Circ. A 277.)

7. *Énonciation de délit.* — Le cahier des charges est le règlement qui spécifie les délits prévus et punis par l'article 87 du code forestier. L'administration est chargée de spécifier ces délits, qui varient suivant le mode d'exploitation et les arbres. V. Abatage. Nettoiement. Exploitation.

8. *Infraction. Pénalités.* — Les contraventions aux clauses et conditions des cahiers des charges, relativement au mode d'abatage des arbres et au nettoiement des coupes, seront punies, savoir :

Amende : 50 à 500 francs. (Cod. For. 37.)

Dommages-intérêts : obligatoires; minimum amende simple. (Cod. For. 37, 202. Cass. 23 juillet 1842.)

9. *Algérie. Adjudication. Marché de gré à gré. Pénalités.* — Les contraventions aux conditions du cahier des charges ou du marché, tant pour le mode d'abatage des arbres, l'exploitation des lièges ou écorces et le nettoiement des coupes que pour les délais dans lesquels la coupe des bois et la vidange des ventes ou l'enlèvement des lièges ou écorces devront être effectués, seront punies, savoir :

Amende : 50 à 500 francs.

Dommages-intérêts fixes, au minimum : 10 pour cent de la valeur des produits.

Saisie des produits jusqu'à due concurrence et pour garantie de l'amende et des dommages-intérêts encourus. (Loi du 21 février 1903, art. 41. Circ. N 642.)

10. *Tunisie. Contraventions. Pénalités.* — Les contraventions aux clauses du cahier des charges sont punies :

D'une amende de 50 à 500 francs.

En cas d'inexécution de l'exploitation ou de la vidange dans les délais fixés :

Confiscation des bois non exploités ou non sortis de la forêt. (Décr. du 10 juillet 1899, art. 10.)

11. *Ambiguïté. Interprétation.* — Le cahier des charges étant le contrat qui fait la loi commune de l'administration et de l'adjudicataire, toute clause obscure et ambiguë doit s'interpréter contre elle. (Cass. 4 mars 1836.)

12. *Interprétation. Application.* — Les cahiers des charges sont imposés à l'adjudicataire, et un tribunal ne doit pas les discuter, mais examiner si les délits incriminés sont prévus et punis par les conditions insérées. V. Renvoi à fins civiles.

13. *Conditions. Paiement.* — Les conditions de vente et les termes de paiement, pour les adjudications dont le prix de vente est versé à la caisse des domaines, sont réglés, soit par des cahiers des charges spéciaux, approuvés par le Ministre ou l'administration, soit d'après des dispositions arrêtées par le conservateur et inscrites au procès-verbal d'adjudication. (Circ. N 80, art. 27.)

14. *Travaux. Inexécution.* — En cas d'inexécution, les travaux mis en charge sur les coupes sont exécutés par voie de régie, aux frais des adjudicataires. (Cod. For. 41.)

15. *Marchés. Garanties. Dispenses.* — Les cahiers des charges relatifs aux adjudications de travaux déterminent l'importance des garanties pécuniaires à produire :

Par les soumissionnaires, à titre de cautionnements provisoires, pour être admis aux adjudications ;

Par les adjudicataires, à titre de cautionnements définitifs, pour répondre de leurs engagements.

Ils peuvent, s'il y a lieu, dispenser de l'obligation de déposer un cautionnement provisoire ou définitif. Ils peuvent disposer que le cautionnement, réalisé avant l'adjudication, à titre provisoire, servira de cautionnement définitif.

Ils déterminent les autres garanties, telles que : cautions personnelles et solidaires, affectations hypothécaires, dépôts de matières dans les magasins de l'État qui peuvent être demandées, à titre exceptionnel, aux fournisseurs et entrepreneurs, pour assurer l'exécution de leurs engagements. Ils déterminent l'action que l'administration peut exercer sur ces garanties.

(Décr. du 18 novembre 1882, art. 4. Circ. N 304. Circ. N 566, art. 188.)

16. *Services du matériel. Marchés. Traités. Conventions.* — Les cahiers des charges, marchés, traités ou conventions à passer pour les services du matériel doivent toujours exprimer l'obligation, pour tout entrepreneur ou fournisseur, de produire les titres justificatifs de ses travaux, fournitures et transports dans un délai déterminé, sous peine de déchéance. (Décr. du 18 novembre 1882, art. 27. Circ. N 304.)

17. *Menus produits.* — Il n'est point imprimé de cahier des charges pour les adjudications de menus produits. Les conditions de la vente sont stipulées au procès-verbal d'adjudication. Toutefois, si la valeur des objets à adjuger dépassait 500 francs, il pourrait être rédigé un cahier des charges, dont le projet serait soumis à l'administration. (Arr. Min. 9 février 1836, art. 2. Circ. A 368.)

18. *Menus produits. Conditions.* — En général, le cahier des charges pour la vente des menus produits ne doit renfermer que les conditions pour fixer les termes de paiement, le délai et le mode d'enlèvement et les chemins de vidange. Ces conditions sont insérées au procès-verbal d'adjudication. (Circ. A 368.)

19. *Format.* — Le format adopté pour le cahier des charges générales est celui d'une feuille de papier timbré de 6 francs.

20. *Timbre. Enregistrement.* — Les cahiers des charges sont exempts du timbre et de l'enregistrement sur la *minute*, mais les copies doivent être timbrées. (Décis. Min. 30 septembre 1831. Loi du 15 mai 1818, art. 80. Circ. A 364.) La *minute* du cahier des charges soumise à l'approbation du Ministre est exempte du timbre, mais la copie du cahier des charges qui fait partie intégrante du procès-verbal d'adjudication doit être en entier sur papier timbré. (Circ. A 365 *bis*.)

21. *Timbre. Enregistrement. Minute. Copies.* — La minute du cahier des charges rédigée administrativement est dispensée du timbre et de l'enregistrement, mais, lorsque cet acte est mentionné, par voie de référence, dans le procès-verbal d'adjudication, afin d'éviter l'annexe d'une copie ou d'une exécution, cet acte devient partie intégrante de ce procès-verbal et doit alors être timbré. Les copies doivent toujours être timbrées. (Décis. Min. 29 juillet 1874.)

22. *Timbre. Travaux.* — Lorsque le cahier des charges est un document administratif d'une application générale et ne constitue pas une annexe du marché, l'original est exempt du timbre. (Circ. N 104.)

23. *Timbre.* — Les cahiers des charges des coupes sont visés pour timbre en débet. (Décis. Min. 28 janvier 1832.)

24. *Clauses spéciales. Timbre.* — Les clauses spéciales, annexées à un cahier des charges non timbré, sont soumises à la formalité du timbre comme constituant une annexe spéciale du marché. (Circ. N 104.)

CAILLE. V. Chasse.

CAILLOU. V. Pierre. Enlèvement.

CAISSE NATIONALE D'ÉPARGNE. (Caisse d'épargne postale.)

1. *Institution.* — Il est institué une caisse d'épargne publique sous la garantie de l'État; elle est placée sous l'autorité du Ministre des postes et des télégraphes et prend le nom de caisse d'épargne postale. (Loi du 9 avril 1881, art. 1er.)

2. *Intérêt.* — Un intérêt de 3 francs pour cent sera servi aux déposants par la caisse d'épargne. Cet intérêt courra du 1er ou du 16 de chaque mois après le jour du versement. Il cessera de courir à partir du 1er ou du 16 qui aura précédé le jour du remboursement. (Loi du 9 avril 1881, art. 3.) Il a été fixé à 3 fr. 50 pour cent depuis le 1er janvier 1921.

3. *Versement.* — Chaque versement ne pourra être inférieur à 1 franc. Le compte ouvert à chaque déposant ne pourra excéder le chiffre de 5,000 francs, versés en une ou plusieurs fois. (Loi du 9 avril 1881, art. 8. Loi du 9 juillet 1916.)

4. *Préposés communaux domanialisés. Versement.* — Les préposés communaux soumis au régime de la C. N. R. V. et maintenus en activité de service après soixante ans subissent la retenue réglementaire et bénéficient également d'une allocation accordée par l'État. Ces sommes sont, au gré du préposé et par les soins de l'agent intermédiaire, soit déposées en son nom à la caisse nationale d'épargne, soit versées, à son compte, à la Caisse nationale des retraites. (Décr. du 25 septembre 1897, art. 6. Circ. N 522. Décr. du 20 juin 1904. Circ. N 667. Loi du 30 octobre 1919.) V. Caisse nationale des retraites. Retenue.

5. *Retenues. Mandatements.* — Les retenues semestrielles opérées sur les traitements donneront lieu à un mandatement collectif distinct.

6. *Part de l'État. Mandatement.* — Les mandats seront émis au nom des agents forestiers intermédiaires, qui en donneront quittance pure et simple et qui feront diligence pour

que le montant en soit immédiatement versé à la caisse d'épargne postale et inscrit sur les livrets individuels. (Circ. N 525.)

7. *Comptabilité.* — Les mandats délivrés seront présentés par les intermédiaires, revêtus du «vu bon à payer» du trésorier général, à la caisse du receveur principal des postes. Ce comptable en fera emploi dans ses écritures en dépense et en recette, après les avoir fait acquitter par les titulaires, et il les comprendra dans un de ses prochains versements à la trésorerie générale, en y inscrivant une déclaration signée de lui et constatant qu'il a converti le montant des mandats en versements à la caisse nationale d'épargne. (Circ. N 525.)

8. *États.* — Deux états nominatifs, établis par l'ordonnateur et non revêtus de la signature des ayants droit, seront joints aux mandats et conservés par le receveur principal. Sur le premier seront inscrites les sommes à verser au nom des préposés non titulaires de livrets; sur le second, les sommes concernant les préposés déjà titulaires de livrets. On ne devra faire figurer que des sommes rondes en francs, sans fractions. (Circ. N 525.)

9. *Premiers versements. Pièce à joindre.* — A l'état nominatif des premiers versements seront annexées les demandes de livret établies par l'agent intermédiaire et signées par lui seul pour le compte des intéressés. (Circ. N 525.)

10. *Versements ultérieurs. Pièce à joindre.* — L'état nominatif des versements ultérieurs sera accompagné des livrets des parties intéressées. (Circ. N 525.)

11. *Décharge.* — L'agent intermédiaire recevra, à la recette principale des postes, pour chaque somme versée au profit d'un préposé n'ayant pas encore un compte ouvert à la caisse nationale, une quittance extraite d'un journal à souche, échangeable contre un livret dans un délai de trois jours. Quant aux livrets annexés au second état nominatif, les versements y seront constatés dans les conditions déterminées par la loi du 3 août 1882, et ils seront rendus immédiatement à l'intermédiaire. (Circ. N 525.)

12. *Inscription.* — Les versements qui seront faits à la caisse nationale d'épargne seront toujours portés au compte personnel du préposé. (Circ. N 525.)

13. *Acquisitions. Bois. Terrains à boiser.* — Les acquisitions de bois, forêts ou terrains à boiser bénéficieront des dispositions de l'article 10 de la loi du 20 juillet 1895 et seront comprises dans la quotité des placements que les caisses d'épargne peuvent effectuer en valeurs locales, sans que, toutefois, le montant total de ces acquisitions puisse excéder un

dixième du capital de la fortune personnelle. (Loi du 2 juillet 1913, art. 5.) V. *Journal off.* du 7 décembre 1918 pour le décret d'application.

CAISSE NATIONALE DES RETRAITES POUR LA VIEILLESSE.

V. Pension de retraite préposés communaux domanialisés — gardes forestiers auxiliaires — fonctionnaires entrés après l'âge de 30 ans dans une administration de l'État). Retenue.

SECT. I. — DISPOSITIONS GÉNÉRALES.

1. *Création. Dénomination.* — A partir du 1ᵉʳ janvier 1887, la caisse des retraites, créée par la loi du 18 juin 1850 a pris le nom de caisse nationale des retraites pour la vieillesse. (Loi du 20 juillet 1886, art. 1ᵉʳ.)

2. *But.* — Elle a pour but de recueillir et de faire fructifier, par l'accumulation des intérêts, l'épargne réalisée par le déposant en vue de s'assurer une pension de retraite pour ses vieux jours. Elle reçoit les plus modestes économies.

3. *Emploi des fonds. Compte courant.* — Les fonds de la caisse nationale des retraites sont employés en rentes sur l'État, en valeur du Trésor, ou soit en valeurs garanties par le Trésor, soit en obligations départementales et communales. Les sommes nécessaires pour assurer le service des arrérages sont déposées en compte courant au Trésor. Le taux de l'intérêt dudit compte est fixé par le Ministre des finances et ne peut être inférieur aux taux d'après lequel est calculé, pour l'année, le montant des rentes viagères à servir aux déposants. (Loi du 20 juillet 1886, art. 22.)

Le compte courant au Trésor ne peut être supérieur à 50 millions. (Loi du 26 février 1887, art. 28.)

4. *Versement. Montant.* — Les versements sont reçus et liquidés à partir de 1 franc et sans fraction. (Loi du 20 juillet 1886, art. 5.) Les versements sont reçus jusqu'à concurrence de la somme nécessaire pour obtenir une rente de 6,000 francs par déposant.

5. *Rente viagère. Maximum.* — Le maximum de la rente viagère que la caisse des retraites est autorisée à faire inscrire sur la même tête est de 1,200 francs. (Loi du 20 juillet 1886, art. 7.) Il est élevé à 6,000 francs (Voir ci-dessus).

6. *Cession. Saisie.* — Les rentes viagères constituées par la caisse nationale des retraites pour la vieillesse sont incessibles et insaisissables jusqu'à concurrence de 360 francs. (Loi du 20 juillet 1886, art. 8.) Au delà de cette somme, elles sont saisissables à concurrence d'un dixième de la somme excédant ce chiffre et cessibles pour un autre dixième. (Loi du 17 avril 1906, art. 65.)

7. *Rente viagère. Calcul.* — Le montant de la rente viagère à servir est calculé d'après des tarifs tenant compte pour chaque versement :

1° De l'intérêt composé du capital ;

2° Des chances de mortalité en raison de l'âge des déposants et de celui auquel commence la retraite, calculées d'après les tables de *Deparcieux* ;

3° Du remboursement, au décès, du capital versé, si le déposant en a fait la demande au moment du versement. (Loi du 28 juillet 1886, art. 9.)

8. *Tarif des rentes viagères produites par un versement annuel de 10 francs (1921) :*

ÂGES au PREMIER versement.	CAPITAL ALIÉNÉ.			
	JOUISSANCE DE LA RENTE À :			
	50 ans.	55 ans.	60 ans.	65 ans.
	fr. c.	fr. c.	fr. c.	fr. c.
25.........	41 10	66 49	110 79	195 80
30.........	28 60	47 76	81 16	145 27
35.........	18 84	33 12	58 02	105 00
40.........	11 23	21 71	39 98	75 03
45.........	5 32	12 85	25 98	51 14
50.........	0 77	6 03	15 19	32 75
55.........	—	0 86	7 02	18 81
60.........	—	—	0 99	8 32
65.........	—	—	—	1 17

L'intérêt qui sert de base aux tarifs est fixé chaque année d'après celui que la caisse retire des fonds qui lui sont remis. Les résultats du présent tableau ne sont donc donnés qu'à titre de renseignement. (Le taux de l'intérêt, pour l'année 1922, a été fixé à 5 francs, par décret du 28 décembre 1921.)

9. *Rente viagère. Majoration.* — Un crédit est affecté à la majoration des rentes viagères constituées au profit des titulaires de livrets individuels de la caisse nationale des retraites et des membres des sociétés de secours mutuels, ou de toute autre société de secours et de prévoyance servant des pensions de retraite, qui justifieront de la continuité des versements exigés, âgés d'au moins 65 ans. (Loi du 31 décembre 1895, art. 1.) Voir décret du 9 juin 1896, portant réglementation de la répartition des crédits pour la bonification des retraites par la caisse nationale.

10. *Accidents du travail. Recours. Privilège.* — En ce qui concerne les accidents dont les ouvriers sont victimes dans leur travail, la caisse nationale des retraites exercera un recours contre les chefs d'entreprise débiteurs, pour le compte desquels des sommes auront été payées par elle. En cas d'assurance du chef d'entreprise, elle jouira du privilège de l'article 2102 du code civil sur l'indemnité due par l'assureur et n'aura plus de recours contre le chef de l'entreprise. (Loi du 9 avril 1898, art. 26. Décr. du 28 février 1899. Circ. N 569.)

11. *Jouissance. Âge. Tarif.* — L'entrée en jouissance de la pension est fixée, au choix du déposant, de 50 à 65 ans.

Les tarifs sont calculés jusqu'à ce dernier âge.

Les rentes viagères au profit de personnes âgées de plus de soixante-cinq ans sont liquidées suivant les tarifs déterminés pour cet âge. (Loi du 20 juillet 1886, art. 10.)

12. *Pension. Âge. Incapacité.* — Dans le cas de blessures graves ou d'infirmités prématurées régulièrement constatées, conformément au décret du 27 juillet 1861, et entraînant incapacité absolue de travail, la pension pourra être liquidée même avant cinquante ans et en proportion des versements faits avant cette époque. (Loi du 20 juillet 1886, art. 11.)

13. *Jouissance. Rente. Renvoi. Taux.* — L'ayant droit à une rente viagère, qui a fixé son entrée en jouissance à un âge inférieur à soixante-cinq ans, peut, dans le trimestre qui précède l'ouverture de la rente, reporter sa jouissance à une autre année d'âge accomplie, sans que, en aucun cas, la rente augmentée d'après les tarifs en vigueur puisse excéder 6,000 francs, ni qu'il y ait lieu au remboursement d'une partie du capital déposé. (Loi du 20 juillet 1886, art. 16.)

14. *Remboursements. Versements irréguliers. Intérêts.* — Est remboursée sans intérêts, par la caisse, toute somme versée irrégulièrement, par suite de fausse déclaration sur les qualités civiles, noms et âges des déposants.

Sont également remboursées sans intérêts les sommes qui, lors de la liquidation définitive, seraient insuffisantes pour produire une rente viagère de 2 francs. (Loi du 20 juillet 1886, art. 19.)

15. *Remboursement.* — Conformément aux articles 1974 et 1975 du code civil, toute somme versée au profit d'une personne morte au jour du versement, ou atteinte de maladie dont elle est morte dans les vingt jours du versement, est remboursée sans intérêts. (Décr. du 28 décembre 1886, art. 29.)

16. *Actes. Timbres. Enregistrement.* — Les certificats, actes de notoriété et autres pièces exclusivement relatives à l'exécution de la présente loi seront délivrés gratuitement et dispensés des droits de timbre et d'enregistrement. (Loi du 20 juillet 1886, art. 24.)

17. *Certificat de vie. Timbre.* — Les certificats à produire, soit pour inscription des rentes viagères de la vieillesse, soit pour le payement des arrérages desdites rentes, sont exemptés des droits de timbre et peuvent être délivrés, soit par les notaires, soit par le maire de la résidence du rentier. (Décr. du 28 décembre 1886, art. 32.)

SECT. II.

§ 1. Retenue. Versement.

18. *Domanialités. Application. Gardes forestiers auxiliaires.* — Fonctionnaires entrés dans l'administration après l'âge de 30 ans. (Lois du 30 avril 1920, art. 15, et du 29 avril 1921, art. 31.)

19. *Préposés. Versements.* — Des versements à la caisse nationale des retraites sont effectués au profit des préposés communaux.

Ces versements proviennent :

1° De la retenue opérée sur le traitement de ces préposés;

2° De la part contributive de l'État. (Décr. du 25 septembre 1897, art. 1er. Circ. N 522. Décr. du 8 juillet 1922.)

20. *Préposés communaux domanialisés.* — Les brigadiers et gardes communaux nommés domaniaux continuent, s'ils ne sont pas susceptibles de compter, à 60 ans d'âge, 25 ans de services militaires ou forestiers (domaniaux ou communaux), dont 10 ans au moins de service à l'État, à se constituer, avec la participation de l'État, une pension à la caisse nationale des retraites pour la vieillesse.

Il en sera de même pour les gardes communaux nommés auxiliaires, recevant un traitement égal ou supérieur à 300 francs. (Loi du 30 octobre 1919, art. 2 et 3. Circ. N 866.)

21. *Retenue. Principe.* — Les préposés communaux domanialisés, ne pouvant obtenir, à 60 ans, la retraite des préposés domaniaux, subiront les retenues de 5 p. 100 prescrites par l'article 3 de la loi du 9 juin 1853, qui seront versées à leur compte, augmentées d'une contribution de l'État égale à 5 p. 100 de leur traitement brut.

Quant aux gardes auxiliaires, ils seront régis par les décrets des 25 septembre 1897 et 10 décembre 1898, s'ils ont un traitement égal ou supérieur à 300 francs. (Loi du 30 octobre 1919, art. 2 et 3. Circ. N 866.)

22. *État. Versements supplémentaires.* — Des versements supplémentaires sont faits par l'État à la caisse nationale des retraites au profit des préposés communaux. Ils sont effectués au moment où les préposés quittent l'administration. (Décr. du 10 décembre 1898. Circ. N 552.)

Ces dispositions sont applicables aux gardes forestiers auxiliaires dont le traitement annuel est compris entre 100 et 299 francs, sous la condition toutefois que ces préposés aient bénéficié pendant au moins cinq années consécutives de la participation de l'État à la bonification de leur pension de retraite, telle qu'elle résulte du présent décret. (Décr. du 20 juin 1904, art. 8. Circ. N 667.) V. Pensions (préposés communaux).

23. *Retenue. Tarif. Exception.* — Les retenues à opérer sur le traitement des gardes-forestiers auxiliaires sont les suivantes :

Une somme annuelle de 8 francs pour les traitements de 100 à 149 francs;

Une somme annuelle de 10 francs pour les traitements de 150 à 199 francs;

Une somme annuelle de 12 francs pour les traitements de 200 à 249 francs;

Une somme annuelle de 14 francs pour les traitements de 250 à 299 francs;

Une somme de 20 francs pour les traitements inférieurs à 500 francs;

Une somme de 30 francs pour les traitements inférieurs de 500 à 599 francs;

Une somme annuelle de 40 francs pour les traitements de 600 francs et au-dessus.

2° Lors de l'entrée en fonctions des préposés nouvellement nommés :

Une somme de 20 francs pour les traitements inférieurs à 500 francs;

Une somme de 30 francs pour les traitements de 500 à 599 francs;

Une somme de 40 francs pour les traitements de 600 francs et au-dessus.

3° Lors d'une augmentation de traitement par avancement :

Une somme de 10 francs pour augmentation de 50 à 100 francs;

Une somme de 20 francs pour augmentation de 100 francs et au-dessus.

Ne subissent pas les retenues ci-dessus :

Les préposés dont le traitement est inférieur à 300 francs. Ceux-ci pourront toutefois effectuer volontairement des versements dans les conditions ci-dessus indiquées. (Décr. du 25 septembre 1897, art. 2. Circ. N 522.) L'augmentation de traitement qui est résultée de la loi du 21 février 1910 n'a donné lieu à aucune retenue. (Circ. N 796.) V. Retenue.

24. *État. Part contributive.* — La part contributive de l'État est fixée, savoir :

A 8 francs pour les traitements de 100 à 149 francs;

A 10 francs pour les traitements de 150 à 199 francs;

A 12 francs pour les traitements de 200 à 249 francs;

A 14 francs pour les traitements de 250 à 299 francs.

Sous la condition que les gardes forestiers auxiliaires effectuent volontairement des versements à la caisse nationale des retraites. (Décr. du 20 juin 1904. Circ. N 667.)·

A 20 francs pour les traitements de 300 à à 499 francs;

A 30 francs pour les traitements de 500 à 599 francs;

A 40 francs pour les traitements de 600 fr. et au-dessus. (Décr. du 25 septembre 1897, art. 3. Circ. N 522.) V. Crédit.

25. *État. Part contributive. Mandatement.* — La part contributive de l'État est mandatée collectivement par semestre, au nom des agents forestiers intermédiaires; ceux-ci remettent, après les avoir acquittés, les mandats délivrés en leur nom à la trésorerie générale, avant l'expiration des 1er et 3e trimestres. Les intermédiaires prennent les mesures nécessaires pour qu'elle soit portée au compte de chaque préposé, en même temps que le versement provenant de la retenue.

Elle est acquise aux préposés qui subissent les retenues après l'âge de 60 ans et versée, suivant les cas, à la caisse d'épargne ou à la caisse des retraites. (Décr. du 25 septembre 1897, art. 5 et 6. Circ. N 522. Décr. du 20 juin 1900, art. 4 et 5. Circ. N 667.)

26. *Retraites ouvrières. Application.* — La mise en application de la loi du 5 avril 1910 sur les retraites ouvrières n'apporte aucun changement à la situation des gardes forestiers auxiliaires dont le traitement est égal ou supérieur à 300 francs. (Décr. du 28 décembre 1911.)

Les avantages spéciaux que l'État a consentis, par le décret du 20 juin 1904, en faveur des préposés communaux recevant un traitement de 100 à 299 francs, ne leur seront pas retirés. Assujettis aux versements de 5 p. 100 du salaire imposés par la loi sur les retraites ouvrières, les préposés en question qui se seront également soumis aux retenues par le décret de 1904 susvisé obtiendront une con-

tribution égale de l'État. (Circ. N 199.) V. Retraites ouvrières.

27. *Fonctionnaires entrés dans l'administration après l'âge de 30 ans.* — Lois du 30 avril 1920 (art. 15) et du 29 avril 1921 (art. 31). [*J. O.*, 30 avril 1921.]

L'article 31 de la loi du 29 avril 1921 prévoit que les fonctionnaires admis dans les administrations de l'État après l'âge de 30 ans seront soumis aux dispositions de l'article 15 de la loi du 30 avril 1920.

Toutefois, pour les fonctionnaires qui, avant leur admission dans les cadres, auraient déjà accompli des services admissibles pour la constitution du droit à pension, l'âge fixé ci-dessus sera augmenté d'un temps égal à la durée de ces services. Le délai d'option prévu au dernier paragraphe de l'article 15 de la loi du 30 avril 1920 à l'égard des fonctionnaires qui auraient déjà été soumis à des retenues au titre des pensions civiles courait à dater de la promulgation de la présente loi.

Loi du 30 avril 1920, article 15. — La loi du 9 juin 1853 n'est pas applicable aux militaires réformés pour blessures ou infirmités contractées au cours de la guerre actuelle, qui seraient admis dans les administrations de l'État après l'âge de 30 ans.

Des versements comprenant d'une part les retenues de 5 p. 100 et du premier douzième, d'autre part des subventions égales à la charge de l'État sont effectuées au nom de ces agents par chaque administration intéressée à la caisse nationale des retraites pour la vieillesse en vue de la constitution d'une rente viagère à l'âge de 60 ans.

Au moment de leur admission dans l'administration, les intéressés indiquent s'ils entendent effectuer leurs versements personnels à capital aliéné ou à capital réservé.

Ils souscrivent et remettent en même temps une déclaration faisant connaître leur état civil. S'ils sont mariés la moitié des retenues effectuées sur le traitement est versée en leur nom, l'autre moitié au nom de la femme. S'ils sont célibataires, veufs ou divorcés, ils s'engagent à aviser l'administration, en cas de mariage ultérieur, de leur changement d'état civil, le partage des versements n'ayant lieu qu'à dater de la notification du mariage à la caisse notionale des retraites; il cesse en outre en cas de divorce ou de séparation de corps ou de biens.

Les versements de l'État sont toujours effectués à capital aliéné au profit exclusif de l'agent. Les rentes provenant des sommes représentant cette part contributive sont incessibles et insaisissables. Ceux desdits agents qui, nommés antérieurement à la présente loi, auraient déjà été soumis à des retenues au titre de pension civile pourront néanmoins, s'ils en font la demande expresse dans le délai de *six mois* au Ministre dont ils relèvent, demeurer soumis aux dispositions de la loi du 9 juin 1853. A défaut par eux de produire cette demande, ils seront affiliés d'office à la caisse nationale des retraites pour la vieillesse dans les conditions ci-dessus fixées avec effet du jour de leur entrée en fonctions.

28. *État. Part contributive. Mariage.* — Les versements effectués par l'État à la caisse des dépôts et consignations doivent, en cas de mariage, profiter séparément au préposé et à sa femme [1]. (Circ. N. 525.)

29. *Conditions.* — Les versements sont faits à capital aliéné. L'âge normal d'entrée en jouissance de la pension est fixée à 60 ans.

L'entrée en jouissance de la pension de la femme du préposé doit coïncider avec l'entrée en jouissance de la pension du mari, à moins qu'à cette époque la femme n'ait dépassé 65 ans ou n'ait pas encore atteint 50 ans (Décr. du 25 septembre 1897, art. 5. Circ. N 522. Décr. du 20 juin 1904, art. 5. Circ. N 667.)

30. *Livret. Versement.* — Le livret qui doit être remis à chaque déposant est établi par la caisse des dépôts et consignations; il est revêtu de son timbre et délivré gratuitement. (Décr. du 28 décembre 1886, art. 11.)

Il sera loisible aux préposés d'augmenter le taux des versements déterminés (n° 4). Les versements supplémentaires seront effectués conformément aux dispositions du règlement ministériel du 26 décembre 1859, art. 2. Circ. N 785.)

31. *Maintien en activité.* — Tout préposé maintenu en activité de service après 60 ans continue à subir la retenue. Les retenues exercées après 60 ans sont, au gré du préposé, soit déposées en son nom à la caisse nationale d'épargne, soit versées, à son compte, à la caisse nationale des retraites. (Décr. du 25 septembre 1897, art. 6. Décr. du 20 juin 1904, art. 6. Circ. N 667.) Cet article donne aux préposés la possibilité de se constituer un pécule, en faisant déposer à la caisse d'épargne le montant des retenues. (Circ. N° 522.)

32. *Ajournement d'âge ou de jouissance.* — Les demandes pour ajourner à un âge ultérieur à soixante ans l'entrée en jouissance de la retraite, ou pour fixer une jouissance de la rente afférente à un nouveau versement ne peuvent être souscrites que dans le trimestre qui précède l'ouverture de la rente, c'est-à-dire dans le trimestre qui correspond à la naissance du déposant. (Instr. du 10 octobre 1876, Circ. N 207.)

[1] Cette disposition a été maintenue jusqu'à ce jour, nonobstant l'abrogation des paragraphes 3, 5, de l'article 13 de la loi du 4 avril 1914.

33. *Mode.* — Le montant des retenues à effectuer sera indiqué, par les soins des inspecteurs des forêts, sur les états de traitement et mandats de payement.

34. *Retenues. Époques.* — Les versements des préposés sont effectués au moyen de retenues opérées par moitié sur le montant des mandats délivrés pour les mois de juin et de décembre de chaque année. (Décr. du 25 septembre 1897, art. 4. Circ. N 522. Décr. du 20 juin 1904, art. 4. Circ. N 667.)

35. *Retenues. Ventilation.* — Les retenues annuelles de 10 francs sont ainsi réparties :
6 francs sur les mandats de juin;
4 francs sur ceux de décembre.
Les retenues de 14 francs :
8 francs sur les mandats du juin;
6 francs sur ceux de décembre.
(Décr. du 30 juin 1904, art. 4. Circ N 667.)
Les retenues annuelles de 30 francs :
16 francs sur les mandats de juin;
14 francs sur ceux de décembre.
(Décr. du 25 septembre 1897, art. 4. Circ. N 522.)

36. *Versement. Époque.* — Le montant des retenues sera versé à la caisse des retraites avant l'expiration des premier et deuxième trimestres. (Circ. N 23.)

37. *Caisse. Versement.* — Les versements de 1 franc au moins et sans fraction de franc sont reçus, à Paris, à la caisse des dépôts et consignations, dans les départements par les trésoriers payeurs généraux et receveurs particuliers des finances, et en Algérie par les trésoriers-payeurs et les payeurs particuliers

Lorsque, le déposant étant marié, le versement doit, conformément au paragraphe 5 de l'article 13 de la loi du 20 juillet 1886, profiter par moitié à son conjoint, aucun versement n'est reçu s'il n'est de 2 francs ou multiple de 2 francs. (Décr. du 28 décembre 1886 art. 1.)

38. *Versement volontaire.* — Les titulaires de livrets de retraite peuvent accroître volontairement leurs versements en ajoutant telles sommes qu'ils indiquent en temps utile, sous la réserve que le versement total ne dépasse pas le maximum fixé par la caisse des retraites. Ces versements ont lieu par l'entremise des intermédiaires, en même temps que les versements ordinaires. Ils n'entraînent pas une contribution correspondante de l'État. (Décr. du 25 septembre 1897, art. 7. Circ. N 522.)

§ 2. Changements de situation.

39. *Cessation de service. Changement de résidence. Décès.* — Lorsqu'un préposé quittera

l'administration avant l'entrée en jouissauce de la pension viagère, son livret lui sera remis, contre récépissé, par l'agent intermédiaire.

En cas de changement de résidence d'un préposé, son livret sera adressé, avec un état de situation extrait du carnet mentionné en l'article 7, au conservateur, qui fera parvenir le tout à l'agent intermédiaire de la nouvelle résidence du préposé.

En cas de décès d'un préposé marié, son livret sera remis à sa veuve contre récépissé. (Règl. Min. 26 décembre 1859, art. 9. Circ. A 785.)

40. *Changement d'état civil.* — S'il survient un changement dans les qualités civiles d'un préposé soumis à la retenue pour la caisse de la vieillesse, l'inspecteur le fera connaître au conservateur, afin que la déclaration en puisse être faite au premier versement qui suit, par les soins de l'agent intermédiaire. (Règl. Min. 26 décembre 1859, art. 10. Circ. A 785.)

41. *Changement. État civil.* — S'il survient un changement dans les qualités civiles du déposant, il est tenu de le déclarer au premier versement qui suit.

Il produit, en même temps, les justifications qui pourraient être nécessaires pour constater le changement survenu et notamment, en cas de divorce, le jugement qui l'a prononcé.

Nota. En cas de mariage du préposé, il doit en donner avis sans retard à son chef immédiat et faire, en ce qui concerne sa femme, les productions et déclarations mentionnées dans les articles 2 et 3 du décret du 28 décembre 1886. La production de l'acte de mariage n'est pas nécessaire.

Si la femme du préposé vient à décéder, celui-ci doit produire l'acte de décès.

42. *Prolongation.* — Si le préposé âgé de moins de soixante-cinq ans, qui cesse ses fonctions selon les prévisions du paragraphe 3 de l'article 3 du présent règlement, manifeste l'intention de continuer les versements de ses propres deniers, son livret lui sera remis, contre récépissé, par l'agent intermédiaire. (Règl. Min. 26 décembre 1859, art. 11. Circ. A 785.)

43. *Nouvelle déclaration.* — Si un déposant veut soumettre de nouveaux versements à des conditions autres que celles qu'il a fixées pour ses versements antérieurs, il est tenu d'en faire la déclaration, et les versements faits avant cette nouvelle déclaration restent soumis aux conditions des déclarations précédentes. (Décr. du 28 décembre 1886, art. 7.)

44. *Déclaration de versement. Pièces.* — Les déclarations prescrites par les articles 2, 3, 6, 7 et 8 sont consignées sur une feuille spéciale pour chaque déposant. Cette feuille est signée par le déposant ou par son intermédiaire, ainsi

que par le préposé de la caisse nationale des retraites.

Les pièces justificatives exigées ci-dessus sont annexées à ladite feuille. (Décr. du 28 décembre 1886, art. 9.)

Nota. Dans le cas où l'original des actes de l'état civil et autres pièces justificatives n'est pas produit, il doit en être remis des expéditions délivrées par les dépositaires publics de l'original ou d'une expédition authentique.

§ 3. *Formalités.*

45. *Pièces justificatives. Dépôt.* — Les feuilles spéciales et les pièces justificatives à l'appui sont réunies à la caisse des dépôts et consignations et y demeurent déposées.

Elles servent à l'ouverture du livret de chaque déposant et à l'établissement du registre matricule de tous les déposants, contenant le compte de chacun d'eux. (Décr. du 28 décembre 1886, art. 10.)

46. *Noms. Pièces.* — Tout déposant qui, soit par lui-même, soit par un intermédiaire, opère un premier versement fait connaître ses nom, prénoms, qualité civile, nationalité, âge, profession et domicile.

Il produit son acte de naissance ou, à défaut, un acte de notoriété qui en tienne lieu, délivré dans les formes prescrites par l'article 71 du code civil.

Ces actes sont délivrés gratuitement et dispensés des droits de timbre et d'enregistrement avec mention de l'usage auquel ils sont destinés. (Décr. du 28 décembre 1886, art. 2.)

47. *Conjoint.* — Si le déposant est marié, il fait, en ce qui concerne son conjoint, les productions et déclarations énoncées dans l'article précédent.

Dans le cas prévu au paragraphe 8 par l'article 13 de la loi du 20 juillet 1886, le déposant produit l'autorisation accordée par le juge de paix ou par la chambre du conseil du tribunal de première instance. (Décr. du 28 décembre 1886, art. 3.)

48. *Séparation de corps ou de biens.* — En cas de séparation de corps ou de biens, le déposant doit produire l'extrait du jugement qui a prononcé la séparation.

L'extrait du jugement doit être accompagné des certificats et attestations prescrits par l'article 548 du code de procédure civile et, en outre, dans le cas prévu par l'article 1444 du code civil, des justifications établissant que la séparation de biens a été exécutée. (Décr. du 28 décembre 1886, art. 4.).

§ 4. *Agent intermédiaire. Fonctions.*

49. *Intermédiaire.* — Les fonctions d'intermédiaire seront remplies, dans chaque département, par un officier forestier désigné par le conservateur. (Règl. Min. 26 décembre 1859, art. 5. Circ. A 785.)

50. *État des retenues. Comptabilité.* — Dans les dix premiers jours des mois de janvier et juillet, le conservateur adressera au receveur général, pour le semestre précédent, un état indiquant, par inspection forestière, les retenues à effectuer.

A l'expiration du second mois de chaque semestre, le receveur général renverra cet état au conservateur, après avoir indiqué, dans les colonnes à ce destinées, le montant des retenues centralisées et de celles qui ne l'ont pas encore été. Il conservera un relevé de ces dernières, afin de pouvoir en suivre le recouvrement.

Le conservateur transmettra immédiatement l'état des retenues aux agents intermédiaires, qui accompliront les formalités prescrites, pour les versements par intermédiaires.

Les bordereaux établis par les intermédiaires et les pièces à l'appui devront être remis au receveur général dans le courant de la deuxième dizaine du troisième mois de chaque semestre. Immédiatement après la remise de ces pièces, le receveur général procédera, conformément aux instructions, à l'ouverture des livrets et à l'enregistrement des versements sur les livrets tant anciens que nouveaux. Le receveur général remettra ensuite les livrets régularisés à l'agent intermédiaire, qui en donnera décharge. (Règl. Min. 26 décembre 1859, art. 6. Circ. A 785.)

51. *Bordereau.* — Les bordereaux de versements doivent indiquer le trimestre et l'année de la naissance du déposant; l'âge et l'époque de son entrée en jouissance de la rente afférente aux versements effectués devront y être indiqués à l'avenir. Il ne sera plus fourni qu'un bordereau en simple expédition. (Circ. N 207.)

52. *Décompte. Livret.* — Les officiers forestiers chargés des fonctions d'intermédiaire resteront dépositaires des livrets.

Ils tiendront un carnet dans lequel ils inscriront successivement les retenues imposées sur le traitement de chaque garde et les versements effectués pour le compte du même garde, ainsi que la rente correspondante.

Un état des soldes existant sur ce carnet à l'expiration de chaque années sera remis, dans la première quinzaine de janvier, au receveur général, pour servir au contrôle de ses écritures. (Règl. Min. 26 décembre 1859, art. 8. Circ. A 785.)

53. *Récépissé.* — Le récépissé que le trésorier général doit délivrer et au dos duquel il doit détailler les bordereaux et les versements ne forme titre qu'à la charge par l'intermédiaire de le faire viser dans les vingt-quatre heures de sa date par le préfet ou le sous-préfet. (Circ. N 207.)

54. *Livret.* — Trois mois après le versement effectué, le déposant, ou le porteur de son livret, a le droit de demander l'inscription sur le livret de la rente viagère correspondante.

A l'époque de l'entrée en jouissance de la rente viagère, le montant en sera définitivement fixé et inscrit au grand livre de la caisse nationale des retraites. (Décr. du 28 décembre 1886, art 18.)

55. *Retraite. Entrée en jouissance.* — Lorsqu'un préposé aura atteint l'époque de l'entrée en jouissance de la pension de retraite, son livret sera adressé par les soins de l'agent intermédiaire, avec un certificat de vie, au directeur général de la caisse des dépôts et consignations, par l'entremise du receveur général ou du receveur particulier des finances.

L'extrait d'inscription de la rente liquidée définitivement sera ensuite transmis au titulaire par les soins du receveur général ou du receveur particulier des finances et de l'agent intermédiaire. (Règl. Min. 26 décembre 1859, art. 11. Circ. A 785.)

56. *Règlement.* — Il sera remis à chaque préposé un exemplaire du règlement, auquel seront annexés des extraits des principales dispositions légales ou administratives régissant la caisse des retraites pour la vieillesse et un tableau des rentes viagères approximatives acquises, dans les cas qui doivent se présenter le plus fréquemment dans la carrière des préposés forestiers soumis au régime de retraites de la Caisse nationale des retraites pour la vieillesse. (Règl. Min. 26 décembre 1859, art. 12. Circ. A. 785.)

CALENDRIER FORESTIER.

Le calendrier forestier indique mensuellement les principaux états, renseignements et obligations fixes ou périodiques concernant le service forestier.

Tous les états relatifs à la comptabilité des ordonnateurs ont été groupés en tête de chaque tableau.

ABRÉVIATIONS :

M. A. P $/_2$ = Ministère de l'agriculture. — Direction du secrétariat, du personnel central et de la comptabilité (2ᵉ bureau).

F $^1/_1$ = Direction générale des Eaux et forêts (1ʳᵉ partie. — 1ᵉʳ bureau).

F $^1/_2$ = Forêts (1ʳᵉ partie. — 2ᵉ bureau).

F $^1/_3$ = Forêts (1ʳᵉ partie. — 3ᵉ bureau).

F $^1/_4$ = Forêts (1ʳᵉ partie. — Personnel).

F $^1/_5$ = Forêts (1ʳᵉ partie. — Pêche et pisciculture).

F $^1/_6$ = Forêts (1ʳᵉ partie. — Améliorations pastorales, forestières et touristiques).

Chef de cantonnement.	Chef de service.	Conservateur.	DÉSIGNATION des ÉTATS À FOURNIR ET DU DESTINATAIRE.	INDICATION des INSTRUCTIONS.	FORMULES à EMPLOYER.
			ÉTATS MENSUELS.		
//	//	1	État des crédits de délégation nécessaires pour les besoins présumés du mois ($F^1/_1$).	Instruction 22 déc. 1919. Note 6 juill. 1920.	S^{ie} 11, n° 18.
//	//	1	Bulletins d'inscription dans l'affectation spéciale et de radiation (commandant de recrutement).	C. N. 779.	Mod. 84 et 55.
//	//	1	État des effets d'habillement de première mise à délivrer aux préposés installés dans le mois précédent ($F^1/_1$).	C. N. 465, 662.	S^{ie} 1, n° 28.
//	//	1	État des bons de tabac de cantine (Directeur des contributions indirectes).	C. N. 203.	//
//	//	5	État et décompte des traitements et des indemnités mandatés ($F^1/_4$).	C. N. 49, 260, 279.	S^{ie} 11, n° 36.
//	//	5	État des dépenses diverses engagées directement par les conservateurs pendant le mois précédent ($F^1/_1$).	C. N. 633.	S^{ie} 11, n° 45.
//	//	10	Situation au dernier jour du mois des crédits délégués, des droits constatés, des mandats délivrés et des payements effectués (accompagnée des bordereaux des payements effectués par les trésoriers généraux) [M. A. $P/_2$].	Règlement du 26 déc. 1866, art. 176. C. N. 104.	M. A., Comp^{té}.
//	//	10	Frais extraordinaires de surveillance de pêche ($F^1/_4$). [État trimestriel.]	Lettre du 14 mars 1921.	//
//	//	25	Mandats des traitements avec bordereau d'émission accompagnés des états justificatifs (T. P. G.).	C. A. 435. C. N. 511.	S^{ie} 11, n° 9.
//	1	5	État nominatif des délinquants insolvables qui se sont libérés au moyen de prestations en nature (T. P. G.).	C. N. 71 et 612.	S^{ie} 6, n° 25.
1	//	//	Déclaration des contributions patronales des administrations publiques (au greffe du canton).	C. N. 859.	//
1	3	5	Situation des approvisionnements de graines ($F^1/_3$).	C. N. 566.	S^{ie} 7, n° 92.
1	5	//	Envoi des procès-verbaux de délit, avec bordereau et propositions de transactions.	C. N. 554-584-786.	S^{ie} 6, n°s 3, 21
1	5	//	État de situation des travaux des commissions d'aménagement.	C. N. 359.	S^{ie} 2, n° 7.
1	5	//	Extrait du livre-journal.................	C. N. 329.	S^{ie} 12, n° 5.
1	//	//	Relevé de la suite donnée aux procès-verbaux pour infractions aux règlements de pâturage.	C. N. 345, § 288.	//
16	20	//	Envoi des procès-verbaux de délit avec bordereaux et propositions de transactions.	C. N. 554-584-786.	S^{ie} 6. n°s 3, 21.
			JANVIER.		
//	//	5	État (trimestriel) des crédits collectifs ($F^1/_3$).	C. N. 566, § 173.	S^{ie} 3, n° 10.
//	//	15	État récapitulatif du montant des retenues opérées pendant l'année précédente pour l'habillement des préposés ($F^1/_1$).	C. N. 189, 237.	//

DATE DE L'ENVOI PAR LE			DÉSIGNATION des ÉTATS À FOURNIR ET DU DESTINATAIRE.	INDICATION des INSTRUCTIONS.	FORMULES à EMPLOYER.
Chef de cantonnement.	Chef de service.	Conservateur			
»	»	30	Mandatement des indemnités annuelles pour privation de pâturage ($F\,^1/_2$).	C. N. 345, § 239.	»
»	»	1	Demandes de subventions sur le produit des jeux.	C. N. 898 et 909.	»
»	»	1	État (semestriel) des officiers, commis et préposés légionnaires ou décorés de la médaille militaire décédés ($F\,^1/_4$).	Note, 7 déc. 1918.	»
»	10	»	État des rétributions dues aux préposés pour citations, etc.	C. N. 85, 372.	S^{le} 11, n° 4.
»	1	5	État (trimestriel) des journées d'hôpital ($F\,^1/_4$).	C. N. 13, 144.	»
»	1	5	État (trimestriel) des procès-verbaux dont l'abandon a été autorisé ($F\,^1/_1$).	C. A. 756.	S^{le} 6, n° 18.
»	»	10	Relevé (trimestriel) des expéditions faites par les chemins de fer ($F\,^1/_1$).	C. N. 67, § 30.	S^{le} 11, n° 31.
»	1	5	Situation (semestrielle) des instances domaniales ($F\,^1/_1$).	C. N. 12, lettre du 16 mai 1900.	Modèle annexé.
1	5	»	Situation (trimestrielle) des travaux d'aménagement (service ordinaire).	C. N. 359.	S^{le} 2, n° 7.
»	5	10	Frais de télégrammes officiels pendant l'année précédente ($F\,^1/_1$).	»	»
1	5	»	État (semestriel) des frais de correspondance.	C. N. 100.	S^{le} 11, n° 24.
1	5	»	État (annuel) de situation des objets militaires dont les préposés sont détenteurs (sous-intendant militaire).	»	»
1	5	»	Certificat de privation de pâturage........	C. N. 345, § 240.	»
1	5	10	Feuilles d'observations météorologiques ($F\,^1/_2$).	Note du 12 août 1887.	S^{le} 12, n° 19.
1	5	10	État récapitulatif des incendies survenus dans les forêts de l'État, des communes et des particuliers pendant l'année précédente ($F\,^1/_1$).	C. N. 738.	»
»	»	15	Communication à l'Administration des états de situation des travaux d'aménagement (service spécial et service ordinaire) [$F\,^1/_2$].	C. N. 359.	S^{le} 2, n° 7.
»	10	15	État (trimestriel) des insolvables à incarcérer (T. P. G.).	C. N. 554, § 95.	S^{le} 6, n° 14.
»	»	15	État des frais de bureau des officiers et des frais de correspondance des chefs de brigade pendant l'année précédente ($F\,^1/_4$).	Circulaire autog. de mai 1918.	»
»	10	15	Relevé (trimestriel) des titres de recouvrement (direction des domaines).	C. N. 210, § 635.	S^{le} 5, n° 8.
»	»	15	Envoi des feuilles de notes des préposés, de la liste revisée de présentation des candidats à l'emploi de gardes domaniaux et des propositions d'avancement établies par les comités locaux ($F\,^1/_4$).	Lettre du 29 oct. 1884. Lettre du 22 oct. 1891.	S^{le} 1, n° 18. S^{le} 1, n° 22.
10	20	»	Procès-verbaux de reconnaissance des cantons défensables pour le pâturage.	Ord. 119.	S^{le} 9, n° 1.
»	20	30	État général du produit des ventes domaniales ($F\,^1/_2$).	C. N. 80, § 65. C. N. 210.	S^{le} 4, n° 30.

DATE DE L'ENVOI PAR LE			DÉSIGNATION des ÉTATS À FOURNIR ET DU DESTINATAIRE.	INDICATION des INSTRUCTIONS.	FORMULES à EMPLOYER.
Chef de cantonnement.	Chef de service.	Conservateur.			
//	//	30	État des droits constatés (forêts domaniales, exercice précédent) [$F\,^1/_2$].	Note du 21 déc.1921.	//
//	20	30	État récapitulatif des menus produits vendus ou délivrés (bois domaniaux) et produits du domaine fluvial ($F\,^1/_2$).	C. N. 210, 635.	S^{te} 5, n° 11.
//	20	30	État récapitulatif des produits accessoires vendus ou délivrés (bois communaux) [$F\,^1/_2$].	C. A. 536.	S^{te} 5, n° 12.
//	20	30	États (au nombre de quatre) indiquant les changements survenus dans l'affectation des immeubles domaniaux ($F\,^1/_2$).	C. N. 157.	S^{te} 12, n°" 22 à 25.
10	//	//	Communication au chef de service du registre des menus produits.	C. N. 372.	S^{te} 5, n° 20.
15	//	//	Revision (semestrielle) des états des insolvables (avec les percepteurs).	C. N. 149, 554, § 92.	S^{te} 6, n° 13.
//	//	30	État des sommes payées aux préposés pendant la campagne écoulée, pour frais de surveillance de travaux de reboisement ($F\,^1/_2$).	C. N. 345, § 128.	//
15	20	30	Vues photographiques prises pendant l'année écoulée ($F\,^1/_2$).	Lettre du 14 juin 1890.	//
15	20	30	État général des travaux et des dépenses de l'année écoulée (à fournir dès que les travaux sont terminés, s'ils n'ont pu l'être avant le 31 décembre) [$F\,^1/_2$].	C. N. 345, § 203.	S^{te} 7, n° 72.
30	//	//	Remise des devis des usagers en bois de service (contre reçu).	O. 123, déc. 28 juill. 1913. C. N. 669, 822.	//
15	20	//	Demandes d'exemption d'impôts pour les terrains domaniaux.	C. F. 226.	//
//	20	30	Compte rendu de l'action extérieure et de la propagande pendant l'année précédente ($F\,^1/_4$).	C. N. 877-886.	//

FÉVRIER.

1	5	10	Procès-verbaux de réception des travaux effectués par les sociétés de pêche ($F\,^1/_8$).	C. N. 808.	S^{te} 8, n° 15.
1	5	10	Propositions pour subventions aux sociétés de pêcheurs à la ligne avec leurs demandes et les pièces à l'appui (aux préfets) [$F\,^1/_8$].	C. N. 602, 808.	S^{te} 8, n° 11.
//	5	//	Propositions pour la répartition spéciale des opérations relatives aux coupes entre les officiers d'une même inspection.	C. N. 26, 510 834.	S^{te} 4, n° 4 bis.
	10	25	État de présentation des préposés candidats à l'école secondaire des Barres (Demandes des intéressés et rapports à l'appui) [$F\,^1/_4$].	C. N. 347, 504.	//
15	10	25	Demandes d'admission dans les établissements thermaux de l'État, avec certificat médical et rapports ($F\,^1/_4$).	C. N. 727.	//

DATE DE L'ENVOI PAR LE			DÉSIGNATION des ÉTATS À FOURNIR ET DU DESTINATAIRE.	INDICATION des INSTRUCTIONS.	FORMULES à EMPLOYER.
Chef de cantonnement.	Chef de service.	Conservateur.			
15	10	25	Demandes d'admission pour les trois premières saisons de Vichy et pour les deux premières saisons des autres établissements thermaux militaires et de l'État avec certificat médical et rapports ($F\,^1/_4$).	C. N. 707, 727, 769.	//
//	20	//	Notifications aux communes usagères des cantons défensables et du nombre de bestiaux admis au parcours.	C. F. 69, C. A. 389.	S^{i_0} 9, n° 1.
//	//	25	Compte rendu des travaux et acquisitions en périmètre ($F\,^1/_2$).	22 février 1913..	//
//	1	25	État estimatif des coupes communales à délivrer en nature.	C. A. 583.	S^{i_0} 4, n° 20.

MARS.

DATE DE L'ENVOI PAR LE			DÉSIGNATION des ÉTATS À FOURNIR ET DU DESTINATAIRE.	INDICATION des INSTRUCTIONS.	FORMULES à EMPLOYER.
//	//	1	Comptes annuels de gestion portant inventaire du matériel mis à la disposition des chasseurs forestiers (au sous-intendant).	C. Guerre 13, janvier 1892.	//
//	5	10	État des secours annuels aux veuves et orphelins ($F\,^1/_4$).	C. N. 10, 70.	S^{i_0} 1, n° 21.
10	20	//	États d'assiette des coupes de l'exercice suivant.	C. N. 360.	S^{i_0} 4, n° 1, 2.
10	20	//	État des coupes à exploiter aux frais de l'État.	Idem.	S^{i_0} 4, n° 4.
10	20	//	État des coupes à vendre par unités de produits.	Idem.	Idem.
10	15	//	État (F) de situation des travaux facultatifs (terrains communaux).	C. N. 147.	S^{i_0} 7, n° 79.
10	15	//	État (F^1) [terrains particuliers]...........	Idem.	S^{i_0} 7, n° 80.
15	20	30	Compte rendu des travaux exécutés au moyen des plants délivrés aux instituteurs ($F\,^1/_2$).	L. 31 mars 1897.	//
15	20	30	État de contrôle, 12,3 (amélioration de pâturage) [$F\,^1/_6$].	C. N. 345, § 221.	S^{i_0} 7, n° 81 à 83.
15	25	30	Procès-verbal de vérification des demandes en bois de construction. État général des délivrances en bois de construction ($F\,^1/_2$).	C. N. 822, art. 12.	S^{i_0} 9, n° 8. S^{i_0} 9, n° 9.
15	25	30	Projets généraux de correction ou d'extinction des torrents ($F\,^1/_2$).	C. N. 805.	//
15	//	//	Demandes de chauffage ($F\,^1/_2$).	C. N. 876.	//
30	//	//	Communication (trimestrielle) à l'inspection du registre des délivrances de menus produits.	C. N. 372.	S^{i_0} 5, n° 20.
//	//	30	Récapitulation des états F ($F\,^1/_2$)	C. A. du 11 février 1923.	Modèle.
//	//	30	Récapitulation des états F' ($F\,^1/_2$).	Idem.	Idem.
//	//	30	Relevé de comptes permanents et situation récapitulative par département et conservation ($F\,^1/_2$).	Idem.	Idem.

DATE DE L'ENVOI PAR LE			DÉSIGNATION des ÉTATS À FOURNIR ET DU DESTINATAIRE.	INDICATION des INSTRUCTIONS.	FORMULES À EMPLOYER.
Chef de cantonnement.	Chef de service.	Conservateur.			

AVRIL.

Chef de cantonnement.	Chef de service.	Conservateur.	DÉSIGNATION	INDICATION	FORMULES
"	"	5	État (trimestriel) des crédits collectifs du nouvel exercice (F $^1/_2$).	C. N. 566, § 173.	Annexe D.
"	"	5	État du montant des dépenses et des sommes restant sans emploi sur les crédits collectifs à la cloture de l'exercice.	Idem.	"
"	1	5	État (trimestriel) des journées d'hôpital (F $^1/_4$).	C. N. 144.	"
"	1	5	État (trimestriel) des procès-verbaux de délit abandonnés (F $^1/_1$).	C. N. 766.	S^{ie} 6, n° 18.
"	"	5	Relevé (trimestriel) des expéditions faites par les chemins de fer (F $^1/_1$).	C. N. 67, § 30.	S^{ie} 11, n° 3.
1	5	10	Situation (trimestrielle) des travaux d'aménagement (service ordinaire) [F $^1/_2$].	C. N. 359.	S^{ie} 2, n° 7.
"	10	15	État (trimestriel) des insolvables à incarcérer (au trésorier général).	C. N. 554, § 95.	S^{ie} 6, n° 14.
"	"	15	Propositions pour le mérite agricole et les palmes académiques (F $^1/_4$).	L. Ad^{on} du 10 mars 1914.	"
"	10	15	Projets de clauses spéciales, s'il y a lieu à revision (F $^1/_2$).	C. N. 80, § 18.	"
15	20	25	Bulletin des modifications survenues aux états signalétiques des forêts communales (F $^1/_2$).	C. N. 448.	S^{ie} 4, n° 14.
15	"	"	Désignation sur le livret des préposés des cantons défensables pour leurs vaches.	C. A. 341, 448.	"
15	20	25	Demandes d'admission pour les trois dernières saisons de Vichy, pour la troisième saison des autres établissements thermaux militaires et la quatrième de Plombières (F $^1/_4$).	C. N. 707, 769.	S^{ie} 9, n° 5. S^{ie} 9, n° 6.
15	25	"	Demandes des usagers en bois de chauffage avec l'état nominatif, s'il y a lieu. — État général des délivrances en bois de chauffage.	C. N. 669, art. 29.	"
20	25	30	Demandes des préposés retraités, titulaires de la médaille militaire, pour le payement des allocations renouvenables (F $^1/_4$).	C. N. 486. L. Ad^{on} du 2 décembre 1912.	"
20	25	30	État des propositions de cession des bois de tremble et de peuplier aux manufactures de l'État (F $^1/_2$).	L. Ad^{on} du 2 mars 1920.	"
"	1		État de constatation annuelle des produits et des travaux.	C. N. 482.	S^{ie} 2, n° 10.

MAI.

Chef de cantonnement.	Chef de service.	Conservateur.	DÉSIGNATION	INDICATION	FORMULES
"	"	10	Relevé individuel des sommes dues ou présumées dues (à joindre à la situation finale de l'exercice précédent accompagné des états des restes à payer établis par les T. P. G. et dont copie doit être conservée).	. . . .	M. A. Compt'
"	1	"	États des animaux nuisibles détruits par les lieutenants de louveterie.	C. N. 416.	S^{ie} 8, n° 6

DATE DE L'ENVOI PAR LE			DÉSIGNATION des ÉTATS À FOURNIR ET DU DESTINATAIRE.	INDICATION des INSTRUCTIONS.	FORMULES à EMPLOYER.
Chef de cantonnement.	Chef de service.	Conservateur.			
1	5	10	Propositions pour la médaille forestière ($F\,^1/_1$).	C. N. 313, 334, 437, 778, 785. L. Ad⁰⁰ 17 nov. 1912.	//
5	10	15	Envoi des demandes d'admission au concours pour l'École d'enseignement technique et professionnel des Barres avec rapports à l'appui ($F\,^1/_4$).	Décrets du 8 juin 1914 et du 20 juillet 1922.	//
//	1	20	Rapports aux conseils généraux, à soumettre au contrôle de l'Administration ($F\,^1/_1$).	L. 22 avril 1892.	//
10	20	30	Bulletin des modifications à apporter aux feuilles signalétiques des bois domaniaux ($F\,^1/_2$).	C. N. 360, 428, 448 et L. Ad⁰⁰ 21 novembre 1913.	S^ie 4, n⁰ 1⁴.
//	//	30	Renvoi aux Inspecteurs des états d'assiette.	C. N. 360.	S^ie 4, n⁰⁰ 1², 2.
//	//	30	Fixation des jours pour les ventes des coupes de bois.	C. N. 80, § 2.	//
20	10	//	Envoi des demandes des gardes candidats au grade de brigadier domanial.	A. M. 7 avril 1913 et 31 juillet 1922.	//
//	10	30	État (semestriel) de commandes des effets d'habillement à renouveler dans le semestre suivant, avec un état de prévision des commandes à faire six mois après ($F\,^1/_2$).	C. N. 465, 562, 813.	S^ie 1, n⁰ 28, Mod. A.
//	//	30	Renvoi aux inspecteurs du dossier (approuvé) relatif à la délivrance des bois d'usage.	C. N. 822.	S^ie 9, n⁰⁰ 5, 6, 8 et 9.

JUIN.

DATE DE L'ENVOI PAR LE			DÉSIGNATION des ÉTATS À FOURNIR ET DU DESTINATAIRE.	INDICATION des INSTRUCTIONS.	FORMULES à EMPLOYER.
Chef de cantonnement.	Chef de service.	Conservateur.			
//	//	1	Mandatement semestriel de l'allocation due aux préposés titulaires de la médaille militaire (T. P. G.).	C. N. 486.	//
1	3	5	État nominatif des sommes nécessaires à la bonification de la retraite des préposés ($F\,^1/_4$).	L. A. du 25/3 {1924.	//
1	5	10	État nominatif des titulaires de médailles forestières, retraités, décédés ou radiés ($F\,^1/_4$).	C. N. 334. L. Ad⁰⁰ 22 nov. 1912.	//
1	5	15	État (semestriel) des ressources des pépinières centrales ($F\,^1/_2$).	C. N. 246, 566, 550.	S^ie 7, n⁰ 93.
1	10	15	Propositions relatives aux préposés candidats au grade de brigadier domanial du service actif ($F\,^1/_4$).	Arr. min. des 7 avril 1913 et 31 juillet 1922.	//
5	10	15	Propositions concernant les brigadiers candidats au grade de garde général ($F\,^1/_4$).	C. N. 680.	//
//	10	20	Situation numérique du personnel au 1ᵉʳ juin ($F\,^1/_4$).	L. Ad⁰⁰ 16 février 1921.	//
//	//	25	Mandatement semestriel des retenues à opérer sur les traitements des préposés soumis au régime de la caisse des retraites (T.P.G.).	C. N. 522, 525.	S^ie 13, n⁰ 2.
//	20	30	Relevé des coupes communales vendues ou délivrées en nature ($F\,^1/_2$).	C. A. 584.	S^ie 4, n⁰ 31.

DATE DE L'ENVOI PAR LE			DÉSIGNATION des ÉTATS À FOURNIR ET DU DESTINATAIRE.	INDICATION des INSTRUCTIONS.	FORMULES à EMPLOYER.
Chef de cantonnement.	Chef de service.	Conservateur.			
10	20	30	Propositions pour subventions aux particuliers (avec leurs demandes et état de graines) [F $^1/_2$].	L. Ad^{on} 20 mai 1890, 17 octobre 1913, 17 juillet 1917.	S^{ie} 7, n°s 75, 77, 80 et 41.
			Propositions pour subventions aux communes (avec leurs demandes et état de graines à fournir) [F $^1/_2$].		S^{ie} 7, n°s 76, 77, 79 et 41.
20	25	30	Propositions pour subventions aux communes, propriétaires de forêts en montagnes, dont les revenus sont inférieurs aux salaires des gardes (aux préfets).	L. 30 mai 1896.	//
//	25	//	État des défrichements effectués l'année précédente (F $^1/_2$).	C. N. 8.	S^{ie} 10, n° 8.

JUILLET.

Chef de cantonnement.	Chef de service.	Conservateur.	DÉSIGNATION	INDICATION	FORMULES
//	//	1	État (trimestriel) des crédits collectifs (F $^1/_2$).	C. N. 556, § 173.	Annexe D.
//	//	1	État (semestriel) des officiers, commis et préposés légionnaires ou décorés de la médaille militaire décédés (F $^1/_4$).	Note 7 décembre 1892.	//
//	1	5	État (trimestriel) des journées d'hôpital (F $^1/_1$).	C. N. 144.	//
//	1	5	État (trimestriel) des procès-verbaux dont l'abandon a été autorisé (F $^1/_1$).	C. A. 766.	S^{ie} 6, n° 18.
//	1	5	Relevé (trimestriel) des expéditions faites par les chemins de fer (F $^1/_1$).	C. N. 67, § 30.	S^{ie} 11, n° 31.
//	1	5	Situation (semestrielle) des instances domaniales (F $^1/_1$).	S. N. 12. L. 16 mai 1900.	Mod. anc.
1	5	//	Situation (trimestrielle) des travaux d'aménagement (service ordinaire) [F $^1/_2$].	C. N. 359.	S^{ie} 2, n° 7.
//	//	10	État récapitulatif des défrichements effectués (F $^1/_2$).	C. N. 8.	S^{ie} 10, n° 9.
//	1	15	État des préposés à mettre à la retraite (F $^1/_4$).	C. N. 31. L. Ad^{on} 15/10 24.	S^{ie} 1, n° 20.
1	5	//	État semestriel des frais de correspondance.	C. N. 100.	S^{ie} 11, n° 24.
//	//	15	Communication à l'Administration des états de situation des travaux d'aménagement (service spécial et service ordinaire) [F $^1/_2$].	C. N. 359.	S^{ie} 2, n° 7.
//	10	15	État (semestriel) des titres de recouvrements (au directeur des domaines).	C. N. 210, 635.	S^{ie} 5, u° 8^3.
//	10	15	État (trimestriel) des insolvables à incarcérer (au trésorier général).	C. N. 554, § 95.	S^{ie} 6, n° 14.
15	//	//	Revision (semestrielle) des états des insolvables (avec les percepteurs).	C. N. 149, 554, § 92.	S^{ie} 6, n° 13.
15	20	//	Procès-verbaux des cantons défensables pour le panage et la glandée.	Ord. 119.	S^{ie} 9, n° 1.
15	20	25	État des graines forestières à récolter, à employer sur place et à mettre à la disposition de l'Administration (F $^1/_2$).	C. N. 296, 566, § 34.	//
20	25	//	Procès-verbaux d'état des lieux des maisons forestières (en double).	C. N. 416, 566 (art. 99).	S^{ie} 3, n° 21.

Chef de cantonnement.	Chef de service.	Conservateur.	DÉSIGNATION des ÉTATS À FOURNIR ET DU DESTINATAIRE.	INDICATION des INSTRUCTIONS.	FORMULES à EMPLOYER.
			AOÛT.		
"	"	1	Propositions pour fixation des prix du bois de chauffage pour les officiers et préposés ($F \frac{1}{3}$).	C. N. 876, Instruction du 28 déc. 1921.	"
1	15	20	État spécial des maisons forestières à construire ou à acquérir ($F \frac{1}{2}$).	C. N. 112.	S^{le} 3, n° 32.
"	15	"	Expéditions des procès-verbaux d'estimation des coupes à délivrer en nature.	C. A. 615.	S^{ie} 4, n° 15.
1	5	15	État relatif à la propagation des salmonides.	C. N. 890.	"
"	15	"	Copie des procès-verbaux de balivage et de martelage des coupes à vendre.	C. A. 621.	S^{le} 4, n°s 10, 11.
			Copie des procès-verbaux d'estimation des coupes à vendre.	C. A. 584.	S^{ie} 4, n° 12.
			SEPTEMBRE.		
1	5	15	État des géniteurs sauvages à pêcher......	C. N. 890.	"
1	5	10	Demandes d'admission pour la première saison d'hiver d'Amélie-les-Bains ($F \frac{1}{4}$).	C. N. 707.	"
1	15	"	Rapports des coupes extraordinaires.	C. A. 387.	S^{ie} 4, n°s 22, 23.
"	15	30	État des réparations à exécuter aux marteaux de l'État ($F \frac{1}{1}$).	C. N. 77, § 8.	S^{ie} 4, n° 7.
"	"	30	État des coupes extraordinaires (au Préfet avec rapports).	C. A. 387. Note du 11 janv. 1886.	S^{ie} 4, n° 3.
"	"	30	États généraux (2) des travaux d'amélioration et des travaux d'entretien de l'exercice suivant ($F \frac{1}{2}$, $F \frac{1}{3}$, $F \frac{1}{5}$, $F \frac{1}{6}$).	C. N. 566, § 20.	S^{ie} 3, n° 31.
10	20	30	Propositions pour la Légion d'honneur et la médaille militaire ($F \frac{1}{4}$).	C. N. 665.	"
20	25	30	Compte rendu du fonctionnement des établissements de pisciculture ($F \frac{1}{5}$).	C. N. 860.	Modèle.
20	25	30	Compte rendu des déversements d'alevins ($F \frac{1}{5}$).	C. N. 860.	Modèle.
20	25	30	Compte rendu des travaux d'études dans les stations aquicoles ($F \frac{1}{5}$).	C. N. 861.	"
30	"	"	Communication (trimestrielle) à l'inspecteur du registre des menus produits.	C. N. 372.	S^{le} 5, n° 20.
			OCTOBRE.		
"	"	1	État (trimestriel) des crédits collectifs.	C. N. 566, § 173.	An. D.
"	"	1	Demandes de subventions sur le produit des jeux.	C. N. 898 et 909.	"
15	5	1	Proposition pour le Mérite agricole.......	"	"
1	5	10	Demandes de secours des préposés communaux retraités (veuves et orphelins) à transmettre au Préfet.	C. N. 800.	S^{ie} 1, 1.° 21 ter.
"	15	30	État des cartes demi-tarif sur les voies ferrées.	"	"

DATE DE L'ENVOI PAR LE			DÉSIGNATION des ÉTATS À FOURNIR ET DU DESTINATAIRE.	INDICATION des INSTRUCTIONS.	FORMULE à EMPLOYER.
Chef de cantonnement.	Chef de service.	Conservateur.			
//	1	3	État (trimestriel) des journées d'hôpital ($F\,^1/_4$).	C. N. 144.	//
//	1	5	État (trimestriel) des procès-verbaux de délits abandonnés ($F\,^1/_1$).	C. A. 766.	S^ie 6, n° 18.
//	//	5	Relevé (trimestriel) des expéditions faites par les chemins de fer ($F\,^1/_1$).	C. N. 67, S 30.	S^ie 11, n° 31.
1	5	10	Situation (trimestrielle) des travaux d'aménagement (service ordinaire) [$F\,^1/_2$].	C. N. 359.	S^ie 2, n° 7.
1	5	10	Situation des dépenses concernant les délimitations et bornages généraux ($F\,^1/_2$).	C. N. 64, S 219.	//
5	10	15	Propositions pour le Mérite agricole et les palmes académiques ($F\,^1/_4$).	L. A., 17 nov. 1899.	//
//	10	15	État (trimestriel) des insolvables à incarcérer (au trésorier général).	C. N. 554, S 95.	S^ie 6, n° 14.
1	15	30	État des rétributions à accorder aux préposés pour travaux d'amélioration ($F\,^1/_2$, $F\,^1/_3$, $F\,^1/_3$, $F^1/_4$).	C. N. 566, S 291.	S^ie 3, n° 11.
20	25	//	Projets des travaux neufs et d'entretien dans les forêts domaniales et les dunes dont le dernier délai pour l'envoi à l'Administration est fixé au 15 novembre avec les états annexés.	C. N. 566, S 126.	//
20	25	//	Projets neufs ou de réfection dans les périmètres, avec les états annexes.	C. N. 345, S 114.	//
20	25	30	Demandes des préposés retraités, titulaires de la médaille militaire pour le payement d'allocations renouvelables ($F\,^1/_4$).	L. A., 2 déc. 1912. C. N. 486.	//
//	//	30	État des indemnités dues aux préposés sortant de l'École technique et professionnelle des Barres pour frais de retour à leur résidence ($F\,^1/_4$).	C. N. 699.	//
//	//	30	Demandes d'allocations renouvelables pour médaille forestière non rémunérée par pension (anciens préposés départementaux et communaux) [$F\,^1/_4$].	Arrêtés des 3 avril et 8 nov. 1921.	//
			Nota. Rapport général sur les ventes (à fournir dans les 15 jours qui suivent la clôture des ventes) [$F\,^1/_2$].	C. N. 80, S 62.	//

NOVEMBRE.

DATE DE L'ENVOI PAR LE			DÉSIGNATION des ÉTATS À FOURNIR ET DU DESTINATAIRE.	INDICATION des INSTRUCTIONS.	FORMULE à EMPLOYER.
Chef de cantonnement.	Chef de service.	Conservateur.			
//	//	30	Demande de crédits sur aménagement et exploitation ($F\,^1/_2$).	L. A. 23 mars 1921 et 10 janv. 1923.	//
//	//	10	État général des travaux et des dépenses d'entretien (à annexer aux projets de travaux dans les périmètres) [$F\,^1/_2$]. / État général des travaux neufs et des dépenses correspondantes (à annexer au projet des travaux dans les périmètres) [$F\,^1/_4$].	C. N. 345, S 114.	S^ie 7, n° 39. / S^ie 7, n° 40.

Chef de cantonnement.	Chef de service.	Conservateur.	DÉSIGNATION des ÉTATS À FOURNIR ET DU DESTINATAIRE.	INDICATION des INSTRUCTIONS.	FORMULES à EMPLOYER.
//	//	10	État général des graines à fournir par l'Administration (F $^1/_3$).	C. N. 345, § 117, 566, § 35.	S^{ie} 7, n° 41.
//	//	10	État des graines et des plantes à fournir à l'Administration pour les travaux autorisés par les conservateurs (F $^1/_3$).	C. N. 566, § 166.	//
1	5	10	Compte de gestion annuel pour tous magasins ou entrepôts de graines non grevés de frais importants de premier établissement (F $^1/_3$).	C. N. 566, § 44.	S^{ie} 5, n° 18.
1	5	10	Compte de gestion annuel pour toutes les sécheries, tous les magasins et entrepôts de graines (F $^1/_3$).	C. N. 566, § 45.	Mod. A. B. C. An. A.
//	//	10	Demande du montant de l'allocation collective pour l'exercice suivant (F $^1/_3$).	C. N. 566, § 150.	//
1	5	10	État des dépenses obligatoires (reboisement) I (auxiliaires); II (loyers); III (indemnités ou pensions viagères) [F $^1/_3$].	C. A. 6400, 1894 et 11 oct. 1913.	//
//	5	15	État général par inspection des travaux mis en charge sur les coupes domaniales (à joindre au rapport général) [F $^1/_2$].	Note 19 oct. 1885.	//
5	10	15	Propositions pour la répartition des arrérages du legs Delahaye (F $^1/_4$).	C. N. 346.	//
//	//	15	Rapport des tournées des conservateurs (F $^1/_1$).	C. A. 534 bis. C. N. 18.	S^{ie} 12, n° oo.
5	10	15	État des frais d'exploitation et de transport des bois de chauffage des officiers et préposés (F $^1/_2$).	C. A. 691.	S^{ie} 4, n° 22.
10	15	//	Procès-verbaux de reconnaissance des arbres morts et dépérissants.	31 oct. 1872.	//
15	20	25	Demandes d'admission pour la seconde saison d'hiver d'Amélie-les-Bains (F $^1/_4$).	C. N. 707.	//
//	10	30	État (semestriel) des commandes des effets d'habillement à renouveler avec un état de prévision (F $^1/_1$).	C. N. 465, 662.	S^{ie} 1, n° 28, mod. C.
30	//	//	Procès-verbaux d'arpentage des coupes de l'exercice suivant.	C. A. 67.	S^{ie} 4, n° 6.

DÉCEMBRE.

Chef de cantonnement.	Chef de service.	Conservateur.	DÉSIGNATION des ÉTATS À FOURNIR ET DU DESTINATAIRE.	INDICATION des INSTRUCTIONS.	FORMULES à EMPLOYER.
//	//	1	Mandatement de l'allocation due aux préposés titulaires de la médaille militaire (T. P. G.).	C. N. 486.	//
//	//	1	Montant des crédits nécessaires pour le payement des heures supplémentaires de bureau et de la rétribution des employés auxiliaires (F $^1/_4$).	L. F $^1/_4$ n° 8776 du 2 nov. 1922.	//
//	//	15	Nombre de journées de tournées des conservateurs, montant des crédits à prévoir pour frais de déplacement et de séjour au cours de l'année suivante (F $^1/_4$).	//	//

DATE DE L'ENVOI PAR LE			DÉSIGNATION des ÉTATS À FOURNIR ET DU DESTINATAIRE.	INDICATION des INSTRUCTIONS.	FORMULES à EMPLOYER.
Chef de cantonnement.	Chef de service.	Conservateur.			
1	3	5	État numérique des sommes nécessaires à la bonification de la pension des préposés communaux domanialisés et des gardes forestiers auxiliaires soumis au régime de la C. N. R. V. ($F^1/_4$).	C. N. 522. L. A. 25/3 1924.	//
1	5	10	État des titulaires de médailles forestières retraités, décédés, radiés (semestriel) [$F^1/_4$].	C. N. 334 L. A. d⁰ⁿ 22 nov. 1912.	//
1	5	10	État des dépenses obligatoires imputables sur les fonds du reboisement IV (travaux). / État des retenues de garantie des travaux exécutés ($F^1/_3$).	L. 6 nov. 1894.	//
1	5	15	État (semestriel) des ressources des pépinières centrales ($F^1/_3$).	C. N. 246, 566, § 50.	Sⁱᵉ 7, n° 93.
//	//	15	Situation numérique du personnel au 1ᵉʳ décembre ($F^1/_4$).	L. A. d⁰ⁿ 16 février 1921.	//
5	15	//	Proposition pour la délivrance des menus produits à prix d'argent et à charge de prestations (bois domaniaux).	C. N. 416.	//
5	15	//	Propositions pour l'emploi des prestations (bois domaniaux).	C. N. 566, § 317.	//
//	20	25	Mandatement semestriel des retenues à opérer sur les traitements des préposés soumis au régime de la caisse des retraites (T. P. G.).	C. N. 522, 525.	Sⁱᵉ 13, n° 2.
10	20	30	Propositions pour subventions aux particuliers (avec leurs demandes et états des graines à fournir) [$F^1/_3$].	L. 20 mai 1890.	Sⁱᵉ 7, n°ˢ 75-77, 80 et 41.
10	20	30	Propositions pour subventions aux communes (avec leur demande et états des graines à fournir) [$F^1/_3$].	C. N. 147. L. A. du 17 oct. 1913.	Sⁱᵉ 7, n°ˢ 76-77, 79 et 41.
//	//	30	États de constatation annuelle des produits et des travaux (renvoi au chef de service).	C. N. 360.	S. 2, n° 10.
15	20	30	État des logements des officiers dans les maisons forestières ($F^1/_3$).	C. N. 335, 566, § 105.	Sⁱᵉ 3, n° 38.
//	//	30	Projets de travaux importants, dernier délai pour l'envoi à l'administration ($F^1/_3$).	C. N. 566, § 26.	//
15	20	30	Rapport d'ensemble sur la «fête de l'arbre» ($F^1/_6$).	C. N. 731.	//
20	30	//	Propositions pour l'extraction des menus produits dans les bois communaux (avec propositions des maires relatives à la fixation du prix).	Ord. 4 déc. 1844.	Sⁱᵉ 7, n° 44.
30	//	//	État récapitulatif des inventaires.	C. N. 345, § 140.	//
//	//	30	Rapport sur les officiers en disponibilité ($F^1/_4$).	C. N. 467.	//
30	//	//	Communication (trimestrielle) à l'inspection du registre des menus produits.	C. N. 372.	Sⁱᵉ 5, n° 20.
30	//	//	Remise des demandes des maires pour délivrances usagères en bois de chauffage.	C. N. 669, § 28.	//
//	//	30	Recouvrement des frais de régie (T. P. G.).	C. N. 868.	//

CALENDRIER.

Validité. — Le calendrier grégorien a force de loi en France. (Sénatus-consulte du 22 fructidor an XIII. Cass. 27 décembre 1811.) V. Mois.

CALEPIN.

1. *Opérations de coupe. Fourniture.* — L'Administration a fait imprimer des calepins différents pour les coupes de taillis, de futaie et les récolements. Ces calepins doivent être tenus avec soin et propreté; l'usage exclusif en est obligatoire. (Circ. A 474. Circ. A 520 *bis*.)

2. *Balivage. Martelage.* — Les calepins pour les opérations de balivage et de martelage des coupes sont tenus en double; chacun des doubles est exactement annoté de toutes les indications que comporte l'imprimé; dans les calepins de balivage notamment, les tableaux doivent toujours être soigneusement remplis. (Circ. N 366.) Les officiers doivent, après chaque opération, s'assurer, par la vérification réciproque de leurs calepins, de l'exactitude des dénombrements. (Circ. A 80,) V. Opération.

3. *Récolement.* — Les calepins, tenus en double, doivent porter mention expresse de la constatation des délits ou de la non-constatation des délits ou contraventions qui auraient été reconnus. (Circ. N 366.)

4. *Vérification.* — Les conservateurs s'assurent, dans leurs tournées, si les calepins sont bien tenus et annotés de tous les renseignements nécessaires pour la rédaction des procès-verbaux des opérations. (Circ. N 18, art. 14.)

5. *Coupes par unités de marchandises. Dénombrement. Archives.* — Pour les dénombrements des produits des coupes vendues par unités de marchandises, les officiers doivent se servir des calepins série 4, n° 5, qu'ils adaptent à cet usage. Ces calepins sont conservés dans les archives des cantonnements. (Circ. N 377.)

6. *Preuve.* — Les tribunaux ne peuvent ordonner la production des calepins pour vérifier les martelages. (Nancy, 21 décembre 1833.)

7. *Arpentage. Fourniture.* — Des calepins spéciaux pour les arpentages des coupes seront fournis par l'Administration, établis par exercice et cantonnement et signés lisiblement; ils feront partie des archives du cantonnement. Il sera établi des calepins distincts pour les coupes de bois domaniaux et pour celles de bois communaux et d'établissements publics. (Instr. du 26 avril 1906, art. 353 et 354.) Tous les détails de l'opération seront consignés sur les calepins au fur et à mesure de l'exécution sur le terrain. (Instr. du 26 avril 1906, art. 162. Circ. N 697.) V. Croquis.

Les calepins d'arpentage des coupes tiendront lieu de minutes aux chefs de cantonnement. (Instr. 26 avril 1906, art. 366. Circ. N 697.)

8. *Levés de grande étendue.* — On tiendra, pour chaque forêt, un calepin particulier, où seront consignées à l'encre et avec ordre toutes les données prises sur le terrain.

Le nom du signal sera inscrit en tête de la feuille; sur la page de gauche, on indiquera les rattachements du signal aux objets environnants, et, au besoin, le dessin et le plan de ces objets; sur la page de droite, on établira le tableau des observations, avec, si on le juge à propos, un croquis de l'opération. V. Modèle n° 19. (Instr. du 26 avril 1906, art. 88. Circ. N 697). V. Croquis. Triangulation.

9. *Calepins d'attachement. Travaux en régie.* — Les travaux en régie de toute nature (travaux à prix d'argent imposés sur les coupes, travaux des concessionnaires, travaux des préposés, travaux des délinquants insolvables), effectués dans les forêts domaniales, communales ou d'établissements publics, doivent toujours être constatés par des calepins d'attachement. (Circ. N 416.)

10. *Calepin de journées. Restauration des montagnes. Régie.* — Tout surveillant établi sur un chantier de travaux en régie doit tenir un calepin de journées.

Dès son admission dans un chantier, chaque ouvrier est immatriculé sur l'état de contrôle du calepin des journées sous un numéro d'ordre qui reste constant pendant toute l'année et reçoit une carte d'inscription au contrôle. (Form. série 7, n° 49.)

L'immatriculation s'opère par la signature de l'ouvrier sur l'état du contrôle. Dans le cas où il est illettré, mention en est faite sur cet état.

Le surveillant transcrit sur le calepin de journées :

1° Chaque soir, les données numériques de la feuille de journées et, s'il y a lieu, les observations de l'agent régisseur ou de son délégué;

2° A la fin de chaque semaine, le règlement du compte des ouvriers, les récapitulations de la comptabilité et le résultat de l'emploi des journées.

Le calepin doit être tenu avec le plus grand soin suivant ces indications et renfermer par conséquent la collection complète des copies des feuilles de journées.

Il reste entre les mains du surveillant, qui en adresse un extrait à l'agent régisseur le premier jour de chaque semaine. (Instr. Gén. 2 février 1885, art. 141, 142, 151 et 155. Circ. N 345.)

CALOMNIE. V. Diffamation. Dénonciation.

CAMPS.

Algérie. Feu. — L'emploi du feu dans les camps situés en forêt ou dans la zone de 200 mètres sera soumis pendant la période du 1ᵉʳ juillet au 31 octobre aux prescriptions des règlements et arrêtés à intervenir en exécution de la présente loi. (Loi du 21 février 1903, art. 123. Circ. N 642.) Pour les pénalités, V. Feu.

CAMPEMENT.

SECT. I. — BARAQUES.

1. *Périmètres de restauration.* — Les dépenses de réparation des baraques de campement devront être justifiées. Un plan ou croquis sera joint au projet, et le devis devra comprendre les dépenses d'acquisition et d'entretien du matériel de campement non susceptible d'être inventorié : paille, bois de chauffage, éclairage, etc. (Circ. N 481).

SECT. II. — OBJETS DE CAMPEMENT.

2. *Fourniture.* — Le Ministre de la guerre pourvoit à la fourniture des objets de campement des chasseurs forestiers. (Décr. du 18 novembre 1890, art. 10. Circ. N 424.)

3. *Algérie. Tunisie. Fourniture.* — Le Ministre de la guerre fait délivrer aux chasseurs forestiers de l'Algérie et de la Tunisie, s'il y a lieu, les divers objets de campement. (Décr. du 7 janvier 1904, art. 10. Circ. N 670.)

4. *Changement de résidence.* — Qu'il quitte ou non la conservation, le préposé laisse à sa résidence les objets de campement; le chef de cantonnement vérifie l'état dans lequel ils se trouvent et il impute les réparations nécessaires à qui de droit. (Circ. N 257. Circ. N 723.) V. Équipement.

Livraisons. Réintégrations. — Lorsque des livraisons ou des réintégrations des effets de campement doivent être effectuées soit par suite d'insuffisance de ce matériel ou de création de postes, soit par suite d'excédents ou de réformes, le conservateur adresse directement la demande au directeur de l'intendance du corps d'armée dont dépend l'unité qui doit recevoir ou réintégrer les effets. (Circ. N 732.)

6. *Compte rendu. Visa.* — Les conservateurs rendront compte, tous les mois, sur le bulletin série 11, n° 45, des dépenses mises à la charge de l'administration d'après les états d'imputation du service de l'intendance; ces dépenses devront faire l'objet d'une mention spéciale sous la rubrique «virement de comptes avec la guerre, équipement ou campement». Ils revêtent les états d'imputation de leur visa avec la mention du payement par ordonnance de virement de comptes et par les soins du ministère de l'Agriculture. (Circ. N 732.) V. Équipement.

CANAL.

SECTION I. — Dispositions générales, 1–5.

SECTION II. — Canal de navigation, 6–11.

SECTION III. — Canal d'irrigation, 12–17.

SECTION IV. — Pêche, 18–23.

V. Cours d'eau, Réservoir, Ruisseau.

SECT. I. — DISPOSITIONS GÉNÉRALES.

1. *Creusement. Pénalité.* — L'ouverture d'un canal constituant le fait d'extraction est, nonobstant l'absence d'intention de tout enlèvement, passible des peines édictées par l'article 144 du Code forestier. (Cass. 18 novembre 1872.)

2. *Ouverture. Pension.* — L'ouverture d'un canal dans une forêt communale est autorisée par le préfet. (Décr. du 25 mars 1852, tableau C, § 10).

3. *Étude. Abatage.* — Le conservateur autorise l'abatage des bois nécessaires pour les études ayant pour objet l'établissement, l'élargissement ou la rectification des canaux (navigation, irrigation) d'utilité publique, et autorise la mise en vente de ces bois. (Décis. Min. 11 août 1843. Circ. A 540. Circ. N 59.)

4. *Propriété. Usine.* — Par application de l'article 546 du code civil, le canal artificiel servant à l'alimentation d'une usine ou d'un moulin, dont il est la dépendance et l'accessoire nécessaire, est présumé, à moins de preuve contraire, être la propriété du maître de l'usine ou moulin (Cass. 18 août 1863); mais cette présomption n'existe que pour les canaux que l'usinier établit avoir été creusés de main d'homme (Cass. 19 février 1896); elle n'existe pas quand le canal n'a pas été créé en vue du service de l'usine. (Cass. 7 juin 1893).

5. *Moulin. Canal d'amenée. Propriété.* — A défaut de titre, le propriétaire d'un moulin ne saurait soutenir que, propriétaire du moulin, il doit être présumé propriétaire du canal qui y amène l'eau, alors, d'une part, qu'il ne revendique pas la propriété du canal d'amenée mais celle du ru ou ruisseau, depuis l'endroit où commence le canal d'amenée jusqu'au point de dérivation du ru ou ruisseau, la présomption de propriété ne s'étendant point à la partie du cours d'eau qui n'aboutit pas directement au

moulin; et que, d'autre part, la création du ru, création des plus anciennes, n'a pas eu pour but exclusif de servir au moulin, mais aussi à l'irrigation des prairies qui bordaient ses rives et à l'usage d'autres établissements situés en amont. (Paris, 11 juillet 1901.) V. Ruisseau.

SECT. II. — CANAL DE NAVIGATION.

6. Construction. — Les canaux actuellement existants ont été construits les uns par l'État, les autres par des concessionnaires. Pour les canaux de construction récente, le système des concessions est complètement abandonné. (Ch. Guyot.)

7. Juridiction. Contestations. — Il appartient à la juridiction administrative de connaître des contestations entre l'État et les concessionnaires, considérés comme des entrepreneurs de travaux publics.

8. Situation. Établissement. — La situation légale des canaux de navigation est analogue à celle des rivières navigables. Leur établissement constitue toujours un travail public, il nécessite par conséquent une déclaration d'utilité publique, par loi ou décret, donnant lieu à l'application de la loi du 3 mai 1841. (Ch. Guyot.) V. Cours d'eau.

9. Domaine public. — Les dérivations (canaux) pratiquées par l'État, dans l'intérêt de la navigation ou du flottage, font partie du domaine public. (Loi du 3 avril 1898, art. 35.)

10. Réglementation. — La plupart des règles concernant les rivières navigables sont applicables aux canaux de navigation comme conséquence de leur domanialité, mais on ne peut imposer aux riverains les servitudes de halage et de marchepied sur leurs terrains qui doivent être préalablement acquis par l'État. Il en est de même pour le curage, les riverains n'ayant pas à contribuer à la dépense. V. Curage.

11. Dépendances. — La situation légale des canaux s'étend aux rigoles et réservoirs d'alimentation, ainsi qu'aux chemins de halage dont l'État a acquis la propriété.

SECT. III. — CANAL D'IRRIGATION.

12. But. — Les canaux d'irrigation ont pour but de conduire les eaux, prises dans une rivière navigable ou non, jusqu'aux terrains où elles doivent être utilisées pour les besoins de l'agriculture.

13. Situation légale. — Les canaux d'irrigation ne font jamais partie du domaine public, leur usage n'étant pas public. Ils ne jouissent pas du bénéfice de l'imprescriptibilité; les contraventions sont réglées par le Code civil.

14. Police. — Ils sont soumis à la surveillance administrative au même titre que les cours d'eau. V. Cours d'eau.

15. Construction. — Les canaux sont construits soit par l'État, soit par une commune, un département, soit par une association syndicale ou une association autorisée. V. Lois des 21 juin 1865 et 22 décembre 1888.

16. Travaux. Caractère. Législation. — Les travaux ont le caractère des travaux publics et la législation des travaux publics leur est applicable. (V. Loi du 27 juillet 1870.) Le contentieux en ce qui les concerne appartient au conseil de préfecture.

17. Projets. Étude. — L'étude des projets de travaux est faite par les agents du service de l'Hydraulique agricole. V. Améliorations agricoles. Bureau.

SECT. IV. — PÊCHE.

18. Droit de pêche. État. Exception. — Le droit de pêche sera exercé au profit de l'État dans tous les canaux dont l'entretien est à la charge de l'État ou de ses ayants cause.
　　Sont exceptés les canaux existants ou qui seront creusés dans des propriétés particulières et entretenus aux frais des propriétaires. (Loi du 15 avril 1829, art. 1er.)

19. Moulin. Canal d'amenée. — Le canal d'amenée d'un moulin creusé dans le lit d'une rivière navigable et dans lequel les bateaux peuvent parvenir jusqu'au moulin n'est pas affranchi du droit de pêche de l'État. (Cass. 15 janvier 1861.) Le meunier ne peut y pêcher sans la permission du fermier de la pêche. (Bordeaux, 31 mai 1865.)

20. Moulin. Canal d'amenée. — Lorsqu'un canal, bien que tirant ses eaux d'une rivière navigable, est une dépendance d'une propriété privée (moulin) et que son entretien n'est pas à la charge de l'État, le propriétaire peut s'y livrer à la pêche sans contravention. (Cass. 17 août 1844.)

21. Canaux d'irrigation. Droit de pêche. — La pêche dans les canaux d'irrigation creusés dans des terrains particuliers et entretenus aux frais des propriétaires appartient exclusivement au propriétaire du fonds. (Loi du 15 avril 1829, art. 1er, § 3.).

22. Canal artificiel. — Le droit de pêche dans un fossé ou canal fait de mains d'homme appartient au propriétaire du canal. (Cass. 3 juin 1860.)

23. Réservoir d'alimentation. Réserves. — Les travaux exécutés pour l'alimentation d'un canal de navigation peuvent affecter certaines eaux à un service d'utilité générale sans les mettre, dans le réservoir qui les retient, à la disposition directe et immédiate du public, notamment pour l'exercice du droit de pêche. L'État, lorsqu'il en adjuge ou concède la pêche, n'a pas à réserver au profit des tiers la liberté de pêcher à la ligne. (Cass. 21 février 1902.) V. Ligne flottante, Réservoir.

CANARD.

1. Chasse. Acte préparatoire. — Constitue un acte préparatoire de la chasse le fait pour les chasseurs de s'installer dans les huttes d'affût, alors qu'ils ne sont pas en attitude de chasse, que les canes d'appel n'ont pas été placées, et qu'auprès des chasseurs se tient encore un bateau monté par un homme. (Angers, 28 février 1908.) V. Volaille.

2. Chasse. Absence de délit. — Le fait de ramasser à la main des canards sauvages rejetés par la mer, morts ou dans l'impossibilité de fuir, ne constitue aucun délit de chasse. Il en est de même pour le fait d'avoir tordu le cou à ces animaux. (Bordeaux, 28 mai 1918.)

3. Divagation. — La divagation des canards peut être interdite sur les cours d'eau pendant les périodes d'interdiction de la pêche. (Circ. N 824.)

CANDIDAT.

Section I. — École nationale des Eaux et Forêts, Institut national agronomique, 1-2.

Section II. — École des Barres, 3-5.
§ 1. École secondaire d'enseignement professionnel, 3-4.
§ 2. École d'enseignement technique et professionnel des préposés, 5.

Section III. — Brigadiers, candidats au grade de garde général, 6-8.

Section IV. — Service actif en France et en Algérie, 9-30.
§ 1. Généralités, 9-18.
§ 2. Emploi de garde domanial, 19-22.
§ 3. Emploi de garde forestier auxiliaire, 23-30.

Section V. — Service sédentaire. V. Emploi. Examen. Garde forestier. Militaire.

SECT. I. — ÉCOLE NATIONALE DES EAUX ET FORÊTS. INSTITUT NATIONAL AGRONOMIQUE.

1. École nationale des Eaux et Forêts. — Les élèves de l'École forestière se recrutent parmi les élèves diplômés de l'Institut national agronomique et parmi les élèves sortants de l'École polytechnique. Pour être admis à l'École forestière, les élèves de l'Institut agronomique doivent avoir eu 23 ans au plus au 1er janvier de l'année d'entrée. Pour ceux ayant satisfait à la loi militaire, la limite sera reculée du temps passé sous les drapeaux. (Décr. du 9 janvier 1888. Circ. N 394. Décr. du 24 juil. 1909.)

Les candidats sortants de l'Institut national agronomique sont choisis dans l'ordre d'un classement spécial établi suivant les règles adoptées pour le classement de sortie de l'Institut agronomique et en tenant compte, d'une manière particulière, de toutes les notes obtenues en mathématiques pures et appliquées et en langues vivantes (allemand ou anglais) tant à l'Institut agronomique que dans des examens spéciaux sur ces matières, passés à la sortie de cet établissement. (Décrets du 22 juin 1917 et du 8 novembre 1921.)

Les candidats doivent être aptes au service armé.

Le Ministre de l'Agriculture détermine et fait connaître chaque année au Ministre de la Guerre, en vue de la fixation de l'effectif des promotions à admettre à l'École polytechnique, le nombre des places d'élève, à l'École forestière qui seront réservées aux élèves sortants de l'École polytechnique. Ce nombre est actuellement de trois.

V. École nationale des eaux et forêts.

2. Institut agronomique. — Les candidats doivent justifier qu'ils sont âgés de 17 ans révolus le 1er janvier de l'année où ils se présentent.

Toute demande d'admission doit être faite sur papier timbré et adressée, *avant le 1er mai,* au directeur de l'Institut agronomique; le candidat doit y faire connaître : 1° ses titres scientifiques; 2° la langue vivante sur laquelle il désire être interrogé; 3° s'il désire être interrogé sur l'agriculture; 4° son adresse; 5° la ville dans laquelle il désire subir les épreuves écrites; 6° s'il demande une bourse.

Cette demande doit être accompagnée : 1° de l'acte de naissance du candidat; 2° d'un certificat de vaccine; 3° d'un certificat de moralité délivré par le chef de l'établissement dans lequel le candidat a accompli sa dernière année d'études, ou, à défaut, par le maire de sa dernière résidence; 4° d'une obligation souscrite sur papier timbré par les parents ou le tuteur du candidat, pour garantir le payement de la rétribution scolaire.

Cette pièce doit être *dûment légalisée.* Elle est exigée de tous les candidats, même de ceux qui demandent une bourse. (Programme des conditions d'admission, approuvé le 1er février 1921.) V. Institut agronomique.

§ 1. *École secondaire d'enseignement professionnel.*

3. Conditions. — Peuvent être admis à l'École secondaire les préposés ayant trois ans de service actif, moins de 35 ans d'âge et déclarés aptes à suivre cet enseignement après un examen préalable.

La limite d'âge de 35 ans est prorogée d'un temps égal à celui passé par les candidats sous les drapeaux pendant la guerre en sus du temps de service légal pour les appelés ou en sus du temps pour lequel ils étaient liés au service pour les engagés et rengagés.

Le temps passé à l'École d'enseignement technique et professionnel compte comme service actif au point de vue des conditions exigées pour prendre part au concours d'admission à l'École secondaire des Barres. (Arr. min. du 9 juin 1914.)

4. Demandes. — Les demandes d'admission au concours doivent parvenir à la direction générale des Forêts au plus tard le 1ᵉʳ mars de l'année du concours, sous peine de rejet. (Circ. N 347.)

§ 2. *École d'enseignement technique et professionnel.*

5. Demandes. Pièces. — Les candidats doivent avoir 17 ans au moins et 35 ans au plus au 1ᵉʳ janvier de l'année de leur admission.

Ils ont à fournir les pièces suivantes, qui doivent être adressées au Ministre de l'agriculture avant le 1ᵉʳ juin :

1° Demande du candidat, s'il est majeur, ou des parents, dans le cas contraire (sur timbre);

2° Extrait de l'acte de naissance dûment légalisé;

3° Un certificat de bonne conduite délivré par le maire de la résidence effective du candidat. V. École technique et professionnelle des Barres. L'admission a lieu par voie de concours.

5. Demandes. Envoi. — Dans le courant du mois de mai les conservateurs transmettent, avec leur avis, les demandes des préposés sollicitant leur admission à l'École. (Arr. min. du 9 juin 1914, art. 9.)

6. Demande. Époque. — Chaque année avant le 1ᵉʳ juillet, les brigadiers et commis qui ont 10 années de service, dont 5 ans dans les fonctions actives, et qui se présentent comme candidats au grade de garde général adressent leur demande à leur chef hiérarchique. (Arr. Min. 15 juin 1891, art. 2. Circ. N 435. Décr. du 30 août 1912, art. 6. Circ. N 809. Décr. du 30 janvier 1922.)

7. Propositions. Époque. — Le conservateur transmet avant le 25 novembre, pour chaque candidat, un rapport détaillé, dans lequel ses titres sont constatés et appréciés par les différents chefs, et la copie de ses feuilles de notes. (Arr. Min. du 15 juin 1891, art. 2. Circ. N 435.)

8. Ajournement. Inscription. — D'après l'examen de ces documents, le comité d'avancement détermine la note d'aptitude à attribuer à chacun des candidats. (Décr. du 30 août 1912, art. 8.)

§ 1. *Généralités.*

9. Demande. — Les candidats non libérés peuvent faire leur demande par écrit à leur chef de corps, six mois avant leur libération.

10. Militaires libérés. Demande d'emploi. — Les militaires remplissant les conditions pour obtenir les emplois civils et qui ont quitté le service sans les avoir sollicités peuvent néanmoins, dans les cinq années qui suivent leur libération, adresser une demande d'emploi par l'intermédiaire de la gendarmerie. Le général commandant la subdivision de leur domicile établit alors leur dossier et les convoque, s'il y a lieu, pour subir les examens professionnels. (Loi du 21 mars 1905, art. 75.)

11. Aptitude physique. — Les candidats doivent avoir une santé robuste; en outre, les candidats gardes en Algérie doivent avoir bonne vue, être aptes à la marche et savoir monter à cheval. (Tableaux E et G, annexés à la loi du 21 mars 1905.)

12. Moralité. Tenue. — Une moralité irréprochable et une bonne tenue sont exigées de tous les candidats.

13. Âge. Limite. — L'âge limite est quarante ans, à compter de l'expiration du trimestre qui suit celui au cours duquel le bénéfice de la loi est réclamé. (Décr. du 26 août 1905. art. 14.)

14. Commissions d'examens. Composition. — Les commissions chargées de délivrer le certificat d'aptitude professionnelle sont composées de cinq membres : trois officiers et deux membres civils. (Déc. du 26 août 1905, art. 5.)

15. Examens. — Les examens comportent quatre épreuves écrites : copie à main posée, dictée, rédaction sur un sujet n'exigeant aucune connaissance technique, problèmes d'arithmétique et une interrogation d'un quart d'heure sur les éléments de la grammaire française, de l'arithmétique et de la géographie. (Décr. du 26 août 1905, art. 7.)

16. *Avis.* — Les intéressés sont simplement avisés du résultat de l'examen et de la moyenne des notes obtenues. (Décr. du 26 août 1905, art. 16.)

17. *Présentation. Classement.* — Les candidats militaires sont présentés par la Commission de classement du Ministère de la Guerre et des Pensions.

18. *Nominations. Publicité. Mentions.* — Les nominations sont insérées, quelle que soit l'autorité dont elles émanent, au *Journal officiel.* Le premier payement pour les traitements ne pourra avoir lieu sans que le mandat fasse mention du numéro du *Journal officiel* dans lequel la nomination a été publiée. (Loi du 21 mars 1905, art. 73. Circ. N 696.)

§ 2. *Candidats forestiers.*

21. *Fils d'officiers ou de préposés. Gardes auxiliaires. Gardes des cadres d'Algérie et du Maroc. Conditions.* — A défaut de candidats militaires engagés ou rengagés, classés au titre des lois du 21 mars 1905, du 7 août 1913 et du 30 janvier 1923, les emplois de gardes domaniaux sont réservés aux candidats ci-après dénommés, dûment agréés à cet effet par le directeur général des Eaux et Forêts et portés sur les listes de présentation pour les emplois dont il s'agit :

a. Fils d'officiers ou de préposés des Eaux et Forêts âgés de plus de 21 ans et de moins de 38 ans, robustes et bien constitués, reconnus aptes au service armé, ayant une bonne écriture, sachant rédiger un procès-verbal, faire les quatre règles de l'arithmétique et connaissant les éléments du système métrique;

b. Gardes forestiers auxiliaires bien notés, comptant au moins quatre ans de service dans l'administration ou diplômés de l'École d'enseignement technique et professionnel des Barres, présentés par les conservateurs et âgés de moins de 38 ans.

c. Gardes français des Eaux et Forêts appartenant au cadre algérien, bien notés, comptant au moins quatre ans de services forestiers ou diplômés de l'École d'enseignement technique et professionnel des Barres, et dont le rappel en France est proposé par le Gouverneur général de l'Algérie;

d. Gardes forestiers de nationalité française appartenant au cadre local du Maroc, bien notés, âgés de moins de 38 ans, comptant au moins quatre ans de services forestiers au Maroc ou diplômés de l'École d'enseignement technique et professionnel des Barres, et dont le rappel en France est proposé par le Résident général de France au Maroc. (Arr. Min. du 15 juin 1922, art. 1er.)

22. *Anciens élèves des Barres. Droit de priorité.* — Un droit de priorité, portant sur la part des emplois de garde domanial susceptibles d'être attribués au titre civil à défaut de candidats militaires, est accordé aux candidats visés à l'article 1er, anciens élèves de l'École d'enseignement technique et professionnel des Barres qui auront obtenu, à la sortie de cette école, le certificat de fin d'études. (Arr. Min. du 15 juin 1922, art. 3.)

23. *Limite d'âge.* — La limite d'âge de 38 ans fixée à l'article 1er de l'arrêté du 15 juin 1922 est reculée d'un temps égal à la durée des services militaires actifs accomplis par les candidats, c'est-à-dire d'un temps égal à celui de la durée de leur service effectif dans l'armée active augmenté du temps supplémentaire pendant lequel ils ont été mobilisés. (Arr. Min. du 1er septembre 1922, modifiant l'article 2 de l'arrêté du 15 juin 1922.)

§ 3. *Accession aux emplois de garde et de commis.*

A. *Préposés domaniaux*
(Service actif.)

Commis. Nomination. Principe. — Pourront être nommés gardes ou brigadiers domaniaux, à titre exceptionnel et à défaut de candidats militaires classés, les commis des Eaux et Forêts, présentés à cet effet par les conservateurs, qu'une maladie grave ou une infirmité aura rendus notoirement et définitivement inaptes au service sédentaire et qui auront été reconnus aptes au service actif après un stage minimum de trois mois. L'inaptitude des candidats devra résulter formellement des déclarations des supérieurs hierarchiques de l'intéressé et d'un certificat émanant d'un médecin assermenté désigné à cet effet par l'Administration. (Arr. Min. du 15 juin 1922, art. 4.)

Commis principaux. Commis (1re classe). Anciens brigadiers domaniaux. Conditions. — Pourront être nommés :

1° Brigadiers domaniaux de 1re classe, les commis principaux de 1re, 2e ou 3e classe, anciens brigadiers domaniaux du service actif et commis principaux desdites classes ayant figuré ou figurant au tableau d'avancement pour le grade de brigadier du service actif;

2° Brigadiers domaniaux de 2e classe, les commis principaux de 4e classe remplissant les conditions précitées;

3° Brigadiers domaniaux de 3e classe, les commis principaux de 5e classe remplissant les conditions précitées;

4° Brigadiers domaniaux de 4e classe (avec rang du jour de la nomination à la 1re classe de commis), les commis principaux de 6e classe et commis de 1re classe remplissant les conditions précitées.

Commis principaux. Non anciens brigadiers.— Pourront être nommés :

1° Gardes domaniaux de 1re classe, les commis principaux de 1re, 2e, 3e et 4e classes n'ayant jamais appartenu au cadre actif comme brigadiers et n'ayant pas figuré au tableau d'avancement pour le grade de brigadier du service actif.

2° Gardes domaniaux de 2e classe (avec rang du jour de la nomination à la 6e classe de commis principal), les commis principaux de 5e et 6e classes n'ayant jamais appartenu au cadre actif comme brigadiers et n'ayant pas figuré au tableau d'avancement pour le grade de brigadier du service actif.

Commis. — Pourront être nommés :

1° Gardes domaniaux de 3e classe (avec rang du jour de la 1re classe de commis), les commis de 1re classe n'ayant jamais appartenu au cadre actif comme brigadier et n'ayant pas figuré au tableau d'avancement pour le grade de brigadier du service actif;

2° Gardes domaniaux de 4e classe (avec rang du jour de la nomination à la 2e classe de commis), les commis de 2e classe n'ayant jamais appartenu au cadre actif comme brigadier et n'ayant pas figuré au tableau d'avancement pour le grade de brigadier du service actif;

3° Gardes domaniaux de 5e classe (avec rang du jour de la nomination à la 3e classe de commis), les commis de 3e classe n'ayant jamais appartenu au cadre actif comme brigadier et n'ayant pas figuré au tableau d'avancement pour le grade de brigadier du service actif;

4° Gardes domaniaux de 6e classe (avec rang du jour de la nomination à la 4e classe de commis), les commis de 4e classe n'ayant jamais appartenu au cadre actif comme brigadier et n'ayant pas figuré au tableau d'avancement pour le grade de brigadier du service actif. (Arr. Min. du 15 juin 1922, art. 4.)

B. *Commis principaux. Commis.* (Service des bureaux.)

34. *Brigadiers. Gardes. Nomination.* — Pourront être nommés commis ou commis principaux des Eaux et Forêts, à titre exceptionnel et à défaut de candidats militaires classés, les gardes et brigadiers domaniaux des Eaux et Forêts présentés par les conservateurs, reconnus aptes au service des bureaux après un stage minimum de trois mois et qu'une maladie grave ou une infirmité aura rendus notoirement et définitivement inaptes au service actif. Cette inaptitude devra résulter formellement des déclarations des supérieurs hiérarchiques de l'intéressé et être nettement établie par un certificat émanant d'un médecin assermenté désigné à cet effet par l'Administration. (Arr. Min. du 15 juin 1922, art. 5.)

Brigadiers. Conditions. — Pourront être nommés :

1° Commis principaux de 3e classe, les brigadiers de 1re classe ayant plus de deux ans dans ladite classe;

2° Commis principaux de 4e classe (avec rang du jour de la nomination à la 1re classe de brigadier), les brigadiers de 1re classe ayant moins de deux ans dans ladite classe;

3° Commis principaux de 5e classe (avec rang du jour de la nomination à la 2e classe de brigadier), les brigadiers de 2e classe;

4° Commis principaux de 6e classe (avec rang du jour de la nomination à la 3e classe de brigadier), les brigadiers de 3e classe.

Brigadiers (4e classe). Gardes. — Pourront être nommés :

1° Commis de 1re classe (avec rang du jour de la nomination à la 4e classe de brigadier ou à la 1re classe nouvelle échelle de garde domanial), les brigadiers de 4e classe et les gardes domaniaux de 1re classe;

2° Commis de 2e classe (avec rang du jour de la nomination à la 3e classe de garde domanial), les gardes domaniaux de 2e et 3e classes;

3° Commis de 3e classe (avec rang du jour de la nomination à la 5e classe de garde domanial), les gardes domaniaux de 4e et 5e classes;

4° Commis de 4e classe (avec rang du jour de la nomination à la 6e classe de garde domanial), les gardes domaniaux de 6e classe. (Arr. Min. du 15 juin 1922.)

§ 2. *Emplois de garde domanial.*

19. *Candidats militaires.* — Les emplois de garde domanial des Eaux et Forêts, tant en France qu'en Algérie, sont réservés en totalité par les lois des 21 mars 1905 et 8 août 1913, aux militaires rengagés et aux marins comptant au moins 4 années de service, âgés de moins de 40 ans, libérés depuis moins de 5 ans et présentés par la commission de classement du Ministère de la Guerre (Lettre Dir. Gén., 20 décembre 1918.)

Un droit de préférence est réservé aux invalides de guerre qui rempliront les conditions d'aptitude physique qui seront fixées par un règlement d'administration publique. (Loi du 30 janvier 1923.)

20. *Demande. Envoi.* — Les candidats doivent adresser leur demande directement par la voie hiérarchique, s'ils sont encore sous les drapeaux et par l'intermédiaire de la gendarmerie à l'autorité militaire ou maritime, s'ils sont libérés.

24. *Candidats civils. Algérie.* — A défaut de candidats militaires classés, les emplois de garde domanial en Algérie peuvent être attribués dans les mêmes conditions que celles fixées au paragraphe précédent aux fils de forestiers et aux gardes forestiers auxiliaires et en outre aux

anciens militaires ayant quitté l'armée avec le grade de sous-officier. (Lettre Dir. Gén., 20 décembre 1918.)

§ 3. *Emplois de Commis.*

25. *Attribution.* — Les emplois de Commis des Eaux et Forêts (emplois de bureau, expéditionnaires, comptables, commis d'ordre), tant en France qu'en Algérie, sont réservés en totalité par les lois du 21 mars 1905 et du 8 août 1913 aux sous-officiers rengagés comptant au moins 10 ans de service dont 4 ans dans le grade de sous-officier et aux sous-officiers mariniers ayant au moins 4 ans de services, âgés de moins de 40 ans, libérés depuis moins de 5 ans et classés par la commission de classement du Ministère de la Guerre. (Lettre Dir. Gén., 20 décembre 1918.)

26. *Demande. Instruction.* — Les candidats doivent adresser leur demande directement par la voie hiérarchique, s'ils sont encore sous les drapeaux, et par l'intermédiaire de la gendarmerie à l'autorité militaire ou maritime, s'ils sont libérés. (Lettre Dir. Gén., 20 décembre 1918.)

27. *Droit de préférence.* — Pendant les cinq années qui suivront la cessation des hostilités, un droit de préférence a été réservé par la loi du 17 avril 1916 et le décret du 14 juillet suivant, pour l'obtention de tous les emplois de garde sédentaire des Eaux et Forêts aux militaires des armées de terre et de mer réformés n° 1 ou retraités par suite d'infirmités résultant de blessures reçues ou de maladies contractées devant l'ennemi au cours de la guerre, quels que soient leur grade, leur âge et la durée de leur service. Ce droit de préférence doit s'exercer tout d'abord en faveur des pères de familles les plus nombreuses. (Lettre Dir. Gén., 20 décembre 1918.)

V. Loi du 30 janvier 1923.

28. *Blessures. Catégories. Compatibilité.* — Les catégories de blessures ou d'infirmités compatibles avec les emplois forestiers sont énumérées dans l'Instruction publiée au *Journal Officiel* du 19 décembre suivant. (Lettre Dir. Gén., 20 décembre 1918.)

29. *Aptitude professionnelle. Conditions.* — Les candidats doivent avoir une santé robuste et une belle écriture (ou la connaissance de la dactylographie). Le certificat d'aptitude professionnelle aux emplois de garde sédentaire est délivré par une commission qui se réunit au siège du commandement de la subdivision de région à la date fixée par le Ministre de la Guerre. (Lettre Dir. Gén., 20 décembre 1918.)

30. *Examens.* — Les examens comportent:
1° Quatre épreuves écrites : copie à main posée; dictée; rédaction sur un sujet n'exigeant aucune connaissance technique; problèmes d'arithmétique.
2° Une interrogation sur les éléments de la grammaire française, de l'arithmétique et de la géographie. (Lettre Dir. Gén., 20 déc. 1918.)

31. *Dossiers. Constitution.* — Les candidats doivent adresser leur demande d'emploi au commandant de la brigade de la gendarmerie de leur résidence, qui la transmet au commandant de la subdivision de région. (Lettre Dir. gén., 20 décembre 1918.)

32. *Insuffisance de candidats militaires.* — A défaut de candidats militaires, les emplois de sédentaire, tant en France qu'en Algérie, pourront être attribués :
1° Aux fils d'officiers et de préposés forestiers;
2° Aux anciens militaires ayant quitté l'armée avec le grade de sous-officier, remplissant les conditions indiquées pour l'obtention d'un emploi domanial. (Lettre Dir. Gén., 20 décembre 1918.)

SECT. V. — EMPLOIS DE GARDE FORESTIER AUXILIAIRE.

1. Le Ministre de l'Agriculture pourra déléguer aux conservateurs des Eaux et Forêts le droit de nomination aux emplois de garde forestier auxiliaire. (Décr. 26 octobre 1920.)

2. Les garde forestiers auxiliaires sont agréés et nommés par les conservateurs des Eaux et Forêts. (Arr. Min. du 2 novembre 1920.)

3 La totalité des emplois de garde forestier auxiliaire étant réservée par la loi du 30 janvier 1923 aux mutilés et réformés de la Guerre, les conservateurs doivent aviser l'Administration des nominations qu'ils auraient l'intention de faire. Le Ministre de la Guerre et des Pensions en sera informé. Il indiquera les candidats dont c'est le tour de nomination, ou, à défaut de candidat classé, donnera avis qu'il peut être pourvu au poste par une nomination temporaire à transformer éventuellement en nomination définitive après un délai de six mois. (Lettre Dir. Gén. du 16 mars 1923.)

4. A défaut de candidats militaires classés, les candidats doivent être âgés de plus de 21 ans et de moins de 45 ans, avoir fait leur service militaire, savoir lire et écrire, être capables de rédiger un procès-verbal, savoir faire les quatre règles de l'arithmétique et connaître le système métrique.

5. Les candidats adressent leur demande d'emploi à l'officier des Eaux et Forêts le plus proche de leur résidence. Si le pétitionnaire remplit les conditions d'âge et de services susvisées, l'officier le convoque pour lui faire subir un examen portant sur les matières précitées et l'invite à constituer son dossier régle-

mentaire, qui doit comprendre les pièces ci-après :

Demande sur timbre du candidat, indiquant la région dans laquelle il désire être nommé.— Extrait légalisé de l'acte de naissance. — État détaillé des services militaires ou copie certifiée. — Extrait du casier judiciaire. — Certificat de bonne conduite, bonne vie et mœurs.— Certificat d'un médecin assermenté constatant que le candidat n'est atteint d'aucune infirmité et qu'il est suffisamment robuste pour remplir l'emploi de garde forestier auxiliaire.

Le dossier ainsi constitué est transmis avec l'avis des officiers au conservateur des Eaux et Forêts, qui a qualité pour agréer les candidatures.

6. Les candidats agréés, fils d'officiers ou de préposés des Eaux et Forêts, ont un droit de préférence pour l'obtention des emplois de garde forestier auxiliaire.

7. Les nominations des gardes forestiers auxiliaires sont portées immédiatement par les conservateurs à la connaissance du Directeur Général des Eaux et Forêts.

8. Les nominations aux emplois réservés sont insérées au *Journal Officiel.* Lorsqu'une nomination est faite à défaut de candidat militaire classé ou d'invalide classé, la mention «à défaut de candidat militaire classé» ou «à défaut d'invalide classé» est publiée à la suite de la nomination. (Loi du 30 janvier 1923, art. 6.)

9. A défaut de candidats agréés, les emplois de gardes forestiers auxiliaires dotés d'un traitement inférieur à 500 francs peuvent être attribués à des candidats ne remplissant pas les conditions précitées, mais offrant néanmoins toutes garanties d'honorabilité et d'honnêteté. Un droit de préférence est accordé pour ces emplois aux mutilés de guerre et aux anciens préposés des Eaux et Forêts ayant donné toute satisfaction pendant qu'ils étaient en activité de service.

CANNES (Brins destinés à la fabrication des).

V. Brins. Bois particulier. Exploitation. Algérie.

CANTON.

1. *Définitions.* — Circonscription territoriale renfermant plusieurs communes et formant une subdivision de l'arrondissement et le ressort dans lequel s'exerce la juridiction du juge de paix.

Partie d'une forêt à laquelle on donne un nom particulier.

2. *Procès-verbal.* — L'omission du nom du canton où un délit a été commis n'est pas une cause de nullité pour le procès-verbal constatant ce délit. (Cass., 14 novembre 1835.)

CANTON DÉFENSABLE.

Définition. — Celui que l'on peut ouvrir au pâturage, parce qu'il n'a plus rien à craindre de la dent du bétail. V. Défensabilité. Pâturage. Usager.

CANTONNEMENT (Circonscription).

1. *Définition.* — Étendue de la circonscription d'un inspecteur adjoint ou d'un garde général. V. Chef de cantonnement.

2. *Subdivision.* — Le cantonnement, qui est une des divisions de l'inspection, est à son tour partagé en brigades et triages. V. Triages.

3. *Formation.* — Il faut que la circonscription des cantonnements soit telle que, déduction faite du temps matériel que les agents sont tenus de donner aux opérations, aux reconnaissances, à l'instruction sur le terrain des diverses affaires, et acception faite des travaux sédentaires de bureau et des jours de repos indispensables à des agents voués à une existence laborieuse et active, il leur reste le temps nécessaire pour effectuer des tournées de surveillance. (Inspection des finances.)

4. *Limites.* — Les limites des cantonnements sont fixes, mais ne correspondent pas nécessairement avec celles de l'arrondissement et du canton.

5. *Étendue.* — D'après la contenance totale des bois et terrains soumis au régime forestier (État, communes et établissements publics), l'étendue moyenne des cantonnements serait actuellement, en France, de 7,700 hectares.

CANTONNEMENT DE DROIT D'USAGE.

V. Maronage. Précomptage. Rachat. Droit d'usage. Impôt. Frais de garde. Affouage. Pâture. Pâturage.

SECT. I. — PROJET, ÉTUDE.

§ 1. *Principes. Droit. Faculté.*

1. *Définitions.* — Le cantonnement est la faculté accordée au propriétaire d'une forêt de transformer une servitude d'usage en un droit de pleine propriété, concédé en échange à l'usager.

Attribution faite en toute propriété aux usagers d'une portion de la forêt, pour affranchir le surplus des droits d'usage qu'ils avaient sur cette forêt et dont ils retrouvent l'équivalent au moyen du cantonnement.

2. *Droit d'usage en bois. Action.* — Tous les propriétaires de bois peuvent affranchir leurs forêts de tout droit d'usage *en bois*, moyennant un cantonnement amiable ou judiciaire.

L'action en affranchissement par voie de cantonnement n'appartient qu'au propriétaire de la forêt grevée de droit d'usage et nullement à l'usager. (Cod. For., 63, 111, 112, 118.)

3. *Algérie. Droit d'usage. Affranchissement.* — Les droits d'usage autres que ceux du parcours pourront être rachetés par voie de cantonnement. Les conditions de ce rachat seront déterminées de gré à gré et, en cas de contestation, arrêtées par les tribunaux. (Loi du 21 février 1903, art. 62. Circ. N 672.)

V. Aménagement. Règlement.

4. *Vaine pâture.* — Le droit de vaine pâture fondé sur un titre de commune à particulier peut être cantonné. (Loi, 28 septembre-6 octobre 1791, art. 8.)

La vaine pâture établie à titre particulier, sur un héritage déterminé, s'exerce conformément aux droits acquis. Mais le propriétaire de l'héritage grevé peut toujours l'affranchir, soit moyennant indemnité fixée à dire d'experts, soit par voie de cantonnement. (Loi du 9 juillet 1889, art. 12.)

5. *Vive pâture.* — Les droits de pâture vive ne sont pas susceptibles d'être rachetés; ils peuvent seulement être soumis au cantonnement. (Tribunal de Mayenne, 2 décembre 1875.)

6. *Prés. Marais.* — L'article 5 de la loi du 28 août 1792 disposant, en termes généraux et sans distinction de l'origine des biens, que le cantonnement peut être demandé tant par les usagers que par le propriétaire, n'a été abrogé ni par le Code civil, ni par le Code forestier, qui en a seulement limité l'application.

En conséquence, la demande en cantonnement est recevable, aujourd'hui encore, de la part des usagers dont les droits s'exercent, en dehors des bois et forêts, sur des prés ou marais. (Cass. 24 février 1885.)

7. *Usager. Demande.* — Bien que le propriétaire ait seul le droit de cantonnement, cependant, lorsqu'il a par son fait (en défrichant) mis obstacle à l'exercice d'un droit d'usage, l'usager a le droit d'exiger le cantonnement ou une indemnité. (Cass. 2 août 1841.)

8. *Copropriétaire.* — Aucun des copropriétaires d'une forêt indivise ne peut contraindre un des copropriétaires indivis à exercer l'action en cantonnement contre des usagers. (Besançon, 9 juillet 1831.)

9. *Nombre d'usagers.* — Quel que soit le nombre des usagers, il n'est dû qu'un seul cantonnement, sauf subdivision entre eux. (Poitiers, 26 févr. 1850. Cass. 18 juin 1851.)

10. *Habitant. Commune.* — Un cantonnement peut être demandé par un habitant contre sa commune. (Colmar, 21 décembre 1827.)

11. *Renonciation.* — La faculté de cantonnement étant d'ordre public, le propriétaire ne peut pas y renoncer à toujours, pour lui et les siens. (Cass. 17 juillet 1867.)

12. *Classification. Distinction.* — Le cantonnement est amiable ou judiciaire. Il est amiable, lorsque la transformation de la servitude d'usage en droit de propriété s'opère de gré à gré entre les parties. Il est judiciaire, lorsque l'usager refuse les offres faites et que la question litigieuse est portée devant les tribunaux.

13. *Bon plaisir. Inaliénabilité.* — Si un droit d'usage a été établi en violation du principe de l'inaliénabilité du domaine et sous la clause du bon plaisir, il n'y a pas lieu à cantonner ce droit, qui peut être supprimé purement et simplement.

14. *Décrets.* — Les dispositions des décrets des 12 avril 1854 et 19 mai 1857 sont applicables aux droits des communes et des établissements publics dans leurs propres bois. (Ord. 146.)

15. *Droit d'usage.* — On ne peut cantonner un droit d'usage personnel, précaire et susceptible d'extinction. (Arr. Min. 4 mars 1830.)

16 *Forêt indivise. Cantonnement partiel.* — Si l'usager ne peut résister à un cantonnement total de son droit, il a la faculté de repousser un cantonnement partiel, offert par un des copropriétaires d'une forêt grevée du droit d'usage. (Besançon, 9 juillet 1831. Bourges, 22 juillet 1839.)

17. *Cantonnement général. Action.* — Un cantonnement ne peut être ordonné par les tribunaux qu'autant que le propriétaire qui le demande a mis en cause tous les usagers. (Bourges, 15 juin 1838.)

18. *Cantonnement général. Usager.* — Un usager n'est obligé à subir le cantonnement qu'autant qu'il est demandé pour la totalité du fonds grevé. (Besançon, 11 juillet 1859.)

19. *Pâturage. Servitude.* — Le droit de pâturage concédé aux habitants d'une commune, à charge par eux de payer une redevance annuelle par tête de bétail, constitue une servitude réelle, sujette au cantonnement d'après la loi du 22 août 1792. (Chambéry, 13 décembre 1867.)

20. *Pâturage. Rachat préalable. Co-usagers.* — L'exercice de l'action en cantonnement n'est point subordonné au rachat préalable des droits de pâturage et autres servitudes qui grèvent la portion de forêt à abandonner à l'usager; il suffit de tenir compte de ces servitudes dans l'estimation du cantonnement. (Code for. 63, 64 et 65. Décr. 19 mai 1857, art. 11.) Il n'est pas nécessaire, en pareil cas, que les autres co-usagers soient mis en cause. (Cass. 16 juillet 1867 et 27 janvier 1874.)

21. *Pâturage. Prairies.* — Les droits de pâturage établis sur des prairies peuvent être cantonnés. Le cantonnement facultatif peut y être établi suivant l'ancienne législation. (Rouen, 14 août 1845.)

22. *Propriété grevée.* — Le propriétaire qui poursuit un cantonnement n'est pas obligé de donner à l'usager une propriété quitte et franche de toute servitude; il lui suffit de l'abandonner dans l'état où elle se trouve, lors de la demande en cantonnement, sauf à tenir compte des charges dont elle est grevée. (Besançon, 26 juin 1867. Cass. 27 janvier 1874.)

23. *Plusieurs usagers. Possibilité.* — Lorsqu'une forêt est grevée de droits d'usage au profit de plusieurs communes et que le propriétaire introduit une instance contre l'une d'elles, il n'y a pas lieu d'ordonner la mise en cause des autres communes, pour faire juger contradictoirement la question de possibilité. (Besançon, 13 juin 1864.)

24. *Partage. Droit d'usage.* — Lorsque, dans un partage d'ascendants, il n'a pas été fait mention expresse des droits d'usage d'inégale étendue, attachés aux immeubles formant le lot de chaque copartageant et qu'un cantonnement a transformé ces droits d'usage en des portions de pleine propriété d'inégale valeur, il y a lieu de procéder, entre tous les enfants, à un supplément de partage sur les cantonnements, sans qu'on puisse attribuer à chacun d'eux la portion correspondante aux droits d'usage sur son immeuble. (Angers, 22 juin 1843.)

25. *Cantonnement amiable.* — Le décret du 19 mai 1857 n'est qu'un règlement d'administration intérieure; il est étranger au cantonnement judiciaire, et ses règles ne sont pas obligatoires pour les tribunaux, qui peuvent seulement appliquer, par analogie, celles de ses dispositions qui conviennent au cantonnement judiciaire. (Besançon, 9 mai 1864.)

26. *Principes. Partage.* — Les principes du partage en général, adoptés pour la détermination des parts, d'après des droits déjà définis et fixés, sont inapplicables au cantonnement. (Cass. 25 février 1845.)

27. *Tiers denier.* — Le droit de tiers denier, réservé au propriétaire d'une forêt grevée de droit d'usage, ne fait pas obstacle à l'exercice du cantonnement.

28. *Cantonnement. Aménagement.* — Si une commune a eu ses droits d'usage cantonnés sur un point quelconque de la forêt, le propriétaire du fonds peut exercer le cantonnement, pour libérer son fonds de la servitude dont il est resté grevé. Dans ce cas, l'évaluation du droit se fait, sauf titres contraires, d'après la quotité des produits retirés par l'usager de la portion de forêt où son usage a été circonscrit. (Cass. 7 août 1833, 1ᵉʳ décembre 1835.) V. Droit d'usage.

29. *Cantonnement. Aménagement. Possibilité. Restriction.* — Les juges du fond ont pu décider que l'aménagement d'une forêt de l'État, pour l'exercice de droits d'usage, a eu pour objet et pour résultat de restreindre à un seul canton l'assiette de ces droits et d'en affranchir, pour le présent et pour l'avenir, le surplus de la forêt;

Qu'en conséquence, le cantonnement ne devait s'opérer que sur la possibilité du seul canton affecté à ces droits, sans qu'il y eût à considérer si cette possibilité était ou non suffisante pour satisfaire les droits et les besoins des usagers. (Cass. 14 juin 1881.)

30. *Triage.* — Si une commune a subi le triage proprement dit, elle n'est plus usagère et ne peut plus être cantonnée.

31. *Capitalisation. Possibilité.* — Le cantonnement, après aménagement ancien, établi par une transaction, en exécution de laquelle le droit d'usage a été concentré sur une portion de la forêt, doit être, comme un cantonnement ordinaire, réglé d'après le système de la capitalisation au denier vingt; et non d'après la possibilité de la forêt, alors surtout que cette possibilité dépasse les besoins des usagers. (Bourges, 19 mai 1884.)

32. *Aménagement.* — Le cantonnement sur aménagement ne doit pas porter sur toutes les parties de la forêt primitivement grevée, mais seulement sur les cantons spécialement affectés par l'aménagement au service des droits d'usage. (Metz, 8 mars 1842.)

33. *Droit d'usage aménagé.* — Le cantonnement d'un droit d'usage déjà aménagé s'opère comme le cantonnement d'un usage non aménagé, notamment par capitalisation. (Cass. 14 juin 1881.)

34. *Cantonnement. Aménagement-règlement. Distinction.* — On doit considérer comme constituant un cantonnement transmissif du droit de propriété, et non comme un aménagement-règlement, une transaction par laquelle un seigneur, voulant affranchir ses forêts des droits d'usage dont elles étaient grevées, en abandonne deux cantons aux communes usagères, pour lesdits cantons demeurer en usage aux communes, sans que le seigneur puisse faire aucune restriction aux habitants, ni y prétendre aucun droit, sinon les droits de justice et seigneurie d'usage. (Paris, 20 décembre 1867.)

S 2. *Projets.*

35. *Voie amiable.* — Les projets de cantonnement doivent être faits en vue d'arriver, autant que possible par les voies amiables, au dégrèvement des forêts asservies aux droits d'usage. (Circ. A 736.)

36. *Projets.* — Les projets de cantonnement pour les bois soumis au régime forestier sont fixés par le Ministre. (Ord. 7.)

37. *Bois domaniaux. Propositions.* — Les propositions tendant à faire déclarer l'opportunité des cantonnements sont adressées au préfet par le conservateur. (Décr. du 19 mai 1857, art. 1er.)

Cet agent signale au préfet l'urgence de l'affaire et joint à ses propositions un état série 9, n° 10.

Le préfet, après avoir consulté le directeur des domaines, adresse les pièces de l'affaire, avec son propre avis, au Ministre de l'agriculture.

(Circ. N. 669, art. 56, 57 et 58.)

38. *Opportunité.* — Il est statué sur l'opportunité du cantonnement par le Ministre des finances après adhésion du Ministre de l'agriculture. (Circ. N 669, art. 59.)

39. *Études.* — Si l'opportunité est reconnue, il est procédé aux études nécessaires pour déterminer les offres à faire à l'usager par deux agents des eaux et forêts qui sont désignés par l'Administration sur les propositions du conservateur.

La détermination des offres à faire à l'usager comprend : l'évaluation de l'émolument usager et la formation du cantonnement. (Circ. N 669, art. 60.)

39 bis. *Communes et établissements publics. Demandes. Formalités.* — Les communes ou établissements publics qui veulent affranchir leurs bois des droits d'usage quelconques, par voie de cantonnement, en adressent la demande au préfet, qui statue sur l'opportunité, après avoir pris l'avis des agents forestiers. (Décr. du 12 avril 1854, art. 6.)

40. *Études.* — Les études préalables pour déterminer les offres du cantonnement sont faites suivant le mode tracé par l'article 1, paragraphe 2, du décret du 12 avril 1854. (Décr. du 12 avril 1854, art. 7.)

41. *Propositions.* — Pour l'instruction préalable à la déclaration d'opportunité, on suivra la marche prescrite pour les affaires domaniales. Les propositions à adresser au préfet, en lui signalant l'urgence, renfermeront les renseignements suivants :

1° État de la forêt grevée des droits d'usage (nom, origine, situation, contenance, limites sol, nature et proportions des essences, consistance du peuplement, mode d'exploitation);

2° Revenu moyen pendant les dix dernières années;

3° Frais de garde;

4° Population usagère;

5° Nature des droits d'usage;

6° Exercice des droits d'usage;

7° Motifs établissant l'opportunité du cantonnement.

(Circ. A 758.)

42. *Concession. Bonification.* — A la valeur déterminée de l'émolument usager, il sera ajouté, à titre de concession :

1° Une somme égale à 15 p. 100 de ladite valeur;

2° Le capital au denier vingt des frais de garde et d'impôt que les usagers, une fois cantonnés, auront à supporter comme propriétaires. (Décr. du 19 mai 1857, art. 10.)

43. *Concession. Voie amiable.* — Les bonifications accordées aux usagers par le décret du 19 mai 1857, pour obtenir un cantonnement amiable, ne sont que de simples facultés sans droit; les usagers ne sont donc pas fondés à en réclamer le bénéfice, lorsque, par suite de leur refus, le cantonnement est devenu judiciaire. (Cass. 16 juillet 1867.)

44. *Rapport. Propositions.* — Toutes mentions ou observations relatives à des projets antérieurs, toute discussion de principes, tout exposé de vues ou de systèmes particuliers aux agents opérateurs seront soigneusement écartés du procès-verbal et ne pourront être produits, s'il y a lieu, que séparément. (Circ. A 758. Circ. N 669, art. 84.)

45. *Procès-verbal. Plan.* — Les procès-verbaux contenant proposition de cantonnement seront dressés en double expédition. Il y sera joint un plan de cantonnement, sur lequel la portion de forêt représentant les concessions faites à l'usager sera distinctement figurée. (Décr. du 19 mai 1857, art. 15. Circ. A 758. Circ. N 669, art. 82.)

46. *Projet. Résumé.* — Il est important que l'usager puisse, au vu du plan et à la lecture du procès-verbal, se rendre facilement compte de l'équité des procédés employés, de l'esprit conciliant apporté par l'Administration dans la préparation des offres et de l'importance des concessions qui lui sont faites. Afin de rendre plus saisissables les résultats de l'opération, les agents placent à la suite du procès-verbal un résumé faisant ressortir les résultats du cantonnement proposé. (Circ. N 669, art. 83.)

47. *Agents. Rôles.* — Le conservateur cherche à se rendre compte des dispositions des usagers et s'efforce, tant par son action personnelle que par celle des agents locaux, d'éclairer les populations, en opposant des notions exactes à des préventions erronées ou à des suggestions hostiles. (Circ. N 669, art. 85.)

48. *Prairies. Évaluation.* — Pour opérer le cantonnement d'une prairie grevée d'un droit d'usage, on commence par évaluer en argent le droit d'usage sur toute la prairie, même sur la partie qui aurait été retranchée par l'effet d'un aménagement antérieur, en ayant égard aux droits et aux besoins des habitants, c'est-à-dire au nombre de bestiaux qu'ils peuvent légalement envoyer au pâturage. Puis on évalue la propriété de la prairie dans son état actuel et comme si elle était libre de la servitude d'usage; enfin, on abandonne à l'usager une portion de cette propriété, en représentation de la valeur de l'usage estimé. (Rouen, 14 août 1845.)

§ 3. *Expertise.*

49. *Expertise. Études.* — Si l'opportunité du cantonnement est reconnue, il est procédé, par deux agents forestiers, aux études nécessaires pour déterminer les offres à faire à l'usager. (Décr. 12 avril 1854, art. 1 et 7.)

50. *Base. Expertise antérieure.* — Les tribunaux peuvent déterminer sans expertise préalable la base d'un cantonnement, alors qu'ils puisent les éléments de leurs décisions dans une expertise antérieure. (Nancy, 15 juin 1876.)

51. *Études. Bois communaux.* — Sur la demande de la commune ou de l'établissement public propriétaire, il est adjoint aux deux agents forestiers un troisième expert dont la désignation appartient à la commune ou à l'établissement. Ce troisième expert fait, concurremment avec les agents forestiers, les études nécessaires pour la détermination des offres. (Décr. 12 avril 1854, art. 7. Circ. N 669, art. 95.)

52. *Évaluation.* — On doit, dans l'évaluation du cantonnement, comprendre la totalité du fonds soumis à l'usage, même les parties défrichées. (Cass. 24 août 1869.)

53. *Exploitation. Sursis.* — Pendant que les experts procèdent à un cantonnement, il y a lieu à défendre les exploitations. (Nancy, 18 décembre 1841.)

SECT. II. — DROIT DES USAGERS.

§ 1. *Détermination du droit des usagers.*

54. *Évaluation du droit.* — On doit apprécier l'étendue du droit d'usage pour le cantonnement :

1° D'après le titre constitutif et ainsi qu'il suit :

A. Il ne faut jamais s'arrêter à la lettre des expressions du titre, quelque formelles qu'elles puissent paraître; on doit toujours rechercher quelle est la nature du droit concédé;

B. L'usage concédé, sans autre désignation spéciale, ne s'étend qu'à l'usage en bois de chauffage;

C. En cas de doute, on doit décider en faveur du propriétaire.

On doit tenir compte des droits éteints par prescription et dont le propriétaire a bénéficié.

2° D'après la nature du droit, c'est-à-dire :

A. Suivant la satisfaction des besoins des usagers;

B. Suivant la possibilité de la forêt.

Sans que la condition du propriétaire soit pire que celle de l'usager, qui ne peut donc obtenir, au maximum, que la moitié de la forêt en cantonnement.

3° D'après l'espèce et la quantité des produits délivrés, savoir :

A. Bois de chauffage (bois mort et morts-bois);

B. Bois de service ou de construction;

C. Bois de travail;

D. Bois de fente.

4° D'après le nombre des parties prenante (usagers) reconnues existant au 4 août 1789. (Nancy, 26 juin 1828.) [Meaume.]

55. *Précomptage. Besoins généraux, Appréciation.* — En précomptant les ressources particulières aux usagers, il faut apprécier tous les besoins généraux. A cet égard, au point de vue des droits de maronage à cantonner, il convient de tenir compte des bois nécessaires aux usagers pour terrassements, socles et plafonds, stalles d'écuries, aires de granges et d'écuries, lieux d'aisance, mobilier agricole, clôtures de jardins, alors même qu'aux termes d'un règlement d'aménagement les usagers ne peuvent recevoir que les bois nécessaires pour la charpente des toitures, couvertures de bardeaux, poutres, solives ou plots, pour planchers de chambre et greniers à graines, cloisons ou séparations, portes et fenêtres, et non pour tous autres usages. (Cass. 14 juin 1881.)

§ 2. *Émolument.*

A. *Délivrance. Base.*

56. *Valeur du droit.* — Dans la détermination de la valeur d'un droit d'usage, il faut considérer :
1° L'évaluation en nature;
2° L'estimation en argent.

57. *Évaluation en nature.* — Dans l'évaluation en nature des produits annuels de l'usage, les experts doivent toujours chercher à établir les valeurs moyennes. Pour les délivrances en bois de feu, on prend la moyenne des délivrances faites pendant quinze, vingt ou vingt-cinq ans. Pour les bois de construction, on calcule la quantité de bois nécessaire pour construire et réparer les maisons usagères pendant la durée moyenne de ces maisons, en tenant compte des chances accidentelles de destruction, incendie, etc., et on divise ce volume par le nombre d'années de la durée des maisons, pour avoir la redevance moyenne annuelle.

Quant aux chances d'incendie, on peut simplifier en capitalisant les primes d'assurance. (Meaume.)

58. *Valeur en argent.* — Pour avoir la valeur en argent, on doit rechercher la valeur du bois *sur pied*, c'est-à-dire déduire de la valeur marchande les frais moyens de façonnage et de transport; il faut tenir compte pour chaque canton des difficultés particulières dépendant de la situation des bois (éloignement, difficultés de façonnage et de transport), et, une fois qu'on a établi la valeur sur pied de chaque unité de marchandises ou espèces de bois délivrés (déduction faite des frais de transport et façonnage), on a le revenu annuel moyen en argent représentant la valeur du droit d'usage. (Meaume.)

59. *Délivrance. Possibilité.* — Toutes les fois que les délivrances stipulées par les titres dépasseront la possibilité de la forêt, la détermination de cette possibilité formera l'évaluation de l'émolument annuel usager.

Cette règle s'appliquera à l'évaluation de chacune des espèces des droits à servir. (Décr. du 19 mai 1857, art. 5, circ. N 669, art. 68.)

60. *Possibilité.* — Chacun des droits de maronage ou d'affouage est restreint à ce que la possibilité comporte en bois de construction ou de chauffage, et, en aucun cas, des bois de service ou d'industrie ne peuvent être exigés comme complément de délivrance en bois de feu. (Circ. A 758.)

61. *Défense de vendre.* — Dans le calcul de l'émolument usager, il n'y a pas lieu d'avoir égard à la dépréciation résultant de la défense faite aux usagers, par l'article 83 du Code forestier, de vendre ou d'échanger les bois d'usage. (Besançon, 26 juin 1867.)

62. *Émoluments. Droits.* — Dans l'évaluation de l'émolument usager, chaque espèce de droits à servir donnera lieu à une estimation distincte. (Décr. du 19 mai 1857, art. 2.)

Ces droits pouvant exiger des bois de nature et de valeur différentes doivent nécessairement être évalués séparément. (Circ. N 669, art. 61.)

63. *Bois mort. Morts-bois.* — La valeur de l'usage au bois mort et aux morts-bois peut être fixée au cinquième de la valeur de la forêt. (Nancy, 15 juin 1876.)

B. *Affouage.*

64. *Nombre d'habitants.* — Lorsqu'un droit d'usage a été concédé, en échange de la *propriété de bois communaux*, à une communauté d'habitants, *ut universi*, sans limitation du nombre d'habitants, on doit admettre celui des habitants existant au jour de la demande en cantonnement. (Paris, 23 mai 1845.)

65. *Feu croissant.* — Pour les forêts domaniales, l'usage à feu croissant ne pouvait pas exister, et le cantonnement doit être basé sur les états de réformation dressés par les commissaires royaux et contenant le dénombrement des usagers.

66. *Bases de l'émolument.* — C'est d'après le nombre des feux et ménages existant à l'époque où l'action en cantonnement a été introduite qu'il faut fixer l'émolument usager annuel, sans avoir égard aux variations survenues pendant le cours de l'instance. (Besançon, 26 juin 1867.)

67. *Feu croissant. Maisons.* — Si le titre conférait expressément un droit d'usage à feu croissant, on ne devrait y comprendre que les maisons existant lors de l'introduction de la demande en cantonnement. (Besançon, 14 février 1833.)

68. *Besoins généraux. Détermination. Fruitières.* — En Franche-Comté, il convient, pour la détermination des besoins généraux des communes usagères, de tenir compte de la consommation du bois de chauffage nécessaire aux fromageries. (Cass. 14 juin 1881.)

69. *Affouage. Quotité.* — La quotité annuelle de l'affouage, toutes les fois qu'elle ne consistera pas en une délivrance fixe, et l'émolument annuel de tous droits d'usage en bois, autres que le maronage, seront déterminés par les moyennes calculées sur le plus grand nombre d'années possible. (Décr. du 19 mai 1857, art. 4, Circ. N 669, art. 66.)

70. *Émolument. Affouage.* — Pour le calcul de l'émolument de l'affouage, il est essentiel de s'assurer si l'ensemble des délivrances admises correspond bien à la production moyenne de la forêt.

Ainsi dans une forêt aménagée en trente coupes, on ne pourra calculer la moyenne des délivrances sur les quinze dernières coupes qu'autant que ces quinze coupes présentent sensiblement les mêmes conditions de sol et de peuplement que la totalité de la forêt. (Circ. N 669, art. 67.)

C. Maronage.

71. *Maison moyenne usagère.* — Pour établir un cantonnement, il importe de déterminer la maison moyenne usagère, en recherchant aussi exactement que possible le nombre, l'état et les proportions des maisons existant à l'époque de la demande en cantonnement et de déterminer, d'après ces bases, le volume des bois d'usage dus par le propriétaire de la forêt et nécessaires aux reconstructions. (Cass. 14 juin 1881.) V. Maison.

72. *État des maisons. Tuiles. Chaumes.* — C'est à l'état des maisons et des toitures, au jour de la demande en cantonnement, qu'on doit s'attacher pour l'évaluation de l'émolument du droit de maronage, alors même que des usagers auraient substitué des couvertures en tuiles aux toitures de chaume existant à l'époque de la concession du droit. (Nîmes, 14 juin 1867.)

73. *Maronage. Délivrance.* — Les délivrances ordinaires sont celles que motive la vétusté des bâtiments; les délivrances extraordinaires sont celles qu'occasionnent les incendies, ou la destruction subite d'un grand nombre d'habitations. (Circ. A 758.)

74. *Besoins. Évaluation. Couvertures en tuiles. Bardeaux.* — Dans les localités où les couvertures en tuiles sont seules autorisées par les règlements administratifs, il n'y a pas lieu, pour l'évaluation des besoins des communes usagères, de tenir compte des couvertures en bois des maisons, ces couvertures en bois ne constituant pas un besoin réel et légitime, ni des délivrances de bardeaux faites par l'État, dans certains cas particuliers. (Cass. 14 juin 1881.)

75. *Maronage. Entretien.* — Dans l'opération du cantonnement, il n'y a pas lieu, pour déterminer la valeur d'un droit de maronage limité au bois nécessaire à la reconstruction des maisons détruites, soit par vétusté, incendie, ou autre cas fortuit, de prendre en considération les bois destinés aux cloisons, portes et fenêtres, dont la consommation n'entraîne que des réparations d'entretien. (Cass. 26 décembre 1865.)

76. *Maisons usagères. Dimensions.* — En cas de cantonnement, il y a lieu de prendre pour base de l'émolument usager les anciennes dimensions des maisons et non celles qui ont pu leur être données en les reconstruisant. (Cass. 14 juin 1881.)

77. *Évaluation. Possibilité.* — Si l'état de la forêt ne permet pas de fournir la délivrance complète aux usagers, on établira la réduction à faire subir à l'émolument usager, suivant la possibilité de la forêt. (Arr. Min. 4 mars 1830.)

78. *Estimation. Émolument. Délivrance.* — Pour évaluer l'émolument annuel en bois de maronage, on déterminera le volume total des bois des espèces dues que comporte l'ensemble des bâtiments usagers, et on divisera ce volume par le nombre d'années formant la durée moyenne desdits bois, eu égard aux essences employées, à l'âge des bois, à leurs dimensions et aux circonstances locales, telles que climat, situation, usages locaux, etc. (Décr. du 19 mai 1857, art. 3 § 1ᵉʳ.)

Le conservateur fixe aux agents les procédés par lesquels doit s'opérer la détermination du volume total des bois que comportent les bâtiments usagers. (Circ. N 669, art. 62.)

Toutefois, dans le cas où, depuis un grand nombre d'années, les délivrances de bois de maronage auraient été constamment effectuées dans des proportions ordinaires, la moyenne des délivrances connues pourra être prise pour évaluation de l'émolument annuel du droit. (Décr. du 19 mai 1857, art. 3 § 2.)

Les délivrances ordinaires sont celles que motive la seule vétusté des bâtiments. (Circ. N 669, art. 63.)

Pour tenir compte des chances d'incendie, on ajoutera à la valeur en argent de l'émolument annuel en maronage la somme à laquelle les bâtiments usagers auront été ou pourront être annuellement taxés à titre de prime d'assurance. (Décr. 19 mai 1857, art. 3, § 3, Circ. N 669, art. 64.)

79. *Incendie.* — Dans le calcul de la valeur du cantonnement, il y a lieu de tenir compte des chances d'incendie qui, en détruisant les maisons usagères, peuvent obliger le propriétaire à de nouvelles délivrances. (Colmar, 22 janvier 1867.)

80. *Avalanche. Ouragan.* — Dans les localités où il existe des causes particulières de destruction, telles qu'avalanches, ouragans, etc., il en sera tenu compte, comme pour les chances d'incendie, en ajoutant la valeur de la prime d'assurance. (Circ. A 758. Circ. N 669, art 65.)

81. *Besoins généraux. Calcul. Risques de guerre.* — Il n'y a pas lieu de comprendre, dans le calcul des besoins généraux des communes usagères, ceux qui ne se sont jusqu'alors révélés par aucun fait préjudiciable et de nature à être pris en considération dans le calcul des éventualités dommageables, tels que les risques de guerre. (Cass. 14 juin 1881.)

§ 3. *Estimation en argent.*

82. *Délivrance. Valeur.* — La valeur en argent des délivrances annuelles sera fixée d'après le prix courant des marchandises dans la localité. (Décr. 19 mai 1857, art. 6.)

Ces prix sont ceux existant dans un certain rayon et servant de base, à l'époque de l'opération, aux transactions ordinaires du commerce local et non les prix anormaux qui pourraient par un cas fortuit exister au moment de l'opération, dans la forêt grevée elle-même. (Circ. N 669, art. 69.)

83. *Déduction. Redevances. Frais.* — Il sera défalqué de la somme représentant la valeur annuelle des délivrances :

1° Les redevances payées ou dues par les usagers, en vertu des titres;

2° La part des frais de garde *payés* annuellement par eux;

3° Les frais d'exploitation des bois délivrés, si ces frais ne se trouvent pas défalqués dans l'évaluation des délivrances;

4° La valeur, s'il y a lieu, des travaux mis en charge sur les coupes usagères. (Décr. 19 mai 1857, art. 7, § 1er. Circ. N 669, art. 70.)

84. *Redevance. Frais de garde. Mises en charge. Défalcation.* — La défalcation des redevances est opérée pour toute redevance stipulée par les titres et non éteinte par prescription ou autrement, quand bien même elle ne serait pas régulièrement acquittée par les usagers.

Pour les frais de garde au contraire, le retranchement est restreint à ceux effectivement acquittés par les usagers.

La défalcation des travaux mis en charge sur les coupes usagères n'a lieu qu'au cas où, en vertu du titre ou d'un usage constant, des travaux d'entretien et d'amélioration seraient habituellement imposés sur les délivrances usagères. (Circ. N 669, art. 71.)

85. *Déduction. Contributions.* — Il ne sera fait aucune déduction à raison de la contribution foncière, à moins que le payement n'en ait été mis à la charge des usagers par une stipulation expresse du titre.

Les frais de timbre des actes relatifs aux délivrances ne seront pas non plus défalqués. (Décr. 19 mai 1857, art. 7, § 5. Circ. N 669, art. 72.)

86. *Déduction. Redevances.* — Quoique les redevances dues par titre ne soient pas payées par l'usager, elles doivent être défalquées de l'émolument usager. (Circ. A 758.)

87. *Précomptage.* — Les produits en bois que les usagers retirent annuellement de leurs propres forêts ne seront pas précomptés en déduction de l'émolument du droit d'usage, sauf le cas où, soit d'après des faits de jouissance équivalents à titre, les délivrances ne devraient être faites aux usagers qu'après emploi de leurs propres ressources en bois et en complément de ces mêmes ressources. (Décr. du 19 mai 1857, art. 8. Circ. N 669, art. 73.)

88. *Précomptage.* — Lorsque l'emploi des ressources des usagers, préalablement aux délivrances, aura été expressément stipulé par le titre, ou lorsque, d'après la jouissance qui aura été exercée, il sera constant que la concession des droits d'usage n'a eu lieu qu'en vue de servir de complément aux produits des bois possédés en propre par les usagers, le précomptage des ressources de ces bois devra nécessairement être effectué dans l'évaluation de l'émolument usager. (Circ. A 758.)

89. *Précomptage. Maronage. Possibilité.* — Dans le cas où il y a lieu, lors du cantonnement de droit de maronage, de précompter les ressources particulières des communes usagères, jusqu'à concurrence de leurs besoins généraux, et d'appliquer les excédents éventuels aux besoins des usagers, on doit rechercher et déterminer : 1° la possibilité des forêts particulières des communes usagères, c'est-à-dire leurs ressources personnelles; 2° tous leurs besoins généraux en bois de construction et d'utilisation, abstraction faite de l'état et de l'importance des maisons existantes. (Cass. 14 juin 1881.)

90. *Droit de vente.* — Lorsque des communes usagères ont la faculté de vendre les produits sur lesquels elles exercent leurs droits d'usage, cette faculté doit, lors du cantonnement, être fixée à 1/6 en sus de la portion qui devrait leur être accordée, si cette faculté n'existait pas. (Besançon, 28 février 1840.)

91. *Frais d'impôt et de garde.* — Lorsqu'une commune usagère a été exonérée par ses titres du payement de l'impôt foncier et des frais de garde, la capitalisation de l'émolument annuel de son droit doit être opérée sans déduction de ces charges. (Besançon, 26 juin 1867.)

92. *Revenu. Capitalisation. Taux.* — Le revenu du droit d'usage sera capitalisé au denier vingt. (Décr. du 19 mai 1857, art. 9. Circ. N 669, art. 74.)

93. *Capitalisation.* — Le juge saisi d'une action en cantonnement est investi d'un pouvoir discrétionnaire, pour la fixation du taux de capitalisation de l'émolument annuel des droits d'usage. Il peut adopter la capitalisation au *denier vingt*, lorsqu'il déclare qu'il ne rencontre dans la cause aucune circonstance exceptionnelle de nature à en faire préférer une autre. (Cass. 16 juillet 1867.)

94. *Concession.* — A la valeur déterminée de l'émolument du droit d'usage il sera ajouté, à titre de concession :

1° Une somme égale à 15 p. 100 de ladite valeur ;

2° Le capital au denier vingt des frais de garde et d'impôt que les usagers, une fois cantonnés, auront à supporter comme propriétaires. (Décr. du 19 mai 1857, art. 10. Circ. N 669, art. 75.) V. Bois particulier.

95. *Pâturage.* — Lorsque la forêt à affranchir de droits d'usage en bois sera grevée en outre de droits de parcours, pour tenir compte à l'usager de ces droits, en tant que grevant la partie de forêt attribuée en cantonnement, il sera ajouté au capital de l'émolument usager une somme égale au produit de la capitalisation au denier vingt du revenu annuel, qui pourrait être retiré du parcours sur ladite portion de forêt. (Décr. du 19 mai 1857, art. 11. Circ. N 669, art. 76.)

SECT. III. — CANTONNEMENT.

§ 1er. *Mode et base d'évaluation.*

96. *Estimation du fonds.* — Lorsque, dans un cantonnement, on a la valeur en argent du droit d'usage, il faut faire l'estimation, fonds et superficie, de la portion de forêt à détacher et représentant, en *capital argent*, la valeur de ce droit d'usage. V. Estimation.

96 *bis. Plan* — Avant de procéder aux estimations, il sera fait le plan de la forêt grevée d'usage, de manière à connaître son étendue, sa configuration, sa situation et le nombre de coupes qui composent son aménagement. (Arr. Min. 4 mars 1830.)

97. *Bases. Droit.* — Le cantonnement à opérer avec les usagers d'une forêt doit avoir pour base, quant au propriétaire, non seulement son droit de propriété, mais aussi les facultés, même non encore exercées, dont ce propriétaire se trouve investi. (Cass. 2 juillet 1862.)

98. *Frais d'exploitation.* — Les frais d'exploitation étant à la charge des usagers, les produits des bois doivent être estimés d'après le prix des bois *sur pied*.

99. *Chasse.* — Il y a lieu de tenir compte, dans la valeur vénale de la partie de forêt abandonnée eu cantonnement, du droit de chasse qui doit être capitalisé. (Metz, 14 août 1866.)

100. *Superficie. Réalisation.* — Dans l'estimation de la valeur du cantonnement, on doit avoir égard au délai nécessaire pour la réalisation de la superficie abandonnée à l'usager. Il y a lieu, en conséquence, d'admettre la mesure de l'escompte autorisé par l'article 13 du décret du 19 mai 1857, et d'opérer cet escompte au taux de 5 p. 100 par an, sauf déduction de la valeur de l'accroissement annuel des bois, des frais généraux de l'exploitation et des bénéfices de la spéculation. (Colmar, 22 janvier 1867.)

101. *Portion abandonnée. Charges.* — Le propriétaire qui poursuit le cantonnement des droits d'usage dont une forêt est grevée n'est pas tenu de transmettre à l'usager une propriété franche de toutes charges et servitudes; il lui suffit d'abandonner la forêt dans l'état où elle se trouve, sauf à tenir compte de ces charges et servitudes dans l'estimation de la valeur du cantonnement. (Besançon, 13 juin 1864.)

102. *Assiette. Choix.* — Le cantonnement sera assis, autant que possible, à la convenance des usagers et en conciliant l'intérêt du propriétaire et celui de l'usager. (Décr. du 19 mai 1857, art. 12. Circ. A 758. Circ. N 669. art. 77.)

§ 2. *Estimation en argent. Déduction. Élément.*

103. *Superficie. Estimation.* — La superficie entière du cantonnement sera estimée à sa valeur vénale actuelle.

Les bois trop jeunes, pour avoir une valeur actuellement commerciale, seront estimés d'après leur produit présumé à l'âge où ils commenceront à remplir cette condition. (Décr. du 19 mai 1857, art. 13. Circ. N 669, art. 78.)

103 *bis. Estimation en matière. En argent. Considération.* — L'estimation en matière doit, selon l'usage, être effectuée par parcelle et arbre par arbre; mais dans l'estimation en argent les agents ne perdent pas de vue que la valeur vénale actuelle d'un massif n'est pas égale à la somme des valeurs vénales prises isolément de tous les pieds d'arbres compris dans ce massif. Plus l'étendue d'une propriété à vendre en bloc augmente, plus la valeur particulière de chacun de ses éléments s'amoindrit, parce que les capitaux les plus considérables sont ceux qui se déplacent le plus difficilement et qui exigent le loyer le plus cher.

Il est indispensable de tenir compte de ces considérations dans la détermination de la valeur vénale d'un cantonnement. (Circ. N 669, art. 79.)

104. *Sol. Estimation.* — Le sol sera estimé d'après la valeur des sols boisés similaires dans la localité.

Cette valeur sera déterminée au moyen des transactions qui pourront être connues. À défaut de transactions connues, le sol sera estimé directement par des calculs basés sur le produit net dont ce sol serait susceptible, étant cultivé en nature de bois, à l'exploitabilité déterminée par le maximum d'intérêt annuel en argent du capital engagé.

Dans l'un et l'autre cas, le produit du pâturage sera compté parmi les éléments de revenu du sol.

Il ne sera pas tenu compte du droit de chasse et de pêche.

Le taux d'intérêt à employer dans les calculs sera celui des placements en biens fonds similaires dans la localité. (Décr. du 19 mai 1857, art. 14. Circ. N 669, art. 80.)

104 bis. *Pâturage. Exercice.* — Comme l'exercice du pâturage nuit toujours plus ou moins à la production du bois, il est évident que lorsqu'il y aura lieu de comprendre le pâturage dans l'estimation, le revenu en bois qui forme un premier élément de cette estimation devra être calculé d'après cette hypothèse et sera par suite inférieur à celui qui pourrait être obtenu si le pâturage n'était pas exercé. (Circ. N 669, art. 81.)

105. *Carrières.* — S'il existe des carrières dans les forêts usagères, leur valeur doit entrer en ligne de compte dans l'évaluation du sol abandonné aux usagers. (Bourges, 19 mai 1884.)

106. *Chemins. Étang.* — L'assiette des chemins nécessaires à l'exploitation du restant de la propriété doit être déterminée par les experts, ainsi que la zone nécessaire à l'exploitation d'un étang bordant la portion de forêt abandonnée aux usagers. (Bourges, 19 mai 1884.)

107. *Cantonnement. Estimation. Argent.* — Dans l'estimation en argent, on doit tenir compte de ce que, à mesure que la masse des produits à livrer à la fois s'élève, le prix de l'unité de ces mêmes produits s'abaisse. (Circ. A 758.)

108. *Impôt de main-morte.* — Lorsqu'il s'agit de déterminer la valeur vénale de la portion de forêt à attribuer à une commune, en cantonnement, il doit être tenu compte de l'impôt foncier et des frais de garde qui constituent des charges ordinaires de la jouissance, mais il n'y a pas lieu d'avoir égard à l'impôt de main-morte, qui a été établi sur les communes en remplacement des droits ordinaires de mutation et de succession. (Besançon, 26 juin 1867.)

109. *Impôts. Frais de garde.* — La portion de forêt représentant la valeur nette de l'émolument usager capitalisé ne doit pas être augmentée de la valeur capitalisée des impôts et frais de garde, dont l'usager sera tenu à titre de propriétaire. (Colmar, 22 janvier 1867.)

110. *Quotité. Jouissance.* — L'usager, en devenant possesseur du fonds qui lui est adjugé en cantonnement, ne peut pas avoir une jouissance équivalente à celle qu'il avait avant le cantonnement; autrement, le propriétaire du fonds grevé se trouverait lésé. L'usager doit perdre en produit ce qu'il gagne en solidité. (Meaume.)

SECTION IV. — PROPOSITION.

§ 1. *Offres à l'usager.*

111. *Lignes séparatives. Ouverture.* — En vue de prévenir tout malentendu ultérieur, les agents chargés de la préparation du cantonnement font ouvrir les lignes séparatives du lot à abandonner aux usagers, et le maire de la commune est invité à procéder à leur reconnaissance sur le terrain, en compagnie d'une députation du Conseil municipal. Les agents des eaux et forêts assistent à cette visite et en dressent procès-verbal qu'ils joignent au dossier, après l'avoir présenté à la signature du maire, cette formalité ne laissant, bien entendu, rien préjuger de l'accueil qui pourra être fait par l'assemblée municipale aux offres régulières du cantonnement. (Circ. N 208. Circ. N 669, art. 85.)

112. *Agents. Intervention.* — Rien ne s'oppose à ce que, tout en réservant les droits de l'autorité supérieure qui peut seule donner à leurs propositions le caractère d'offre de l'État, les agents fournissent aux intéressés toutes les explications propres à préparer les voies au cantonnement amiable.

L'intervention des agents près des usagers est surtout nécessaire au moment de la signification des offres pour faciliter l'intelligence des procès-verbaux et faire apprécier les avantages directs ou indirects qu'ils pourraient retirer du cantonnement. (Circ. N 699, art. 86 et 87.)

113. *Bois domaniaux. Offres.* — Les offres, après avoir été soumises à l'approbation des Ministres de l'agriculture et des finances, sont signifiées par le préfet à l'usager. (Décr. du 12 avril 1854, art. 2. Circ. N 669, art 88.)

114. *Condition. Acceptation.* — Si l'usager déclare accepter les offres, il est passé entre le préfet et lui, en la forme administrative, un acte constatant son engagement, sous réserve de l'homologation du chef de l'État. (Décr. 12 avril 1854, art. 3. Circ. N 669, art. 89.)

115. *Modifications. Refus.* — Dans le cas de modifications demandées par l'usager, comme dans celui d'un refus pur et simple d'accepter les offres, il en est référé au Ministre des finances qui, après avoir consulté le Ministre de l'Agriculture, statue et ordonne, s'il y a lieu, d'intenter l'action en cantonnement. (Décr. du 12 avril 1854, art. 4. Circ. N 669, art. 90.)

116. *Bois communaux. Offres.* — Les offres doivent être faites après des études préalables exécutées comme s'il s'agissait d'une forêt domaniale. La commune ou l'établissement propriétaire est appelé par le préfet à déclarer s'il entend donner suite aux offres de cantonnement. Sur sa déclaration affirmative, les offres sont soumises au Ministre de l'intérieur. En cas d'avis favorable, le Ministre des finances statue sur l'opportunité des offres. Il est ensuite procédé conformément aux articles 3 et 4 du présent décret. (Décr. du 12 avril 1854, art. 7. Circ. N 669, art. 95 et 96.)

117. *Modification. Refus. Bois communaux.* — Toutefois les modifications qui seraient imposées par l'usager, dans le cas prévu par l'article 4, doivent être acceptées par la commune ou l'établissement propriétaire et approuvées par le Ministre de l'intérieur, avant d'être soumises à l'homologation du chef de l'État, et par le Ministre des finances. Si l'usager refuse d'adhérer aux offres, l'action devant les tribunaux ne peut être intentée que par le maire ou les administrateurs, suivant la forme prescrite par les lois. (Décr. 12 avril 1854, art. 7. Circ. N 669, art. 97.)

§ 2. *Jouissance. Plus-value.*

118. *Droit. Réduction.* — Sur l'action en cantonnement formée par le propriétaire, les tribunaux ne peuvent, durant la litispendance, ordonner que le droit des usagers sera réduit dans les limites des droits éventuels qui doivent être le résultat du cantonnement. (Cass. 11 mars 1846.)

119. *Plus-value. Instance.* — L'usager qui a continué de jouir de ses droits pendant l'instance en cantonnement doit tenir compte au propriétaire de la plus-value dont s'est accrue la portion de bois donnée en cantonnement, depuis le jour où elle a été fixée jusqu'au jour où l'usager a été mis en possession. (Lyon, 18 novembre 1864.) S'il n'avait pas joui de ses droits d'usage, la plus-value du cantonnement lui serait acquise. (Nancy, 5 juin 1841.)

120. *Délivrance. Instance. Plus-value. Déduction.* — Lorsque les délivrances usagères n'ont pas été interrompues pendant une instance en cantonnement, le propriétaire est fondé à demander que l'on retranche, du canton à abandonner à l'usager, une parcelle d'une valeur égale à la plus-value dont ce canton s'est accru, depuis la date du dépôt du procès-verbal des experts judiciaires.

Cette demande peut être produite pour la première fois en appel. (Nancy, 28 décembre 1866.)

121. *Retard de jouissance. Plus-value.* — Lorsque le cantonnement d'une commune usagère a été définitivement réglé à une époque déterminée et que néanmoins elle a reçu, depuis cette époque et pendant un certain temps, des délivrances de bois pris sur d'autres parties de la forêt, le juge peut, sans violer aucune loi, condamner la commune au payement d'une indemnité représentant la plus-value acquise par son cantonnement, pendant le temps qu'ont duré les délivrances. (Cass. 10 février 1868.)

122. *Jouissance indivise. Co-usagers.* — Lorsque des communes usagères ont exercé simultanément des droits sur une même forêt, en vertu de titres concédés à différentes époques et sans contestation de la part de la commune dont les titres sont les plus anciens, cette commune ne peut, lors du cantonnement, prétendre à un droit de préférence exclusif, alors même que la portion accordée en cantonnement représenterait un capital inférieur à l'estimation de ses droits. (Besançon, 28 février 1840.)

§ 3. *Attribution du cantonnement.*

123. *Cantonnement. Affectation de bois concédés à la commune.* — C'est à l'autorité municipale, sous la surveillance de l'autorité supérieure, qu'il appartient de décider si la portion de forêt attribuée en cantonnement restera affectée aux besoins des habitants. (Colmar, 22 janvier 1867.)

124. *Cantonnement. Bois. Attribution.* — Lorsque le droit d'usage dont une forêt était grevée au profit des habitants a été cantonné, ces droits d'usage sont éteints et la portion de forêt qui les remplace appartient à la commune. Les bois provenant de cette portion de forêt doivent être partagés et délivrés à tous les habitants, suivant le mode déterminé par l'article 105 du code forestier, à moins d'usage contraire existant pour la répartition du produit des anciennes forêts communales. (Conseil d'État, 31 janvier 1867. Tribunal d'Arbois, 17 décembre 1879.)

125. *Particuliers usagers. Cantonnement. Propriété.* — Lorsqu'un droit d'usage, concédé *ut universi*, n'est plus exercé que par les proprié taires des maisons construites antérieurement à l'application des lois abolitives de la féodalité, en cas de cantonnement de ce droit, la portion de forêt qui en représente la valeur devient la propriété de la commune, à l'exclusion des propriétaires des anciennes maisons usagères, parce que le droit d'usage était communal, et ces propriétaires ne sont même pas fondés à prétendre à la jouissance exclusive des fruits et produits du cantonnement. (Saint-Dié, 20 avril 1866.)

126. *Maronage. Droit spécial.* — Lorsqu'un droit de maronage appartenant à une commune ne s'étend qu'à certaines maisons déterminées (par exemple, à celles qui ont été construites antérieurement au 4 août 1789), les propriétaires de ces maisons sont fondés à réclamer, en cas de cantonnement, la jouissance exclusive de la portion de forêt qui a été attribuée à la commune comme équivalent de ce droit. Lettre du Min. de l'Int. 13 mars 1858.)

127. *Instance entre la commune et les maisons usagères.* — C'est aux tribunaux qu'il appartient de statuer sur les contestations qui pourraient s'élever, entre la commune et les propriétaires des anciennes maisons usagères, au sujet de la jouissance de la portion de forêt attribuée à la commune en cantonnement des droits d'usage. (Lettre du Min. de l'Int. 13 mars 1858.)

128. *Droit particulier. Héritiers.* — Lorsqu'un droit d'usage a été concédé à des particuliers *ut singuli*, pour eux et leurs héritiers à perpétuité, la portion de forêt attribuée en cantonnement à leurs descendants doit être répartie entre eux par portions égales et non pas suivant leurs besoins actuels. (Lyon, 25 mars 1862.)

SECT. V. — JURIDICTION. CONTENTIEUX.

129. *Bois particuliers. Compétence.* — En cas de contestation entre le propriétaire et usager, il sera statué par les tribunaux. (Cod. For. 121.)

130. *Compétence.* — L'action en cantonnement est de la compétence des tribunaux ordinaires. (Cod. For. 63.)

131. *Bois particulier. Droits à des tiers. Pouvoirs des experts. Droit d'affouage.* — En l'absence de règles spéciales au cantonnement formulées par le Code forestier, les juges du fonds déterminent souverainement les conditions dans lesquelles sera opéré le cantonnement; il leur appartient notamment de décider que les experts devront, lors de leurs opérations, tenir compte des droits d'usage appartenant à des tiers et de dire si les usagers non touchés par le cantonnement doivent ou non être appelés en cause.

En ce qui concerne le droit d'affouage, ils ont pu ordonner aux experts de se borner à rechercher le nombre des chefs de famille existant dans la commune lors de la demande en cantonnement. (Cass. 21 juillet 1913.)

132. *Bois indivis. Compétence.* — Le cantonnement est un contrat de droit civil dont il n'appartient qu'à l'autorité judiciaire de déterminer le sens et les effets. En conséquence lorsque au cours d'un litige relatif au mode de partage de bois indivis entre des communes l'interprétation d'un acte de cantonnement est nécessaire, le Conseil de préfecture doit surseoir à statuer jusqu'à ce que l'autorité judiciaire ait donné cette interprétation. (Cons. d'État, 15 février 1901.)

133. *Tribunaux. Base. Expertise.* — Les tribunaux ont un pouvoir souverain et discrétionnaire, soit pour la fixation de la base du cantonnement. soit pour le mode d'expertise, soit pour toutes les questions qui touchent au règlement du cantonnement des usagers. (Cass. 25 février 1845.)

134. *Évaluation.* — En matière de cantonnement, les tribunaux ont un pouvoir discrétionnaire pour apprécier l'étendue et la valeur des droits des parties et pour déterminer la portion de la forêt qui doit être attribuée en pleine propriété à l'usager, sans être liés par les énonciations des procès-verbaux d'expertise. (Toulouse, 2 juillet 1855.)

135. *Rescision. Compétence.* — C'est à l'autorité judiciaire qu'appartient la connaissance de l'action par laquelle une commune demande, contre l'État, pour cause de lésion et d'erreur, la rescision d'un cantonnement amiable intervenu entre elle et l'administration forestière. (Cons. d'État, 28 mars 1862.)

136. *Offre. Tribunaux. Validité.* — Lorsque l'État fait une offre aux usagers qui la refusent, le tribunal est saisi d'une simple demande en validité d'offre. Dans ce cas, il peut la valider ou l'annuler comme insuffisante, mais il ne peut la dépasser.

137. *Cantonnement. Usager. Droit. Appel.* — L'appel d'un jugement, qui statue que des usagers ont droit à un cantonnement et nomme des experts pour désigner le canton de bois à délivrer, doit être interjeté avant le jugement définitif qui homologue l'expertise. (Cass. 16 avril 1833.)

138. *Usager. Cantonnement. Appel.* — Lorsqu'une commune, déclarée simple usagère par un jugement, persiste sur l'appel à se prétendre propriétaire, son adversaire peut, sur cet appel, former contre elle, pour la première fois, une demande en cantonnement. Cette demande doit être considérée comme une ex ception, et non pas une nouvelle demande soumise aux deux degrés de juridiction. (Cass. 13 juillet 1838.)

139. *Offre. Frais.* — Lorsque le propriétaire a fait une offre pour le cantonnement et que, par suite du refus des usagers, le cantonnement est réglé par les tribunaux, les dépenses de l'expertise judiciaire et de l'instance sont à la charge des parties, d'après les résultats du procès comparés aux offres des propriétaires. (Cass. 24 août 1869.)

SECTION VI. — FRAIS. DÉCISIONS.

§ 1. *Frais. Indemnité.*

140. *Indemnité. Vocation.* — Les indemnités et frais auxquels les agents forestiers seraient reconnus avoir droit et les vacations du troisième expert seront supportés en entier par la commune ou l'établissement public. (Décr. du 12 avril 1854, art. 766. Circ. N 669, art. 98.)

Ces conditions s'appliquent aux bois des communes et des établissements publics. (Ord. 146.). V. Rachat.

141. *Agents. Indemnités.* — Des indemnités sont attribuées aux agents et préposés pour le cantonnement des bois communaux. (Circ. N 26, art. 5. Circ. N 310.)

142. *Frais. Expertise.* — Les frais d'expertise doivent être partagés proportionnellement aux portions de forêt restant au propriétaire, ou concédées à l'usager. Les frais d'instance doivent être supportés par la partie qui les a occasionnés, (Colmar, 22 janvier 1867.)

143. *Frais. Expertise.* — Les frais du cantonnement, y compris ceux d'expertise, doivent être supportés par chacune des parties, au prorata de son émolument. (Nancy, 15 juin 1876.)

144. *Frais.* — La demande en cantonnement constitue une demande en transformation de propriété et de jouissance, dont les frais doivent porter exclusivement sur le propriétaire, à moins que l'usager ne lui conteste le droit de demander le cantonnement. (Orléans, 27 août 1852.)

145. *Droit de mutation.* — Le cantonnement a le caractère d'un partage et, comme cet acte, il est soumis au droit de 0 fr. 50 pour cent, sans décimes.

§ 2. *Sommier des décisions.*

146. *Bois domaniaux.* — Il doit être formé et tenu à jour dans chaque conservation un sommier des cantonnements effectués depuis la promulgation du Code forestier et de ceux en cours d'exécution. (Circ. A 672.)

La situation des opérations de cantonnement est constamment tenue à jour au sommier des droits d'usage et de cantonnement (V. Droit d'usage) au moyen de l'indication, dans leur ordre de date, des diverses phases de ces opérations, jusqu'à leur conclusion définitive. Doivent être mentionnés au sommier notamment : la nomination des experts, l'ouverture des opérations, les divers incidents qui en retardent ou en suspendent l'exécution, la clôture du procès-verbal, la signification qui en est faite aux usagers, le refus ou l'adhésion de ces derniers, les diverses décisions administratives qui peuvent intervenir et, dans le cas où il serait procédé judiciairement, les incidents de procédure les plus importants jusqu'au jugement définitif.

Les résultats du cantonnement, quelle qu'en soit la forme, amiable ou judiciaire, sont également consignés au sommier dont une colonne est réservée pour faire connaître les frais à la charge de l'État. (Circ. N 669, art. 91 et 92.)

CANTONNEMENTS (de pêche).

Définition. — On doit entendre par « cantonnements de pêche » les lots de pêche dans les rivières navigables dépendant du domaine public.

V. Fermier (de la pêche). Lot. Pêche.

CANTONNIER. V. Garde cantonnier.

CAPACITÉ.

Travaux. Certificat. Déclaration. — Le certificat de capacité est supprimé. Il est remplacé par une simple déclaration indiquant l'intention de soumissionner, faisant connaître les nom, prénoms et domicile et accompagnée de références. (Circ. N 582.)

V. Références.

CAPCASAL. CAPCASALIER.

Définition. Droit. — Dans le diocèse de Dax et en Gascogne, on appelait *capcasals* les maisons anciennes ou primitives dans chaque paroisse. Les propriétaires de ces maisons, appelés *capcasaliers*, prétendaient avoir certains droits spéciaux de propriété et d'usage sur les biens de la paroisse.

Une décision du Conseil d'État, en date du 14 février 1839, a décidé que ces habitants capcasaliers n'avaient pas droit ou qualité pour s'attribuer et se partager des biens communaux.

CAPITALISATION.

1. *Définition.* — Formation d'un capital en multipliant son revenu par un certain taux.

2. *Émolument. Taux.* — Dans un cantonnement l'émolument usager doit être capitalisé au denier vingt (5 o/o). (Cass. 25 février 1845.)

3. *Cantonnement. Revenu.* — Le revenu du droit d'usage sera capitalisé au denier vingt (5 o/o). (Nancy, 20 juillet 1829. Décr. du 19 mai 1857, art. 9.)

4. *Cantonnement. Instance.* — Le décret du 19 mai 1857, fixant le mode de capitalisation dans les opérations de cantonnement, n'est pas obligatoire pour les tribunaux. (Nîmes, 14 juin 1867.)

5. *Droits d'usage. Bases.* — On peut capitaliser l'émolument usager au denier vingt-cinq, eu égard aux avantages que le cantonnement procure au propriétaire. Dans un même cantonnement, on peut capitaliser à des taux différents les divers émoluments formant la base du cantonnement. (Metz, 14 août 1866.)

6. *Fixation. Taux.* — Le juge saisi d'une action en cantonnement est investi d'un pouvoir discrétionnaire pour la fixation du taux de la capitalisation. (Cass. 16 juillet 1867.) V. Cantonnement.

CAPORAL.

Choix. — Les caporaux des compagnies de chasseurs forestiers seront pris parmi les brigadiers ou les gardes de première classe. (Décr. 2 avril 1875, art. 5. Circ. N 173. Décr. 18 novembre 1890, art. 5. Circ. N 424.)

CAPTURE.

1. *Primes.* — Les arrestations opérées, hors de la présence des huissiers, en vertu de mandements de justice, donnent droit aux primes suivantes, en faveur des préposés forestiers qui font ces captures :

Pour l'exécution de tout mandat, jugement ou arrêt n'emportant pas une peine d'emprisonnement de plus de 5 jours :

Villes au-dessous de 40,000 âmes. 3 fr.
Villes au-dessus de 40,000 âmes et
  l'Algérie, excepté Alger....... 4 »
Villes de Paris et d'Alger........ 5 »

Pour l'exécution d'un jugement emportant une peine d'emprisonnement de 6 jours au moins, 12 francs dans les villes au-dessous de 40,000 âmes, 15 francs dans les villes au-dessus de 40,000 âmes et en Algérie, excepté Alger, et 18 francs pour les villes de Paris et d'Alger.

La prime doit être réclamée dans le délai de 5 ans, sous peine de déchéance. (Décr. 18 février 1863.) V. Frais. Poursuite. Arrestation. (Décr. 12 avril 1893, art. 190. Circ. N 554, art. 102.)

2. *Droit.* — Le droit de capture, fixé à 3 francs pour l'emprisonnement des condamnés en matière forestière, s'applique aux délinquants insolvables comme aux délinquants solvables. (Déc. Min. 31 janvier 1833. Instruction du Ministère des finances, 20 septembre 1875, art. 219.)

3. *Frais. Paiement.* — Les frais de capture des condamnés contraints par corps sont payés par les receveurs des finances, qu'il s'agisse de condamnés solvables ou insolvables, de délits forestiers ou d'autres délits. (Instr. compt. publ. 5 janvier 1895, art. 358, 376, 381.)

Ces frais sont payés sur des mémoires arrêtés pour liquidation par le préfet et appuyés des procès-verbaux d'arrestation. Les mémoires des préposés forestiers sont exempts de timbre par application de l'article 16 de la loi du 13 brumaire an VII, ces préposés étant assimilés aux gens de guerre par décret du 2 avril 1875. (Circ. N 554, art. 103.) V. Arrestation.

4. *Frais. Avances.* — Lorsque la capture est effectuée, soit avant la condamnation, en vertu des mandats d'amener, de dépôt ou d'arrêt, soit après la condamnation en exécution d'un jugement prononçant l'emprisonnement, ces frais sont à la charge du ministère de la justice et payés par les receveurs de l'enregistrement.

Mais les frais de capture faits pour arriver au recouvrement des condamnations pécuniaires sont payés par les receveurs des finances, qu'il s'agisse de condamnés solvables ou de condamnés insolvables, de délits forestiers ou d'autres délits. Ces frais consistent d'ordinaire dans le coût du commandement et la gratification accordée aux gendarmes pour la capture. (Instr. du Min. des Fin., 20 septembre 1875, art. 216 et 217.)

5. *Pêche. Frais.* — En matière de délit de pêche, les frais de capture des condamnés appréhendés en vue de l'exécution des peines d'emprisonnement prononcées par des jugements sont à la charge du Ministère de la justice. (Instr. du garde des sceaux, 22 avril 1869. Circ. N 554, art. 120.)

CARABINE. V. Armement.

CARBONISATION. V. Charbonnière.

CARNET D'ATTACHEMENT.

1. *Restauration des montagnes. Travaux en régie.* — Tout surveillant établi sur un chantier de travaux en régie doit tenir un carnet d'attachement (form. série 7, n° 47), sur lequel il inscrit les tâches et fournitures, ainsi que les décisions ou, à leur défaut, la série qu'elles concernent.

Ce carnet ne sert qu'à la comptabilité d'une seule série.

Si un surveillant est appelé à opérer dans plusieurs séries, il est muni d'autant de carnets.

Il est pris sur ce carnet, pour chaque constatation, un attachement qui est signé immédiatement par l'intéressé ou son représentant et par le surveillant.

À la fin de la semaine, chaque surveillant établit le relevé des attachements inscrits sur son carnet. (Form. série 7, n° 51.) Cet extrait est la copie textuelle des attachements correspondant à la semaine écoulée; il est transmis le premier jour de chaque semaine à l'agent régisseur, qui le garde dans ses archives.

À l'aide des relevés établis par les surveillants, l'agent régisseur dresse sur la même formule (série 7, n° 51) une récapitulation dans laquelle il groupe les attachements par fournisseur et tâcheron, etc., de manière à faire ressortir pour chacun d'eux la somme qui lui est due, et le transmet au chef de service à la fin de chaque mois. Ces extraits du carnet sont conservés dans les archives du chef de service. (Instr. gén. 2 févr. 1885, art. 141, 153, 154, 155, 163, 182 et 203. Circ. N 345.)

2. Restauration des montagnes. Travaux par entreprise. — Le surveillant tient deux carnets d'attachement pour chaque entreprise. (Form. série 7, n°° 65 et 65 *bis*.) Il inscrit sur l'un les travaux exécutés, sur l'autre les approvisionnements.

Chaque attachement doit être accepté, signé et daté par l'entrepreneur ou son représentant. Le surveillant appose sa signature à côté de celle de la partie intéressée et, à la fin de chaque semaine, il dresse sur un imprimé unique (form. série 7, n° 67) un extrait de chacun des deux carnets et l'envoie à l'agent directeur des travaux, qui établit une situation (form. série 7, n° 68), à transmettre au chef de service. (Instr. Gén. 2 février 1885, art. 189, 190, 191 et 192. Circ. N 345.)

3. Travaux d'amélioration. Régie. — Tout surveillant de travaux en régie tient un carnet d'attachement des fournitures, transports et travaux à la tâche. (Série 7, n° 47. Circ. N 566, art. 262.)

4. Travaux. Inscription. Extrait. Application. — Le surveillant inscrit sur le carnet d'attachement les fournitures, transports et travaux à la tâche de toute nature. Il arrête le compte du fournisseur ou tâcheron et le soumet de suite à son acceptation. Il fournit, aux époques qui lui sont désignées, un extrait de ce carnet (série 7, n° 51). Ces prescriptions sont applicables aux travaux en régie de toute nature (travaux à prix d'argent imposés sur les coupes, travaux des concessionnaires, des préposés, des délinquants insolvables). (Circ. N 566, art. 268 et 269.)

CAROUBIER.

Classe. — Arbre de 2° classe. (Cod. For. 192. Loi du 18 juillet 1906. Circ. N 703.)

CARPE.

1. Pêche. Dimension. — Les carpes ayant moins de 0^m,14 de longueur, de l'œil à la naissance de la queue, ne peuvent pas être pêchées et doivent être rejetées à l'eau. Pêche interdite du lundi après le 15 avril au dimanche après le 15 juin. (Décr. du 5 septembre 1897, art. 1 et 8. Circ. N 524.)

2. Exportation en Allemagne. Certificat d'origine. — Les carpes d'étang vivantes peuvent entrer en franchise, en Allemagne, sur la production de certificats délivrés par les agents des eaux et forêts (inspecteurs, inspecteurs adjoints et gardes généraux) et attestant que l'envoi provient d'étangs.

Ces certificats doivent être établis conformément au modèle joint à la présente circulaire et à suivre rigoureusement. Ils seront rédigés à la fois en français et en allemand. (Circ. N 709.)

3. Certificat. Visa. — Les conservateurs ont qualité pour légaliser les certificats qui ne doivent plus être adressés à l'administration pour la légalisation de la signature. Ils s'assurent que le document à authentifier est rédigé comme le prescrit la circulaire n° 709. (Circ. N 730.)

4. Déclaration. Vérification. — Lorsqu'une personne désirant exporter des carpes vivantes en Allemagne leur en fera la déclaration, les agents vérifieront avec soin l'origine des poissons et recueilleront d'une manière très précise les renseignements nécessaires pour l'établissement du certificat qui après visa du conservateur sera remis à l'exportateur. (Circ. N 709. Circ. N 730.)

CARRAIRE.

1. Définition. — Les carraires sont des chemins spéciaux créés en Provence pour permettre aux troupeaux transhumants, c'est-à-dire allant passer l'été dans les Alpes, de se rendre à leur pâturage.

2. Largeur. — Leur largeur maxima est de 30 mètres, et minima de 5 mètres (Régl. du 21 juillet 1783).

3. Propriété. — Les riverains sont propriétaires du sol de la carraire (Arr. Préfect. Bouches-du-Rhône, 1°° avril 1806, art. 2, reproduisant l'art. 4 du règlement de 1783).

Les carraires établies en Provence pour faciliter la circulation des troupeaux, régies par un règlement du 21 juillet 1783, sont des chemins d'une nature particulière, non compris dans la grande voirie, ni dans la voirie vicinale; elles font partie des fonds qu'elles traversent et constituent des servitudes d'utilité publique dont ces fonds sont grevés. Si les communes ont incontestablement un droit de surveillance sur les carraires à l'effet de veiller à leur conservation, il ne s'ensuit pas qu'elles aient le pouvoir de faire sur elles un acte de propriété quelconque et de les supprimer au détriment des usagers (Trib. de Brignoles, 1ᵉʳ juin 1904).

CARREFOUR. V. Plan. Route.

CARRIÈRE.

SECTION I. — Généralités, 1-16.

SECTION II. — Bois domaniaux, Concession, 17-23. V. Plan.

SECT. I. — GÉNÉRALITÉS.

1. *Définition. Classification.* — Les carrières renferment les ardoises, grès, pierres à bâtir et autres, marbres, granits, pierres à chaux et à plâtre, pouzzolanes, trass, basaltes, laves, marnes, craies, sables, pierres à fusil, argiles, kaolin, terres à foulon, terres à poterie, substances terreuses, cailloux, terres pyriteuses considérées comme engrais, le tout exploité à ciel ouvert ou avec des galeries souterraines (Loi du 21 avril 1810, art. 4, Circ. N 569). Les mines et les matières désignées comme minières ne font pas partie des carrières (Cons. d'État, 19 juillet 1843).

2. *Terrain non soumis au régime forestier. Principes.* — L'exploitation des carrières à ciel ouvert a lieu en vertu d'une simple déclaration faite au maire de la commune et transmise au préfet. Elle est soumise à la surveillance de l'administration et à l'observation des lois et règlements en vigueur ou qui seraient rendus sous forme de décrets en Conseil d'État (Loi du 21 avril 1810, art. 81. Loi du 27 juillet 1880.)

3. *Bois soumis au régime forestier. Autorisation.* — L'ouverture des carrières est autorisée par le conservateur dans les bois domaniaux et par les maires dans les bois communaux, comme extraction de produits. (Ord. 4 décembre 1844.)

Pour les bois domaniaux, le conservateur fixe les conditions et le prix d'extraction; pour les bois communaux, le conservateur fixe les conditions et le préfet fixe le prix d'extraction. V. Concession.

4. *Ouverture. Pénalité.* — Pour l'ouverture d'une carrière sans autorisation, on applique les peines édictées pour enlèvement ou extraction de produits forestiers. V. Enlèvement. Extraction. Travaux publics.

5. *Abatage d'arbres. Emplacement.* — Les conservateurs autorisent l'abatage des arbres situés sur l'emplacement des carrières concédées et à ouvrir, car l'exploitation de ces arbres

est une conséquence forcée de l'autorisation desdites carrières, donnée en vertu de l'ordonnance du 4 décembre 1844 et de la circulaire A 568. (Lettre de l'Admin. 30 mars 1849; n° 2145.)

6. *Exploitation de carrières.* — Aucune exploitation de carrière à ciel ouvert ou par galeries souterraines ne peut avoir lieu qu'après une déclaration adressée par l'exploitant au maire de la commune de la situation. (D. fév. 1892.)

7. Les bords des fouilles ou excavations sont établis et tenus à une distance horizontale de 10 mètres, au moins, des bâtiments, routes, chemins, cours d'eau, canaux, fossés, rigoles, conduites d'eau, mares et abreuvoirs servant à l'usage du public. (D. fév. 1892.)

8. Aucune excavation souterraine ne peut être ouverte ou poursuivie que jusqu'à une distance horizontale de 10 mètres des mêmes propriétés. (Décr. des 8, 10, 12 févr. 1892, art. 9 et 12). (Un décret spécial pour chaque département. Le texte est le même pour tous les décrets qui ont été publiés aux dates des 8, 10, 12 février 1892.)

9. *Interdiction.* — Un préfet peut interdire une carrière comme dangereuse. (Cons. d'État, 24 décembre 1844.)

10. *Bois des particuliers. Défrichement. Autorisation.* — Les préfets ne doivent jamais prendre d'arrêtés autorisant l'ouverture de carrières dans les bois des particuliers pour l'exécution de travaux publics, quand cette ouverture doit entraîner un défrichement ne pouvant avoir lieu sans autorisation. (Lettre du Ministre de l'agriculture, 1ᵉʳ juillet 1895. Circ. N 487.)

11. *Jurisprudence.* — Autrefois, en vertu de l'article 55 de la loi du 16 septembre 1807, on distinguait, en cas d'extraction de matériaux, suivant qu'il y avait ou non carrière ouverte par le propriétaire au moment de l'occupation. C'est seulement s'il y avait carrière ouverte que l'on payait au propriétaire la valeur des matériaux extraits; sinon il n'avait droit qu'à une indemnité de surface, correspondant à la privation de jouissance et à la dégradation du sol.

Actuellement, on doit toujours tenir compte tant du dommage causé à la surface que de la valeur des matériaux extraits. (Ch. Guyot.) V. Circ. N 456.

12. *Travaux publics. Indemnité.* — Dans l'évaluation de l'indemnité relative à l'extraction de matériaux pour travaux publics, il doit être tenu compte tant du dommage fait à la surface que de la valeur des matériaux extraits. (Loi du 29 décembre 1892, art. 13, Circ. N 478). V. Extraction. Occupation temporaire.

13. *Travaux forestiers. Changement.* — Lorsqu'il sera reconnu indispensable d'extraire

des matériaux dans des lieux autres que ceux indiqués au devis, les prix en sont réglés d'après les éléments de ceux de l'adjudication ou par assimilation aux ouvrages les plus analogues ou en prenant pour terme de comparaison les prix courants du pays.

Les conservateurs font connaître l'augmentation de dépense qui doit en résulter. (Circ. N 566, art. 215.) V. Travaux forestiers.

SECT. II. — BOIS DOMANIAUX. CONCESSION.

14. *Concessions.* — Les concessions de carrières présentent le caractère non pas de baux, mais de ventes mobilières. (Circ. N 853.) Il s'ensuit que ces concessions peuvent être consenties pour une durée supérieure à 18 ans.

15. *Concessions. Catégories.* — D'après les nouvelles dispositions la double intervention des Ministres de l'agriculture et des finances n'est nécessaire que :

1° Pour les concessions amiables ou par voie d'adjudication publique dont la durée est supérieure à neuf ans;

2° Pour les concessions amiables dont le montant des redevances cumulées excède 20,000 francs;

3° Pour les concessions amiables ou par voie d'adjudication publique dont les conditions financières ou autres n'auraient pas réuni l'accord des services locaux intéressés, quelles qu'en soient l'importance et la durée.

Les concessions ne rentrant dans aucune de ces catégories sont autorisées par les préfets. (Circ. N et 848.)

16. *Adjudication. Taxe. Majoration* — La taxe forfaitaire à imposer aux adjudicataires des coupes dans les forêts domaniales est applicable aux concessions de carrières domaniales par adjudication publique. Elle doit être liquidée sur le montant cumulé des redevances dues pour toute la durée de la concession. (Lett. circ. 853 du Min. des fin., 26 juillet 1920, Lett. Dir. Gén., 5 août 1920.)

17. *Extraction de matériaux. Autorisation.* — Les autorisations d'extraction de matériaux dont la durée est inférieure à un an et qui, par conséquent, n'ont à aucun point de vue le caractère de bail, continueront à être consenties par les conservateurs en vertu de l'ordonnance du 4 décembre 1844, aussi bien pour les concessions faites à l'amiable que s'il est procédé par adjudication publique. (Circ. N 848.)

CARTES À JOUER.

Répression. — Les gardes forestiers de l'administration ont le droit de concourir à la répression de la fraude sur les cartes à jouer.

Les dispositions relatives à la répression de la fraude du tabac sont applicables aux délits relatifs à la contrebande des cartes à jouer. (Loi du 28 avril 1816, art. 169.) V. Contrebande.

CARTE DE FRANCE.

1. *Concours.* — Les agents forestiers doivent prêter leur concours aux officiers du service topographique, chargés de la construction, de la vérification ou des modifications survenues dans l'état de la carte de France. (Lettres de l'Admin. 21 mars 1863 et 2 août 1875.)

2. *Agents. Préposés. Achat.* — Les agents et préposés doivent, pour l'acquisition des cartes de l'état-major, s'adresser, soit directement, soit, si besoin est, par l'intermédiaire des conservateurs, aux libraires dépositaires de ces cartes. (Circ. N 325.)

3. *Administration. Achat.* — Les achats pour le compte de l'État seront réalisés de la même manière par la voie du commerce local, sous réserve de l'approbation préalable de l'administration ou de l'allocation des crédits nécessaires. (Circ. N 325.)

4. *Copie de la minute.* — Le service topographique du ministère de la guerre fournit des copies sur papier calque de la carte minute à l'échelle de 1/40000 avec les courbes du niveau à l'équidistance de 10 mètres, au prix de 10 francs le décimètre carré.

CARTE D'INSCRIPTION AU CONTRÔLE.

Travaux de reboisement. — Tout payement, soit en argent, soit par mandat individuel, entre les mains d'un ouvrier, donne lieu, au moment où il est effectué, à une constatation inscrite au verso de la carte d'inscription au contrôle. (Formule série 7, n° 49. Instr. générale, 2 février 1885, art. 168. Circ. N 345.)

CARTE DE SALARIÉ.

Retraites ouvrières. — Chaque assuré reçoit gratuitement des cartes annuelles destinées à l'apposition des timbres-retraite. Ces cartes sont délivrées par les soins de l'administration préfectorale et le service des eaux et forêts n'a pas à intervenir dans l'établissement des listes des assurés ni dans la délivrance des cartes.

Elles sont de couleur jaune bulle pour les assurés obligatoires et de couleur rose pour les assurés facultatifs.

Elles contiennent l'indication des nom et prénoms, nationalité, date et lieu de naissance de l'assuré, la date de la délivrance de la carte et l'adresse de l'assuré à cette date. (Décr. du 25 mars 1911, art. 11.) Elles sont divisées, dans la partie intérieure, en cases destinées à recevoir les timbres-retraite. Les cartes sont renouvelées tous les ans, à la date anniversaire de la naissance de l'assuré. (Circ. N 784, art. 12.) V. Retraites ouvrières. Timbre.

CARTE DE SERVICE (chemins de fer).

1. *Usage.* — Pour les voyages de service dans leur propre circonscription, les agents et préposés feront usage d'une carte de service donnant droit à des billets à demi-tarif dans la limite des parcours indiqués sur ladite carte. (Circ. N 530.)

2. *Établissement.* — Les cartes sont dressées dans les bureaux des conservateurs par des préposés ayant une belle écriture très nette et très lisible. Elles seront écrites de la même main, sans rature, ni surcharge, ni grattage, ni mots intercalés. Les parcours seront indiqués nettement et séparés par deux traits. Les gares et stations seront orthographiées comme sur les indicateurs officiels. Le nom de la résidence des préposés sera porté après : assermenté pour la brigade ou le triage de... (Circ. N 542.)

3. *Service sédentaire.* — Il n'est pas délivré de cartes de service aux agents et préposés sédentaires. (Circ. N 542.) V. Demi-place.

4. *Droit de timbre.* — Les cartes de service sont exemptes du droit de timbre. (Circ. N 559.)

5. *Préposés. Qualification.* — Sur les cartes de service, le préposé sera désigné par les grades de brigadier ou de garde des eaux et forêts, et l'indication de la brigade ou du triage pour lequel chaque préposé est assermenté sera faite par le nom de sa résidence. (Circ. N 559.)

6. *Préposé. Commission. Insignes.* — Les préposés devront toujours être porteurs de leur commission et munis du képi et de la plaque. (Circ. N 559.)

CARTILLON. V. Saumon.

CARTOUCHES.

1. *Mobilisation.* — Le nombre de cartouches pour la mobilisation a été calculé à raison de 56 par sous-officier, et de 120 par caporal ou chasseur.

Les hommes des unités désignées pour être appelées à l'activité, dès la publication de l'ordre de mobilisation, doivent seuls être détenteurs en tout temps des cartouches de mobilisation. Les autres hommes ne possèdent pas leurs cartouches, qui sont déposées dans les magasins militaires désignés par le général commandant en chef le corps d'armée. (Instr. du Min. de la guerre. Lettre de l'adm. du 29 octobre 1892.)

2. *Défense personnelle.* — Il peut être délivré, pour sa défense personnelle, à chaque homme, qui en est personnellement responsable, un paquet de 8 cartouches, modèle 1886.

Ce paquet est prélevé sur l'approvisionnement de mobilisation et ne donne lieu à aucun remboursement. (Lettre du Min. de la guerre, 20 septembre 1890.)

3. *Fausses cartouches.* — Un jeu comprenant 10 fausses cartouches par fusil, modèle 1886, est mis gratuitement à la disposition de chaque chef de cantonnement, pour l'instruction des préposés sous ses ordres. (Décis. du Min. de la guerre, 5 décembre 1890.)

CAS FORTUIT.

Définition. — Celui qui est occasionné par des événements imprévus et de force majeure. On n'en est pas responsable, à moins de clause spéciale. (Cod. Civ. art. 1148, 1722, 1772 et 1773.)

CASIER JUDICIAIRE.

1. *Établissement. Principe.* — La loi du 5 août 1899 sur le casier judiciaire et le décret du 12 décembre 1899 rendu pour son exécution ont fixé des règles nouvelles pour l'établissement et la production des bulletins du casier judiciaire. (Circ. N 581.)

2. *Bulletin n° 1. Établissement.* — Toute condamnation pour délit forestier, de chasse ou de pêche donne lieu à l'établissement d'un bulletin n° 1. (Circ. N 701, art. 131.)

3. *Bulletin n° 2. Procédure.* — Dans toutes les poursuites sur délits forestiers, de chasse ou de pêche, les bulletins n° 2 doivent être joints à la procédure. (Circ. N 701, art. 132.)

4. *Délivrance.* — Les bulletins à joindre à la procédure ne peuvent être réclamés aux greffiers par les agents des eaux et forêts; les magistrats du parquet et de l'instruction ont seuls qualité pour se les faire délivrer. (Loi du 5 août 1899, art. 4, Circ. N 701, art. 133.)

5. *Procès-verbaux. Envoi.* — Les procès-verbaux concernant les poursuites à exercer à la requête de l'administration des eaux et forêts seront transmis cinq jours au moins avant l'audience aux chefs des parquets, afin de leur permettre d'assurer en temps utile la délivrance des bulletins n° 2. (Circ. N 701, art. 134.)

6. *Bulletins. Payement. Coût.* — Les bulletins n° 1 sont payés sur les crédits inscrits au budget du département de la justice pour frais de justice, les bulletins n° 2 sont à la charge de l'administration des eaux et forêts. Le coût de tous ces bulletins est compris parmi les frais de justice à recouvrer sur les condamnés. (Circ. N 701, art. 135.) Les émoluments des bulletins n° 2 sont portés sur le mémoire que les greffiers présentent en fin d'année pour le payement des extraits et expéditions des jugements. (Circ. N 627.)

7. *Frais à la charge des condamnés.* — Les frais de justice mis à la charge des condamnés comprendront le prix du bulletin n° 2 qui aura été joint à la procédure et celui du bulletin n° 1 à établir après la condamnation. (Circ. N 701, art. 136.)

8. *Bulletin de renseignements. Envoi.* — Pour faciliter l'établissement du bulletin n° 1, il est désirable que les dossiers contiennent les renseignements nécessaires sur l'état civil et la filiation des délinquants. A cet effet, les bulletins de renseignements (série 6, n° 15 *bis*) dressés par les préposés seront transmis au parquet sous les plus expresses réserves quant à leur exactitude, les agents ne disposant pas des moyens nécessaires pour les contrôler et par suite les certifier. (Circ. N 581, art. 137, Circ. N 701.)

9. *Demande d'emploi. Poursuites disciplinaires.* — En dehors des instances forestières, il peut être délivré à l'administration, pour l'instruction des demandes d'emploi ou en vue de poursuites disciplinaires, des bulletins n° 2 spéciaux qui seront directement réclamés et payés aux greffiers. Le prix est fixé à 25 centimes par bulletin. (Loi du 5 août 1899, art. 4; décr. du 12 décembre 1899, art. 9 et 13. Circ. N 581, art. 138. Circ. N 701.)

10. *Simple police. Récidive.* — Le fait que le contrevenant n'est pas en récidive n'a pas besoin d'être prouvé devant les tribunaux de simple police, d'où il suit que la production de l'extrait du casier judiciaire des contrevenants n'est pas nécessaire devant lesdits tribunaux. Pratiquement, les inspecteurs sont assez bien renseignés à cet égard par les indications du sommier des procès-verbaux et des jugements, (Circ. N 737, art. 6.)

11. *Récidive. Preuve.* — Lorsque la récidive résultera d'un jugement de condamnation rendu par un tribunal correctionnel, l'extrait du jugement sera remplacé dans la pratique par l'extrait du casier judiciaire du contrevenant, bulletin n° 2. (Circ. N 737, art. 8.)

12. *Simple police. Condamnation.* — Les condamnations de simple police ne donnent pas lieu à l'établissement du casier judiciaire. (Circ. N 737, art. 98.)

CASSATION.

SECT. I. — PRINCIPES, GÉNÉRALITÉS.

1. *Définition.* — Arrêt qui annule un jugement, un acte ou une procédure pour cause soit de violation, soit de fausse interprétation de la loi.

2. *Définition. Pouvoir.* — Les fonctions du tribunal de cassation seront de prononcer sur toutes les demandes en cassation contre les jugements en dernier ressort, de juger les demandes de renvoi d'un tribunal à un autre pour cause de suspicion légitime, les conflits de juridiction, les règlements de juge et les demandes de prise à partie contre tout un tribunal. (Décr. 12 août 1790, art. 3.)

3. *Principes.* — Le tribunal de cassation annulera toutes les procédures dans lesquelles les formes auront été violées, et tout jugement qui contiendra une contravention expresse au texte de la loi. Sous aucun cas et aucun prétexte, il ne pourra connaître du fond des affaires. Après avoir cassé les procédures ou jugement, il renverra le fond des affaires aux tribunaux qui devront en connaître. (Décr. 12 août 1790, art. 4.)

4. *Second pourvoi. Arrêt solennel. Autorité.* — Lorsque, après la cassation d'un premier arrêt ou jugement rendu en dernier ressort, le deuxième arrêt ou jugement rendu dans la même affaire sera attaqué par les mêmes moyens, la cour de cassation statuera toutes les chambres réunies.

Lorsque le deuxième arrêt ou jugement rendu est cassé pour les mêmes motifs que le premier, la cour d'appel ou le tribunal auquel l'affaire est renvoyée se conformera à la décision de la cour de cassation, sur le point de droit jugé par cette cour. (Loi 1er avril 1837.)

5. *Motif de cassation. Principes.* — Lorsque, à la suite d'une condamnation (arrêt ou jugement correctionnel en dernier ressort), il y aura eu, soit dans l'instruction, soit dans la procédure, soit dans l'arrêt ou le jugement lui-même, violation ou omission de quelque formalité prescrite à peine de nullité, cette omission ou violation donnera lieu, sur la poursuite de la partie prévenue ou condamnée (partie civile et responsable), ou du ministère public, à l'annulation de l'arrêt de condamnation et de ce qui l'a précédé, à partir du plus ancien acte nul. Il en sera de même dans le cas d'incompétence et lorsqu'il aura été omis ou refusé de prononcer, soit sur une ou plusieurs demandes de l'accusé, soit sur une ou plusieurs réquisitions du ministère public tendant à user d'une faculté ou d'un droit accordé par la loi, bien que la peine de nullité ne fût pas textuellement attachée à l'absence de la formalité dont l'exécution aura été demandée ou requise. (Instr. Crim. 408, 413.)

6. *Motif. Citation.* — On ne pourra par demander la cassation sous prétexte d'erreur dans la citation du texte de la loi, si la peine est la même. (Instr. Crim. 411.)

7. *Double demande.* — Lorsqu'une demande en cassation aura été rejetée, la partie qui l'aura formée ne pourra plus se pourvoir en cassation contre le même arrêt. (Instr. Crim. 438.)

8. *Principe. Instruction.* — Les recours en cassation contre les arrêts préparatoires et d'instruction ou les jugements en dernier ressort de cette qualité ne seront ouverts qu'après l'arrêt ou jugement définitif. (Instr. Crim. 416.)

9. *Jugements préparatoires.* — Le recours en cassation contre les jugements préparatoires ou d'instruction ne sera ouvert qu'après le jugement définitif; mais l'exécution volontaire de tels jugements ne pourra, en aucun cas, être opposée comme fin de non recevoir. (Loi du 2 brumaire an IV.)

10. *Juge de paix. Pourvoi.* — Les jugements rendus par les juges de paix ne peuvent être attaqués devant la cour de cassation que pour excès de pouvoir ou incompétence, et non pour violation d'une disposition légale. (Loi du 27 ventôse an VIII, art. 77. Loi du 25 mai 1838, art. 15.)

10 *bis.* — *Expropriation pour travaux d'utilité publique. Jugement.* — Le jugement d'expropriation ne peut être attaqué que par la voie du recours en cassation, et seulement pour incompétence, excès de pouvoir ou vice de forme. (Loi du 3 mai 1841, art. 20.)

11. *Effet. Sursis.* — En matière civile, la demande en cassation n'arrêtera pas l'exécution du jugement. (Décr. du 12 août 1790, art 16.) En autre matière, le pourvoi est suspensif du jugement. (Instr. Crim. 373.)

12. *Délai. Décision.* — La cour de cassation, en toute affaire correctionnelle ou de police, peut statuer sur les pourvois en cassation dix jours après la déclaration; elle devra y statuer dans le mois, au plus tard, qui suivra le délai de dix jours, pour le dépôt des pièces. (Instr. Crim. 425.) (Délais: trois jours pour le pourvoi; dix jours pour les pièces; trente jours pour statuer; total, quarante-trois jours, soit un mois et demi environ.)

SECT. II. — FACULTÉ. CONDITIONS. DÉLAI.

13. *Droit. Faculté.* — La partie civile, le prévenu, la partie publique, les personnes civilement responsables du délit peuvent se pourvoir en cassation contre les arrêts. (Instr. Crim. 216. Loi du 13 juin 1856.)

13 *bis. Agents forestiers. Recours.* — La faculté de recourir en cassation appartient aux agents des eaux et forêts, lors même que l'action aurait été intentée en première instance par le ministère public. (Circ. N 656.)

14. *Nullité. Peines.* — Lorsque la nullité procédera de ce que l'arrêt aura prononcé une peine autre que celle appliquée par la loi à la nature du crime ou du délit, l'annulation pourra être poursuivie tant par le ministère public que par la partie condamnée. La même action appartiendra au ministère public contre les acquittements basés sur la non-existence d'une loi pénale, qui pourtant aurait existé. (Instr. Crim. 410.)

15. *Motif. Condamnation. Conclusion.* — La partie civile pourra requérir la cassation, si l'arrêt a prononcé des condamnations civiles supérieures aux demandes de la partie acquittée. Cette portion de l'arrêt pourra être annulée. (Instr. Crim. 412.)

16. *Déclaration. Formalité.* — La déclaration de recours en cassation sera faite au greffier du tribunal qui a rendu le jugement, par la partie condamnée, et signée d'elle et du greffier; et, si le déclarant ne veut ou ne peut signer, le greffier en fera mention. Cette déclaration pourra être faite, dans la même forme, par l'avoué de la partie condamnée ou par un fondé de pouvoir spécial; dans ce dernier cas, le pouvoir demeurera annexé à la déclaration. Elle sera inscrite sur un registre spécial et public. (Instr. Crim. 417.)

17. *Notification. Délai.* — Lorsque le recours en cassation, contre un arrêt ou jugement en dernier ressort, rendu en matière criminelle, correctionnelle ou de police, sera exercé par la partie civile, s'il y en a une, ou par le ministère public, ce recours, outre l'inscription prescrite à l'article 417, sera notifié à la partie contre laquelle il sera dirigé dans un délai de trois jours. Lorsque la partie sera en liberté, le demandeur en cassation lui notifiera son recours par le ministère d'un huissier, soit à sa personne, soit au domicile par elle élu. Le délai sera, dans ce cas, augmenté d'un jour par chaque distance de 3 myriamètres (Inst. Crim. 418.)

18. *Délai. Formalité. Sursis.* — Le condamné aura trois jours francs, après celui où son arrêt aura été prononcé, pour déclarer au greffe qu'il se pourvoit en cassation. Le procureur général pourra, dans le même délai, déclarer au greffe qu'il demande la cassation de l'arrêt. La partie civile aura le même délai, mais elle ne pourra se pourvoir que quant aux dispositions relatives à ses intérêts civils. Pendant ces trois jours

et jusqu'à la réception de l'arrêt de la cour de cassation, il sera sursis à l'exécution de l'arrêt. (Instr. Crim. 373.)

19. *Matière civile, Délai.* — Le délai pour se pourvoir en cassation sera de deux mois, délai franc, à compter du jour où la signification de la décision, objet du pourvoi, aura été faite à personne ou à domicile. A l'égard des jugements et arrêts par défaut, ce délai ne courra qu'à partir du jour où l'opposition ne sera plus recevable. (Loi du 2 juin 1892, art. 1 et 9.)

20. *Instance domaniale. Pourvoi.* — Lorsque l'administration des domaines n'aura pas été informée de la décision du Ministre le dixième jour avant l'expiration du délai, elle introduira un pourvoi, par requête sommaire, sauf à s'en désister dans le cas où le Ministre acquiescerait à l'arrêt. (Déc. Min. 4 juin 1862.

SECT. III. — FORMALITÉS. PROCÉDURE.

20 bis. *Instruction.* — L'instruction au tribunal de cassation se fera sur simple requête ou mémoire déposé au greffe. (Loi du 2 brumaire an IV, art. 16.)

21. *Conclusion.* — On ne peut produire en cassation que les moyens fournis en appel. (Cass. 9 mai 1866.)

22. *Moyen. Requête.* — Les moyens fondés sur la violation d'une disposition d'ordre public peuvent être présentés pour la première fois en cassation (Cass. 24 juin 1851.)

23. *Requête. Délai.* — Le condamné ou la partie civile, soit en faisant sa déclaration, soit dans les dix jours suivants, pourra déposer au greffe de la cour ou du tribunal qui a rendu l'arrêt ou le jugement attaqué une requête contenant ses moyens de cassation. Le greffier lui en donnera un reçu. (Instr. Crim. 422.)

24. *Pièces à joindre. Amende. Consignation.* — La partie civile qui se sera pourvue en cassation est tenue de joindre aux pièces une expédition authentique de l'arrêt, et elle est tenue, à peine de déchéance, de consigner une amende de 150 francs, ou la moitié si l'arrêt est rendu par défaut. (Instr. Crim. 419.)

25. *Amende. Dispense.* — Sont dispensés de l'amende : ... 2° les agents publics, pour affaires concernant directement l'administration et les domaines de l'État. (Instr. Crim. 420. Loi du 28 juin 1877.)

26. *Annulation. Amende.* — Lorsque l'arrêt ou le jugement aura été annulé, l'amende consignée sera rendue sans délai (Instr. Crim. 437.)

SECT. IV. — CONSÉQUENCE. RENVOI.

27. *Annulation. Renvoi.* — Lorsque la cour de cassation annulera un arrêt ou jugement rendu en matière correctionnelle, elle renverra le procès et les parties devant une cour ou un tribunal de même qualité que celui qui aura rendu l'arrêt ou le jugement annulé. (Instr. Crim. 427.)

28. *Acquittement. Pourvoi.* — Lorsque le renvoi de la partie civile aura été prononcé, nul ne pourra se prévaloir en cassation contre elle pour violation ou omission des formes prescrites pour la défense. (Instr. Crim. 413.)

29. *Jugement Annulation.* — Lorsque le jugement aura été seul cassé, l'affaire sera portée à l'audience du tribunal ordinaire qui avait jugé en dernier ressort; elle y sera plaidée sur les moyens de droit sans aucune forme de procédure et sans que les parties puissent plaider sur le point réglé par le premier jugement. Si le nouveau jugement est conforme à celui qui a été cassé, il pourra encore y avoir lieu à la demande en cassation. (Décr. 12 août 1790, art. 21.)

30. *Procédure. Annulation.* — Dans le cas où la procédure aura été cassée, elle sera recommencée à partir du premier acte où les formes n'auront pas été observées; l'affaire sera plaidée de nouveau et il pourra y avoir lieu à cassation contre le second jugement. (Décr. du 12 août 1790, art. 20.)

SECT. V. — FRAIS.

31. *Annulation. Frais.* — Dans le cas où, soit la cour de cassation, soit la cour d'appel annulera une instruction, elle pourra ordonner que les frais de la procédure à recommencer seront à la charge de celui qui a commis la nullité. Mais il faut une faute très grave. (Instr. Crim. 415.)

32. *Partie civile. Condamnation.* — La partie civile qui succombera dans son recours en matière correctionnelle sera condamnée à une indemnité de 150 francs et aux frais envers la partie acquittée, absoute ou renvoyée. La partie civile sera, de plus, condamnée envers l'État à une amende de 150 francs, ou de 75 francs seulement si l'arrêt ou jugement a été rendu par défaut.

Les administrations ou régies de l'État et les agents publics qui succomberont ne seront condamnés qu'aux frais et à l'indemnité. (Instr. Crim. 436.)

33. *Administration. Condamnation. Frais.* — Les administrations publiques, quelles qu'elles soient, notamment l'administration forestière, au cas de rejet de leurs pourvois en cassation contre une décision d'acquittement ou d'absolution, sont passibles des frais de l'instance et de l'indemnité de 150 francs envers la partie défenderesse, même dans le cas où les poursuites intentées par elles auraient pour objet, non l'obtention des dommages-intérêts, mais l'exercice même de l'action publique. (Cass., 28 août 1868.)

SECT. VI. — POURSUITES DANS L'INTÉRÊT DE LA LOI.

34. *Pourvoi dans l'intérêt de la loi.* — Dans le cas d'acquittement, l'annulation de l'arrêt pourra être poursuivie par le ministère public dans l'intérêt de la loi seulement, et sans préjudicier à la partie acquittée. (Instr. Crim. 409.)

35. *Arrêt définitif, Pourvoi dans l'intérêt de la loi.* — Le procureur général peut déférer à la cour de cassation des arrêts définitifs, ayant acquis force de chose jugée; mais alors la cassation du jugement ne profite en rien aux parties qui n'ont pas réclamé dans le délai utile fixé. (Instr. Crim. 442.)

36. *Jugement. Dernier ressort. Pourvoi dans l'intérêt de la loi.* — Si le commissaire du gouvernement apprend qu'il ait été rendu en dernier ressort un jugement contraire aux lois, ou aux formes de procéder, ou dans lequel un juge ait excédé ses pouvoirs, et contre lequel cependant aucune des parties n'ait réclamé dans le délai fixé, après ce délai expiré, il en donnera connaissance au tribunal de cassation dans l'intérêt de la loi. (Loi du 27 ventôse an VIII, art. 88.)

CASSIS.

1. *Curage.* — Les gardes cantonniers doivent procéder au curage des cassis. (Instr. 13 août 1840, Livret des préposés.)

2. *Exécution.* — Les cassis peuvent être effectués au moyen de prestations pour délivrances des menus produits, après autorisation du conservateur. (Circ. N. 566, art. 320.) V. Plan, Route.

CASTINE.

Extraction — Il est permis à tous les maîtres de forges de tirer castines en tous lieux et endroits, où ils trouveront commodité pour l'usage de leurs forges et fourneaux, en dédommageant les propriétaires de la valeur *du dessus* de leurs terres seulement, suivant l'estimation des experts. (Arr. du conseil du roi, 20 juin 1631. Arr. Min. 2 juillet 1811.)

CATALOGUE DES IMPRIMÉS.

Envoi. — Chaque année, l'administration adresse un catalogue des imprimés aux conservateurs, qui le lui renvoient dans le délai d'un mois à partir de sa réception dans les

conservations, après y avoir indiqué le nombre d'imprimés dont ils ont besoin (Form. série 12, n° 12), avec la demande générale d'imprimés. (Form. série 12, n° 13.)

CAUSE.

Qualité. — Une cause est illicite quand elle est prohibée par la loi, quand elle est contraire aux bonnes mœurs et à l'ordre public. (Cod. Civ. 1133.)

CAUTION.

SECTION I. — Principes, responsabilité, 1-13.

SECTION II. — Adjudication de coupes, 14-29.

SECTION III. — Adjudication de chasse et de pêche, 30-35.

SECTION IV. — Adjudication de travaux, 36-39.

SECTION V. — Condamnés, 40-44.

V. Cautionnement. Solvabilité. Maire. Mainlevée provisoire. Saisie. Séquestre.

SECT. I. — PRINCIPES. RESPONSABILITÉ, 1-13.

1. *Définition.* — Engagement d'un tiers (la personne elle-même qui garantit au créancier l'exécution de l'obligation prise par le débiteur, si ce dernier n'y satisfait pas lui-même).

2. *Qualités.* — La caution doit avoir : la capacité de contracter, un bien suffisant pour répondre de l'objet de l'obligation, et son domicile dans le ressort de la cour d'appel où est donnée la caution. (Cod. Civ. 2018.)

3. *Obligation.* — Celui qui se rend caution d'une obligation se soumet envers le créancier à satisfaire à cette obligation, si le débiteur n'y satisfait pas lui-même. (Cod. Civ. 2011.)

4. *Condition.* — Le cautionnement ne se présume pas; il doit être exprès et on ne peut l'étendre au delà des limites dans lesquelles il a été contracté. (Cod. Civ. 2015.)

5. *Opposition.* — La caution peut opposer au créancier toutes les exceptions qui appartiennent au débiteur principal et qui sont inhérentes à la dette; elle ne peut opposer des exceptions personnelles. (Cod. Civ. 2036.)

6. *Conséquence.* — Les engagements des cautions passent à leurs héritiers. (Cod. Civ. 2017.)

7. *Solvabilité.* — La solvabilité d'une caution ne s'estime qu'eu égard à ses propriétés foncières, excepté en matière de commerce. (Cod. Civ. 2019.)

8. *Insolvabilité. Remplacement.* — Lorsque la caution est devenue insolvable, il doit en être donné une autre. (Cod. Civ. 2020.)

9. *Remplacement. Gage.* — Celui qui ne peut trouver une caution peut donner à sa place un gage de nantissement suffisant. (Cod. Civ. 2041.)

10. *Solidarité. Poursuites.* — La caution solidaire peut être poursuivie sans que le débiteur principal le soit. (Cod. Civ. 1200.)

11. *Paiement. Poursuites.* — La caution n'est obligée de payer qu'à défaut du débiteur principal, qui doit être préalablement discuté dans ses biens, à moins qu'elle ne se soit engagée solidairement avec le débiteur. (Cod. Civ. 2021, 1203.)

12. *Faculté. Mise en cause.* — La caution qui requiert la discussion du débiteur principal doit en indiquer les biens. (Cod. Civ. 2023.)

13. *Subrogation. Droit.* — La caution qui a payé la dette est subrogée à tous les droits du créancier. (Cod. Civ. 2029.)

SECT. 2. — ADJUDICATION DE COUPES.

14. *Adjudication de coupes.* — Les cautions sont solidairement tenues du paiement des dommages, restitutions et amendes encourus pour les délits et contraventions dans la vente, par les facteurs, gardes-vente, ouvriers, bûcherons, voituriers et tous autres employés par les adjudicataires. (Cod. For. 28, 46, Loi du 18 juillet 1906. Circ. N 703.) V. Adjudicataire.

15. *Algérie. Responsabilité.* — Les cautions sont contraignables solidairement au paiement des dommages, restitutions et amendes qu'aurait encourus l'adjudicataire. (Loi du 21 février 1903, art. 32. Circ. N 642.)

16. *Adjudicataire. Opposition.* — La caution ne peut former opposition contre un jugement prononcé contre l'adjudicataire. (Cod. For. 28. Grenoble, 14 juillet 1838.)

17. *Responsabilité.* — La caution est responsable de toutes les condamnations prononcées contre l'adjudicataire et elle ne peut proposer, dans ce cas, que des exceptions personnelles.

18. *Décès. Faillite. Responsabilité.* — Si l'adjudicataire est décédé ou failli, la caution est responsable des amendes et des réparations civiles, même pour les délits non constatés à cette époque. (Cass. 23 avril 1836.)

19. *Adjudicataire. Décès.* — Après le décès de l'adjudicataire, l'action pénale subsiste contre la caution. (Cass. 5 avril 1811.)

20. *Coupes. Présentation. Délai.* — Faute par l'adjudicataire de fournir la caution et le certificateur de caution solvables exigés, dans le délai des cinq jours qui suivent celui de l'adjudication, il sera déchu de son adjudication par arrêté du préfet et il sera procédé à une nouvelle adjudication à sa folle enchère; il sera tenu de la différence entre son prix et celui de la revente, sans pouvoir réclamer l'excédent, s'il y en a. (Cod. For. 24, 28. Loi du 18 juillet 1906. Circ. N 703.) V. Déchéance.

21. *Coupes. Payement au comptant. Cautionnement.* — Les adjudicataires des coupes tant domaniales que communales qui se libéreront au comptant seront dispensés de fournir une caution et un certificateur de caution, à la condition d'effectuer le dépôt d'un cautionnement égal au vingtième du prix principal de l'adjudication. Ce cautionnement pourra être en numéraire, en rentes sur l'État au porteur, nominatives ou mixtes, en valeurs du Trésor au porteur, en obligations au porteur du Crédit foncier et de la Ville de Paris, ou en actions ou obligations au porteur des Grandes compagnies de chemins de fer français. (Circ. N 198. Circ. N 292. Cah. des ch. 8. Circ. N 844.) V. Cautionnement.

22. *Produits façonnés.* — Lorsque la vente aura lieu à terme, d'après la déclaration qui en sera faite au moment de l'adjudication, chaque adjudicataire sera tenu de présenter sur-le-champ une caution et un certificateur de caution reconnus solvables, lesquels s'engageront, solidairement avec lui, à toutes les charges et conditions de l'adjudication.

S'il s'agit de produits de forêts appartenant à des communes ou à des établissements publics et de lots de 500 francs et au-dessous, bien que vendus à terme, la présentation d'*un certificateur de caution* ne sera obligatoire que si le receveur de la commune ou de l'établissement public l'exige. (Cah. des ch. 9. Circ. N 102.)

23. *Adjudication. Réception. Coupes ordinaires et extraordinaires.* — Les cautions et certificateurs de caution sont reçus du consentement du trésorier général ou de son fondé de pouvoirs pour les coupes de bois domaniaux et pour les coupes extraordinaires des bois des communes et établissements publics, et du consentement des maires et receveurs des communes et des administrateurs et receveurs des établissements publics pour les coupes ordinaires. (Cah. des ch. 9. Circ. N 844.)

24. *Coupes par unité de produits. Réception.* — L'adjudicataire sera tenu de fournir une caution et un certificat de caution. Ces cautions seront reçues du consentement du receveur des domaines pour les coupes des bois domaniaux, et du consentement des maires et des receveurs municipaux, des administrateurs et receveurs des établissements publics pour les coupes des bois des communes et des établissements publics. (Cah. des ch. 7.)

25. *Coupes. Solvabilité.* — Avant de se prononcer sur la solvabilité des cautions et des certificateurs de cautions, le président doit consulter le trésorier-payeur général. La responsabilité imposée à ce comptable lui donne le droit de les accepter ou de les refuser; toute latitude lui est laissée à cet égard. (Circ. N 80, art. 46.)

26. *Acceptation.* — Les actes relatifs à la réception des cautions et certificateurs de cautions sont passés au secrétariat du lieu de la vente et à la suite ou en marge du procès verbal d'adjudication, en présence de l'agent chargé du recrutement, de son fondé de pouvoirs ou du comptable subordonné, spécialement désigné à cet effet. (Cah. des ch. 9. Circ. N 844.)

27. *Acceptation.* — La caution est reçue par le receveur des domaines pour les adjudications dont le prix est payable dans sa caisse.

28. *Maires.* — Le maire, en qualité de magistrat municipal, ne peut pas être caution.

29. *Coupes par unités de produits. Insolvabilité.* — En cas d'insolvabilité des cautions, constatée par faillite ou autrement, toutes les sommes dues deviendront immédiatement exigibles, à moins que l'adjudicataire ne fasse agréer, par le receveur intéressé, une nouvelle caution. (Cod. Civ. art. 2020. Cah. des ch. 6.)

SECT. III. — ADJUDICATION DE CHASSE
ET DE PÊCHE.

30. *Chasse.* — Chaque adjudicataire de chasse sera tenu de donner dans les cinq jours qui suivront celui de l'adjudication une caution reconnue solvable et agréée par le receveur des domaines. En cas de cession, la caution interviendra à l'acte et pourra être remplacée par une autre caution solvable agréée par le receveur des domaines. (Cah. des ch. 8 et 12. Circ. N 718.)

31. *Chasse. Cession de bail.* — La caution d'un adjudicataire de chasse ne pourrait s'opposer à la cession du bail, ni alléguer que le cautionnement serait annulé par le fait même de la cession, d'après l'article 2015 du Code civil, parce qu'elle s'est engagée en connaissant les clauses du cahier des charges, dont l'article 12 prévoit le cas de cession; les conditions ne sont donc pas modifiées et la caution doit subir ce changement, sauf action civile contre l'adjudicataire. V. Bail.

32. *Pêche.* — Dans les cinq jours qui suivront celui de l'adjudication, l'adjudicataire du droit de pêche sera tenu de fournir une caution bonne et valable, laquelle s'obligera solidairement avec le preneur à l'exécution de toutes les charges et conditions du bail et ne pourra être reçue que du consentement du receveur des domaines. Faute par lui de fournir la caution exigée, il sera déchu de l'adjudication par un arrêté du préfet et sera obligé de payer la différence entre le montant total des loyers annuels et celui qui résulterait de la nouvelle adjudication, sans pouvoir réclamer l'excédent, s'il en existe. (Loi du 15 avril 1829, art. 18. Cah. des ch. 6 et 7. Circ. N 657.)

33. *Pêche. Domicile. Élection.* — La caution du fermier de la pêche est tenue d'élire domicile dans le lieu où l'adjudication aura été faite. A défaut de quoi, tous les actes postérieurs lui seront valablement signifiés au secrétariat de la préfecture ou de la sous-préfecture. (Cah. des ch. 8. Circ. N 657.)

34. *Pêche. Contrainte.* — Les cautions sont contraignables solidairement au payement des dommages, restitutions et amendes qu'aurait encourus l'adjudicataire de la pêche. (Loi du 15 avril 1829, art. 22.)

35. *Société de pêcheurs à la ligne. Dispense. Garantie.* — Les sociétés de pêcheurs à la ligne qui sont autorisées à affermer certains lots de pêche sont dispensées de fournir une caution, mais elles doivent remettre au préfet avant la passation de l'acte d'affermage qui en fera mention une déclaration constatant le versement à la Caisse des dépôts et consignations, comme garantie, d'une somme égale à la moitié de la redevance annuelle qui aura été fixée. (Décr. 18 février 1903, art. 3. Circ. N 649.)
V. Pêcheurs à la ligne (Société de).

SECT. IV. — ADJUDICATION DE TRAVAUX.

36. *Travaux.* — Tout soumissionnaire de travaux sera tenu de présenter, séance tenante, une caution reconnue solvable, qui s'obligera solidairement, par l'acte même d'adjudication, à toutes les charges et conditions de l'entreprise. (Cah. des ch. 4. Circ. N 582.)

37. *Travaux. Promesse. Modèle.* — Un modèle de promesse de caution est joint à l'affiche. (Circ. N 566, art. 178.)

38. *Offres. Soumissions cachetées.* — Les offres de caution produites à l'appui des soumissions cachetées doivent être rédigées sur timbre à peine de nullité. (Cah. des ch. 10. Circ. N 582.)

39. *Travaux. Timbre. Enregistrement.* — Le certificat de caution doit être timbré et enregistré aux frais de l'entrepreneur, après l'approbation du marché. (Décis. Min. 1er décembre 1856 et 10 juillet 1857. Circ. A 759.)

40. *Saisie. Solvabilité.* — En cas de contestation sur la solvabilité de la caution, relativement à une saisie, il sera statué par le juge de paix. (Cod. For. 168.)

41. *Responsabilité. Payement.* — La caution, pour un condamné qui veut éviter la contrainte par corps, devra payer dans le mois, à peine de poursuites. (Loi du 22 juillet 1867, art. 11.)

42. *Acceptation.* — Si la contrainte par corps a été prononcée contre un délinquant pour amendes ou autres condamnations pécuniaires, la caution, fournie pour éviter l'emprisonnement, doit être admise par le receveur des finances, ou, en cas de contestation de sa part, elle peut être déclarée bonne et valable par le tribunal de l'arrondissement. (Cod. For. 212. Circ. N 554.)

43. *Maires.* — Les maires, en leur qualité de fonctionnaires, ne peuvent être cautions, au nom de la commune pour avoir mainlevée de la saisie du troupeau commun. Ils ne peuvent être cautions qu'en leur propre et privé nom et de leurs deniers. (Grenoble, inédit, 25 avril 1840.)

44. *Responsabilité. Poursuites.* — Lorsque la caution, reçue pour un condamné qui veut éviter la contrainte par corps, ne paye pas, on ne doit plus poursuivre le condamné, mais bien la caution, qui, par son acceptation, a libéré celui auquel elle s'est substituée. (Meaume.)

CAUTIONNEMENT.

SECTION I. — Généralités, coupes, 1-8.

SECTION II. — Travaux, 9-27.

1. *Définition.* — Gage en capital ou en rentes imposé aux adjudicataires de coupes ou travaux comme garantie de la responsabilité à laquelle ils sont soumis.

2. *Acte. Rédaction.* — Les employés des préfectures et sous-préfectures rédigent les minutes des procès verbaux d'adjudication, ainsi que les actes de déclaration de command et de cautionnement. (Instr. 11 novembre 1818.)

3. *Adjudicataires. Paiement au comptant.* — Dans le cas de payement au comptant, les adjudicataires de coupes ne seront dispensés de donner une caution et un certificateur de caution qu'à la condition d'effectuer, dans le délai de cinq jours à partir de l'adjudication, le dépôt d'un cautionnement égal au vingtième du montant de l'adjudication et qui pourra être fait en numéraire, en rentes sur l'État, au porteur, nominatives ou mixtes, en valeurs du Trésor au porteur, en obligations au porteur du Crédit foncier et de la Ville de Paris, ou en actions ou obligations au porteur des Grandes compagnies de chemins de fer. (Cah. des ch. 8.)

4. *Caution. Certificateur de caution. Dispense.* — Les adjudicataires des coupes de bois qui ne se libéreront pas au comptant pourront aussi se dispenser de donner une caution et un certificateur de caution en déposant à la Caisse des Dépôts et Consignations un cautionnement en titres ou en valeurs de même nature que ceux indiqués précédemment. Les trésoriers-payeurs généraux pourront encore, sous leur responsabilité personnelle, accepter telles autres valeurs qu'ils jugeront à propos. Ce cautionnement sera d'une valeur au moins égale au prix principal d'adjudication augmenté d'un vingtième; de plus, en raison des fluctuations que sont susceptibles de subir les cours des valeurs, les trésoriers-payeurs généraux pourront exiger que ledit cautionnement soit majoré de 10 p. 100. Ledit cautionnement sera affecté comme nantissement spécial, aussi bien à l'exécution des charges accessoires qu'au payement des billets à ordre souscrits aux échéances prévues. (Cah. des ch. 8. Circ. N 844.)

5. *Billets à ordre. Payement. Restitution.* — Au fur et à mesure du payement des billets à ordre trimestriels, le trésorier-payeur général autorisera la Caisse des dépôts et consignations, si l'adjudicataire le demande, à restituer une partie des titres au porteur déposés, de façon, toutefois, que les titres restant au dépôt représentent toujours une valeur au moins égale au montant des billets à ordre restant à échoir, plus le vingtième du prix d'adjudication et, s'il y a lieu, la majoration de 10 p. 100. Les titres formant la garantie du vingtième ne seront restitués que sur un certificat de l'Inspecteur des Eaux et Forêts délivré après le récolement et attestant l'exécution des charges accessoires. Si le cautionnement a été constitué par une inscription de rente nominative ou mixte, il ne pourra être restitué par fractions. (Cah. des ch. 8. Circ. N 844.)

6. *Valeurs déposées. Vente.* — En cas de retard dans le payement d'un seul billet à ordre, ou en cas d'inexécution des charges, le trésorier-payeur général pourra, cinq jours après un commandement demeuré sans résultat, faire vendre par la Caisse des dépôts et consignations, nonobstant l'existence d'une opposition quelconque, tout ou partie des valeurs déposées pour en appliquer le produit à la somme due en principal, intérêts et frais.

Le reliquat du prix de vente, s'il en existe, sera conservé à la Caisse des dépôts et consignations à la disposition de qui de droit. (Cah. des ch. 8. Circ. N 844.)

7. *Receveurs spéciaux. Attributions.* — En ce qui concerne les coupes ordinaires de bois appartenant aux communes ou aux établissements publics, les droits attribués aux trésoriers-payeurs généraux par le présent article sont dévolus à leurs receveurs spéciaux. (Cah. des ch. 8. Circ. N 844.)

8. *Algérie. Adjudicataire. Bénéficiaires de marchés. Dispense.* — Les adjudicataires de coupes et de produits forestiers et les bénéficiaires de marchés de gré à gré d'une valeur supérieure à 200 francs devront fournir, soit en numéraire, soit en valeurs mobilières garanties par l'État ou par la Colonie, le cautionnement qui sera fixé par le cahier des charges ou par le marché. Toutefois ils pourront être dispensés du cautionnement imposé s'ils présentent des cautions reconnues solvables (Loi du 21 février 1903, art. 31. Circ. N 642.) Ainsi le cautionnement est généralement exigé et il dépend du comptable d'admettre des cautions personnelles.

SECT. II. — TRAVAUX.

9. *Adjudicataires. Dépôt.* — On ne doit obliger les adjudicataires de travaux à déposer un cautionnement que lorsque le chiffre de la dépense à effectuer paraîtra nécessiter cette garantie. Les conservateurs jugent de l'opportunité d'imposer le cautionnement.

Le cautionnement (effet ou espèces) est déposé entre les mains du receveur des finances. (Lettre de l'administration, 16 janvier 1851, n° 3122.)

10. *Production.* — Tout entrepreneur désirant participer à l'adjudication des travaux forestiers est tenu de produire un acte régulier de cautionnement (Cah. des ch., art. 2. Circ. N 582.)

Les dispositions de l'article 4 du cahier des charges sont applicables aux travaux entrepris par voie d'adjudication et en vertu d'une convention de gré à gré.

11. *Versement.* — La caution pourra être remplacée, à la volonté du soumissionnaire, par un certificat du directeur de la Caisse des dépôts et consignations ou de ses préposés constatant le versement, dans sa caisse, d'un cautionnement provisoire égal au trentième de l'estimation des travaux, déduction faite de toutes sommes à valoir pour cas imprévus, indemnités et ouvrages en régie. Le cautionnement pourra être fait en numéraire, en rentes sur l'État et valeurs du Trésor au porteur ou en rentes sur l'État nominatives ou mixtes.

Le cautionnement réalisé avant l'adjudication, à titre provisoire, servira de cautionnement définitif au soumissionnaire qui sera déclaré entrepreneur, et restera affecté à la garantie des engagements contractés par ce dernier jusqu'à la liquidation définitive des travaux. Après cette liquidation, il sera restitué à l'adjudicataire en vertu d'une mainlevée donnée par le conservateur.

Toutefois le ministre peut, dans le cours de l'entreprise, autoriser la restitution de tout ou partie du cautionnement.

Les sociétés d'ouvriers français sont dispensées de fournir un cautionnement, lorsque le montant prévu des travaux ou fournitures faisant l'objet du marché ne dépasse pas cinquante mille francs. (Cah. des ch. 4, Circ. N 582.)

12. *Dépôt de titres. Formalités. Oppositions.* — Les cautionnements, quelle qu'en soit la nature, sont reçus par le directeur de la Caisse des dépôts et consignations ou par ses préposés; ils sont soumis aux règlements spéciaux à cet établissement.

Les oppositions sur les cautionnements provisoires ou définitifs doivent avoir lieu entre les mains du comptable qui a reçu lesdits cautionnements. Toutes autres oppositions sont nulles et non avenues.

Lorsque le cautionnement consiste en rente nominative, le titulaire de l'inscription de rente souscrit une déclaration d'affectation de la rente et donne à la Caisse des dépôts et consignations un pouvoir irrévocable à l'effet de l'aliéner, s'il y a lieu.

L'affectation de la rente au cautionnement définitif est mentionnée au Grand-Livre de la Dette publique.

Les valeurs du Trésor, transmissibles par voie d'endossement, endossées en blanc, sont considérées comme valeurs au porteur.

La valeur en capital des rentes à affecter aux cautionnements est calculée : pour les cautionnements provisoires, au cours moyen de la veille du jour du dépôt; pour les cautionnements définitifs, au cours moyen du jour de l'approbation de l'adjudication.

Les bons du Trésor à l'échéance d'un an ou de moins d'un an sont acceptés pour le montant de leur valeur en capital et intérêts.

Les autres valeurs déposées pour cautionnement sont calculées d'après le dernier cours publié au *Journal officiel.* (Décr. 18 novembre 1882, art. 5, 6, 7 et 8. Circ. N 304.)

13. *Versement. Formalités.* — Le cautionnement en numéraire est versé à la caisse du trésorier-payeur général ou du receveur particulier des finances. Le récépissé sur timbre est annexé au procès-verbal d'adjudication et restitué à l'entrepreneur, après la réception définitive des travaux.

Le cautionnement immobilier se réalise par

l'inscription prise au bureau des hypothèques, à la diligence du chef de service, sur la présentation de l'offre de cautionnement, signée par l'entrepreneur, et du procès-verbal d'adjudication. (Circ. N 566, art. 188.)

14. *Récépissé. Soumission cachetée. Timbre.* — Les récépissés de cautionnement produits à l'appui des soumissions cachetées doivent être rédigés sur timbre, à peine de nullité. (Cah. des ch. 10. Circ. N 582.)

15. *Reprise. Remboursement.* — Si des soumissionnaires non admis ont déposé un cautionnement mobilier, le président de l'adjudication doit, avant de lever la séance, leur remettre l'autorisation nécessaire pour en opérer la reprise immédiate. (Circ. N 566, art. 189.)

16. *Restitution des cautionnements provisoires.* — La Caisse des Dépôts et consignations restitue les cautionnements provisoires, au vu de la mainlevée donnée par le fonctionnaire chargé de l'adjudication, ou d'office aussitôt après la réalisation du cautionnement définitif de l'adjudicataire. (Décr. du 18 novembre 1882, art. 10. Circ. N 304.)

17. *Restitution des cautionnements définitifs.* — Les cautionnements définitifs ne peuvent être restitués, en totalité ou en partie, qu'en vertu d'une mainlevée donnée par le Ministre ou le fonctionnaire délégué à cet effet. (Décr. du 18 novembre 1882, art. 10. Circ. N 304. Circ. N 566, art. 188.)

18. *Dépôt. Retrait. Remboursement.* — Les cautionnements dont le remboursement n'a pas été effectué par le Trésor, faute de productions ou de justifications suffisantes dans le délai d'un an, à compter de la cessation des fonctions du titulaire ou de la réception des fournitures et travaux, peuvent être versés, en capital et intérêt, à la Caisse des Dépôts et consignations, à la conservation des droits de qui il appartiendra. Ce versement libère définitivement le Trésor. (Décr. du 31 mai 1862, art. 144. Règl. du 26 décembre 1866, art. 144. Circ. N 104.)

19. *Affectation à un nouveau marché.* — Des dispositions ont été arrêtées dans le but de permettre l'affectation à un nouveau marché d'un cautionnement devenu libre sans que le titulaire ait à se présenter à la caisse du comptable intéressé. Les marchés successifs doivent être passés par la même administration, à condition toutefois que les opérations puissent être effectuées par le même préposé et que le montant du cautionnement soit identique. (Lettre du Direct. gén. de la Caisse des Dépôts et consignations du 29 décembre 1917. Circ. N 846.)

20. *Réaffectation. Déclaration.* — Le titulaire d'un marché, qui désire opérer une nouvelle affectation de son cautionnement libéré, adresse à l'ordonnateur une demande à laquelle il joint le récépissé primitivement délivré. Ces pièces, accompagnées d'un certificat de mainlevée, sont transmises par l'ordonnateur au préposé de la Caisse des Dépôts qui mentionne sur le récépissé la nouvelle affectation de la somme déposée et le renvoie ensuite à l'intéressé avec une déclaration de nouvelle affectation du cautionnement.

Le titulaire du marché doit alors adresser, dès sa réception, la déclaration de réaffectation au service local intéressé. (Circ. N 846 et 850.)

21. *Remboursement par le Trésor.* — Lorsque des rentes ou valeurs affectées à un cautionnement définitif donnent lieu à un remboursement par le Trésor, la somme remboursée est touchée par la Caisse des Dépôts et consignations et cette somme demeure affectée au cautionnement jusqu'à due concurrence, à moins que le cautionnement ne soit reconstitué en valeurs semblables. (Décr. du 18 novembre 1882, art. 9. Circ. N 304.)

22. *Certificat. Timbre.* — Les certificats de cautionnement ou de solvabilité doivent, à peine de nullité, être rédigés sur papier timbré. (Cah. des ch. art. 10. Circ. Min. de l'Agric. 3 juillet 1886, n° 97.)

23. *Certificat de réalisation. Timbre. Exception.* — Si le certificat est délivré à titre de document de comptabilité, la contribution du timbre n'est pas exigible; dans ce cas, le certificat doit être revêtu d'une mention indiquant l'usage auquel il est destiné. (Circ. Min. de l'Agric. 3 juillet 1886, n° 97.)

24. *Enregistrement.* — Les actes de cautionnement sont soumis au droit proportionnel de 20 centimes pour 100 francs. (Loi du 28 avril 1893, art. 19. Circ. N 466.) Les circulaires 132 et 202 sont abrogées.

25. *Timbre. Enregistrement.* — L'acte de cautionnement doit toujours être timbré et enregistré. (Arr. Min. 1er décembre 1856. Circ. A 757.)

26. *Timbre. Enregistrement.* — Les frais de timbre et d'enregistrement de l'acte de cautionnement (travaux) sont à la charge de l'entrepreneur. (Cah. des ch. 20.)

27. *Débets. Contrainte.* — Dans les travaux à l'entreprise, l'application des cautionnements définitifs à l'extinction des débets liquidés par les Ministres compétents a lieu aux poursuites et diligences de l'agent judiciaire du Trésor public, en vertu d'une contrainte délivrée par le Ministre des Finances. (Circ. N 566, art. 243.)

CAYOLAR.

Définition. — Espèce de propriété existant dans les Basses-Pyrénées (arrondissement de Mauléon) et consistant en une cabane de berger, un parc pour les moutons, un droit de pâturage et un droit de prendre du bois pour l'entretien de la cabane, du parc, pour le chauffage et la cuisson des aliments.

La prescription acquisitive peut s'appliquer à ce genre de propriété (Cass. 10 avril 1877) nonobstant l'article 62 du Code Forestier.

CÈDRE.

Classification. — Cet arbre, étant alors peu répandu dans les forêts, en France, n'avait pas été compris dans la nomenclature de l'article 192 du Code Forestier.

Depuis la promulgation de la loi du 18 juillet 1906 (Circ. N 703) il doit entrer dans la deuxième catégorie.

CENDRES.

Enlèvement. — L'enlèvement des cendres restant sur les places à charbon est un délit. V. Fraisil. Enlèvement.

CENS.

Définition. — Redevance annuelle, féodale ou non.

CENSE.

Définition. — Propriété chargée ou grevée de cens.

CENTIMES.

1. *Comptabilité.* — On tient compte des centimes dans l'allocation du douzième du traitement; mais les fractions de centime se négligent. Chaque fraction de centime est complétée par un centime entier au profit du Trésor. (Règl. du 26 décembre 1866, art. 63. Circ. N 104.)

2. *Retenue. Retraites.* — On doit toujours forcer les centimes pour la caisse des retraites, quel que soit le chiffre des millimes.

CENTIMES ADDITIONNELS.

1. *Bois domaniaux.* — Les forêts et bois de l'État acquittent les centimes additionnels ordinaires et extraordinaires affectés aux dépenses des communes dans la même proportion que les propriétés privées. (Loi du 5 avril 1884, art. 144.)

2. *Départementaux.* — Au mois de janvier, le conservateur reçoit l'état du montant des centimes départementaux (pour les forêts domaniales), fourni par le Directeur des Contributions directes, ainsi que les avertissements remis aux agents, qui doivent s'assurer que les forêts domaniales ne sont pas trop imposées. V. Impôt.

3. *Recette ordinaire. Exercice.* — Une coupe de bois, bien qu'elle n'ait lieu que tous les deux ans, constitue une recette ordinaire qui doit être comptée en totalité dans l'année où elle est réalisée, pour déterminer s'il y a lieu de percevoir des centimes additionnels spéciaux. (Cons. d'État, 30 mai 1884.)

4. *Dépenses d'amélioration. Travaux.* — Une commune ne peut recourir à une imposition extraordinaire de centimes additionnels, pour le payement des dépenses relatives aux bois communaux indiquées dans l'article 106 du Code Forestier, qu'en cas d'insuffisance du produit des coupes pour faire face à ces dépenses. (Cons. d'État, 20 décembre 1886.)

CERCLE DÉCLINE ET À LUNETTE.

V. Angles.

CERCLES MILITAIRES.

Admission. — Les agents forestiers sont admis dans les cercles militaires, en qualité d'officiers de réserve et de l'armée territoriale. (Décr. des 12 juillet 1886 et 18 novembre 1890.)

CÉRÉMONIE PUBLIQUE.

1. *Convocations.* — Les ordres du Gouvernement pour la célébration des cérémonies publiques déterminent le lieu de ces cérémonies. Ils sont adressés aux préfets qui convoquent par écrit, directement ou par l'intermédiaire des sous-préfets dans les arrondissements autres que celui du chef-lieu les autorités et les corps constitués dont le concours est nécessaire pour l'exécution des ordres du Gouvernement. (Décr. 16 juin 1907, art. 5. Circ. N 714.)

2. *Autorités. Ordre. Places.* — Les autorités convoquées aux cérémonies publiques se réunissent dans le lieu de la cérémonie et y prennent place dans l'ordre indiqué par l'article 2 du présent décret, de sorte que la personne à laquelle la préséance est due ait toujours à sa droite celle qui doit occuper le deuxième rang, à sa gauche celle qui doit occuper le troisième rang et ainsi de suite.

Si les dispositions du lieu le permettent, la personne à laquelle la préséance est due est placée au milieu, les autres prennent place dans l'ordre fixé ci-dessus.

Dans le cas contraire, les autorités sont divisées en deux groupes; les autorités civiles étant placées à droite et les autorités militaires à gauche.

Elles gardent entre elles les rangs qui leur ont été respectivement attribués.

La cérémonie ne commence que lorsque l'autorité qui occupe la première place a pris séance. Cette autorité se retire la première. (Décr. 16 juin 1907, art. 6. Circ. N 714.)

3. *Préséance.* — Dans les cérémonies publiques non prescrites par acte du Gouvernement, mais organisées par des autorités ou des corps constitués, la préséance entre les autorités qui y sont invitées est déterminée par l'article 2. Lorsqu'un corps ou l'une des autorités dénommées dans les articles 1 et 2 invite, dans le local destiné à l'exercice de ses fonctions, d'autres corps ou d'autres autorités pour y assister à une cérémonie, le corps ou l'autorité qui a fait l'invitation y conserve sa place ordinaire; les corps et les autorités invités gardent entre eux les rangs assignés par ces articles. (Décr. 16 juin 1907, art. 8. Circ. N 714.) V. Préséance.

4. *Ministères. Ordre.* — Dans les cérémonies publiques, les autorités qui assurent le fonctionnement des grands services centralisés dans les différents Ministères ont été classées d'après l'ordre suivant des Ministères : Ministère de la Justice, Ministère des Affaires étrangères, Ministère de l'Intérieur, Ministère des Finances, Ministère de la Guerre, Ministère de la Marine, Ministère de l'Instruction publique, des Beaux-arts et des Cultes, Ministère des Travaux publics, des Postes et des Télégraphes, Ministère du Commerce et de l'Industrie, Ministère de l'Agriculture, Ministère des Colonies, Ministère du Travail et de la Prévoyance sociale. Les chefs de service occupent entre eux le rang déterminé par arrêtés spéciaux du Ministre sous les ordres duquel ils sont placés. (Décr. 16 juin 1907. Circ. N 714.)

CERF.

1. *Classification.* — Les cerfs ne sont pas des animaux nuisibles dans le sens de l'arrêté du 19 pluviôse an v, et les préfets ne peuvent prendre des arrêtés prescrivant des battues pour leur destruction. (Cons. d'État, 1er avril 1881.)

2. *Chasse à courre. Chasse à tir. Cerf tué. Contravention. Auteur du délit. Complicité.* — Lorsque, conformément aux prévisions de l'article 15 du cahier des charges, le droit de chasse à courre et le droit de chasse à tir ont été loués séparément dans une forêt domaniale, le fait de tuer un cerf dans une chasse à tir constitue une contravention audit cahier des charges, en même temps que le délit prévu par l'article 1er, § 2, de la loi du 3 mai 1844 (chasse sur le terrain d'autrui sans le consentement du propriétaire ou de ses ayants droit); il tombe donc sous l'application des dispositions répressives de l'article 11, 2° et 5°, de la même loi.

Si le corps du cerf est trouvé dans un hangar dépendant d'une maison qui sert de rendez-vous de chasse à l'adjudicataire du droit de chasse à tir et si ce dernier, tout en reconnaissant que l'animal a été tué dans la forêt de l'État par un de ses invités, refuse de désigner cet invité, il doit être lui-même condamné comme complice par recel de la double infraction dont l'auteur principal reste inconnu. (Paris, 15 juin 1891.)

3. *Poursuite. Passage. Délit.* — Commettent le délit de chasse sur le terrain d'autrui sans autorisation les chasseurs qui, au cours d'une chasse à courre ayant pour objet la poursuite d'un cerf, ont traversé la propriété d'autrui, si le cerf était alors loin d'être sur ses fins et n'a été atteint qu'à une certaine distance de ce terrain. (Poitiers, 7 août 1889.)

4. *Dommages. Responsabilité.* — Le propriétaire d'un bois, dans lequel se trouvent des cerfs et des biches vivant à l'état sauvage n'est responsable des dommages causés par eux aux récoltes des fonds voisins que s'il est établi que, par son fait ou sa négligence, il a, soit attiré ces animaux soit favorisé leur multiplication, en telle sorte qu'ils soient devenus nuisibles. (Cass. 10 février 1913.)

5. *Dommage. Responsabilité. Conditions.* — Le propriétaire ou locataire d'une forêt est responsable du dommage causé aux propriétés voisines par les cerfs et biches peuplant la forêt, lorsqu'il a fait rigoureusement défendre la chasse de la forêt, qu'il s'est opposé à toute destruction des cerfs et biches et en a ainsi favorisé la multiplication. (Cass. 14 février 1882.)

6. *Surabondance. Destruction.* — Dans le cas où le conservateur reconnaîtra que la surabondance des cerfs est de nature à porter préjudice aux peuplements forestiers ou aux propriétés riveraines, il devra mettre le fermier de la chasse en demeure, par sommation extrajudiciaire, d'en détruire, dans un délai déterminé, le nombre qui lui sera indiqué. (Cah. des ch. 18. Circ. N 718.)

7. *Dommage. Multiplication. Responsabilité.* — Le locataire d'une chasse, qui a exercé une protection constante et rigoureuse, par tous les moyens en son pouvoir, pour arriver à la conservation et à la multiplication du gros gibier et notamment des cerfs et biches, est responsable du dommage causé par ses animaux aux propriétés voisines, alors même que, dans les deux années qui ont précédé le procès, il avait fait quelques battues dans lesquelles quelques animaux auraient été tués, si les moyens employés n'ont pas été suffisants pour arriver à la

destruction des cerfs et des biches dont le nombre est toujours considérable.

Il appartient aux tribunaux de constater souverainement les faits qui motivent la responsabilité. (Cass. 24 avril 1883.)

8. *Responsabilité. Dommage.* — Le locataire d'une chasse dans un bois n'est pas responsable de plein droit du dommage causé aux propriétés voisines par le grand gibier, cerfs, biches, etc., qui l'habite ou s'y rassemble; il ne peut être recherché à cet égard que s'il y a de sa part faute, négligence ou imprudence dans les termes des articles 1382 et 1388 du code civil. (Cass. 15 janvier 1872.)

9. *Lancé. Poursuite.* — Lorsqu'un cerf lancé par le propriétaire d'une chasse à courre n'a pas cessé d'être poursuivi par sa meute, même sur un terrain neutre, ce fait constitue une prise de possession par occupation.

En conséquence, nul n'a le droit de tuer l'animal ainsi poursuivi, en s'embusquant sur le terrain neutre.

Dans ces circonstances, loin de pouvoir obtenir des dommages-intérêts du propriétaire de la chasse, dont le piqueur a repris possession de l'animal, ceux qui l'ont tué sont, au contraire, passibles de dommages-intérêts envers le locataire de la chasse. (Justice de paix du canton nord de Dourdan [Seine-et-Oise], 22 février 1883.) Ce jugement ne saurait faire jurisprudence. V. Biches.

CERISIER.

Classification. — Arbre fruitier de 2ᵉ classe. (Cod. For. 192. Loi du 18 juillet 1906. Circ. N 703.)

CERISE.

Tolérance. — Fruit du cerisier. Son enlèvement, en général toléré, peut être poursuivi comme délictueux. V. Fruit. Enlèvement.

CERNER.

Délit. Pénalité. — Le fait de cerner un arbre, c'est-à-dire d'enlever un anneau d'écorce ayant pour résultat de faire périr l'arbre, est délictueux.

Sa pénalité est la même que celle de la coupe de l'arbre. V. Écorcement. Arbre.

CERTIFICAT.

1. *Certificat d'origine. Pêche.* — Quiconque, pendant les périodes d'interdiction, transporte ou débite des poissons dont la pêche est prohibée, mais qui proviennent des étangs et réservoirs, est tenu de justifier de l'origine de ces poissons. (Décr. du 5 novembre 1897, art. 4.)

Cette preuve consistera généralement en un certificat d'origine délivré dans les conditions fixées par le préfet. Ces conditions sont, dans la règle, celles indiquées par l'arrêté type annexé à la circulaire interministérielle du 3 juillet 1913, art. 5.

2. *Travaux.* — Les certificats de capacité dont la production est facultative doivent être rédigés sur papier timbré. (Cah. des cn. 10.)

3. *Pension. Infirmités.* — Les certificats pour constatation d'infirmité ou d'accident et destinés à demander ou à faire valoir des droits à la retraite doivent en général être légalisés, en ce qui concerne les signatures, parce que ces pièces sortent en général du ressort de ceux qui les ont délivrées.

4. *Complaisance. Pénalité. Faux.* — Tout médecin, chirurgien ou officier de santé qui, mû par don et promesse et pour favoriser quelqu'un, certifiera faussement des maladies, une infirmité propre à dispenser d'un service public, et celui qui se sera fait délivrer ce faux certificat au moyen de don et promesse encourront, savoir :

Pénalité. Prison : 1 an à 4 ans.
Facultatif : privation des droits civils, civiques et de famille pendant 5 à 10 ans. (Cod. Pén. 160.)

Pour usage de faux certificats.

Amende : 100 à 3000 francs et jusqu'au quart du bénéfice du faux. (Cod. Pén. 164.)

5. *Faux. Pénalité.* — Les faux certificats de toute nature et d'où il pourrait résulter, soit lésion envers les tiers, soit préjudice envers le Trésor public, seront punis, selon qu'il y aura lieu, comme faux en écriture privée ou publique, si la loi n'a pas prévu le cas spécial. (Cod. Pén. 162.)

6. *Preuve. Instance.* — Les certificats n'étant que de simples témoignages dépourvus de la solennité des débats ne peuvent pas servir à combattre un procès-verbal faisant foi jusqu'à preuve contraire. (Cass. 20 juin 1828.)

CERTIFICATEUR DE CAUTION.

1. *Définition.* — Celui qui se rend caution d'une caution envers le débiteur principal. V. Caution. Paiement.

2. *Présentation. Délai.* — Le certificateur, comme la caution, doit être présenté dans le délai de cinq jours. (Cod. For. 24. Cah. des ch. 8.)

3. *Chasse.* — Chaque adjudicataire de chasse sera tenu de donner dans les cinq jours qui suivent celui de l'adjudication un certificateur de caution reconnu solvable et reçu du consentement du receveur des domaines. En cas de cession de bail, le certificateur de caution interviendra à l'acte et pourra être remplacé

par un autre certificateur solvable agréé par le receveur des domaines. (Cah. des ch. 8 et 12. Circ. N 718.)

4. *Vente. Bois façonné. Bois communal.* — L'obligation de présenter un certificateur de caution, pour les lots de 500 francs et au-dessous, ne sera imposée que si le receveur de la commune ou de l'établissement public l'exige. (Circ. N 102.)

5. *Solvabilité. Acceptation.* — Le receveur du prix des coupes est libre d'accepter ou de refuser le certificateur de caution. (Circ. N 80, art. 46.)

6. *Enregistrement.* — Les frais de certificateur de caution sont de six francs en principal. (Loi du 26 juin 1920.)

7. *Solidarité. Poursuite.* — Le certificateur de caution solidaire peut être poursuivi pour la totalité de la dette, sans que le débiteur principal soit poursuivi. (Cod. Civ. 1200.)

CESSATION DE FONCTION. V. Fonction.

CESSATION DE POURSUITE.

1. *Ministère public.* — La cessation de poursuite accordée par le ministre ne fait pas obstacle au droit de poursuite par le ministère public. (Puton.)

2. *Procédure.* — L'administration ayant désormais la faculté de transiger sur les délits de défrichement commis dans les bois non soumis au régime forestier, l'exercice de ce droit de transaction remplacera la procédure de cessation de poursuites qui avait été suivie jusqu'à ce jour. (Cod. For. 159. Loi du 31 décembre 1906. Circ. N 735.)

3. *Délit de droit commun.* — Pour les délits de droit commun qui ne sont pas susceptibles de transaction par l'administration, on peut adresser au Ministre une demande en cessation de poursuite qu'il a le droit d'accorder. (Décis. Min. 31 août 1852.)

CESSATION DE SERVICE. V. Service forestier.

CESSIBILITÉ.

Arrêté du préfet. Formalités. — Après les publications faisant connaître le dépôt à la mairie des plans des terrains dont la cession paraît nécessaire à l'exécution des travaux d'utilité publique, une commission, présidée par le sous-préfet, comprenant quatre membres du conseil général ou du conseil d'arrondissement, le maire de la commune et l'un des ingénieurs chargé de l'exécution des travaux, se réunira à la sous-préfecture dans un délai de huitaine. Cette commission, qui ne peut délibérer valablement qu'autant que cinq membres sont présents, reçoit pendant huit jours les observations des propriétaires. Les opérations doivent être terminées dans le délai de dix jours; après quoi, le procès-verbal est transmis par le sous-préfet au préfet. S'il y a des changements, le procès-verbal et les pièces restent déposés huit jours à la sous-préfecture, où les parties intéressées peuvent en prendre connaissance.

Sur le vu du procès-verbal et des documents y annexés, le préfet détermine, par un arrêté motivé, les propriétés qui doivent être cédées pour l'exécution des travaux et l'époque à laquelle il sera nécessaire d'en prendre possession. (Loi du 3 mai 1841, titre II. Mesures d'administration relatives à l'expropriation.)

CESSION.

SECTION I. — Terrain, 1–16.

SECTION II. — Coupes, 17–18.

V. Bail. Marché. Travaux.

SECTION I. — TERRAIN.

1. *Définition.* — Acte par lequel on cède à autrui soit une chose, soit un droit.

2. *Immeubles.* — Les cessions gratuites d'immeubles à l'État sont instruites, autorisées et réalisées dans la même forme que les acquisitions faites à titre onéreux. (Circ. N 6.)

3. *Prise de possession.* — Toute portion de terrain domanial, jugée nécessaire pour l'ouverture ou le redressement d'une route départementale ou d'un chemin vicinal, est cessible, sauf indemnité préalable. La prise de possession ne doit avoir lieu qu'après que la cession a été consentie, ou que l'expropriation a été prononcée. (Circ. A 686.)

4. *Décision. Route. Chemin.* — Les préfets statuent, en conseil de préfecture et sur la proposition du conservateur, sur les cessions des terrains domaniaux compris dans les tracés de routes nationales, départementales et de chemins vicinaux. (Décr. 25 mars 1852.)

En cas de désaccord avec le conservateur, il en est référé à l'administration par un rapport spécial, avec pièces à l'appui. (Circ. A 686. Circ. N 59.)

5. *Bois domaniaux. Routes.* — Les cessions de terrain domanial pour les routes, qui seront désormais autorisées par le préfet, ne doivent avoir pour objet que des terrains dont la cessibilité, pour cause d'utilité publique, est établie de la manière suivante :

Pour les routes départementales :

1° Par un acte du gouvernement, qui autorise les travaux; 2° un plan du tracé définitif; 3° un arrêté du préfet portant désignation du terrain qui doit être cédé et indication de l'époque à laquelle il sera nécessaire d'en prendre possession. (Loi du 3 mai 1841, art. 2 et 11. Circ. A 686.)

Pour les chemins vicinaux :

1° Par un arrêté du préfet, qui autorise les travaux; 2° un plan approuvé du tracé et des terrains à céder. (Loi du 21 mai 1836, art. 16. Circ. A 686.)

6. *Indemnité.* — Il est procédé, pour la fixation de l'indemnité due à l'État, à une estimation contradictoire de la valeur du sol. On ne perdra pas de vue que, si l'exécution des travaux doit procurer une augmentation de valeur immédiate et spéciale à la forêt, cette augmentation doit être prise en considération dans l'évaluation du montant de l'indemnité (Loi du 3 mai 1841, art. 51. Circ. A. 686.)

7. *Expert.* — Le conservateur doit se concerter avec le directeur des domaines pour le choix de l'agent appelé à concourir à l'estimation et pour les propositions à présenter, d'après les résultats de l'estimation, relativement à la cession projetée, au chiffre de l'indemnité et aux conditions à imposer. (Circ. A 686. Circ. N 59.)

8. *Cession amiable. Travaux publics.* — Les cessions amiables de terrains domaniaux, pour les travaux publics exécutés par les compagnies, sont autorisées par le ministre. (Loi du 3 mai 1841. Décis. Min. 10 juillet 1855. Circ. N 59.) V. Travaux. Marché.

9. *Route. Bois.* — Les bois existant sur des terrains cédés pour une route sont toujours réservés à l'État. (Circ. N 59, art. 51.)

10. *Contrat.* — Les contrats de cession pour travaux, routes et chemins, sont passés dans la forme des actes administratifs, avec le concours d'un agent forestier désigné par le conservateur et d'un agent des domaines. (Loi du 3 mai 1841. Circ. N 59, art. 46.)

11. *Contrat. Timbre.* — Les actes de cession amiable de terrains pour les travaux publics sont visés pour timbre et enregistrés gratis. (Loi du 3 mai 1841, art. 13.)

12. *Contrat. Hypothèque.* — Le contrat de cession à l'État est enregistré et transcrit gratis au bureau des hypothèques. (Loi du 23 mars 1855. Circ. N 6.)

13. *Copie administrative. Hypothèque.* — Immédiatement après la transcription les conservateurs des forêts adressent à l'administration une copie du contrat, avec un certificat du conservateur des hypothèques établissant la situation hypothécaire des immeubles cédés à l'État. (Circ. N 6.)

14. *Terrain. Bois. Cession amiable.* — Les bois existant sur des terrains domaniaux cédés à l'amiable ne doivent être exploités qu'après la passation des contrats de cession et le payement des indemnités, s'il en est dû à l'État (Circ. N 59, art. 29.)

15. *Restauration des terrains. Mineurs. Immeubles dotaux. Autorisation.* — Les biens de mineurs, d'interdits, d'absents ou autres incapables, désignés dans l'arrêté préfectoral de cessibilité pour travaux d'utilité publique, peuvent être cédés amiablement par les tuteurs, par ceux qui ont été envoyés en possession provisoire et tous représentants des incapables, après autorisation du tribunal donnée sur simple requête, en la chambre du conseil, le ministère public entendu. Il en est de même des immeubles dotaux et des majorats. (Loi du 3 mai 1841, art. 13.)

C'est aux intéressés qu'incombe en principe l'obligation de requérir l'autorisation du tribunal. Toutefois, comme les frais de procédure doivent être supportés par le Trésor, l'administration des forêts peut utilement prendre l'initiative des démarches. Dans ce but, le conservateur propose au préfet la désignation d'un avoué pour présenter requête et en suivre l'effet devant le tribunal compétent. (Instr. Gén. 2 février 1885, art. 37. Circ. N 345.)

16. *Restauration des montagnes. Cessions amiables.* — Aussitôt que le montant des offres est approuvé, les agents forestiers se mettent en relation avec les propriétaires pour traiter amiablement.

Les propositions faites à ceux-ci doivent toujours être verbales; elles peuvent être supérieures aux offres légales, s'il y a lieu, tout en restant inférieures ou au plus égales au chiffre adopté par l'administration pour les offres amiables. Toute latitude est laissée aux agents pour traiter dans ces limites.

Si l'accord s'établit, l'adhésion des propriétaires est immédiatement constatée par écrit et le bulletin de cession est libellé en double et sur une feuille visée pour timbre. L'un des doubles est remis, séance tenante, au propriétaire; l'autre est provisoirement conservé dans les archives du conservateur, après enregistrement.

Dans ce bulletin de cession, le vendeur déclare accepter pour limites de sa propriété les lignes figurées et cotées au plan parcellaire et qui sont ou seront déterminées sur le terrain par un bornage amiable que l'administration fera établir à ses frais. (Instr. Gén. 2 février 1885, art. 34. Circ. N 345.)

SECTION II. — COUPES.

17. *Principes.* — L'administration n'intervient pas dans les cessions de coupes par les adjudicataires. (Circ. A 186.)

18. *Responsabilité.* — Les cessions faites par les adjudicataires, envers des tierces personnes, ne les déchargent pas de leur responsabilité et ne dérogent en rien aux privilèges du vendeur sur les bois de la coupe. (Cass. 27 juin 1836.)

CHABLIS.

Section I. — Reconnaissance, formalités, délit, 1-12.

Section II. — Coupe, exploitation, 13-26.

§ 1. Produit, 13, 14.

§ 2. Vente, 15-21.

§ 3. Délivrance, 22-26.

V. Chandelier. Volis.

SECTION I. — RECONNAISSANCE, FORMALITÉS, DÉLIT.

1. *Définition.* — Arbre déraciné ou rompu par le vent, la neige ou le givre.

On distingue dans le chablis la quille ou chandelier, portion de tige encore adhérente au sol et le volis, partie séparée de l'arbre et tombée à terre. Cette distinction est inutile pour l'application de la loi pénale, qui s'étend à toutes les parties du chablis.

V. Chandelier. Volis.

2. *Chandeliers.* — Les chandeliers, de même que les volis, doivent être considérés comme chablis, et leur vente et leur exploitation sont autorisées comme pour les chablis. (Décis. Min. 7 août 1858. Circ. A 770.)

3. *Classification.* — Les chablis ne sont pas compris dans le bois sec et gisant. (Cass. 7 mars 1829.) V. Bris de réserve.

3 *bis. Usager.* — L'usager au bois mort ne peut exiger la délivrance de chablis, ces arbres ne pouvant être considérés comme bois sec. (Orléans, 31 juillet 1848.)

4. *Bois mort.* — Cependant, si le propriétaire les néglige et qu'ils soient complètement secs et non façonnés, les usagers au bois mort pourraient enlever les chablis.

5. *Marque.* — L'apposition du marteau du garde sur les chablis et volis est une présomption qu'au moment de leur chute ces arbres étaient encore verts et pouvaient servir de bois d'œuvre. (Orléans, 31 juillet 1848.)

6. *Reconnaissance.* — Les gardes doivent mentionner sur leurs registres les chablis qu'ils auront reconnus et en donner, sans délai, avis à leur chef immédiat. (Ord. 26.)

7. *Constatation. Délai. Marque.* — Les gardes constateront le nombre, l'essence et la grosseur des arbres abattus ou rompus par les vents, les orages ou tous autres accidents; ils en dresseront des procès-verbaux qu'ils remettront à leur chef immédiat, dans les dix jours de la rédaction, en indiquant, dans la colonne d'observation, le nombre des chablis et celui des chandeliers. Ils doivent inscrire ces procès-verbaux sur leur livret.

La reconnaissance de ces chablis sera faite sans délai par un agent forestier, qui les marquera de son marteau. (Ord. 101, 134 Form. série 5, n° 2.)

8. *Procès-verbal. Timbre. Enregistrement.* — Les procès-verbaux de reconnaissance et d'estimation des chablis sont exempts de timbre et d'enregistrement. (Décis. Min. 28 juin 1882.)

9. *Enlèvement.* — L'enlèvement des chablis, dans les forêts en général, est puni des mêmes amendes et restitutions que la coupe de l'arbre sur pied. (Cod. For. 197.) V. Arbre. (Loi du 21 février 1903, art. 175, relative à l'Algérie. Circ. N. 642.)

10. *Façonnage.* — La loi ne punit que le fait d'enlèvement de chablis. Cependant, si le chablis a été façonné et dénaturé, l'article 197 du code forestier est applicable, parce que l'enlèvement est considéré comme commencé. (Cass. 24 septembre 1829.)

11. *Usufruit.* — Les chablis ne peuvent être considérés comme des fruits du fonds soumis à l'usufruit, et, par conséquent, ils appartiennent au nu-propriétaire et non pas à l'usufruitier, quand bien même le précédent propriétaire eût été dans l'usage d'imputer annuellement, sur son revenu, les chablis de l'année. (Nancy, 7 avril 1869.)

12. *Fruit. Revenu annuel. Attribution.* — Bien que les chablis, c'est-à-dire les arbres déracinés ou rompus par accident, ne doivent pas, en général, être considérés comme des *fruits* proprement dits, ils peuvent au moins être envisagés, dans certaines circonstances, comme des revenus annuels et appartenant, dès lors, à celui auquel les revenus sont attribués. (Cass. 21 août 1871.)

SECTION II. — COUPE ET EXPLOITATION.

§ 1. *Produits.*

12. *Bois domaniaux.* — Les chablis seront considérés comme produits accidentels, lorsqu'ils ne donneront pas lieu à un précomptage sur la possibilité. (Circ. N 80, art. 65.)

14. *Bois communaux.* — Dans les forêts communales et d'établissements publics, les chablis précomptés ou non sont assujettis à la taxe des frais de régie. (Circ. N 866.)

§ 2. *Vente.*

15. *Abandon.* — Il est interdit aux agents d'abandonner les chablis à des préposés ou à des ouvriers. (Circ. A 339.) Défense aux gardes d'en disposer.

16. *Bois morts et dépérissants. Réunion de lots.*—Quand les produits provenant de l'exploitation des chablis et des bois morts ou dépérissants sont naturellement disposés pour être vendus ensemble, il n'y a plus intérêt à faire des lots spéciaux. On doit les réunir ensemble, de manière à éviter une double adjudication et une confusion résultant de la présence simultanée de deux adjudicataires sur le même point de la forêt. (Circ. N 417.)

17. *Adjudication.* — Les conservateurs autoriseront et feront effectuer les adjudications des chablis (Ord. 102, 134) ainsi que les remises en adjudication (Circ. N 752.)

18. *Vente.* — Dans les bois des communes et des établissements publics, les chablis non délivrés doivent être vendus avec le concours des agents forestiers. (Ord. 23 juin 1830, 3 octobre 1841.)

19. *Adjudication Lieux de vente.* — Les chablis des forêts domaniales et communales, quelle qu'en soit la valeur, pourront, par exception à l'article 86 de l'ordonnance, être adjugés au chef-lieu de canton ou dans les communes voisines ou propriétaires des forêts. (Ord. 20 mai 1837 et 15 sept. 1838. C. A 394. Circ. A 433. Circ. N 80, art. 83 et 84.)

20. *Recouvrement.* — Le prix de vente des chablis est encaissé :
1° Pour les forêts domaniales, par les receveurs des domaines, quand les produits ne sont pas précomptés; par les trésoriers-payeurs généraux, en cas de précomptage;
2° Pour les forêts communales et d'établissements publics, par les receveurs municipaux. (Circ. N 417.)

21. *Concession.* — Les chablis invendables par adjudications publiques en raison de leur faible valeur ou de leur dissémination peuvent être concédés, comme les menus produits, moyennant argent ou prestations, lorsque la valeur des chablis à délivrer à un même concessionnaire ne dépassera pas 100 francs. (Décis. min. du 29 décembre 1919. Lettre Dir. Gén., 5 janvier 1920.)

§ 3. *Délivrance.*

22. *Bois communaux. Exploitation.* — Pour disposer des chablis, il faut consulter la commune, afin que le conseil municipal puisse faire connaître s'il demande la vente ou la délivrance de ces bois. (Décis. Min., 11 octobre 1833.)

23. *Bois communaux. Vente.* — Nonobstant la délibération du conseil municipal autorisant la délivrance gratuite des chablis, le préfet peut en ordonner la vente au profit de la caisse communale, surtout lorsqu'il s'agit de chablis existant en dehors de la possibilité annuelle. (Cons. d'État, 12 avril 1878.)

24. *Affouage.* — Les chablis peuvent être distribués en affouage. (Décis. Min., 11 octobre 1833.)

25. *Délivrance. Bois communaux. Affouage.* — La délivrance des chablis en nature est autorisée par le conservateur, selon la demande. (Décis. Min. 11 octobre 1833.) Les chablis servent ainsi de supplément d'affouage, et les maires en ont la libre disposition, après la délivrance qui leur en est faite par les agents forestiers et acceptée par eux, sur un procès-verbal en double. Si la délivrance est importante, le maire désigne un entrepreneur responsable, comme pour une coupe.

26. *Bois communaux. Délivrance. Formalités.* — En cas de délivrance en nature, un état détaillé des chablis devra être dressé en double et signé par le maire et l'agent forestier local. (Décis. Min. 11 octobre 1833.) Le maire constate son reçu sur un des doubles, qui est renvoyé à l'inspecteur. (Décis. Min. 3 décembre 1845.)
Il est bon d'indiquer sur le procès-verbal des chablis laissés entre les mains du maire, comme titre de la délivrance, à quel titre et dans quel but cette délivrance est faite.

CHAÎNAGE. — CHAÎNE.

1. *Longueurs. Mesure directe.* — On ne pourra employer que la chaîne divisée de deux en deux décimètres avec fiches en fer, ou la chaîne-ruban, également appelée ruban d'acier. (Instr. du 26 avril 1906, art. 9. Circ. N 697.) V. Longueurs.

2. *Chaîne ordinaire. Vérification.* — La chaîne divisée de deux en deux décimètres devra être exactement de 10 mètres. A cet effet, elle sera fréquemment comparée à un étalon et rectifiée. Si la différence dépasse un centimètre, la rectification ne devra pas porter seulement sur les extrémités de la chaîne, ni sur le milieu, mais devra être appliquée proportionnellement à toutes les parties dont elle est composée. (Instr. du 26 avril 1906, art. 9. Circ. N 697.)

3. *Chaîne-ruban. Choix.* — La chaîne-ruban n'étant pas assujettie aux causes d'allongement de la chaîne ordinaire conserve sa longueur exacte; elle est en outre plus légère, plus facile à tendre et d'un maniement plus commode, surtout dans les terrains boisés, son usage est donc recommandé aux agents, principalement pour la mesure des grandes lignes. (Instr. du 26 avril 1906, art. 9. Circ. N 697.)

4. *Terrain horizontal.* — Le chaînage des lignes se fera sans interruption, d'une extrémité à l'autre. On cotera, au passage, les

points à lever, tels que : pieds de perpendiculaire, points de changement de pente, bord de fossés et de chemins, pieds corniers, parois, et en général tout point remarquable. La distance des points entre eux sera ensuite déduite, s'il y a lieu, par voie de soustraction. (Instr. du 26 avril 1906, art. 22. Circ. N 697.)

5. *Terrain uniformément incliné.* — Sur un terrain uniformément incliné, sur une route par exemple, on chaînera sur le sol comme si le terrain était horizontal, puis on multipliera le résultat par le cosinus de l'angle d'inclinaison ou bien l'on emploiera une échelle de réduction à l'horizon. (Instr. du 26 avril 1906, art. 23. Circ. N 697.)

6. *Chaînage par ressauts.* — Si le terrain n'est pas uniformément incliné, on opérera par ressauts horizontaux.

Sur les terrains d'une forte déclivité, on s'assurera, au moyen du fil à plomb, que l'extrémité de la chaîne placée au-dessus du sol passe exactement par la verticale de la fiche qui marque cette extrémité.

Il conviendra toujours mieux, dans ces sortes de terrains, de faire le chaînage en descendant qu'en montant. Pour cela l'aide chaîneur prendra une extrémité de la chaîne, et le chaîneur le milieu, le reste de la chaîne traînant en arrière. (Instr. du 26 avril 1906, art. 24. Circ. N 697.)

7. *Surveillance.* — L'agent forestier ou le géomètre se tiendra constamment à côté des chaîneurs et dessinera le terrain sur son croquis au fur et à mesure de l'opération, il veillera à ce qu'ils suivent constamment l'alignement tracé par les jalons, et à ce que les poignées de la chaîne soient parfaitement adhérentes aux fiches; il s'assurera enfin que les fiches sont toujours plantées verticalement et que dans l'opération par ressauts, l'horizontalité de la chaîne est toujours maintenue. (Instr. du 26 avril 1906, art. 25. Circ. N 697.)

8. *Exactitude. Cas de doutes.* — Lorsqu'il existera des doutes sur l'exactitude du chaînage, l'opération devra être exécutée une seconde fois. La moyenne des deux chaînages sera adoptée pour longueur, pourvu que leur différence ne dépasse pas les tolérances.

En cas de désaccord au delà de ces tolérances, le chaînage sera recommencé une troisième fois et l'on rejettera celui des trois résultats reconnu vicieux. (Instr. du 26 avril 1906, art. 26. Circ. N 697.)

9. *Tolérances.* — Les tolérances qu'il importe de ne pas dépasser dans la mesure des longueurs sont : 3 centimètres par 100 mètres si l'on emploie des règles de 4 mètres; 5,5 centimètres par 100 mètres, si l'on fait un chaînage triple sur le sol, 7 centimètres par 100 mètres pour le chaînage double sur le sol; 10 centimètres par 100 mètres pour le chaînage simple sur le sol; 25 à 30 centimètres par 100 mètres, suivant les déclivités, quand on fait usage du chaînage par ressauts. (Instr. du 26 avril 1906, art 37. Circ. N 697.)

V. Longueurs.

10. *Cotes.* — Les côtes des distances, seront inscrites en noir le long et au milieu des lignes, la longueur totale entre parenthèses. Sur les directrices, les cotes partielles seront déduites des cotes cumulées figurant sur les croquis. Quand une directrice sera prolongée, la cote de ce prolongement sera mise entre parenthèses. Les perpendiculaires trop courtes pour pouvoir être cotées dans le sens de la longueur le seront aux extrémités. (Instr. du 26 avril 1906, art. 240. Circ. N 697.) V. Plan.

11. *Agent.* — Les agents doivent être pourvus à leurs frais d'une chaîne. (Instr. du 26 avril 1906, art. 349. Circ. N 697.)

12. *Construction. Forme.* — Le décamètre en forme de chaîne devra avoir des chaînons d'une force suffisante et de la longueur de 2 ou de 5 décimètres. Les anneaux à chaque mètre seront exécutés avec un métal d'une couleur différente de celui employé pour les autres anneaux. (Ord. 16 juin 1839.)

13. *Vérification.* — Les chefs de service doivent vérifier, au moment des arpentages et lors des aménagements et délimitations, la longueur des chaînes employées par les agents sous leurs ordres. (Instr. du avril 1906, art. 352. Circ. N 697.)

14. *Usage. Fourniture.* — En cas de besoin, l'administration fournit les chaînes-rubans. (Instr. du 26 avril 1906, art. 350. Circ. N 697.)

15. *Préposés.* — Tous les préposés doivent être munis d'une chaîne métrique d'une longueur de 2 mètres; des anneaux en cuivre indiqueront les décimètres. (Instr. 13 août 1840. Circ. A 522.)

Ils doivent toujours en être munis dans leurs tournées. (Instr. 13 août 1840. Livret des préposés, 15.)

CHAÎNEUR.

Porte-chaîne. — Les préposés sont employés comme porte-chaîne lorsque l'intérêt du service ne peut en souffrir. À défaut de préposés, l'administration, sur la proposition du conservateur, autorise l'emploi d'ouvriers. (Circ. N 566, art. 8 et 9.)

CHAMEAUX.

Algérie. Usagers. Prohibition. Pénalités. — Il est interdit à tous usagers, sauf droit, s'il y a lieu, à indemnité en cas de titre ou possession contraire équivalente à titre, d'introduire des chameaux dans les forêts ou sur les terrains qui en dépendent, à peine, contre les propriétaires de l'amende maxima (5 ou 10 francs). Il pourra, en outre, être prononcé contre le berger une amende de 1 à 5 francs et, en cas de récidive, un emprisonnement d'un à cinq jours. (Loi du 21 février 1903, art. 71 et 177. Circ. N 642.) Dispositions applicables aux bois des communes et des établissements publics. (Loi du 21 février 1903, art. 89.) Les pénalités de cet article 89 sont celles de l'article 177 plutôt que celles de l'article 71 (Cb. Guyot).

2. *Algérie. Hors chemins. Pénalités.* — Les propriétaires de chameaux trouvés de jour dans les bois de dix ans et au-dessus seront condamnés à une amende de :

1 franc à 5 francs pour un chameau; si les bois ont moins de 10 ans, l'amende sera de 2 à 10 francs.

Le tout sans préjudice des dommages-intérêts s'il y a lieu.

Il pourra en outre être prononcé contre le berger un emprisonnement de cinq jours à deux mois.

En cas de récidive, ou si le délit a été commis la nuit, le maximum de l'amende sera appliqué. (Loi du 21 février 1903, art. 177. Circ. N 642.)

CHAMBRE CIVILE.

Définition. — Réunion de juges qui, dans un tribunal ou une cour d'appel, statuent sur les procès civils.

CHAMBRE DU CONSEIL.

Définition. — Lieu où les juges se retirent pour délibérer sur les causes plaidées à l'audience.

CHAMBRE CORRECTIONNELLE.

Définition. — Réunion de juges qui, dans un tribunal ou une cour d'appel, jugent les procès correctionnels.

CHAMBRE CRIMINELLE.

Définition. — Assemblée de conseillers qui, à la cour de cassation, jugent les pourvois en matière criminelle, correctionnelle et de police.

CHAMBRE DES MISES EN ACCUSATION.

Définition. — Juridiction qui statue sur la question de savoir si un inculpé doit être renvoyé devant tel ou tel tribunal.

CHAMBRE DES REQUÊTES.

Définition. — Assemblée de conseillers de la cour de cassation qui statuent sur les demandes de cassation en matière civile, les prises à partie et les règlements de juge.

CHAMPIGNON.

1. *Tolérance.* — L'enlèvement des champignons est généralement toléré. Cependant il peut être poursuivi en vertu de l'article 144 du code forestier. V. Enlèvement. Extraction. Végétaux nuisibles.

2. *Dégats dans les bois vendus.* — La présence dans le bois employé à une construction du champignon parasite dit *polyporus vaporarius* doit être considérée comme un vice caché.

Lorsque, par suite de l'action délétère de ce parasite, il y a eu perte totale ou partielle d'un édifice, celle-ci est mise à la charge du vendeur, qui ignorait le vice du bois vendu, ainsi que le prix à restituer à l'acquéreur, avec remboursement à ce dernier des frais occasionnés par la vente; il y a lieu de faire rentrer dans cette catégorie de frais toutes les dépenses qui ont été nécessaires pour remettre l'immeuble dans l'état où il serait resté si la chose n'avait pas péri. (Rennes, 19 juin 1891.)

3. *Vices de bois. Entrepreneurs. Responsabilités.* — Il y a faute, de la part de l'entrepreneur qui s'est chargé d'établir la charpente d'une maison avec fournitures des matériaux, si les bois employés étaient atteints, lors de la construction, d'une infection mycotique qui extérieurement s'accusait par des tares spéciales ne pouvant échapper à l'œil exercé d'un fournisseur de bois.

La responsabilité de l'entrepreneur se trouve engagée suivant les principes du droit commun en matière de faute contractuelle dommageable et il doit être condamné à réparer le préjudice par lui causé au propriétaire de l'immeuble. (Angers, 11 juin 1913.) Cet arrêt fait suite à l'arrêt de cassation du 18 octobre 1911 qui avait cassé celui de la cour de Rennes en date du 3 juillet 1908.

4. *Architecte. Entrepreneur. Marché. Responsabilité.* — Lorsque, par un marché à la série de prix, un propriétaire a chargé un architecte de diriger la construction d'une maison et un entrepreneur de fournir les bois et d'exécuter la charpente, si, après l'achèvement des travaux, les bois contaminés ont dû être remplacés et s'il est reconnu, par les constatations souveraines des juges, qu'au moment de l'emploi et de la réception rien ne permettait de supposer les bois atteints de vices cachés, l'action en responsabilité intentée contre l'architecte et l'entrepreneur doit être repoussée. (Cass., 16 octobre 1911.)

5. *Cas fortuit. Responsabilité.* — La destruction de planchers et de poutrage par les champignons constitue un cas fortuit, dont l'architecte et l'entrepreneur de la maison dans laquelle les bois ont été employés ne sont pas responsables lorsque, au moment de la réception et de l'emploi de ces bois, rien ne pouvait faire supposer qu'ils contenaient des germes de champignons susceptibles d'amener les dégâts qui sont survenus plus tard. (Lyon, 7 avril 1908.) V. Responsabilité.

6. *Bois de construction. Pourriture. Responsabilités.* — Lorsque des bois employés à la réfection des planchers d'une maison se trouvent détruits par la pourriture due au *merulius lacrymans*, il n'y a pas lieu de rendre responsable de cette destruction le marchand de bois, du moment qu'il n'est pas établi que les bois livrés par lui étaient contaminés au moment de leur mise en œuvre.

Est en faute l'entrepreneur qui, en raison de ses connaissances spéciales, ne s'est pas opposé au maintien de murs salpêtrés d'humidité et à l'utilisation de vieux matériaux, circonstances éminemment favorables au développement dans les solives du plancher du *merulius lacrymans*. (Douai, 13 mars 1907.)

CHAMPOYAGE.

Définition. — Employé comme synonyme de pâturage dans les forêts, ce mot signifie plus ordinairement le droit de vaine pâture dans les champs, après la récolte.

CHANDELIER.

1. *Définition.* — Partie inférieure de la tige de l'arbre restée debout, lorsque la tête a été brisée par une cause quelconque.

Le chandelier est considéré comme arbre dans le sens de l'article 192 du code forestier.

Les chandeliers sont assimilés aux chablis. V. Chablis.

2. *Vente. Exploitation.* — La vente et l'exploitation des chandeliers sont autorisées par le conservateur, comme pour les chablis. (Décis. Min. 7 août 1858. Circ. A 770.)

3. *Marque.* — Les chandeliers à vendre doivent être marqués du marteau de l'État par le chef de cantonnement, assisté du brigadier local. (Décis. de l'Adm. 1er nov. 1858.)

4. *Bois communaux. Reconnaissance. Rapport.* — Les gardes des bois communaux devront constater le nombre, l'essence, la grosseur et le volume des chandeliers; ils en dresseront par forêt un état qu'ils remettront à leur chef immédiat, dans les dix jours de leur rédaction. Avant le 15 novembre, le chef de cantonnement adresse un état récapitulatif, avec un rapport sur l'opportunité de réduire les coupes en raison du volume des chandeliers. (Décis. Min. du 25 juillet 1872. Lettre de l'Adm. du 31 octobre 1872.)

5. *Autorisation. Martelage. Vente.* — Après décision du conservateur, le chef de cantonnement, assisté du brigadier local, marquera les chandeliers du marteau de l'État et dressera procès-verbal du martelage et de l'estimation. Suivant l'importance des produits et l'urgence, la vente sur pied en sera faite en même temps que les coupes ordinaires ou sous forme de menus marchés. (Décis. Min. du 25 juillet 1872, art. 2, § 6. Lettre de l'Adm. du 31 octobre 1872.)

CHANGEMENT.

1. *Cessation de service. Délai.* — Les agents appelés à changer de résidence doivent cesser leur service dans un délai maximum de quinze jours, après avoir reçu avis de la décision qui les concerne, à moins de motifs graves dont le conservateur aurait à justifier en proposant une dérogation à cette règle. (Circ. N 234.) V. Service forestier.

2. *Installation. Cessation de service.* — En aucun cas les conservateurs ne peuvent retenir les agents ou préposés appelés d'une conservation dans une autre, ni différer l'installation de ceux envoyés dans leur circonscription. (Circ. N 51.) V. Serment.

3. *Notes individuelles.* — En cas de changement de résidence d'un agent changeant de conservation, le conservateur sous les ordres duquel il se trouvait doit transmettre à son collègue, en même temps que le certificat de cessation de service de cet agent, son dossier personnel et ses feuilles de notes.

4. *Feuillet matricule.* — En cas de changement de conservation, les deux exemplaires de feuillet matricule mobile du préposé sont adressés à la conservation dans laquelle il entre. (Circ. N 179.)

5. *Objets militaires.* — En cas de changements de résidence, qu'ils quittent ou non la conservation, les préposés sortants laissent leur arme et ses accessoires, leurs effets de grand équipement et les objets du service de santé; les chefs de cantonnements vérifient l'état dans lequel ils se trouvent, imputant à qui de droit les réparations nécessaires. (Circ. N 257. Circ. N 723.) V. Armement, Équipement.

6. *Contrôle nominatif. Non-disponibles.* — A chaque changement de résidence, le conservateur doit adresser au commandant du bureau de recrutement un bulletin de mutation concernant le contrôle de l'homme entrant dans la conservation. (Circ. N 183.) V. Contrôle. Domicile.

7. *Punition.* — Le changement de résidence par mesure disciplinaire est prononcé par le ministre. (Circ. N 51. Circ. N 809.) V. Peine administrative.

8. *Voyage. Délai.* — En cas de changement de résidence, les agents et préposés doivent se rendre à leur nouvelle destination dans un délai de dix jours, à partir de la cessation de leurs fonctions. L'administration se réserve de fixer un plus long délai quand la distance à parcourir paraîtra l'exiger. (Circ. N 51, § 24.)

9. *Sursis. Avis.* — En notifiant les arrêtés prononçant, dans son arrondissement, le remplacement d'agents ou de préposés retraités, le conservateur informera les agents promus ou déplacés qu'il sera sursis jusqu'à nouvel ordre à leur installation. Il se concertera avec ses collègues intéressés pour faire connaître aux agents et préposés, quand ils appartiendront à d'autres conservations, qu'ils devront attendre de nouveaux ordres pour se rendre à leurs postes. (Circ. N 538.) V. Service forestier.

10. *Algérie. Délai. Embarquement.* — Le délai à assigner aux agents et préposés forestiers passant du service de la métropole à celui de l'Algérie, ou réciproquement, est déterminé par les conservateurs, qui sont tenus de le mentionner sur le certificat de cessation de fonction délivré à l'agent ou au préposé, en indiquant séparément le temps qui lui est accordé : 1° pour se rendre de sa résidence au port d'embarquement; 2° pour la traversée; 3° pour se transporter du port d'embarquement à son nouveau poste (dix jours). (Circ. N 107.)

11. *Chasseur forestier. Agent assimilé. Bulletin.* — Les bulletins de mutation des agents assimilés doivent être adressés au commandant de recrutement de la subdivision du tirage au sort. (Circ. N 277.)

12. *Affectation militaire.* — Lorsque les agents sont changés, ils doivent, dès leur installation, faire connaître à l'administration, par la voie hiérarchique, s'ils désirent conserver leur ancienne affectation militaire ou en recevoir une autre dans le ressort de leur nouvelle résidence. (Circ. N 446.)

CHANGEMENT DANS LES COUPES.

V. Coupe. Assiette. Adjudicataire.

CHANTERELLES.

Classification. Délit. Confiscation. — Les chanterelles ne sont pas des instruments de chasse proprement dits; ce ne sont que des moyens secondaires. (Cass. 7 mars 1868.) Leur détention n'est pas un délit. (Paris, 3 avril

1851.) En cas de délit, leur confiscation ne doit pas être prononcée. (Aix, 2 mars 1876.) V. Appeau. Terrain clos.

CHANTIER DE COMMERCE DE BOIS, — DE SCIERIE.

1. *Établissement non autorisé. Pénalité.* — L'établissement d'un chantier pour faire le commerce de bois, dans une maison ou ferme existante ou dont la construction a été autorisée dans le rayon de 500 mètres des forêts soumises au régime forestier, et sans avoir obtenu l'autorisation du préfet (Décr. du 25 mars 1852), est puni, savoir :

Amende : 50 francs. (Cod. For. 154.) Récidive : 100 francs. (Cod. For. 201.) Confiscation des bois, (Cod. For. 154.)

2. *Autorisation. Préfet.* — L'autorisation d'établir un chantier pour faire le commerce de bois, dans une maison ou ferme existante ou dont la construction a été autorisée à distance prohibée, est accordée par le préfet. (Décr. du 25 mars 1852.)

3. *Autorisation. Personne.* — L'autorisation de vendre du bois, dans une maison ou ferme autorisée à distance prohibée, est accordée à la personne habitant la maison et non pas à l'immeuble. En cas de changement, le nouveau locataire de l'immeuble doit se munir d'une permission individuelle pour vendre et faire le commerce de bois. L'autorisation doit être expresse et antérieure à l'établissement du chantier. (Meaume.) V. Construction.

4. *Terrain clos.* — Tout terrain *clos* situé à distance prohibée, dans lequel on trouve des bois déposés, peut être considéré comme un chantier de bois, suivant l'article 154 du code forestier. (Cass. 7 avril 1813.) V. Atelier.

5. *Commerce.* — L'article 154 ne défend que le commerce de bois, c'est-à-dire l'achat du bois pour le vendre avec bénéfice. Le propriétaire qui vend les produits de sa propriété ne fait pas acte de commerce.

6. *Exception.* — Les habitants des maisons et usines faisant partie d'une population agglomérée, village ou hameau, n'ont pas besoin d'autorisation pour l'établissement d'un chantier, quand même la maison ou usine aurait été autorisée en vertu de l'article 153 du code forestier. (Cod. For. 156.)

7. *Autorisation. Retrait.* — L'autorisation d'établir un chantier ou magasin peut être retirée lorsque ceux qui l'ont obtenue ont subi une condamnation pour délit forestier. (Cod. For. 154.)

8. *Retrait. Condition.* — Le retrait de l'autorisation de faire le commerce de bois ne peut s'effectuer qu'à la suite d'une condamna-

tion pour délit forestier. Une transaction ou une condamnation en responsabilité civile ne serait pas suffisante pour motiver le retrait d'une autorisation de l'espèce. Il faut une poursuite et une condamnation directe. (Cod. For. 154. Meaume.)

9. *Perquisition.* — Les agents et gardes peuvent faire, dans ces chantiers, toute perquisition sans l'assistance d'un officier de police judiciaire (public), pourvu que les gardes soient au nombre de deux, ou qu'ils soient accompagnés de deux témoins domiciliés dans la commune. (Cod. For. 157.) V. Visite domiciliaire.

10. *Terrain non clos.* — La loi n'exige une autorisation que pour les endroits clos dans lesquels les gardes ne peuvent pas toujours exercer leur surveillance. Aussi tout individu, et à quelque distance que ce soit des forêts, peut établir un dépôt de bois en plein air pour en faire le commerce, parce que les gardes peuvent le surveiller. (Meaume.)

11. *Prescription.* — Du principe que l'on ne peut prescrire que les droits que l'on peut acquérir (Cod. Civ. 2226), il faut en conclure que la prescription trentenaire ne peut être invoquée pour un chantier à vendre le bois, établi à distance prohibée; la question n'a, d'ailleurs, jamais été résolue par la Cour de cassation. (Résolu dans ce sens, Lyon, 9 février 1863.) V. Atelier.

12. *Scierie.* — Le chantier attenant à une scierie est considéré comme faisant partie de la scierie. (Cass. 13 mars 1829.) V. Scierie.

13. *Algérie. Feu.* — L'emploi du feu dans les chantiers situés en forêt ou dans la zone de 200 mètres sera soumis, pendant la période du 1ᵉʳ juillet au 31 octobre, aux prescriptions et règlements à intervenir en exécution de la présente loi. (Loi du 21 février 1903, art 123. Circ. N 642.) Pour les pénalités, V. Feu.

CHANTIER DE TRAVAUX FORESTIERS.

1. *Travaux de restauration. Surveillance.* — Il est établi sur tout chantier de travaux, quel que soit le mode d'exécution, un ou plusieurs surveillants ayant la qualité de préposés forestiers ou de chefs d'atelier.

Ces derniers sont nommés par le conservateur, sur la proposition du chef de service, qui fournit pour chacun d'eux, lors de sa première présentation, un dossier semblable à celui exigé pour les candidats gardes, y compris l'extrait du casier judiciaire.

Le conservateur fixe les travaux que doivent surveiller les chefs d'atelier et le taux de leur salaire, soit à la journée, soit au mois. (Instr. Gén. du 2 février 1885, art. 120. Circ. N 345.)

2. *Travaux de restauration. Surveillants. Rôle.* — Le rôle des surveillants est indiqué dans l'instruction générale du 2 février 1885, articles 141 à 156, pour les travaux en régie, et articles 189, 190 et 191, pour les travaux par entreprise. (Circ. N 345.)

3. *Ouverture. Fermeture.* — Les heures d'ouverture et de fermeture des chantiers sont fixées par l'agent régisseur, en se conformant aux usages locaux. (Circ. N 566, art. 260.)

4. *Direction. Surveillance.* — La direction quotidienne et la surveillance de chaque chantier sont confiées par l'agent régisseur à un préposé. S'il est nécessaire de recourir à un auxiliaire étranger, celui-ci est désigné par l'inspecteur. (Circ. N 566, art. 261.)

CHAPITRE. V. Comptabilité.

CHAR. V. Voiture.

CHARBON. V. Charbonnière.

CHARBONNETTE.

Définition. Débit. — Le bois destiné à la carbonisation prend le nom de charbonnette. On lui donne généralement une longueur de 60 à 80 centimètres et on fait souvent entrer dans le bois de charbon des rondins qui n'ont pas plus de 2 à 3 centimètres. (Nanquette. Exploitation, débit et estimation des bois.)

CHARBONNIÈRE.

1. *Définition.* — Lieu désigné pour la carbonisation des bois provenant d'une coupe.

2. *Lieux. Désignation.* — Les agents forestiers indiqueront, par écrit, aux adjudicataires les lieux où il pourra être établi des fosses ou fourneaux pour charbon dans l'intérieur des coupes. (Cod. For. 38. Loi du 21 février 1903, art. 43, relative à l'Algérie. Circ. N 642.)

3. *Mode de désignation.* — La désignation des places à charbon doit être faite par *écrit*; l'adjudicataire ne peut y suppléer par aucune preuve. (Cass. 16 mars 1833.)

4. *Adjudicataires.* — Les adjudicataires pourront établir dans l'intérieur des coupes des fourneaux à charbon, à condition d'adresser une demande (sur papier libre) à l'agent local; celui-ci ou son délégué désignera par écrit les emplacements et ceux où seront extraits les feuilles, mousses, pierres, fraisils et gazons jugés nécessaires. Ces produits seront délivrés gratuitement; mais les trous provenant des extractions devront être immédiatement comblés et nivelés. (Cah. des ch. 37.)

5. *Désignation. Demande.* — Les demandes présentées par les adjudicataires en vue d'obtenir la désignation d'emplacements pour fours à charbon ne sont pas assujetties au timbre. (Décis. Min. fin. du 1er juin 1905. Circ. N 752.)

6. *Reconnaissance. Marque. Procès-verbal.* — Tous les brigadiers (avec ou sans triage) sont chargés de reconnaître et marquer les places à charbon. Le procès-verbal de délivrance sera rédigé et signé par le préposé ayant opéré. (Form. série 4, n° 44. Circ. A 585. Circ. N 416.)

7. *Désignation. Demande.* — Les agents forestiers ne sont pas obligés de désigner, par avance et sans qu'on le leur demande, les emplacements sur lesquels les adjudicataires peuvent établir les fosses à charbon. Dès lors, leur silence, lorsqu'ils n'ont pas été provoqués, ne peut servir d'excuse à un adjudicataire qui a établi des fosses sans avoir obtenu, *par écrit*, la désignation des emplacements. (Cass. 16 juillet 1846.)

8. *Condition. Nivellement.* — Les conditions spéciales pour le nivellement et le repiquement des places à charbon sont insérées aux clauses spéciales. (Circ. N 80, art. 22.)

9. *Algérie. Autorisation. Pénalités.* — Les agents des eaux et forêts ou les préposés délégués indiqueront par écrit aux adjudicataires ou bénéficiaires de marchés de gré à gré les lieux où il pourra être établi des fosses, fours ou fourneaux temporaires et volants pour l'utilisation des produits de la coupe. Il n'en pourra être placé ailleurs, sous peine d'une amende de 10 à 50 francs pour chaque fosse, four ou fourneau établi en contravention. (Loi du 21 février 1903, art. 43. Circ. N 642.)

10. *Algérie. Feu.* — Du 1er juillet au 31 octobre, il est défendu de fabriquer du charbon dans l'intérieur et à la distance de 200 mètres des bois et forêts, même aux propriétaires des bois.

Toutefois, pendant la période du 1er novembre au 30 juin, les propriétaires ou leurs ayants droit sont autorisés, quelle que soit la distance de la propriété voisine et pourvu qu'elle soit séparée de leur bois par une tranchée ouverte et entretenue conformément à l'article 124 de la présente loi (V. Tranchée), à établir des charbonnières, des fours pour l'extraction du goudron et de la résine, et des fours à charbon. (Loi du 21 février 1903, art. 123. Circ. N 642.) Pour les pénalités, V. Feu.

11. *Établissement. Mise en feu.* — L'adjudicataire qui, sans autorisation, *construit* une faulde et *l'allume* commet deux délits distincts et encourt les amendes prévues par les articles 38 (*amende* : 50 francs) et 42 (*amende*: 10 à 100 francs) du Code forestier. (Nancy, 9 décembre 1828.)

12. *Place à charbon. Établissement non autorisé. Pénalité.* — L'adjudicataire qui établit une place à charbon, faulde ou charbonnière sans autorisation *écrite*, ou à un endroit autre que celui désigné par *écrit* par les agents forestiers, encourra :

Amende : 50 francs. (Cod. For. 38.) En récidive, 100 francs. (Cod. For. 38, 201.)

Pour inflammation sans autorisation :

Amende : 10 à 100 francs. (Cod. For. 42. Nancy, 9 décembre 1828.)

13. *Coupes affouagères.* — On peut faire du charbon dans les coupes affouagères, en se faisant délivrer une place à charbon. (Cod, For. 38. Décis. Min. du 4 juin 1841.)

14. *Charbonnière. Feu. Bois particuliers.* — Les particuliers propriétaires de bois ont le droit de faire fabriquer du charbon dans leurs coupes et d'allumer du feu dans les baraques ou ateliers qui s'y trouvent. Les acheteurs des coupes de bois particuliers peuvent exercer les mêmes droits, si les propriétaires les leur concèdent. (Lettre de l'Admin. du 19 septembre 1829.)

15. *Incendie. Responsabilité.* — Celui qui a acquis, d'un propriétaire de bois, une certaine quantité d'arbres à transformer en charbon, sur le parterre de la coupe, ne peut se décharger, sur l'entrepreneur qu'il a choisi pour opérer la carbonisation, des risques d'incendie qu'entraîne cette opération. Il est tenu de surveiller les opérations de son entrepreneur et il répond de l'incendie occasionné par la faute de l'entrepreneur ou de ses ouvriers. (Bordeaux, 11 juillet 1859.)

CHARIOT. V. Voiture.

CHARGE (en général).

Désignation. — Ce mode d'enlèvement sert à fixer la pénalité pour les délits de coupe, extraction et enlèvement des bois au-dessous de 2 décimètres de tour, des fagots et autres produits du sol forestier. (Cod. For. 57, 144, 194.)

CHARGE DE BÊTE DE SOMME.

Pénalité. — L'enlèvement, opéré au moyen d'une bête de somme, de fruits, semences et productions quelconques, dans tous les bois en général (Cod. For. 112, 120), est puni, par chaque charge de bête de somme, savoir :

AMENDE POUR UN DÉLINQUANT ORDINAIRE.

Le jour : 1 à 2 fr. 50. (C. F. 144.)
Le jour avec récidive, la nuit, ou la nuit avec récidive : 2 à 5 francs. (C. F. 144, 201.)

AMENDE POUR UN ADJUDICATAIRE DU PANAGE (C. F. 57)
OU POUR UN USAGER (C. F. 85).

Le jour : 2 à 5 francs. (C. F. 144.)
Le jour avec récidive, la nuit, ou la nuit avec
récidive : 4 à 10 francs. (C. F. 144, 201.) [Loi du
18 juin 1859. Loi du 18 juillet 1906. Circ. F 703.]
Restitution des produits ou de leur valeur. (C. F.
198.)
Dommages-intérêts facultatifs; minimum : amende
simple. (C. F. 198, 202.)
Confiscation des instruments du délit. (C. F. 198.)

V. Arbres (en général).

CHARGE D'HOMME.

1. *Conclusions.* — Lorsque l'enlèvement des
bois est réellement opéré à dos d'homme, on
ne doit calculer l'amende que par charges
effectives, quand bien même chaque charge se
composerait de plusieurs fagots liés. (Metz,
inédit, 21 octobre 1834.)

2. *Pénalités.* — L'enlèvement, à dos d'homme, de fruits, semences et productions quelconques, dans tous les bois en général (Cod.
For. 112, 120), est puni, par chaque charge
d'homme, savoir :

AMENDE POUR UN DÉLINQUANT ORDINAIRE.

Le jour : 1 franc. (C. F. 144.)
Le jour avec récidive, la nuit, ou la nuit avec
récidive : 2 francs. (C. F. 144, 201.)

AMENDE POUR UN ADJUDICATAIRE DU PANAGE (C. F. 57)
OU POUR UN USAGER (C. F. 85).

Le jour : 2 francs. (C. F. 144.)
Le jour avec récidive, la nuit, ou la nuit avec
récidive : 4 francs. (C. F. 144, 201. Loi du 18 juin
1859. Loi du 18 juillet 1906. Circ. N 703.)
Restitution des produits ou de leur valeur. (C. F.
198.)
Dommages-intérêts facultatifs; minimum : amende
simple. (C. F. 198, 202.)
Confiscation des instruments du délit. (C. F. 198.)

3. *Mode d'enlèvement. Brouette.* — Est considéré comme charge d'homme l'enlèvement des
produits forestiers effectué de main d'homme,
à l'aide d'une brouette. *Amende :* 1 franc. (Dijon,
inédit, 20 juillet 1836.) V. Extraction.

4. *Algérie. Bois. Enlèvement.* — L'amende
pour coupe, arrachage ou enlèvement de bois
ayant moins de 2 décimètres de tour sera
de 50 centimes à 2 francs par charge d'homme.
Il pourra, en outre, être prononcé un emprisonnement de 5 jours au plus. En cas de récidive, le maximum de l'amende sera toujours
appliqué. (Loi du 21 février 1903, art. 172.)
En cas d'enlèvement frauduleux, restitution
des objets enlevés ou de leur valeur.
Dommages-intérêts, le cas échéant, et confiscation des instruments du délit. (Loi du
21 février 1903, art. 176.)

5. *Traîneau.* — Est considéré comme charge
d'homme l'enlèvement opéré avec un traîneau.
(Cass. 1er août 1844.)

6. *Fagot. Ligature.* — Pour les produits
autres que le bois, la ligature en fagot est
sans importance, et la charge d'un homme peut
être composée de plusieurs fagots. (Dijon,
inédit, 5 mars 1834.)

7. *Quantité.* — Est considérée comme charge
d'homme une quantité de bois même insuffisante pour faire la charge d'un homme, telle
qu'un bâton n'ayant pas 0 m. 20 de tour.
(Cass. 25 janvier 1862.)

8. *Mode d'enlèvement.* — Lorsqu'une certaine quantité de bois coupé n'est pas encore
réunie en fagot, en l'absence de fait matériel
désignant le moyen de transport, on doit
évaluer les brins coupés en charge d'homme.

CHARGÉ DE COURS.

1. *Nomination.* — Les chargés de cours à
l'école forestière sont nommés par le Ministre
de l'agriculture. (Décr. du 10 décembre 1909,
art. 12.)

2. *Choix. Dérogation.* — Ils sont choisis
parmi les agents des Eaux et forêts. (Décr. du
10 décembre 1909, art. 12.)

3. *Indemnité.* — Les agents chargés de
cours reçoivent une indemnité fixe et annuelle
de 1,000 francs, outre le traitement afférent à
leur grade administratif. (Décr. du 10 décembre 1909, art. 12.)

4. *Avancement.* — Ils conservent leurs droits
à l'avancement dans les cadres du personnel
jusqu'au grade d'inspecteur inclusivement.
(Décr. du 10 décembre 1909, art, 12.)

CHARME.

Classification. — Arbre de 2ᵉ classe. (Cod.
For. 192. Loi du 18 juillet 1906. Circ. N 703.)

CHARMER UN ARBRE.

Définition. — Écorcement annulaire et partiel de l'arbre, en vue de le faire périr. La pénalité de ce fait est la même que si l'arbre
avait été coupé par le pied. V. Arbre. Écorcement.

CHARNIGUE.

Classification. Prohibition. — La chasse au
chien charnigue, variété ou congénère du
lévrier, est prohibée comme la chasse au lévrier
de pure race. (Cass. 9 août 1889.)

CHARRETÉE.

1. *Mode d'enlèvement.* — Le mode d'enlèvement de bois ou produits forestiers, effectué à l'aide d'une voiture ou charrette, est puni suivant le nombre d'animaux attelés, en tenant compte des circonstances de nuit et récidive et si le délit est commis par un adjudicataire. V. Fagot. Bois. Fruits. Produits, etc.

2. *Enlèvement. Bois.* — L'enlèvement de bois de moins de 2 décimètres de tour, avec une charrette ou voiture, est puni, savoir :

Amende, par bête attelée :

Le jour : 10 francs. (C. F. 194.)

Le jour avec récidive, la nuit, ou la nuit avec récidive : 20 francs. (C. F. 194, 201.)

Emprisonnement facultatif de 5 jours au plus. (C. F. 194. Loi du 18 juin 1859.)

Restitution des bois ou de leur valeur. (C. F. 198.)

Dommages-intérêts facultatifs ; minimum : amende simple. (C. F. 198, 202.)

Confiscation des instruments du délit. (C. F. 198.)

3. *Algérie. Coupe. Arrachage. Enlèvement. Bois.* — L'amende pour coupe, arrachage ou enlèvement de bois ayant moins de 2 décimètres de tour sera, pour chaque charretée, de 3 à 10 francs par bête attelée. Il pourra, en outre, être prononcé un emprisonnement de 5 jours au plus. En cas de récidive, le maximum de l'amende sera toujours appliqué. (Loi du 21 février 1903, art. 172. Circ. N 642.) En cas d'enlèvement frauduleux, restitution des objets enlevés ou de leur valeur. Dommages-intérêts, le cas échéant, et confiscation des instruments du délit. (Loi du 21 février 1903, art. 176.)

4. *Produit quelconque.* — L'enlèvement, opéré à l'aide d'une charrette, de graines, fruits, semences ou autres produits quelconques, dans tous les bois en général (Cod. For. 112, 120), est puni, par chaque bête attelée, savoir :

AMENDE POUR UN DÉLINQUANT ORDINAIRE.

Le jour............ 2 à 5 fr. (C. F. 144.)
Le jour avec récidive,
    la nuit,
ou la nuit avec   4 à 10 fr. (C.F. 144, 201.)
    récidive.

AMENDE POUR UN ADJUDICATAIRE DU PANAGE (C. F. 57) OU POUR UN USAGER (C. F. 85).

Le jour............ 4 à 10 fr. (C. F. 144.)
Le jour avec récidive,
    la nuit,
ou la nuit avec   8 à 20 fr. (C. F. 144, 201.)
    récidive.

(Cod. For. 57, 144. Loi du 18 juin 1859. Loi du 18 juillet 1906.)

Restitution des produits ou de leur valeur. (Cod. For. 198.)

Dommages-intérêts facultatifs ; minimum : amende simple. (Cod. For. 198, 202.)

Confiscation des instruments du délit. (Cod. For. 198.)

CHARRETTE À BRAS.

Pénalité. — Un enlèvement opéré avec une charrette à bras doit être considéré comme fait par charge d'homme. V. Voiture. Brouette.

CHARROI. V. Vidange. Enlèvement.

CHARTE.

1. *Définition.* — Écrit constatant des droits reconnus, concédés ou vendus par un souverain ou un seigneur à une corporation, à une communauté ou à une province.

2. *Charte seigneuriale. Titre. Interprétation.* — Il appartient aux tribunaux civils d'interpréter souverainement une charte de donation faite en faveur des habitants de deux communautés par un ancien seigneur, et de décider que les droits résultant de cette charte dans les forêts seigneuriales sont accordés aux habitants *ut universi* et non *ut singuli*, par suite de l'effet des lois de 1792 et 1793 et d'une possession plus que trentenaire. (Trib. de Vervins, 3 décembre 1903.)

CHASSE.

CHAPITRE IV. — Communalisation, 184-189.

V. Animal nuisible. Battue. Cahier des charges. Chasse à courre. Subventions aux sociétés de chasse.

CHAPITRE I⁰ʳ. — GÉNÉRALITÉS. DÉFINITIONS.

1. *Attribut. Propriété. Principe.* — Le droit de chasse forme un attribut de la propriété, qui demeure réservé au propriétaire du terrain, à l'exclusion du fermier, à moins de stipulations contraires dans le bail ou de circonstances spéciales. (Cass., 5 avril 1866.)

2. *Principes. Fait de chasse.* — Ce qui caractérise le fait de chasse, c'est la recherche et la poursuite du gibier. Du moment où ils tendent à sa capture, peu importent les moyens employés.

Il y a là une question de fait laissée à l'appréciation du juge. (Paris, 21 juillet 1882.)

3. *Principe. Acte de chasse.* — Le fait de poursuivre une pièce de gibier pour s'en emparer constitue un fait de chasse. (Chambéry, 7 mai 1885.)

4. *Acte de chasse. Condition.* — La chasse comprend un ensemble d'opérations qui commencent par la recherche d'un animal sauvage, pour aboutir ultérieurement à sa capture; l'acte initial du piqueur ou de toute autre personne qui fait le bois, même sans être accompagné d'un limier ou chien courant, est en lui-même un acte de chasse. (Cass., 29 juin 1889.)

5. *Chien. Quête. Laisse.* — Le fait de quêter ou rechercher, en temps prohibé, le gibier dans les champs, avec des chiens, constitue le délit de chasse, quand même le maître des chiens n'aurait pas pour but de capturer le gibier, mais seulement de dresser les chiens, et quand même les chiens seraient tenus en laisse. (Poitiers, 10 novembre 1882.)

6. *Passage des chiens. Délit.* — Le passage des chiens, en action de chasse, sur le terrain d'autrui constitue un délit, à moins qu'il ne soit démontré : 1° que le gibier poursuivi avait été lancé dans un lieu où le droit de chasse appartenait au prévenu; 2° et que, de plus, celui-ci n'a pu empêcher à temps la poursuite illicite.

La preuve de cette impossibilité est mise à sa charge. (Cass., 11 mai 1881. Paris, 27 mai 1882.)

7. *Chien. Quête. Dressage.* — Fait acte de chasse l'individu qui parcourt la campagne, même sans arme, accompagné d'un chien d'arrêt qu'il excite de la voix et du geste à chasser.

Peu importe que le prévenu ne fasse chasser son chien que pour le dresser. (Nîmes, 24 mai 1883.)

8. *Chien. Divagation. Terrain d'autrui.* — Le fait, par un chien, de parcourir une propriété étrangère et d'y faire lever du gibier ne constitue pas en soi-même, à la charge du maître de ce chien, un délit de chasse sur le terrain d'autrui. (Paris, 6 février 1894.)

V. Chien de chasse sur le terrain d'autrui.

Il faut, pour qu'il en soit ainsi, que le propriétaire de l'animal demeure convaincu de s'être associé à l'introduction de ce dernier dans ladite propriété ou d'avoir cherché à en profiter.

Les tribunaux ont, à cet égard, un pouvoir de souveraine appréciation. (Trib. de Compiègne, 16 décembre 1882. Paris, 6 février 1894.)

V. Chien de chasse.

9. *Acte de chasse. Conditions.* — L'existence de tout délit de chasse est subordonnée à un acte personnel et volontaire ayant pour but de rechercher et de poursuivre le gibier afin de se l'approprier. (Dijon, 14 janvier 1889.)

10. *Fait de chasse. Recherche. Poursuite.* — La recherche et la poursuite du gibier ne constituent pas un fait de chasse lorsque, dans les circonstances où elles ont eu lieu, il était matériellement impossible qu'elles pussent aboutir à sa capture. (Trib. de Rennes, 1ᵉʳ février 1894.) V. Gibier.

11. *Acte de chasse.* — On peut considérer comme acte de chasse le fait de tirer un coup de fusil dans un bois qui n'est pas un enclos dépendant d'une habitation, si le prévenu ne démontre pas qu'il se trouvait dans un cas d'excuse légale. (Poitiers, 29 octobre 1886.)

12. *Acte de chasse.* — Le fait de revendiquer le gibier tué ne constitue pas par lui-même un acte de chasse. (Cass., 6 juillet 1895.)

13. *Acte de chasse. Animal sur ses fins. Nuit.* — Lorsqu'un animal (en l'espèce un cerf), poursuivi par un chasseur, est sur ses fins avant la nuit, il y a lieu de l'assimiler à une bête mortellement blessée; le fait de s'en emparer pendant la nuit est licite, et pour ce fait le chasseur ne tombe pas sous le coup de l'article 12, § 2, de la loi du 3 mai 1844. (Bourges, 8 janvier 1903.)

14. *Chasse sur mer. Délit.* — Le chasseur qui, monté en mer sur une barque, tire à 100 mètres du flot sur un canard venant de terre, se livre à un acte de chasse qu'il pourrait accomplir tout aussi bien sur le continent que sur mer et qui tombe ainsi sous l'application de la loi du 3 mai 1844. (Trib. de Marennes, 25 janvier 1904.)

15. *Acte de chasse. Temps prohibé. Délit.* — Le fait d'un individu qui seul, à pied et muni d'un bâton, appuie des chiens courants qui ont lancé un lièvre, constitue autre chose qu'une

simple divagation, car le prévenu faisait lui-même acte de chasse en excitant ses chiens, les appuyant et les dirigeant dans la mesure du possible.

En conséquence, le fait incriminé ayant eu lieu postérieurement à la date de clôture de la chasse à tir, et bien que la chasse à courre ne fût pas encore fermée dans le département, il doit être fait l'application au prévenu de l'article 12 de la loi de 1844 pour délit de chasse en temps prohibé. (Nancy, 9 novembre 1911.) V. Chasse à courre.

16. *Affût. Chien courant. Terrain d'autrui.* — Commet le délit puni par l'article 11 de la loi du 3 mai 1844 l'individu qui, se trouvant sur un terrain lui appartenant, attend un gibier poursuivi par son chien sur une propriété dont la chasse est louée à un tiers, alors surtout que le chien dont il se sert est un chien courant ou d'arrêt. (Paris, 8 janvier 1884.)

17. *Chien. Gibier capturé.* — Commet un délit de chasse l'individu qui n'est pas muni d'un permis de chasse et qui s'empare d'un gibier poursuivi par un tiers et que son propre chien a réussi à atteindre. (Paris, 2 avril 1884.)

18. *Oiseaux de mer. Délit.* — Constitue un délit de chasse tombant sous l'article 11 de la loi du 3 mai 1844 le fait de chasser sans permis de chasse les oiseaux de mer sur le rivage de la mer. (Caen, 27 décembre 1906.)

19. *Gibier. Collet.* — Le fait, par un cultivateur, de saisir un lapin dans un collet qu'il n'a pas posé ne constitue pas un délit de chasse. (Angers, 19 mars 1897.)

20. *Délit. Condition.* — Le délit de chasse n'est punissable qu'autant qu'il a été librement consenti et volontairement exécuté. (Cass., 23 janvier 1873.)

21. *Délit collectif. Délit personnel.* — Il n'y a pas délit collectif dans le fait de deux individus chassant sans permis; il y a deux délits indépendants, pouvant être poursuivis séparément, et, s'il y a lieu, devant deux juridictions. (Orléans, 3 juin 1865.) Le délit de chasse est un délit personnel, et chaque délinquant est personnellement passible d'une amende. (Cass. 17 juillet 1823. Colmar, 5 juin 1860.)

CHAPITRE II. — POLICE DE LA CHASSE EN GÉNÉRAL.

(Loi du 3 mai 1844,
modifiée par les lois des 26 mars
et 1er mai 1924.)

SECT. 1. — EXERCICE DU DROIT DE CHASSE.

22. *Permis. Ouverture. Autorisation.* — Nul ne pourra chasser, sauf les exceptions ci-après, si la chasse n'est pas ouverte et s'il ne lui a

pas été délivré un permis de chasse par l'autorité compétente.

Nul n'aura la faculté de chasser sur la propriété d'autrui sans le consentement du propriétaire ou de ses ayants droit. (Loi Chasse, art. 1er.)

23. *Terrain clos.* — Le propriétaire ou possesseur peut chasser ou faire chasser en tout temps, sans permis de chasse, dans ses possessions attenant à une habitation et entourées d'une clôture continue faisant obstacle à toute communication avec les héritages voisins et empêchant complètement le passage de l'homme et celui du gibier à poil. (Loi Chasse, art. 2.) V. Clôture.

24. *Clôture.* — Un grillage ou treillage en fil de fer, de 1 mètre de hauteur, entourant un bois où se trouve un immeuble habitable par destination, constitue une clôture suffisante pour permettre la chasse en tous temps et sans permis. (Amiens, 13 mars 1895.)

25. *Ouverture. Clôture.* — Les préfets détermineront, par des arrêtés publiés au moins dix jours à l'avance, les jours et heures des ouvertures et des jours des clôtures des chasses soit à tir, soit à courre, à cor et à cri, dans chaque département. (Loi Chasse, art. 3. Loi du 22 janvier 1874.) V. Chasse à courre.

26. *Ouverture. Clôture.* — Les préfets pourront, dans le même délai, sur l'avis du conseil général, retarder la date de l'ouverture et avancer la date de la clôture de la chasse à l'égard d'une espèce de gibier déterminée. (Loi Chasse, art. 3, § 2. Loi du 16 février 1898.) V. Maures (Région des).

27. *Ouverture.* — Ils pourront, en outre, dans les mêmes conditions, retarder l'ouverture de la chasse pour toute espèce de gibier, dans tout ou partie des bois et forêts classés en vertu de l'article 4 de la présente loi en prévision des dangers d'incendie. (Loi du 26 mars 1924.)

28. *Ouverture. Arrêté. Publication.* — L'arrêté préfectoral qui rapporte un premier arrêté fixant l'ouverture de la chasse et proroge la durée du temps prohibé est obligatoire dès sa publication, alors du moins que la chasse était encore prohibée au moment de cette publication. (Cass., 10 avril 1895.)

29. *Fermeture. Gibier.* — Dans chaque département, il est interdit de mettre en vente, de vendre, d'acheter, de transporter et de colporter du gibier pendant le temps où la chasse n'y est pas permise. Il est également interdit en toute saison de mettre en vente, de vendre, de transporter, de colporter, ou même d'acheter sciemment le gibier tué à l'aide d'engins ou d'instruments prohibés. (Loi Chasse, art. 4.)

30. *Gibier saisi. Chasse non permise.* — En cas d'infraction à ces dispositions, le gibier sera saisi et immédiatement livré à l'établissement de bienfaisance le plus voisin, en vertu soit d'une ordonnance du juge de paix, si la saisie a eu lieu au chef-lieu de canton, soit d'une autorisation du maire, si le juge de paix est absent, ou si la saisie a été faite dans une commune autre que celle du chef-lieu. Cette ordonnance ou cette autorisation sera délivrée sur la requête des agents ou gardes qui auront opéré la saisie et sur la présentation du procès-verbal régulièrement dressé. (Loi Chasse, art. 4.)

31. *Perquisition.* — La recherche du gibier ne pourra être faite à domicile que chez les aubergistes, chez les marchands de comestibles et dans les lieux ouverts au public. (Loi Chasse, art. 4.)

32. *Transport du gibier vivant.* — Il est interdit, même en temps d'ouverture de la chasse, de transporter du gibier vivant sans permis de transport délivré par le directeur général des Eaux et Forêts ou par le conservateur des Eaux et Forêts du lieu d'origine du gibier ou par leurs délégués. (Loi Chasse, art. 4.)

33. *Nids. Œufs. Couvées.* — Il est interdit, en temps de fermeture, d'enlever des nids, de prendre ou de détruire, de colporter ou mettre en vente, de vendre ou acheter, de transporter ou d'exporter les œufs ou les couvées de perdrix, faisans, cailles et de tous autres oiseaux, ainsi que les portées ou petits de tous animaux qui n'auront pas été déclarés nuisibles par les arrêtés préfectoraux.

Les détenteurs du droit de chasse et leurs préposés auront le droit de recueillir, pour les faire couver, les œufs mis à découvert par la fauchaison ou l'enlèvement des récoltes. (Loi Chasse, art. 4. Loi du 3 avril 1911.)

34. *Permis. Formalités.* — Les permis de chasse sont délivrés, sur l'avis du maire, par le préfet du département ou le sous-préfet de l'arrondissement dans lequel celui qui en fera la demande aura sa résidence ou son domicile.

35. *Permis. Restitution. Dommages-intérêts.* — La personne qui veut obtenir un permis de chasse doit s'adresser au maire de son domicile légal ou de sa résidence. Ce dernier peut réclamer à la commune qui a encaissé à tort le droit de 20 francs la restitution des sommes indûment touchées et des dommages-intérêts. (Trib. d'Aix, 2 février 1896.)

36. *Permis. Délivrance.* — Les sous-préfets statueront désormais, soit directement, soit par délégation des préfets, sur les affaires qui, jusqu'à ce jour, exigeaient la décision préfectorale et dont la nomenclature suit : ... 3° délivrance des permis de chasse. (Décr. du 13 avril 1861.)

37. *Permis. Frais.* — Le prix du permis général de chasse valable pour tout le territoire français est de 100 francs. Le permis réduit utilisable seulement dans l'intérieur d'un seul département est de 40 francs. Sur ces deux sortes de permis, les communes prélèvent 20 francs.

Les permis ont une durée fixe de validité du 1ᵉʳ juillet au 30 juin de l'année suivante.

38. *Permis. Quittance.* — Le permis de chasse est une formule timbrée qui est «usée» du fait qu'elle a été remise à l'intéressé. Le remboursement ne peut donc en être réclamé lorsque celui-ci en a pris possession.

Les quittances de permis de chasse sont valables 30 ans et peuvent être vendues à un autre chasseur de la commune.

39. *Permis. Refus.* — Le préfet pourra refuser le permis de chasse :

1° A tout individu majeur qui ne sera point personnellement inscrit, ou dont le père ou la mère ne serait pas inscrit au rôle des contributions;

2° A tout individu qui, par une condamnation judiciaire, a été privé de l'un ou de plusieurs des droits énumérés dans l'article 42 du code pénal, autres que le droit de port d'armes;

3° A tout condamné à un emprisonnement de plus de six mois pour rébellion ou violence envers les agents de l'autorité publique;

4° A tout condamné pour délit d'association illicite, de fabrication, débit, distribution de poudre, armes ou autres munitions de guerre; de menaces écrites ou de menaces verbales avec ordre ou sous condition; d'entraves à la circulation des grains; de dévastations d'arbres ou de récoltes sur pied, de plants venus naturellement ou faits de main d'homme;

5° A ceux qui auront été condamnés pour vagabondage, mendicité, vol, escroquerie ou abus de confiance.

La faculté de refuser le permis de chasse aux condamnés dont il est question dans les paragraphes 3, 4 et 5 cessera cinq ans après l'expiration de la peine. (Loi Chasse, art. 6.)

40. *Permis. Incapacité.* — Le permis de chasse ne sera pas délivré :

1° Aux mineurs qui n'auront pas seize ans accomplis;

2° Aux mineurs de seize à vingt et un ans, à moins que le permis ne soit demandé pour eux par leur père, mère, tuteur ou curateur, porté au rôle des contributions;

3° Aux interdits;

4° Aux gardes champêtres ou forestiers des communes et établissements publics, ainsi qu'aux gardes forestiers de l'État et aux gardes-pêche. (Loi Chasse, art. 7.)

41. *Permis. Erreur.* — La disposition de la loi qui interdit de délivrer un permis de chasse aux gardes forestiers n'a pas pour effet de convertir en délit le fait d'un garde forestier qui chasse en vertu d'un permis qui lui a été délivré par erreur ou par surprise. (Cass., 28 janvier 1858.)

42. *Permis. Prohibition.* — Le permis de chasse ne sera pas accordé :

1° A ceux qui, par suite de condamnations, sont privés du droit de port d'armes;

2° A ceux qui n'auront pas exécuté les condamnations prononcées contre eux pour l'un des délits prévus par la présente loi;

3° A tout condamné placé sous la surveillance de la haute police. (Loi Chasse, art. 8.)

43. *Mode de chasse.* — Dans le temps où la chasse est ouverte, le permis donne à celui qui l'a obtenu le droit de chasser de jour, soit à tir, soit à courre, à cor et à cris, suivant les distinctions établies par les arrêtés préfectoraux, sur ses propres terres et sur les terres d'autrui avec le consentement de celui à qui le droit de chasse appartient. (Loi Chasse, art. 9. Loi du 22 janvier 1874.)

44. *Prohibition.* — Tous les autres moyens de chasse y compris l'avion et l'automobile, même comme moyens de rabat, à l'exception des furets et des bourses destinés à prendre les lapins, sont formellement prohibés. (Loi Chasse, art. 9 modifié.)

45. *Oiseaux de passage.* — Néanmoins, les préfets des départements, sur l'avis des conseils généraux, prendront des arrêtés pour déterminer :

1° L'époque de la chasse des oiseaux de passage autres que la caille, la nomenclature des oiseaux et les modes et procédés de chasse pour les diverses espèces. (Loi Chasse, art. 9. (Loi du 22 janvier 1874.)

46. *Gibier d'eau.* — Les préfets, sur l'avis des conseils généraux, prendront des arrêtés pour déterminer :

2° Le temps pendant lequel il sera permis de chasser le gibier d'eau dans les marais, sur les étangs, fleuves et rivières. (Loi Chasse, art. 9. Loi du 22 janvier 1874.)

Un petit ruisseau, qui est à sec pendant une grande partie de l'année, ne rentre pas dans cette nomenclature restrictive. (Toulouse, 23 mai 1888.).

47. *Animaux malfaisants.* — Les préfets, sur l'avis des conseils généraux, prendront des arrêtés pour déterminer :

3° Les espèces d'animaux malfaisants ou nuisibles que le propriétaire, possesseur ou fermier, pourra, en tout temps, détruire sur ses terres, et les conditions de l'exercice de ce droit, sans préjudice du droit appartenant au propriétaire ou au fermier de repousser ou de détruire, même avec les armes à feu, les bêtes fauves qui porteraient dommage à ses propriétés (Loi Chasse, art. 9.)

48. *Animaux malfaisants. Tiers. Contraventions.* — Est légal l'arrêté préfectoral pris en vertu de l'article 9 de la loi du 3 mai 1844, modifié par les lois des 22 janvier 1874 et 1er mai 1924, d'après lequel les tiers choisis par les propriétaires, possesseurs ou fermiers, pour coopérer à la destruction des animaux malfaisants doivent être munis d'un pouvoir écrit, visé par le maire, et être en outre agréés par le préfet ou sous-préfet.

Par suite contrevient à cet arrêté et encourt la peine portée par l'article 11, § 3 de ladite loi celui qui, se livrant, avec l'autorisation écrite du fermier des terres, à la chasse du lapin, désigné comme animal malfaisant et nuisible, n'a pas fait revêtir cette autorisation du visa du maire et de l'agrément du préfet. (Amiens, 5 décembre 1912.)

49. *Battues. Fermiers.* — Les fermiers souffriront, sans mise en demeure, les battues qui pourront être ordonnées pour la destruction des loups et autres animaux nuisibles. Ils concourront à ces battues. (Ord. 20 juin 1845. Cah. des ch., 24.) V. Battue.

50. *Conservation des oiseaux.* — Les préfets pourront prendre également des arrêtés pour prévenir la destruction des oiseaux ou pour favoriser leur repeuplement. (Loi Chasse, art. 9. Loi du 22 janvier 1874.)

51. *Lévriers.* — Les préfets pourront prendre des arrêtés pour autoriser l'emploi des chiens lévriers pour la destruction des animaux malfaisants ou nuisibles. (Loi Chasse, art. 9.)

52. *Neige.* — Les préfets pourront prendre des arrêtés pour interdire la chasse pendant les temps de neige. (Loi Chasse, art. 9.). V. Neige.

53. — Ils pourront en outre autoriser individuellement les propriétaires ou leurs ayants droit à capturer même en temps prohibé, avec les engins et dans les conditions déterminées, certaines espèces de gibier pour les conserver provisoirement et les relâcher ensuite dans un but de repeuplement (Loi Chasse, art. 9.)

54. *Gratification.* — Des ordonnances détermineront la gratification qui sera accordée aux gardes et gendarmes rédacteurs des procès-verbaux ayant pour objet de constater les délits. (Loi Chasse, art. 10.)

La gratification mentionnée en l'article 10 sera prélevée sur le produit des amendes.

55. *Gratification. Tarif.* — Les gratifications sont de 10 francs par condamnation prononcée en matière de chasse et sont prélevées sur le fonds commun en vertu de mandats de payement du préfet. (Loi de finances, 27 décembre 1890, art. 11. Circ. N. 430.)

56. *Armes. Engins. Confiscation.* — Les armes, engins ou autres instruments de chasse, abandonnés par les délinquants restés inconnus ainsi que les avions, automobiles ou autres véhicules utilisés par les délinquants seront saisis et déposés au greffe du tribunal compétent. La confiscation et, s'il y a lieu, la destruction en seront ordonnées sur le vu du procès-verbal. (Loi Chasse, art. 16.)

57. *Armes. Engins. Signalement.* — Les procès-verbaux dressés par les agents verbalisateurs doivent contenir un signalement précis et aussi exact que possible des armes ou engins ou moyens de transport non saisis. (Lettre du Garde des sceaux du 24 juillet 1899. Circ. N 562 et 911.)

58. *Confiscation des armes.* — En cas de délit de chasse commis sur un terrain soumis au régime forestier et entraînant la confiscation de l'arme, cette confiscation ne peut pas être refusée sous prétexte que l'administration forestière, partie poursuivante, n'a pas qualité pour la requérir. (Cass. 28 janvier 1847.) La confiscation de l'arme n'est possible qu'au cas où le délit a été commis par un individu non muni d'un permis de chasse. Mais il n'y a pas lieu à confiscation quand il s'agit de chasse pendant la nuit, par un individu muni d'un permis de chasse. (Paris, 14 novembre 1892.)

SECTION II. — POURSUITES. JUGEMENT.

59. *Preuve.* — Les délits prévus par la loi sur la chasse seront prouvés, soit par procès-verbaux ou rapports, soit par témoins, à défaut de rapports et procès-verbaux, ou à leur appui. (Loi Chasse, art. 21.)

60. *Procès-verbaux.* — Les procès-verbaux des maires et adjoints, commissaires de police, officier, maréchal des logis ou brigadier de gendarmerie, gendarmes, gardes forestiers, gardes pêche, gardes champêtres ou gardes assermentés des particuliers, feront foi jusqu'à preuve contraire. (Loi Chasse, art. 22.)

A l'égard des gardes forestiers, cette disposition s'appliquera, en quelque lieu que les infractions soient commises, dans les arrondissements des tribunaux près desquels ils sont assermentés. (Loi du 28 septembre 1919. Circ. N 871.)

61. *Procès-verbaux.* — Les procès-verbaux des employés des contributions indirectes et des octrois feront également foi jusqu'à preuve contraire, lorsque, dans la limite de leurs attributions respectives, ces agents rechercheront et constateront les délits prévus par le paragraphe 1ᵉʳ de l'article 4. (Loi Chasse, art. 23.)

62. *Procès-verbal. Affirmation. Algérie.* — Dans les vingt-quatre heures du délit, les procès-verbaux des gardes seront, à peine de nullité, affirmés par les redacteurs devant le maire ou juge de paix ou l'un de ses suppléants, ou l'adjoint, soit de la commune de leur résidence, soit de celle où le délit aura été commis (Loi Chasse, art. 24.) En France, la dispense de l'affirmation des procès-verbaux pour les gardes forestiers s'applique aux délits de chasse.

63. *Nullité du procès-verbal. Témoins. Partie civile. Algérie.* — Le procès-verbal constatant un délit de chasse est nul s'il n'a été affirmé qu'après les vingt-quatre heures du délit, alors qu'on n'invoque aucun cas de force majeure capable d'empêcher l'affirmation dans le délai fixé. (Cass. 28 janvier 1875.)

Dans ce cas, la partie civile peut faire entendre des témoins pour établir le délit. (Rouen, 22 février 1878.)

64. *Saisie. Arrestation. Désarmement.* — Les délinquants ne pourront être saisis ni désarmés; néanmoins, s'ils sont déguisés ou masqués, s'ils refusent de faire connaître leurs noms, ou s'ils n'ont pas de domicile connu, ils seront conduits immédiatement devant le maire ou le juge de paix, lequel s'assurera de leur individualité. (Loi Chasse, art. 25.).

65. *Désarmement. Arme à terre.* — Les gardes qui constatent un délit de chasse ne peuvent jamais désarmer le chasseur, alors même que l'arme aurait été enlevée reposant sur le sol près du chasseur et pendant son sommeil. (Grenoble, 11 mars 1879.)

66. *Poursuite.* — Tous les délits prévus par la présente loi seront poursuivis d'office par le ministère public, sans préjudice du droit conféré aux parties lésées par l'article 182 du code d'instruction criminelle. (Loi Chasse, art. 26.)

67. *Terrain d'autrui. Plainte.* — Néanmoins, dans le cas de chasse sur le terrain d'autrui sans le consentement du propriétaire, la poursuite d'office ne pourra être exercée par le ministère public, sans une plainte de la partie intéressée, qu'autant que le délit aura été commis dans un terrain clos, suivant les termes de l'article 2, et attenant à une habitation, ou sur des terres non encore dépouillées de leurs fruits (Loi Chasse, art. 26.)

68. *Poursuite. Maire.* — Le ministère public ne peut poursuivre le chasseur qui a chassé sur le territoire d'une commune sans autorisation, si le maire, au nom de la commune propriétaire, n'a pas déposé une plainte. (Cass. 16 mai 1895.)

69. *Condamnation.* — Ceux qui auront commis conjointement les délits de chasse seront condamnés solidairement aux amendes, dommages-intérêts et frais (Loi Chasse, art. 27.) V. Réparations civiles.

70. *Responsabilité.* — Le père, la mère, le tuteur, les maîtres et commettants sont civilement responsables des délits de chasse commis par leurs enfants mineurs non mariés, pupilles, demeurant avec eux, domestiques ou préposés, sauf tout recours de droit.

Cette responsabilité sera réglée conformément à l'article 1384 du Code civil et ne s'appliquera qu'aux dommages-intérêts et frais, sans pouvoir toutefois donner lieu à la contrainte par corps. (Loi Chasse, art. 28.)

71. *Mineur.* — Le père qui a procuré à son fils mineur et avec connaissance de cause l'arme ayant servi à la perpétration du délit doit être puni comme complice. (Rouen, 11 novembre 1875.)

72. *Prescription.* — Toute action relative aux délits prévus par la présente loi sera prescrite par le laps d'un an, à compter du jour du délit. (Loi Chasse, art. 29. Circ. N 911.)

73. *Poursuite. Prescription.* — En matière de délit de chasse, la prescription spéciale d'un an édictée par l'article 29 de la loi du 1ᵉʳ mai 1824, à compter du jour du délit, est également acquise à l'expiration du même laps de temps à partir du dernier acte de poursuite.

SECTION III. — PÉNALITÉS.

74. *Délit. Peine.* — En cas de conviction de plusieurs délits prévus par le code de la chasse, par le code pénal ou par les lois spéciales, la peine la plus forte sera seule prononcée. (Loi Chasse, art. 17.)

75. *Peines. Cumul.* — Les peines encourues pour des faits postérieurs à la déclaration du procès-verbal de contravention pourront être cumulées, s'il y a lieu, sans préjudice des peines de la récidive. (Loi Chasse, art. 17.) V. Cumul.

76. *Peines. Cumul.* — Lorsqu'un prévenu est poursuivi pour deux délits de chasse, il n'y a lieu de prononcer le cumul des peines que si la première infraction a été constatée par un procès-verbal déclaré à la personne même du délinquant. (Paris, 5 juin 1897.) V. Récidive.

77. *Atténuation.* — L'article 463 du Code pénal n'est pas applicable aux délits prévus par la loi du 3 mai 1844 sur la chasse. (Loi Chasse, art. 20.)

78. *Complicité.* — Les règles générales sur la complicité établies dans le Code pénal sont applicables aux délits de chasse. Celui qui sciemment reçoit du gibier tué en délit se rend complice du délinquant. (Rouen, 9 juin 1871.)

CHASSE.

79. *Délit. Absence de permis. Pénalités.* — La chasse sans permis est punie suivant les cas, savoir :

Amende : 5o à 200 francs. (L. Ch. 11.)

Si le terrain est clos, ou chargé de fruits :
Amende double facultative. (L. Ch. 11.)

Si le délit est commis par un garde champêtre ou forestier :
Maximum obligatoire. (L. Ch. 12.)

En cas de récidive, déguisement, masque, faux nom, violence, menaces :
Amende double facultative. (L. Ch. 14.)
Pénalités du Code pénal, s'il y a lieu. (L. Ch. 14.)

En cas de récidive, s'il n'a pas été satisfait aux condamnations :
Prison facultative, 6 jours à 3 mois. (L. Ch. 14.)

Dans tous les cas :
Payement de la valeur du permis de chasse général. (Loi du 29 avril 1921.)
Confiscation des engins, armes et instruments de chasse, ainsi que des avions, automobiles ou autres véhicules utilisés par les délinquants en cas de saisie.
A défaut de représentation, payement de leur valeur, à fixer par le tribunal; minimum : 200 fr. (L. Ch. 16.)
Privation de permis facultative; maximum : 5 ans. (L. Ch. 18.)

80. *Terrain d'autrui. Pénalités.* — La chasse sur le terrain d'autrui, sans le consentement du propriétaire, est punie, savoir :

Amende : 5o à 200 francs. (L. Ch. 11.)

Terrain chargé de fruits, ou terrain clos, mais non attenant à une habitation :
Amende double facultative. (L. Ch. 11.)

Si le délit est commis par un garde champêtre ou forestier :
Maximum obligatoire. (L. Ch. 12.)

Terrain clos et attenant à une habitation :
Amende : 5o à 3oo francs. (L. Ch. 13.)
Prison facultative, 6 jours à 3 mois (L. Ch. 13.)
Peines du Code pénal, s'il y a lieu. (L. Ch. 13.)

LA NUIT.

Amende : 18o à 1,000 francs. (L. Ch. 13.)
Prison facultative, 3 mois à 2 ans (L. Ch. 13.)
Peines du Code pénal, s'il y a lieu. (L. Ch. 13.)

En cas de récidive, déguisement, masque, faux-nom, violences, menaces :
Amende double facultative. (L. Ch. 14.)
Peines doubles facultatives. (L. Ch. 14.)

En cas de récidive, s'il n'a pas été satisfait aux condamnations :
Prison facultative, 6 jours à 3 mois. (L. Ch 14.)
Peines du code pénal, s'il y a lieu. (L. Ch. 14.)
Confiscation des engins et instruments de chasse ainsi que des avions, automobiles ou autres véhicules utilisés par les délinquants, en cas de saisie.

A défaut de saisie ou de représentation, payement de leur valeur, à fixer par le tribunal, minimum : 200 francs (L. Ch. 16.).

Les armes ne seront pas confisquées si la chasse était permise et si le délinquant avait un permis de chasse (Loi Chasse, art. 16.)

Dommages-intérêts à régler par le tribunal (L. Ch. 16.)

Privation de permis, facultative; maximum : 5 ans (L. Ch. 18.)

81. *Chien. Passage. Pénalités.* — Le passage de chiens courants sur l'héritage d'autrui, à la poursuite du gibier lancé sur la propriété du maître, constitue :

Délit facultatif. V. art. 80 pour la pénalité. (L. Ch. 11.)

Sauf action civile en cas de dommage. (L. Ch. 11. Cod. Civ. art. 1385.)

82. *Arrêtés préfectoraux. Pénalités.* — La chasse en contravention des arrêtés préfectoraux concernant :

Les oiseaux de passage;

Le gibier d'eau;

La chasse en temps de neige;

L'emploi des chiens lévriers;

La destruction des oiseaux et animaux nuisibles ou malfaisants [1] est passible :

Amende : 50 à 200 francs. (L. Ch. 11.)

Si le délit est commis par un garde champêtre ou forestier :

Amende, maximum obligatoire. (L. Ch. 12.)

En cas de récidive, déguisement, masque, faux nom, violence ou menaces :

Amende double facultative. (L. Ch. 14.)
Peines du Cod. Pén., s'il y a lieu. (L. Ch. 14.)

En cas de récidive, s'il n'a pas été satisfait aux condamnations :

Prison facultative, 6 jours à 3 mois. (L. Ch. 14.)

Dans tous les cas :

Confiscation des engins et instruments de chasse, ainsi que des avions, automobiles ou autres véhicules utilisés par les délinquants en cas de saisie.

A défaut de saisie ou de représentation, payement de leur valeur à fixer par le tribunal; minimum : 200 francs. (L. Ch. 16.)

Les armes ne seront pas confisquées si la chasse était permise et si le délinquant avait un permis de chasse. (L. Ch., art. 16.)

Dommages-intérêts à régler par le tribunal. (L. Ch. 16.)

Privation de permis, facultative; maximum : 5 ans. (L. Ch. 18.)

83. *Nids. Œufs. Couvées. Portées. Pénalités.* — En temps de fermeture, l'enlèvement des nids, la destruction, le colportage ou la mise en vente, la vente ou l'achat, le transport ou l'exportation des œufs ou des couvées de perdrix, faisans, cailles et de tous oiseaux, ainsi que des portées ou petits de tous les animaux qui n'avaient pas été déclarés nuisibles par les arrêtés préfectoraux, seront punis, savoir :

Amende : 50 à 200 francs. (L. Ch. 11-4°. Loi du 3 avril 1911.)

Si le délit est commis par un garde champêtre ou forestier :

Amende, maximum obligatoire. (L. Ch. 12.)

En cas de récidive, déguisement, masque, faux nom, violence ou menaces :

Amende double facultative. (L. Ch. 14.)
Peines du Cod. Pén., s'il y a lieu. (L. Ch. 14.)

En cas de récidive, s'il n'a pas été satisfait aux condamnations :

Prison facultative, 6 jours à 3 mois. (L. Ch. 14.)

Dans tous les cas :

Confiscation des engins et instruments de chasse, ainsi que des avions, automobiles ou autres véhicules utilisés par les délinquants en cas de saisie.

A défaut de saisie ou de représentation, payement de leur valeur, à fixer par le Trib.; minimum : 200 francs. (L. Ch. 16.)

Les armes ne seront pas confisquées si la chasse était permise et si le délinquant avait un permis de chasse. (L. Ch. 16.)

Dommages-intérêts à régler par le Trib. (L. Ch. 16.)

Privation de permis, facultative; maximum : 5 ans. (L. Ch. 18.)

84. *Cahier des charges. Infraction. Pénalités.* — L'infraction au cahier des charges de la part du fermier locataire du droit de chasse, dans les bois soumis au régime forestier, et sur les propriétés dont la chasse est louée au profit des communes ou établissements publics, est punie, savoir :

Amende : 50 à 200 francs. (L. Ch. 11.)

Si le délit est commis par un garde champêtre ou forestier :

Amende, maximum obligatoire. (L. Ch. 12.)

En cas de récidive, déguisement, masque, faux nom, violence ou menaces :

Amende double facultative. (L. Ch. 14.)
Peines du Cod. Pén., s'il y a lieu. (L. Ch. 14.)

En cas de récidive, s'il n'a pas été satisfait aux condamnations :

Prison facultative, 6 jours à 3 mois. (L. Ch. 14.)

Dans tous les cas :

Confiscation des engins et instruments de chasse, ainsi que des avions, automobiles ou autres véhicules utilisés par les délinquants en cas de saisie.

A défaut de saisie ou de représentation, payement de leur valeur, à fixer par le Trib.; minimum : 200 francs. (L. Ch. 16.)

[1] Ou encore aux arrêtés autorisant la reprise du gibier vivant dans un but de repeuplement.

Les armes ne seront pas confisquées si la chasse était permise et si le délinquant avait un permis de chasse. (L. Ch. 16.)

Dommages-intérêts à régler par le Trib. (L. Ch. 16.)

Privation du permis, facultative; maximum : 5 ans. (L. Ch. 18.)

85. *Temps prohibé.* — La chasse, en temps prohibé, est punie, savoir :

Amende : 100 à 500 francs. (L. Ch. 12.)
Prison facultative : 6 jours à 2 mois. (L. Ch. 12.)

La nuit, sur le terrain d'autrui, à l'aide d'engins prohibés, par d'autres moyens que ceux autorisés et avec une arme apparente ou cachée :

Peines doubles facultatives. (L. Ch. 12.)

Si le délit a été commis par un garde champêtre ou forestier :

Amende, maximum obligatoire.
Prison facultative. (L. Ch. 12.)

En cas de récidive, déguisement, masque, faux nom, violence ou menaces :

Peines doubles facultatives. (L. Ch. 14.)

Dans tous les cas :

Confiscation des engins et instruments de chasse, ainsi que des avions, automobiles ou autres véhicules utilisés par les délinquants en cas de saisie. (L. Ch. 16.)

A défaut de saisie ou de représentation, payement de leur valeur à fixer par le tribunal: minimum : 200 francs. (L. Ch. 16.)

Les armes ne seront pas confisquées si la chasse était permise et si le délinquant avait un permis de chasse. (L. Ch. 16.)

Destruction des engins de chasse prohibés.
Dommages-intérêts à régler par le tribunal. (L. Ch. 16.)

Privation du permis, facultative; maximum : 5 ans. (L. Ch. 18.)

86. *Nuit.* — La chasse :

a. Pendant la nuit;
b. A l'aide d'engins ou d'instruments prohibés;
c. Par d'autres moyens que ceux autorisés, est punie, savoir :

Amende : 100 à 500 francs. (L. Ch. 12.)
Prison facultative : 6 jours à 2 mois. (L. Ch. 12.)

Si le délit a été commis sur le terrain d'autrui avec une arme apparente ou cachée :

Peines doubles facultatives. (L. Ch. 12.)

Si le délit a été commis par un garde champêtre ou forestier :

Amende, maximum obligatoire.
Prison facultative : 6 jours à 2 mois. (L. Ch. 12.)

En cas de récidive, déguisement, masque, faux nom, violence ou menaces :

Peines doubles facultatives. (L. Ch. 14.)

Dans tous les cas :

Confiscation des engins et instruments de chasse, ainsi que des avions, automobiles ou autres véhicules utilisés par les délinquants en cas de saisie. (L. Ch. 16.)

A défaut de saisie ou de représentation, payement de leur valeur à fixer par le tribunal; minimum : 50 francs. (L. Ch. 16.)

Les armes ne seront pas confisquées si la chasse était permise et si le délinquant avait un permis de chasse. (L. Ch. 16.)

Destruction des engins ou instruments de chasse prohibés.
Dommages-intérêts à régler par le tribunal. (L. Ch. 16.)

Privation du permis, facultative; maximum : 5 ans. (L. Ch. 18.)

87. *Drogues. Appâts.* — L'emploi
a. De drogues. } de nature à enivrer ou détruire le gibier
b. D'appâts... }
est punie savoir :

Amende : 100 à 500 francs. (L. Ch. 12.)
Prison facultative : 6 jours à 2 mois. (L. Ch. 12.)

La nuit, sur le terrain d'autrui, à l'aide d'engins prohibés, par d'autres moyens que ceux autorisés et avec une arme apparente ou cachée :

Peines doubles facultatives. (L. Ch. 12.)

Si le délit a été commis par un garde champêtre ou forestier :

Amende, maximum obligatoire.
Prison facultative. (L. Ch. 12.)

En cas de récidive, déguisement, masque, faux nom, violence ou menaces :

Peines doubles facultatives. (L. Ch. 14.)

Dans tous les cas :

Confiscation des engins de chasse, ainsi que des avions, automobiles ou autres véhicules utilisés par les délinquants, en cas de saisie. (L. Ch. 16.)

A défaut de saisie ou de représentation, payement de leur valeur à fixer par le tribunal; minimum : 200 francs. (L. Ch. 16.)

Les armes ne seront pas confisquées si la chasse était permise et si le délinquant avait un permis de chasse. (L. Ch. 16.)

Destruction des engins de chasse prohibés.
Dommages-intérêts à régler par le tribunal. (L. Ch. 16.)

Privation de permis facultatif; maximum : 5 ans. (L. Ch. 18.)

88. *Appelants. Chanterelles.* — La chasse,
a. Avec appeaux,
b. — appelants,
c. — chanterelles,

est punie, savoir :

Amende : 100 à 500 francs. (L. Ch. 12.)
Prison facultative : 6 jours à 2 mois. (L. Ch. 12.)

La nuit, sur le terrain d'autrui, à l'aide d'engins prohibés, par d'autres moyens que ceux autorisés et avec une arme apparente ou cachée :

Peines doubles facultatives. (L. Ch. 12.)

Si le délit a été commis par un garde champêtre ou forestier :

Amende, maximum obligatoire.
Prison facultative : 6 jours à 2 ou 4 mois. (L. Ch. 12.)

En cas de récidive, déguisement, masque, faux nom, violence ou menaces :

Peines doubles facultatives. (L. Ch. 14.)

Dans tous les cas :

Confiscation des engins et instruments de chasse, ainsi que des avions, automobiles ou autres véhicules utilisés par les délinquants en cas de saisie. (L. Ch. 16.)
À défaut de saisie ou de représentation, payement de leur valeur à fixer par le tribunal; minimum : 200 francs. (L. Ch. 16.)

Les armes ne seront pas confisquées si la chasse était permise et si le délinquant avait un permis de chasse. (L. Ch. 16.)

Destruction des engins de chasse prohibés.
Dommages-intérêts à régler par le tribunal. (L. Ch. 16.)
Privation du permis, facultative; maximum : 5 ans. (L. Ch. 18.)

89. *Engins et instruments prohibés.* — Pour :

a. Détention,
b. Possession,
c. Port,
hors du domicile
de filets, engins ou instruments de chasse prohibés.

Amende : 100 à 500 francs. (L. Ch. 12.)
Prison facultative : 6 jours à 2 mois. (L. Ch. 12.)

Si le délit a été commis par un garde champêtre ou forestier :

Amende, maximum obligatoire. (L. Ch. 12.)
Prison facultative : 6 jours à 2 mois. (L. Ch. 12.)

En cas de récidive, déguisement, masque, faux nom, violence ou menaces :

Peines doubles facultatives. (L. Ch. 14.)
Confiscation et *destruction* des engins de chasse prohibés, ainsi que des avions, automobiles ou autres véhicules utilisés par les délinquants en cas de saisie (L. Ch. 16.)
À défaut de saisie ou de représentation, payement de leur valeur à fixer par le tribunal; minimum : 200 francs. (L. Ch. 16.)
Privation du permis, facultative; maximum : 5 ans. (L. Ch. 18.)

90. *Gibier. Temps prohibé.* — Pour :

a. Vente
b. Achat
c. Transport
d. Colportage
de gibier en temps de chasse prohibé ou pour ceux qui en toute saison auront mis en vente, vendu, transporté, colporté ou même acheté sciemment du gibier tué à l'aide d'engins ou d'instruments prohibés.

Amende : 100 à 500 francs. (L. Ch. 12.)
Prison facultative : 6 jours à 2 mois. (L. Ch. 12.)

Si le délit a été commis par un garde champêtre ou forestier :

Amende, maximum obligatoire. (L. Ch. 12.)
Prison facultative : 6 jours à 2 mois. (L. Ch. 12.)

En cas de récidive, déguisement, masque, faux nom, violence ou menaces :

Peines doubles facultatives. (L. Ch. 14.)
Saisie et confiscation du gibier à livrer à l'établissement de bienfaisance le plus voisin. (L. Ch. 14.)
Privation du permis, facultative; maximum : 5 ans. (L. Ch. 18.)

CHAP. III. — POLICE DE LA CHASSE DANS LES BOIS SOUMIS AU RÉGIME FORESTIER.

SECT. I. — LOCATION DE LA CHASSE.

§ 1ᵉʳ. *Bois domaniaux.*

91. *Adjudication.* — Le droit de chasse dans les forêts domaniales est affermé, soit par adjudication aux enchères et à l'extinction des feux, soit par adjudication au rabais, soit enfin sur soumissions cachetées, suivant que les circonstances l'exigeront. (Ord. du 20 juin 1845.)

92. — La chasse à courre et la chasse à tir peuvent être adjugées séparément. (Cah. des ch., art. 5. Circ. N 718.)

93. *Bail. Durée.* — Les baux pourront être consentis pour une durée de neuf années. (Ord. du 20 juin 1845, art. 1ᵉʳ.)

94. *Bail. Compétence.* — Le bail du droit de chasse dans une forêt domaniale étant un contrat de droit commun, les contestations auxquelles son exécution peut donner lieu entre l'administration et l'adjudicataire sont de la compétence de l'autorité judiciaire (Cass. 23 juin 1887.)

95. *Fermier. Condition.* — Un cahier des charges approuvé par le Ministre réglera les conditions auxquelles les fermiers seront assujettis.
Il devra contenir les dispositions nécessaires à l'effet d'assurer la destruction des animaux nuisibles, tant dans l'intérêt de la conservation des forêts qu'en vue de préserver de tous dommages les propriétés particulières. (Ord. du 20 juin 1845, art. 3. Circ. N 72.)

96. *Adjudication. Formalités.* — L'adjudication se fait aux chefs-lieux de préfecture, de sous-préfecture et même de canton, aux enchères ou à l'extinction des feux. Le prix en est recouvré par le receveur des domaines de l'arrondissement où se fait la location. Il n'est rien dû pour défaut de mesures dans l'étendue de chaque cantonnement de chasse.

97. *Fermage. Prix. Annuité.* — Le prix annuel de location sera payé par semestre et d'avance, dans la caisse du receveur des domaines du lieu de l'adjudication.

Si le dernier semestre est incomplet, le montant en sera calculé au prorata du nombre de jours restant à courir jusqu'à la fin du bail.

En cas de retard de payement, les intérêts des sommes dues courent de plein droit à raison de 6 p. 100 l'an à partir du jour où le payement aurait dû être effectué. (Cah. des ch. 9. Circ. N 865.)

98. *Produit.* — La chasse est considérée comme un produit accessoire. (Arr. Min. 20 juin 1838. Circ. A 470. Circ. A 477.) Les conditions d'adjudication sont celles imposées pour la vente des menus produits.

99. *Aliénation. Modification. Résiliation.* — En cas d'aliénation de la forêt amodiée, par voie d'échange ou autrement, en cas d'affectation à un service public, etc., le bail sera résilié de plein droit sans indemnité et il sera accordé, sur le terme payé d'avance, une réduction proportionnelle à la durée de la jouissance dont le fermier aura été privé.

Si la destination de la forêt n'est modifiée qu'en partie, par suite d'aliénation, d'affectation à un service de l'État, d'échange, de location ou de concession, l'État ne devra aucune indemnité au fermier ; le bail sera maintenu et le prix en sera réduit ou augmenté, par décision ministérielle, proportionnellement à l'étendue qui aura été distraite ou ajoutée. Toutefois l'État ne pourra obliger le fermier à subir une extension de contenance qui entraînerait une augmentation du prix du bail.

Les augmentations et réductions prévues ci-dessus seront calculées en prenant pour base le montant de la location à l'hectare tel qu'il ressort du prix d'adjudication augmenté de la valeur moyenne annuelle des charges imposées pendant la durée du bail.

Le fermier pourra obtenir la résiliation du bail dans le cas où la surface louée sera réduite de plus de moitié. (Cah. des ch. art. 2. Circ. N 865.)

100. *Frais d'adjudication.* — L'adjudicataire paiera comptant à la caisse du receveur des domaines, pour tous frais et droits de bail et de cautionnement, 2 p. 100 sur le total des annuités de son bail, augmenté de la valeur des charges imposées pour la durée du bail. (Décision du Ministre des Finances du 9 mai 1921.)

§ 2. *Bois communaux et d'établissements publics.*

101. *Concession.* — Le droit de chasse dans les bois communaux ne doit pas être concédé gratuitement. (Bull. Offic. du Min. de l'Int. 1857, p. 259.)

Bois communaux. Location. — Le maire est chargé, sous le contrôle du Conseil municipal, de passer les baux de chasse. (Loi du 5 avril 1884, art. 90.)

Le Conseil municipal règle les conditions des baux dont la durée ne dépasse pas dix-huit ans. Pour une durée plus longue, la délibération doit être approuvée par le Préfet qui statue en Conseil de préfecture. (Loi du 5 avril 1884, art. 68 et 69.)

102. *Bail d'établissements publics. Location.* — Les administrateurs des établissements publics ont le droit d'affermer la chasse dans les forêts d'établissements publics soumises au régime forestier, sous la condition d'approbation de la part du préfet ou du ministre de l'intérieur. (Décr. du 25 prairial an XIII, 14 juin 1805. Circ. A 470. Loi du 18 juillet 1837.) Mais cette amodiation ne peut avoir lieu qu'en adjudication publique. (Lettre de l'administration du 18 février 1846. Circ. A 477. Circ. N 72, § 3.)

103. *Mise en valeur. Compétence.* — Sous le régime municipal actuel, le conseil municipal, et non le maire, est compétent pour décider de la mise en valeur du droit de chasse ainsi que des conditions. Une autorisation de chasse émanant du maire seul serait donc sans valeur. (Ch. Guyot.)

104. *Adjudication.* — La mise en ferme de la chasse dans les forêts communales a lieu par les soins de l'administration municipale, *sans le concours des agents forestiers.* (Décr. 25 prairial an XIII. Loi du 18 juillet 1837. Circ. Min. de l'Int. 4 novembre 1850.)

105. *Bois communaux. Modalité de la mise en valeur du droit de chasse.* — Aucun texte ne limite le choix des communes en ce qui concerne la modalité à adopter pour la mise en valeur du droit de chasse (location par adjudication publique, amiable, licences individuelles.)

106. *Cahier des charges.* — En cas de location les maires des communes et les administrateurs des établissements publics doivent communiquer préalablement les projets des cahiers des charges aux conservateurs, dont les observations pourraient suggérer des modifications utiles dans la rédaction de ces cahiers. (Lettre-circ. du Min. de l'Int. du 17 février 1887. Circ. N 381.)

107. *Procès-verbal d'adjudication.* — Les maires doivent adresser aux agents forestiers locaux une expédition du procès-verbal d'adjudication du droit de chasse, ainsi qu'un exemplaire du cahier des charges. (Circ. du Min. de l'Int. du 4 novembre 1850. Circ. A 662. Circ. N 72, § 3. Lettre-circulaire du Ministre de l'Intérieur du 17 février 1887. Circ. N 381.)

108. *Taxe du vingtième.* — La taxe du vingtième doit être perçue sur le montant de la location du droit de chasse dans les forêts communales ou d'établissements publics soumises au régime forestier. (Loi du 30 octobre 1919, art. 6.)

SECT. II. — EXERCICE DE LA CHASSE.

§ 1. *Surveillance. Braconnage.*

109. *Chasse. Autorisation.* — La chasse sans autorisation, dans les forêts soumises au régime forestier, est interdite à tout particulier, même lorsque la chasse est ouverte. (Arr. du 28 vendémiaire an v. Décr. du 25 prairial an XIII. Cass. 23 mai 1835.)

110. *Agent. Interdiction.* — Il est interdit aux agents de tout grade de chasser dans les bois de leur circonscription; ils ne doivent pas se rendre locataires de la chasse dans les bois communaux placés sous leur surveillance, ou accompagner, à titre d'amis, le fermier dans les forêts domaniales dont la gestion leur est confiée. La destruction des animaux nuisibles ou du gibier surabondant n'est pas considérée comme un fait de chasse, quand elle s'effectue dans les conditions réglementaires. (Circ. N 65. Circ. N 72, art. 18.)

111. *Préposés. Interdiction.* — Il est interdit aux gardes et brigadiers forestiers de chasser (Loi du 3 mai 1844, art. 7. Circ. A 557), de porter des fusils de chasse (Circ. N 55) et d'avoir des chiens courants ou d'arrêt (Circ. N 72, art. 19), à moins d'autorisation du conservateur.

Les préposés doivent être incités à détruire les sangliers dans les régions où ils causent des dégats. Si certains adjudicataires refusent de les y autoriser, il y a lieu d'en rendre compte à l'administration. (Circulaire autographiée du 19 avril 1918.)

112. *Surveillance.* — Les préposés doivent s'appliquer à réprimer les délits de chasse dans les forêts confiées à leur garde — ayant en vue la répression du braconnage qu'il faut atteindre sous toutes ses formes (fusil, collets, filets, affût, etc.) et qui est seul dangereux pour la conservation du gibier. (Circ. N 632.) Lorsque les fermiers de l'État, des communes et des établissements publics ont institué des gardes particuliers, les préposés forestiers ne sont pas moins tenus de concourir à la répression du braconnage soit en agissant par eux-mêmes, soit en prêtant leur assistance aux gardes des locataires. (Circ. N 804.)

113. *Police. Surveillance. Attribution.* — La surveillance et la police des chasses, dans les bois de l'État, sont dans les attributions du grand veneur. (Ord. 15 août 1814.) La police de la chasse, dans les forêts de l'État, est attribuée à l'administration des forêts, qui remplira, à cet égard, les fonctions attribuées au grand veneur. (Ord. 14 septembre 1830. Circ. N 72, art. 1.)

114. *Cours d'eau.* — Depuis la loi du 28 septembre 1919 les gardes forestiers et les gardes-pêche ayant qualités, en vertu de l'article 22 de la loi du 3 mai 1844, pour constater les délits de chasse qui peuvent être commis sur les cours d'eau, tous les brigadiers et gardes qui participent à la police de la pêche ne doivent pas négliger de surveiller la chasse avec la même vigilance sur les fleuves et rivières et sur leurs dépendances. (Circ. N 804.) V. Procès-verbal.

115. *Surveillance. Enlèvement des nids.* — Les préposés forestiers doivent constater les infractions à la loi sur la chasse, en vue d'empêcher l'enlèvement des nids et la destruction des petits oiseaux. (Circ. autogr. du 10 septembre 1874.)

Le rapport annuel sur la protection des petits oiseaux, prescrit par la circulaire autographiée du 10 septembre 1874, ne sera plus adressé. (Circ. N 416.)

116. *Permission.* — Lorsque l'amodiation de la chasse n'a pu être réalisée dans les conditions ordinaires d'adjudication publique, des permissions annuelles dites *licences* peuvent être délivrées, moyennant redevance, par l'administration, sur la proposition des conservateurs. (Circ. A 286. Circ. A 304. Ord. du 24 juillet 1832. Déc. Min. du 28 novembre 1863. Circ. N 72, § 2.)

117. *Surveillance. Bois domaniaux. Fermier. Garde particulier. Ouvriers.* — La surveillance de la chasse reste spécialement confiée aux officiers et préposés des eaux et forêts dans les conditions déterminées par les lois et règlements, aux termes desquels les fermiers ne peuvent réclamer d'eux aucun service. Néanmoins, les fermiers pourront, avec l'autorisation du conservateur, instituer des gardes particuliers de la chasse dans leurs lots respectifs. Le choix de ces gardes sera soumis à l'approbation du conservateur, qui aura le droit de retirer cette approbation quand il le jugera nécessaire. Le conservateur aura également le droit d'exiger le renvoi des ouvriers employés à l'entretien de la chasse (élevage et agrenage des faisans, entretien des sentiers et des pièges, etc.).

Les gardes particuliers sont autorisés à porter des armes à feu. Avec l'autorisation du fermier, ils pourront chasser même isolément et hors de la présence de celui-ci.

Il leur est interdit de porter un uniforme qui puisse être confondu avec celui des préposés des eaux et forêts et notamment de porter un képi. (Cah. des ch. 27. Circ. N 865.)

118. *Surveillance en dehors des bois domaniaux.* — Le Gouvernement exerce la surveillance de la police de la chasse dans l'intérêt général.

En conséquence il pourra commissionner des gardes particuliers appartenant aux brigades mobiles de répression du braconnage, des associations cynégétiques ou fédération de sociétés de chasse, pour exercer, sauf opposition des propriétaires en ce qui concerne leurs terrains, les fonctions de garde des eaux et forêts chargés spécialement de la police de la chasse dans l'étendue des arrondissements pour lesquels ils auront été assermentés. (Loi, chasse, art. 22, 1ᵉʳ mai 1924.)

119. *Jouissance. Permis spécial.* — Les fermiers ne pourront se livrer à la chasse qu'après avoir obtenu, indépendamment du permis de chasse de l'autorité compétente, un permis spécial de l'inspecteur. Ils seront tenus d'exhiber ce permis à toute réquisition. (Cah. des ch. 14. Circ. N 718.)

120. *Permis de chasse.* — Toute personne régulièrement autorisée à chasser, dans les forêts soumises au régime forestier, doit, en outre, être munie d'un permis de chasse. (Loi du 3 mai 1844, art. 1ᵉʳ et 5. Circ. N 72, art. 4.)

121. *Permis de chasse.* — Le permis de chasse donne la faculté de chasser de jour, soit à tir, soit à courre, à cor et à cri, dans le temps où la chasse est ouverte, à ceux au profit desquels le droit de chasse est affermé. (Loi du 3 mai 1844, art. 9. Circ. N 72, art. 5.)

122. *Amis. Permissions spéciales. Bois domaniaux.* — Les fermiers pourront se faire accompagner par un nombre de personnes déterminé dans les affiches et le procès-verbal d'adjudication, ou les autoriser à chasser en dehors de leur présence en leur donnant par écrit des permissions spéciales et nominatives dont ils fixeront la durée. Ces permis devront être exhibés à toute réquisition. (Cah. des ch. 15. Circ. N 865.)

123. *Jouissance. Exercice. Bois domaniaux.* — Dans le cas où le droit de chasse à courre et le droit de chasse à tir sur un même lot seront loués séparément à des personnes différentes, la chasse à courre, à cor et à cri, comprendra, sauf stipulation contraire, le grand gibier (cerf, daim, sanglier, loup). Elle pourra être exercée, d'après le mode généralement en usage, deux fois par semaine pendant la durée de la chasse à tir et trois fois par semaine après la clôture de cette chasse.

Le choix des jours sera concerté, un mois au moins avant la date ordinaire de l'ouverture de la chasse, entre l'adjudicataire de la chasse à courre et l'agent des eaux et forêts, chef du service local, qui préviendra de ce choix, en temps opportun, les locataires de la chasse à tir. En cas de désaccord, la décision appartiendra au conservateur des eaux et forêts. Les dimanches et fêtes ne pourront jamais être désignés.

Aucun changement de jour ne pourra avoir lieu sans l'autorisation de l'agent, chef de service, et l'assentiment des fermiers de la chasse à tir.

Le fait par les piqueurs d'aller en reconnaissance avec leurs limiers en dehors des jours indiqués pour l'exercice de la chasse à courre ne sera pas réputé acte de chasse. Toutefois ces piqueurs ne pourront pénétrer dans les enceintes.

La chasse à tir comprendra toute espèce de gibier autre que celles ci-dessus spécifiées. Toutefois le fermier de la chasse à tir pourra chasser le chevreuil à courre pendant l'un des jours de la semaine qui lui sont réservés et sans droit de suite.

Le sanglier et le loup pourront être chassés par les chasseurs à courre et par les chasseurs à tir.

Ni les chasseurs à tir, ni leurs gardes ne pourront chasser ni conduire des chiens en forêt en dehors des jours de chasse qui leur sont réservés. Mais les gardes particuliers auront la faculté de détruire les bêtes puantes et les oiseaux nuisibles, même en dehors de ces jours.

Sous la réserve des dispositions qui précèdent, les droits respectifs des chasseurs soit à courre, soit à tir, tels qu'ils résultent des lois, règlements et usages, sont et demeurent expressément réservés. L'administration n'entend encourir ni garantie ni responsabilité à cet égard. Elle ne pourra en aucun cas être appelée en cause dans les contestations qui pourraient s'élever entre les adjudicataires.

Les prescriptions du présent article seront également applicables si, tout en étant loués séparément, le droit de chasse à courre et le droit de chasse à tir sur un même lot sont réunis dans une même main, mais le choix de jours prévu au deuxième paragraphe appartiendra alors au fermier et il pourra chasser le chevreuil à courre aux jours choisis pour la chasse à courre. (Cah. des ch. 13. Circ. N 718.)

124. *Fait de chasse. Délit. Action civile.* —
Le fait, par l'adjudicataire de la chasse à tir,
de tuer une pièce de gibier réservée pour la
chasse à courre, peut donner lieu à une poursuite basée sur l'article 11—5° de la loi
de 1844. (Rouen, 26 mai 1900.) Dans un
bois particulier le même fait ne pourrait motiver qu'une action civile. (Même arrêt.)

125. *Battue.* — La chasse connue sous le
nom de *battue*, et qui s'exerce avec le secours
des traqueurs, est permise comme rentrant
dans la chasse à tir. (Instr. du Min. de l'Int.
11 fév. 1846. Circ. N 72, art 6.)

126. *Amis. Piqueurs.* — Les personnes par
lesquelles les fermiers et cofermiers peuvent se
faire accompagner sont : les amis, piqueurs ou
gens à gage, sans qu'il y ait lieu de distinguer
entre eux, lorsque ces personnes sont munies
d'armes à feu. (Circ. A 735.)

127. *Animaux nuisibles.* — La destruction
des animaux nuisibles ou du gibier surabondant n'est pas considérée comme un fait de
chasse, quand elle s'effectue dans les conditions
réglementaires. (Circ. N 72, art. 18.)

128. *Louvetier. Chasse à courre. Sanglier.*
— Les fermiers de la chasse ne pourront
s'opposer à l'exercice du droit accordé aux
lieutenants de louveterie de chasser le sanglier
à courre deux fois par mois, pendant le temps
où la chasse est permise. (Règlement du
20 août 1814. Ord. 20 juin 1845. Cah. des
ch. 26. Circ. N 865.) V. Cahier des charges.

129. *Fermiers. Arrêtés préfectoraux.* — Les
fermiers doivent se soumettre à toutes les prescriptions des arrêtés préfectoraux concernant
l'exercice et la police de la chasse, ainsi
qu'aux dispositions des cahiers des charges
réglant les conditions de la jouissance. (Circ.
N 72, art. 9.)

130. *Lieutenant de louveterie. Chasse.* —
Les conservateurs statuent sur les réclamations
du lieutenant de louveterie, à l'occasion des
chasses dans les forêts domaniales que ne tolè-
rent pas les agents locaux. (Circ. A 809.)

131. *Trouble. Dommage. Responsabilité.*
Compétence. Exercices militaires. — L'autorité
judiciaire est seule compétente pour connaître
d'une contestation entre l'État et le locataire
du droit de chasse dans une forêt domaniale,
à l'occasion du trouble qui aurait été apporté
à la jouissance du locataire.

Il en est ainsi alors même que le fait duquel
résulterait le trouble à la jouissance provien-
drait d'exercices et tirs prescrits par l'administration militaire. (Trib. des conflits, 29 novembre 1884. Cass. 23 juin 1887.)

132. *Dommage. Responsabilité. Compétence.*
Exercices militaires. — Il y a lieu de déclarer
l'État responsable des dommages de toute nature que causent des exercices militaires à des
propriétaires, et notamment du dommage
causé par des exercices de troupes exécutés
dans une plaine le jour de l'ouverture de la
chasse, lorsque ces opérations ont été prescrites en dehors des cas prévus par la loi du
24 juillet 1873.

Et l'action en responsabilité ainsi formée
contre l'État est de la compétence de l'autorité
administrative et non de l'autorité judiciaire.
(Conseil d'État, 25 juillet 1884.)

§ 2. *Délit. Constatation.*

133. *Délit. Constatation.* — Les préposés
forestiers constatent les délits de chasse, dans
les arrondissements pour lesquels ils sont assermentés. (Loi du 28 septembre 1919.)

134. *Gendarmerie. Procès-verbaux.* — La
gendarmerie dresse procès-verbal contre tous
individus trouvés en contravention aux lois et
règlements sur la chasse. (Décr. du 20 mai 1903,
art. 210. Circ. N 654.)

135. *Preuve testimoniale.* — Les délits de
chasse peuvent, à défaut de procès-verbaux,
être établis par la preuve testimoniale et notamment par la déposition du garde particulier qui,
ayant vu commettre le délit, n'en a pas dressé
procès-verbal. (Cass. 24 mai 1878.)

136. *Constatation. Délit.* — Les agents
constatent les délits de chasse, dans les bois
soumis au régime forestier situés dans toute
l'étendue du territoire pour lequel ils sont commissionnés.

137. *Procès-verbaux. Déclaration verbale.* —
Les gardes qui constatent un délit de chasse
doivent déclarer verbalement leur procès-verbal
au délinquant, toutes les fois qu'ils pourront
s'approcher de lui, et mentionner dans ledit
procès-verbal que cette déclaration a été faite.
(Circ. N 400.)

138. *Foi due aux procès-verbaux.* — Les
procès-verbaux des agents et gardes forestiers
constatant des délits de chasse même dans les
bois soumis au régime forestier ne font foi que
jusqu'à preuve contraire. (Loi Chasse, art. 22.
Montpellier, 14 février 1853. Orléans, 10 juin
1861.)

139. *Procès-verbaux. Formalités.* — On doit
observer, pour la rédaction et l'enregistrement
des procès-verbaux de chasse, les formalités
prescrites pour les procès-verbaux des autres
délits forestiers. (Circ. N 72, art. 13.)

Toutefois la loi de 1844 n'impose pas la

formalité de l'enregistrement; il en résulte que les procès-verbaux de chasse ne sont pas frappés de nullité pour défaut d'enregistrement.

140. *Délit. Constatation.* — La constatation des délits de chasse, dans les bois soumis au régime forestier, doit avoir lieu dans la forme prescrite pour la constatation des *autres délits forestiers.* (Arr. du 28 vendémiaire an v.)

141. *Heure.* — Depuis la loi du 29 décembre 1921 supprimant la formalité d'affirmation des procès-verbaux dressés par les gardes des eaux et forêts l'énonciation de l'heure du délit dans le corps du procès-verbal n'est plus indispensable sous peine de nullité.

142. *Adjudicataire. Procès-verbal. Poursuites.* — Les adjudicataires du droit de chasse peuvent faire constater et poursuivre, en leur nom, les délits de chasse. (Cass. 21 janvier 1837.)

143. *Gibier. Saisie. Temps prohibé.* — Le gibier saisi pendant le temps où la chasse est fermée (loi du 3 mai 1844, art. 4), de même que le gibier trouvé pris à des pièges ou engins prohibés et celui qui est abandonné par les délinquants, est immédiatement livré à l'établissement de bienfaisance le plus voisin, en vertu soit d'une ordonnance du juge de paix, si la saisie a eu lieu au chef-lieu de canton, soit d'une autorisation du maire, si le juge de paix est absent, ou si la saisie a été faite dans une commune autre que celle du chef-lieu.

Cette ordonnance ou cette autorisation est délivrée sur la requête des agents ou gardes qui ont opéré la saisie et sur la présentation du procès-verbal régulièrement dressé. (Circ. N 72, art. 17.)

144. *Gardes. Procès-verbaux. Instructions.* — Il est défendu aux gardes de désarmer les chasseurs; mais les procès-verbaux doivent faire connaître la nature des armes ou engins laissés entre les mains des délinquants et en donner la description exacte, avec l'indication de leur valeur. (Circ. N 72, art. 15.)

145. *Armes. Engins. Saisie.* — Les armes, engins ou instruments de chasse, abandonnés par les délinquants restés inconnus, sont saisis et déposés au greffe du tribunal compétent. (Loi du 3 mai 1844, art. 16. Circ. N 72, art. 16.)

146. *Gratification.* — La gratification pour délit de chasse est due pour chaque condamnation prononcée. (Ord. du 5 mai 1845, art. 2. Loi de finances, 27 décembre 1890, art. 11. Circ. N 430. Circ. N 554, art. 113. Circ. N 612.)

SECT. III. — POURSUITES.

147. *Contraventions.* — Les infractions à la loi sur la chasse et aux arrêtés pris pour son exécution constituent des contraventions de police, quoique la connaissance en appartienne aux tribunaux correctionnels. (Cass. 17 juillet 1857, 15 décembre 1870.)

148. *Qualifications. Poursuites.* — Les délits de chasse commis dans les bois soumis au régime forestier sont assimilés aux délits forestiers proprement dits, et l'administration forestière a qualité pour en poursuivre la répression. (Cons. d'État, 26 novembre 1860, approuvé le 22 décembre 1860.)

149. *Poursuites.* — Les agents forestiers ont qualité pour poursuivre directement la répression des délits de chasse commis dans les bois et forêts soumis au régime forestier. L'article 26 de la loi du 3 mai 1844 n'a pas dérogé, à cet égard, à la législation antérieure. (Circ. N 72, art. 23.)

150. *Poursuites. Compétence.* — L'administration est compétente pour poursuivre d'office les délits de chasse commis dans les bois domaniaux et communaux soumis au régime forestier. (Cass. 9 janvier 1846, 27 février 1865.)

151. *Partie civile.* — En cas de nullité du procès-verbal, la partie civile a le droit de faire entendre des témoins pour prouver le délit de chasse. (Rouen, 22 février 1878.)

152. *Poursuites.* — L'administration forestière peut poursuivre le délit de chasse sans permis. (Cass. 21 août 1852.)

153. *Infraction. Poursuites.* — Les infractions aux lois et règlements de la part des fermiers et cofermiers et des personnes dont ils sont accompagnés, et les délits de chasse commis par les personnes sans titre dans les forêts affermées sont poursuivis correctionnellement, sauf à toute partie lésée, d'après la connaissance que l'agent forestier ou le ministère public lui a donnée du procès-verbal, à intervenir pour requérir les dommages-intérêts auxquels elle peut avoir droit. (Circ. N 72, art. 10.)

154. *Délit personnel.* — Le délit de chasse est un délit personnel, et chacun des délinquants est personnellement passible d'une amende. (Cass. 17 juillet 1823. Colmar, 5 juin 1860.)

155. *Gardes. Pénalités.* — Indépendamment des peines prononcées (maximum) par les tribunaux, les gardes qui chassent encourent toute la sévérité de l'administration. (Circ. N 72, art. 22.)

156. *Garde forestier. Poursuites.* — Les délits de chasse commis par les gardes, dans l'exercice de leurs fonctions de police judiciaire, constituent des faits relatifs à ces fonctions. Ils sont poursuivis devant la cour d'appel. (Privilège de juridiction.)

157. *Gardes particuliers. Aggravation.* — L'aggravation de peine, prononcée par l'article 12 de la loi du 3 mai 1844, n'est pas applicable aux gardes particuliers pour délit de chasse commis dans les bois confiés à leur surveillance. (Cass. 17 août 1860.)

158. *Gardes particuliers. Aggravation.* — L'aggravation de peine est applicable aux gardes particuliers en cas de chasse sans permis, dans les lieux confiés à leur surveillance. (Alger, 17 avril 1872.)

159. *Gardes de chemins de fer. Poursuites.* — Les délits de chasse commis par les gardes des chemins de fer doivent être poursuivis devant la cour d'appel. (Instr. Crim. art. 483. Metz, 4 juin 1855.)

160. *Maire. Adjoint. Fonctions.* — Un maire ou adjoint trouvé chassant sur le territoire de sa commune ne peut, en dehors de toute autre circonstance, être réputé avoir agi dans l'exercice de ses fonctions de police judiciaire. (Grenoble, 4 décembre 1867. Paris, 27 avril 1872.) V. Maire.

161. *Bois communaux. Permission. Poursuites.* — Les tiers qui chassent isolément dans une forêt communale, avec la permission du fermier de la chasse, sont personnellement passibles des peines portées par la loi, si le bail interdisait au fermier d'accorder de telles permissions. (Cass. 18 août 1849.)

162. *Sans permission. Terre avec récolte.* — Si un individu est trouvé chassant sur des terres non dépouillées de leur récolte, lorsque la chasse est ouverte, il doit, s'il ne produit pas le consentement du propriétaire, qui annulerait le délit, être puni des peines prévues par l'article 11 de la loi du 3 mai 1844 et non de celles de l'article 12. (Cass. 18 juillet 1845.)

163. *Étang salé. Mer.* — La loi sur la chasse du 3 mai 1844 est inapplicable à ceux qui chassent, au moyen d'embarcations, sur la mer et sur les étangs salés en dépendant. (Aix, 12 mars 1856.) [Controversé.]

164. *Gibier de mer. Clôture. Plage. Bateaux.* — La défense de chasser après la clôture de la chasse s'applique à la chasse au gibier de mer, soit sur la plage, soit en bateau. (Cass. 20 janvier 1860.)

165. *Militaires. Compétence.* — La répression des délits de chasse commis par les militaires appartient aux tribunaux ordinaires. (Cons. d'État, 4 janvier 1806. Loi du 9 juin 1857, art. 273, et loi du 4 juin 1858, art. 372.)

166. *Transaction.* — Les délits de chasse commis dans les bois soumis au régime forestier étant classés, par l'arrêté du 28 vendémiaire an v, comme délits forestiers, l'administration a le droit de transiger, et le ministre a le droit d'accorder la remise totale ou partielle des condamnations. (Cons. d'État 26 novembre 1860. Déc. Min. 22 décembre 1860.) V. Transaction.

167. *Transaction.* — Le droit de transaction, attribué à l'administration des forêts par l'article 159 du Code forestier, s'applique à tous les délits de chasse commis dans les bois soumis au régime forestier. (Cons. d'État, 26 novembre 1860. Cass. 2 août 1867. Circ. N 72, art. 24.)

168. *Transaction.* — Le droit de transaction, avant jugement, s'applique à tous les délits de chasse (chasse sans permis, en temps prohibé) commis dans les bois soumis au régime forestier. (Cass. 24 décembre 1868.)

169. *Amendes. Remise. Modération.* — Nonobstant l'attribution qui en a été faite aux communes par l'article 19 de la loi du 3 mai 1844, les amendes prononcées pour délits de chasse peuvent être remises ou modérées. (Décis. Min. du 30 septembre 1844. Circ. N 72, art. 25.)

170. *Transaction.* — On doit toujours réserver, dans le règlement des transactions de chasse ou de pêche, outre les frais, la somme nécessaire pour le payement de la gratification à laquelle le rédacteur du procès-verbal a droit, aux termes de l'ordonnance du 5 mai 1845. (Règlement sur la comptabilité du 26 décembre 1866, § 481. Circ. N 72, art. 26. Loi de finances, 27 décembre 1890, art. 11. Circ. N 430.) V. Gratification.

En ce qui concerne les délits de chasse sans permis ou en temps prohibé, il convient en principe de comprendre intégralement la condamnation accessoire égale au prix du permis général (100 fr.) dans le calcul de la transaction. Cette règle peut toutefois comporter des exceptions motivées par les circonstances. (V. Circ. N 901.)

SECT. IV. — DROIT D'USAGE. CONCESSION.

171. *Droit de chasse. Cession.* — La clause par laquelle une commune cède à des particuliers, à titre onéreux, le droit de chasse, pour eux et leurs descendants, sur la superficie générale des biens communaux tant qu'ils ne seront pas aliénés ou partagés, ne constitue ni un démembrement perpétuel de la propriété, ni une servitude personnelle; n'étant pas non plus entachée de féodalité, elle est donc parfaitement licite et obligatoire; elle est absolue et exclusive de la participation de la commune dans les droits cédés. (Cass. 13 décembre 1869.)

172. *Droit de chasse. Concession.* — Le droit de chasse aux oiseaux de rivière concédé à titre onéreux par un particulier, aux habitants d'une commune, constitue un démembrement de propriété et non pas seulement un droit d'usage. (Bordeaux, 17 mars 1847.)

CHASSE.

173. *Concession. Servitude personnelle.* —
La concession d'un droit de chasse au profit des
propriétaires successifs d'un domaine sur des
fonds voisins ayant fait partie de ce domaine,
mais qui en ont été détachés par aliénation, ne
peut avoir le caractère d'une servitude réelle;
c'est là une servitude personnelle, qui ne profite pas au donataire lui-même, mais seulement
à la personne du propriétaire de ce domaine,
et qui, dès lors, est prohibée par l'article 686
du Code civil. (Cass. 9 janvier 1891.)

174. *Droit féodal. Concession. Abolition.* —
Le droit de chasse étant, sous l'ancienne législation, un droit essentiellement féodal ne pouvait être concédé à des vassaux. Si la concession
avait été faite, elle aurait été supprimée par
les lois de 1789 et 1793, qui ont aboli les
droits féodaux. (Metz, 17 août 1865.)

175. *Concession. Servitude réelle.* — Un
droit de chasse a pu valablement, en 1509,
être concédé à tous les habitants d'une commune; n'ayant rien de féodal, il n'a pu être
compris au nombre des privilèges abolis par la
loi du 4 août 1789. L'article 686 du Code civil
ne s'oppose pas à ce qu'un tel droit soit constitué à titre de servitude réelle au profit de tous
les habitants d'une commune, le droit étant
attaché aux habitants et non à la personne des
habitants. (Cass. 4 janvier 1860.) Pour les observations, v. Bull. for. 8, p. 239.

176. *Concession. Féodalité.* — Est nulle,
comme entachée de féodalité, la concession de
droit de chasse faite aux habitants d'une commune par un seigneur, en vertu de sa puissance
seigneuriale et non comme propriétaire privé.
La possession plus que trentenaire des droits
de chasse ayant leur origine dans une concession entachée de féodalité ne peut être invoquée
par une commune concessionnaire, alors qu'elle
ne justifie pas que son titre ait été interverti.
(Ass. 28 mai 1873.)

**177. *Tréfoncier. Superficiaire. Droit. Pro-
priété.*** — Lorsque dans un immeuble la superficie appartient à un propriétaire, et le fonds
à un autre, le droit de chasse paraît, à moins
de clauses contraires, continuer à appartenir au
tréfoncier. (Puton.)

178. *Poursuites. Infractions.* — La France
et la Belgique s'engagent à poursuivre ceux de
leurs nationaux qui auraient commis sur le
territoire de l'autre État des infractions en matière de chasse, de la même manière et par
application des mêmes lois que s'ils s'en étaient
rendus coupables dans leur pays. (Convention du
6 août 1885, art. 1. Circ. N 374.)

179. *Poursuites. Condition. Territoire.* — La
poursuite des infractions n'aura lieu que si
l'inculpé est trouvé sur le territoire du pays à
qui elle appartient, et elle ne pourra s'exercer
si l'inculpé prouve qu'il a été jugé définitivement dans le pays où l'infraction a été commise.
(Convention du 6 août 1885, art. 1er. Circ.
N 374.)

180. *Procès-verbaux. Envoi.* — Pour les
infractions commises en Belgique par des Français, les procès-verbaux seront transmis aux
procureurs de la République, par l'intermédiaire des procureurs royaux, et, pour les
infractions commises en France par des Belges,
les procès-verbaux seront transmis aux procureurs royaux par l'intermédiaire des procureurs
de la République. (Convention du 6 août 1885,
art. 2. Circ. N 374.)

181. *Procès-verbaux. Degré de foi.* — Les
procès-verbaux dressés régulièrement par les
agents de chaque pays feront foi, jusqu'à preuve
contraire, devant les tribunaux de l'autre pays.
(Convention du 6 août 1885, art. 1. Circ.
N 374.)

182. *Amendes. Frais. Recouvrement.* —
L'État où la condamnation sera prononcée percevra seul le montant des amendes et des
frais. (Convention du 6 août 1885, art. 3.
Circ. N 374.)

183. *Durée.* — La présente convention est
conclue pour un temps indéterminé et demeurera en vigueur jusqu'à l'expiration d'une année à partir du jour où la dénonciation en sera
faite. (Convention du 6 août 1885, art. 4.
Circ. N 374.) V. Frontière.

CHAP. IV. — COMMUNALISATION.

184. *Chasses en plaine. Reconstitution.* — Les
forêts se dépeuplent, le lièvre et le chevreuil
s'y font de plus en plus rares. La situation
s'aggrave également dans les plaines : la perdrix,
la caille, le lièvre tendent à disparaître. Il importe de faire des efforts pour la reconstitution
des chasses; à cet effet, il faut d'abord organiser la chasse, en concevoir l'aménagement,
faire ensuite du repeuplement et assurer la
garde du gibier. Dans certains pays, parfois
tous les propriétaires font abandon du droit de
chasse au profit de la commune qui met directement en adjudication la chasse et le produit
tombe dans la caisse municipale diminuant
d'autant les charges communes.

Dans d'autres cas, le produit des chasses est
versé entre les mains du receveur municipal
qui l'affecte au payement des impôts des propriétaires fonciers au prorata de leurs droits
sur les terrains loués.

Dans d'autres régions, les propriétaires des
terrains constituent entre eux une sorte d'association qui leur donne les moyens de tirer un

parti avantageux de leurs parcelles, lesquelles groupées forment un terrain de chasse se louant parfois très cher. Les agents et préposés doivent aider à l'organisation de la communalisation des chasses en recommandant par une propagande active, par des conseils ou par conférences l'application des deux systèmes qui viennent d'être décrits. (Circ. N 638.)

185. *Cession. Juridiction.* — Aucune loi ne s'oppose à ce que les communes acceptent la cession pure ou simple ou conditionnelle à elles faite par les propriétaires des droits de chasse sur leurs terres (Circ. N 660.)

186. *Communalisation de la chasse.* — L'acte par lequel des propriétaires d'une commune ont abandonné à la commune leurs droits de chasse sur leurs terrains constitue une concession mettant la commune en possession de ces droits, avec, comme corrélatif, le pouvoir de veiller à la répression des délits de chasse qui pourraient être commis sur ces terrains. (Cass. 10 août 1922.)

En cas de délit de chasse sur le terrain d'autrui sans consentement du propriétaire commis sur les terrains communalisés, est recevable l'intervention du maire, partie civile, chargé par la loi de représenter la commune en justice. (Cass. 10 août 1922.)

187. *Cessions. Acceptation.* — Les cessions sont à l'abri de toute critique lorsque, faites sous signatures privées par les propriétaires capables ou leurs représentants légaux, elles auront été acceptées par les Conseils municipaux et par arrêté du maire. (Circ. N 660.)

188. *Baux. Conditions. Adjudication.* — Les conditions de ferme des baux de chasse consentis à la suite des contrats seront déterminées par délibération des Conseils municipaux. Autant que possible et si la valeur des droits mis en ferme le comporte, la forme de l'adjudication publique doit être préférée. (Circ. N 660.)

189. *Syndicats.* — Il n'y aurait aucun obstacle à ce qu'en vue de l'exploitation collective des droits de chasse plusieurs communes voisines formassent des syndicats dans les conditions prévues par la loi du 22 mars 1890. (Circ. N 660.)

CHASSE À COURRE.

1. *Définition.* — Dans l'application de la loi du 3 mai 1844, l'expression «chasse à courre» doit s'entendre dans le sens, que lui donne le langage usuel, d'une chasse qu'on fait avec des chiens courants et à cheval, de manière que l'animal lancé soit toujours le même et le seul poursuivi, jusqu'à ce qu'il soit forcé et mis à mort.

On ne peut donc considérer comme chasse à courre le fait d'un individu qui seul, à pied et muni d'un bâton, appuie des chiens courants qui ont lancé un lièvre, attendu que quelle que soit la vigueur du chasseur, il lui est impossible de suivre à pied les chiens courants qui se trouvent la plupart du temps loin de leur maître. (Nancy, 9 novembre 1911.) V. Chiens de chasse.

2. *Ouverture. Clôture.* — La chasse à courre, à cor et à cris, peut avoir une ouverture et une clôture distincte de la chasse à tir. (Loi du 22 janvier 1874.) La chasse à cor et à cris se confond avec la chasse à courre. (L. Chasse 3.)

3. *Loup. Destruction. Mode de chasse.* — La présence de loups dans un canton peut être considérée comme portant un dommage actuel et imminent, qui justifie l'emploi, pour leur destruction, de tous les moyens usités en pareil cas, et notamment de la chasse à courre. (Cass. 28 avril 1883.)

4. *Invités.* — Les personnes invitées à une chasse à courre, qui n'ont ni dirigé, ni appuyé les chiens, peuvent être considérées comme n'ayant pas accompli d'acte de chasse, encore qu'elles aient assisté au lancé et même à la poursuite de l'animal chassé. (Cass. 28 juillet 1881.)

5. *Chasseurs. Armes.* — Dans une chasse à courre au sanglier, les chasseurs peuvent porter un fusil pour leur défense, sans que cette circonstance puisse convertir la chasse à courre en chasse à tir, alors surtout qu'il n'est pas établi que l'animal chassé ait été tiré. (Trib. de Vesoul, 24 juillet 1877.) V. Cahier des charges

CHASSE À TIR.

1. *Animal réservé. Tir. Cerf et biche. Animal nuisible.* — L'adjudicataire de la chasse à tir, dans une forêt de l'État où la chasse à courre est louée séparément à une autre personne, commet le délit puni par l'article 11, § 5, de la loi du 3 mai 1844, lorsqu'il tire sur les grandes bêtes (dans l'espèce, des cerfs et des biches), réservées exclusivement pour la chasse à courre par le cahier des charges, quand même un arrêté préfectoral aurait classé ces grandes bêtes au nombre des animaux nuisibles. (Trib. de Compiègne, 12 avril 1881.)

2. *Cerf. Biche. Animal réservé.* — L'adjudicataire de la chasse à tir, dans une forêt de l'État où la chasse à courre est louée à une autre personne, ne peut, sans commettre l'infraction prévue et punie par l'article 11, § 5, de la loi du 3 mai 1844, tirer sur les grandes bêtes, réservées exclusivement par le cahier des charges pour la chasse à courre.

En vain soutiendrait-il que, depuis la mise en location de la chasse, un arrêté préfectoral a classé ces grandes bêtes parmi les animaux nuisibles et malfaisants que tout propriétaire, possesseur et fermier, peut détruire en tout temps, parce qu'on ne saurait, en effet, considérer, en pareil cas, le locataire de la chasse à tir comme substitué aux droits du propriétaire de la forêt, relativement à la destruction d'animaux sur lesquels précisément ce dernier lui défend de tirer. (Trib. de Compiègne, 4 janvier 1881.) V. Cahier des charges.

CHASSEURS FORESTIERS. V. Organisation militaire.

CHAUSSÉE.

1. *Dimensions.* — Une chaussée d'empierrement doit avoir : en montagne, 3 mètres de largeur, sur o m. 15 à o m. 20 d'épaisseur ; et en plaine, 3 à 3 m. 50 sur o m. 20 à o m. 25 (Circ. 566, art. 61.)

2. *Dessin.* — Lorsqu'il y aura lieu de faire connaître la nature de la chaussée, on emploiera soit un dessin figuratif, soit une teinte. V. mod. 57 A. (Instr. du 26 avril 1906, art. 244. Circ. N 697.) V. Plan.

CHAUX. V. Four à chaux.

CHEF DE BUREAU.

1. *Suppression.* — Les chefs de bureaux ont été supprimés par un décret du 11 mai 1878 et remplacés par des chefs de section. (Circ. N 229.)

2. *Rétablissement.* — Par décrets du 14 janvier 1888 (Circ. N 394) et du 12 octobre 1890, les fonctions de chef de bureau ont été rétablies et confiées aux administrateurs des eaux et forêts ; par décret du 7 novembre 1911 (Circ. N 797), elles seront à l'avenir remplies par des chefs de section (du grade de conservateur) qui conserveront en même temps la direction de leur section. V. Chef de section.

3. *Conseil d'administration. Entrée.* — Les agents chargés de la direction d'un bureau ont entrée au Conseil d'administration des eaux et forêts avec voix délibérative pour les affaires intéressant leur service. Il en est de même des agents chargés du personnel et du service des améliorations pastorales, de la pêche et de la pisciculture. (Décr. du 7 novembre 1911, art. 3. Circ. N 797.)

CHEF DE CANTONNEMENT.

1. *Désignation.* — Les chefs de cantonnement sont les inspecteurs adjoints et gardes généraux. V. Cantonnement.

2. *Surveillance.* — Ils doivent visiter assidûment les forêts de leur cantonnement et veiller à leur conservation et au maintien des limites, dans leur intégrité. (Instr. 23 mars 1821.)

3. *Tournées.* — Les travaux extérieurs constituent la principale occupation des chefs de cantonnement. (Circ. A 852.)

4. *Livre-journal.* — Les chefs de cantonnement tiennent un livre-journal sur lequel est inscrite la correspondance et où ils indiquent, jour par jour, l'emploi de leur temps. (Instr. 23 mars 1821, art. 119. Circ. A 391.)

5. *Emploi du temps.* — A l'expiration de chaque mois, les chefs de cantonnement envoient à l'inspecteur un extrait du livre-journal. (Circ. A 584. Circ. N 329.)

6. *Sommier.* — Les chefs de cantonnement tiennent un sommier des procès-verbaux et un répertoire des dossiers, avec leurs numéros d'ordre. (Circ. A 584.)

7. *Cumul de fonctions.* — Les agents gérant les cantonnements qui sont rattachés directement à la Conservation sans faire partie d'aucune inspection cumulent les fonctions de chef de service et de chef de cantonnement.

8. *Fonctions. Attributions.* — Les chefs de cantonnement sont les intermédiaires entre l'inspecteur et les préposés ; ils exécutent les décisions prises et instruisent les affaires au premier degré.

Leurs principales attributions spéciales sont :
1° Arpentage des coupes. (Circ. A 604 et Circ. N 423.)
2° Opérations des coupes (Circ. N 366.)
3° Marque des chablis. (Ord. 101.)
4° Réception des devis pour demande de bois d'usage. (Ord. 123.)
5° Réception des déclarations de billes à introduire dans les scieries. (Ord. 180.)

9. *Algérie. Attributions. Rôle.* — Le rôle des chefs de cantonnement en Algérie est déterminé par la circulaire gouvernementale du 22 août 1914 qui fixe les attributions respectives des inspecteurs et des chefs de cantonnement. V. Inspecteur.

CHEF DE FAMILLE OU DE MÉNAGE.

1. *Affouage. Conditions.* — En ce qui concerne l'affouage, sera seul considéré comme chef de famille ou de ménage l'individu ayant réellement et effectivement la direction d'une famille ou possédant un ménage distinct où il demeure et où il prépare et prend sa nourriture. (Cod. For. 105. Loi du 26 mars 1908. Circ. N 729.)

2. *Historique.* — Le terme «chef de maison» qui figurait à l'origine fut conservé dans la loi de 1874 (Circ. N 159) et dans la loi de 1883 (Circ. N 332). Il a été remplacé en 1901 et 1908 par celui de «chef de ménage» qui a un sens identique. La définition de la loi de 1883 était la suivante : «sera considéré comme chef de famille ou de maison tout indi-

vidu possédant un ménage ou une habitation à feu distinct, soit qu'il y prépare la nourriture pour lui et les siens, soit que vivant avec d'autres à une table commune, il possède des propriétés divisées, qu'il exerce une industrie distincte ou qu'il ait des intérêts séparés». La loi de 1901 donnait la définition ci-après : « l'individu ayant réellement et effectivement la charge, ou la direction d'une famille, ou possédant un ménage distinct où il demeure et où il prépare et prend sa nourriture».

3. *Chef de famille. Conditions.* — La condition nécessaire pour faire admettre la qualité de chef de famille consiste en ce que l'individu considéré doit être maître de sa personne et de ses biens. Il peut être marié, veuf ou célibataire, avoir ou non des enfants, des domestiques, des employés, mais il ne doit se trouver sous la dépendance de personne. (Ch. Guyot.)

4. *Chef de ménage. Conditions.* — Le ménage peut être moins important que la maison ; il comprend, d'une part, une habitation à feu distincte et indépendante et, d'autre part, dans cette habitation, un mobilier suffisant pour les nécessités ordinaires de la vie.

La condition caractéristique consiste en ce que le chef de ménage doit préparer sa nourriture dans la maison ou portion de maison qu'il habite et qui constitue son ménage distinct.

5. *Chef de famille. Chef de ménage.* — Ces deux qualités n'en font qu'une seule ou du moins elles doivent être réunies l'une à l'autre pour conférer le droit à l'affouage. Il ne suffit pas d'être chef de famille ou bien chef de ménage, il faut être à la fois l'un et l'autre. (Ch. Guyot.)

6. *Applications.* — Peuvent être inscrits sur la liste des affouagistes :
Les fonctionnaires publics, tels que l'instituteur et le garde-champêtre alors même qu'ils seraient célibataires ;
Le curé ou le desservant auquel on attribuait autrefois la qualité de fonctionnaire ;
Les gendarmes ;
Les douaniers ;
Les gardes domaniaux, communaux ou particuliers ;
La femme non mariée, ou veuve, ou séparée de corps, ou divorcée ;
Le fermier rural ou le métayer ;
Les ouvriers, agricoles ou industriels, si ces derniers mangent effectivement chez eux et non si la nourriture leur est donnée par le patron.

7. *Applications.* — Ne peuvent être admis sur la liste des affouagistes :
Le mineur non émancipé, sous la dépendance de son tuteur ;

La femme mariée dont la situation est analogue à celle du mineur à l'égard de son tuteur ;
Les domestiques ou serviteurs à gages qui font partie de la maison de leur maître. V. Affouage.

CHEF DE SECTION.

Administration centrale. — Dans les bureaux de la direction générale des eaux et forêts, il existe deux ou trois chefs de section dont l'un (du grade de conservateur), désigné par arrêté ministériel, remplit les fonctions de chef de bureau et conserve en même temps la direction de sa section. (Décr. du 7 novembre 1911, art. 2, Circ. N 797.). V. Chef de bureau.

CHEF DE SERVICE.

1. *Désignation.* — Les chefs de service sont ordinairement des inspecteurs. Les inspecteurs adjoints et les gardes généraux sont quelquefois chefs de service, suivant les divisions territoriales. V. Inspecteur.

2. *Travaux de restauration. Rôle.* — Le rôle du chef de service est déterminé dans l'instruction générale du 2 février 1885, articles 132 à 184 pour les travaux en régie, et articles 193, 194 et 195 pour les travaux par entreprise. (Circ. N 345.)

3. *Restauration des montagnes. Comptabilité.* — Le chef de service ne doit, en aucun cas, remplir les fonctions d'agent régisseur.

Il vérifie et vise toute pièce de comptabilité produite par l'agent régisseur. (Instr. Gén. 2 février 1885, art. 172. Circ. N 345.)

4. *Attributions.* — Indication des principales attributions *spéciales* aux chefs de service :

A. *Coupes. (Vente et exploitation.)*

Opérations des coupes. (Circ. N 366.)

1° Rédaction des affiches. (Ord. 84. Circ. N 337.)

2° Rédaction des états d'assiette. (Circ. N 360.)

3° Dépôt au secrétariat de la vente des pièces pour les adjudications. (Ord. 83.)

4° Délivrance du permis d'exploiter. (Ord. 92.)

5° Permis d'enlèvement des bois façonnés. (Cah. des ch. 11.)

6° Délivrance de harts aux adjudicataires. (Cah des ch. 39.)

7° Règlement des dommages pour réserves encrouées et non abattues. (Cah. des ch. 35.)

8° Dépôt et entretien des marteaux de l'État. (Ord. 36.)

n. *Poursuites.*

1° Direction des poursuites. (Instr. 23 mars 1821, art. 106.)

2° Rédaction des conclusions. (Circ. A 358.)

3° Transactions.

a. Pouvoir de transiger (Circ. 906). — Un décret du 29 janvier 1924 a étendu aux officiers des eaux et forêts, chefs de service, le pouvoir, jusqu'alors réservé aux conservateurs, de transiger lorsque les condamnations encourues ou prononcées, y compris les réparations civiles, ne s'élèvent pas au-dessus de 1.000 francs. (Doivent naturellement entrer en ligne de compte dans le calcul du maximum les décimes et les frais.)

b. Fixation des délais pour les transactions qui ne sont pas à leur décision. (Circ. A 786. Circ. N 554. Circ. N 710.)

4° Signification des jugements. (Ord. 188.)

c. *Affaires diverses.*

1° Expertise pour extraction de matériaux destinés aux travaux publics. (Ord. 172.)

2° Notification des cantons défensables. (Cod. For. 69. Circ. A 389.)

3° Permis de chasse aux fermiers de la chasse. (Cah. des ch. 14.)

4° Instruction au premier degré des affaires mixtes. (Décr. du 12 décembre 1884. Circ. N 348. Circ. N 565.)

5. *Algérie. Attributions.* — Les chefs de service statuent en Algérie par délégation des conservateurs sur les affaires qui concernent le personnel, le domaine forestier, les exploitations, le matériel, les travaux et la poursuite des délits et qui sont énumérées dans l'article 2 de l'arrêté de décentralisation du 29 décembre 1908. V. Décis. Gouv. du 14 mai 1909.

CHEFFERIE. V. Inspection. Organisation. Service forestier.

CHEMINS (en général).

Section I. — Chemins publics et chemins non classés, 1-17.

Section II. — Chemins de vidange pour les coupes, 18-35.

Section III. — Chemins pour le pâturage, 36-45.

V. Passage. Destruction. Hors route. Commission de travaux mixtes. Vidange. Travaux mis en charge. Route.

SECT. 1. — CHEMINS PUBLICS ET CHEMINS NON CLASSÉS.

1. *Chemins publics.* — Les chemins publics sont ceux qui font partie de la grande ou de la petite voirie. La grande voirie comprend les routes nationales et départementales, ainsi que les chemins de fer; la petite voirie, les chemins vicinaux et les chemins ruraux. V. Chemins vicinaux et ruraux.

2. *Chemin public. Caractère.* — Notamment, le caractère de chemin public ne peut être reconnu à une voie de communication que lorsque ce chemin est l'objet d'une circulation générale et continue, mais non s'il ne sert qu'à l'usage de quelques particuliers. (Loi du 20 août 1881, art. 2. Trib. civ. de Grenoble, 30 janvier 1896.)

3. *Chemin public. Chasse. Sanction.* — L'article 9 de la loi du 3 mai 1844 ne donne au préfet le droit de prendre des arrêtés en matière de chasse que dans des cas parfaitement limités, parmi lesquels ne se trouve pas l'interdiction de faire usage d'armes à feu sur les chemins publics. L'arrêté préfectoral contenant une telle interdiction ne peut avoir pour sanction la peine d'un des délits de la loi de 1844; il n'a d'autre portée que d'assurer la sécurité des personnes, et il rentre dès lors dans le droit de police que le préfet tient de la loi du 22 novembre 1790. La sanction ne peut être cherchée que dans l'article 471-15° du Code pénal, qui punit d'une peine de simple contravention ceux qui ont contrevenu aux arrêtés légalement faits par l'autorité administrative. (Trib. de Blois, 27 octobre 1905.)

4. *Commune. Responsabilité.* — En cas d'accident mortel causé par le mauvais état d'un chemin, la commune, propriétaire de ce chemin, peut être déclarée responsable et condamnée à payer une indemnité aux héritiers de la victime. (Cons. d'État, 6 mars 1896.)

5. *Chemins ordinaires.* — On doit entendre par *routes et chemins ordinaires,* dans le sens de l'article 147 du Code forestier, les *chemins ouverts à tous et consacrés à l'usage public,* par opposition aux *chemins forestiers ou privés* que le propriétaire établit soit *temporairement,* soit *d'une manière fixe et permanente,* sur son propre sol, et qu'il entretient à ses frais pour l'exploitation et le service de sa forêt. (Cass. 23 juillet 1858.) Un chemin d'exploitation, alors même qu'il est permanent, d'une largeur fixe et uniforme, parfaitement viable et relié à d'autres routes, n'est pas un chemin ordinaire. (Colmar, 29 décembre 1862.)

6. *Chemins ordinaires.* — Les chemins ordinaires sont ceux qui servent habituellement de communication aux habitants de deux ou plusieurs communes.

Les laies, chemins et sentiers établis momentanément pour la vidange des bois, la séparation des coupes et le service intérieur de la forêt, ne sont pas compris dans la désignation des chemins ordinaires. (Cass. 29 avril 1830.)

7. *Chemins non classés.* — Les chemins non classés comme dépendant du domaine public,

national ou municipal, sont considérés comme dépendance de la forêt. (Nancy, 18 octobre 1828.)

8. *Propriété.* — Le propriétaire d'un bois n'est pas légalement présumé propriétaire des chemins qui traversent ce bois ; dès lors, s'il revendique ces chemins contre une commune qui est en possession, c'est à lui qu'incombe la preuve du droit de propriété qu'il invoque. (Cass. 11 avril 1853.)

9. *Enclave.* — En cas d'enclave, c'est le préfet qui autorise l'usage d'un chemin pour se rendre dans la propriété enclavée, en traversant un bois domanial ou communal. (Décr. 25 mars 1852.)

10. *Délit.* — La circulation hors des routes et chemins ordinaires devient délictueuse dans certaines circonstances, savoir :

Pour les voitures, bestiaux, animaux de charge ou de monture. (Cod. For., art. 147. Loi du 21 fév. 1903, art. 22.)

Pour traite des bois hors des chemins désignés pour la vidange. (Cod. For., art. 39.)

En Algérie pour port, la nuit, de serpes, cognées, haches, scies et autres instruments de même nature hors des chemins ordinaires. (Loi du 21 fév. 1903, art. 12.)

11. *Fait matériel.* — La constatation du fait de *faux chemin* constitue un fait matériel. (Cass. 18 décembre 1829.)

12. *Impraticabilité. Force majeure.* — La force majeure étant une excuse, le prévenu qui, par suite de l'état d'*impraticabilité* d'un chemin public ordinaire, a passé dans un bois n'est passible d'aucune condamnation, en vertu des dispositions de l'article 41 du titre II de la loi du 28 septembre 1791. (Cass. 16 août 1828, 21 nov. 1835, 27 juin 1845.)

Mais il faut que le voiturier prouve que le chemin était impraticable. Si le garde énonçait dans son procès-verbal que le chemin était praticable, cette énonciation d'un fait matériel fait foi jusqu'à inscription de faux. (Cass. 6 août 1834.) V. Impraticabilité.

13. *Zone frontière. Ouverture. Rectification. Empierrement.* — L'ouverture, la rectification et l'empierrement des chemins forestiers situés en territoires réservés, aussi bien que de ceux compris dans le rayon des enceintes fortifiées, sont soumis à l'autorisation militaire, quelles que soient les dimensions de ces chemins. (Décret du 8 septembre 1878, art. 3. Circ. N 253. Circ. N 565, art. 5 et 39.)

14. *Travaux. Abatage.* — Les décisions régulières, qui autorisent des travaux d'amélioration (routes et chemins) dans les bois soumis au régime forestier, autorisent implicitement les abatages d'arbres que ces travaux occasionnent. (Décis. min. 15 mai 1862. Circ. A 819.)

15. *Massif.* — Au point de vue du défrichement, les chemins publics ou privés qui traversent un massif de bois n'ont pas pour effet d'isoler les diverses portions qu'ils séparent et dont la réunion constitue un ensemble de 10 hectares et au-dessus. (Cass. 28 août 1847. Circ. N 43, art. 2.)

16. *Contiguïté. Bornage.* — Un chemin classé empêche la contiguïté de deux propriétés et, dès lors, empêche le bornage ; il n'en est pas de même d'un sentier, ou chemin non classé.

17. *Contenance.* — Il ne peut être fait aucune réclamation pour les chemins qui se trouvent dans l'intérieur des coupes et dont la distraction n'a pas été faite dans le plan d'arpentage, les coupes étant adjugées en bloc et sans garantie de contenance. (Cah. des ch. 1.)

SECT. II. — CHEMINS DE VIDANGE POUR LES COUPES.

18. *Pénalité.* — La vidange des bois se fera par les chemins désignés au cahier des charges, au procès-verbal d'adjudication ou dans l'affiche en cahier (Cah. des ch. 40.) L'adjudicataire qui pratique un nouveau chemin est puni, savoir :

Amende : 50 à 200 francs. (C. F. 39.)

Récidive, amende : 100 à 400 francs. (C. F. 39, 201.)

Dommages-intérêts obligatoires. (Cass. 28 juillet 1842.)

Minimum : amende simple. (C. F. 39, 202.)

19. *Algérie. Pénalités.* — Le transport des produits se fera par les chemins désignés au cahier des charges ou autorisés en cours d'exploitation, sous peine, contre ceux qui en pratiqueraient de nouveaux, d'une amende de 20 à 100 francs et, en outre, s'il y a lieu, de dommages-intérêts. (Loi du 21 février 1903, art. 44. Circ. N 642.)

20. *Principe. Chemins de vidange.* — L'administration ne peut accorder des chemins de vidange que dans les coupes et les forêts qui les comprennent. Les adjudicataires ne peuvent jamais interpeller l'administration pour obtenir ou faciliter des passages en dehors du sol forestier, excepté en cas d'enclave.

21. *Chemin de vidange.* — Le conservateur peut, dans le courant de l'exploitation, désigner d'autres chemins de vidange ou autoriser à en ouvrir de nouveaux à l'adjudicataire, qui, par le seul fait de sa demande, s'oblige à payer l'indemnité mise à sa charge, à moins qu'il ne renonce aux bénéfices de la décision. (Ord. 4 décembre 1844. Cah. des ch. 40.)

22. *Désignation.* — S'il n'y avait pas de chemin désigné pour la vidange, l'adjudicataire devrait en demander la désignation. En cas de délit, l'article 147 (10 francs par voiture pour les bois au-dessus de dix ans et 20 francs pour les

bois au-dessous de dix ans et dommages-intérêts) serait seul applicable. (Cass. 18 décembre 1829.)

23. *Demande. Timbre.* — Les demandes tendant à obtenir la désignation ou l'ouverture de nouveaux chemins de vidange sont assujetties au timbre. (Circ. N 752.)

24. *Chemins non désignés. Autorisation.* — Les chemins de vidange non désignés ne seront accordés qu'à charge d'indemnité, à moins qu'ils ne soient indispensables. (Circ. A 568.)

25. *Interdiction. Autorité municipale.* — L'autorité municipale est incompétente pour interdire à l'adjudicataire d'une coupe affouagère, dans un bois communal, de se servir d'un chemin de vidange désigné et faisant partie du sol forestier ; un tel droit n'appartient qu'à l'administration des forêts. (Cass. 30 novembre 1872.)

26. *Hors chemin de vidange.* — Si les voitures d'un adjudicataire sont trouvées hors des routes et chemins de vidange, l'article 147 du Code forestier n'est pas applicable. Cet adjudicataire est passible des condamnations édictées par l'article 39, pour délit de chemin de vidange, à moins qu'il n'y ait pas de chemins indiqués pour la vidange de la coupe. (Cass. 17 novembre 1843. Circ. A 550.)

27. *Amende. Chemin.* — L'amende édictée par l'article 39 du Code forestier est encourue par l'adjudicataire, quoiqu'il n'ait pas entièrement tracé, ouvert ou pratiqué un chemin nouveau. Il suffit qu'il ait fait la vidange de ses bois par un chemin ou une partie de la forêt autre que celle indiquée par le cahier des charges. (Cass. 3 novembre 1832. Cass. 14 juin 1844. Cass. 13 août 1852.)

28. *Nouveau chemin. Vidange. Voiturier.* — Le fait par un voiturier d'avoir pratiqué un nouveau chemin, pour opérer la traite des bois provenant d'une coupe, constitue le délit prévu par l'article 39 du Code forestier, quand même ce voiturier ne serait pas au service de l'adjudicataire ou de l'entrepreneur de la coupe. (Cass. 16 mai 1840.)

29. *Chemin de vidange. Entretien.* — L'entretien des chemins de vidange étant à la charge des adjudicataires, ceux-ci ne peuvent jamais se prévaloir de la force majeure ou de l'impraticabilité de ces chemins pour s'en écarter. (Cass. 29 avril 1830, 23 mai 1833, 4 juillet 1839.)

30. *Vidange. Réparation. Circulation.* — Les adjudicataires de coupes doivent réparer dans les forêts les chemins et routes dont ils font usage pour la vidange de leurs produits. Le détail précis des travaux, le mode d'exécution et d'évaluation de la dépense sont exactement indiqués aux affiches. (Circ. N 566, art. 325 et 327.

Les adjudicataires doivent tenir les chemins constamment libres dans les coupes, de manière que les voitures puissent y passer en tout temps.

En cas d'infraction, pénalités :

Amende : 50 à 500 francs. (Cod. for. 37, cah. des ch. 32 et 36.)

31. *Zone frontière. Réparation. Clause.* — Toutes les fois qu'une coupe doit être assise dans les territoires de zone frontière réservés en ce qui concerne les chemins forestiers, les représentants des administrations des forêts et du génie se concertent sur les clauses à insérer relativement à la réparation des chemins. (Circ. N 388. Circ. N 565, art. 49.)

32. *Entretien. Adjudicataires.* — La création des gardes cantonniers n'a pas déchargé les adjudicataires de l'obligation d'entretenir et réparer les chemins, suivant les prescriptions du cahier des charges. (Circ. A 470 *bis*.)

33. *Chemin d'exploitation. Viabilité. Entretien.* — L'article 34 de la loi du 20 août 1881, qui oblige, les uns envers les autres, tous les propriétaires dont les héritages sont desservis par un chemin ou sentier d'exploitation à contribuer, dans la proportion de leur intérêt, aux travaux nécessaires à l'entretien de ce chemin et à sa mise en état de viabilité, s'applique aux chemins de vidange des bois, comme à tous autres chemins d'exploitation ordinaires. (Cass. 10 juin 1890.)

34. *Bois particulier.* — Le silence, dans la vente d'une coupe de bois particulier, sur le chemin de vidange pour l'exploitation, autorise l'acquéreur à passer par tous les chemins existant dans la forêt. (Cass. 17 novembre 1843.)

35. *Bois particulier. Chemin. Vidange.* — Si un adjudicataire de bois particulier pratique de nouveaux chemins, ou s'écarte pour la vidange des chemins désignés, il encourt la pénalité de l'article 47 du Code forestier. (Cass. 5 juin 1841.) V. Hors routes. Voiture.

SECT. III. — CHEMINS POUR LE PÂTURAGE.

36. *Pâturage. Désignation.* — Les chemins par lesquels les bestiaux devront passer, pour aller au pâturage, panage, parcours ou glandée, seront, dans les bois soumis au régime forestier, désignés par les agents forestiers. (Cod. for. 71, 112.)

Si ces chemins traversent des cantons non défensables, il pourra être fait, à frais communs entre les usagers et le propriétaire de la forêt, des fossés ou toute autre clôture pour empêcher les troupeaux d'aller dans la forêt. (Cod. for., 71, 112.)

Dans les bois particuliers, ces chemins sont désignés par les propriétaires. (Cod. for. 119. Ord. 35, 151.)

37. Algérie. Pâturage. Désignation. Largeur.
— Les chemins par lesquels les bestiaux devront
aller au pâturage ou en revenir seront désignés
par les agents des eaux et forêts. Ces chemins
seront considérés comme ayant au moins une
largeur de 20 mètres. Si ces chemins traversent
des taillis ou des recrus non défensables, il
pourra être fait, à frais communs entre les
usagers et l'administration, et d'après l'indication des agents forestiers, des fossés ou des
clôtures pour empêcher les bestiaux de s'introduire dans les bois. (Loi du 21 février 1903,
art. 69. Circ. N 642.)

38. Classement. — Dans l'intérieur de la
forêt, les chemins désignés pour le pâturage
peuvent être reconnus comme appartenant à la
commune usagère et même classés ; cette qualité semble ne pas empêcher la désignation
prescrite par les articles 71, 112 et 119 du
Code forestier. (Cass. 9 décembre 1874.)

39. Chemin du pâturage. Désignation. —
L'exercice du droit de la désignation des
chemins par lesquels les bestiaux des usagers
devront passer, pour aller au pâturage et en
revenir, s'arrête à la limite de la forêt et ne
saurait être étendu aux chemins situés au
dehors. (Cass. 7 février 1857.)

40. Conflit. Compétence. — En cas de contestation sur la désignation des chemins et par
suite de l'absence de désignation de l'autorité
qui doit vider le conflit, les usagers doivent
s'adresser au ministre, sauf pourvoi devant le
Conseil d'État. (Serrigny, Meaume.)

41. Réparation. Pâturage. — L'entretien des
chemins désignés pour le pâturage et le panage
est à la charge des usagers, qui, aux termes
de l'article 698 du Code civil, doivent exécuter
à leurs frais les travaux nécessaires pour user
de la servitude.

42. Algérie. Bois particuliers. Usagers. —
Les usagers contribuent à l'entretien des chemins dans les bois des particuliers où ils exercent des droits d'usage. (Loi du 21 février 1903,
art. 114. Circ. N 642.)

43. Bois communaux. Frais. Pâturage. —
La commune, pour l'usage des habitants, doit
supporter seule les frais de clôture des chemins ;
mais il n'en serait pas de même si cette commune avait un droit d'usage sur une autre
commune.

44. Bois particuliers. Clôture. Pâturage. —
En l'absence de texte dans la loi, si l'usager
ou le propriétaire veut faire clore les chemins
par où passe le bétail, pour aller au pâturage, les frais de clôture sont à la charge de
la partie qui les exigera ; sinon ils sont à la
charge de celui qui exerce la servitude, sans
que l'usager puisse rien demander au propriétaire, à moins de stipulation spéciale dans les
titres. (Cod. Civ. 697, 698.)

45. Pâturage hors chemin. — Si les bestiaux
des usagers sont trouvés hors des chemins
indiqués pour aller ou revenir du pâturage ou
du panage, pénalités :

Amende, contre le pâtre, 3 à 30 fr. (C. F. 76, 112.)
En cas de récidive, outre l'amende, *prison facul-*
tative, 5 à 15 jours. (C. F. 76, 112.)
Amende, contre le propriétaire des animaux.
Comme pour les animaux trouvés en délits. (V. le
nom des animaux. C. F. 199.)

CHEMINS D'EXPLOITATION.

1. Définition. — Les chemins et sentiers
d'exploitation sont ceux qui servent exclusivement à la communication entre divers héritages
ou à leur exploitation. Ils sont, en l'absence
de titre, présumés appartenir aux propriétaires
riverains, chacun en droit soi ; mais l'usage en
est commun aux intéressés. Ils peuvent être
interdits au public. Les propriétaires intéressés
sont tenus de contribuer à leur entretien et à
leur mise en état de viabilité. Ils ne peuvent
être supprimés que du consentement des intéressés. (Loi du 20 août 1881, art. 33, 34
et 35.)

2. Revendication. — Un chemin d'exploitation ne peut être revendiqué par quelques propriétaires qui ne font preuve d'aucun acte
exclusif de jouissance, la possession exercée par
eux en qualité de communistes étant équi-
voque et ne pouvant servir de base à la prescription de 30 ans. (Code Civ. art. 2229.
Trib. Civ. de Grenoble, 30 janvier 1896.)

3. Entretien. — L'article 34 de la loi du
20 août 1881, qui oblige les uns envers les
autres tous les propriétaires, dont les héritages
sont desservis par un chemin ou sentier d'exploitation, à contribuer, dans la proportion de
leur intérêt, aux travaux nécessaires à l'entretien de ce chemin et à sa mise en état de viabilité, s'applique aux chemins de vidange des
bois appartenant à des particuliers, comme à
tous autres chemins d'exploitation ordinaires.
Vainement on objecterait que, pour les chemins de vidange, il est d'usage que l'entretien
et la mise en état de viabilité aient lieu en
comblant seulement les ornières et en nivelant
le sol au moyen de matériaux pris dans la propriété même.
L'article 34 de la loi du 20 août 1881 ne
fait pas de distinction ; et, quelle que soit la
nature du chemin, lorsque les juges, par une
appréciation souveraine, ont déclaré que les
travaux réclamés sont nécessaires à la mise en
état de viabilité de ce chemin, la condamnation de l'un des propriétaires à contribuer dans
la proportion de son intérêt à ces travaux est
suffisamment justifiée. (Cass. 10 juin 1890.)

4. Plantation d'arbres. Distance. — Il n'est
permis d'avoir des arbres de haute tige près
de la limite de la propriété voisine qu'à la dis-

tance de 2 mètres de la ligne séparative des deux héritages. Si ces héritages sont séparés par un chemin d'exploitation, on devra toujours compter la distance de 2 mètres de la limite de fonds riverains en bordure du chemin et non de la ligne médiane du chemin dont l'usage commun doit s'étendre à tous les attributs de la propriété. C'est donc seulement si le chemin a moins de 2 mètres de largeur que la plantation d'arbres peut être défendue. (Code Civ. 671. Loi du 20 août 1881. Cass. 12 avril 1910.)

CHEMINS DE FER.

1. *Classification. Législation.* — Les chemins de fer font partie de la grande voirie. Sont applicables aux chemins de fer les lois et règlements sur la grande voirie, relatifs à la conservation des chemins, au passage des bestiaux, aux dépôts de matériaux, aux servitudes relatives à l'écoulement des eaux, aux occupations temporaires de terrain, aux alignements, aux distances pour les constructions, plantations, extractions et dépôts des matériaux. (Loi du 15 juillet 1845, 1, 2, 3.)

2. *Servitudes spéciales. Pénalités.* — Aux obligations imposées quant à l'alignement, à la distance à observer pour les plantations et à l'élagage des arbres plantés, il faut ajouter la défense de déposer, dans une zone de 5 mètres, le long des parties en déblais, de matières non inflammables; défense de laisser des matières inflammables tout le long de la voie, dans une zone de 20 mètres. Toutes ces servitudes ont pour sanctions les amendes correspondant aux contraventions de grande voirie. (Loi du 15 juillet 1845.)

3. *Direction. Construction.* — La direction des chemins de fer d'intérêt local et les conditions de leur construction sont décidées par le conseil général. (Loi du 10 août 1871, art. 46, § 12.)

4. *Études.* — Pour les études de chemin de fer, il suffit qu'une ampliation de l'arrêté autorisant les travaux soit adressée au chef de service, pour le mettre à même de veiller à ce que les études se fassent avec le moins de dommage possible. Les agents ne doivent apporter aucun obstacle à l'exécution des travaux. (Circ. N 59, art. 34.)

5. *Études. Abatage.* — Le conservateur autorise l'abatage des arbres pour les études des tracés relatifs à l'établissement d'un chemin de fer. (Circ. N 59.)

6. *Barrières.* — Si les compagnies de chemins de fer sont tenues de se clore pour défendre la voie contre les passants, elles ne sont pas tenues d'établir des barrières suffisantes pour arrêter les bestiaux. C'est aux riverains

qu'il incombe, soit de fermer leurs pâturages, soit de faire surveiller leurs animaux. (Paris, 29 novembre 1892.)

Il n'y a pas contravention dans le fait d'avoir laissé des bestiaux s'introduire sur la voie d'un chemin de fer, si cette voie n'est pas protégée par une clôture et si aucun dommage n'a été causé. (Cons. d'État, 29 décembre 1893.)

7. *Préposés. Circulation.* — La défense faite à toute personne étrangère au service de s'introduire dans l'enceinte du chemin de fer, d'y circuler ou stationner, ne s'applique pas aux gardes forestiers dans l'exercice de leurs fonctions et revêtus de leurs uniformes ou insignes. (Décis. Min. du 10 mai 1901. Circ. N 611.)

8. *Gardes. Circulation.* — Les gardes forestiers ne peuvent ni forcer, ni escalader les barrières. Si l'intérêt du service exige leur passage habituel sur des points de la ligne éloignés du passage à niveau, les inspecteurs des forêts s'entendront avec les ingénieurs pour faire ouvrir sur ces points, avec l'assentiment du préfet, des portes dont les clefs seront remises aux gardes forestiers. Ces portes seront établies aux frais de l'administration forestière, qui sera chargée de les entretenir. Les inspecteurs s'entendront avec les ingénieurs pour déterminer les portions des lignes où les exigences du service rendront nécessaire la circulation des gardes forestiers. Ceux-ci ne devront circuler que dans des limites fixées et suivre toujours les francs-bords, sans jamais marcher sur la voie ferrée. En cas de désaccord, il en sera référé au conservateur, sauf recours à l'administration et à la direction du chemin de fer.

En cas de flagrant délit, les gardes forestiers ne seront pas tenus d'observer les dispositions précédentes, mais ils devront toujours faire connaître, au moins verbalement, leurs noms et les motifs de leur passage aux gardes de la compagnie qu'ils rencontreront. L'inspecteur devra réprimer toute infraction qui ne serait pas motivée. (Lettre-circ. de l'Adm. 25 avril 1864.)

9. *Police.* — Les gardes forestiers, comme officiers de police judiciaire, peuvent constater les infractions à la police des chemins de fer. (Loi du 15 juillet 1845, art. 23.)

10. *Chasse.* — Celui qui chasse sur la ligne d'un chemin de fer, sans l'autorisation de la compagnie, commet le délit prévu par l'article 11, § 2, de la loi du 3 mai 1844. (Trib. de Melun, 16 décembre 1883.)

11. *Responsabilité.* — Une compagnie de chemin de fer est responsable du dommage qu'elle cause (incendie), quand bien même elle n'aurait commis aucune infraction aux règlements auxquels elle est assujettie. (Seine, 30 novembre 1859.)

12. *Incendie de forêt. Responsabilité. Preuve.*
— Les compagnies de chemin de fer sont responsables des incendies causés par la communication du feu de leurs locomotives aux forêts voisines de la voie ferrée.

La preuve de la communication du feu résulte suffisamment des rapports administratifs et de toutes les circonstances de la cause démontrant que l'incendie ne peut avoir une autre origine. La compagnie doit réparer le préjudice causé par l'incendie. (Toulouse, 6 mai 1902.) V. Débroussaillement. Incendie.

13. *Coupes par contenance. Levé.* — Les terrains qui sont occupés par les chemins de fer et qui ne doivent pas être compris dans la contenance des coupes sont levés de la même manière que le périmètre. (Instr. du 26 avril 1906, art. 161. Circ. N 697.)

14. *Dessin.* — Les chemins de fer à une seule voie (V. modèle n° 57 b.) seront représentés par un trait bleu entouré de deux traits noirs; les chemins de fer à deux voies, par deux traits bleus; les chemins de fer à voie étroite et les tramways, par un trait bleu interrompu et entouré de deux traits noirs. (Instr. du 26 avril 1906, art. 241. Circ. N 697.) V. Plan.

15. *Transport à prix réduit. Service militaire.* — Les agents et préposés forestiers bénéficient du transport à prix réduit (quart de place) sur les chemins de fer à l'occasion du service militaire, d'après les ordres de l'autorité militaire ou de l'autorité administrative compétente. Des feuilles de route sont délivrées et signées par l'intendant pour ces déplacements, dont les motifs doivent être indiqués. (Circ. Min. de la Guerre du 28 août 1879. Circ. N 254. Circ. N 421. Circ. N 497.) V. Quart de place. Transport.

16. *Transport à demi-place. Concession.* — Les agents et préposés forestiers ont la faculté de circuler à demi-place, pour les voyages en dehors de leur circonscription et pour les déplacements de service dans leur propre circonscription, sur les voies ferrées des grandes compagnies (Circ. N 521. Circ. N 530), du Sud et de diverses compagnies de chemins de fer. (Circ. N 542. Circ. N 595. Circ. N 722.) Cette dernière circulaire renferme la liste des compagnies de chemins de fer accordant des réductions de tarif.

Les compagnies algériennes accordent le bénéfice de la demi-place au personnel des eaux et forêts dans les mêmes conditions que les grandes compagnies de la métropole. (Circ N 722 nota.) V. Demi-place.

17. *Impôt.* — L'article 31 de la loi de finances du 29 juin 1918 a assujetti les cartes, bons et permis de circulation soit entièrement gratuits, soit avec réduction du prix des places délivrés sur les réseaux de chemin de fer d'intérêt général et les voies ferrées d'intérêt local, à un impôt égal au dixième de la valeur de l'exemption qu'ils établissent.

Sont exempts de cette mesure les cartes, bons et permis accordés en vertu du cahier des charges, etc.

L'article 6 de la loi de finances du 31 décembre a complété l'article 31 de la loi du 29 juin 1918 de la manière suivante :

«En seront également exempts les cartes, bons et permis accordés aux agents de l'État pour l'exécution de leur service dans les conditions qui seront déterminées par un règlement d'administration publique. V. décret. 22 avril 1919 (grands réseaux d'intérêt général) et 19 avril 1921 (réseaux secondaires d'intérêt général et voies ferrées d'intérêt local).

«Pour bénéficier de l'exemption d'impôt, les cartes, bons et permis de circulation accordés aux agents de l'État pour l'exécution de leur service doivent avoir été délivrés en vertu de traités passés entre les administrations des réseaux et les départements ministériels auxquels ressortissent les agents intéressés (le préfet pour les voies ferrées d'intérêt local).»

Chemins forestiers. — Avances aux communes. (Loi de finances du 31 juillet 1920.)

CHEMIN DE HALAGE.

1. *Principe.* — Le fermier de la pêche ou pêcheur avec licence ne peut user du chemin de halage que là où il existe; dans le cas contraire, il n'a pas le droit de s'introduire dans la propriété privée sans permission du propriétaire.

2. *Pêche. Adjudicataire. Cofermier. Permissionnaire.* — L'adjudicataire du droit de pêche, ses cofermiers et permissionnaires ne pourront user, sur les fleuves, rivières et canaux navigables, que des chemins de halage et de contre-halages; sur les rivières et cours d'eau flottables, que du marchepied. Ils traiteront de gré à gré avec les propriétaires riverains, pour l'usage des terrains dont ils auront besoin pour retirer et assécher leurs filets. (Cah. des ch. art. 23. Circ. N 657.)

CHEMINS RURAUX.

1. *Définition.* — Les chemins ruraux sont les chemins appartenant aux communes, affectés à l'usage du public, qui n'ont pas été classés comme chemins vicinaux. (Loi du 20 août 1881, art. 1.)

2. *Conditions. Déclaration.* — Pour qu'un chemin non classé soit déclaré chemin rural, dans le sens des articles 1er et suivants de la loi du 20 août 1881, il faut qu'à la destination du chemin se joigne soit le fait d'une circulation générale et continue, soit l'intervention de l'autorité municipale, sous forme d'actes de surveillance et de voirie.

Les états de reconnaissance dressés par les communes, en vertu de circulaires ministérielles, ne sont que des espèces d'inventaires non contradictoires et ne peuvent créer même une présomption en faveur de ces communes.

Lorsque toutes les présomptions énumérées dans l'article 2 de la loi de 1881 sont en faveur de l'une des parties revendiquant la jouissance d'un chemin, il n'y a pas lieu d'exiger de cette partie la preuve de son droit de propriété.

Si toutes ces présomptions sont contraires aux prétentions de la commune revendiquante, le chemin litigieux est un chemin privé, rentrant dans la catégorie des chemins d'exploitation (Loi du 20 août 1881, art. 33 à 37. Pau, 6 décembre 1886.)

3. *Circulation. Conditions.* — La circulation générale et continue, dans le sens de la loi de 1881, et susceptible de faire considérer et classer un chemin comme public, ne doit pas s'entendre d'une circulation incessante et non interrompue.

L'exposé des motifs de la loi dit qu'il y aura circulation générale lorsque la circulation sera exercée, à leur gré, par la généralité des habitants; de même, il définit «circulation continue» la circulation non accidentelle ne permet tant pas de supposer qu'elle soit le résultat d'une pure tolérance.

Une commune démontre suffisamment l'affectation du chemin à l'usage du public et la circulation générale et continue par ce fait qu'un chemin est placé au centre même du village et qu'il en réunit les deux voies les plus importantes, et, d'autre part, qu'il conduit les habitants du bas du pays au cimetière, alors qu'il a été pratiqué de temps immémorial. (Besançon, 30 novembre 1892.)

4. *Règlement municipal. Circulation. Limitation.* — La limitation de la circulation sur les chemins ruraux ne peut être valablement ordonnée par le maire qu'en vertu d'arrêtés généraux pris dans l'intérêt de la sécurité publique et non dans un intérêt fiscal. (Cons. de préf. des Vosges, 7 avril 1903.)

5. *Communal. Conditions.* — Un chemin rural doit être présumé communal lorsqu'il n'est pas imposé à la contribution foncière et que les habitants de la commune en ont joui depuis un temps immémorial, dans la partie qui figure au cadastre comme chemin. (Lyon, 30 octobre 1891.)

6. *Usage public.* — L'affectation à l'usage du public peut s'établir par la destination du chemin, jointe soit au fait de la circulation

générale et continue, soit à des actes réitérés de surveillance et de voirie de l'autorité municipale. (Loi du 20 août 1881, art. 2.)

7. *Propriété.* — Tout chemin affecté à l'usage du public est présumé, jusqu'à preuve contraire, appartenir à la commune sur laquelle il est situé. (Loi du 20 août 1881, art. 3.)

8. *Désignation. Classement.* — La désignation des chemins est faite par le conseil municipal, sur la proposition du maire. Le classement des chemins ruraux appartient à la commission départementale après enquête. (Loi du 20 août 1881, art. 4.)

9. *Droit de passage. Arrêté administratif. Possession. Complainte.* — L'arrêté administratif, qui reconnaît comme chemin rural un sentier sur lequel la commune ne réclame qu'un droit de passage pour ses habitants, n'en vaut pas moins, pour la commune, prise de possession du sol et implique virtuellement, de sa part, la prétention de le comprendre dans son domaine public.

En conséquence, l'action en complainte de celui qui se déclare propriétaire et possesseur du sol doit être examinée; le jugement qui l'écarte, en se bornant à constater que la commune était déjà en possession du droit de passage et en concluant que l'arrêté de reconnaissance n'a pas modifié la situation des parties en cause, manque de base légale et viole l'article 5 de la loi du 20 août 1881. (Cass. 15 avril 1890.)

10. *Prescription.* — Les chemins ruraux qui ont été l'objet d'un arrêté de reconnaissance deviennent imprescriptibles. (Loi du 20 août 1881, art. 6.)

11. *Police.* — L'autorité municipale est chargée de la surveillance et de la conservation des chemins ruraux. (Loi du 20 août 1881, art. 9.)

12. *Dégradations. Indemnité.* — Les entrepreneurs ou propriétaires de forêts, mines, carrières, etc., devront des indemnités pour les dégradations extraordinaires résultant du transport du produit de leurs exploitations sur ces chemins. (Loi du 20 août 1881, art. 11. Coupes, cah. des ch. 47; Bois façonnés, cah. des ch. 13.)

13. *Syndicat.* — On peut établir des syndicats pour l'ouverture, le redressement, l'élargissement et la réparation des chemins ruraux. (Loi du 20 août 1881, art. 19.)

14. *Impraticabilité. Responsabilité.* — L'article 41 de la loi du 28 septembre 1791, qui oblige les communes à payer aux riverains des chemins publics une indemnité pour le dommage causé à leur fonds par les personnes qui s'y font un passage, en raison de l'impratica-

bilité de ce chemin, est applicable aux chemins ruraux. (Cass. 10 mai 1881.)

La disposition dudit article 41, autorisant le voyageur à passer sur le fonds riverain du chemin impraticable, s'applique au cas où le chemin impraticable est un chemin rural. (Cass. 9 décembre 1885.)

CHEMINS VICINAUX.

SECT. I. — LOI DU 21 MAI 1836, TEXTE.

§ 1. *Chemins vicinaux ordinaires.*

1. *Entretien. Principe.* — Les chemins vicinaux légalement reconnus sont à la charge des communes, sauf les dispositions de l'article 7 ci-après. (Art. 1er.)

2. *Prestation. Centimes. Vote.* — En cas d'insuffisance des ressources ordinaires des communes, il sera pourvu à l'entretien des chemins vicinaux, à l'aide, soit de prestations en nature dont le maximum est fixé à trois journées de travail, soit de centimes spéciaux en addition au principal des quatre contributions directes et dont le maximum est fixé à cinq.

Le conseil municipal pourra voter l'une ou l'autre de ces ressources, ou toutes les deux concurremment.

Le concours des plus imposés ne sera pas nécessaire dans les délibérations prises pour l'exécution du présent article. (Art. 2.)

3. *Prestation. Quotité.* — Tout habitant, chef de famille ou d'établissement, à titre de propriétaire, de régisseur, de fermier ou de colon partiaire, porté au rôle des contributions directes, pourra être appelé à fournir, chaque année, une prestation de trois jours :

1° Pour sa personne et pour chaque individu mâle, valide, âgé de dix-huit ans au moins et de soixante ans au plus, membre ou serviteur de la famille et résidant dans la commune ;

2° Pour chacune des charrettes ou voitures attelées, et, en outre, pour chacune des bêtes de somme, de trait, de selle, au service de la famille ou de l'établissement dans la commune. (Art. 3.)

4. *Évaluation. Exécution.* — La prestation sera appréciée en argent, conformément à la valeur qui aura été attribuée annuellement pour la commune à chaque espèce de journée par le conseil général, sur les propositions des conseils d'arrondissement.

La prestation pourra être acquittée en nature ou en argent, au gré du contribuable. Toutes les fois que le contribuable n'aura pas opté dans les délais prescrits, la prescription sera de droit exigible en argent.

La prestation non rachetée en argent pourra être convertie en tâche, d'après les bases et évaluations de travaux préalablement fixées par le conseil municipal. (Art. 4.)

5. *Vote. Exécution.* — Si le conseil municipal, mis en demeure, n'a pas voté, dans la session désignée à cet effet, les prestations et centimes nécessaires, ou si la commune n'en a pas fait emploi dans les délais prescrits, le préfet pourra, d'office, soit imposer la commune dans les limites du maximum, soit faire exécuter les travaux.

Chaque année, le préfet communiquera au conseil général l'état des impositions établies d'office en vertu du présent article. (Art. 5.)

6. *Intérêt. Concours.* — Lorsqu'un chemin vicinal intéressera plusieurs communes, le préfet, sur l'avis des conseils municipaux, désignera les communes qui devront concourir à sa construction ou à son entretien et fixera la proportion dans laquelle chacune d'elles y contribuera. (Art. 6.)

§ 2. *Chemins vicinaux de grande communication.*

7. *Classement. Dimension.* — Les chemins vicinaux peuvent, selon leur importance, être déclarés chemins vicinaux de grande communication par le conseil général, sur l'avis des conseils municipaux, des conseils d'arrondissement, et sur la proposition du préfet.

Sur les mêmes avis et propositions, le conseil général détermine la direction de chaque chemin vicinal de grande communication et désigne les communes qui doivent contribuer à sa construction ou à son entretien.

Le conseil général fixe la largeur et les limites du chemin et détermine annuellement la proportion dans laquelle chaque commune doit concourir à l'entretien de la ligne vicinale dont elle dépend ; il statue sur les offres faites par les particuliers, associations de particuliers ou de communes. (Loi du 21 mai 1836, art 7. Loi du 10 août 1871, art. 44 et 46.)

8. *Subvention.* — Les chemins vicinaux de grande communication et, dans des cas extraordinaires, les autres chemins vicinaux pourront recevoir des subventions sur les fonds départementaux.

Il sera pourvu à ces subventions au moyen des centimes facultatifs ordinaires du département et des centimes spéciaux votés annuellement par le conseil général.

La distribution des subventions sera faite, en ayant égard aux ressources, aux sacrifices et aux besoins des communes, par le préfet, qui en rendra compte, chaque année, au conseil général.

Les communes acquitteront la portion des dépenses mises à leur charge au moyen de leurs revenus ordinaires et, en cas d'insuffisance, au moyen de deux journées de prestations sur les trois journées autorisées par l'article 2, et les deux tiers des centimes votés par le conseil municipal en vertu du même article. (Art. 8.)

9. *Attribution.* — Les chemins vicinaux de grande communication sont placés sous l'autorité du préfet. Les dispositions des articles 4 et 5 de la présente loi leur sont applicables. (Art. 9.)

§ 3. *Dispositions générales.*

10. *Prescription.* — Les chemins vicinaux reconnus et maintenus comme tels sont imprescriptibles. (Art. 10.)

11. *Agents.* — Le préfet pourra nommer des agents voyers.

Leur traitement sera fixé par le conseil général.

Ce traitement sera prélevé sur les fonds affectés aux travaux.

Les agents voyers prêteront serment; ils auront le droit de constater les contraventions et délits et d'en dresser des procès-verbaux. (Art. 11.)

12. *Centimes. Maximum.* — Le maximum des centimes spéciaux qui pourront être votés par les conseils généraux, en vertu de la présente loi, sera déterminé annuellement par la loi de finances. (Art. 12.)

13. *Contributions. Centimes.* — Les propriétés de l'État, productives de revenus, contribueront aux dépenses des chemins vicinaux dans les mêmes proportions que les propriétés privées, et d'après un rôle spécial dressé par le préfet.

Les propriétés de la Couronne contribueront aux mêmes dépenses, conformément à l'article 18 de la loi du 2 mars 1832. (Art. 13.)

Les communes ne peuvent demander le concours de l'État que lorsqu'elles votent des centimes spéciaux. (Circ. A 383.)

14. *Dégradation extraordinaire. Viabilité. Subvention.* — Toutes les fois qu'un chemin vicinal, entretenu à l'état de viabilité par une commune, sera habituellement ou temporairement dégradé par les exploitations de mines, de carrières, de forêts ou de toute entreprise industrielle appartenant à des particuliers, à des établissements publics, à la Couronne ou à l'État, il pourra y avoir lieu à imposer aux entrepreneurs ou propriétaires, suivant que l'exploitation ou les transports auront eu lieu pour les uns ou les autres, des subventions spéciales, dont la quotité sera proportionnée à la dégradation extraordinaire qui devra être attribuée aux exploitations.

Ces subventions pourront, au choix des subventionnaires, être acquittées en argent ou en prestations en nature et seront exclusivement affectées à ceux des chemins qui y auront donné lieu.

Elles seront réglées annuellement, sur la demande des communes, par les conseils de préfecture, après des expertises contradictoires, et recouvrées comme en matière de contributions directes.

Les experts seront nommés suivant le mode déterminé par l'article 17 ci-après.

Ces subventions pourront aussi être déterminées par abonnement; elles seront réglées, dans ce cas, par le préfet, en conseil de préfecture. (Art. 14.)

15. *Dégradation. Tierce expertise.* — Lorsque les deux experts chargés d'apprécier les dégradations extraordinaires causées à un chemin vicinal n'ont pu se mettre d'accord sur l'existence de ces dégradations extraordinaires, le conseil de préfecture doit, à peine de nullité de la décision à intervenir, ordonner une tierce expertise. (Cons. d'État, 6 décembre 1890.)

16. *Largeur. Fixation. Riverain.* — Les arrêtés du conseil général ou de la commission départementale, portant reconnaissance et fixation de la largeur d'un chemin vicinal, attribuent définitivement au chemin le sol compris dans les limites qu'ils déterminent.

Le droit des propriétaires riverains se résout en une indemnité, qui sera réglée à l'amiable ou par le juge de paix du canton, sur le rapport d'experts nommés conformément à l'article 17. (Loi du 21 mai 1836, art. 15. Circ. N 59, art. 56. Loi du 10 août 1871, art. 44, 86.)

17. *Ouverture. Redressement. Expropriation.* — Les travaux d'ouverture et de redressement des chemins vicinaux seront autorisés par arrêtés de la commission départementale du conseil général.

Lorsque, pour l'exécution du présent article, il y aura lieu de recourir à l'expropriation, le jury spécial chargé de régler les indemnités ne sera composé que de quatre jurés. Le tribunal d'arrondissement, en prononçant l'expropriation, désignera, pour présider et diriger le jury, l'un de ses membres ou le juge de paix du canton. Ce magistrat aura voix délibérative, en cas de partage.

Le tribunal choisira, sur la liste générale prescrite par l'article 29 de la loi du 7 juillet 1833, quatre personnes pour former le jury spécial et trois jurés supplémentaires. L'administration et la partie intéressée auront respectivement le droit d'exercer une récusation péremptoire.

Le juge recevra les acquiescements des parties.

Son procès-verbal emportera translation définitive de propriété.

Le recours en cassation, soit contre le jugement qui prononcera l'expropriation, soit contre la déclaration du jury qui réglera l'indemnité, n'aura lieu que dans les cas prévus et selon les formes déterminées par la loi du 6 juillet 1833. (Loi du 21 mai 1836, art. 16. Loi du 10 août 1871, art. 44, 86.)

18. *Extraction de matériaux. Occupation. Indemnité.* — Les extractions de matériaux, les dépôts ou enlèvements de terre, les occupations temporaires de terrains seront autorisés par arrêté du préfet, lequel désignera les lieux; cet arrêté sera notifié aux parties intéressées, au moins dix jours avant que son exécution puisse être commencée.

Si l'indemnité ne peut être fixée à l'amiable, elle sera réglée par le conseil de préfecture, sur le rapport d'experts nommés, l'un par le sous-préfet et l'autre par le propriétaire.

En cas de discord, le tiers-expert sera nommé par le conseil de préfecture. (Art. 17.)

19. *Indemnité.* — L'action en indemnité des propriétaires, pour les terrains qui auront servi à la confection des chemins vicinaux et pour extraction de matériaux, sera prescrite par le laps de deux ans. (Art. 18.)

20. *Changement. Abandon.* — En cas de changement de direction ou d'abandon d'un chemin vicinal, en tout ou en partie, les propriétaires riverains de la partie de ce chemin qui cessera de servir de voie de communication pourront faire leur soumission de s'en rendre acquéreurs et d'en payer la valeur, qui sera fixée par des experts nommés dans la forme déterminée par l'article 17. (Art. 19.)

21. *Pièces. Enregistrement.* — Les plans, procès-verbaux, certificats, significations, jugements, contrats, marchés, adjudications de travaux, quittances et autres actes ayant pour objet exclusif la construction, l'entretien et la réparation des chemins vicinaux, seront enre-

gistrés moyennant le droit fixe de 1 fr. 50. (Loi du 21 mai 1836, art. 20. Loi du 28 février 1872, art. 4. Circ. Min. Int. 17 août 1872.)

Les actions civiles intentées par les communes ou dirigées contre elles, relativement à leurs chemins, seront jugées comme affaires sommaires et urgentes, conformément à l'article 405 du code de procédure civile. (Art. 20.)

22. *Règlement.* — Dans l'année qui suivra la promulgation de la présente loi, chaque préfet fera, pour en assurer l'exécution, un règlement qui sera communiqué au conseil général et transmis, avec ses observations, au ministre de l'intérieur, pour être approuvé, s'il y a lieu.

Ce règlement fixera, dans chaque département, le maximum de la largeur des chemins vicinaux; il fixera, en outre, les délais nécessaires à l'exécution de chaque mesure, les époques auxquelles les prestations en nature devront être faites, le mode de leur emploi ou de leur conversion en tâches, et statuera, en même temps, sur tout ce qui est relatif à la confection des rôles, à la comptabilité, aux adjudications et à leur forme, aux alignements, aux autorisations de construire le long des chemins, à l'écoulement des eaux, aux plantations, à l'élagage, aux fossés, à leur curage et tous autres détails de surveillance et de conservation. (Art. 21.)

22 *bis. Réglementation. Droit.* — Est illégal l'arrêté municipal réglementant la circulation sur les chemins vicinaux de la commune; le droit de réglementation de ces chemins n'appartient qu'au préfet. (Cons. de préf. des Vosges, 7 avril 1903.)

23. *Abrogations. Dispositions.* — Toutes les dispositions des lois antérieures demeurent abrogées en ce qu'elles auraient de contraire à la présente loi. (Art. 22.)

SECT. II. — GÉNÉRALITÉS.

24. *Définition. Établissement.* — Le mot chemin comprend les ponts et autres ouvrages qui en font partie. (Cons. d'État, 26 août 1842.)

25. *Limite. Délimitation.* — Lorsqu'un chemin classé limite une forêt, on lève la périmètre, en le considérant comme fixé par une délimitation partielle et sans aucune autre formalité. (Circ. N 64, art. 31.)

SECT. III. — TRAVAUX.

26. *Travaux.* — Le préfet désigne les localités ou territoires sur lesquels les travaux doivent avoir lieu, lorsque cette désignation ne résulte pas du décret. (Loi du 3 mai 1841.)

27. *Construction. Promesse.* — Les agents ne doivent rien promettre pour la construction des chemins vicinaux, sans l'avis de l'administration. (Circ. A 405 *quinquiès*.)

28. *Étude. Abatage.* — Les conservateurs autorisent l'abatage des bois pour les études d'établissement, rectification et élargissement de chemins vicinaux. (Décis. Min. du 5 juillet 1837. Circ. A 400. Circ. N 59.)

28 bis. *Dessin.* — Les chemins de grande communication seront représentés par deux traits pleins renforcés, les chemins vicinaux, par deux traits pleins, dont un seul renforcé. V. modèle n° 57 A. (Instr. du 26 avril 1906, art. 241. Circ. N 697.)

29. *Abatage illicite.* — Tout abatage fait sans autorisation peut donner lieu à des poursuites contre l'agent voyer qui l'aurait effectué. (Cass. 6 septembre 1845.)

30. *Tracé. Abatage d'arbres.* — Un agent voyer ne peut, sans autorisation, abattre des arbres dans les bois soumis au régime forestier, pour faire le tracé d'un chemin vicinal. (Cass. 29 mars 1845.)

31. *Travaux mixtes.* — Les chemins vicinaux de toutes classes, quelles que soient leurs dimensions, sont, dans les territoires réservés de la zone frontière et dans le rayon des enceintes fortifiées, soumis aux lois et règlements sur les travaux mixtes. (Décr. du 8 septembre 1878, art. 3. Circ. N 253. Circ. N 565.)

32. *Arbres. Distance. Élagage.* — Les arbres qui avancent sur le sol des chemins vicinaux seront coupés à l'aplomb des limites de ces chemins, à la diligence des propriétaires ou fermiers; sinon, il sera dressé procès-verbal. (Règl. général, 15 avril 1872, art. 192.) V. Arbre de bordure.

SECT. IV. — CLASSEMENT.

33. *Direction. Classement. Déclassement.* — Les conseils généraux statuent définitivement sur la direction, le classement et le déclassement des chemins vicinaux de grande communication et des chemins vicinaux d'intérêt commun, sur l'avis des conseils municipaux et d'arrondissement, lorsque le tracé ne se prolonge pas sur plusieurs départements. (Loi du 21 mai 1836, art. 7. Loi du 10 août 1871, art. 44, 46. Circ. N 59, art. 3.) Lorsque le tracé se prolonge sur plusieurs départements par une autre voie de communication, il convient qu'un accord soit tenté avec ce ou ces départements, et, pour arriver à cet accord, il est procédé dans les formes déterminées par les articles 89 et 90 de la loi du 10 août 1871.

34. *Classement. Déclassement. Ouverture. Redressement.* — Les chemins vicinaux, autres que ceux de grande communication ou d'intérêt commun, sont classés ou déclassés par la commission départementale, qui statue aussi sur les travaux d'ouverture ou de redressement desdits chemins. (Loi du 10 août 1871, art. 86.)

35. *Classement. Contestation.* — Lorsqu'un chemin a été classé après une délibération du conseil municipal, on ne peut pas attaquer ce classement pour irrégularité. (Cons. d'État, 14 août 1837.)

36. *Chemin particulier. Expropriation. Classement.* — Lorsqu'il s'agit, non d'un chemin fréquenté par le public, en vertu soit d'un droit positif, soit d'un long usage, mais d'un chemin pratiqué seulement par le propriétaire et dont le public n'a jamais joui, il est nécessaire de procéder, non plus conformément à l'article 15, mais conformément à l'article 16 de la loi du 21 mai 1836. (Instr. du Min. de l'Intérieur aux préfets, du 24 juin 1836. Circ. N 59, art. 57.)

37. *Classement. Formalités.* — Lorsqu'un chemin a servi, depuis un temps immémorial, à la communication de plusieurs communes, le conseil général peut le classer comme chemin vicinal, sans observer les formalités de déclaration d'utilité publique. (Cons. d'État, 17 août 1836.)

38. *Route forestière. Classement. Indemnité.* — Quand une commune manifeste l'intention de provoquer le classement d'une route ou portion de route forestière et quand, à raison des dépenses qu'a faites l'État, la somme à payer, à titre d'indemnité, par ladite commune, paraît élevée, eu égard à ses ressources présumées, les agents locaux doivent en prévenir aussitôt le maire et lui indiquer, par aperçu, le montant de ces dépenses.

Ils profitent, en outre, de l'enquête pour consigner de nouveau leurs observations à ce sujet. (Circ. N 59, art. 58.)

39. *Route forestière. Classement. Indemnité.* — Le conservateur, de son côté, après avoir examiné avec soin l'affaire et notamment les pièces relatives aux dépenses qu'a nécessitées la construction de la route, fait connaître au préfet, le plus tôt possible et, en tous cas, avant l'arrêté de classement, le montant approximatif de l'indemnité qu'il se réserve de réclamer au profit du Trésor. Circ. N, art. 59.)

40. *Arrêté. Limite. Enquête.* — La décision par laquelle le conseil général détermine les limites d'un chemin vicinal d'intérêt commun doit, à peine de nullité, être précédée d'une enquête. (Cons. d'État, 20 nov. 1874.)

41. *Classement. Exception préjudicielle.* — Le classement par erreur d'un chemin commun vicinal, alors qu'il appartient à un particulier, et la publicité de ce chemin ne constituent pas une exception préjudicielle capable de faire annuler le délit énoncé dans l'article 147 du Code forestier. (Paris, 13 août 1868.)

SECT. V. — IMPOSITIONS.

42. *Impositions. Réclamations.* — Les impositions établies pour chemins vicinaux, soit en nature, soit en argent, étant assimilées aux contributions directes, les réclamations qui s'y rapportent seront instruites et jugées dans la même forme que pour les contributions directes. (Circ. Min. du 12 septembre 1836, n° 187.) Elles sont vérifiées par le contrôleur et jugées par le conseil de préfecture, sauf recours au Conseil d'État. On doit se pourvoir en décharge dans le délai de trois mois à partir de la publication du rôle. (Circ. A 383.)

Le délai de réclamation court du 1er janvier, quoique les rôles de prestation soient publiés avant le 1er janvier de l'année à laquelle ils se rapportent, généralement en novembre. (Circ. Fin. 12 décembre 1846, n° 139.)

43. *Entretien. Payement.* — Le contingent à payer par l'État pour l'entretien des chemins vicinaux est liquidé par les conservateurs. (Circ. A 514. Circ. N 402.)

Il est établi sur la formule série 11, n° 26, et fourni en simple expédition. (Lettre du 22 janvier 1872. Circ. N 372.)

SECT. VI. — VIABILITÉ.

44. *Viabilité. Dégradation.* — Lorsque l'état de viabilité des chemins vicinaux a été constaté, le conservateur, sur la demande du maire ou du préfet, désigne un agent pour procéder à la vérification des dégradations provenant de l'exploitation des forêts domaniales, afin de fixer la proportion de l'indemnité à payer pour l'entretien de ces chemins. (Loi du 21 mai 1836, art. 14.)

45. *Viabilité. Constatation.* — La viabilité des chemins vicinaux doit être constatée contradictoirement par le maire et un agent forestier ou, à son défaut, par un expert désigné par le conservateur. Lorsque le maire invite l'agent forestier à venir constater la viabilité d'un chemin, celui-ci doit en référer à son chef immédiat pour avoir des instructions. Rendus sur les lieux, ils dressent ensemble un procès-verbal en double et signé, lequel doit servir de base pour le règlement ultérieur des indemnités à réclamer par la commune. En cas de désaccord entre le maire et les agents forestiers, il est nommé des experts. (Circ. A 383.)

46. *État de viabilité. Acte. Timbre. Enregistrement.* — Le procès-verbal de reconnaissance de l'état de viabilité des chemins vicinaux doit être timbré et enregistré au comptant. (Loi du 21 mai 1836, art. 20. Loi du 28 février 1872, art. 4.) V. Expertise.

SECT. VII. — DÉGRADATION. SUBVENTION.

47. *Adjudicataires. Transport des coupes. Subventions.* — Les adjudicataires des coupes des bois domaniaux sont obligés de payer aux communes les subventions pour dégradations aux chemins vicinaux, causées par le transport du produit des coupes. (Loi du 21 mai 1836, art. 14. Loi du 20 août 1881, art. 11. Cah. des ch. 47. Bois façonnés, cah. des ch. 13.)

48. *Dégradation. Subvention. Propriétaire.* — Une subvention est demandée aux propriétaires des forêts dont l'exploitation dégrade les chemins, sauf recours des propriétaires, s'il y a lieu, contre les adjudicataires des coupes de bois. Elle est due non seulement sur les chemins de la commune de la situation des forêts, mais encore sur ceux situés dans d'autres communes.

49. *Dégradation. Propriétaire.* — Le propriétaire est responsable des dégradations extraordinaires causées à un chemin vicinal, quand bien même son voiturier aurait passé à son insu sur ce chemin. (Cons. d'État, 18 janvier 1862.)

50. *Dégradation. Usagers.* — L'État ne peut être tenu de réparer les dégradations causées par les exploitations faites au profit des usagers; c'est contre ceux-ci que les communes doivent former leurs demandes en réparation de chemin. (Circ. A 415. Circ. N 59, art. 102.)

51. *Réparation. Usagers.* — Les usagers ou affectataires, qui, d'après leurs titres, ne sont pas formellement dispensés de toute espèce d'impôts, sont tenus de contribuer avec l'État à la dépense des chemins vicinaux, dans la proportion des produits qu'ils retirent des forêts. (Décis. Min. 17 janvier 1838. Circ. A 415.)

52. *Dégradation.* — Ne peut pas être considérée comme *extraordinaire* la dégradation pour laquelle il ne serait dû qu'une subvention de 2 fr. 25. (Cons. d'État, 22 juin 1858.)

53. *Compétence. Dégradations. Dommages.* — Le tribunal correctionnel qui condamne à l'amende pour dégradations causées à un chemin vicinal est compétent pour statuer sur les dommages-intérêts. (Cons. d'État, Conflit, 13 mars 1875.)

21.

54. *Élargissement.* — Les arrêtés du conseil général ou de la commission départementale pris en exécution de l'article 15 de la loi du 21 mai 1836, pour l'élargissement des chemins vicinaux, sont notifiés aux propriétaires des terrains expropriés huit jours au moins avant l'occupation de ces terrains.

Lorsque les terrains à occuper font partie du domaine forestier de l'État, le conservateur prend les mesures nécessaires pour que les bois y existants soient vendus et enlevés dans le plus bref délai. (Circ. N 59, art. 60. Loi du 10 août 1871, art. 44, 86.)

55. *Élargissement. Redressement.* — L'arrêté préfectoral autorisant non l'élargissement, mais le redressement d'un chemin vicinal, est entaché d'excès de pouvoir, si les terrains affectés à ce redressement n'ont été l'objet ni d'une cession amiable, ni d'une expropriation pour cause d'utilité publique. (Cons. d'État, 23 mars 1872.)

56. *Élargissement. Alignement.* — Il appartient à la commission départementale de déterminer l'alignement et de fixer la largeur d'un chemin vicinal ordinaire, en y comprenant telles parcelles de terrain qui sont nécessaires. (Cons. d'État, 7 août 1874.)

57. *Rectification. Cession de terrain.* — Le conservateur autorise les concessions de terrains forestiers domaniaux pour établissement, élargissement et rectification des chemins vicinaux. (Circ. N 59, art. 28.)

58. *Cession de terrain.* — Les cessions à l'amiable de terrains forestiers domaniaux nécessaires à l'ouverture ou au redressement des chemins vicinaux sont instruites et réalisées dans les mêmes formes que les cessions relatives à l'ouverture, au redressement ou à l'élargissement des routes départementales. (Circ. N 59, art. 55.)

59. *Cession de terrain. Bois.* — En cas de cession de terrain domanial pour élargissement d'un chemin vicinal, les bois existant sur les terrains cédés peuvent être abattus, parce qu'il y a dépossession immédiate du propriétaire. (Circ. N 59, art. 30.)

60. *Indemnité. Règlement. Acte.* — Il est procédé au règlement amiable des indemnités de dépossession dues à l'État, en vertu de l'article 15 de la loi du 21 mai 1836, de la même manière que pour les cessions amiables. Mais, l'arrêté de classement ayant pour effet d'attribuer définitivement au chemin le sol occupé, on ne doit passer d'acte qu'autant qu'il y aurait lieu de stipuler un droit de retour au profit de l'État, en échange de l'abandon total ou partiel des indemnités dues. (Circ. N 59, art. 61.)

61. *Payement. Indemnité.* — Le payement des indemnités de dépossession n'est pas exigible avant la prise de possession du sol, comme pour les cessions de terrains compris dans le tracé d'ouverture ou de redressement des chemins vicinaux. (Instr. du Min. de l'intérieur aux préfets, du 24 juin 1835. Circ. N 59, art. 61.)

62. *Abandon. Cession de terrain.* — En cas de changement de direction ou d'abandon d'un chemin vicinal, en tout ou partie, les propriétaires riverains de la partie de ce chemin qui cesse de servir de voie de communication peuvent faire leur soumission de s'en rendre acquéreurs et d'en payer la valeur, qui est fixée par des experts nommés dans la forme déterminée par l'article 17 de la loi du 21 mai 1836. (Loi du 21 mai 1836, art. 19. Circ. N 59, art. 63.)

63. *Aliénation de terrain.* — Lorsque l'aliénation a été autorisée par le préfet, le maire de la commune en prévient par écrit et individuellement chacun des propriétaires riverains, qui doivent faire connaître, dans un délai de quinze jours, s'ils veulent se rendre acquéreurs des terrains déclarés limitrophes. (Circ. N 59, art. 64.)

64. *Acquisition.* — Avant l'expiration du délai de quinze jours, le conservateur déclare adhérer à l'acquisition des terrains qu'il lui paraît utile de réunir au sol forestier, mais sous la réserve expresse de l'approbation de l'autorité supérieure. (Circ. N 59, art. 65.)

65. *Échange.* — Les terrains déclassés peuvent être acquis par voie d'échange à l'amiable avec les terrains compris dans les tracés des nouveaux chemins et suivant les formalités exigées pour les routes départementales. Les délibérations des conseils municipaux remplacent les délibérations des conseils généraux. [(Circ. N 59, art. 66.)

66. *Cession de terrain.* — Les préfets statuent en conseil de préfecture, sans l'autorisation du ministre, mais sur la proposition conforme du chef de service, en matière domaniale ou forestière, sur la cession des terrains domaniaux compris dans le tracé des chemins vicinaux, ainsi que sur les échanges de terrains provenant du déclassement des chemins vicinaux. (Loi du 24 mai 1842. Déc. du 25 mars 1852. Lettre Min. 29 mai 1852.) Les décisions sont définitives, même lorsque à raison d'une plus-value certaine il y a lieu de renoncer à la totalité de l'indemnité due au Trésor. (Décis. Min. 30 juillet, 5 août 1863 et 19 février 1864.) Si les arrêtés des préfets sont pris contrairement aux propositions des chefs de service, le conservateur en réfère à l'administration, et il est sursis à l'exécution des arrêtés jusqu'à la décision du ministre. (Lettre Min. 29 mai 1852.)

67. *Terrains classés. Action possessoire.* — Les terrains classés, fixés ou attribués à un chemin vicinal sans opposition de la part des riverains, ne peuvent plus être l'objet de l'action possessoire. (Cass. 12 août 1873.)

CHEMINÉE.

1. *Pénalité.* — Pour négligence d'entretien, de réparation ou de nettoyage des cheminées :

Amende : 1 à 5 francs. (C. P. 471.)
En cas de récidive, en outre, *prison : 3 jours au* plus. (C. P. 474.)

2. *Entretien. Nettoyage.* — La peine prononcée par l'article 471 du Code pénal est encourue par cela seul que le feu a éclaté dans une cheminée et en dehors, lors même qu'il serait établi que cette cheminée a été nettoyée deux fois dans l'année, conformément à l'usage des lieux. (Cass. 13 octobre 1849.)

Toutefois la circonstance que le feu a éclaté dans une cheminée ne constitue pas nécessairement la contravention punie par l'article 471, s'il est constaté qu'il n'y a pas eu négligence d'entretien et que la cheminée a été ramonée en temps utile. (Cass. 23 juin 1865.) V. Incendie.

CHEMINEMENTS.

Section I. — Cheminements planimétriques, 1-4.

Section II. — Cheminements altimétriques, 5-10.

    A. Cheminements à petits côtés, 5-6.

    B. Cheminements à côtés de longueur moyenne, 7-8.

    C. Cheminements à longs côtés, 9-10.

V. Angle. Longueur. Plan.

SECT. I. — CHEMINEMENTS PLANIMÉTRIQUES.

1. *Déplacement angulaire probable. Calcul. Boussole forestière.* — Si l'on emploie la méthode du double retournement, ou, à son défaut, la méthode des observations directe et inverse; si l'on admet, de plus, que l'écart de mise en station ne dépasse pas 0 m. 02, le déplacement probable dû aux erreurs angulaires est inscrit dans les modèles n° 7 ou 8, suivant que la construction du cheminement sera faite graphiquement ou par le calcul. (Instr. du 26 avril 1906, art. 50. Circ. N 697.)

2. *Déplacement angulaire probable. Calcul. Cercle répétiteur.* — En faisant six répétitions ou réitérations, en s'arrangeant de façon que l'écart de mise en station ne dépasse pas sensi-

blement 0 m. 01, et en construisant par le calcul, on peut prendre, pour les déplacements probables dus aux erreurs angulaires, les chiffres du tableau modèle n° 9. (Instr. du 26 avril 1906, art. 50. Circ. N 697.)

3. *Déplacement linéaire probable. Calcul.* — Le déplacement dû aux erreurs de mesurage s'obtiendra facilement, suivant les différents cas, à l'aide des chiffres donnés au sujet des tolérances qu'il importe de ne pas dépasser dans la mesure des longueurs. (Instr. du 26 avril 1906, art. 37 et 51. Circ. N 697. V. Longueur.

4. *Écart de fermeture. Calcul.* — On calculera l'écart de fermeture du cheminement en considérant sa longueur comme l'hypoténuse d'un triangle rectangle dont les côtés de l'angle droit seront respectivement égaux au déplacement angulaire et au déplacement linéaire. (Instr. du 26 avril 1906, art. 52. Circ. N 697.)

SECT. II. — CHEMINEMENTS ALTIMÉTRIQUES.

A. *Cheminements à petits côtés.*

5. *Nivellement de faible portée.* — On fera usage de la méthode indirecte avec l'éclimètre de la boussole ou du tachéomètre. L'opération du nivellement se faisant en même temps que la mesure de l'orientement, on choisira tout naturellement la même méthode compensatrice pour les deux opérations. (Instr. du 26 avril 1906, art. 53, 37 et 38. Circ. N 697.) V. Angles.

6. *Erreur probable.* — L'erreur probable d'une opération pourra être déduite, par interpolation, des chiffres du tableau modèle n° 10. (Instr. du 26 avril 1906, art. 54. Circ. N 697.)

B. *Cheminements à moyens côtés.*

7. *Nivellement trigonométrique.* — On fera le nivellement trigonométrique avec l'éclimètre du théodolite. Il est recommandé de faire usage de la méthode du double retournement. (Instr. du 26 avril 1906, art. 55. Circ. N 697.)

8. *Erreur probable.* — L'erreur probable peut être évaluée par le procédé du numéro 54 de la présente circulaire. (Instr. du 26 avril 1906, art. 56. Circ. N 697.) V. ci-dessus.

C. *Cheminements à longs côtés.*

9. *Nivellement à longue portée.* — On emploiera, pour les cheminements à longs côtés, la méthode du nivellement à longue portée. (Instr. du 26 avril 1906, art. 57. Circ. N 697.)

10. *Erreur probable.* — On peut évaluer l'erreur probable par la formule : 0,00005 L, L étant la longueur du cheminement. (Instr. du 26 avril 1906, art. 58. Circ. N 697.) V. Plan.

CHÊNE BLANC OU ROUVRE.

1. *Classification.* — Arbre de 1re classe. (Cod. For. 192. Loi du 18 juillet 1906. Circ. N 703.)

CHÊNE KERMÈS.

1. *Classification.* — Arbre appartenant au genre chêne et qui, par suite, doit légalement être considéré comme un arbre de 1re classe. (Cod. For. 192.)

Mais, d'autre part, comme la tige de cet arbuste n'a presque jamais 2 décimètres de tour, il s'ensuit que les délits dont il serait l'objet ne pourraient, en réalité, être punis que comme coupe et enlèvement de bois au-dessous de 2 décimètres de tour. (Cod. For. 194.) V. Fagot. Enlèvement. Kermès.

CHÊNE-LIÈGE.

1. *Classification.* — Arbre appartenant au genre chêne et qui, par suite, doit être légalement considéré comme un arbre de 1re classe. (Cod. For. 192.) V. Liège.

2. *Concessions. Algérie.* — Les concessions temporaires de forêt de chênes-liège appartenant à l'État, en Algérie, ont été converties en propriétés définitives, sous la condition que les concessionnaires paieront à l'État les deux tiers de la contenance concédée et non incendiée au prix fixe de 60 francs par hectare. Ce payement devait s'effectuer en vingt annuités. (Décr. du 2 février-11 mars 1870.)

3. *Chêne-liège. Débroussaillement. Tranchée.* — En Algérie, tout propriétaire de forêt de chênes-liège qui ne serait pas débroussaillée peut être contraint, par le propriétaire d'un terrain limitrophe de même nature, à l'ouverture et à l'entretien pour sa part, sur la limite des deux fonds contigus, d'une tranchée débarrassée des essences résineuses et maintenues en parfait état de débroussaillement.

Cette tranchée, dont la longueur pourra varier de 10 à 100 mètres, sera établie par moitié, sur chacun des fonds limitrophes, d'accord entre les propriétaires intéressés, et, en cas de désaccord, par le préfet, le conservateur des eaux et forêts entendu. (Loi du 21 février 1903, art. 124. Circ. N 642.)

4. *Ouverture de tranchées. Instance. Procédure.* — Les actions concernant l'ouverture et l'entretien des tranchées de protection de forêts de chênes-liège, en Algérie, seront instruites et jugées comme les actions en bornage. (Loi du 26 avril 1903, art. 124. Circ. N 642.)

5. *Ferme de l'écorce. Vente mobilière. Droits.* — Constitue une vente mobilière soumise au droit d'enregistrement de 2 o/o et non un bail

imposé au droit de 0 fr. 20 o/o l'adjudication de la ferme de l'écorce des chênes-liège consentie pour douze ans, lorsque le cahier des charges de l'adjudication réserve expressément à la commune, propriétaire de la forêt, la jouissance du sol et ne transmet à l'adjudicataire que le droit de recueillir le liège, c'est-à-dire les fruits du sol; les travaux de démasclage que doit effectuer cet adjudicataire profitant plutôt à ses successeurs qu'à lui-même et devant être considérés comme une charge, une condition de l'adjudication. (Cass. 17 mars 1904.)

CHÊNE VERT. V. Yeuse.

CHÊNE ZÉEN.

Classification. — Arbre appartenant au genre chêne et qui, par suite, doit être considéré comme arbre de 1re classe. (Cod. For. 192.)

Le chêne zéen, qui n'existe pas en France, constitue, en Algérie, des massifs forestiers importants; on évalue à 50,000 hectares la superficie occupée par cette essence.

CHENILLE ARPENTEUSE (du genre *Boarmia*).

Moyens destructifs. — Le seul procédé pratique pour se débarrasser de cette chenille, qui détruit complètement jusqu'à 8 et 10 mètres de hauteur les aiguilles des sapins dans certaines parties du centre de la France (Puy-de-Dôme), consiste à faire stationner, à plusieurs reprises, des troupeaux de porcs pendant que l'insecte est à l'état de chrysalide, c'est-à-dire depuis le mois de septembre jusqu'à la fin d'avril, soit avant que la neige couvre le sol, soit après sa disparition, et mieux encore avant et après les neiges. Les porcs sont friands de ces chrysalides et, en fouissant le sol, en bouleversant la couverture, ils écrasent ou font avorter le plus grand nombre de celles qui n'ont pas été dévorées. (Circ. N 677.)

CHEPTEL.

1. *Définition.* — Le bail à cheptel est un contrat par lequel l'une des parties donne à l'autre des animaux susceptibles de croît et de profit, à l'effet de les garder et soigner, sous des conditions convenues. (Cod. Civ., 1711, 1800.)

2. *Animaux. Qualités.* — Les animaux donnés à cheptel sont considérés comme meubles. (Cod. Civ. 522.)

3. *Responsabilité.* — Le propriétaire des bestiaux donnés à cheptel n'est pas responsable des délits de pâturage commis par le cheptelier. (Cass. 11 mars 1865.) Le preneur à cheptel est seul passible, à l'exclusion du

propriétaire, des amendes édictées par l'article 199, pour délit de pâturage. (Cass. 14 février 1862.)

4. Responsabilité. Délit. — Celui qui prend des bestiaux à cheptel est responsable des délits de pâturage, même s'ils avaient été commis dans les bois ou terrains du propriétaire des animaux donnés à cheptel. (Orléans, 22 août 1870.)

5. Fermier. — En cas de troupeau donné à cheptel, le fermier est considéré comme le seul propriétaire. (Cass. 10 septembre 1835.)

CHEVAINE.

Genre de poisson de la famille des Cyprinides, représenté en France par trois espèces, le Chevaine commun ou Meunier, le Chevaine vandoise et le Chevaine soufflé ou Blageon.

Le premier est une grande espèce. (Décret du 5 septembre 1897, art. 8, § 3°.)

CHEVAL.

1. Pâturage. Pénalités. — Le pâturage d'un cheval des usagers ou habitants, hors des cantons désignés pour le pâturage ou des chemins indiqués pour s'y rendre, est puni, savoir :

Pour le propriétaire, *Amende* :

BOIS DE 10 ANS ET AU-DESSUS.

Le jour : 0 fr. 40 à 2 francs. (C. F. 112, 199.)
Le jour avec récidive, la nuit, ou la nuit avec récidive : 0 fr. 80 à 4 francs. (C. F. 112, 199, 201.)

BOIS AU-DESSOUS DE 10 ANS.

Le jour : 0 fr. 80 à 4 francs. (C. F. 112, 199.)
Le jour avec récidive, la nuit, ou la nuit avec récidive : 1 fr. 60 à 8 francs. (C. F. 112, 199, 201.)
Dommages-intérêts facultatifs; minimum : amende simple. (C. F. 199, 202. Loi du 18 juillet 1906. Circ. N 703.)
Saisie et séquestre, s'il y a lieu (C. F. 161.)

Pour le pâtre des usagers : *Pénalités* :

Le jour : *amende* de 3 à 30 francs. (C. F. 76.)
En récidive : *Amende* : 3 à 30 francs; *Prison* facultative de 5 à 15 jours. (C. F. 76, 201.)
La commune est responsable des condamnations civiles. (Cod. For. 72.)

L'amende contre le pâtre est indépendante de celle du propriétaire. (Cass. 10 août 1848.)
On peut poursuivre le propriétaire ou le pâtre des usagers seul. (Cass. 10 mai 1842.)
Mais, si le propriétaire est lui-même le gardien, l'amende du pâtre n'est pas applicable. (Cass. 2 mai 1845.)

2. Pâturage. Nombre. — Le pâturage de chevaux excédant le nombre fixé par l'administration est puni, savoir :

Pour le propriétaire : *Amende* comme pour chevaux trouvés en délit et suivant les circonstances. (C. F. 77, 112, 199, 201.)

4. Animal de commerce. — Le pâturage par les usagers ou habitants d'un cheval servant au commerce est puni, savoir :

Amende : Le jour, 2 francs; la nuit ou en récidive, 4 francs. (C. F. 70, 199. Loi du 13 juillet 1906. Circ. N 703.)
Dommages-intérêts facultatifs. (C. F. 112, 202.) Tenir compte de l'âge des bois.

5. Pâturage. Garde séparée. — Le pâturage d'un cheval ou bête de somme à garde séparée est puni, savoir :

Amende : par tête, 0 fr. 50; nuit ou récidive, 1 franc. (C. F. 72, 112, 201. Loi du 18 juillet 1906.)

6. Pâturage sans marque. — Le pâturage d'un cheval des usagers sans être marqué est puni, savoir :

Amende : par tête de bétail, 0 fr. 50; récidive, 1 franc. (C. F. 73, 201, 120. Loi du 18 juillet 1906.)

7. Hors routes et chemins. — Lorsqu'un cheval est trouvé dans les ventes non muselé (Cass. 16 mai 1834), ou dans les bois et hors des routes et chemins, il y a présomption légale de délit de pâturage, et ce fait donne lieu aux pénalités comme pour délit de pâturage, si l'animal n'est pas attelé. (C. F. 147.

BOIS DE 10 ANS ET AU-DESSUS.

Le jour : 0 fr. 40 à 2 francs. (C. F. 147, 199.)
Le jour avec récidive, ou la nuit, ou la nuit avec récidive : 0 fr. 80 à 4 francs. (C. F. 147, 199, 201.)

BOIS AU-DESSOUS DE 10 ANS.

Le jour : 0 fr. 80 à 4 francs. (C. F. 147, 199.)
Le jour avec récidive, ou la nuit, ou la nuit avec récidive : 1 fr. 60 à 8 francs. (C. F. 147, 199, 201.)
Dommages-intérêts facultatifs; minimum : amende simple. (C. F. 199, 202. Loi du 18 juillet 1906. Cir. N 703.)
Saisie et mise en séquestre, s'il y a lieu. (C. F. 161.)

8. Chasseurs forestiers. Commandants de compagnie. — Les commandants de compagnie sont montés, en cas d'appel à l'activité. (Décr. du 18 novembre 1890. Circ. N 424.)

9. Prestation. Taxe. — Les chevaux possédés en conformité des règlements administratifs sont exempts de taxe (Loi du 2 juillet 1862) et de la prestation pour chemins vicinaux. (Cons. d'État, 8 avril 1842. Circ. A 513. Circ. N 135.) V. Prestation.

CHÈVRE.

1. Pénalité. Pâturage. — Le pâturage des chèvres est interdit dans les bois soumis au régime forestier et dans tous les terrains qui en dépendent, ainsi que dans les bois particuliers, nonobstant tout titre ou usage contraire, et sous les pénalités suivantes, par chèvre :

Pour le propriétaire. *Amende :*

BOIS DE 10 ANS ET AU-DESSUS.

Le jour : o fr. 4o à 2 francs. (C. F. 78, 110, 120, 199.)

Le jour avec récidive, la nuit, ou la nuit avec récidive : o fr. 80 à 4 francs. (C. F. 78, 110, 120, 199, 201.)

BOIS AU-DESSOUS DE 10 ANS.

Le jour : o fr. 80 à 4 francs. (C. F. 78, 110, 199, 120.)

Le jour avec récidive, la nuit, ou la nuit avec récidive : 1 fr. 60 à 8 francs. (C. F. 78, 110, 120, 199, 201. Loi du 18 juillet 1906. Circ. N 703.)

Dommages-intérêts facultatifs; minimum: amende simple. (C. F. 199, 202.)

Saisie et séquestre, s'il y a lieu. (C. F. 161.)

Pour le pâtre. *Pénalités :*

Amende : 15 francs. (C. F. 78, 110.)

En cas de récidive : *Amende :* 15 francs; *Prison obligatoire :* 5 à 15 jours. (C. F. 78, 110.)

Si les usagers introduisent des chèvres au pâturage, pénalités :

Pour le propriétaire : *Amende*, par chèvre, 2 francs (maximum de celle fixée par l'art. 199). (C. F. 78, 110.)

Pour le berger : *Amende*, 15 francs. (C. F. 78, 110.)

Pour le berger, en cas de récidive : *Amende*, 30 francs. *Prison* obligatoire, 5 à 15 jours. (C. F. 78, 110.)

Si ce délit a été commis dans un bois au-dessous de 10 ans :

L'amende pour le propriétaire est alors de 4 francs par chèvre.

Si, en outre, le délit a été commis de nuit ou en récidive :

L'amende est alors pour le propriétaire de 8 francs par tête de bétail, et, pour le berger, elle est de 30 francs (C. F. 201), outre la prison obligatoire de 5 à 15 jours.

Si le propriétaire est lui-même le gardien du troupeau, l'amende spéciale pour le pâtre ne lui est pas applicable. (Cass. 2 mai 1845.)

On peut poursuivre indistinctement le propriétaire usager ou le pâtre. (Cass. 10 mai 1842.)

2. *Pâturage. Habitants. Administrateurs. Pénalités.* — Les habitants des communes et les employés ou administrateurs, qui introduisent ou font introduire, dans les bois des communes ou établissements publics, des chèvres, sont punis des amendes prévues par l'article 199. (C. F. 110. Loi du 16 juillet 1906. Circ. N 704.)

Pour le berger : *Amende :* 15 francs.

En récidive : *Amende*, 30 francs; *Prison* obligatoire : 5 à 15 jours. (C. F. 78, 110.)

3. *Amende. Pénalités.* — L'amende contre le propriétaire est indépendante de celle du pâtre. On doit poursuivre et faire punir les deux auteurs du délit, l'un comme propriétaire des animaux et l'autre comme conducteur. S'il y a plusieurs pâtres, chacun d'eux encourt l'amende de 15 francs, quand bien même le fils du propriétaire serait le pâtre du troupeau.

4. *Parcours. Pâture. Pénalités.* — Dans les pays qui ne sont sujets ni au parcours, ni à la vaine pâture, pour toute chèvre qui sera trouvée sur l'héritage d'autrui, contre le gré du propriétaire de l'héritage, pénalités :

Amende : valeur d'une journée de travail pour le propriétaire de la chèvre.

Dans les pays de parcours ou de vaine pâture, où les chèvres ne sont pas rassemblées et conduites en troupeau commun, celui qui aura des chèvres ne pourra les mener aux champs qu'attachées. En cas de contravention, pénalité :

Amende : valeur d'une journée de travail par chèvre.

En quelque circonstance que ce soit, lorsque les chèvres auront fait du dommage aux arbres fruitiers ou autres, haies, vignes, ou jardins, pénalités :

Amende double, sans préjudice des dommages intérêts au propriétaire. (Loi 28 septembre-6 octobre 1791, art. 18.)

5. *Prohibition.* — La défense de faire paître des chèvres s'étend également aux boucs. (Cass. 1ᵉʳ août 1811.)

6. *Bois particulier.* — L'article 78 du Code forestier, qui défend aux usagers le pâturage des chèvres, est applicable aux bois particuliers. (Cass. 31 mars 1848.)

7. *Prohibition.* — La prohibition d'introduire des chèvres dans les bois est générale et absolue et s'applique aux chèvres que l'on est d'usage, dans certains pays, de mettre dans les troupeaux de moutons comme *menons* ou *conducteurs.* (Cass. 7 mai 1830.) L'autorisation d'introduire les moutons ne peut servir d'excuse à l'introduction des chèvres nécessaires à la conduite du troupeau. (Cass. 16 mars 1833.)

8. *Algérie. Usagers. Prohibitions. Pénalités.* — Il est interdit à tous usagers, sauf droit s'il y a lieu, à indemnité en cas de titre ou possession contraire équivalente à titre, d'introduire des chèvres dans les forêts de l'État ou sur les terrains qui en dépendent, à peine, contre les propriétaires, de l'amende maxima (2 ou 4 francs). Il pourra, en outre, être prononcé contre le berger une amende de 1 à 5 francs et, en cas de récidive, un emprisonnement de 1 à 5 jours. A titre de mesure exceptionnelle, l'introduction des chèvres des

usagers pourra être autorisée dans les tranchées des forêts de l'État par le gouverneur général. (Loi du 21 février 1903, art 71 et 177. Circ. N 642.)

Dispositions applicables aux bois des communes et établissements publics. (Loi du 21 février 1903, art. 89.)

Les pénalités de cet article 89 paraissent être, dans tous les cas, celles de l'article 177, plûtot que celles de l'article 71 (Ch. Guyot.)

9. *Bois particuliers.* — Les particuliers peuvent introduire des chèvres dans leurs bois, mais ils ne peuvent permettre à l'usager au pacage l'exercice de son droit, la défense de l'article 78 du Code forestier étant d'ordre public. (Cass. 20 décembre 1902.) V. Mouton.

Il en serait de même en ce qui concerne des autorisations données à des tiers.

10. *Droit d'usage. Pâturage. Particulier.* — Bien que la Cour de cassation en ait jugé autrement (Cass. 11 mars 1844), un propriétaire peut, en vendant son bois, se réserver le droit ou la propriété d'y faire paturer les chèvres et les moutons, et l'acquéreur ne peut pas le contraindre au rachat de ce droit en vertu de l'article 78 du Code forestier. (Meaume, t. II, p. 336 et suiv.)

11. *Usager. Rachat.* — La défense d'introduire des chèvres au pâturage constitue une prohibition d'ordre public, qui ne permet pas au propriétaire de s'affranchir de l'obligation d'indemniser les usagers valablement investis du droit de dépaissance des chèvres, en leur offrant de les maintenir dans l'exercice de ce droit. (Cass. 12 juin 1866.)

12. *Excuse. Pâturage. Propriété.* — L'individu qui a fait pacager un troupeau de chèvres sur un terrain qui ne lui appartient pas ne peut valablement opposer une exception préjudicielle, résultant de la propriété qu'aurait, de ce terrain, la personne qui lui a donné l'autorisation d'y conduire ses chèvres. (Cass. 13 septembre 1850.) V. Bandite. Exception préjudicielle.

13. *Usager. Pâturage. Indemnité.* — Les usagers qui prétendent avoir joui du pâturage des chèvres dans les bois domaniaux et communaux, en vertu de titres valables ou d'une possession équivalente à ces titres, peuvent, s'il y a lieu, réclamer une indemnité qui sera réglée de gré à gré, ou par les tribunaux. (Cod. For. 78. Loi du 18 juillet 1906. Circ. N 703.)

14. *Demande de rachat du droit d'usage. Délai.* — La demande en indemnité pour le pâturage des chèvres, dans un bois particulier, a pu être formée plus de trente ans après le Code forestier, si le pâturage a été continué du consentement du propriétaire. (Cass. 12 juin 1866.)

15. *Terrains particuliers: Pâturages. Conditions. Dommages.* — Les préfets peuvent, après avoir pris l'avis des conseils généraux et des conseils d'arrondissement, déterminer par des arrêtés les conditions sous lesquelles les chèvres peuvent être conduites et tenues au pâturage. Les propriétaires de chèvres conduites en commun sont solidairement responsables des dommages qu'elles causent. (Loi du 4 avril 1889, art. 2 et 3.)

16. *Algérie. Hors-chemins. Pénalités.* — Les propriétaires de chèvres trouvées de jour dans les bois de dix ans et au-dessus seront condamnés à une amende de :

40 centimes à 2 francs pour une chèvre.

Si les bois ont moins de dix ans, l'amende sera de :

80 centimes à 4 francs.

Le tout sans préjudice, s'il y a lieu, des dommages-intérêts.

Il pourra en outre, être prononcé contre le berger :

Un emprisonnement de cinq jours à deux mois.

En cas de récidive, le maximum de l'amende sera appliqué. (Loi du 21 février 1903, art. 177. Circ. N 642.)

CHEVREAU.

Pâturages. Pénalités. — Jeune animal de l'espèce caprine, tétant encore sa mère, mais dont l'introduction en forêt ne peut être tolérée à cause des prescriptions du Code forestier. En cas d'infraction et de délit mêmes pénalités que pour les chèvres.

CHEVREUIL.

1. *Dégâts. Classification.* — Le chevreuil, lorsqu'il fait des dégâts, peut être considéré comme bête fauve (animal nuisible). (Rouen, 22 juin 1865. Paris, 21 juin 1866.)

2. *Chevreuil blessé.* — Celui qui ayant mortellement blessé un chevreuil sur son terrain le suit dans la forêt d'autrui, sans appuyer ses chiens et portant en bandoulière son fusil déchargé, ne commet pas un délit de chasse. (Cass. 23 juillet 1869.)

3. *Chevreuil mort.* — Ne commet point de soustraction frauduleuse celui qui, même sur la propriété d'autrui, s'empare d'un chevreuil tué depuis plusieurs jours et qu'aucun chasseur n'avait réclamé, ni recherché.

En pareil cas, on ne saurait considérer ce gibier comme appartenant à une personne inconnue, et il devient la propriété du premier occupant. (Trib. de Compiègne, 12 avril 1881.)

4. *Battue. Délit involontaire.* — Il n'y a pas délit de chasse de la part d'un chasseur qui,

dans une battue aux animaux nuisibles, tire au jugé dans un fourré et tue un chevreuil au lieu d'un loup, alors que l'animal tué avait déjà essuyé plusieurs coups de feu et que celui qui l'a tué n'a pu connaître l'animal sur lequel il tirait. (Cass. 16 novembre 1866.)

5. *Chevrette. Chasse.* — Pendant la dernière année du bail, les chevrettes ne pourront être chassées sans l'autorisation du conservateur qui déterminera le nombre d'animaux pouvant être tués. (Cah. des ch. 16. Circ. N 718.)

CHEVRIER.

Définition. — Gardien de chèvres. V. Berger. Pâtre.

CHICOT.

Définition. — Portion de la tige qui reste hors de terre, lorsqu'un arbre a été abattu ou rompu près de sa souche. V. Souche.

CHIEN (en général).

1. *Principe.* — Bien que les chiens soient des animaux domestiques, ils n'ont jamais été rangés au nombre des «bestiaux» auxquels s'appliquent les lois de 1791 et de l'an IV. Les dégâts qu'ils commettent dans les propriétés rurales ne peuvent donner lieu qu'à des réparations civiles. (Ch. Guyot.) V. Bestiaux.

2. *Destruction. Circonstances. Pénalités.* — Celui qui tue le chien d'autrui sans nécessité est non seulement obligé d'indemniser le propriétaire de ce chien mais est de plus passible de l'article 479 § 1 du code pénal qui punit d'une amende de 11 à 13 francs le dommage causé volontairement aux propriétés mobilières d'autrui.

Cette pénalité est encourue même lorsque cette destruction a eu lieu dans un terrain clos appartenant à l'auteur du fait. (Angers, 7 janvier 1873.)

Mais cette destruction volontaire échappe à toute incrimination, lorsqu'elle a eu lieu par nécessité, par exemple par un propriétaire sur son terrain et au moment où cet animal portait atteinte à sa propriété. (Cass. 7 juillet 1871. Bordeaux, 4 mars 1879.)

Cependant la cour de Poitiers a décidé, le 14 novembre 1879, qu'un propriétaire n'a pas le droit de tuer un chien qui vient, dans sa propriété, manger ses poules. Il n'y a, en pareil cas, ni nécessité, ni péril imminent, pouvant légitimer la destruction de ce chien.

3. *Divagation.* — Les chiens trouvés divagant dans les bois, les vignes ou les récoltes peuvent être saisis par le propriétaire de ces immeubles ou par le garde-champêtre et mis en fourrière; si dans les délais impartis par la loi, ils n'ont pas été réclamés et si les dommages et les autres frais n'ont pas été payés, ils peuvent être abattus sur l'ordre du maire. (Loi du 21 juin 1898, art. 16.)

4. *Divagation en forêt.* — Les adjudicataires de coupes de bois ainsi que leurs facteurs, employés, bûcherons, ouvriers et voituriers ne pourront laisser errer des chiens en forêt. Les chiens servant à la garde des loges, ateliers et chantiers devront être constamment attachés ou enfermés. (Cah. des ch. 67.)

5. *Excitations. Passants. Pénalités.* — Ceux qui auront excité ou n'auront pas retenu leurs chiens, lorsqu'ils attaquent ou poursuivent les passants, quand même il n'en serait résulté aucun dommage, encourront :

Amendes : 6 à 10 francs. (C. P. 475.)

En cas de récidive, *Prison*, maximum : 5 jours. (C. P. 478.)

6. *Responsabilité.* — Il y a contravention punissable dans le seul fait du propriétaire qui ne retient pas l'animal, lorsque celui-ci attaque ou poursuit les passants (Cass. 19 juillet 1894.

7. *Chien hydrophobe. Destruction.* — Les chiens mordus par un autre chien atteint d'hydrophobie ne peuvent être abattus, sur l'ordre de l'autorité, que dans les lieux publics et non pas dans le domicile de leurs maîtres, s'ils y sont tenus attachés. (Cass. 16 novembre 1872.)

CHIENS DE CHASSE (courants ou d'arrêt).

1. *Meute.* — Les lieutenants de louveterie doivent avoir dix chiens courants et quatre limiers. (Règl. 20 août 1814, art. 6.)

2. *Préposés.* — Il est interdit aux préposés d'avoir des chiens courants ou d'arrêt (Circ. N 72.)

3. *Chasse. Délit.* — L'emploi de chiens courants constitue un fait de chasse, même de la part du maître qui n'a qu'un fusil chargé et qui est dépourvu de cartouches, alors que le maître suit les chiens et préside à leurs recherches. (Nîmes 29 janv. 1880.)

4. *Quête. Délit de chasse.* — Il y a délit de chasse dans le fait de faire quêter un chien dans une luzerne, en temps prohibé, même lorsque le propriétaire n'aurait d'autre but que de dresser son chien. (Cass. 17 févr. 1853.)

5. *Quête. Laisse. Temps prohibé. Délit.* — Le fait, par un individu, d'avoir, en temps prohibé, fait quêter ses chiens dans un champ non clos constitue le délit de chasse prévu et puni par l'article 12 de la loi du 3 mai 1844, quand même il serait constaté que le prévenu était sans armes, qu'il tenait ses chiens en laisse et que son but unique était de dresser ces animaux à poursuivre le gibier. (Poitiers, 10 novembre 1882.)

6. *Protection des œufs et couvées.* — Es légal et obligatoire l'arrêté préfectoral qui

pour prévenir la destruction des oiseaux, œufs et couvées, interdit la divagation des chiens, après la clôture de la chasse.

L'infraction à cet arrêté est, en conséquence, passible de l'amende édictée par l'article 11, § 3, de la loi du 3 mai 1844 (16 à 100 francs).

Le fait de laisser chasser son chien en temps prohibé constitue, d'ailleurs, le délit prévu et puni par l'article 12, § 1, de ladite loi. (Trib. de Beaune, 6 novembre 1888 et 5 novembre 1889.)

7. *Divagation.* — Les brigadiers et gardes doivent être invités à porter leur attention sur la divagation des chiens qui ne présente pas seulement les plus sérieux inconvénients pour la conservation du gibier, mais qui constitue de véritables dangers pour la propagation de la rage. (Circ. N 648.)

8. *Divagation. Pénalité.* — Lorsqu'un arrêté préfectoral, légalement pris, a interdit, afin de prévenir la destruction des oiseaux, œufs et couvées, de laisser errer des chiens, soit dans les bois, soit dans la plaine, toute infraction à cet arrêté tombe sous l'application de l'article 9 du paragraphe 3 de la loi du 3 mai 1844. (Nancy, 23 janvier 1884.)

9. *Protection du gibier. Divagation.* — Les arrêtés que peuvent prendre les préfets, pour prévenir la destruction et favoriser le repeuplement des oiseaux, s'appliquent non seulement aux oiseaux vivant d'insectes, mais encore aux oiseaux qualifiés de gibier.

Un préfet agit dans la limite de ses pouvoirs en interdisant de laisser errer les chiens dans les bois ou la plaine, pour prévenir la destruction des œufs et couvées. (Angers, 28 juillet 1879.)

10. *Arrêté. Divagation.* — L'arrêté par lequel il est interdit aux propriétaires de chiens de laisser errer ces animaux, soit dans les bois, soit dans la plaine, pendant le temps où la chasse est prohibée, est pris dans la limite des pouvoirs donnés aux préfets par l'article 9 de la loi du 3 mai 1844. (Dijon, 26 novembre 1890.)

11. *Divagation. Arrêté préfectoral. Sanction.* — L'arrêté pris par un préfet dans le but de protéger les récoltes ou même le repeuplement du gibier, en l'espèce un arrêté interdisant la divagation des chiens de chasse dans les champs, bois, vignes, jardins et autres propriétés couvertes de récoltes, jusqu'au jour de la chasse, ne peut trouver sa sanction, en cas d'infraction, que dans l'article 471 al. 15 du Code pénal. (Trib. de Thonon, 28 mai 1903.)

12. *Divagation. Arrêté préfectoral.* — Lorsqu'un arrêté préfectoral, légalement pris en vertu de l'article 9, § 4, de la loi du 3 mai 1844, oblige les propriétaires de chiens à veiller à ce que ces animaux n'errent pas dans les bois et dans la plaine, celui qui laisse, à une certaine distance de lui et pendant un certain temps, ses chiens parcourir des récoltes tombe sous l'application de l'article 11, § 3, de la loi précitée. (Rouen, 2 décembre 1881.)

L'infraction à un tel arrêté constitue, non une simple contravention de police, mais un délit tombant sous l'application de l'article 11 de la loi précitée. (Paris, 5 avril 1898.)

13. *Divagation. Morsure.* — Un chien doit nécessairement être considéré comme un animal malfaisant ou féroce, dont la divagation est défendue par l'article 475, § 7, du Code pénal, lorsque, sans provocation constatée, il a attaqué une personne sur la voie publique et l'a mordue.

Et la contravention de divagation ne peut être écartée, en ce cas, sous prétexte que le chien appartient à la race des lévriers, qui est d'un naturel souple et docile, et qu'il n'est point établi qu'il ait l'habitude de se jeter sur les passants. (Cass. 15 mai 1891.)

14. *Arrêté préfectoral. Divagation. Étendue.* — L'arrêté préfectoral contenant défense de laisser errer les chiens durant la période de la fermeture de la chasse est sanctionné par l'article 11, § 3 de la loi du 3 mai 1844. Il ne vise que le cas de divagation en l'absence ou hors de la surveillance et de l'action de leur maître, mais il ne s'applique pas à l'hypothèse où celui-ci se trouve dans la campagne, accompagné de son chien, qu'il conserve à une très courte distance de lui, sans l'exciter, ni le lancer à la quête du gibier. (Trib. de Langres, 24 juin 1892.)

15. *Divagation. Arrêté préfectoral.* — Est illégal l'arrêté préfectoral qui interdit de laisser divaguer les chiens à travers les champs, prés, bois ou vignes, pendant l'époque où la chasse en plaine est fermée en visant soit la loi municipale du 5 avril 1884, soit le décret du 22 juin 1882 sur la police sanitaire des animaux. (Cass. 12 février 1903.) Il en résulte que les règlements de l'espèce ne pourraient être pris valablement que par les maires, en vertu de l'article 16 de la loi du 21 juin 1898 (Code rural) relatif à la divagation des chiens.

16. *Chasse. Délit.* — Le propriétaire d'un chien d'arrêt est en délit lorsque, après avoir été prévenu plusieurs fois par le garde qu'il ne devait pas laisser son chien d'arrêt errer en forêt, il est constaté que ce chien a chassé pendant une heure, alors que son maître se trouvait dans une vigne voisine de la forêt. (Trib. de Tonnerre, 17 juillet 1885.)

17. *Acte volontaire.* — L'existence de tout délit de chasse est subordonnée à un acte personnel et volontaire ayant pour but de recher-

cher et de poursuivre le gibier, afin de se l'approprier. En conséquence, on ne saurait relever un délit de chasse contre celui dont les chiens se sont échappés et, guidés par leur seul instinct, ont poursuivi du gibier sur le terrain d'autrui, sans qu'il y ait eu, de sa part, aucune participation. (Dijon, 14 janvier 1889. Paris, 6 février 1894.)

18. *Poursuite du gibier. Terrain d'autrui. Délit.* — Le fait par un chien, qui a lancé un lièvre sur un terrain où son maître avait le droit de chasse et l'a poursuivi dans une forêt où la chasse lui était défendue, d'abandonner la première voie et de relever en forêt un autre lièvre, ne saurait constituer un délit à la charge du maître, alors que ce maître, placé hors de la forêt, à une distance de 250 mètres, a été dans l'impossibilité d'empêcher son chien de poursuivre le second lièvre. (Paris, 22 février 1892.)

19. *Acte de chasse. Délit.* — Commet le délit de l'article 11 § 2 de la loi du 9 mai 1844, le chasseur qui a laissé son chien courant poursuivre un lièvre pendant dix minutes, dans un bois dont il n'a pas la chasse, sans rien faire pour le rappeler, alors que ce chasseur se tenait à proximité, témoignant de sa volonté de profiter du retour du lièvre en plaine après une randonnée en forêt. (Nancy, 16 mars 1904.)

20. *Rappel.* — Le fait de laisser chasser les chiens sans les rappeler constitue le délit prévu par l'article 21 de la loi du 3 mai 1844. C'est au prévenu d'établir la preuve qu'ils ont été dans l'impossibilité de rappeler leurs chiens. (Trib. d'Annecy, 18 déc. 1888.)

21. *Passage. Excuse.* — Le passage de chiens courants sur l'héritage d'autrui, à la suite du gibier, est excusable, lorsqu'il est constaté, en fait, que le gibier poursuivi a été lancé sur la propriété du chasseur, qui a fait tous ses efforts pour rompre les chiens et pour les rappeler.

Cette constatation, souverainement faite par la cour d'appel, échappe au contrôle de la cour de cassation. (Cass. 1er mai 1880.)

22. *Simple passage. Absence de délit.* — Le simple passage de chiens courants à la poursuite du gibier, dans un bois où leur maître n'a pas droit de chasse, ne constitue pas un délit à la charge de celui-ci, alors que les faits de la cause ne permettent pas d'induire que le maître s'est associé à la poursuite, par un acte personnel et volontaire.

Peu importe que le maître des chiens, invité par le garde à les rappeler, ait négligé de les rejoindre ou d'essayer de les rompre. (Dijon, 16 mars 1892.)

23. *Rappel.* — Il ne suffit pas, pour satisfaire à la loi, de rappeler et de corner les chiens lancés à la poursuite du gibier dans une forêt dont la chasse est amodiée. Le propriétaire du chien doit, en outre, chercher à les rompre; il est en délit, alors surtout qu'il n'a rien fait pour qu'il en soit ainsi et que même il a déclaré qu'il se moquait du propriétaire de la chasse.

Dans ces circonstances, le propriétaire des chiens doit être condamné pour avoir chassé sur le terrain d'autrui. (Dijon, 4 janv. 1882.)

24. *Passage de chiens. Terrain d'autrui.* — Le jugement correctionnel ne peut excuser le passage de chiens courants sur l'héritage d'autrui que s'il constate que le gibier poursuivi par les chiens a été levé sur la propriété de leur maître et que le prévenu a cherché à rompre les chiens et à les empêcher de pénétrer sur le terrain d'autrui, ou qu'il a été dans l'impossibilité de le faire, et c'est au prévenu qu'incombe la charge d'en rapporter la preuve. (Cass. 11 mai 1881.)

25. *Chien errant. Dommages-intérêts.* — Le propriétaire d'un chien errant qui, dans une forêt dont la chasse est louée, a attaqué et mis en fuite une horde de cerfs ou biches, peut n'être pas déclaré passible de dommages-intérêts envers le locataire de la chasse, si les juges du fond déclarent, par une appréciation souveraine, qu'il n'est résulté de ce fait pour le locataire de ladite chasse aucun préjudice appréciable. (Cass. 11 novembre 1902.)

26. *Destruction. Divagation.* — Un propriétaire a le droit de détruire des chiens de chasse qui s'introduisent dans son parc, même sans l'assentiment de leur maître, alors qu'au moment où il les blesse ou les tue, les chiens qui, plusieurs fois déjà avaient pénétré chez lui, parcouraient en tous sens sa propriété. (Trib. de Loches, 19 juin 1885.)

27. *Divagation. Gibier. Dommages-intérêts.* — La présence de chiens errants, se livrant à la chasse dans les bois et forêts, est pour le gibier une cause de destruction et d'éloignement et constitue une atteinte au droit de chasse, qui justifie l'allocation de dommages-intérêts au concessionnaire de ce droit. (Trib. de Rennes, 30 novembre 1894.)

28. *Destruction.* — Des propriétaires de bois et forêts ou leurs agents ont le droit de tuer les chiens qui viennent chasser et causent ainsi un dommage actuel au droit de propriété. (Trib. de Dreux, 17 mai 1881.)

CHOSE JUGÉE.

1. *Définition.* — Point décidé par une juridiction et devenu inattaquable par les voies ordinaires. La chose jugée réside dans le dispositif et non dans les motifs du jugement. (Cass. 3 décembre 1856.)

2. *Condition.* — La poursuite et l'action publique s'éteignent par le fait du jugement d'acquittement. (Instr. Crim. 360.)

Pour constituer la chose jugée au correctionnel il faut :

1° Qu'il s'agisse d'un jugement susceptible d'exécution; si le jugement est purement *préparatoire*, s'il ne prononce pas sur le fond du procès, si les dispositions sont contradictoires ou incertaines, la décision ne peut pas produire la chose jugée;

2° Que le jugement soit *définitif*, c'est-à-dire inattaquable par quelque voie que ce soit, telle qu'opposition ou appel;

3° Qu'il y ait identité entre le fait qui a été l'objet de la première poursuite et le fait qui est l'objet de la seconde.

3. *Juridiction civile. Intervention.* — Le jugement rendu par le tribunal répressif par suite de l'exercice de l'action publique et déclarant le fait non délictueux n'empêche pas d'examiner, devant la juridiction civile, les conséquences civiles du fait, à condition que ce fait soit reconnu constant et que la personne poursuivie en soit reconnue l'auteur. (Ch. Guyot.)

4. *Conséquence. Autorité.* — La chose jugée au possessoire est sans influence sur le pétitoire (Cass. 28 décembre 1857), ou sur un jugement correctionnel. (Cass. 16 février 1859).

5. *Prescription.* — Il n'y a pas chose jugée. lorsqu'une commune, qui a été repoussée dans son exception de prescription *acquisitive*, invoque pour le même objet la prescription *libératoire*. (Besançon, 12 décembre 1864.)

6. *Force. Autorité.* — Le jugement passé en force de chose jugée a tous les droits d'une vérité incontestable (Conseil d'État, 12 novembre 1806), et le fait qui l'a motivé ne peut plus donner lieu à poursuite. Toutefois un fait jugé peut donner lieu à une seconde poursuite, si la qualification légale du délit et la pénalité sont changées.

7. *Fait. Autorité.* — L'autorité de la chose jugée n'a lieu qu'à l'égard de ce qui a fait l'objet du jugement. (Cod. Civ. art. 1351.)

8. *Partie. Autorité.* — Un jugement n'a force de chose jugée que pour les parties représentées dans l'instance, quand bien même il s'agirait d'un droit identique. Ainsi un cantonnement fait par un maire n'oblige pas les habitants qui ont des droits d'usage sur un domaine faisant partie d'une commune. mais qui en a été détaché. (Cass. 2 août 1841.)

9. *Autorité.* — L'autorité de la chose jugée s'attache aux décisions des tribunaux, à quelque ordre qu'ils appartiennent, tant qu'elles n'ont pas été réformées par les voies légales; il suffit qu'elles aient l'apparence de la régularité en la forme pour qu'elles soient indéfiniment opposables. (Besançon, 14 janvier 1895.)

10. *Exception.* — L'exception de la chose jugée doit être déclarée non recevable, lorsque la décision d'où on la fait résulter n'est pas produite en forme probante. (Cod. Civ. 1351. Cass. 10 février 1868.)

11. *Cassation. Exception.* — L'exception de la chose jugée ne peut pas être utilement proposée pour la première fois en cassation. (Cass. 10 février 1858 et 23 mai 1873.)

12. *Condition. Violation.* — Lo violation de la chose jugée ne résulte que de la contradiction existant entre les dispositifs de deux jugements ayant caractère définitif. (Cass. 24 juillet 1863.)

13. *Erreurs. Rectification.* — Il n'y a pas atteinte à la chose jugée dans la décision par laquelle une cour rectifie différentes erreurs contenues dans un précédent arrêt. (Cass. 23 novembre 1824.)

14. *Calcul. Erreurs.* — Il n'y a pas violation de la chose jugée dans la rectification des erreurs de calculs qui se sont glissées dans un jugement. (Trib. de Schlestadt, 14 août 1861.)

CIBLE.

Réparation. Autorisation. — La réparation de cibles est autorisée par l'administration quelle que soit l'évaluation de la dépense. (Circ. N 566, art. 162.) V. Tir.

CIRCONFÉRENCE.

1. *Mesure.* — La circonférence des arbres coupés en délit doit se mesurer à 1 mètre du sol. (Cod. For. 34, 192.) Si l'arbre a été enlevé et façonné, le tour sera mesuré sur la souche; si la souche a été enlevée, le tour sera calculé dans la proportion de 1/5 en sus de la dimension totale des quatre faces de l'arbre équarri. (Cod. For. 193.) V. Arbre.

2. *Souche. Mesure.* — On ne doit mesurer la circonférence sur la souche que s'il est impossible de faire autrement et si le procès-verbal constate l'impossibilité de mesurer à 1 mètre du sol, parce que le bois est façonné. Cette déclaration constitue un fait matériel, faisant foi jusqu'à inscription de faux, et, dans ce cas, les tribunaux sont obligés d'accepter la circonférence prise sur la souche. (Cass. 14 janvier 1830.) Toute autre évaluation serait arbitraire et illégale. (Cass. 5 avril 1851.)

3. *Mesure. Hauteur.* — Si le procès-verbal ne dit pas à quelle hauteur la circonférence a été mesurée, on doit présumer qu'elle l'a été d'après les dispositions de la loi, si le prévenu a assisté au mesurage sans élever de réclamations. (Cass. 18 juin 1842.)

4. *Mesure. Fait.* — La déclaration que le mesurage de la circonférence a été fait à 1 mètre du sol constitue un fait matériel, faisant foi jusqu'à inscription de faux. (Nancy, 8 mars 1833.)

5. *Bout. Mesure.* — Lorsqu'on ne peut pas savoir à quelle hauteur l'arbre a été coupé, on doit mesurer la circonférence au gros bout et à la coupe.

6. *Dimensions. Évaluation.* — Lorsqu'un procès-verbal énonce que la dimension des arbres coupés ou enlevés est égale ou supérieure à 2 décimètres de tour, les tribunaux ne peuvent considérer comme charge à dos la quantité de bois détaillée au procès-verbal. (Cass. 4 août 1836.)

7. *Dimensions. Arbitrage.* — Lorsqu'un procès-verbal, qui constate l'enlèvement en délit de plusieurs arbres, n'en fait connaître ni l'essence, ni les dimensions, et qu'il ne résulte pas qu'il y ait eu impossibilité de les constater, le tribunal doit en arbitrer la grosseur d'après les documents du procès. (Cass. 20 mars 1830.)

8. *Dimension. Preuves.* — Le prévenu peut faire entendre des témoins pour établir la véritable circonférence de l'arbre, si on ne peut pas le représenter, ni le trouver. (Cass. 12 septembre 1829.)

9. *Décimètres. Fraction.* — Dans la mesure de la circonférence, les fractions de décimètre ne se comptent pas. (Cass. 12 septembre 1829.)

CIRCONSCRIPTION.

1. *Changement.* — Le changement des circonscriptions des arrondissements forestiers est du ressort du ministre. (Ord. 7.)

2. *Agents. Préposés.* — Le ministre détermine les circonscriptions et cantonnements et triages dans lesquels les agents et les préposés domaniaux doivent exercer leurs fonctions. (Ord. 10. Décr. du 14 janvier 1888. Circ. N 394.)

3. *Surveillance. Délit.* — Les agents ne peuvent constater les délits que dans le territoire pour lequel ils sont commissionnés, et les gardes forestiers, dans toute l'étendue de l'arrondissement du tribunal près duquel ils ont prêté serment. (Cod. For. 160.)

4. *Autorité.* — C'est le serment qui confère aux employés le droit de constater par procès-verbaux les infractions à la loi forestière. Ce droit, pour les agents, est limité à l'étendue de leur *circonscription,* et, pour les gardes, il s'étend dans tout le ressort du tribunal auprès duquel ils sont assermentés.

5. *Délit.* — Dans le cas où la trace d'un délit entraînerait les gardes en dehors de la circonscription pour laquelle ils sont assermentés, ils doivent requérir l'assistance des agents ou gardes locaux pour les suppléer.

CIRCONSTANCE AGGRAVANTE.

1. *Nomenclature.* — Les circonstances aggravantes des délits sont : la nuit, l'emploi de la scie et l'état de récidive (Cod. For. 201), et les amendes simples doivent être répétées autant de fois qu'il y a de circonstances aggravantes (Nancy, 17 mars 1837. *Contrà,* Cass. 16 août 1849.) V. Amende. Il en est de même en matière de pêche. (Loi du 15 avril 1829, art. 69 et 70.)

L'âge des bois (au-dessous de 10 ans), la qualité du délinquant (usager ou adjudicataire) sont des circonstances aggravantes, mais constitutives d'une certaine nature de délit, et bien que dans ce cas l'amende soit doublée par rapport à d'autres délits identiques, elle n'est qu'une amende simple, parce qu'elle est la sanction d'un cas spécialement prévu par le code et faisant exception au cas général.

Si le délit est commis par un agent ou préposé qui devait le réprimer ou le surveiller, celui-ci subira toujours le maximum de la peine. (Cod. Pén. 198.)

Pour la chasse, les peines édictées par les articles 11 et 12 sont portées au maximum, si le délit est commis par un préposé forestier. (Loi Chasse, 3 mai 1844, art. 12.)

2. *Algérie. Récidive. Nuit.* — La loi algérienne ne reconnaît que deux circonstances aggravantes : récidive et nuit.

La circonstance de nuit n'est relevée que dans le délit d'introduction d'animaux en forêt et donne lieu à l'application du maximum de la peine. (Loi du 20 février 1903, art. 177.)

3. *Ministère public. Preuve. Simple police.* — C'est au ministère public à faire la preuve des circonstances aggravantes. (Cass. 30 juillet 1898.)

En conséquence, si la prévention n'a retenu et si, d'ailleurs, les faits de la cause ne font ressortir aucune circonstance aggravante, le représentant du ministère public n'a pas à fournir au juge de simple police la preuve qu'il n'existe pas de circonstance de l'espèce. (Circ. N 737, art. 4 et 5.)

4. *Tribunal correctionnel.* — Lorsqu'une contravention de la nature de celles qui sont visées par l'article 171 du Code forestier a été déférée au tribunal correctionnel à raison d'une circonstance aggravante, le ministère public a l'obligation d'établir la réalité du fait qui dessaisit le tribunal de simple police, juge naturel de l'infraction. (Circ. N 737. art. 7.)

5. *Délit forestier. Garde champêtre.* — Bien que l'article 201 du Code forestier contienne l'énumération limitative des circonstances aggravantes en matière forestière, il y a lieu néanmoins d'appliquer en cette matière les dispositions de la loi générale non comprises au Code forestier; aussi l'un des prévenus étant garde champêtre, ce prévenu doit être condamné au maximum de la peine, en vertu de l'article 198 du Code pénal (Chambéry, 11 novembre 1901.)

6. *Amende. Triplement.* — En vertu de l'article 201 du Code forestier, l'amende simple doit être répétée autant de fois qu'il y a de circonstances aggravantes constatées par le procès-verbal. Il n'y a pas à distinguer à cet égard entre la récidive et les deux autres circonstances aggravantes du Code forestier : nuit et emploi de la scie. (Trib. d'Abbeville, 9 mars 1911.)

7. *Chasse.* — La peine est aggravée si le délinquant était en état de récidive, s'il était déguisé ou masqué, s'il a pris un faux nom, s'il a usé de violence envers les personnes ou s'il a fait des menaces. Elle pourra être doublée (Loi chasse, 14.).

La nuit est considérée comme circonstance aggravante :

Pour les délits de l'article 12 (chasse sur le terrain d'autrui);

Pour ceux de l'article 13 § 2 (chasse sur le terrain d'autrui clos et attenant à l'habitation.)

V. Chasse.

CIRCONSTANCE ATTÉNUANTE.

1. *Principes.* — La force majeure est la seule excuse admise par le Code forestier. On ne peut appliquer aux peines forestières les dispositions de l'article 463 du Code pénal pour les circonstances atténuantes qui ne sont pas admises. (Cod. For. 203.)

Ainsi la bonne foi et le défaut d'intention ne peuvent jamais faire mitiger les amendes. Il en est de même en matière de chasse. (Loi Chasse, 20.) V. Atténuation.

2. *Coalition.* — Les dispositions de l'article 463 du Code pénal (circonstances atténuantes) sont applicables au délit de coalition prévu par l'article 22 du Code forestier et puni par l'article 412 du Code pénal.

3. *Code forestier.* — Les tribunaux ne pourront appliquer aux matières réglées par le Code forestier les dispositions de l'article 463 du Code pénal. (Cod. For. 203.)

La loi du 31 décembre 1906, qui a attribué au juge de simple police la connaissance de certaines infractions forestières dans les conditions déterminées par l'article 171 nouveau du Code forestier, n'a modifié que les règles de la compétence, elle a conservé intactes toutes les prescriptions répressives du Code forestier. Par suite le juge de paix est tenu d'appliquer l'article 203 de ce code qui interdit l'admission des circonstances atténuantes prévues par l'article 463 du Code pénal. (Trib. cor. de Nancy, 4 juin 1908. Circ. N 736.)

4. *Proportion. Réduction.* — Dans tous les cas où la peine de l'emprisonnement et celle de l'amende sont prononcées par le Code pénal, si les circonstances paraissent atténuantes, les tribunaux correctionnels sont autorisés, même en cas de récidive, à réduire ces deux peines comme il suit :

Si la peine prononcée par la loi, soit à raison de la nature du délit, soit à raison de l'état de récidive du prévenu, est un emprisonnement dont le minimum ne soit pas inférieur à un an et une amende dont le minimum ne soit pas inférieur à 500 francs. les tribunaux pourront réduire l'emprisonnement jusqu'à six jours et l'amende jusqu'à 16 francs.

Dans tous les autres cas, ils pourront réduire l'emprisonnement même au-dessous de six jours et l'amende même au-dessous de 16 francs; ils pourront aussi prononcer séparément l'une ou l'autre de ces peines, et même substituer l'amende à l'emprisonnement, sans qu'en aucun cas elle puisse être au-dessous des peines de simple police. (Cod. Pén. 463, § 9.)

5. *Contravention de police.* — Les dispositions de l'article 463 (circonstances atténuantes) sont applicables à toutes les contraventions de police prévues par les articles 464 à 482 du Code pénal. (Cod. Pén. 483.)

Dispositions non applicables en matière forestière. (Circ. N 736.)

6. *Pêche.* — Dans tous les cas prévus par la présente loi, si le préjudice causé n'excède pas 25 francs et si les circonstances paraissent atténuantes, les tribunaux sont autorisés à réduire l'emprisonnement même au-dessous de six jours et l'amende même au-dessous de 16 francs; ils pourront aussi prononcer séparément l'une ou l'autre de ces peines, sans qu'en aucun cas elle puisse être au-dessous des peines de simple police. (Loi du 15 avril 1829. art. 72. Circ. N 513.)

7. *Circonstances atténuantes inadmissibles.* — Le délit consistant dans le refus de remise d'un filet de pêche prohibé, délit prévu et puni par l'article 41 de la loi du 15 avril 1829 d'une amende de 50 francs, ne peut ni par sa nature ni au point de vue de ses conséquences comporter l'évaluation pécuniaire à laquelle l'article 72 de ladite loi subordonne l'atténuation des peines en cas d'admission des circonstances atténuantes. (Cass. 25 juin 1910.) Ainsi les délits qui, par leur nature. ne sont pas susceptibles de l'évaluation pécuniaire du dommage causé ne peuvent bénéficier de cet article.

8. *Algérie. Loi forestière.* — En dehors du cas prévu à l'article 126 de la présente loi (incendie de propriétés voisines), l'article 463 du Code pénal ne sera pas applicable aux matières réglées par la présente loi. (Loi du 21 février 1903, art. 181. Circ. N 642.) V. Feu. Incendie.

CIRCONVOISIN. V. Voisin.

CIRCULAIRES.

1. *Autorité.* — L'autorité des circulaires est purement morale; la loi ne peut en recevoir aucune atteinte. Elles ne peuvent créer aucune obligation pour les citoyens, mais elles lient les agents mêmes de l'administration. (Vivien.)

2. *Coordination.* — La coordination et la refonte des circulaires détruiraient une confusion fâcheuse. Les circulaires se succèdent, se remplacent et parfois se contredisent; l'agent qui leur demande une règle de conduite ne la trouve pas toujours clairement tracée. (Vivien.)

3. *Séries successives.* — L'administration des forêts a édicté successivement plusieurs séries de circulaires, savoir :

1re série, dite de l'ancienne administration des domaines (4 brumaire an IV au 15 nivôse an IX).

2e série, dite de l'ancienne administration des forêts (16 nivôse an IX au 20 mai 1817).

3e série, dite de la nouvelle administration des domaines (20 mai 1817 au 11 octobre 1820).

4e série, dite des anciennes circulaires dont le numéro 1 commence au 24 novembre 1820 et le dernier numéro, 856, porte la date du 10 juin 1865. Une partie de ces circulaires est encore en vigueur, et, pour les différencier, on a fait précéder leurs numéros de la lettre A et la série est qualifiée série A.

5e série, dite des circulaires autographiées, elles sont au nombre de 103, du 22 juin 1852 au 12 juin 1865.

6e série en cours, dont le numéro 1 porte la date du 12 septembre 1865. Pour les distinguer, les numéros sont précédés de la lettre N et la série est qualifiée série N. V. *Revue des Eaux et Forêts*, 1904, page 469.

4. *Tables.* — A l'avenir, les circulaires de l'administration des forêts seront accompagnées de tables chronologiques et de tables alphabétiques. (Circ. N 1, art. 1.)

5. *Reliure.* — Les circulaires étaient reliées en volumes, aux frais des agents qui en étaient dépositaires, au fur et à mesure de la publication des tables. (Circ. N 1, art. 2. Circ. N 48, art. 1.) Ces frais seront supportés, à l'avenir, par l'administration . (Circ. N 839.)

6. *Reliure.* — Les agents doivent faire relier les volumes des circulaires dans les trois mois de la publication des tables et d'après le modèle de l'administration. Le conservateur doit s'assurer de ce fait. (Circ. N 147. Circ. N 668.)

7. *Inventaire.* — Chaque volume sera inscrit sur l'inventaire de la conservation, de l'inspection et du cantonnement. (Circ. N 1, art. 4.)

8. *Détérioration. Remplacement.* — Les volumes ou numéros égarés ou détériorés seront remplacés aux frais des agents. (Circ. N 1, art. 5.)

9. *Cessation de fonctions. Dépôt.* — Les volumes et numéros distribués aux gardes généraux en stage, aux agents détachés et aux membres des commissions seront, en cas de cessation de fonctions, déposés, sur reçu, dans les bureaux de la conservation ou d'une inspection désignée par le conservateur. (Circ. N 1, art. 6.)

10. *Refonte des circulaires.* — Les circulaires précédemment émises seront successivement refondues. (Circ. N 1, art. 11.)

11. *Transcription. Conservation.* — Toutes les circulaires des conservateurs doivent être transcrites, dans les bureaux des conservations, sur un registre spécial. (Circ. N 416.)

CIRCULAIRES. (1re SÉRIE.)

Période. — Cette série de circulaires embrasse la période du 4 brumaire an IV jusqu'au 15 nivôse an IX. Les circulaires sont comprises dans la série générale de la Régie, un très petit nombre intéresse les forêts.

CIRCULAIRES. (2e SÉRIE.)

Période. — Le numéro 1 est du 1er germinal an IX et la dernière porte le numéro 592 et la date du 15 mars 1817. Cette série ne renferme que des documents sans valeur actuelle.

CIRCULAIRES. (3e SÉRIE.)

Période. — Cette série rentre dans la série générale de l'Administration de l'Enregistrement. Les circulaires qui concernent les forêts existent dans les recueils de Baudrillart. (20 mai 1817 au 11 octobre 1820.)

CIRCULAIRES. (4e SÉRIE. — SÉRIE A.)

Cette série comprend 856 numéros de circulaires et, en outre, un nombre assez important de circulaires avec des numéros *bis, ter...* La plupart de ces circulaires n'ont plus qu'un intérêt documentaire, un grand nombre ayant été refondues ou abrogées par des dispositions postérieures, d'autres étant actuellement sans objet.

Ces circulaires se trouvent :

1° Dans le recueil chronologique des règlements forestiers par Baudrillart (tomes II à VI et supplément) du numéro 1 au numéro 580 *bis* en date du 16 décembre 1845;

2° Dans le *Bulletin des Annales forestières* (tomes I à VIII) du numéro 517 en date du 2 janvier 1842 au numéro 806 du 1er juin 1861.

3° Dans le *Répertoire de législation et de jurisprudence forestières* (tomes I et II) du numéro 807 en date du 31 octobre 1861 au n° 856 du 10 juin 1865.

CIRCULAIRES. (5e SÉRIE. — AUTOGRAPHIÉES.)

Il en reste encore quelques-unes en vigueur.

CIRCULAIRES. (6e SÉRIE EN COURS. — SÉRIE N.) Commençant le 12 septembre 1865.

Il a paru d'autant moins utile de reproduire ici la table alphabétique publiée par l'Administration, qui figure à la fin du tome XI des circulaires de la nouvelle série, que le présent dictionnaire constitue une table alphabétique et analytique des circulaires en vigueur.

TABLE CHRONOLOGIQUE *des Circulaires de l'Administration des Forêts (série N), commençant au n° 1, en date du 12 septembre 1865.*

NUMÉROS DES CIRCULAIRES.		DATES des CIRCULAIRES.	OBJET DES CIRCULAIRES.	DÉSIGNATION DES DOCUMENTS modifiant, complétant ou abrogeant les circulaires.
En vigueur, avec ou sans modification.	Abrogées, ou actuellement sans intérêt.			
			1865.	
1	//	12 septembre..	Circulaires.........................	C. N 20, 47, 48, 92, 146, 561, 589, 668, 839.
2	//	13 septembre..	Routes. Forêts communales.............	//
//	3	4 décembre ..	École forestière. Admission.............	C. N 290, 356, 394.
4	//	15 décembre ..	Caisses des retraites. Retenues	C. N 23, 207, 522, 525, 552, 605, 667.
			1866.	
//	5	7 février.....	Compte de gestion....................	C. N 116, 380, 551.
6	//	9 février.....	Acquisition. Cession. Location...........	C. N 233, 243, 248, 297, 298, 327, 404, 533, 571, 688, 706, 711, 713, 716, 739, 812.
7	//	24 février.....	Bois de marine. Délivrance.............	C. N 128, 205, 241, 272, 293, 385.
8	//	10 mars......	Défrichements. Renseignements...........	C. N 42, 43, 71, 115, 151, 256, 270, 280, 352, 427, 487, 505.
//	9	26 mars......	Administration centrale. Organisation......	C. N 137, 221, 229, 230, 342, 363, 394, 433, 797.
10	//	29 mars......	Secours.............................	C. N 70, 81, 450, 552, 605, 623, 800.
//	11	23 avril......	Cahier des charges. Exercice 1866........	C. N 56, 86, 111, 119, 122, 130, 140, 156, 180, 198, 212, 228, 251, 267, 283, 292, 312, 331, 350, 365, 387, 397, 398, 410, 419, 431, 462, 470, 578, 594, 619, 652, 752, 844, 854.
12		2 mai.......	Instance domaniale....................	//
13	//	8 mai.......	Hôpitaux militaires. Hospices. Bains.......	C. N 17, 47, 96, 144, 152, 225, 266, 323, 399, 411, 414, 420, 707, 769, 777.
14	//	12 mai.......	Dunes. Fixation......................	C. N 22, 556.
15	//	15 mai.......	Bois façonnés. Traites.................	C. N 69, 101, 102, 462, 854.
16		16 mai.......	Délimitation. Bornage. Bois communaux ...	C. N 54, 57, 64, 113.

NUMÉROS DES CIRCULAIRES.		DATES des CIRCULAIRES.	OBJET DES CIRCULAIRES.	DÉSIGNATION DES DOCUMENTS modifiant, complétant ou abrogeant les circulaires.
En vigueur, avec ou sans modification.	Abrogées, ou actuellement sans intérêt.			
//	17	21 mai.......	Établissements thermaux. Admission.......	C. N 47, 96, 144, 152, 225, 266, 323, 399, 414, 707, 769, 777.
18	//	4 juin.......	Tournées des conservateurs.............	//
19	//	7 juin.......	Produits domaniaux. Encaissement........	C. N 66, 69, 210.
//	20	8 juin.......	Circulaires. Abonnement...............	C. N 47, 48, 92, 146.
//	21	4 juillet.....	Gardes et brigadiers mixtes et communaux..	C. N 110, 375, 475, 634, 696.
//	22	14 août......	Travaux forestiers	C. N 170, 319, 376, 566, 567, 613, 840.
23	//	20 août......	Caisse des retraites. Retenues...........	C. N 207.
//	24	24 août......	Enquête agricole	//
//	25	28 août......	Caisse d'amortissement	C. N 27.
//	26	31 août......	Indemnités éventuelles.................	C. N 310, 329, 608.
//	27	13 septembre..	Aliénations. Coupes extraordinaires. Produits.	C. N 105.
//	28	19 septembre..	Notification d'une punition	Sans objet.
29	//	20 septembre..	Police des forêts. Frontière sarde........	C. N 30, 34, 148.
30	//	21 septembre..	Police des forêts. Frontière suisse........	C. N. 494.
31	//	25 août......	Retraites. Proposition d'admission........	C. N 81, 450.
32	//	26 août......	Pétitions. Timbre....................	C. N 124, 361. 689.
//	33	27 septembre..	Extraction de matériaux. Voirie vicinale. Indemnités.	C. N 59.
34	//	28 septembre..	Police des forêts. Loi du 22 juin 1866.....	//
35	//	3 octobre....	Zone frontière. Limites. Commission mixte..	C. N 43, 151, 253, 348, 388, 487, 565.
36	//	9 octobre....	Franchises et contre-seings.............	C. N 46, 84, 134, 150, 164, 174, 182, 216, 278, 326, 353, 434, 441, 550, 564, 598, 755, 825, 851.
37	//	13 octobre....	Mise en valeur des marais et bois communaux. Loi du 28 juillet 1860.	C. N 147.
38	//	17 octobre....	Produits forestiers communaux. Frais de timbre.	C. N 101, 102, 392.
39	//	30 octobre....	Garantie administrative. Privilège de juridiction.	D. 19 septembre 1870.
//	40	9 novembre..	Agents en disponibilité	C. N 467.
41	//	13 novembre..	Chemins vicinaux. Loi	//
//	42	20 novembre..	Défrichement. Timbre des déclarations.....	C. N 43, 71, 115, 151, 256, 270, 280, 352, 427, 487, 565.
43	//	4 décembre..	Défrichements	C. N 43, 71, 115, 151, 256, 270, 280, 352, 427, 487, 565.
44	//	28 décembre..	Aménagement des bois communaux.......	C. N 103, 154, 508, 653.
45	//	29 décembre..	Passage. Servitude légale. Tolérance.......	C. N 629.
46	//	31 décembre..	Franchises et contre-seings.............	C. N 84, 134, 150, 164, 174, 182, 216, 278, 326, 353, 434, 441, 550, 564, 598, 674, 755, 825, 851.

NUMÉROS DES CIRCULAIRES.		DATES des CIRCULAIRES.	OBJET DES CIRCULAIRES.	DÉSIGNATION DES DOCUMENTS modifiant, complétant ou abrogeant les circulaires.
En vigueur, avec ou sans modification.	Abrogées, ou actuellement sans intérêt.			

1867.

//	47	27 février.....	Hôpitaux. Circulaires. Retenues...........	C. N 96, 146.
//	48	28 février.....	Circulaires. Reliure..................	C. N 92, 146.
49	//	13 mars......	Comptabilité. États de traitement........	C. N 104, 107, 406, 633.
50	//	29 mars......	Préposé domanial ou mixte. Mariage.......	//
51	//	11 avril.....	Serment. Installation..................	C. N 234, 338, 464, 538, 747.
52	//	17 avril......	Imprimés. Frais d'impression	C. N 98, 252, 485, 529, 591.
53	//	3 mai......	Échange de bois et terrains domaniaux....	C. N 62, 489.
54	//	22 mai......	Délimitation. Arrêté. Procès-verbaux......	C. N 57, 64, 113, 345, 489,
//	55	23 mai......	Armement. Préposés..................	C. N 184.
//	56	24 mai......	Cahier des charges. Exercice 1867........	C. N 11.
//	57	26 mai......	Délimitations. Rédaction des procès-verbaux.	C. N 64, 113, 345.
//	58	29 mai......	Exposition universelle de 1867.........	//
59	//	31 mai......	Travaux publics. Extraction de matériaux..	C. N 478, 487, 565.
//	60	25 juillet.....	Expériences d'udométrie et d'atmidométrie..	C. N 89, 109, 117, 127, 131, 141.
//	61	27 juillet.....	Menus produits. Travaux	C. N 372.
62	//	31 juillet.....	Échange. Mise en possession.............	C. N 489.
63	//	22 août......	Chasse. Transaction..................	//
64	//	28 août......	Délimitations et bornages	C. N 78, 113, 426.
65	//	3 septembre..	Chasse. Police	C. N 72. 321, 374, 381, 400, 554, 604, 632, 648, 804, 871.
66	//	25 septembre..	Produits domaniaux. Contrôle des recettes..	C. N 69, 105, 210, 247.
67	//	15 octobre....	Matériel. Transport..................	C. N 100.
68	//	21 octobre....	Contributions. Dépenses départementales et communales.	C. N 75, 568. 650, 663.
69	//	24 octobre....	Bois façonnés. Coupes par unités de produits. Produits accidentels.	C. N 101, 210, 247, 462, 552, 605, 623, 800.
70	//	25 octobre...,	Secours.....................	C. N 81, 450.
71	//	29 octobre....	Défrichements...................	C. N 115, 256, 270, 280, 352, 427, 487, 565.
72	//	30 octobre....	Chasse. Location et police..............	C. N 321, 374, 381. 400, 554, 604, 648, 804, 871.
//	73	7 novembre..	Marchés. Frais de timbre..............	C. N 566.
74	//	8 novembre..	Travaux. Compétence des conseils de préfecture.	C. N 319, 566.
75	//	9 novembre..	Contributions. Dépenses départementales et communales.	C. N 568. 650, 663.
//	76	11 novembre..	Retenues. Remboursement d'avances.......	C. N 83, 184, 259, 284.
77	//	20 novembre..	Marteaux..................	C. N 163, 364, 384.
78	//	14 décembre..	Délimitations et bornages. Soumissions.....	C. N 113, 426.

NUMÉROS DES CIRCULAIRES.		DATES des CIRCULAIRES.	OBJET DES CIRCULAIRES.	DÉSIGNATION DES DOCUMENTS modifiant, complétant ou abrogeant les circulaires.
En vigueur avec ou sans modification.	Abrogées, ou actuellement sans intérêt.			
79	//	20 décembre..	Partage des bois indivis.............	//
80	//	28 décembre..	Vente des coupes de bois.............	C. N 87, 314, 373, 396, 469, 479, 491, 493, 567, 613, 712.
81	//	30 décembre..	Pensions. Retraite.................	C. N 450, 459, 476, 495, 500, 518, 526, 537, 538, 596, 700 754, 776, 788, 790, 796, 807, 818, 828.
			1868.	
82	//	23 mars......	Défensabilité. Bois particuliers. Moutons....	//
//	83	24 mars......	Armement des préposés. Munitions.......	C. N 184, 259, 284.
84	//	24 avril......	Franchise et contre-seing...............	C. N 134, 150, 164, 174, 182, 216, 278, 326, 353, 434, 441, 550, 564, 598, 674, 755, 825, 858.
//	83	29 avril......	Frais de justice....................	C. N 165, 382, 554, 791.
86	//	1er mai.......	Cahier des charges. Exercice 1868........	Voir C. N 11.
87	//	11 mai.......	Ventes. Nullité. Compétence	C. N 314, 373, 396, 469, 479, 491, 493, 567, 613, 712.
88	//	18 mai.......	Comptabilité. Crédits sans emploi........	C. N 104.
//	89	19 mai.......	Expériences d'udométrie et d'atmidométrie..	Sans objet.
//	90	26 mai.......	Congés.................	C. N 91, 268, 324, 390, 628, 826.
91	//	6 juin.......	Congés.................	C. N 268, 324, 390, 628, 826.
92	//	22 juin.......	Circulaires. Reliure..............	C. N 146.
//	93	26 juin.......	Préposés. Livrets.............	//
//	94	29 juin.......	Graines. Réception.............	C. N 158, 296, 566.
//	95	3 juillet.....	Repeuplement artificiel des coupes........	C. N 133, 168, 244, 261.
//	96	8 juillet.....	Hôpitaux militaires. Admission..........	C. N 144, 152, 225, 266, 323, 399, 414, 707, 769, 777.
97	//	25 juillet.....	Recomptage des réserves.............	//
98	//	28 juillet.....	Insertion dans les journaux. Frais........	C. N 252, 485, 529, 591.
99	//	1er août.......	Cadastre. Copies ou extraits............	C. N 297.
100	//	3 août......	Avances. Frais d'emballage et de transport.	//
101	//	7 août......	Bois façonnés. Timbre et enregistrement. Recouvrement.	C. N 102.
//	102	18 août......	Bois façonnés. Cahier des charges........	Cah. des ch. 30 mai 1883, C. N 462.
103	//	22 août......	Aménagement. Frais. Bois communaux.....	C. N 154.
104	//	24 août......	Comptabilité...............	C. N 107, 406, 633.

NUMÉROS DES CIRCULAIRES.		DATES des CIRCULAIRES.	OBJET DES CIRCULAIRES.	DÉSIGNATION DES DOCUMENTS modifiant, complétant ou abrogeant les circulaires.
En vigueur avec ou sans modification.	Abrogées, ou actuellement sans intérêt.			
//	105	23 octobre....	Aliénation. Bois domaniaux.............	//
//	106	17 novembre..	Traitement. Préposés sédentaires........	C. N 224, 409, 720, 742, 801.
107	//	21 novembre..	Comptabilité. Liquidation de traitements...	C. N 406, 633.
//	108	17 décembre..	Mise en régie. Notification.............	C. N 566.

1869.

//	109	8 mai.......	Expériences d'udométrie et d'atmidométrie..	C. N 117, 127, 131, 141.
//	110	28 juin......	Gardes communaux. Candidats militaires...	C. N 375.
//	111	10 juillet....	Cahier des charges. Exercice 1869........	Voir C. N 11.
//	112	10 août......	Maisons forestières à construire..........	C. N 566.
113	//	17 août......	Délimitations. Indemnités..............	C. N 426.
//	114	18 août......	Amnistie......................	C. N 599, 600, 603, 870.
115	//	4 septembre..	Défrichements..................	C. N 151. 256. 270, 280, 352, 427. 487, 565.

1870.

//	116	7 avril......	États de contrôle des exploitations et des travaux.	C. N 360, 428, 448.
//	117	18 juin......	Expériences de météorologie...........	C. N 127, 131, 141.
//	118	20 juin......	Enseignement des préposés............	C. N 250, 295, 336, 593, 641, 680.
//	119	21 juin......	Cahier des charges. Exercice 1870........	Voir C. N 11.
//	120	24 juin......	Aménagement. Futaie. Plan............	C. N 126, 133, 145, 172, 307, 359, 415, 426, 697, 873.

1871.

//	121	16 avril......	Recommandation. Sollicitation. Publicité...	C. N 324.
//	122	10 juillet.....	Cahier des charges. Exercice 1871........	C. N 130, 140, 165, 180, 198, 212, 228, 251, 267, 283, 292. 312, 331, 350, 365, 387, 397, 410, 419, 431, 462, 470, 578. 594, 619, 632, 752. 844.
//	123	17 juillet.....	Lettre du général Cambriels. Mise à l'ordre du jour.	Sans objet.
124	//	18 septembre..	Pétitions. Timbre..................	C. N 361, 689.
125	//	18 octobre....	Attribution de terrain. Chauffage........	C. N 418, 546.
//	126	15 décembre..	Aménagement. Expédition des plans.......	C. N 133, 172, 307. 359, 415, 426, 697. 873.

NUMÉROS DES CIRCULAIRES.		DATES des CIRCULAIRES.	OBJET DES CIRCULAIRES.	DÉSIGNATION DES DOCUMENTS modifiant, complétant ou abrogeant les circulaires.
En vigueur, avec ou sans modification.	Abrogées, ou actuellement sans intérêt.			
			1872.	
//	127	18 janvier	Expériences de météorologie	C. N 131, 141.
128	//	24 février	Bois de marine	C. N 205, 241, 272, 293, 385.
//	129	26 juin	Menus travaux exécutés par les gardes	C. N 566.
130	//	31 juillet	Cahier des charges. Exercice 1872	Voir C. N 11.
//	131	17 octobre	Expériences de météorologie	C. N 141.
			1873.	
//	132	4 janvier	Marchés. Enregistrement	C. N 566.
133	//	6 janvier	Aménagement. Repeuplements	C. N 172, 307. 359, 415, 426, 697, 873.
134	//	28 janvier	Franchise. Domaine des Barres	C. N 150, 164, 174, 182, 216, 278. 326, 353, 434, 441, 550, 564, 598. 674, 755, 825, 851.
135	//	21 février	Taxe des chevaux et voitures	//
136	//	15 avril	Prompte expédition des affaires	C. N 874.
	137	15 avril	Administration centrale. Organisation	C. N 221, 229, 230, 342, 363, 394, 433, 797.
//	138'	9 mai	Uniforme des agents. Petite tenue	C. N 175, 236, 378, 438, 760.
//	139	31 mai	Carte d'état-major. Remaniement	C. N 143, 325.
140	//	10 juin	Cahier des charges. Exercice 1873	Voir C. N 11.
//	141	26 juillet	Expériences de météorologie	Voir C. N 60.
//	142	5 septembre	Coupes par unités de produits. Cahier des charges.	C. N 283, 398. Voir C. N 11.
//	143	5 septembre	Carte d'état-major. Fourniture	C. N 325.
144	//	25 novembre	Frais d'hôpitaux. Retenue	C. N 152, 225, 266, 323, 399, 414, 707, 769, 777.
145	//	8 décembre	Aménagement. Places d'expérience	Voir C. N 120.
			1874.	
146	//	15 janvier	Circulaires. Reliure	C. N 561.
147	//	17 janvier	Reboisements. Subvention. Situation	C. N 193.
148	//	5 février	Préposés. Responsabilité. Poursuites	//
//	149	18 février	Condamnations forestières. Recouvrement	C. N 430, 445, 505, 554, 581, 612, 701, 710, 791.
150	//	23 février	Franchise	C. N 164, 174, 182, 216, 278, 326, 353, 434, 441, 550, 564, 598, 674, 755, 825, 851.

NUMÉROS DES CIRCULAIRES.		DATES des CIRCULAIRES.	OBJET DES CIRCULAIRES.	DÉSIGNATION DES DOCUMENTS modifiant, complétant ou abrogeant les circulaires.
En vigueur, avec ou sans modification.	Abrogées, ou actuellement sans intérêt.			
//	151	26 mars......	Zone frontière.....................	G. N. 253, 348, 388, 487, 565.
//	152	4 mai.......	Établissements thermaux militaires. Admission.	C. N 225, 266, 323, 399, 414, 707, 769, 777.
//	153	25 juin......	Chasse. Gratifications. Payement.........	C. N 554.
154	//	26 juin......	Loi sur les conseils généraux. Interprétation.	C. N 508.
155	//	27 juin......	Constructions à distance prohibée.........	//
//	156	29 juin......	Cahier des charges. Exercice 1874........	Voir C. N 11.
157	//	27 juillet.....	Propriétés de l'État. Tableau.............	//
//	158	28 juillet.....	Graines. Transport et vérification.........	C. N 566.
//	159	28 juillet.....	Modifications de l'article 105 du Code forestier.	C. N 332, 729, 767.
160	//	21 août......	Produits domaniaux. Frais d'adjudication...	//
161	//	4 décembre..	Mémoire. Timbre.....................	C. N 361. 566.
//	162	5 décembre..	Frais de régie. Liquidation..............	C. N 211, 393, 535, 786, 868.
163	//	8 décembre..	Marteau. Gardes du reboisement.........	C. N 364, 384.

1875.

164	//	5 janvier....	Franchises postales.....................	C. N 174, 182, 216, 278, 326, 353, 434, 441, 550, 564, 598, 674, 755, 825, 851.
//	165	5 janvier....	Frais de justice. Remboursement.........	C. N 382, 554, 791.
//	166	26 janvier...	Engagés conditionnels. École forestière.....	C. N 186.
167	//	2 février.....	Délivrances à l'artillerie...............	C. N 192, 315, 432, 496.
//	168	5 mars......	Repeuplements artificiels...............	C. N 244, 261, 566.
169	//	8 mars......	Fraude sur les allumettes. Surveillance.....	C. N 185, 488.
170	//	11 mars......	Travaux forestiers. Livraison de bois......	C. N 319, 376, 566, 567, 613.
//	171	27 mars......	Délits de chasse. Gratification. Payement....	C. N 554.
//	172	9 avril......	Aménagement. Conversion en futaie.......	C. N 307, 359, 415, 426. 697, 878.
//	173	14 avril......	Organisation militaire.................	C. N 239, 302, 424, 444, 446, 670, 829.
174	//	5 mai......	Franchises postales....................	C. N 182, 216, 278, 326, 343, 424, 441, 550, 564, 598, 674, 755, 825, 851.
//	175	10 mai......	Uniforme des agents..................	C. N 236, 378, 438, 760, 813.
//	176	11 mai......	Uniforme des préposés. Grande tenue......	C. N 436, 449, 465, 534, 563, 662, 695, 760, 813.
//	177	20 mai......	Insignes de grade.................s...	C. N 403, 436, 438, 449, 813.
178	//	7 juin......	Tabacs. Fraude. Répression.............	//

NUMÉROS DES CIRCULAIRES.		DATES des CIRCULAIRES.	OBJET DES CIRCULAIRES.	DÉSIGNATION DES DOCUMENTS modifiant, complétant ou abrogeant les circulaires.
En vigueur, avec ou sans modification.	Abrogées, ou actuellement sans intérêt.			
179	//	9 juin,......	Chasseurs forestiers. Registre matricule....	//
180	//	15 juin.......	Cahier des charges. Exercice 1875........	Voir C. N 11.
//	181	18 juin.......	Coupes par unités de produits. Procès-verbal d'adjudication.	C. N 377, 396.
182	//	8 juillet.	Franchises postales et candidats gardes	C. N 216, 278, 326, 353, 434, 441, 550, 564, 598, 674, 755, 825, 851.
183	//	9 juillet.	Service militaire. Contrôle...............	C. N 187, 219, 231, 277, 424, 779.
184	//	1er août......	Armes. Réparations....................	C. N 264, 408, 746.
185	//	31 août......	Allumettes. Fraude. Répression..........	C. N 488.
//	186	3 septembre. .	Candidats à l'École forestière. Engagement conditionnel. Sursis.	//
187	//	9 septembre. .	Service militaire. Domicile,.............	C. N 219, 231, 277, 424, 779.
188	//	15 novembre. .	Régime forestier. Soumission. Distraction ..	//
189	//	19 novembre. .	Habillement. Fournitures. Masse.........	C. N 223, 237, 237 bis, 370, 386.
//	190	10 décembre ..	Chasseurs forestiers. Compagnies	//

1876.

NUMÉROS DES CIRCULAIRES.		DATES des CIRCULAIRES.	OBJET DES CIRCULAIRES.	DÉSIGNATION DES DOCUMENTS modifiant, complétant ou abrogeant les circulaires.
En vigueur, avec ou sans modification.	Abrogées, ou actuellement sans intérêt.			
191	//	15 février.....	États de payement. Timbre.............	C. N 566.
192	//	25 février.....	Bois de bourdaine. Prix. Indemnités.......	C. N 315, 432, 496.
//	193	15 mars......	Reboisements particuliers. Bulletins.......	//
//	194	21 mars......	Reboisement. Instruction générale........	C. N 305, 345, 481.
//	195	18 avril......	Assimilations des grades................	C. N 281, 316, 340, 424.
//	196	12 juin.......	École des Barres. Concours	C. N 213, 295, 309, 336, 347, 504, 557, 659, 675, 691, 699, 715.
197	//	23 juin.......	Candidats gardes. Certificat de médecin	C. N 375.
//	198	30 juin.......	Cahier des charges. Exercice 1876	Voir C. N 11.
199	//	1er juillet.....	Inspection des finances. Candidats	//
//	200	7 juillet	Mobilisation. Solde....................	C. N 204.
//	201	21 septembre..	Chasseurs forestiers. Mobilisation........	Sans objet.
//	202	29 septembre..	Marchés. Enregistrement	C. N 566.
203	//	31 octobre....	Tabac de cantine. Délivrance............	C. N 528, 630.
204	//	30 novembre..	Mobilisation. Appointements	//
//	205	14 décembre..	Bois de marine. Prix...................	C. N 241, 272, 293, 385.
//	206	30 décembre..	Transactions après jugement	C. N 214, 262, 318.
207	//	29 décembre..	Caisse de retraite pour la vieillesse........	Loi du 20 juillet 1886.

NUMÉROS DES CIRCULAIRES.		DATES des CIRCULAIRES.	OBJET DES CIRCULAIRES.	DÉSIGNATION DES DOCUMENTS modifiant, complétant ou abrogeant les circulaires.
En vigueur, avec ou sans modification.	Abrogées, ou actuellement sans intérêt.			

1877.

208	//	31 janvier....	Cantonnement des droits d'usage.........	C. N 669.
209	//	1er juin......	Lieutenant de louveterie................	//
210	//	6 juin.......	Produits domaniaux. Recouvrement.......	C. N 618.
//	211	13 juin.......	Frais de régie. Recouvrement............	C. N 393, 535, 786, 868.
212	//	22 juin.......	Cahier des charges. Exercice 1877........	Voir C. N 11.
//	213	27 juin.......	École des Barres. Concours..............	C. N 295, 309, 336, 347, 504, 557, 659, 675, 691, 699, 715.
//	214	13 juillet.....	Transactions. Recouvrement. Contrôle......	C. N 554.
//	215	23 juillet.....	Élections	Sans objet.
216	//	18 octobre....	Franchises postales	C. N 278, 326, 353, 434, 441, 550, 564, 598, 674, 755, 825, 851.
217	//	30 octobre....	Accréditation. Signature	C. N 265.
218	//	23 novembre..	Procès-verbal de réception de travaux. Timbre.	C. N 349, 566.
219	//	30 novembre..	Service militaire. Contrôle. Mutations......	C. N 231, 277, 424, 779.

1878.

220	//	11 janvier. ...	Direction générale. Transfert. Suppression..	C. N 289.
//	221	19 janvier. ...	Inspecteurs généraux. Création..........	C. N 226, 308. Décret du 26 décembre 1887. 810.
222	//	21 janvier. ...	Marques de respect. Officiers. Agents......	//
//	223	1er février.....	Habillement des préposés..............	C. N 237, 237 *bis*, 370, 386, 813.
//	224	13 avril......	Traitement des préposés. Augmentation	C. N 409, 801.
225	//	7 mai.......	Hôpitaux. Admission.................	C. N 266, 323, 399, 414, 707, 769, 777.
//	226	8 juin.......	Inspection générale. Attributions..........	C. N 308. Décret du 26 décembre 1887. 810.
227	//	8 juin.......	Armement. Sergents-majors.............	C. N 257, 259, 275, 355, 580.
//	228	19 juin	Cahier des charges. Exercice 1878........	Voir C. N 11.
//	229	23 juin.......	Administration centrale. Organisation......	C. N 230, 342, 363, 394, 433, 797.
//	230	1er juillet.....	Administration centrale. Attributions	C. N 230, 342, 363, 394, 433, 797.
231	//	2 juillet.....	Contrôle nominatif....................	C. N 277, 424, 779.
//	232	16 septembre..	Inspecteurs. Suppression de la quatrième classe.	C. N 301.

NUMÉROS DES CIRCULAIRES.		DATES des CIRCULAIRES.	OBJET DES CIRCULAIRES.	DÉSIGNATION DES DOCUMENTS modifiant, complétant ou abrogeant les circulaires.
En vigueur, avec ou sans modification.	Abrogées, ou actuellement sans intérêt.			
233	»	16 septembre..	Acquisitions. Concours des agents des domaines.	C. N 243, 248, 297, 298, 327, 404, 533, 571, 688, 706, 711, 713, 716, 739, 812.
234	»	9 octobre....	Cessation de service. Délai	C. N 339, 464, 538, 747.
»	235	20 novembre..	Sous-inspecteurs. Traitement............	C. N 254.
»	236	25 novembre..	Uniforme des agents	C. N 378, 438, 760.
237	»	6 décembre..	Habillement des préposés. Masse.........	C. N 237 *bis*, 370, 386.
237²	»	6 décembre..	Habillement des préposés. Masse	C. N 370, 386.
238	»	14 décembre..	Petite tenue des préposés	C. N 449.
»	239	16 décembre..	Organisation militaire. Élèves des Barres...	C. N 302, 424, 444, 446, 670, 829.
»	240	23 décembre..	Gardes généraux adjoints. Traitement	»

1879.

NUMÉROS DES CIRCULAIRES.		DATES des CIRCULAIRES.	OBJET DES CIRCULAIRES.	DÉSIGNATION DES DOCUMENTS modifiant, complétant ou abrogeant les circulaires.
En vigueur, avec ou sans modification.	Abrogées, ou actuellement sans intérêt.			
»	241	7 février.....	Bois de marine. Marque................	C. N 272, 293, 385.
242	»	28 février.....	Saisies	»
243	»	7 mars......	Acquisitions. Mutations................	C. N 248, 297, 298, 327, 404, 533, 571, 688, 706, 711, 713, 716, 739, 812.
244	»	11 mars......	Travaux. Attributions des constructeurs....	C. N 402, 496.
»	245	22 mars......	Gardes généraux. Traitement............	»
»	246	18 avril.	Délivrance de plants	C. N 416.
»	247	7 mai.......	Produits domaniaux. État comparatif	C. N 416.
248	»	24 mai.......	Acquisitions. Hypothèques..............	C. N 297, 298, 327, 404, 533, 571, 688, 706, 711, 713, 716, 739, 812.
»	249	30 mai.......	Exposition universelle de 1878..........	»
»	250	30 juin.......	Enseignement préparatoire des préposés.....	C. N 295, 336, 593, 641, 680.
»	251	12 juillet.....	Cahier des charges. Exercice 1879	Voir C. N 11.
252	»	14 juillet.....	Impression. Affiches....................	C. N 485, 529, 591.
»	253	23 juillet.....	Zone frontière. Travaux mixtes...........	C. N 348, 388, 487, 565.
254	»	31 octobre....	Transports militaires...................	C. N 378, 421, 497.
»	255	31 octobre....	Revolvers. Agents forestiers.............	C. N 263.
256	»	26 novembre..	Défrichement. Plans....................	C. N 270, 280, 352, 427, 487, 565.
257	»	27 novembre..	Armement. Changement.................	C. N 259, 275, 355, 580.
258	»	29 novembre..	Assurances. Polices	»
259	»	32 décembre...	Armement. Chasseurs forestiers..........	C. N 275, 355, 580.

NUMÉROS DES CIRCULAIRES.		DATES des CIRCULAIRES.	OBJET DES CIRCULAIRES.	DÉSIGNATION DES DOCUMENTS modifiant, complétant ou abrogeant les circulaires.
En vigueur, avec ou sans modification.	Abrogées, ou actuellement sans intérêt.			

1880.

260		20 janvier	Indemnités fixes. Liquidation	C. N 279, 311, 344, 369, 422, 546.
//	261	21 janvier	Travaux. Crédits collectifs	C. N 566.
//	262	22 janvier	Transactions. Attributions	C. N 318, 554.
//	263	13 février	Revolvers. Agents forestiers	//
//	264	12 mars	Visite des armes	C. N 408, 746.
265	//	3 avril	Accréditation. Signature	C. Min. 25 févr. 1890.
//	266	5 juin	Hôpitaux, Admission	C. N 323, 399, 414, 707, 769, 777.
//	267	11 juin	Cahier des charges. Exercice 1880	Voir C. N 11.
268	//	6 juillet	Congés. Calcul des retenues	C. N 324, 390, 628, 826.
269	//	16 juillet	Préposés. Prise à partie. Poursuites	//
270	//	17 juillet	Défrichement. Opposition	C. N 280, 353, 427, 487, 565.
//	271	2 octobre	Délivrances de menus produits. Timbres	C. N 425.
272	//	9 novembre	Bois de marine. Marteaux	C. N 293, 385.
//	273	9 novembre	Chasse. Cahier des charges	C. N 412, 539, 718, 865.
//	274	15 décembre	Création de conservations	C, N 407.

1881.

275	//	25 janvier	Armement. Réparations	C. N 355, 580.
//	276	2 février	Gardes généraux stagiaires. Traitement	C. N 447.
277	//	17 février	Contrôle nominatif. Mutations	C. N 424, 779,
278	//	9 mars	Franchise. Contre-seing	C. N 326, 353, 434, 441, 550, 564, 598, 674, 755, 825, 851.
279	//	10 mars	Indemnités fixes. Calcul	C. N 311, 344, 369, 422, 546.
280	//	30 mars	Défrichement. Opposition	C. N 352, 427, 487, 565.
281	//	27 avril	Assimilation de grades. Élèves à l'école forestière.	C. N 424.
//	282	30 avril	Suppression de conservation	Sans objet.
283		17 mai	Coupes ordinaires et par unités de produits. Cahier des charges.	Voir C. N. 11.
284	//	21 mai	Avances. Remboursement	Voir C. N. 76.
285	//	24 mai	Mobilier. Inventaire	C. N. 335.
286	//	9 juin	Contrôle des adjudications	//
//	287	26 juillet	Stage des élèves de l'école forestière	C. N. 351, 368, 416.
//	288	21 novembre	Bourses à l'école forestière	Décr. du 12 oct. 1889.

NUMÉROS DES CIRCULAIRES.		DATES. des CIRCULAIRES.	OBJET DES CIRCULAIRES.	DÉSIGNATION DES DOCUMENTS modifiant, complétant ou abrogeant les circulaires.
En vigueur, avec ou sans modification.	Abrogées, ou actuellement sans intérêt.			

1882.

//	289	25 janvier.....	Conseil d'administration. Vice-Présidence...	//
//	290	16 mai......	École forestière. Admission..............	C. N 356, 394.
//	291	3 juin.......	Notification d'une lettre ministérielle.......	Sans objet.
//	292	5 juin.......	Cahier des charges. Exercice 1882........	Voir C. N 11.
//	293	20 juin.......	Bois de marine. Prix..................	C. N 385.
294	//	20 juin.......	Correspondance. Salutations.............	C. N. 646.
//	295	22 juin.......	Enseignement pour le grade de garde général stagiaire.	C. N. 309, 336, 347, 504, 557. 659, 675, 691, 699 - 715.
//	296	27 juin.......	Travaux. Présentation des projets.........	C. N 376, 566.
297	//	17 juillet.....	Acquisition. Contrôle des estimations......	C. N 298, 327, 404, 533, 571, 688, 706, 711, 713, 716, 739, 812.
298	//	24 juillet.....	Acquisitions. Émolument des avoués.......	C. N 327, 404, 533, 571, 688, 706, 711, 713, 716, 739, 812.
299	//	12 août.......	Station de recherches et d'expérience. Création.	C. N 367,
//	300	22 août.......	Création de conservations.............	C. N 407.
//	301	21 septembre..	Service forestier. Réorganisation..........	L. N 322, 338, 394, 781.
//	302	17 octobre....	Organisation militaire.................	C. N 424, 444, 446, 670, 829.
//	303	25 novembre..	Conservations et inspections. Tableau......	C. N 322, 341, 405, 407.
304	//	6 décembre...	Adjudications. Marchés.................	C. N 566.
//	305	12 décembre...	Reboisement. Instruction générale........	C. N 345, 481.
//	306	30 décembre...	Avancement. Tableau..................	C. N 322, 394, 435, 492, 593. 641, 680, 798, 809, 832.

1883.

//	307	20 février.....	Aménagements. Instruction générale.......	C. N 359, 415, 426, 697, 810, 873.
//	308	12 avril......	Inspecteurs généraux. Traitement.........	Décr. du 26 déc. 1887.
//	309	18 avril.......	École des Barres......................	C. N 336, 347, 504, 557, 659, 675, 691, 699, 715.
310	//	25 avril......	Indemnités éventuelles.................	C. N 329, 608·
//	311	9 mai.......	Indemnités fixes. Corse................	C. N 344, 369, 422, 546.
//	312	30 mai.......	Cahier des charges. Exercice 1883........	Voir C. N 11.
313	//	11 juillet.....	Médaille forestière....................	C. N. 334, 379, 437, 785, 838.

NUMÉROS DES CIRCULAIRES.		DATES des CIRCULAIRES.	OBJET DES CIRCULAIRES.	DÉSIGNATION DES DOCUMENTS modifiant, complétant ou abrogeant les circulaires.
En vigueur, avec ou sans modification.	Abrogés, ou actuellement sans intérêt.			
314	//	17 juillet......	Vente des coupes ordinaires. Taxe de 1 fr. 60 pour cent.	C. N 373, 396, 469, 479, 491, 493, 567, 613, 712, 780, 853, 869.
315	//	4 août.......	Bourdaine. Exploitation par entreprise.....	C. N 624.
//	316	14 août.......	Assimilation de grades.................	C. E 340, 424.
317	//	6 octobre....	Armes et effets des invalides............	C. N 440.
//	318	8 octobre....	Transactions. Signification des procès-verbaux.	C. N 554.
319	//	6 novembre..	Travaux. Cahier des charges.............	C. N 582.
//	320	31 décembre...	Reboisement. Service temporaire. Création.,	C. N 433.
321	//	31 décembre...	Chasse. Surveillance...................	C. N 374, 381, 400, 554, 604, 632, 648. 804.

1884.

322	»	20 février.....	Service forestier. Réorganisation.........	C. N 338. 394, 781.
323	//	28 février.....	Hôpitaux. Traitement.................	C. V 399, 414, 707, 769, 777.
324	//	17 mars......	Congé. Hiérarchie. Instructions..........	C. N 390, 628, 826.
//	325	7 avril......	Carte d'état-major. Vente directe.........	//
326	//	26 avril......	Franchises postales	C. N 353, 434, 441. C. Min. 28 fév. 1890, 550, 564, 598, 674. 755, 825, 851.
327	//	10 mai......	Acquisitions. Purge d'hypothèques........	C. N 404, 533, 571, 688, 706, 711, 713, 716, 739, 812.
//	328	13 avril......	Mesures disciplinaires.................	//
329	//	14 mai.......	Indemnités fixes....................	C. N 422.
//	330	15 mai.......	Marteaux des adjudicataires. Empreinte....	//
//	331	3 juin.......	Cahier des charges. Exercice 1884	Voir C. N 11.
//	332	10 juin.......	Loi modifiant l'art. 405 du Code forestier..	C. N 729, 667.
//	333	20 juin.......	Routes forestières. Entretien	C. N 566.
334	//	15 juillet.....	Médaille forestière...................	C. N 379, 437.
335	//	15 juillet.....	Mobilier. Acquisition.................	C. N 566.
336	//	24 juillet......	Écoles des Barres....................	C. N 347, 504, 557. 659, 695, 691, 699, 715.
337	//	1er août.....	Vente des coupes. Affiches.............	//
»	338	11 août.....	Service forestier. Réorganisation.........	C. N 394, 781.
339	//	24 septembre..	Serment. Prestation..................	C. N 464, 747.
//	340	16 octobre.....	Assimilations de grades...............	C. N 424.
//	341	24 décembre,..	Conservations. Tableau	C. N 405, 407.

NUMÉROS DES CIRCULAIRES.		DATES des CIRCULAIRES.	OBJET DES CIRCULAIRES.	DÉSIGNATION DES DOCUMENTS modifiant, complétant ou abrogeant les circulaires.
En vigueur, avec ou sans modification.	Abrogées, ou actuellement sans intérêt.			
			1885.	
"	342	21 janvier.....	Administration centrale. Organisation......	C. N 363, 394, 433 737.
343	"	22 janvier.....	Service pastoral. Organisation............	"
"	344	8 février.....	Indemnités fixes. Corse.................	C. N 369, 422, 546,
345	"	2 février.....	Reboisement. Instruction générale.........	C. N 481.
346	"	14 avril......	Legs Delahaye. Répartition...............	"
"	347	13 juin.......	École secondaire des Barres.............	C. N 504, 557, 659, 675, 691, 699, 715.
348	"	4 juillet.....	Zone frontière. Travaux mixtes...........	C. N 388, 487, 565.
"	349	12 juillet......	Travaux à la tâche. Timbre des états......	C. N 566.
"	350	8 juillet......	Cahier des charges. Exercice 1885........	C. N 365, 387, 397, 410, 419, 431, 462, 470. Voir C. N 11.
"	351	27 juillet.....	Gardes généraux stagiaires. Renseignements.	C. N 368, 416.
352	"	29 août.......	Défrichements......................	C. N 427, 487, 565.
353	"	23 septembre..	Franchises postales....................	C. N 434, 441, 550, 564. 598, 674, 755, 825, 851.
"	354	17 octobre....	Inspecteurs adjoints. Classe exceptionnelle..	"
355	"	29 décembre..	Armement. Pertes.....................	C. N 580.
"	356	30 décembre...	École forestière. Admission.............	C. N 394.
			1886.	
"	357	8 janvier....	Algérie. Loi forestière...........	C. N 358, 371, 642.
358	"	14 janvier.....	Algérie. Traitements. Indemnités..........	C. N 617.
359	"	1er mars.....	Aménagement. Situation des travaux.......	C. N 415, 426, 697. 873.
360	"	27 mars......	Etats d'assiette.....................	C. N 428, 448, 482.
361	"	31 mars......	Pétitions et mémoires. Timbre............	C. N 689.
362	"	31 mars......	Sous-officiers. Nomination..............	"
"	363	1er mai......	Administration centrale. Organisation......	C. N 394, 433, 797.
364	"	12 mai.......	Marteaux de l'État....................	C. N 384.
"	365	8 juillet......	Cahier des charges. Exercice 1886........	C. N 387, 397, 410, 419, 431, 462, 470, 578. Voir C. 11.
366	"	10 juillet.....	Coupes. Opérations....................	C. N 423, 834.
367	.	30 juillet.....	École forestière. Analyses chimiques.......	"
368	"	31 juillet.....	Stage. Élèves de l'école forestière........	C. N 416.
369	"	7 août.......	Indemnités fixes. Corse.................	C. N 422, 546.
"	370	30 août......	Habillement des préposés. Cahier des charges.	C. N 386.
371	"	12 octobre....	Algérie. Attributions du gouverneur.......	C. N 642.
372	"	15 octobre....	Simplification des écritures....	C. N 416.

NUMÉROS DES CIRCULAIRES.		DATES des CIRCULAIRES.	OBJET DES CIRCULAIRES.	DÉSIGNATION DES DOCUMENTS modifiant, complétant ou abrogeant les circulaires.
En vigueur, avec ou sans modification.	Abrogées, ou actuellement sans intérêt.			
373	//	21 octobre....	Coupes. Travaux mis en charge..........	C. N 396, 469, 479, 491, 493, 567, 613, 712.
374	//	2 décembre...	Chasse. Convention avec la Belgique......	C. N 381, 400, 554, 604, 632, 648, 804, 871.
375	//	14 décembre...	Candidats gardes. Conditions...........	C. N 475, 634, 696.
	376	21 décembre ..	Travaux. Instructions..................	C. N 376, 566, 867, 613.
377	//	17 décembre ..	Coupes par unités de produits...........	C. N 396.

1887.

378	//	3 février.....	Transports militaires. Tenue............	C. N 421, 497.
//	379	12 février.....	Médaille forestière. Retraite............	Sans objet,
//	380	16 février.....	Comptes de gestion	C. N 551.
381	//	10 mars.......	Chasse. Bois communaux. Location.......	C. N 400, 554, 604, 632, 648, 804, 871.
		25 mars......	Frais de justice. Rétribution...........	
//	382			C. N 554, 791.
383	//	15 mars......	Carrières. Concession.................	C. N 490.
384	//	21 avril.......	Marteaux des agents..................	//
//	385	4 mai.......	Bois de marine. Prix	Voir C. N 7.
//	386	31 mai.......	Habillement des préposés. Adjudication....	//
.	387	19 juillet.....	Cahier des charges. Exercice 1887........	Voir C. N 11.
388	//	10 septembre..	Zone frontière. Chemins	//
389	//	24 octobre	Chasseurs forestiers. État de l'effectif......	//
390	//	18 novembre..	Congés. Absences irrégulières...........	C. N 628.825.
391	//	30 novembre..	Conseils municipaux. Rapports..........	//

1888.

392	//	28 février.....	Coupes communales. Timbre. Enregistrement.	//
//	393	3 mars......	Frais de régie. Liquidation	C. N 535, 786, 868.
//	394	24 mars......	Service des forêts. Réorganisation........	C. N 433, 797.
395	//	4 avril......	Conservateurs. Attributions.............	C. N 402, 404.
396	//	4 avril......	Adjudications.......................	C. N 469, 479, 491, 493, 567, 613, 712. Voir C. N 11.
//	397	23 mai.......	Cahier des charges. Exercice 1888........	C. N 410, 410, 431, 619, 652.
//	398	30 mai.......	Coupes par unités de produits. Cahier des charges.	Voir C. N 11.
399	//	5 juin.......	Hôpitaux. Agents....................	C. N 411, 414, 420, 707, 769, 777.
400	//	12 juin......	Chasse. Procès-verbaux...............	C. N 554, 562, 604, 632, 648, 804, 871.
401	.	24 juillet......	Chasseurs forestiers. Ordres de service.....	//
402	//	14 août.......	Conservateurs. Liquidations............	C. N 404, 496, 716.
403	//	19 octobre ....:	Insignes de grades...................	C. N 436, 438, 449, 813.

NUMÉROS DES CIRCULAIRES.		DATES des CIRCULAIRES.	OBJET DES CIRCULAIRES.	DÉSIGNATION DES DOCUMENTS modifiant, complétant ou abrogeant les circulaires.
En vigueur avec ou sans modification.	Abrogées, ou actuellement sans intérêt.			

1889.

404	//	10 janvier	Conservateurs. Liquidations.............	C. N 533, 571, 688, 706, 711, 713, 716, 739, 812.
//.	405	14 janvier....	Conservations. Tableau	C. N 407.
406	//	23 janvier	Exercice financier.....................	C. N 633.
407	//	30 avril......	Conservations. Tableau...............	C. N 831.
408	//	13 mai.......	Chasseurs forestiers. Visite des armes......	C. N 746.
//	409	20 mai.......	Traitement des préposés. Augmentation.....	C. N 801.
//	410	25 mai.......	Cahier des charges. Exercice 1889........	Voir C. N 11.
411	//	27 mai.......	Hôpitaux. Agents. Payement des frais......	C. N 414, 420, 707, 769, 777.
//	412	19 avril......	Chasse. Cahier des charges.............	C. N 539, 718.
413	//	26 août.......	Poursuites. Centralisation des arrêts.......	//
//	414	9 septembre..	Hôpitaux. Agents. Payement des frais......	C. N 402, 707, 769, 777.

1890.

415	//	4 janvier	Aménagement. Cadre..................	C. N 426, 697, 873.
416	//	16 janvier....	Simplification de la marche du service.....	//
417	//	5 février.....	Chablis. Bois morts et dépérissants. Vente..	//
418	//	18 mars......	Préposés sédentaires. Chauffage..........	//
//	419	8 mai.......	Cahier des charges. Exercice 1890........	Voir C. N 11.
420	//	22 août......	Hôpitaux. Agents. Payement des frais.....	//
421	//	9 octobre....	Transport et tarif militaire.............	C. N 497.
422	//	17 décembre..	Indemnités fixes	C. N 546.
423	//	16 décembre..	Coupes. Arpentage	//
424	//	30 décembre..	Organisation militaire.................	C. N 444, 446, 670, 779, 829.

1891.

//	425	19 janvier	Bois morts, secs et gisants. Enlèvement....	Sans objet.
426	//	5 février.....	Aménagement. Délimitations. Acomptes....	C. N 653, 697.
427	//	20 février.....	Défrichements. Instruction	//
428	//	2 mars......	États signalétiques. Bois communaux......	C. N 448, 482.
429	//	15 avril......	Décoration. Réglementation.............	//
430	//	20 avril......	Produit des amendes. Loi de finances	C. N 445, 505, 554, 581, 612, 701. 710, 791.
431	//	1er mai.......	Coupes. Cahier des charges	C. N 462, 470, 578. 594, 619, 662, 752, 844, 854.
432	//	13 mai.......	Bois de fascinage....................	C. N 696.
//	433	16 juin.......	Administration centrale. Organisation......	C. N 797.

NUMÉROS DES CIRCULAIRES.		DATES des CIRCULAIRES.	OBJET DES CIRCULAIRES.	DÉSIGNATION DES DOCUMENTS modifiant, complétant ou abrogeant les circulaires.
En vigueur avec ou sans modification.	Abrogées, ou actuellement sans intérêt.			
434	//	17 juin.......	Franchise postale et télégraphique........	C. N 441, 550, 564, 598, 674, 755, 825, 851.
//	435	24 juin.......	Avancement. Tableau...............	C. N 492, 593, 641, 680, 79S, 809, 832.
//	436	25 juillet.....	Uniforme. Chasseurs forestiers (Algérie)...	C. N 449.
437	//	31 juillet.....	Médaille forestière.................	C. N 785.
438	//	16 novembre..	Uniforme. Agents forestiers.............	C. N 760, 813.
439	//	24 novembre..	Chasseurs forestiers. Ancienneté de grade...	//
440	//	29 décembre..	Armement des éliminés.................	//

1892.

441	//	26 janvier....	Franchise postale.................	C. N 550, 564, 598, 674, 755, 825, 851.
442	//	3 mars......	Chasseurs forestiers. Convocation........	//
//	443	4 mars......	Statistique agricole..................	//
//	444	16 mai.......	Organisation militaire. Algérie..........	C. N 446, 670, 829.
//	445	20 septembre..	Frais de justice. Droits dus aux greffiers....	C. N 505, 554, 581, 612. 701, 710, 791.
446	//	28 octobre....	Chasseurs forestiers. Affectation..........	C. N 670, 829.
447	//	4 novembre..	Gardes généraux stagiaires. Traitement....	C. N 793.
448	//	5 novembre..	États signalétiques. Bois communaux......	C. N 482.
//	449	12 novembre..	Uniforme. Chasseurs forestiers en Algérie..	C. N 465, 534, 563.
450	//	15 décembre..	Retraites et secours..................	C. N 459, 476, 495, 500, 518, 526, 537, 538, 596, 700, 754, 776, 788, 790, 796, 807, 818, 828.

1893.

//	451	25 février.....	Tir à la cible des chasseurs forestiers....	C. N 606, 610, 746.
452	//	26 mars......	Bois communaux. Droits de timbre et d'enregistrement. Dégrèvement.	//
453	//	18 avril......	Aménagement des bois communaux et d'établissements publics.	C. N 508, 653.
454	//	22 mai......	Travaux forestiers. Jurisprudence........	//
455	//	25 mai.......	Inscription de faux. Jurisprudence........	//
456	//	29 mai.......	Contentieux. Application de la loi du 26 mars 1891 (Loi Bérenger) en matière forestière.	//
457	//	30 mai.......	Chasse. Cahier des charges. Jurisprudence.	C. N 539.
458	//	2 juin......	Carrières. Jurisprudence..............	//
459	//	3 juin......	Retraites....................	C. N 476, 498, 500, 518, 526, 537, 538, 596, 700) 754, 776, 788, 790, 796, 807, 818, 828.

NUMÉROS DES CIRCULAIRES.		DATES des CIRCULAIRES.	OBJET DES CIRCULAIRES.	DÉSIGNATION DES DOCUMENTS modifiant, complétant ou abrogeant les circulaires.
En vigueur avec ou sans modification.	Abrogées, ou actuellement sans intérêt.			
460	"	3 août......	Actes extrajudiciaires. Droit d'enregistrement.	C. N 817.
461	"	26 septembre..	Mesures à prendre contre les incendies dans la région des Maures et de l'Estérel..	"
462	"	25 octobre....	Bois façonnés. Cahier des charges........	Voir C. N 15 et C. N 854.
463	"	15 novembre..	Saisie-arrêt. Salaire des ouvriers.........	"
464	"	23 novembre..	Serment. Droit d'enregistrement.........	C. N 747.
465	"	21 décembre ..	Habillement des chasseurs forestiers de France et d'Algérie. Instruction générale.	C. N 813.
466	"	23 décembre ..	Marchés. Enregistrement	C. N 566.

1894.

467	"	26 février.....	Agents en disponibilité................	"
468	"	15 mars.....	Exemption de la taxe sur les vélocipèdes ...	C. N 555, 587, 607.
469	"	17 mars......	Frais d'adjudication. Tarif..............	C. N 479, 491, 493, 567, 613, 712.
"	470	19 mars......	Coupes par unités de produits. Cahier des charges.	C. N 619 (Voir C. N 11).
471	"	27 mars......	Garde particulier. Commission..........	"
472	–	28 mars......	Atteinte à la liberté du travail..........	"
473	"	3 avril......	Chasse. Loi Bérenger. Jurisprudence......	C. N 512, 556, 577, 588.
474	"	10 avril......	Quittance des préposés domaniaux. Timbre. Exemption.	C. N 639, 655.
475	"	14 avril......	Traitements communaux. Mandatement....	"
–	476	16 avril......	Pensions civiles. Majorations............	C. N 495, 500, 518, 526. 537, 538, 596, 700, 754, 776, 788, 790, 796, 807, 818, 828.
477	"	28 mai......	Travaux à la tâche. Timbre des états......	C. N 566.
478	"	15 juin......	Travaux publics. Loi du 29 décembre 1892.	C. N 487, 565.
479	"	20 juin......	Adjudications. Expéditions. Extraits, etc ...	C. N 491, 493, 567, 613. 712.
480	"	25 juin......	Procédure devant les conseils de préfecture.	"
481	"	8 septembre..	Périmètres de restauration. Travaux......	"
482	"	20 octobre....	États signalétiques....................	"
483	"	30 novembre..	Dossiers des agents et préposés. Envoi.....	"

1895.

484	"	25 janvier....	Invasion du lasiocampe du pin..........	"
485	"	15 février.....	Affiches en cahier et en placard.........	C. N 529, 591.
486	"	28 juin.......	Médaille militaire. Allocation de 100 francs.	"
487	"	8 juillet.....	Défrichement (bois particulier). Opposition. Carrières.	C. N 565.

NUMÉROS DES CIRCULAIRES. En vigueur avec ou sans modification.	Abrogées, ou actuellement sans intérêt.	DATES des CIRCULAIRES.	OBJET DES CIRCULAIRES.	DÉSIGNATION DES DOCUMENTS modifiant, complétant ou abrogeant les circulaires.
488	//	26 août	Fraude sur les allumettes. Répression.....	//
489	//	23 octobre....	Échanges domaniaux. Expertises..........	Voir C. N 53.
490	//	15 décembre ..	Concession de carrières. Autorisation......	C. N 848.
491	//	23 décembre ..	État général du produit des ventes de bois.	C. N 493, 567, 613, 712, 780, 853, 869.

1896.

	492	25 janvier	Avancement........................	C. N 593, 641, 680, 798, 809, 832.
493	//	22 février.....	Coupes. Droits d'enregistrement..........	C. N 567, 613, 712.
494	//	24 mars......	Police des forêts. Frontière suisse........	//
495	//	24 août	Certificats de vie. Timbre..............	C. N 500, 518, 526, 527, 538, 596, 700, 754, 776, 788, 790, 796, 807, 818, 828.
496	//	20 novembre..	Dépenses. Abrogation de l'arrêté du 18 juillet 1888.	C. N 716.
497	//	24 novembre..	Transports militaires..................	//
498	//	21 décembre ..	Rattachement du service de la pêche à l'administration forestière.	C. N 499, 513, 516, 517, 520, 529, 551, 585, 859, 602, 627, 671, 673, 682, 709, 717, 730, 748, 768, 789, 808, 814, 821, 824, 841.
499	//	22 décembre ..	Pêche fluviale. Police et surveillance......	C. N 499, 513, 516, 517, 520. 529, 551. 585, 859, 602. 627, 671, 673, 682, 709, 717, 730, 748, 768, 789, 808, 814. 821. 824, 841.

1897.

500	//	8 janvier	Pension des inspecteurs des forêts........	C. N 518, 526, 527, 538, 596, 700, 754, 776, 788, 790, 796, 807, 818, 828.
501	//	6 février.....	Lieutenant de louveterie. Nomination......	//
	502	20 février.....	Pêche. Service. Instruction générale.......	//
503	//	1er mars......	Transport. Réseau de l'État.............	C. N 542.
504	//	4 mars......	École des Barres	C. N 557, 659, 675, 691, 699, 715.
	505	8 mars......	Transactions. Notifications..............	C. N 554.
506		10 mars......	Produits forestiers. Encaissement	//
507	//	8 avril......	Traitements. Retenues.................	C. N 523.
508	//	6 mai.......	Bois communaux. Frais d'aménagement....	C. N 653.

NUMÉROS DES CIRCULAIRES.		DATES des CIRCULAIRES.	OBJET DES CIRCULAIRES.	DÉSIGNATION DES DOCUMENTS modifiant, complétant ou abrogeant les circulaires.
En vigueur avec ou sans modification.	Abrogées, ou actuellement sans intérêt.			
509	//	8 mai	Pêche. Poursuite des délits	C. N 513, 516, 520, 551, 585, 589, 627, 671, 682.
510	//	10 mai	Opérations commerciales. Interdiction aux agents et préposés.	C. N 672.
511	//	26 mai	Mandats de traitement. Envoi à la trésorerie.	//
512	//	28 mai	Contentieux. Loi Bérenger	C. N 556, 577, 588.
//	513	29 mai	Délits de pêche. Transaction	C. N 516.
514	//	1er juin	Payement aux héritiers des créanciers de l'État.	//
515	//	22 juin	Saisies-arrêts sur les traitements	C. N 575.
516	//	5 juillet	Pêche. Police et surveillance	C. N 517 (Voir C. N 498).
517	//	12 juillet	Pêche. Surveillance	C. N 520 (Voir C. N 498).
518	//	13 juillet	Retraite. Maintien en activité	C. N 526, 527, 538, 596, 700, 754, 776, 788, 796, 807, 808.
519	//	30 juillet	Utilisation agricole des eaux dans les montagnes.	//
520	//	12 août	Surveillance de la pêche. Instructions	C. N 529 (Voir C. N 498).
521	//	25 septembre	Demi-place sur les voies ferrées. Concession.	C. N 538, 542, 559, 595, 722.
522	//	12 octobre	Pension des préposés communaux. Bonification.	C. N 525, 552, 605, 623, 667, 800.
523	//	18 octobre	Traitements. Retenues	//
524	//	22 novembre	Règlement général de la pêche fluviale	C. N 673, 821.
525	//	14 décembre	Pension des préposés communaux	C. N 552, 605, 623, 667, 800.
526	//	20 décembre	Retraite. Maintien de la retenue de 5 o/o sur les traitements.	C. N 527, 538, 596, 700, 754, 776, 788, 790, 796, 807, 818.
527	//	21 décembre	Actes de décès de pensionnaires. Exemption du timbre.	C. N 527, 538, 596, 700, 754, 776, 788, 790, 796, 807, 818.

1898.

//	528	12 janvier	Tabac de cantine. Délivrance aux préposés de la pêche.	C. N 630.
529	//	2 février	Pêche. Frais d'impression et d'affichage	C. N 551 (Voir C. N 498.
530	//	1er mars	Demi-place. Concession	C. N 542, 559, 595, 722.
//	531	1er mars	Transaction. Modification des formules	C. N 554.
532	//	1er mars	Délits de pêche. Casiers judiciaires	//
533	//	23 avril	Acquisitions. Aliénations d'immeubles	C. N 571, 688. 706, 711, 713. 716, 739, 812.

En vigueur avec ou sans modification.	Abrogées, ou actuellement sans intérêt.	DATES des CIRCULAIRES.	OBJET DES CIRCULAIRES.	DÉSIGNATION DES DOCUMENTS modifiant, complétant ou abrogeant les circulaires.
//	534	2 mai......	Habillement des chasseurs forestiers.......	C. N 563, 662, 695, 760, 813.
//	535	7 mai......	Frais de régie. Coupes périodiques........	C. N 786, 868.
536	//	10 mai......	Personnel. Dénomination...............	//
537	//	25 mai......	Pensions. Retraites	C. N 596, 776.
538	//	14 juin......	Agents et préposés retraités. Remplacement.	C. N 596, 700, 754, 776. 788, 790, 796, 807, 818, 828.
//	539	22 juin......	Chasse. Cahier des charges.............	C. N 718.
540	//	12 juillet.....	Police des campagnes. Coopération des préposés.	//
541	//	16 juillet.....	Chasse. Primes pour la destruction des loups	C. N 645, 721.
542	//	21 juillet.....	Voyages à quart de place et demi-place....	C. N 559, 595, 722.
543	//	27 juillet.....	Chasse. Adjudication. Affichés............	Voir C. N 65.
544	//	1er août.......	Chasse. Pêche. Gratifications.............	C. N 554.
545	//	2 août......	Coupes affouagères. Garde-vente. Marteaux.	C. N 729, 767.
//	546	6 août......	Indemnité aux gardes-pêche.............	//
547	//	9 août......	Police rurale concernant les récoltes	//
548	//	10 août......	Constructions à distance prohibée	//
549	//	8 septembre..	Service de Madagascar. Demande d'agents..	//
550	//	29 octobre....	Franchise postale.....................	C. N 564, 598, 674, 755, 825, 851.
551	//	26 novembre..	Pêche et pisciculture. Suppression du compte de gestion.	C. N 585 (Voir C. N 498).
552	//	5 décembre...	Pensions des préposés communaux. Bonification. Secours.	C. N 605. 623, 667, 800. 833.
553	//	24 décembre...	Pêche. Délits........................	C. N 554.
554	//	31 décembre...	Exécution des jugements. Instruction......	C. N 562, 581, 612, 615, 701, 710, 791.

1899.

En vigueur avec ou sans modification.	Abrogées, ou actuellement sans intérêt.	DATES des CIRCULAIRES.	OBJET DES CIRCULAIRES.	DÉSIGNATION DES DOCUMENTS modifiant, complétant ou abrogeant les circulaires.
555	//	27 février.....	Vélocipèdes. Plaque de contrôle...........	C. N 587, 607.
556	//	6 mars......	Délits de pêche. Loi Bérenger. Jurisprudence.	C. N 577, 588.
	557	3 avril......	École pratique de sylviculture	C. N 659, 675, 691, 699, 715.
558	//	11 mai......	Marchés administratifs. Enregistrement....	//
559	//	5 juin.......	Voyages à demi-place..................	C. N 595.
560	//	29 juin.......	Conservation des arbres remarquables.....	//
561	//	22 juillet.....	Circulaires. Envoi des tables du tome VIII..	C. N 583.
562	//	23 septembre..	Chasse. Pêche. Procès-verbaux...........	C. N 648.
563	//	30 septembre..	Habillement des chasseurs forestiers.......	C. N 662, 695, 760, 813.
564	//	2 octobre....	Franchise postale.....................	C. N 598, 674, 755, 825, 851.
565	//	7 octobre....	Travaux mixtes. Zone frontière...........	Voir C. N 8, 35, 42.

NUMÉROS DES CIRCULAIRES.		DATES des CIRCULAIRES.	OBJET DES CIRCULAIRES.	DÉSIGNATION DES DOCUMENTS modifiant, complétant ou abrogeant les circulaires.
En vigueur avec ou sans modification.	Abrogées, ou actuellement sans intérêt.			
566	//	16 octobre....	Travaux forestiers. Instruction	C. N 567, 613.
567	//	24 octobre....	Coupes communales. Travaux mis en charge. Exemption de timbre.	C. N 613, 712.
568	//	26 octobre....	Contributions à la charge de l'administration. Paiement.	C. N 650, 663.
569	//	11 novembre..	Accidents. Loi du 9 avril 1898	C. N 621, 683, 687, 733, 756, 757, 835.
570	//	26 décembre ..	Insignes de bon tireur	//

1900.

571	//	16 janvier....	Acquisitions. Frais de timbre	C. N 688, 706, 711, 713, 716, 739, 812.
572	//	25 janvier....	Incendie. Compagnies de chemins de fer...	//
573	//	7 mars......	Signification. Secret des actes.	//
574	//	10 mars......	Exception préjudiciable................	//
575	//	27 juin.......	Opposition. Traitement	//
576	//	10 juillet.....	Pêcheries...........................	//
577	//	12 juillet.....	Jurisprudence. Chasse. Loi Bérenger......	C. N 588.
578	//	14 juillet.....	Coupes en bloc. Cahier des charges.......	C. N 594, 619, 652, 732, 844, 854. (Voir C. N 11.)
579	//	20 juillet.....	Jurisprudence. Contributions	//
580	//	21 juillet.....	Armement. Sergents-majors	//
581	//	23 juillet.....	Casier judiciaire.....................	C. N 612.
582	//	28 juillet.....	Travaux. Cahier des charges	C. N 770.
//	583	3 août......	Circulaires. Tables...................	C. N 668.
584	//	23 août......	Travaux topographiques................	//
585	//	25 août......	Saisie. Engins de pêche.	C. N 589. (Voir C. N 498.)
//	586	28 août......	Pêche. Cahier des charges	C. N 657.
587	//	15 octobre....	Vélocipèdes	C. N 607.
588	//	17 octobre....	Jurisprudence. Loi Bérenger...........	//
589	//	18 octobre....	Pêche. Poursuites....................	C. N 602. (Voir C. N 498.)
590	//	27 octobre....	Jury. Agents	//
591	//	30 octobre....	Journaux. Publicité..............	Voir C. N 52.
//	592	5 décembre ..	Traitement. Agents. Augmentation........	D. du 24 août 1918.
//	593	6 décembre ..	Avancement. Préposés.................	C. N 641, 680, 798, 809, 832.
594	//	24 décembre ..	Coupes par unités. Cahier des charges.....	C. N 619, 652, 752. (Voir C. N 11.)
595	//	27 décembre ..	Voies ferrées. Demi-place..............	C. N 722.
596	//	28 décembre ..	Retraites. Loi du 13 avril 1898. Application.	C. N 700, 754, 776, 788, 790, 796, 807, 818, 826.
597	//	29 décembre ..	Autorités consulaires..................	//
598	//	30 décembre ..	Franchises postales	C. N 674, 755, 825, 851.

NUMÉROS DES CIRCULAIRES.		DATES des CIRCULAIRES.	OBJET DES CIRCULAIRES.	·DÉSIGNATION DES DOCUMENTS modifiant, complétant ou abrogeant les circulaires.
En vigueur avec ou sans modification.	Abrogées, ou actuellement sans intérêt.			
		1901.		
//	599	15 janvier....	Amnistie. Loi........................	C. N 600, 603, 870.
//	600	24 janvier....	Amnistie. Gratifications................	C. N 603, 870.
601	//	13 février.....	Cumul. Amende.....................	//
602	//	14 février.....	Pêcheurs à la ligne (Société des). Encouragement.	C. N 808.
//	603	17 février.....	Amnistie. Gratifications.	Voir C. N 114.
604	//	12 mars......	Chasse. Répression du braconnage........	C. N 632, 648, 804, 871.
605	//	16 mars......	Secours. Service communal.............	C. N 623, 667, 800.
//	606	23 mars......	Tir à la cible......................	C. N 610, 746.
607	//	29 mars......	Vélocipèdes.......................	Voir C. N 555.
//	608	17 avril......	Gratifications. Cherté de subsistances......	//
609	//	29 avril......	Syntaxe. Simplification	//
//	610	10 mai.......	Tir à la cible.	C. N 746.
611	//	5 juin.......	Voies ferrées. Circulation à pied.........	//
612	//	16 juillet.....	Jugements. Exécution.................	C. N 615, 701, 710, 791.
613	//	16 août......	Travaux forestiers. Mise en charge sur les coupes.	C. N 712. Voir C. N 22.
614	//	21 août......	Mutations. Chasseurs forestiers...	//
615	//	23 octobre....	Gratifications. Instruction..............	C. N. 664.
616	//	24 octobre....	Certificat de vie.....................	//
		1902.		
617	//	17 mars......	Algérie. Traitement...................	//
618	//	21 mars......	Produits forestiers. Contrôle............	//
619	//	4 avril......	Coupes par unités. Cahier des charges.....	Voir C. N 11.
620	//	8 avril......	Châtaignier. Maladie. Enquête..........	//
621	//	22 avril......	Accidents. Travail. Législation...........	C. N 683, 687, 753, 756, 757, 835.
622	//	23 avril......	Échelles à poissons..................	//
623	//	24 avril......	Secours. Service commercial............	C. N 667, 800.
624	//	3 mai.......	Bourdaine. Exploitation...............	//
625	//	20 mai.......	Marques extérieures de respect..........	//
626	//	21 mai.......	Lignes maritimes postales. Passage	//
627	//	29 mai.......	Pêches. Poursuites...................	C. N 671. (Voir C. N 498.)
628	//	10 juin......	Congé. Maladie	C. N. 826.
629	//	19 juin......	Concession. Droits de passage	Voir C. N 45.
630	//	24 juin......	Tabac. Délivrance	//
631	//	27 juin......	Algérie. Service....................	//
632	//	28 juin......	Chasse. Répression du braconnage........	C. N 648, 804, 871.

NUMÉROS DES CIRCULAIRES.		DATES des CIRCULAIRES.	OBJET DES CIRCULAIRES.	DÉSIGNATION DES DOCUMENTS modifiant, complétant ou abrogeant les circulaires.
En vigueur avec ou sans modification.	Abrogées, ou actuellement sans intérêt.			
633	//	1ᵉʳ juillet.....	Comptabilité. Dépenses engagées..........	Voir C. N 49.
634	//	4 juillet.....	Candidats gardes. Admission.............	C. N 696.
635	//	5 octobre....	Pêche. Produits.......................	//
636	//	6 novembre..	Peinture. Céruse. Suppression...........	//

1903.

637	//	5 janvier....	Bombyce disparate.....................	//
638	//	16 janvier.....	Chasse. Communalisation...............	C. N 660.
//	639	27 janvier....	Quittance. Préposés mixtes.............	C. N 655.
//	640	15 février.....	Ministre de l'agriculture. Déplacements.....	//
//	641	31 mars......	Avancement. Tableaux d'avancement......	C. N 680, 798, 809, 832.
642	//	31 mars......	Algérie. Loi forestière.................	//
643	//	31 mars......	Incendie. Loi de 1902.................	//
644	//	10 avril......	Journaux. Incidents à signaler...........	//
645	//	18 avril......	Primes. Loup.......................	C. N 721.
646	//	20 mai.......	Salutation. Correspondance.............	//
647	//	5 juin.......	Marché. Enregistrement.................	//
648	//	13 juin.......	Chasse. Répression du braconnage........	C. N 804, 871.
649	//	17 juin.......	Pêche. Adjudication...................	C. N 685.
650	//	24 juin.......	Impositions. Forêts domaniales...........	C. N 663.
651	//	28 juillet.....	Pêche. Adjudication...................	//
//	652	19 août......	Coupes en bloc. Cahier des charges.......	C. N 752, 844. Voir C. N 11.
653	//	4 septembre..	Aménagements. Frais..................	C. N 697, 873.
654	//	30 septembre..	Gendarmerie. Concours à prêter..........	//
//	655	29 octobre....	Quittance. Timbre....................	//
656	//	9 novembre..	Appel. Droit. Exercice.................	//
//	657	20 novembre..	Pêche. Cahier des charges..............	//

1904.

658	//	11 janvier....	Bostriche bidenté.....................	//
//	659	3 février.....	École des Barres. Enseignement professionnel des gardes.	C. N 675, 691, 699, 715.
660	//	23 février.....	Chasse. Communalisation.............	Voir C. N 638.
661	//	18 mars......	Galéruque et scolyte de l'orme..........	//
662	//	7 avril......	Habillement. Fournitures...............	C. N 695, 760, 813.
663	//	8 avril......	Impositions. Taxe vicinale..............	Voir C. N 68.
664	//	3 mai.......	Gratifications. Calcul des transactions.....	//
665	//	6 mai.......	Décorations. Établissement des propositions.	C. N 692.
666	//	21 juin.......	Statistique. Bois non soumis............	C. N 724.
667	//	25 juin.......	Retraites des préposés communaux........	C. N 800, 833.
668	//	2 juillet.....	Circulaires. Reliure...................	C. N 839.
669	//	26 juillet.....	Droits d'usage. Instruction générale.......	C. N 822.
670	//	29 juillet.....	Chasseurs forestiers. Algérie............	C. N 779, 839.

NUMÉROS. DES CIRCULAIRES.		DATES des CIRCULAIRES.	OBJET DES CIRCULAIRES.	DÉSIGNATION DES DOCUMENTS modifiant, complétant ou abrogeant les circulaires.
En vigueur avec ou sans modification.	Abrogées, ou actuellement sans intérêt.			
671	//	4 août......	Pêche. Police et surveillance............	C. N 673. Voir C. N 498.
672	//	26 septembre.	Commerce. Interdiction................	C. N 743.
673	//	26 septembre..	Pêche. Règlement................	C. N 682. Voir C. N 498.
674	//	11 octobre....	Franchises. Télégrammes...........	C. N 823.
//	675	5 novembre..	École des Barres. Enseignement professionnel des gardes.	C. N 691, 699, 715.
676	//	28 novembre..	Expositions. Concours agricoles...........	//
677	//	15 décembre..	Chenille arpenteuse................	//

1905.

678	//	18 février.....	Hylesine piniperde. Hylobe du pin.......	//
679	//	9 mars......	Lophyre du pin..................	//
680	//	17 mars......	Avancement. Préposés...............	Voir C. N 118.
681	//	18 mars......	Pissode du sapin................	//
682	//	24 mars......	Pêche. Convention avec la Suisse........	C. N 709. Voir C. N 498.
683	//	16 mai.......	Accidents. Travail...............	C. N 687, 753, 756, 752, 835.
684	//	26 juin.......	Bostriche typographe. Chalcographe et liseré.	//
685	//	27 juin.......	Pêche. Sociétés................	//
686	//	30 juin.......	Bostriche du sapin...............	//
687	//	19 juillet.....	Accidents. Sécurité...............	C. N 706, 711, 711, 716, 739, 812.
688	//	5 août......	Location. Terrains et bâtiment de l'État....	C. N. 753, 756, 757, 835.
689	//	7 août......	Coupes. Loges et ateliers (désignation).....	Voir C. N 32.
690	//	12 septembre..	Orcheste du hêtre. Tordeuse du chêne.....	//
691	//	20 octobre....	École des Barres. Enseignement des gardes.	C. N 699, 715.

1906.

//	692	8 février.....	Décorations. Réserve et territoriale........	//
693	//	9 février.....	Écoles. Sylviculture et améliorations pastorales.	C. N 731.
694	//	12 février....	Droits de poste..................	//
695	//	13 février....	Habillement. Gants................	C. N 760, 813.
696	//	28 février....	Nominations. Militaires rengagés.........	//
697	//	26 avril.......	Levés topographiques. Instruction générale..	Voir C. N 120.
698	//	30 mai.......	Sites et monuments naturels.............	//
699	//	21 juin.......	École des Barres. Frais de route..........	C. N 715.
700	//	4 octobre.....	Comptabilité. Préposés décédés. Payement aux veuves.	C. N 754, 776, 788, 790, 796, 807, 818, 828.
701	//	3 décembre...	Casier judiciaire. Bulletins..............	//
702	//	22 décembre..	Coupes extraordinaires communales.......	//
703	//	24 décembre..	Condamnations forestières. Abaissement des pénalités.	//
704	//	26 décembre..	Condamnations forestières. Pâturage.......	//

En vigueur avec ou sans modification.	Abrogées ou actuellement sans intérêt.	DATES des CIRCULAIRES.	OBJET DES CIRCULAIRES.	DÉSIGNATION DES DOCUMENTS modifiant, complétant ou abrogeant les circulaires.
			1907.	
705	◦	19 janvier.....	Juges de paix........................	◦
◦	706	6 février.....	Actes. Délégation des pouvoirs du préfet....	C. N 711, 713, 716, 739, 812.
707	◦	11 février.....	Établissements thermaux. Dates des propositions.	C. N 769, 777.
708	◦	20 février.....	Élevage. Émondage.....................	◦
709	◦	21 février.....	Pêche. Coupes d'étangs.................	C. N 717. Voir C. N 498.
710	◦	30 avril......	Transaction. Délais de payement..........	◦
◦	711	4 mai.......	Acquisitions. Actes. Timbre..............	C. N 713, 716, 739, 812.
712	◦	21 mai.......	Adjudications. Repos hebdomadaire.......	Voir C. N 80.
713	◦	17 juin.......	Actes. Délégation des pouvoirs du préfet....	C. N 716, 739, 812.
714	◦	17 juillet.....	Honneurs. Préséances.................	◦
715	◦	18 juillet.....	École des Barres. Enseignement des gardes.	Voir C. N 196.
716	◦	23 octobre....	Acquisitions. Liquidations par les conservateurs.	C. N 739, 812.
◦	717	28 octobre....	Pêche. Poisson congelé. Importation.......	C. N 730. Voir C. N 498.
718	◦	28 octobre....	Chasse. Cahier des charges..............	Voir C. N 412.
719	◦	30 décembre..	Dossiers des agents. Communication.......	C. N 751.
			1908.	
◦	720	8 janvier....	Traitement. Préposés. Augmentation.......	C. N 742, 801.
721	◦	9 janvier....	Primes. Loups........................	Voir C. N 541.
722	◦	17 janvier....	Voies ferrées. Demi-place..............	Voir C. N 530.
723	◦	13 février.....	Équipement. Campement. Service de santé. Matériel.	C. N 732.
724	◦	27 février.....	Statistique. Bois non soumis.............	◦
◦	725	17 mars......	Mesures disciplinaires. Notification.......	◦
726	◦	18 mars......	Comptabilité. Rappel aux instructions......	◦
727	◦	6 avril......	Établissements thermaux de l'État. Gratuité..	◦
728	◦	16 avril......	Concessions. Pêche. Domaine maritime.....	◦
729	◦	24 avril......	Affouage. Législation..................	C. N 767.
◦	730	12 mai.......	Pêche. Carpes d'étang.................	C. N 748. Voir C. N 498.
731	◦	20 mai.......	Fête de l'arbre......................	◦
732	◦	27 août......	Équipement. Campement...............	◦
733	◦	5 septembre..	Acquisitions. Contrats. Forme.,.........	◦
◦	734	10 septembre..	Contrainte par corps. Cumul.............	C. N 765.
735	◦	16 septembre..	Poursuites. Législation.................	◦
736	◦	20 septembre..	Jurisprudence. Tribunaux de simple police. Contrainte par corps.	◦
737	◦	28 novembre..	Tribunaux de simple police. Procédure.....	◦
738	◦	30 novembre..	Incendies. Statistique. États annuels.......	◦
739	◦	1er décembre..	Actes. Délégation des pouvoirs du préfet...	C. N 812.
740	◦	26 décembre..	Salaires. Ouvriers....................	◦
741	◦	30 décembre..	Tribunaux de simple police. Citations. Préposés.	◦

NUMÉROS. DES CIRCULAIRES.		DATES des CIRCULAIRES.	OBJET DES CIRCULAIRES.	DÉSIGNATION DES DOCUMENTS modifiant, complétant ou abrogeant les circulaires.
En vigueur avec ou sans modification.	Abrogées ou actuellement sans intérêt.			

1909.

//	742	4 janvier....	Traitement. Préposés. Augmentation.......	C. N 801.
743	//	12 janvier.....	Commerce. Interdiction.................	//
//	744	26 janvier....	Avancement. Tableau d'avancement	//
745	//	28 février.....	Jurisprudence. Jugements de simple police. Appel.	//
746	//	24 février.....	Tir à la cible. Retenue de messe.........	C. N 759.
747	//	4 mars......	Serment. Prestation. Inspecteur..........	Voir C. N 51.
748	//	24 mars......	Pêche. Réserves	C. N 768. Voir C. N 498.
749	//	20 avril......	Propriétés forestières. Évaluation du revenu.	//
750	//	24 avril......	Jurisprudence. Citation................	//
751	//	4 mai.......	Dossiers. Communication...............	Voir C. N 719.
752	//	6 août.......	Coupes. Cahier des charges..............	C. N 844. Voir circ. N 11.
753	//	9 août.......	Accidents. Législation..................	C. N 756, 757, 835.
754	//	22 septembre..	Retraites. Pensions. Revision............	C. N 776, 788, 790, 796, 807, 818, 828.
755	//	29 septembre..	Franchises postales...................	C. N 825.
//	756	25 octobre....	Accidents. Coupes. Législation..........	C. N 757, 835.
//	757	26 octobre....	Accidents. Législation.................	C, N 835.
//	758	10 novembre..	Avancement. Brigadiers. Classe exceptionnelle.	C. N 809, 832.
759	//	15 novembre..	Chasseurs forestiers. Visite des armes......	//
760	//	11 décembre..	Uniforme. Modifications................	C. N 813.
761	//	24 décembre..	Gardes-cantonniers. Outils..............	//

1910.

//	762	5 janvier....	Mesures disciplinaires. Échelles des peines..	C. N 809.
763	//	27 janvier....	Coupes. Exploitations. Prorogations de délais.	//
//	764	15 février.....	Avancement. Classes. Propositions.........	C. N 809.
765	//	1ᵉʳ mars......	Contrainte par corps. Non-cumul.........	//
766	//	26 avril......	Ouvriers. Salaire. Législation...........	//
767	//	2 mai.......	Affouage. Législation..................	//
768	//	4 juin.......	Pêche «au lancer». Jurisprudence.........	C. N 789. Voir C. N 498.
769	//	25 juin.......	Établissements thermaux. Saisons.........	C. N 777.
770	//	27 juillet.....	Marchés. Conditions du travail...........	//
//	771	23 août.......	Uniforme. Préposés. Modifications........	//
772	//	1ᵉʳ septembre..	Retraites. Stagiaires. Surnuméraires.......	//

NUMÉROS DES CIRCULAIRES.		DATES des CIRCULAIRES.	OBJET DES CIRCULAIRES.	DÉSIGNATION DES DOCUMENTS modifiant, complétant ou abrogeant les circulaires.
En vigueur avec ou sans modification.	Abrogées, ou actuellement sans intérêt.			

1911.

773	//	18 janvier....	Acquisitions. Actes administratifs.........	//
774	//	26 janvier....	Personnel. Décisions. Notifications.........	//
775	//	3 février.....	Préposés domaniaux. Bestiaux...........	//
//	776	15 février.....	Retraites. Pensions. Calcul de la majoration.	C. N 788, 790, 796, 807, 818, 828.
777	//	29 mars......	Établissements thermaux. Vichy. Admission.	Voir C. N 13 et 17.
778	//	5 avril......	Préposés communaux. Rétribution de l'État.	C. N 796.
779	//	20 avril	Chasseurs forestiers. Affectation spéciale. Contrôles.	C. N 829. Voir C. N 183.
780	//	29 avril......	Coupes. Vente. Territoire communal.......	Voir C. N 80.
//	781	26 mai.......	Service. Réorganisation.................	Voir C. N 301.
//	782	26 juin.......	Avancement. Gardes cantonniers	//
//	783	19 juillet.....	Tournées. Administrateurs..............	//
784	//	25 juillet.....	Retraites ouvrières. Loi. Application.......	C. N 792, 799, 830, 842, 855, 856, 859.
785	//	19 août......	Médaille forestière....................	//
//	786	25 août......	Frais de régie. Coupes périodiques........	//
787	//	26 août......	Coupes par unités. Bois communaux. Droits.	//
788	//	11 septembre..	Retraites. Pensions. Liquidations..........	C. N 790. 796, 807, 818, 828.
789	//	15 septembre..	Pêche. Poisson congelé. Importation	C. N 808. Voir C. N 498.
790	//	16 septembre..	Pensions. Premier douzième. Préposés nommés d'Algérie en France.	C. N 796, 807, 818, 828.
791	//	28 septembre..	Frais de justice. Attribution	Voir C. N 85 et 430.
792	//	25 septembre..	Retraites ouvrières. Travaux sur les coupes	C. N 799. Voir C. N 784.
793	//	5 octobre....	Traitement. Gardes généraux............	C. N 811.
794	//	12 octobre....	Incendie. Extincteurs.................	//
//	795	24 octobre....	Médaille de 1870-1871................	//
796	//	25 octobre....	Retraites. Préposés communaux. Retenues..	C. N 807, 818, 828.
797	//	11 décembre..	Administration centrale. Réorganisation....	Voir C. N 9.

1912.

//	798	25 janvier....	Avancement. Tableaux........	C. N 809.
//	799	10 février.....	Retraites ouvrières. Loi. Application.......	C. N 830. Voir C. N 784.
800	//	4 mars......	Secours. Service communal.......	Voir C. N 10.
//	801	6 mai.......	Traitement. Préposés. Augmentation.	Voir C. N 106.
802	//	31 mai.......	Séchéries solaires...................	//
803	//	17 juin.......	Améliorations agricoles. Service..........	//
804	//	25 juillet.....	Chasse. Répression du braconnage.......	C. N 871.
805	//	26 août......	Reboisement. Plans de correction........	//
806	//	28 août......	Transaction. Délégations en simple police...	//
807	//	9 septembre..	Retraites. Bonification coloniale..........	C. N 818, 828.
808	//	9 septembre..	Pêcheurs à la ligne (Société des). Encouragement.	C. N 814. Voir C. N 498.
809	//	30 septembre..	Personnel. Statut....................	C. N 832.
810	//	31 octobre....	Inspecteurs généraux. Attributions........	//

| NUMÉROS. DES CIRCULAIRES. | | DATES des CIRCULAIRES. | OBJET DES CIRCULAIRES. | DÉSIGNATION DES DOCUMENTS modifiant, complétant ou abrogeant les circulaires. |
En vigueur avec ou sans modification.	Abrogées, ou actuellement sans intérêt.			

1913.

811	//	22 janvier....	Traitement. Gardes généraux............	//
812	//	25 janvier....	Acquisitions. Actes. Timbre.............	Voir C. N 6.
813	//	10 mars......	Habillement. Cahier des charges.........	Voir C. N 138 et 176.
814	//	9 avril......	Pêche. Déversements industriels.........	C. N 821. Voir C. N 498.
815	//	17 avril....	Logements. Assainissement.............	//
816	//	8 mai.......	Emplois forestiers. Législation...........	//
817	//	19 mai.......	Actes des agents. Timbre...............	//
818	//	23 mai.......	Retraites. Dossiers de liquidation.........	C. N 828.
819	//	29 mai.......	Bostriche typographe..................	//
820	//	23 juin.......	Arbres remarquables. Conservation........	//
821	//	30 juin.......	Pêche. Règlement. Modification...........	C. N 824. Voir C. N 498.
822	//	5 juillet.....	Droits d'usage. Délivrances.............	//
823	//	11 août......	Franchises. Télégrammes...............	Voir C. N 674.
824	//	15 octobre....	Pêche. Réglementation.................	C. N 841. Voir C. N 498.
825	//	25 octobre....	Franchises postales.	Voir C. N 36.
826	//	21 novembre..	Congés..............................	Voir C. N 90.

1914.

827	//	19 janvier....	Reboisement et restauration des montagnes. Loi.	//
828	//	4 février.....	Pensions. Loi du 30 décembre 1913........	Voir C. N 81.
829	//	13 février.....	Organisation militaire.................	Voir C. N 173.
830	//	6 avril......	Retraites ouvrières et paysannes.........	C. N 842. Voir C. N 784
831	//	16 mai.......	Conservations. Tableau. Modifications......	Voir C. N 407.
832	//	26 mai.......	Personnel. Statut. Modifications..........	Voir C. N 306.
833	//	9 juin.......	Pension des préposés communaux. Bonification.	Voir C. N 4 et 552.
834	//	31 juillet.....	Opérations des coupes.................	Voir C. N 366.

1915.

835	//	30 juin.......	Accidents du travail. Exploitations forestières.	Voir C. N 569.

1916.

836	//	28 février....	Production des plants de noyer dans les pépinières.	//
837	//	26 mai.......	Orme, frêne, robinier, faux acacia. Multiplication dans les forêts domaniales.	//
838	//	25 juillet.....	Médaille forestière. Préposés retraités ou en disponibilité.	Voir C. N 313.
839	//	30 juillet.....	Circulaires. Reliure. Tables du tome XI....	Voir C. N 1.

NUMÉROS. DES CIRCULAIRES.		DATES des CIRCULAIRES.	OBJET DES CIRCULAIRES.	DÉSIGNATION DES DOCUMENTS modifiant, complétant ou abrogeant les circulaires.
En vigueur avec ou sans modification.	Abrogées, ou actuellement sans intérêt.			
			1917.	
840	"	9 février.....	Travaux par entreprise. Exécution du décret du 20 juin 1916.	Voir C. N 22.
841	"	28 février.....	Pisciculture. Repeuplement des cours d'eau.	Voir C. N 498.
842	"	23 avril......	Retraites ouvrières et paysannes..........	C. N 855. Voir C. N 784.
843	"	7 mai.......	Honoraire des architectes..............	Voir C. N 566.
			1918.	
844	"	23 janvier....	Coupes de bois. Cahier des charges......	C. N 854. Voir C. N 11.
845	"	26 nov. 1917..	Baux ruraux......................	Parue en 1918.
846	"	3 avril......	Travaux et fournitures. Cautionnement.....	C. N 850.
847	"	19 avril......	Plantation de peupliers	"
848	"	23 mai.......	Concessions de carrières..............	Voir C. N 490.
849	"	25 mai.......	Taux de l'intérêts légal	"
850	"	24 juillet.....	Travaux et fournitures. Cautionnement.....	"
851	"	26 juillet.....	Franchises postales.................	Voir C. N 36.
852	"	10 octobre....	Inventaire des ressources des forêts françaises.	"
853	"	30 décembre..	Coupe de bois. Vente. Taxe de 5 p. 100...	C. N 869.
854	"	31 décembre..	Vente de bois façonnés. Cahier des charges.	Voir C. N 11 et 15.
			1919.	
855	"	13 janvier....	Retraites ouvrières et paysannes. Modifications.	C. N 856. Voir C. N 784.
856	"	20 juin.......	Retraites ouvrières et paysannes. Modifications.	C. N 859. Voir C. N 784.
857	"	23 juin.......	Crédits collectifs.................	"
858	"	31 mai.......	Forêts privées. Loi.................	"
859	"	14 août......	Retraites ouvrières et paysannes..........	Voir C. N 784.
860	"	19 septembre..	Pisciculture. Comptes rendus annuels......	"
861	"	30 septembre..	Stations agricoles. Études et recherches....	"
862	"	3 octobre....	Adjudications et marchés..............	"
863	"	1er octobre....	Fournitures de bois à la marine..........	"
864	"	30 octobre....	Payements par mandats d'avance.........	"
865	"	26 octobre....	Chasse. Cahier des charges.............	Voir C. N 273.
866	"	3 novembre..	Préposés communaux. Domanialisation.....	"
			1920.	
867	"	8 janvier....	Essais des bois. Envoi d'échantillons.......	"
868	"	23 janvier....	Frais d'administration. Recouvrement......	Voir C. N 162.
869	"	20 février.....	Coupes. Lieux de vente..............	Voir C. N 80.

NUMÉROS DES CIRCULAIRES.		DATES des CIRCULAIRES.	OBJET DES CIRCULAIRES.	DÉSIGNATION DES DOCUMENTS modifiant, complétant ou abrogeant les circulaires.
En vigueur avec ou sans modifications.	Abrogées, ou actuellement sans intérêt.			

1919. (Suite.)

| 870 | *n* | 15 novembre.. | Loi d'amnistie...................... | Voir C. N 114. |
| 871 | *n* | 17 novembre.. | Délits de chasse. Compétence........... | Voir C. N. 65. |

1920.

872	*n*	8 mars......	Crédits. Avis de non-emploi.............	Voir C. N 22.
873	*n*	30 janvier....	Aménagements. Études.................	Voir C. N 120.
874	*n*	12 mars......	Service. Marche générale. Prescriptions.....	Voir C. N 136.
875	*n*	5 mars......	Améliorations touristiques dans les forêts et pâturages.	*n*
876	*n*	20 mai.......	Fourniture de chauffage................	*n*
877	*n*	9 juin.......	Action extérieure d'enseignement et de propagande.	C. N 886, 918.
878	*n*	1er juillet....	Station de recherches et d'expérience. Réorganisation.	*n*
879	*n*	20 août.......	Avances aux communes. Chemins.........	*n*
880	*n*	24 août.......	Accidents du travail. Modifications à la loi du 9 avril 1898.	*n*
881	*n*	10 septembre..	Avances aux sociétés coopératives de reboisement.	*n*
882	*n*	20 octobre....	Vente de coupes de bois. Lotissement......	C. N 905.
883	*n*	15 novembre..	Déplacements officiels du Ministre de l'agriculture.	*n*
884	*n*	21 décembre..	Dépenses n'excédant pas 50 francs. Dispense de mémoire et facture.	*n*
885	*n*	30 décembre...	Transactions. Approbation..............	C. N 906.

1921.

886	*n*	15 février.....	Action extérieure d'enseignement et de propagande. Conférences. Promenades.	*n*
887	*n*	18 avril......	Navigation aérienne. Surveillance des aéronefs.	*n*
888	*n*	28 avril......	Pensions. Loi du 31 décembre 1920, art. 28. Cessation de service. Avances. Suspensions. Établissement des dossiers de liquidation.	*n*
889	*n*	5 juillet.....	Participation du personnel forestier à l'exécution des travaux d'aménagement, délimitation. Bornage.	C. N 64, 103, 113.
890	*n*	22 juillet.....	Propagation des salmonides.............	*n*
891	*n*	28 juillet......	Concessions amiables des carrières dans les forêts domaniales.	C. N 848.
892	*n*	29 août.......	Défrichement. Modification du délai de prescription de l'action publique.	C. N 43.

NUMÉROS DES CIRCULAIRES.		DATES des CIRCULAIRES.	OBJET DES CIRCULAIRES.	DÉSIGNATION DES DOCUMENTS modifiant, complétant ou abrogeant les circulaires.
En vigueur avec ou sans modification.	Abrogées, ou actuellement sans intérêt.			
			1922.	
893	//	14 janvier.....	Sociétés fondées en vue du reboisement....	//
894	//	6 février.....	Poursuites des délits. Pêche dite au lancer..	C. N 768.
895	//	3 mai.......	Retraites ouvrières et paysannes. Modification. Loi du 18 avril 1922.	C. N 784.
896	//	31 mai.......	Pêche. Subventions pour travaux de repeuplement et concours à la répression du braconnage.	//
897	//	7 juillet......	Incendies de forêts.....................	//
898	//	22 décembre..	Prélèvement sur le produit des jeux.......	C. N 909.
			1923.	
899	//	24 avril......	Application en matière forestière et de pêche de la loi relative aux tribunaux pour enfants et adolescents.	//
900	//	3 juillet.....	Mesures de protection contre les incendies de forêts en dehors des forêts domaniales.	//
901	//	11 juillet......	Délit de chasse sans permis. Transaction....	//
902	//	30 juillet.....	Allocations familiales. Marchés passés au nom de l'État.	//
903	//	12 août.......	Loi relative aux forêts de protection.......	//
904	//	13 août.......	Location des biens du domaine privé de l'État.	C. N 689.
905	//	5 novembre..	Vente de coupes de bois. Lotissement......	C. N 431, 882.
			1924.	
906	//	11 février.....	Transactions en matière forestière et de pêche fluviale.	C. N 886, 906.
907	//	8 avril......	Aménagement.........................	//
908	//	25 avril.	Majoration des décimes. Compétence en matière de transaction.	C. N 906.
909	//	12 juin.......	Subvention sur le produit des jeux........	C. N 898.
910	//	3 juillet.....	Travaux facultatifs et boisement de terrains improductifs. Allocations par les conservateurs de subventions ne dépassant pas 500 francs.	C. N 345 (art. 208, 210).
911	//	5 août.......	Modifications à la loi du 3 mai 1844 sur la police de la chasse.	C. N 914.
912	//	1ᵉʳ septembre.	Application de la loi du 26 mars 1924 et du décret du 20 août 1924 relatifs aux mesures à prendre contre les incendies de forêts.	//
913	//	19 décembre..	Cours d'eau navigables et flottables non canalisés. Exploitation de la chasse et de la pêche par licences.	//

NUMÉROS DES CIRCULAIRES.		DATES des CIRCULAIRES.	OBJET DES CIRCULAIRES.	DÉSIGNATION DES DOCUMENTS modifiant, complétant ou abrogeant les circulaires.
En vigueur avec ou sans modification.	Abrogées, ou actuellement sans intérêt.			
			1925.	
914	"	28 mars......	Poursuite des délits de chasse constatés par les brigades mobiles des fédérations.	C. N 911.
915	"	17 avril......	Modifications apportées à l'uniforme des officiers forestiers.	C. N 236, 438 et 760.
916	"	16 novembre..	Primes offertes aux agents verbalisateurs par les sociétés de chasse et de pêche.	"
917	"	20 novembre..	Loi et décret relatifs aux portions de cours d'eau aménagées en enclos.	"
918	"	23 novembre..	Action extérieure d'enseignement et de propagande. Frais de déplacement.	C. N 877.
919	"	31 décembre...	Admission dans les hôpitaux militaires thermaux.	C. N 769.

NUMÉROS DES CIRCULAIRES.		DATES des CIRCULAIRES.	OBJET DES CIRCULAIRES.	DÉSIGNATION DES DOCUMENTS modifiant, complétant ou abrogeant les circulaires.
En vigueur avec ou sans modification.	Abrogées, ou actuellement sans intérêt.			

NUMÉROS DES CIRCULAIRES.		DATES des CIRCULAIRES.	OBJET DES CIRCULAIRES.	DÉSIGNATION DES DOCUMENTS modifiant, complétant ou abrogeant les circulaires.
En vigueur avec ou sans modification.	Abrogées, ou actuellement sans intérêt.			

NUMÉROS DES CIRCULAIRES.		DATES des CIRCULAIRES.	OBJET DES CIRCULAIRES.	DÉSIGNATION DES DOCUMENTS modifiant, complétant ou abrogeant les circulaires.
En vigueur avec ou sans modification.	Abrogées, ou actuellement sans intérêt.